山东大学重点学科建设基金资助

东方考古

第 20 集

山东大学《东方考古》编辑部 编

科学出版社

北京

内 容 简 介

《东方考古》是山东大学文化遗产研究院、历史文化学院考古系和山东大学博物馆联合编辑的系列丛书，分集陆续出版。本丛书内容以中国东方地区、东亚地区的考古学和古代文明研究为重点，广泛吸收国内外学者的最新研究成果，体现了考古学研究的新思路、新理论和新方法。第 20 集收录了 15 篇研究论文、6 篇发掘报告，内容涉及考古学理论、史前到历史时期的聚落与社会考古、生业与手工业考古、科技与宗教考古、考古实验教学等内容。

本书可供历史学、考古学等方面的专家学者和高等院校相关专业师生参考、阅读。

图书在版编目（CIP）数据

东方考古 . 第 20 集 / 山东大学《东方考古》编辑部编 . —北京：科学出版社，2022. 12

ISBN 978-7-03-074624-5

Ⅰ . ①东… Ⅱ . ①山… Ⅲ . ①考古学－研究－亚洲－文集 Ⅳ . ① K883-53

中国版本图书馆 CIP 数据核字（2022）第 255426 号

责任编辑：董　苗 / 责任校对：邹慧卿
责任印制：肖　兴 / 封面设计：陈　敬

科 学 出 版 社 出版

北京东黄城根北街 16 号
邮政编码：100717
http://www.sciencep.com

中国科学院印刷厂 印刷

科学出版社发行　各地新华书店经销

*

2022 年 12 月第　一　版　　开本：787 × 1092　1/16
2022 年 12 月第一次印刷　　印张：21 1/2　插页：4
字数：510 000

定价：180.00 元

（如有印装质量问题，我社负责调换）

《东方考古》编辑委员会

目　录

Contents

基思·马克尔瑞及其《海洋考古学》的学术价值

（独立学者 上海郑和研究中心特约教授）

内容提要： 海洋考古学的先驱之一基思·马克尔瑞（Keith Muckelroy）所著《海洋考古学》自1978年出版以来，一直是各国海洋考古学研究和教学的必读书之一，至今仍然被广泛认为是海洋考古学里程碑式的奠基性著作。尽管四十多年来出现了许多关于海洋考古学的研究成果，但基思这部深思熟虑的著作及其对海洋考古学理论方法的研究依然是经典之作，至今还有着一定的参考价值。即使这部《海洋考古学》属于四十年前的研究成果，今天读来依然令人印象深刻，而且还没有一本其他著作能直接取代它的位置，这证明了基思的成就。本文通过对基思·马克尔瑞及其学术活动的介绍，希望对《海洋考古学》的学术价值以及影响有一个全面的认识。

关键词： 海洋考古学 水下考古 船舶考古 基思·马克尔瑞

海洋考古学兴起于20世纪五六十年代。在半个多世纪的学科发展史上，英国海洋考古学家基思·马克尔瑞及其开创性的《海洋考古学》一直占有相当的位置。基思对于考古学理论的贡献，尤其是对沉船形成过程的研究，可以说长期无人超越，始终受到推崇[1]。即使过了四十多年，仍然被称为"备受欢迎的补充"[2]。在大多数海洋考古学的课程中，不管是入门级或者深入级的，这部《海洋考古学》也一直被列为必读之书。有学

---

[1] Matthew Harpster, Muckelroy Keith. Extreme Environments. *Encyclopedia of Global Archaeology*, 2014; Paula Martin, Muckelroy Keith. Underwater and Maritime Archaeology. *Encyclopedia of Global Archaeology*, 2014; Barbara Ann Kipfer. *Encyclopedic Dictionary of Archaeology (2nd ed)*, Old Saybrook, CT, 2021: 820、1621; Matthew Harpster. Keith Muckelroy: Methods, Ideas and Maritime Archaeology. *J Mari Arch*, 2009(4): 67-82; Joyce Steinmetz. *Mid-AtlanticC Deepwater Shipwreck Study: Side-Wheel Paddle Steamer Admiral Dupont*, 1847-1865, https://www.academia.edu/5292541; Du Plat Taylor. Review of Keith Muckelroy (ed.): Archaeology underwater. *An Atlas of the World's Submerged Sites*, London & New York: McGraw-Hill, 1980. in: *Antiquity*, 1981, 55(213), Published online by Cambridge University Press, January 2, 2005: 66-67; David Gibbins. Analytical approaches in maritime archaeology: a Mediterranean perspective. *Antiquity*, 1990, 64(243), Published online by Cambridge University Press, January 2, 2015: 376-389.

[2] George F. Bass. *Review of Keith Muckelroy: Maritime archaeology*. Cambridge: Cambridge University Press, 1978. in: *Antiquity*, 1980, 54(210): 67-68.

者甚至说这部书应该得到跟西方考古学大师大卫·克拉克教授（David L. Clarke）代表作《分析考古学》一样的评价①。

本文通过对基思·马克尔瑞及其学术活动的介绍，希望对《海洋考古学》的学术价值以及影响有一个全面的认识。

一、英年早逝

基思·马克尔瑞生于1951年9月6日，1970年考进剑桥大学考古系。剑桥大学考古系有一个灵活的研究传统，就是鼓励学生从第一学年开始专攻某一项科目，也可以选择一个广泛的开始，第二学年再专注一门或者两门科目。显然，基思很早就对水下考古产生兴趣，第二年开始参加水下勘探小组（CUUEG），在潜水官杰夫·都伯里（Jeff Dubery）的指导下学习潜水。这个小组是1957年成立的，吸引了来自建筑、工程和自然科学的参与者，不完全是一个考古学团体，基思是该组织这些年唯一一位考古专业的学生，很快他就成为该组织的助理潜水员。

1973年，他带领一个由来自不同学科的潜水员组成的探险队，对利比亚阿波罗尼亚（Apollonia）的水下港口结构进行调查、测绘和研究。同年，在水下勘探小组的推荐下，他加入了英国伯明翰阿斯顿大学组织的位于设得兰岛的发掘工作，主要发掘17世纪荷兰东印度公司"肯内默兰号"沉船（Kennemerland），并在1974年共同撰写了关于该遗址的第二季发掘报告②。对这艘从荷兰运货到荷属东印度群岛的武装商船的发掘是海洋考古学最早的实践之一。对基思·马克尔瑞来说，这个分散的遗址成为他研究沉船形成过程的主要焦点，他很快成为这一新领域的主要实践者和理论家之一③。

在格雷厄姆·克拉克（Grahame Clark）教授和大卫·克拉克教授的指导下，基思·马克尔瑞于1974年夏天毕业并获得本科学位，来到位于苏格兰东海岸的圣安德鲁斯大学海洋考古研究所担任研究助理一职。这个研究所是1973年才成立的，基思在所长科林·马丁（Colin Martin）的带领下，共同从事发掘和研究沉没于爱尔兰和苏格兰沿海的西班牙无敌舰队船只"特立尼达·巴伦西亚"号和"大格里丰"号以及马尔海峡的"达特茅斯"号快速舰遗址，长达六年之久。在这个时期，正像基思在其前言中所提到的，他已经开始构思这部《海洋考古学》的结构和内容。其中最令人激奋的和富有创造力的真知灼见都是在与大海的直接联系中产生的。海洋使他的思想日臻成熟，并独具特色④。

在1975年至1978年期间，基思在《国际航海考古学杂志》《世界考古学》《不列颠尼亚》和英国航海协会季刊《水手之镜》等顶尖学术杂志上连续发表了七篇学术论

① Jonathan Adams. Comments on Keith Muckelroy: Methods, Ideas and Maritime Archaeology. *Journal of Maritime Archaeology*, 2009, 4(1): 83-85.

② Price, R., Muckelroy, K. The second season of work on the Kennemerland site,1973; an interim report.I. J. N. A., 1974(3): 257-268.

③ Muckelroy, K. The Integration of Historical and Archaeological Data Concerning an Historic Wreck Site: the Kennemerland. *World Archaeology*, 1976, 7(3): 280-290.

④ 科林·马丁（Colin Martin）：《致中国读者》，《海洋考古学》，海洋出版社，1992 年，1、2页。

文，引起国际学术界的重视。

　　1977年，基思离开圣安德鲁斯，回到剑桥攻读研究生，他的兴趣集中于对欧洲青铜时代晚期沉船遗址的研究。对于英格兰南部沿海两处青铜时代沉船遗址的探索，充实了他的理论研究，并为他发展水下遗址调查和各种资料分析技术的方法奠定了基础。他以后陆续发表的著述，展示了史前遗址是如何以一种特有的方式使考古学记录熠熠闪光彩的[①]。

　　同年，基思接到英国国家海事博物馆考古研究中心邀请担任考古潜水员一职，他的学术成就在英国学术界已经广为人知，无疑可以使他对海洋考古学在世界范围内的广泛发展起到持久和重要的作用。他热爱这一事业，并已经为之做出了如此卓越的成绩。10月，开始准备博士论文《论海洋考古学与晚期青铜时代跨渠道联系的几个问题》，并在12月完成了他第一部学术著作《海洋考古学》的初稿。

　　1978年，他继续在"肯内默兰号"进行第五季的发掘工作，并担任水下探险小组（CUUEG）的考古主管。这一年，他的《海洋考古学》出版（图一），被誉为"由一位

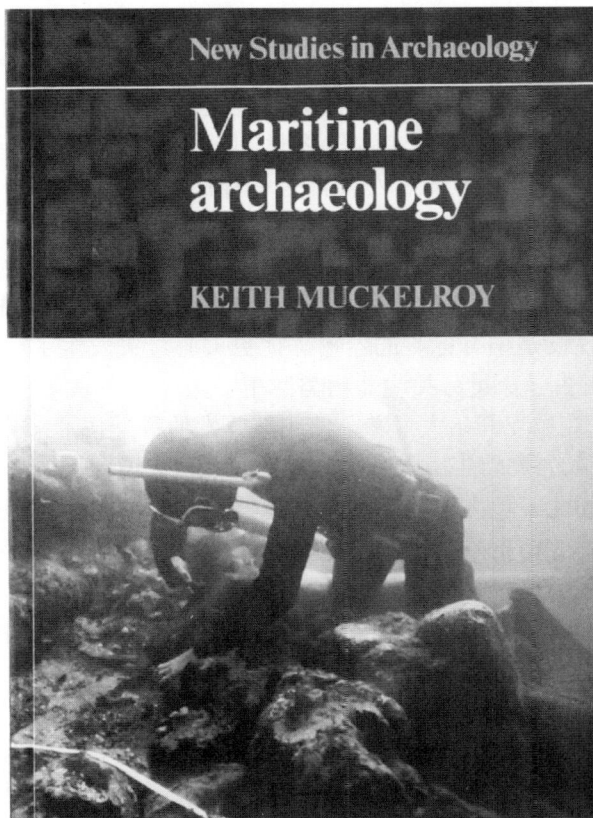

图一　《海洋考古学》封面
（图中的潜水员就是基思·马克尔瑞）

---

① Muckelroy, K. Historic Wreck Sites in Britain and Their Environs. *International Journal of Nautical Archaeology*, 1977, 6(1): 47-57; Muckelroy, K. A Possible Seventeenth-Century Dutch Backstaff. *The Mariner's Mirror*, 1977(63): 213-214.

备受尊敬的英国海洋考古学家撰写的重要著作"，代表着"水下考古学时代的到来"。

1979年和1980年同样忙碌，他带领水下探险小组前往希腊的普利特拉，并对德文郡兰登湾附近的第二个青铜时代遗址进行进一步调查[1]，同时准备另外两部书稿的草稿。

1980年，基思·马克尔瑞刚刚过完29岁的生日，正是风华正茂之时，却不幸在苏格兰第六大湖泰湖（Loch）的一次潜水事故中去世，年轻鲜活的生命戛然而止，学术界失去了一位才识过人的青年学者，实在是令人扼腕长叹！他的最后两部学术著作《水下考古学：世界水下遗址地图集》和《发现历史沉船》，在他去世后才得以出版[2]。

二、学有师承

英国剑桥大学考古学专业在英国乃至全球都是声名卓著的，已有百年历史，一直被誉为考古学家的摇篮。这里不仅汇聚了全球最顶尖的导师和最先进的仪器设备，也孕育了学术界最新的研究理念。基思在剑桥大学有幸得到了两位著名考古学大师的教诲，让他的学术观念与以往考古学家所采用的传统主义或历史学方法迥然有异。基思《海洋考古学》一书也揭示了他如何师承往哲先贤的精髓，在史前考古学的基础上，坚持了20世纪70年代逐渐成熟的新考古学基本原则[3]。

有趣的是基思的两位老师的姓发音都是一样的，格雷厄姆·克拉克（Grahame Clark）和大卫·克拉克（David L. Clarke）。

格雷厄姆·克拉克教授（1907～1995年）是20世纪最重要的史前学家之一，专门研究中石器时代的欧洲史和古经济学。克拉克充满活力的研究领域包含了景观、经济和社会主题，而不仅仅是贴有标签的器物。他更关心过去发生了什么，而不是如何或为什么。这与其他考古学家过分关注器物类型相反。

从1972年起，克拉克开始大量参与使用新开发的科学技术来分析考古材料。受德国和斯堪的纳维亚考古模式的影响，克拉克利用民间传说和民族志来更好地了解史前的生存方式。尽管如此，他并没有不加批判地使用这样的类比，他相信当较旧和较新的社区之间存在持续的历史联系，并且他们都生活在非常相似的环境条件下时，它们才最有用。

克拉克助力将史前考古学确立为"完全专业的学科"，具有明确概述的目标和方法及基础。他是生态学、功能主义考古学方法的先驱，也是第一位撰写全球人类史前史的考古学家。

基思·马克尔瑞非常推崇克拉克教授的代表作《考古学与社会》，尤其是关于遗址保护的一章，启发了基思《海洋考古学》的很多想法[4]。克拉克关于环境因素对遗址

---

① Muckelroy, K. Two bronze age cargoes in British waters. *Antiquity*, 1980, 54(211): 100-109.

② Muckelroy, K. *Archeology Under Water: An Atlas of the World's Submerged Sites*. McGraw-Hill, New York, 1980; Muckelroy, K. *Discovering a Historic Wreck: A Handbook Offering Some Advice on What to Do When You Find an Archaeological Site Under Water* (*Handbooks in Maritime Archaeology*). National Maritime Museum, 1981.

③ Matthew Harpster. Keith Muckelroy: Methods, Ideas and Maritime Archaeology. *J Mari Arch*, 2009(4): 67-82.

④ Clark, G. *Archaeology and society*. London: Methuen and Co., Ltd, 1939.

保存情况的影响分析、文化重建的思路深刻影响了基思。正如克拉克写的干热或湿冷的气候一样，基思写的是海流、海浪和风向。克拉克讨论不同类型的土壤，基思用同样的方法讨论了海床的坡度、地形以及不同的沉积物。基思将克拉克的气候和地质过程转化为水下分解和海床运动。克拉克关于社会行为的第三部分，同样启发基思讨论在水中的打捞活动。最终，基思破译沉船遗址形成的过程与克拉克描述人工制品生存或消失的章节异曲同工[①]。

另外一位学者大卫·克拉克（1937～1976年）是格雷厄姆·克拉克教授的学生，以过程考古学（另译为"新考古学"）而闻名。1964年他在剑桥大学获得博士学位，导师就是格雷厄姆·克拉克教授。

大卫·克拉克教授早期研究分析考古学，重视系统论、量化和科学推理在考古学中的应用，并将生态学、地理学和比较人类学牢牢地纳入考古学的范围内。他强调一个合格的考古学家必须具备这些学术知识。他的代表作《分析考古学》对基思的影响最大[②]。

大卫·克拉克试图建立一系列解释考古学数据的科学分析方法，并试图证明这些方法如何成为考古学的基础。从本质上讲，这是一个供其他考古学家遵循的指南，在这种情况下，基思就是这些考古学家之一。他对基思的统计学和系统理论的应用产生了全面的影响，并为他提供了可以进行分析和测试想法的框架。基思统计分析的大部分应用都采用了《分析考古学》中的观点。

《海洋考古学》对于古代社会的认识方式，也参考了《分析考古学》所探讨的社会子系统的体系。在探索海洋考古学这一新分支学科的理论框架时，基思通过不同层次的研究来充分估价出各个沉船遗址的意义，勾勒出这一分支学科的整个范围。这种分析层次与《分析考古学》中提出的分析层次非常相近，但克拉克教授采用周密的分析方法是为了从器物和器物组合方面获取大量的知识，基思则花了很多精力论及遗址及其形成过程。

克拉克教授知识渊博，且乐于提携后进，对学生给予极大的包容和鼓励，深受基思和其他学生的热爱。基思的这本《海洋考古学》就是1974年受克拉克教授的委托，成为其《考古学新研究》出版系列的一部分，于1977年12月完成的。可惜克拉克教授在1976年突然死于败血症，基思·马克尔瑞在前言中把《海洋考古学》作为献给老师的礼物。他深情地说："令人悲痛的是，这本曾得到他大力支持的著作，现在却只能作为一件菲薄的奉献品来报答他的恩情了。"[③]

除了这两位考古学大师之外，基思的导师还包括"世界水下考古之父"乔治·巴斯（George Bass）教授。1960年，他率领美国宾夕法尼亚大学的考古队员对土耳其格里多亚角沉船进行的水下调查和发掘，是世界上最早并且最规范的水下考古实践。他建立的标准、理论及工作程序，在很长时间内一直是考古工作者努力遵循的楷模[④]。他主编的《基于水下考古学的航海史》也是基思推崇的经典之作，在他的书中多次引

---

① Matthew Harpster. Keith Muckelroy: Methods, Ideas and Maritime Archaeology. *J Mari Arch*, 2009(4): 67-82.

② David L. Clark. *Analytical archaeology*. London:Methuen and Co., Ltd, 1968.

③ 〔英〕基思·马克尔瑞著，戴开元、邱克译：《海洋考古学》，海洋出版社，1992年，12页。

④ 〔英〕基思·马克尔瑞著，戴开元、邱克译：《海洋考古学》，海洋出版社，1992年，17页。

用。巴斯教授认真阅读了基思的《海洋考古学》，并提出了很多建设性的意见。他将基思视为海洋考古学领域的领军人物。当然，他更喜欢基思的另一部专著《水下考古学》，因为他认为《海洋考古学》的研究过于学术化。

科林·马丁（Colin Martin）是基思在圣安德鲁斯大学工作期间的导师，他指导了基思对西班牙舰队船只的突破性研究，为基思提供该书许多观点得以产生的知识背景，还通读了全书初稿并和他讨论过其中的不少章节。他跟巴斯教授一样，已经花了十年的时间来完善水下调查和发掘的技术，并证明了这些成果与在陆地上获得的成果一样行之有效和富有价值。作为一个年轻的后来者，基思的角色是在这些基础上承嬗离合，将海洋考古学发展成一门成熟的学科。正如许多人所评论的那样，基思的研究朝着这个方向迈出了自信的第一步（图二）。

图二　1977年基思（左）与马丁夫人（右）在考古现场

三、薪火相传

基思·马克尔瑞的英年早逝虽然留下了无尽的遗憾，让后人痛心惋惜，但他的名字并没有渐渐消弭，无人铭记。恰恰相反，四十多年来，基思形骸虽无但精神不灭，他的理论通过其《海洋考古学》承前草创，启后规模，影响了几代学者不断在海洋考古学这条艰难的路程上砥志研思，深稽博考。

曾经写过《考古学与船舶社会史》的美国布朗大学考古学教授古尔德（Richard Allan Gould）回忆说，他1977年在剑桥出版社见到基思之前，对海洋考古完全没有概念，由于跟基思多次兴奋的交谈才对海洋考古产生兴趣。"正是基思，而不是别人，将这种观念移植到我的大脑中，即水下考古学拥有学术上的合理性，而绝不只是神秘详细的航海故事和航海技术。""他的《海洋考古学》为我沿此方向开辟了途径。

二十年后，对于熟悉基思工作的人来说，其卓具才智的影响在我的书中将明晰可见。对于在这一航行之始他所给予的激发与鼓励，我深为感激。"①

20世纪80年代，美国有越来越多的海洋考古学家受到了基思·马克尔瑞的影响。在这些研究人员中，有佛罗里达州立大学的乔治·费舍尔（Fischer）及其学生。1983年，费舍尔领导了对1748年英国军舰"富伟号"（HMS Fowey）的系统性发掘，就像基思·马克尔瑞在"肯内默兰号"所做的一样，使用网格系统和分层取样策略来确定文物模式。菲舍尔的学生在研究沉船遗址的过程中，也继续应用过程考古学理论，以寻求比较沉船文物组合中的定量模式②。

1998年出版的《海洋考古学：实质性和理论性贡献的读本》一书面向有志于从事海洋考古的学生以及关心海洋考古的公众，对该学科的发展和现状提供了及时的观察和评论。该书特意转载了基思《海洋考古学》一书中的三个章节，作为对他的致敬③。

1999年，中国海洋考古学家、厦门大学吴春明老师在他早期研究海洋考古学的论文中也多次引用了基思这部书的观点和资料④。

进入千禧年后，基思·马克尔瑞的遗址分布模式继续影响着世界各地的海洋考古学家。科林·马丁以基思的技术为基础，对整个北欧的遗址进行了研究⑤。托马林（Tomalin）等人在2000年有意识地遵循这一方法，在英国怀特岛附近的泼默恩（Pomone）遗址取得了同样令人印象深刻的证明。马丁·吉布斯（Martin Gibbs）2006年的一篇论文扩展了基思的模型，以考察灾难发生时的人类行为以及人与沉船之间的长期关系。该模型通过对参与灾难的人类的研究，将人类活动描述为围绕失事时间的不同阶段⑥。

2016年，马修·基思（Matthew E. Keith）在其主编的《沉船遗址的形成过程》（*Site Formation Processes of Submerged Shipwrecks*，佛罗里达大学出版社）导言中概述了海洋考古学中遗址形成理论的发展，介绍了基思·马克尔瑞的基础性工作，并采用了他开发的流程图方案，用于解释环境和遗址的形成过程⑦。2017年南安普敦大学的莎拉·霍兰德（Sarah Holland）在她的博士论文《沉船简史：重新调查和持续管理英吉利海峡沉船遗址的综合方法》中基于《海洋考古学》的理论，对适合重新调查的分散性

① 〔英〕理查德·A.古尔德主编，张威、王芳、王东英译：《考古学与船舶社会史》，山东画报出版社，2011年，71页。
② Chuck Meide. *The Development of Maritime Archaeology as a Discipline and the Evolving Use of Theory by Maritime Archaeologists*, 2013, https://www.academia.edu/4376520.
③ David J. Stewart. Northeast historical Archaeology, *Maritime Archaeology: A Reader of Substantive and Theoretical Contributions*, The Plenum Series in Underwater Archaeology. Plenum Press, New York and London, 1998(27).
④ 吴春明：《试说海洋考古与社会经济史学的整合》，《中国社会经济史研究》1999年1期，1～7页。
⑤ Joe Flatman and Mark Staniforth, *Historical maritime archaeology*, October 2006, 10.1017/CCO9781139167321.010, https://www.researchgate.net/publication/32894250.
⑥ Martin Gibbs. *Cultural Site Formation Processes in Maritime Archaeology: Disaster Response, Salvage and Muckelroy 30 Years on*, First published: January 6, 2006, https://doi.org/10.1111/j.1095-9270.2006.00088.xCitations: 21.
⑦ Robert Witcher. MATTHEW E. KEITH (ed.). *Site formation processes of submerged shipwrecks*. Gainesville: University Press of Florida, 2016; SEAN A. KINGSLEY. *Fishing and shipwreck heritage: marine archaeology's greatest threat?* London & New York: Bloomsbury, 2016; Reviews New Book Chronicle by Antiquity Publications Ltd, 2016.

遗址提出新的解决方案①。

一直到2020年，在巴西塞尔吉佩联邦大学鲁阿娜·巴蒂思塔·古拉尔特（Luana Batista-Goulart）研究沉船遗址形成过程的论文中依然重视"第一个研究沉船遗址考古学形成过程的考古学家基思·马克尔瑞及其名著《海洋考古学》一书"②。

此外，基思的同事和朋友们通过建立"基思·马克尔瑞纪念奖"（The Keith Muckelroy Memorial Award），评选出英国海事、航海或水下考古学方面的最佳作品，让基思的开创性思想和学术理念在世界范围内得以传承和发展③。

作为勉励后学的精神遗产，"基思·马克尔瑞纪念奖"旨在奖励涉及海洋、航海或水下考古学的优秀出版物，作者的国籍、书籍出版地点以及项目地点均不受限制，但要求提交作品必须用英文写作。从 2004 年起，"基思·马克尔瑞纪念奖"已经成为英国考古奖的一部分，由基思·马克尔瑞信托基金（Keith Muckelroy Trust）、IFA海事小组、航海考古学会和地方政府考古官员协会海事委员会赞助。

该奖项的评委有他的老师和同事科林·马丁博士（圣安德鲁斯大学）、保拉·马丁博士（Dr Paula Martin，《国际航海考古学杂志》编辑）、戴夫·帕勒姆（Dave Parham，伯恩茅斯大学）、马克·雷德克纳普博士（Dr Mark Redknap，威尔士国家博物馆）和艾莉森·谢里丹博士（Dr Alison Sheridan，苏格兰国家博物馆）等。

"基思·马克尔瑞纪念奖"没有奖金，只有一个证书和奖杯，但还是吸引了众多的学者参与。海洋考古学者们也以获得这项奖项为荣。如澳大利亚的吉米·格林（Jeremy Green）是航海考古学委员会成员、西澳大利亚大学史前史中心荣誉研究员、考古学研究所研究员、澳大利亚人文科学院研究员和航海考古学研究所研究助理，科廷科技大学和詹姆斯-库克大学的兼职副教授，也是《国际航海考古学杂志》的顾问编辑。在自我介绍中他把获得"基思·马克尔瑞纪念奖"作为自己的殊荣④。顺便说一下，这位格林先生对中国海洋考古学也有相当的贡献，后面还要提及。

由于疫情缘故，我们迄今还没有看到2020年"基思·马克尔瑞纪念奖"的评奖活动的报道。纵览历年"基思·马克尔瑞纪念奖"的评比资料，被提名的作品都具有一定的学术水准，其主题具有相当的广度和深度。例如，2013年"基思·马克尔瑞纪念奖"得主为巴里·坎利夫（Barry Cunliffe）的《不列颠的开端》（*Britain Begins*，牛津大学出版社）。该书以海洋视角贯穿整个论证过程，给评委们留下深刻的印象。这正是吸引基思的那种视角和理念，它融合了海洋考古学的所有方面，对英国各民族的起源提供了一个新颖的看法，构成了对英国历史的一个非常易于理解的介绍。

2015年的"基思·马克尔瑞纪念奖"得主为斯图亚特·尼德汉姆（Stuart Needham）等人撰写的《大海的召唤》（*Claimed by the Sea*），其清晰无缝的叙述，体现了基思的思想，即将这些遗址视为水下考古学和陆地考古学之间的桥梁，跨越了当时存在并在

① Sarah Holland. *Shipwreck bibgraphies:an integrated methodology for the re-investigation and ongoing management of shipwreck sites of the English Channel*, https://www.researchgate.net/publication/318046921.

② Luana Batista-Goulart. *A methodology for studying shipwreck sites formation processes*, https://hal.archives-ouvertes. fr/hal-02463968, Submitted on Feb 4, 2020.

③ 参见https://www.nauticalarchaeologysociety.org/keith-muckelroy-award。

④ 参见*Australian Archaeology*, Number 66, June 2008: 94的报道；另见https://www.extension.uwa.edu.au/tutor/623。

某种程度上仍然存在的观念鸿沟。如果没有基思的开创性努力，这些最初未受保护的遗址就得不到科学的发掘，也不会以这种规范的方式整理出这份出版物。从发现和发掘遗址的方法到地貌学分析以及遗址形成过程的建模，创造了对古老历史的新理解，评委们一致认为这部书是对海洋考古学的重大贡献。

在对提交的作品进行排名时，评委们遵循的标准是，获奖作品应该是"最能反映基思·马克尔瑞的兴趣和愿望"。换句话说，基思自己会选择哪一个？如果基思在天之灵有知，一定会含笑九泉的。

四、《海洋考古学》的学术价值

（1）首先是基思·马克尔瑞对海洋考古学的明确定义。基思的兴趣主要集中于水下遗址的分析调查和解释，这也是他的博士论文和许多出版物的主题。在他的时代，海洋考古学作为考古学的分支学科还很年轻，但已不再是一个新鲜事物。英国特别是剑桥大学的考古学前辈们正在吸收新的哲学思想和分析方法，并尝试应用在海洋考古学的研究中。因此，基思浸润在剑桥大学这个"考古学理论温室"浓厚的学术氛围中，很早开始从哲学的角度思考海洋考古学的理论范畴，从而前瞻性地对海洋考古学的本质属性做深入的思考。

基思《海洋考古学》探讨了海洋考古学的各种特征，把学科定义为"对人类及其海洋活动物质遗存的科学研究"[①]。他明确指出，研究的首要对象是人，而不是研究者直接接触的船只、货物、设备或仪器。考古学与其说是研究遗物本身，不如说是通过遗物来了解制造或使用它们的人。其次，他强调海洋考古学关心的不仅仅是船舶，而是与最广泛意义上的海洋活动有关的一切物质。海洋考古学涉及海洋文化的各个方面，不仅有技术问题，还包括社会、政治、经济、宗教及其他许多方面的问题，从而使这一年轻并且缺乏系统理论基础的考古学分支具有明确的内涵[②]。查克梅德（Chuck Meide）评价说，自基思以来，没有一位考古学家的观点对海洋考古学产生了如此深远的影响。有了这个框架，该学科明显走向了对人类、陆地和海洋之间关系更加全面的理解[③]。

基思·马克尔瑞让海洋考古学作为一个分支学科的概念很快获得学术界的认可，其独具特色的方法论以及对历史现象的评判方式，形成了解释海洋文化遗产问题的现代科学观点[④]。海洋文化遗产被定义为与航行和人类发展所有方面相关的物质和非物质文化遗产的总和[⑤]。正是由于基思的影响，"海洋考古学"一词在很大程度上取代

① 〔英〕基思·马克尔瑞著，戴开元、邱克译：《海洋考古学》，海洋出版社，1992年，3页。
② 吴春明、张威：《海洋考古学：西方兴起与学术东渐》，《中国海洋大学学报》（社会科学版）2003年3期，43～49页；吕章申：《中国国家博物馆水下考古成果》，安徽美术出版社，2015年，27页。
③ Chuck Meide. *The Development of Maritime Archaeology as a Discipline and the Evolving Use of Theory by Maritime Archaeologists*, 2013, https://www.academia.edu/4376520.
④ David Berg Tuddenham. *Maritime Cultural Landscapes, Maritimity and Quasi Objects*, Published online: May 8, 2010.
⑤ Nikolaev Ivan. *Maritime Cultural Heritage: The History of the Formation and Development of the Concept on the Example of Great Britain*, 2020, DOI: 10.36343/SB.2020.21.1.002.

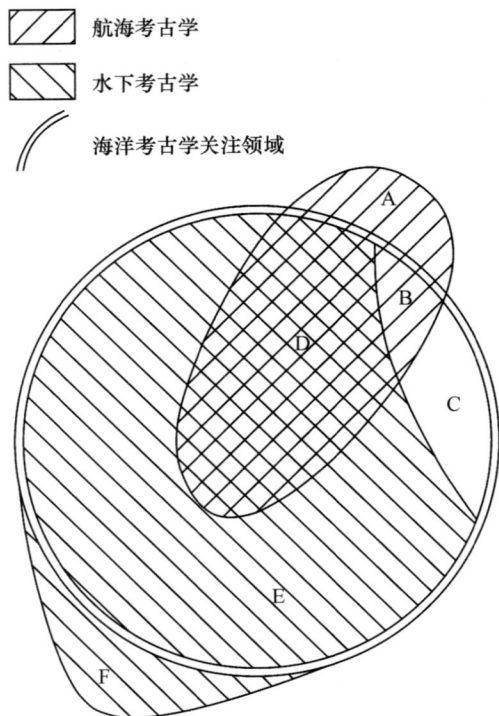

图三　航海考古、水下考古与海洋考古的关系

了其他曾经常用的术语，如航海考古学、水下考古学、船舶考古学等①。图三表示海洋考古学与船舶考古学和水下考古学之间的关系。双线圆圈以内表示海洋考古学，其他两门学科如船舶考古学和水下考古学各有一小部分被排除在外。船舶考古学的这一部分是指在完全与海洋无关的环境里发现的古船，例如，随葬船（A）。水下考古学的这一部分是指与海洋活动没有直接关系的遗址，例如沉没于水下的古代陆上遗址（F）。水下考古学的主体仍与海洋活动有关，包括对航海技术的研究（D）以及其他许多方面（E）。除此之外，海洋考古学还包括不在水下却与古代航海有关的材料（即拖到岸上的古船）和与整个过去的海洋活动有关的遗址（即干涸的遗址 B 和遗址 C）。

（2）其次，基思·马克尔瑞开发了沉船形成过程模型，对水下遗址形成过程有了更系统的了解，可以更好地理解现存的考古记录，并澄清影响沉船遗址的全部考古学背景。四十年来，这一方法已被广泛应用于考古沉船遗址的发掘、记录和解释。可以说，这是基思《海洋考古学》最主要的贡献之一②。

基思认为，在海洋考古学中，任何正确的结论都取决于对沉船过程的认识。因此，对沉船过程的研究必然在海洋考古学中占有中心地位。通过了解遗址的形成过程，考古学家可以更准确地了解文物的分布和沉船的腐烂，从而更完整和准确地重建船上的生活。但以往许多沉船遗址的考古报告往往对沉船的过程及其以后的情况轻率地做出不合实际的臆测，从而降低了其价值和权威性③。

在 1973 年至 1978 年的发掘工作中，基思·马克尔瑞直接受到已经用于陆地遗址的类似模型的影响，开发了研究分布模式的统计方法。1976 年，基思在《世界考古学》发表题为《沉船遗址的历史与考古数据整合研究——以"肯内默兰号"为例》一文中，首次提出了沉船遗址形成过程的理论构想。

1978 年，基思·马克尔瑞在《海洋考古学》中扩展了该理论，用很大篇幅详细地讨论了沉船遗址和地貌的形成过程。在他提出的 11 个影响遗址形成的因素中，有 4 个是地貌因素，包括他发现的决定考古遗迹生存最重要的三个因素：水下地形、最粗沉

---

① Chuck Meide. *The Development of Maritime Archaeology as a Discipline and the Evolving Use of Theory by Maritime Archaeologists*, 2013, https://www.academia.edu/4376520.

② David Gibbins. Analytical approaches in maritime archaeology: a Mediterranean perspective. *Antiquity*, 1990, 64(243), Published online by Cambridge University Press, January 2, 2015: 376-389.

③ 〔英〕基思·马克尔瑞著，戴开元、邱克译：《海洋考古学》，海洋出版社，1992 年，162 页。

积物的性质和最细沉积物的性质①。接着，他用流程图表示沉船遗址形成过程的理论（图四），并使用统计模型来澄清大量的数据，以辨别沉船过程中的模式。这些想法以前从未被提出过②。

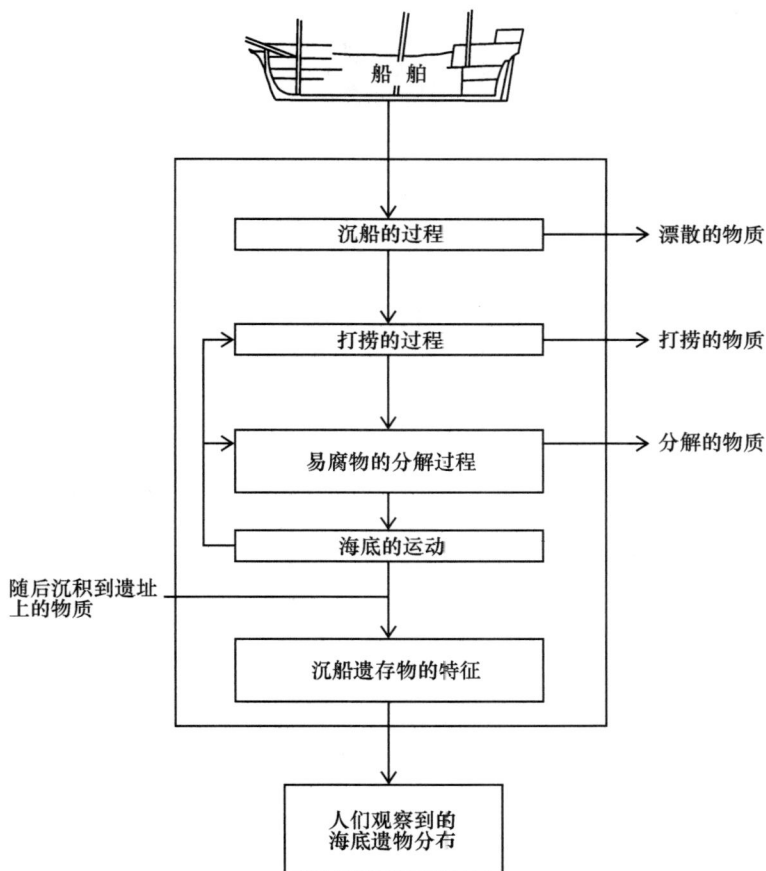

图四 沉船形成的过程

　　他的这些概念与新考古学呼吁更加科学的分析方法不谋而合，并首次将其引入到水下沉船研究当中（图五）。基思的沉船遗址形成理论成为解释沉船遗址的经典模型，直至今天，对水下遗址（尤其是沉船遗址）堆积物的讨论研究，都要从基思的《海洋考古学》谈起。所以有学者称基思·马克尔瑞在海洋考古学界"引起了一场革命"③。

① Matthew E. Keith (ed.). *Site formation processes of submerged shipwrecks*. Gainesville: University Press of Florida, 2016: 17-43;〔英〕基思·马克尔瑞著，戴开元、邱克译：《海洋考古学》，海洋出版社，1992 年，169页。

② M. Secci, et al. A Living Shipwreck: An integrated three-dimensional analysis for the understanding of site formation processes in archaeological shipwreck sites. *Archaeological Science: Report*, 2021(35); Chuck Meide. *The Development of Maritime Archaeology as a Discipline and the Evolving Use of Theory by Maritime Archaeologists*, 2013, https://www.academia.edu/4376520.

③ Yftinus van Popta. *Lost Islands, Drowned Settlements and Forgotten Shipwrecks: interaction between aspects of the maritime cultural landscape of the former Zuiderzee (AD 1100–1400)*, 2015, https://www.academia.edu/35876871.

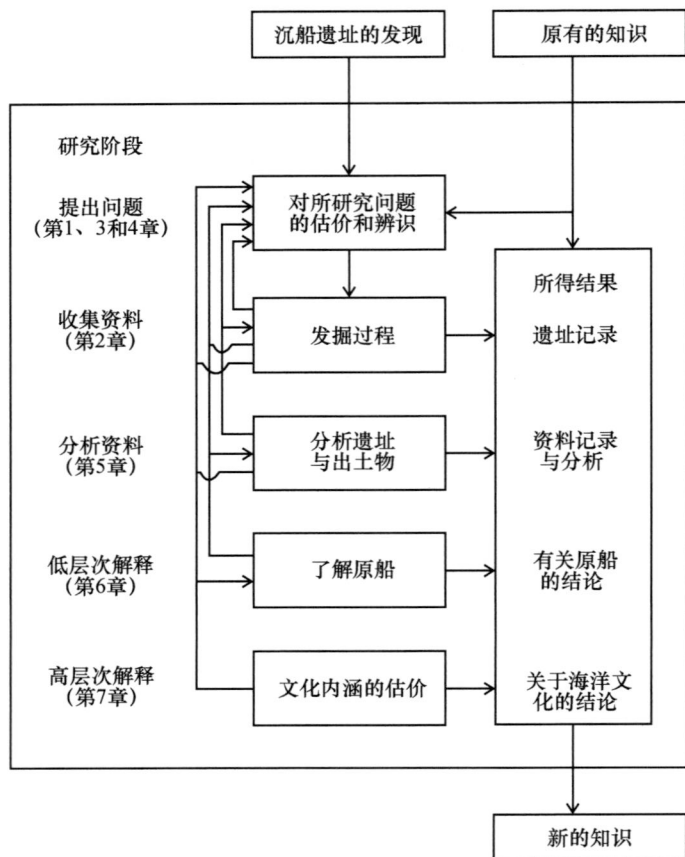

图五　研究沉船遗址的方法

（3）基思·马克尔瑞提出船舶是前工业社会的一个非常特殊的特征，船员也形成了一种非常特殊的社会群体，具有特定的海洋文化，并受到当时经济和社会框架以及周围海洋环境和与船舶本身关系的影响。基思提出了一个解释框架，用于在其历史背景下更好地理解沉船，这个框架系统的三个方面是：①船舶作为一种机器，旨在利用动力源作为运输工具；②船舶作为军事或经济系统的一个组成部分，提供其基本存在理由；③船舶作为一个封闭的社区，有自己的等级制度、习俗和惯例。在回顾历史上人们对船舶及其作用的理解时，可以看到他对"系统"的明确表述，即船舶的技术机构与总体的政治和经济意识形态及社会理想交织在一起。许多海洋考古学家在寻求了解船舶作为更大文化系统一部分的时候，这一模型已被证明是卓有成效的①。

（4）基思·马克尔瑞善于衡量学科变化的趋势，并且具有挖掘新考古学时代精神的能力。剑桥的学术环境对他方法论的形成起到了根本性的作用，但基思并不是简单地模仿或者套用。在分析沉船遗址的环境时，他利用海岸形态学的方法，保持了克拉

---

① Johan Rönnby, et al. *Interpreting shipwrecks. Maritime archaeological possibilities*, January 2013, https://www.researchgate.net/publication/299428001；〔英〕基思·马克尔瑞著，戴开元、邱克译：《海洋考古学》，海洋出版社，1992 年，231 页。

克教授应用生物科学方法的习惯，以及整合各个不同社会科学的做法。他将海洋考古学定义为一种科学实践，应该以问题为导向，追求核心问题并在此过程中不断进步。他在书中对计算机潜力的讨论，反映了这个时代考古学的技术性越来越强，在许多方面，没有计算机就不可能完成。当然，他的研究也包括了系统理论和基于归纳推理的一般规则，所有这些都是新考古学的标志[1]。

基思·马克尔瑞在他的第二篇文章《调查分散的沉船遗址的系统方法》（1975年发表在《国际航海考古学杂志》上）中已经包含了他在克拉克等教授的指导下应用统计方法的尝试。具体而言，基思展示了矩阵分析和数字分类法如何被用作解释分散沉船遗址的手段，以及这些遗址如何因此值得进行多学科的考古学研究。

矩阵分析是一个统计过程，确定一组样本的相似、相关或差异程度。这些样本可以是任何特定的东西，但集合中的每个样本必须由一组共同的离散特征来量化，根据这些样本来推断古代社会的情况需要应用概率统计学的原理和方法，由此得到的结论和知识才能具有统计性质，才能避免主观臆测。基思把分散的沉船地点定义为缺乏连贯的船体结构，需要确定整个考古现场不同文物类别之间的相关性和关联性，并对这些文物样本进行比较以确定其相似度。在他的分析中，文物类别的集群似乎与它们在船上的作用相匹配：最大的集群是货物，而外围的集群是设备、供给或船员个人物品。他证明了有可能定量地、而不仅仅是凭直觉来确定分散沉船遗址上哪些文物类别是货物的一部分，哪些是个人物品。基思的统计方法本质上是可复制和可检验的，可以被反复应用于许多沉船遗址，每一次的结果都将是同样有效和可比较的。因此，这项研究是基思更大目标的第一步，即整理来自大量遗址的数据，并通过分析这些数据，确定准确描述水下遗址的一般规律。

五、《海洋考古学》在中国

1978年我考入山东大学历史系考古专业，跟随著名考古学家刘敦愿教授和蔡凤书副教授等老师系统地学习了跟考古学有关的各项课程。山大的考古专业是1972年开始创办的，我们应该是第三届学生，初创时期教学和生活条件比较简陋，刚刚进校时二十人住一个宿舍。但老师们治学严谨，一丝不苟，教学认真，循循善诱，学术氛围十分浓厚。我们同班同学年龄相差很大，平均年龄28岁（只有我和三位同学是高中应届毕业生），大多都是工作多年才得到高考的机会，所以非常珍惜这来之不易的学习时光。他们刻苦努力，拼搏进取，希望把被"文革"耽误的时间夺回来。同时，强烈的求知欲让大家不满足于国内现有的教材，总是想知道国外的研究现状。这样我受到了感染和激励，利用业余时间阅读过一些国外的考古学论文和专著，曾经翻译过英国考古学家罗纳德·杰苏坡（Ronald Jessup）撰写的《奇妙的考古世界》（*The Wonderful World of Archeology*）一书，作为我的毕业论文。

1982年本科毕业后，我考取了山东大学历史系中西交通史专业的硕士研究生，师从著名中西交通史专家张维华教授，开始对中国造船史和航海史发生兴趣。研究这些

---

① 〔英〕基思·马克尔瑞著，戴开元、邱克译：《海洋考古学》，海洋出版社，1992年，196页。

课题当然离不开考古资料，尤其是水下考古，一直吸引着我的注意力。

1983年5月我赴江西九江参加了中国航海学会（及其下属中国航海史研究会）组织的"纪念郑和学术讨论会"，认识了中国科学院自然科学史研究所的造船史研究生戴开元和他的导师、造船史专家周世德先生。戴开元1970年毕业于中国科技大学，后来在长江轮船上工作多年，研究造船史可谓得心应手。因此，我经常向他求教各种造船史的问题。

同年戴开元跟我分享了基思·马克尔瑞的《海洋考古学》，我们阅读后都认为这部书应该对中国未来的海洋考古学有所助益，就利用各自的业余时间（当时我俩都要应付研究生的课程）开始分工合作，前后花了一年的时间把这部《海洋考古学》翻译出来。海洋出版社虽然同意和支持我们翻译此书，但由于当时中国学术界对海洋考古学还没有太多的认识，征订结果非常不理想，所以出版之事一拖再拖，一直到1992年才予以付梓①。该书出版的时候，我们两人也不知道，因为戴开元已经去美国留学深造，我在读完博士之后选择了下海经商。

就在我和戴开元一起翻译《海洋考古学》的过程中，1983 年，周世德先生发表《海外交通史的研究与海洋考古》②；1983 年至 1984 年间，我也撰写了《海洋考古学与海交史研究》和《浅谈海洋考古学》两篇论文③。其中《海洋考古学与海交史研究》只是一个铅印本，作为山东大学历史系中西交通史教研室的教材分发给兄弟院校和科研机构（图六）；另外一篇《浅谈海洋考古学》发表在《海交史研究》1984年总第6期。我主要根据基思《海洋考古学》一书，也利用了其他的一些外文资料，简要介绍了欧美和日本海洋考古学的发展情况，并对海洋考古学的定义、方法、研究范围等问题进行了全面的探讨④。戴开元1984年在《科学史译丛》第2期上摘译过基思·马克尔瑞的部分内容，题名为《海洋考古学的发展史》。

这四篇文章是 1987 年之前中国学术界对海洋考古的基本认知，大部分知识都来自基思·马克尔瑞的《海洋考古学》，比中国考古学泰斗、时任中国社会科学院考古研究所所长的夏鼐先生在大百科全书"考古学"总条中的相关认识还要早，具有一定的学术史价值。实际上，1983年刘敦愿先生曾写信介绍我去拜访过夏鼐先生，并把《海洋考古学与海交史研究》这份铅印本送给夏鼐先生。所以在《夏鼐日记》里面有两次提及我的名字，他也曾经给我回信⑤，给予我莫大的鼓舞。

在著名考古学家俞伟超的亲自主持下，1987年中国历史博物馆（现中国国家博物馆）成立水下考古研究室（现已合并到国家文物局考古研究中心）。同年国家文物局委托中国历史博物馆与澳大利亚阿德莱德大学东南亚陶瓷研究中心合作，举办"中澳合作海洋考古研究项目"，实即我国第一届水下考古专业人员培训班，该项目的澳方

① 汪笑砾：《〈海洋考古学〉即将出版》，《水下考古通讯》1989年3期，23、24 页；〔英〕基思·马克尔瑞著，戴开元、邱克译：《海洋考古学》，海洋出版社，1992 年。
② 周世德：《海外交通史的研究与海洋考古》，《海交史研究动态》1983年总第 15期。
③ 邱克：《海洋考古学与海交史研究》（油印本），山东大学历史系中西交通史教研室，1983年。
④ 邱克：《浅谈海洋考古学》，《海交史研究》1984 年总第 6 期。
⑤ 夏鼐：《夏鼐日记》（卷九），华东师范大学出版社，2011年，217、230 页；丁见祥：《中国水下考古发展的序章——以〈夏鼐日记〉为线索》，考古网，2020年6月22日，http://www.kgzg.cn/a/1554.html。

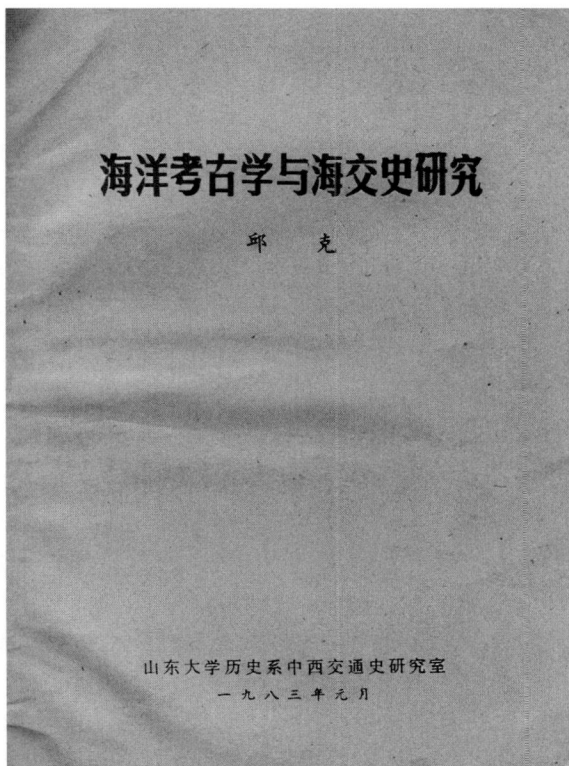

图六 《海洋考古学与海交史研究》封面

教授主要是澳大利亚博物馆海洋考古部主任吉米·格林，他是水下考古学之父巴斯的学生，也是"基思·马克尔瑞奖"的获得者。因此从技术与学术源头上说，中国的海洋考古是世界海洋考古的组成部分。现任青岛市博物馆馆长的邱玉胜就是第一届水下考古专业人员培训班的学员，他回忆说基思的《海洋考古学》中文版是他们重要的参考资料。另外一位第一届的元老、现任国家文物局水下文化遗产保护中心技术总监和研究馆员的孙键先生告诉笔者，当年他自己到海洋出版社，把所有的《海洋考古学》存书都买回去做了参考书。他说，"中国的考古学整个都是从国外引进来的，田野考古就是老一辈从国外学成带回来的，一开始就和国际接着轨。水下考古学也是一样，开始时我们真是一无所知。正因如此，就可以直接面向世界，主动向国外学"①。广州考古工作者陈博宇说，回望20世纪80年代末90年代初，基思的《海洋考古学》正是在我国水下考古诞生之初、国内尚未出版任何一种综合性水下考古专著的背景下产生，所以若从中国水下考古学术史的角度看，译介工作意义非凡，其对学科发展思路的影响无疑举足轻重②。

---

① 《水下考古探寻中国海洋文明》，中华人民共和国国务院新闻办公室网站，2010年6月27日，http://www.scio.gov.cn/m/ztk/wh/09/7/Document/680302/680302.htm。

② 陈博宇：《回望起点：纪念基思·马克尔瑞逝世四十周年》，考古大家谈，2020年12月28日，https://mp.weixin.qq.com/s/GQGKcpF3vhTcLlxxiIVFOA。

六、结　语

基思·马克尔瑞完成《海洋考古学》时，刚刚二十六岁，从大学毕业仅仅三年，学习潜水只有六年的时间。作为一位海洋考古学的白衣骑士，他提出了富有开创性的想法和具有可操作性的研究方法，并在海洋考古学和过程考古学之间建立了一个有机的关联。《海洋考古学》对海洋考古学领域的影响，无论是过去还是现在，都是非常显著的[①]。这部著作虽然只是反映了20世纪70年代后半期一位英国年轻海洋考古学者的观点，但作者试图使书中提出的体系在任何时间和任何地点适用于一切尽责而科学的水下考古调查工作。基思的工作，正如他自己所说的那样，只是一个起点，我们可以从这个起点上继续进步[②]。

圣安德鲁斯大学海洋考古研究所所长科林·马丁如此评价基思的工作：基思总是将海洋考古学看成是一个整体的学科，认为这一学科不可能局限于某些特殊领域、时期或地理分布，只有将部分和整体联系起来进行研究，才能认识到其真正的价值。从这种观点出发，对某一特殊遗址所进行的探讨，就比孤立的研究具有更重要的意义。例如，基思自己在"肯内默兰号"沉船上所做的深入研究，就是对探讨沉船的特殊时代和整体关系的重要贡献。但其更为广泛的价值则在于将一个残破遗址上的沉船形成过程看成是一个有规律可循的过程，这一看法适用于世界各地所有时期的残存沉船遗址[③]。

中国既是大陆文明国家，也是海洋文明国家。中华民族是世界上最早开发利用海洋资源的民族之一。考古学证明，中国有着悠久的海洋文化和航海活动，是享誉世界的"海上丝绸之路"的开创国。随着中国海洋考古及航海史研究的不断深入，中华航海精神也向世界展现出灿烂辉煌的内涵。海洋考古对中华海洋文明史和中外文化交流史的研究具有重要意义。同时，海洋考古学也是一项充满理想与激情的研究，拥有极为广泛的主题，从搜索古代文明到绘制消失的贸易航线，都具有无穷魅力并充满挑战。希望更多的年轻学子通过对基思·马克尔瑞及其《海洋考古学》的认识，把更多的精力投入到海洋考古学的建设之中，不断创新理论与方法，全力打造世界一流的海洋考古学的教学和科研平台。

附记：最后，要感谢山东大学历史文化学院和各位老师，在山大期间的考古学和历史学训练对于我后来的人生有着非常重要的意义。我的考古情节始终没有泯灭，一直以欣喜和自豪的心情关注着母校考古专业一步步达到今天的辉煌成就。特别要感谢方辉院长为《海洋考古学》再版所做的努力，没有他的关心和鼓励，这部三十年前出版的译著不可能再次跟读者见面；海洋出版社原副总编刘义杰先生为此书的再版也多次斡旋，作了精心安排；策划编辑张欣女士和责任编辑沈婷婷为书稿编排校对付出了心血，刘善沂老师以及武笑应、彭富仁和田钟灵等同学还在酷暑中帮助重新绘制了书中的大量插图，在此一并致谢。

---

① Matthew Harpster. Keith Muckelroy: Methods, Ideas and Maritime Archaeology. *J Mari Arch*, 2009 (4): 67-82.

② 〔英〕基思·马克尔瑞著，戴开元、邱克译：《海洋考古学》，海洋出版社，1992年，10页。

③ 〔英〕基思·马克尔瑞著，戴开元、邱克译：《海洋考古学》，海洋出版社，1992年，1、2页。

Keith Muckelroy and the Value of His *Maritime Archaeology*

Keith Qiu

(Independent Scholar, Guest Professor of Zhenghe Center in Shanghai)

Abstract: Since it's firstly published in 1978, The *Maritime Archaeology* by Keith Muckelroy, one of the pioneers of maritime archaeology, has been one of the essential books for the study and teaching of maritime archaeology in all countries and is still widely regarded as a landmark and seminal work in this field. Although many new studies on maritime archaeology have appeared over the past forty years, Muckelroy's thoughtful work and its study of the theoretical approach to maritime archaeology remains a classic and still has some reference value. It is a testament to Muckery's achievement that even though this *Maritime Archaeology* belongs to a body of research that dates back forty years, it still reads impressively today and that no other work has yet directly taken its place. Through an introduction to Keith Muckelroy and his activities, this paper hopes to provide a comprehensive understanding of the scholarly value as well as the impact of his *Maritime Archaeology*.

Key words: maritime archaeology, underwater archaeology, ship archaeology, Keith Muckelroy

浅析集体行动理论与早期国家政治实践

王政良

（山东大学历史文化学院）

内容提要： 早期国家的形成和发展机制是一项极富挑战性的全球性话题，在考古材料日益丰富的大背景下，不断有新的概念和理论被提出并接受检验。近年来，中美洲考古学者借用了社会科学中"集体行动理论"对中美洲以及其他文明古代社会进行系统的考察，取得了一些新的认识。该理论更加关注民众在早期国家政治实践过程中的参与作用，尤其是国家财政来源、公共投入等因素在统治者与民众政治互动中的作用。本文通过梳理该理论的缘起以及在国外考古学界的应用情况，旨在为中国早期国家形成机制研究提供一些新的思考，并对该理论方法存在问题予以说明。

关键词： 早期国家　集体行动理论　公共投入

一、引　　言

近年来，随着中华文明探源工程的推进，国内学者对中国早期国家形成的过程和机制问题展开了较为深入细致的讨论[①]，与此同时，西方学界对于早期国家的研究也出现新的思路或模式，即把统治者与民众为共同利益而进行的政治实践作为研究早期国家形成和发展的重要机制，并从财政收入来源、管理机构能力以及公共物品的获取程度等方面对统治者与民众在不同条件下所进行政治互动过程予以探讨。这种研究模式起初被称作"双向过程模式（duel-procedual model）"，后来借鉴了社会科学的概念，被称作"集体行动理论（collective action theory）"。通过比较研究发现，前现代国家并非总是通过强制性手段以"自上而下（top-down）"的方式维持统治，大量证据表明，统治集团通过与民众保持政治合作关系同样能够实现政治体系的稳定。本文将先对国外相关理论和研究进行梳理，然后结合国内已有的研究成果对该理论的合理性及相关问题进行探讨。

[①]　常怀颖：《近二十年来中国学术界国家起源研究述评》，《四川文物》2016年1期；戴向明：《简论中国早期国家形成的动力机制》，《新果集（二）：庆祝林沄先生八十华诞论文集》，科学出版社，2018年；高江涛：《试论中国早期国家形成的模式与动力》，《史学月刊》2019年6期。

二、"双向过程"模式的提出

20世纪70年代以后，西方考古学界对复杂社会政治过程和政治行为研究的兴趣与日俱增[1]，与之相应的是对新进化理论和文化历史主义的批判和反思[2]，在这一背景下，布兰顿（Blanton）等研究者认为，应该放弃静态的理想阶段模式[3]，代之以动态的政治行为分析，并提出了双向过程理论[4]。

"双向过程"模式关注政治行为的互动性，并分出两种模式，一种是合作模式（corporate model），另一种是网络模式（network model）。以这种"二分法"来讨论社会组织模式并非没有先例，早在20世纪50年代，人类学家利奇（Leach）就在他的经典作品《缅甸高地的诸政治体系》中提到存在两种对称的政治组织模式：一种倾向于集权（Gumsa），另一种倾向于分权（Gumlao）[5]，除此之外，诸多学者也都提出类似的二分法模式（表一），该模式的影响还渗透到了对古代国家经济形态的研究[6]。这表明多数学者都承认人类社会组织和行为有两种明显的倾向性，一种是以集体主义为核心，另一种是以个人主义为核心。反映到具体的社会政治活动就是前者更强调公共集体性事务，如集体劳动、公共设施的建设，以及与集体信仰有关的仪式活动等等；而后者则更强调个人主义，即统治者财富、地位和权力的获取，以及更加注重远程贸易所提供的威信物[7]。

学者们首先在中美洲应用了"双向过程"模式。传统上认为，大型的宗庙建筑，复杂的道路系统、水利系统都是统治阶级权力的象征，但中美洲的案例则有力地驳斥了这一点。特奥蒂华坎（Teotihuacan）作为前古典期最大的城市，巅峰人口超过10万，建有多座大型金字塔神庙，但却没有发现华贵的贵族墓葬，铭文上也没有提及统治的"光辉事迹"，这或许说明特奥蒂华坎是一个非常强调集体性的合作社会，并且延续了600年之久[8]。这对学者们提供一种暗示，集体性更强的社会是否延续时间更长？是否能够支撑更多的人口？这种模式是否只适用于美洲古代文明？为了进一步回

---

① Trigger, B. The Archaeology of Government. *World Archaeology*, 1974(6): 95-106.
② Brumfiel, E. Breaking and Entering the Ecosystem: Gender, Class and Faction Steal the Show. *American Anthropologist*, 1992(94): 551-567; Smith, E. Human Cooperation: Perspectives from Behavioral Ecology. *Genetic and Cultural Evolution of Cooperation*, 2003: 401-427; Feinman, G. M. and Neitzel, J. E. Excising culture history from contemporary archaeology. *Journal of Anthropological Archaeology*, 2020(60): 101230.
③ 如新进化论者提出的游团、部落、酋邦、国家阶段划分。
④ Blanton, R. E., Feinman, G. M., Kowalewski, S. A., et al. A Dual-processual Theory for the Evolution of Mesoamercian Civilization. *Curr. Anthropol*, 1996(37): 1-14.
⑤ 〔英〕埃德蒙·R.利奇著，杨春宇、周歆红译：《缅甸高地诸政治体系——对克钦社会结构的一项研究》，商务印书馆，2010年。
⑥ D'Altroy, T., Earle, T. Staple Finance, Wealth Finance and Storage in the Inca Political Economy. *Curr. Anthropol*, 1985(26): 187-206.
⑦ 引自Blanton, R. E., Feinman, G. M., Kowalewski, S. A., et al. A Dual-processual Theory for the Evolution of Mesoamercian Civilization. *Curr. Anthropol*, 1996(37): 1-14.
⑧ Blanton, R. E., Feinman, G. M., Kowalewski, S. A., et al. A Dual-processual Theory for the Evolution of Mesoamercian Civilization. *Curr. Anthropol,* 1996(37): 1-14.

答上述问题，研究不同区域文明的学者作了进一步讨论，其中包括巴德（Bard）对于古埃及国家形成阶段上下埃及的研究①，斯莫（Small）对小亚细亚普南城的历时性变化的研究等等②。其中，博雷克林（Peregrine）通过比较研究发现，倾向于合作和包容性更强的社会在面临自然灾害时有更多的灵活性，社会适应性更强，因此延续时间也更长③。

表一　政治过程的类型④

专制的/网络的	集体的/合作的	出处
贡萨（Gumsa）	贡劳（Gumlao）	Leach(1954)
个人主义的酋邦（Individualizing chiefdom）	集体主义的酋邦（Group-oriented chiefdom）	Renfrew(1974), Drennan(1991)
威信物系统（Prestige-goods systems）	大人物竞争宴享（Big-man competitive feasting）	Friedman(1984)
财富经济（Wealth finance）	大宗物品经济（Staple finance）	D'Altroy and Earle(1985)
排他的/网络的（Exclusionary/network）	合作的（Corporate）	Blanton, et al.(1996)
汲取性的（Extractive）	包容性的（Inclusive）	Acemoglu and Robinson(2012)

费曼（Feinman）对双过程理论做出进一步解释，"在讨论合作或网络模式时，我们指的是社会行为者的战略（或目标）和实践。行动者根据其特定的角色或职位实施这些政治经济策略。在一个特定的社会领域，这些策略是由参与者的特定角色或地位所塑造和约束的，它们可能在性质上从高度合作到高度网络化之间有所不同"⑤。另外他强调，"合作-网络模式并非社会类型的划分"，而是一种"可以随社会发展而改变的策略。特奥蒂华坎早期更倾向于个人主义的网络模式，而后期则表现出合作的一面；同样，前古典期和后古典期的玛雅政治形式比古典期展现出更多的合作形式"⑥。换句话说，统治者与民众的政治关系倾向于合作还是非合作并非是固定不变的，可能会随政治条件和环境的变化发生转变。

① Bard, K. Political Economies of Predynastic Egypt and the Formation of the Early State. *J. Archaeol. Res*, 2017 (25): 1-36.

② Small, D. The dual-processual model in ancient Greece: Applying a post-neoevolutionary model to a data-rich environment. *Journal of Anthropological Archaeology*, 2009(28): 205-221.

③ Peregrine, P. N. Political Participation and Long-term Resilience in PreColumbian Societies. *Disaster Prevention and Management: An International Journal*, 2017 (26): 314-329.

④ 引自Blanton, R. E., Feinman, G. M., Kowalewski, S. A., et al. A Dual-processual Theory for the Evolution of Mesoamercian Civilization. *Curr. Anthropol*, 1996(37): 1-14.

⑤ Feinman, G. M. Dual-Processual Theory and Social Formations in the Southwest. *Alternative Leadership Strategies in the Prehispanic Southwest*. Tucson: University of Arizona Press, 2000: 207-224.

⑥ Feinman, G. M. Mesoamerican political complexity: The corporate-network dimension. *From leaders to rulers*. New York: Kluwer/Plenum Press, 2001: 151-175.

三、集体行动理论的实践

在双向过程理论的基础上，研究者们进一步寻找更好的解释复杂社会的框架。布兰顿（Blanton）和法格尔（Fargher）最先尝试把社会科学中的集体行动理论引入古代社会分析[①]。集体行动理论能够被学者所青睐，笔者认为原因在于集体行动理论倾向于回答社会演化的宏观问题，比如在日益复杂化的大型社会中，社会群体如何有效的组织起来[②]，这与大型社会或国家的政治经济过程紧密联系。另外，集体行动学者还非常关注公共建筑和公共物品，视之为集体性程度的重要指标。新的研究更明确地将双向过程框架与"集体行动理论"联系在一起，以考虑更广泛的个体和群体利益，并将考古学对古代社会研究与当代国家的政治实践联系起来[③]。

在2008年出版的《前现代国家形成的集体行动》（*Collective Action in the Formation of Pre-Modern States*）中，布兰顿和法格尔认为，"（集体行动理论）是一种过程方法，关注政治共同体成员（统治者和民众）在不同社会条件下的社会行动"。具体来说，作者提出了四类社会条件，即国家的岁入来源（revenue sources）、公共物品（public goods）、官僚制（bureaucratization）和对权力主体的控制（principal control），每类之下又细分为若干衡量标准，依据这些标准作者对世界范围内30个前现代社会进行评分，考察这些社会的集体化水平[④]。分析结果表明，那些更依赖以内部财政收入来源（税收）的国家更倾向于以集体为导向的统治策略，限制专制权力的表达，并大力投资于造福于民众的公共投入（图一）。也就是说，更依赖民众税收的政体更倾向于合作，反之则更加专制。

在2016年出版的《人类如何合作：面对集体行动的挑战》（*How Human Cooperate: Confronting the Challenges of Collective Action*）一书中，布兰顿进一步完善了集体行动理论框架。首先从更宏观的角度回答了人类合作的诸多问题，对生物进化论、计算机模拟等以往研究方法进行了质疑，并认为研究合作问题需要回到人类社会真实发生过的历史当中。针对集体行动理论，作者在原有的案例和逻辑分析的基础上，也提出了新的问题，比如市场经济、中心-边缘关系、城市空间结构、社会改革等与集体行动的

①　Fargher, L. F., Blanton, R. E. Revenue, Voice, and Public Goods in Three Pre-Modern States. *Comparative Studies in Society and History*, 2007, 49(4): 848-882; Blanton, R. E., Fargher, L. F. *Collective Action in the Formation of Pre-Modern States*. New York: Springer, 2008.

②　Jennings, J., Earle, T. Urbanization, State Formation, and Cooperation: A Reappraisal. *Current Anthropology*, 2016, 57(4).

③　Feinman, G. M., Carballo, D. M. Collaborative and competitive strategies in the variability and resiliency of large-scale societies in Mesoamerica. *Economic Anthropology*, 2018, 5(1):7-19, Online ISSN: 2330-4847.

④　Blanton, R. E., Fargher, L. F. *Collective Action in the Formation of Pre-Modern States*. New York: Springer, 2008. 该作所选择的30个案例分布于世界各地，大多数为18、19世纪，少数涉及古典文明（古埃及、古希腊、罗马），这取决于不同地区文献、考古学、民族学材料的丰富程度，比如撒哈拉以南非洲社会较少有文献，主要以民族学材料为主。作者把国家收入、公共物品、官僚化水平和权力监督四项指标作为评定一个国家集体性水平的衡量标准。在每一项下面，又分设了多个小项，每小项评分为1～3，3代表集体性最强，1代表最弱，每项相加为该指标下各国家的得分。

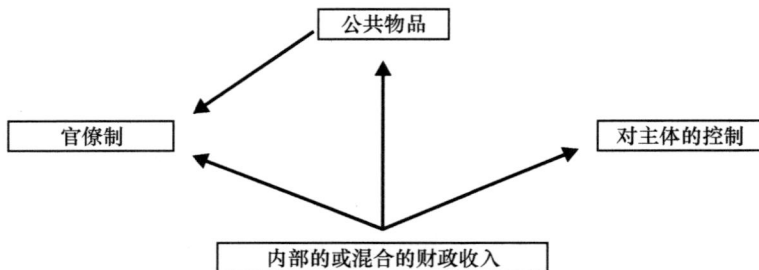

图一　集体行动的"主要模式"

（《前现代国家形成的集体行动》254页图10-2 ）

关系，把研究的领域进一步推广到古代政治、经济、文化生活的各个方面[①]。

这两部著作所使用的概念对早期文明研究来说有很大的潜力[②]，为解释古代社会差异和变迁提供了可借鉴框架。尤其是在《前现代国家形成的集体行动》出版后，大量个案研究迅速开展。法格尔应用了集体行动理论的分析方法，探讨了中美洲高地的社会演化路径[③]。依旧把内部收入、公共权力、官僚化程度等作为重要指标，并认为，专注于外部收入的政体，更容易走上专制治理的道路，比如阿兹特克帝国。这种现象的内在逻辑可以解释为，统治者较少地关注内部税收就无须与民众达成一致，也就不会关注民众的声音，并忽视公共物品的提供。同时，布兰顿和法格尔也将集体化水平与古代城市的人口数量、城市形态，以及道路交通的完善程度进行了系统分析[④]。

卡巴罗（Carballo）和费曼同样借用集体行动理论讨论了中美洲大型社会的集体性问题。作者认为考古学提供了研究大规模合作的发展、维持和破裂等问题的最丰富、年代最深刻的物质记录。可以从三个视角介入合作、集体行动的讨论：①生计困境；②经济物品及生产和交换；③政治收入和公共物品的分配。从这三点出发，作者们认为中美洲城市是建立在集体主义之上的，而全球范围内的早期城市都有可能是自发组织的，而非强制的[⑤]。

应用布兰顿的评分方法，卡巴罗和费曼对前哥伦布时期中美洲城市的集体程度与其延续时间及人口规模的关系做了相关性探讨[⑥]。结果表明，集体化水平更高的政治体，如特奥蒂华坎、蒙太阿尔班（Monte Alban）适应力更强，能够延续更长的时间。专制的政体往往存续时间较短，可能是因为在政治高压环境中集体暴力的程度会增

① Blanton, R. E., Fargher, L. F. *How Human Cooperate: Confronting the Challenges of Collective Action*. University Press of Colorado, 2016.

② Smith, M. E., Archaeology, Early Complex Societies and Comparative Social Science History. *The Comparative Archaeology of Complex Societies*. Cambridge University Press, 2012: 321-330.

③ Fargher, L. F., et al. Alternative pathways to power in late Postclassic Highland Mesoamerica. *Anthropol. Archaeol* 2011(30): 306-326.

④ Blanton, R. E., Fargher, L. F. The Collective logic of Pre-modern Cities. *World Araeol*, 2012(43): 505-522.

⑤ Carballo, D. M., Feinman, G. M. Cooperation, collective action, and the archeology of large-scale societies. *Evol Anthropol*, 2016, 25(6): 288 -296.

⑥ Feinman,G. M., Carballo, D. M. Collaborative and competitive strategies in the variability and resiliency of large-scale societies in Mesoamerica. *Economic Anthropology*, 2018, 5(1): 7-19.

强[1]。另外，集体性更强的社会既需要投入资金来获取内部资源，也需要提供公共产品和服务，而专制主义社会则相反，内部基础设施的投入和官僚体系的建设较少[2]。在最近的一篇理论回顾中，费曼将集体性程度的衡量标准进一步细化为以下五个方面：财政收入（financing）、获取财富的路径（access to wealth）、公共物品和服务（public goods and services）、官僚水平或管理（governance / bureaucracy）、权力主体和合法性（principal power and legitimation），并进一步明确了在各种变量下集体化程度的分异特征[3]。

集体行动理论家也尝试回答国家建设与族群身份认同的矛盾问题。本质上讲，两者存在利益冲突，地方性族群身份的强化往往发生在国家发展出现内外部问题的时候，以此来维持群体的利益或者获取更多的资源。布兰顿认为，强化族群身份的成本是很高的，因此当国家能够良好地运作，能够有效地提供公共物品时，地方性族群的文化建设就是多余的。在布兰顿看来，族群意识具有建构主义特征，当大规模的合作事业无法实现的时候，作为相对较小的排他性团体——族群，无论是基于防御性反应，还是对公共物品的需求，便开始在地方上动员起来[4]。

对早期国家的研究同样对解决当代政府管理和社会治理有所裨益，正如学者所说，历史和现实都提醒我们，要维持一个政府系统总是非常具有挑战性的脆弱的工程[5]。一个良好的政府，无论是过去还是现在，都是以权力制衡、话语权分享、监督腐败、公平的财政融资、限制贪婪以及提供公共服务为前提的[6]。因此，评价一个政治系统的集体性，或者简单说是否为"良好政府"（good government），不能只关注其外在形式而忽视其具体实践过程，像罗马帝国、中华帝国、莫卧儿帝国、印加帝国、阿兹特克帝国这些集权国家都存在大量公共投入。

以布兰顿、法格尔、费曼、卡巴罗等为代表的研究者应厉集体行动理论对前现代国家的政治过程研究做出重要贡献。在此之前，尽管集体行动理论已经广泛应用于现代国家形成和差异性研究[7]，却极少涉及非西方国家和前现代社会。通过近十余年的实证研究，尤其是对中美洲古代社会的比较研究已经表明，非西方式社会的建立同样

① 参考〔美〕查尔斯·蒂利著，谢岳译：《集体暴力的政治》（第二版），上海人民出版社，2011年。

② Feinman, G. M., Carballo, D. M. The Scale, Governance, and Sustainability of Central Places in Pre-Hispanic Mesoamerica. *Global Perspectives on Long Term Community Resource Management*. Springer Nature Switzerland AG, 2019: 235-254.

③ Feinman, G. M. The Governance and Leadership of Prehispanic Mesoamerican Polities: New Perspectives and Comparative Implications. *Cliodynamics*, 2018(9): 1-39.

④ Blanton, R. E. Theories of ethnicity and the dynamics of ethnic change in multiethnic societies. *Proceedings of the National Academy of Sciences*, 2015, 112(30): 9176-9181.

⑤ Miller, J. *Can Democracy Work? A Short History of a Radical Idea, from Ancient Athens to Our World*. New York, NY: Farrar, Straus, and Giroux, 2018.

⑥ Blanton, R. E., Feinman, G. M., Kowalewski, S. A, et al. Moral Collapse and State Failure: A View From the Past. *Front. Polit. Sci*, 2020(2): 568704.

⑦ Levi, M. *Of Rule and Revenue*. Berkeley/London: Univ. Calif. Press, 1988; Moore, M. Revenues, State Formation, and the Quality of Governance in Developing Countries. *International Political Science Review*, 2004(25): 297-319.

也包括强制、合作及协商一致的过程和行为[①]。这些对政治实践过程的实证研究正在改变我们对世界范围内社会复杂化和国家起源的认识，并为我们探讨社会实体形成、维持、变迁及分裂的原因提供概念性框架[②]。

四、集体行动理论对早期国家研究的启示

（一）集体行动相关概念可资借鉴之处

随着中华文明探源工程的推进，我们对中国文明起源和早期国家的形成问题已经逐渐从回答"何时、何地"转变到"如何、为何"的机制问题，在这一转型中，关注的重点不再是假定的"文明要素"并以此衡量某一社会是否达到文明标准，而是从社会组织本身的发展过程归纳出其特质。如果把研究视角放到参与国家形成这一政治实践过程中的不同利益群体（统治者和民众），就会发现西方学界所提出的"集体行动"的观点存在一定的参考意义，因为以往探讨这一过程时往往强调政治权力[③]、战争[④]及礼仪制度[⑤]对于社会发展的影响，从本质上是强调一种政治权力中心的控制过程[⑥]。究其原因可能在于对"国家"性质的判断，如"国家政治制度主要包括中央集权、固定领土范围内有效军事力量的垄断等。政治制度对国家形成，有着决定性的意义"[⑦]。又如，"国家文明的诞生必然是王权的创立，都邑则是王权的物化形式的集中体现"[⑧]。在这种自上而下的模式之下，统治者的指令决定了国家的内部活动，尤其是政治经济活动，以一种再分配的模式控制着内部的经济运行，如"（二里头）将铸铜作坊设立在封闭的国家核心区，意味着二里头时代中国广域王权国家的统治者对于青铜铸造业拥有绝对的垄断"[⑨]。这种理解导致对于古代国家的研究倾向于关注贵族精英阶层，从考古学研究上反映为注重宫殿、奢华的墓葬及精美的器物，而对于社会其他阶层特别是民众的政治参与在国家形成过程中的作用关注不足，集体行动理论的可取之处就在于从政治互动的角度把民众和统治者放置在一组动态关系中进行讨论，一定

① Birth, J., Hart, J. Social Networks and Northern Iroquoian Confederacy Dynamics. *American Antiquity*, 2018, 83 (1): 13-33; Monroe, J. Power and Agency in Precolonial African States. *Annual Review of Anthropology*, 2012(42): 17-35; Feinman, G. M., Nicholas, L. M. Re-envisioning Prehispanic Mesoamerican Economies: Modes of Production, Fiscal Foundations of Collective Action, and Conceptual Legacies. *Modes of Production and Archaeology*, University Press of Florida, 2017: 253-281.

② Feinman, G. M., Neitzel, J. E. Excising culture history from contemporary archaeology. *Journal of Anthropological Archaeology*, 2020 (60): 101230.

③ Earle, T. *How Cheifs Come to Power: The Political Economy in Prehistory*. Stanford: Stanford University Press, 1997.

④ Alexander, Richard D. *The Biology of Moral Systems*. Hawthorn NY: de Gruyter, 1987; Turchin, P. A theory for the formation of large empires. *Journal of Global History*, 2009, 4(2): 191-217.

⑤ 许宏：《礼制遗存与礼乐文化的起源》，《三代考古》（一），科学出版社，2004年，21～33页；秦小丽：《中国初期国家形成过程中的牙璋及意义》，《中原文化研究》2017年4期。

⑥ Kowalewski, S. A. The Evolution of Complexity in the Valley of Oaxaca. *Annu. Rev. Anthropol*, 1990(19): 39-58.

⑦ 邓聪、王方：《二里头牙璋VM3：4在南中国的波及——中国早期国家政治制度起源和扩散》，《中国国家博物馆馆刊》2015年5期。

⑧ 董琦：《论早期都邑》，《文物》2006年6期。

⑨ 李宏飞：《铜器对早期中国社会变迁的作用试析》，《南方文物》2011年4期。

程度上是对原有观点的补充。

前面提到，诸多学者都将"公共投入"作为衡量社会集体性程度的重要指标。考古材料表明，黄河中下游地区开始出现较大规模的公共性设施建设为仰韶时代晚期，以西山、丹土等城址的修建为代表，而龙山时代则见证了大量带有城壕的中心聚落的出现①。相较于聚落内部道路、排水、祭台等设施，城壕的规模更大，需要动员更多的人口，消耗更多的社会剩余财富。目前学界一般认为城壕的主要功能是外部防御②，以钱耀鹏、魏兴涛、马世之等为代表的学者认为城壕的主要功能是军事防御③。而以张国硕、何驽等为代表的学者则认为史前城址兼具防御外敌和水患的功能④。近来也有研究者从城壕的形态规模等信息来探讨不同防御设施的功能差异⑤。这些分析大多是从外部环境压力的角度分析防御设施的建设，比如张国硕先生认为，为了争夺土地、人口和财富，各部落、部族或邦国之间经常发生战争，应运而生的就是城市的出现和防御设施的建造⑥，较少涉及防御设施的建设与其内部社会群体的关系。

当然，国内已有不少学者提出或使用公共工程的概念。刘绪先生在谈到瓦店环壕的性质时认为，壕沟当为动员较多劳力修建的大型建筑，属于服务型的公共设施⑦。赵辉先生在探讨良渚古城时指出，大型公共工程的建设会锻炼人们的组织统筹能力，其社会上层的社会角色带有更多的管理性成分⑧。戴向明也认为良渚社会上层通过组织大型公共工程建设来聚敛财富、强化管理、垄断权力，最终形成政教合一的国家⑨。这些观点无疑是具有启发性的，有助于我们重新审视统治者与民众的关系。正如列瓦依等所说，缺乏了跟随者，首领的统治就无从谈起⑩。

除了公共工程外，近来二里头都邑聚落布局的新发现给予笔者一定的启发。"二里头都邑在二里头文化第二期时进入全面兴盛阶段，在中心区规划形成'井'字形主干道路网络和'九宫格'式布局。二期时都邑的总体布局是开放性的。"⑪各区域之间只存在象征性的区划而不存在严格的分界，多重院落宫殿外也没有围垣。这种权力模式可能在二里头三期出现变化，封闭式的宫殿建筑开始出现，赵海涛认为是统治阶层控制力加强的表现。笔者认为二里头二期时可能存在一种政治分权模式，不同利益群体（很可能以家族为单位）都参与到了政治实践过程中，宫殿区可能是集体议事场所

① 〔澳〕刘莉著，陈星灿、乔玉、马萧林等译：《中国新石器时代：迈向早期国家之路》，文物出版社，2007年。

② 尽管也有学者认为垣壕的修建与礼制有关。可参考何军峰：《试论中国史前方形城址的出现》，《华夏考古》2009年2期。

③ 钱耀鹏：《中国史前防御设施的社会意义考察》，《华夏考古》2003年3期；马世之：《试论城的出现及其防御职能》，《中原文物》1988年1期；魏兴涛：《中原龙山城址的年代与兴废原因探讨》，《华夏考古》2010年1期。

④ 何驽：《中国史前古城功能辨析》，《中国文物报》2002年7月19日第7版；张国硕：《中原先秦城市防御文化研究》，社会科学文献出版社，2014年。

⑤ 郭罗：《黄河中下游史前城壕防御功能初探》，陕西师范大学硕士学位论文，2015年。

⑥ 张国硕：《中原先秦城市防御文化研究》，社会科学文献出版社，2014年，116、117页。

⑦ 河南省文物考古研究所、北京大学考古文博学院：《禹州瓦店环壕聚落考古收获》，《华夏考古》2018年1期。

⑧ 赵辉：《论中国史前社会文明化进程》，《聚落演变与早期文明》，文物出版社，2015，548页。

⑨ 戴向明：《简论中国早期国家形成的动力机制》，《新果集（二）：庆祝林沄先生八十华诞论文集》，科学出版社，2018年。

⑩ Ahlquist, J. S., Levi, M. Leadership: What It Means, What It Does, and What We Want to Know About It. *Annu. Rev. Polit. Sci,* 2011(14): 1-24.

⑪ 赵海涛：《二里头都邑聚落形态新识》，《考古》2020年8期。

或仪式中心，而三期之后宫殿区显示出较强的排外性，政治权力的集中可能与统治者更加注重远距离贸易和资源获取有关，近来在山西绛县西吴壁遗址发现属于二里头文化晚期的冶铜遗存可以为证[①]，对铜料这种稀有资源的需求以及相应地在开采、运输、冶炼等一系列环节中投入的成本增长，很可能会导致统治者更加集权，从而能够获取更多的社会财富以维持远距离贸易。如果上述推断可信，那么有理由认为政治性合作在中国早期国家的形成过程中是一种重要机制，而这种合作机制会随政治经济条件（如资源获取）的改变而动态变化。

（二）集体行动理论的局限性

然而，任何一种理论都有它的适用性和局限性，集体行动理论也不例外。从理论上讲，第一，集体行动理论基于一种假设，人类作为行动的主体本质上是理性的，能根据不同形势做出选择。这一假设受到"理性选择模式"影响[②]，认为人类的行为需要考虑成本与所得，而对于文化传统、意识形态等看似"非理性"的因素的关注明显不足，或认为这些因素是依附于政治经济过程中的[③]，而实际上这些因素在复杂社会形成过程中显然具有非常重要的作用，红山社会和良渚社会都体现出强烈的宗教色彩，李伯谦先生就认为"良渚文化中玉石钺大量而普遍的存在，表明当时凌驾于良渚社会之上的权力中枢中，军权、王权和神权是合为一体的"[④]，统治者兼具国王、巫师和军事首领的身份。此外，以食器和酒器为核心的礼器传统最早出现在史前时期的海岱地区[⑤]，最终被三代王朝所继承，只不过从陶器发展为工艺复杂、体形硕大的青铜器。"鼎"是新石器时期晚期整个东方地区（包括中原、海岱、环太湖、长江中游等多个文化圈）等最主要的炊器[⑥]，也许正是由于其最具普遍性和代表性，才得以被三代的礼制作为最高权力和身份的象征。总而论之，文化传统作为一种潜在的力量在复杂社会和国家形成过程中起到重要作用，这一点恰恰是集体行动理论应用者所忽视的。第二，类似于社会契约论[⑦]，集体行动理论强调社会合作对于大型社会形成的作用，这无疑是值得借鉴的，但社会冲突和阶层分化对于大型社会尤其是国家的形成也不容忽视，我们从考古发现的聚落等级结构的分化以及墓葬、房屋所表现的贫富差距的扩大可以明确地证明这一点，这方面讨论较多此处不再赘述[⑧]。

---

① 中国国家博物馆考古院、山西省考古研究院、运城市文物保护研究所：《山西绛县西吴壁遗址2018～2019年发掘简报》，《考古》2020年7期。

② 参见Blanton, R. E., Fargher, L. F. *How Humans Cooperate: Confronting the Challenges of Collective Action.* University Press of Colorado, 2016.

③ Feinman, G. M. Scales and pathways of human politico-economic affiliation: The roles of ritual. *Rituals, Collapse, and Radical Transformation in Archaic States*, edited by Joanne M. A. Murphy, in press.

④ 李伯谦：《中国古代文明演进的两种模式——红山、良渚、仰韶大墓随葬玉器观察随想》，《文物》2009年3期。

⑤ 高炜：《龙山时代的礼制》，《庆祝苏秉琦考古五十五年论文集》，文物出版社，1989年，235～244页。

⑥ 韩建业：《早期中国：中国文化圈的形成与发展》，文物出版社，2015年。

⑦ 〔法〕让·卢梭著，何兆武译：《社会契约论》，商务印书馆，2003年。

⑧ 可参考：严文明：《中国王墓的出现》，《考古与文物》1996年1期；张弛：《社会权力的起源：中国史前葬仪中的社会与观念》，文物出版社，2015年；刘莉、陈星灿：《中国考古学：旧石器时代到早期青铜时代》，生活·读书·新知三联书店，2017年。

　　从方法上讲，集体行动理论基于对近现代社会的政治经济行为差异的判断还很难在缺乏文字材料的社会中展开，学者们做出了不少尝试，但也必须辅助于历史文献和民族志。再者，布兰顿所提出的"二分法"或"三分法"式的评分方法仍有很大的主观性[①]，比如判断经济收入来自内部还是外部本质上仍属于定性研究的范畴，判断尺度或标准无法拿捏，从考古材料上看我们发现了一些可能与税收有关的证据，陶寺早期城址外东南有一片独立的仓储区，沿用至陶寺中期，仓储区面积近千平，以竖穴圆角方形大坑或长方形大坑为主，大者边长10米左右，深4~5米，容积约400立方米；小者边长约5、深4~5米，容积约100立方米。发掘者甚至认为这是由王权直接控制的"实物赋税"国家行政设施，是国家政权存在的直接证据[②]。我们有理由相信像二里头、石峁这些大型中心聚落理应存在类似的仓储设施，存在一种贡纳体制。但仅凭这些线索和推测还不足确定一个政体的收入来源是否是内部（internal revenue）的，因为我们同样也可以找到证据说明这些中心聚落存在远距离贸易和外部收入来源（external revenue）。由于对早期国家政治经济过程的研究还不充分，现有的资料尚不足以对任何一处中心聚落的"收入模式"做出判断。而至于社会管理的开放程度，西方学者希望通过中心城市内建筑的布局来判断政治体系是否具有开放性，尤其重视广场（plaza）在城市布局中的位置，这一点可能中美洲社会比较可行，主要以砖石垒砌的地上建筑为主，广场的位置比较好确认，比如特奥蒂华坎，除了金字塔附近的大广场外，各个社区都有自己的小广场[③]。但在中国的"土遗址"中就不好辨认了，更何况发掘范围通常只是遗址的局部。早年对西安半坡的发掘已经确认了中心区域可能是公共活动空间[④]，藤花落遗址也发现了红烧土铺垫的"广场"，周围发现了一些与仪式活动有关的遗迹[⑤]，未来随着这方面的材料有一定的积累后可能会有一些新的认识，但这类遗存与社会管理的关系还不是很清楚。

五、结　　语

　　本文通过梳理近20年西方对集体行动与早期国家政治实践关系的探讨，目的是在了解西方学术动态的基础上为中国早期国家研究形成机制和动力提供一些新思考。然而，直接套用西方理论模型是不可取的，我们需要在搞清楚该理论基本逻辑、方法以及在国外的应用情况的基础上，再结合自身材料来分析其合理之处和存在的问题。从现有的考古材料来看，在早期国家形成过程中，有越来越多的证据支持统治者与民众

① Blanton, R. and Fargher, L. *Collective Action in the Formation of Pre-Modern States*. New York: Springer, 2008; Carballo, D. and Feinman, G. Collaborative and competitive strategies in the variability and resiliency of large-scale societies in Mesoamerica. *Economic Anthropology*, 2018, 5(1): 7-19, Online ISSN: 2330-4847.

② 何驽、高江涛：《薪火相传探尧都：陶寺遗址发掘与研究四十年历史述略》，《南方文物》2018年4期。

③ Smith, M. E. The Teotihuacan Anomaly: The Historical Trajectory of Urban Design in Ancient Central Mexico. *Open Archaeology*, 2017(3): 175-193.

④ 中国科学院考古研究所、陕西省西安半坡博物馆：《西安半坡——原始氏族公社聚落遗址》，文物出版社，1963年。

⑤ 南京博物院、连云港市博物：《藤花落：连云港市新石器时代遗址考古发掘报告》，科学出版社，2014年，146、147页。

为共同利益（如防御、治水等）而进行的政治合作和集体行动。孙波先生在分析龙山时期社会发展动态时就认为，"龙山文化城防设施、道路、大型建筑的发现明显增加，而且无论规模还是工程技术，都远迈前代，说明社会活动中公共事务开始占据优势。这类公共事务为那些有能力、威望和资本的人，在社会中出头提供了机会"[①]，从这一角度看，西方学界所使用的集体行动、公共投入的概念有其合理性，可以继续深入探讨，有助于我们了解社会行动背后所反映的社会组织和管理机构，甚至可将研究的范围扩展到历史时期。但以布兰顿为代表学者所提出的比较研究方法，笔者认为其本身存在"二分法式"的逻辑问题，明显存在主观臆断的成分。最后，必须承认的是，"集体行动"不管其作为一种的新的研究视角，还是只是构成国家形成诸多复杂过程中的一个方面或者一种机制，解释范围还比较有限，更深入的研究需要将不同的形成机制进行整合分析，然后与世界上其他的早期国家进行系统的比较，才能更好地理解中国文明发展的独特性。

Analysis of the Collective Action Theory and Political Practice of the Early States

Wang Zhengliang

(School of History and Culture, Shandong University)

Abstract: The formation and development mechanism of early states is a challenging global topic. In the context of the increasing abundance of archaeological materials, new concepts and theories are constantly proposed and tested. In recent years, Mesoamerican archeologists have borrowed the collective action theory in social science to systematically investigate the ancient societies of Mesoamerica and other civilizations and obtained some new understandings. The theory pays more attention to the participation of the public in the early states' political practice, especially the role of state financial sources, public investment and other factors in the political interaction between rulers and the public. In this paper, we introduce the origin of the theory and its application in the western archaeology, in order to provide some new thinking for the study of the formation mechanism of the early state of China and to explain the problems existing in the theory and method.

Key words: early state, collective action theory, public investment

---

[①] 孙波：《聚落考古与龙山文化社会形态》，《中国社会科学》2020年2期。

墓葬田野考古相关伦理性问题初论
——以"陕西蓝田北宋吕氏家族墓园抢救性发掘"案为例

代雪晶

（山东大学历史文化学院　山东博物馆）

内容提要： 在西方环境保护运动的影响下，考古遗产乃"不可再生的公共社会资源"之理念逐渐成为学界共识。田野考古不可避免地将破坏考古遗产的原初生境，产生诸多伦理性问题。自现代科学考古学落户中国后，墓葬考古与关照后裔情感一直是我国田野考古环节的一大伦理性问题。以"陕西蓝田北宋吕氏家族墓园抢救性发掘"案为例，采用提出问题—解决问题—反思问题的模式，论证墓葬田野考古发掘伦理性问题的解决路径：以"保护墓葬考古遗产"的视角看待"后人盗墓引发的后续抢救性科学田野考古"，科学研究先祖遗产，增进后裔社群对先祖的全面认识；以"遗产"的视角看待墓葬考古，通过"透物见人""由表及里"的方法研析考古遗产，赋予遗产一定的人伦情感及人文关怀；以"考古遗产监护人"的身份，遵守职业规范，培育人伦情怀，惠及考古遗产的相关群体。

关键词： 墓葬考古　田野发掘　考古伦理

　　田野考古学是通过科学的实地考察、勘探、发掘等方式，获取古代实物资料的考古学分支学科之一，它是考古学的基础和生命。近代学术意义的考古学诞生于19世纪中叶的北欧和西欧，经过皮特-里弗斯、弗·皮特里、莫蒂默·惠勒等人的努力，到20世纪初叶，以安特生发掘河南渑池县仰韶村遗址为标志，西方考古学传入中国，经过李济、梁思永、夏鼐等人的努力，以及河南安阳殷墟、辉县琉璃阁和固围村等遗址的大规模发掘，到20世纪50年代初叶，中国的田野考古方法与机制基本成熟。田野考古工作获取古代实物资料的过程，就是地下和地上文化遗存成为考古遗产的过程，也是考古遗产正式进入学术研究的开始。

　　20世纪60年代，西方社会兴起的环境保护运动促使公众重思考古遗产的价值，考古遗产是"一种不可再生的公共社会资源"[①]的观念逐渐被世人所接受。墓葬田野考古发掘的科学性与考古遗产原初生境的破坏这一矛盾对立体，使考古遗产的保护在田野

---

① 　William D. Lipe. A conservation model for American Archaeology. *The Kiva*, 1974 (39): 213-244.

考古环节面临新的伦理困境，产生诸多伦理性问题。20世纪八九十年代以来，我国的田野考古工作蓬勃发展，与此同时，社会公众对考古工作的关注度渐增，对田野考古科学的不解渐多，相关伦理性问题随之产生，有的案例还产生了较强烈的社会舆论影响。我国墓葬田野考古面临的最根本的伦理性问题，就是对田野考古工作正当性的质疑。据笔者观察，墓葬考古与关照后裔情感间产生的伦理问题构成了我国墓葬田野考古的核心伦理问题。

一、问题的提出：墓葬考古伦理困境的根源

古人认为人必须依附自然，与自然息息相通。"万物不能越土而生，人亦万行中一物，所以死后必归于土。"[1]墓葬作为古人的归宿，是古人精心营造的居所，是后人对祖先追念的所在，是生者对逝者追思的寄托物，更是"入土为安"哲学思想的现实物化。因此，在科学考古学进入中国后，墓葬考古的正当性频频遭遇社会舆论质疑，更有甚者，将"考古"与"盗墓"混为一谈，究其原因，一则是田野考古科学知识的社会化科学化普及工作有待提升，一则是墓葬考古挑战了墓葬及人体遗骸所承载的后裔社群对先祖的情感寄托，遭遇了人伦危机，陷入了伦理困境。

墓葬田野考古的伦理性问题是与中国现代科学考古学相伴而生的。20世纪初叶新文化运动兴起以来，随着德先生与赛先生在中国的扎根，科学精神逐渐成为民众的一种思维方式和生活习惯[2]。考古学作为一门新兴学科也从西方传入中国，并在中国落地生根[3]。然而，考古学这门以发掘古遗址和古墓葬为主的现代科学在面对国民的传统道德信仰时，却屡屡碰壁，出现20世纪30年代"戴季陶挑起的一场考古学大论战"等重大社会文化事件，究其本质，戴氏对科学考古的抑制与抵制代表了"国人传统的孝道伦理与墓葬考古的科学研究性间的首次正面交锋"，该事件因社会政要的参与而演变为一大社会文化事件，最终戴氏以国民党中央政府考试院院长的身份压迫行政院出台所谓的"严禁发掘古墓的四条办法"，从而终结了这一发酵多年的事件，这对主张科学考古的进步人士造成一定的社会舆论压力，从某种程度上反映了中国早期墓葬考古遭遇的文化冲突和伦理困境[4]。这场论战为刚刚起步的中国考古学发出了预警，经过科学训练的早期中国考古学者适时应对，主持莲湖公园发掘的罗懋德先生在《莲湖公园发掘记》"余论"一节感慨地说"在发掘中，掘坟为一难事"[5]。因此，在完成发掘工作回填墓葬的过程中，罗懋德即"二月一日，二日，三日，五日，七日，共填土五日，每日用六工，填成一斜坡。于第一日曾购瓦罐将掘出之骸骨置入安埋，盖思有以

① 王计生：《事死如生——殡葬伦理与中国文化》，百家出版社，2002年，2页。

② 代雪晶：《人体遗骸类考古遗产的收藏保护伦理刍论——以肯纳威克人遗骨为例》，《博物馆学季刊》2021年3期，99～111页。

③ 陈星灿：《中国史前考古学史研究（1895～1949）》，生活·读书·新知三联书店，1997年，77页。

④ 罗宏才：《戴季陶挑起的一场考古学大论战》，《文博》1998年5期，72～77页。

⑤ 罗念生：《莲湖公园发掘记》，《罗念生全集·第十卷·从芙蓉城到希腊》，上海人民出版社，2015年，635页。

慰坟墓主人于地下也"①这一融汇着"人情滋味与科学境界"②的考古学人的个人行为是学界对墓主人伦理关照的镜像，但"这一发人深省的考古终极关怀"③仅系"初阶感悟"④，有待于发展成为一种行业规范和社会行为。2009年曹操墓的发现发掘再度引发系列社会事件，成为近年来一则典型的墓葬考古伦理案例，张小虎在研究中指出：尊重古人首先是应在妥善保护基础上尽量减少古墓葬的发掘；其次是在科学研究之后妥善处理并安置古人类遗骸，做到在符合伦理道德的前提下开展科学研究，以为社会大众所接受与支持⑤。国内学者对墓葬考古的伦理反思是科学考古研究与社会伦理博弈到一定社会阶段的体现，更是在建设中国特色考古学新的时代背景下墓葬考古需要直面的学科发展问题。本文将以"陕西蓝田北宋吕氏家族墓园的抢救性发掘案"（下文以"蓝田吕氏家族墓园案"简称）为例，探讨墓葬田野发掘引发的"科学考古的人文关怀"与"后裔族群的敬祖情结"间的伦理性问题，希冀对我国的墓葬考古提供理论指导，唤起民众对墓葬考古科学性的体悟与支持。

二、科学抑或人伦：蓝田吕氏家族墓园案的伦理困境之根本

蓝田吕氏家族墓园案是因不肖子孙盗掘而被迫进行抢救性考古发掘的墓葬考古大事件，由于该墓园是目前国内首例居住点与墓园距离近、亲缘关系明确、亲情延续不断的千年家族墓园，墓主人之一是被誉为"中国考古学鼻祖"的吕大临，一经发掘即引起社会各界关注，成为考古伦理研究的典型案例。本文查考当时的各种资料报道和分析观点，将这一事件的主要过程大致梳理如下。

吕氏家族墓园位于今陕西省蓝田县三里镇五里头村四组责任田，由家族墓地及家庙、神道、石刻、兆园等完整墓园配置组合而成，占地面积约84000平方米。墓园乃北宋中期吕通及其后代等5代吕氏嫡系族人的家族墓群，因葬有北宋名士"蓝田四吕——大忠、大防、大钧、大临"而备受社会关注。根据出土墓葬的明确纪年，可知该墓园营造于北宋神宗熙宁七年（1074年），使用至徽宗政和六年（1116年），实际使用四十余年。北宋灭亡后，政治中心南移，蓝田吕氏家族精英随之南迁，部分家族后代始终定居于墓园东北方3千米处的乔村。虽然墓地停止使用，但是留守的远房宗亲看守照管墓园，香火祭祀绵延不绝，亲缘关系明确可考，该墓园成为目前为止我国考古发掘中首例完整的北宋贵族家族墓园。明清以来，该墓园得到当地政府的保护和修缮；中华人民共和国成立后，将该区域列为县级文物保护单位⑥。

这种千余年来的亲缘关系因2005年的一场盗墓活动而被迫中断。2005年底，在

① 罗念生：《莲湖公园发掘记》，《罗念生全集·第十卷·从芙蓉城到希腊》，上海人民出版社，2015年，635页。
② 罗宏才：《陕西考古会史》，陕西师范大学出版总社有限公司，2014年，282页。
③ 罗宏才：《陕西考古会史》，陕西师范大学出版总社有限公司，2014年，282页。
④ 罗宏才：《陕西考古会史》，陕西师范大学出版总社有限公司，2014年，282页。
⑤ 张小虎：《考古学中的伦理道德——我们该如何面对沉默的祖先》，《西部考古》（第六辑），三秦出版社，2012年，46~51页。
⑥ 陕西省考古研究院、西安市文物保护考古研究院、陕西历史博物馆：《蓝田吕氏家族墓园》（一），文物出版社，2018年，3页。

"要想富，挖古墓"利益的驱使下，乔村人、吕氏宗亲世袭守墓者之子吕富平与盗墓贼结伙盗掘了吕氏家族墓园。2006年秋，该案被西安市公安局成功侦破。结合犯罪分子的口供和出土墓志铭上的"宋承务郎"文字，专家判断该古墓很可能是北宋文坛名士吕大临的家族墓地①。"北宋名门世家吕氏家族墓地惨遭世袭看守的自家远亲盗掘"这一骇人听闻的事件立刻引发社会舆论的关注和热议。

案件发生后，秉持"保护为主"的文物工作原则，陕西省文物局下文要求当地政府对墓地进行24小时监护，以最大限度地保护古墓的安全。随着媒体的大量报道，蓝田吕氏家族墓园被发现的消息引起社会各界关注，随之而来的还有盗墓者的不断光顾，在蓝田县政府看守保护的8个月内，先后发生3起盗掘案，严重危及古墓安全。为保护文物的安全，经当地政府多次请求，陕西省文物局专门召开省、市、县有关部门协调会，并向国家文物局申请对蓝田五里头墓地进行抢救性发掘，后获批准②。2006年11月至2011年1月，历时五年，考古工作者对蓝田吕氏家族墓园进行了全面田野考古与发掘。

墓葬是古人的安息之所，寄托了后人对先辈的追念之情，是人伦情感的一种物化载体。有鉴于此，墓葬考古作为考古学的一个重要分支，在实际操作中，应尤为注重对人伦情感的关照。1990年美国国会通过的《美国原住民墓葬保护和文物返还法》，成为近年来保护和指导墓葬考古的国内法代表。该法案规定，在联邦抑或部落土地上的所有美洲原住民墓地和发现于考古遗址中的文化遗物都应得到保护③。美洲原住民墓葬考古是美国考古的重要分支，从事墓葬考古的学者多为非原住民，故此，该法案既能约束（非美洲原住民）考古学家的田野考古规范，又旨在唤起（非美洲原住民）考古学家对原住民墓主人及其后裔社群的情感共鸣，构建 "考古学家与过去人（墓主人），考古学家与现代人（墓主后裔社群）"等为代表的科学界与相关社群和谐的关系，引导考古学向着符合社会规范、为公众所接受和认可的方向发展。与美国考古不同的是，中华文明绵延五千余年，中华民族世代传承，中国的考古学者面临的是对"祖先"的考古，故此，当发掘的是"一片历史传承有序、亲缘关系明确的家族墓葬群"时，考古工作者面临的伦理问题愈加棘手，作为考古领队的张蕴感叹道："这片墓园是乔村人老幼皆知的先祖先茔所在，每当新年来临，乔村人便来此祭拜祖先。明烛纸钱、袅袅青烟中寄托了他们的虔心祝愿与祈福。可如今这里将成为考古工地了，当临时围墙围起，当第一锹土铲出之时，我心深处便有些许不安、些许歉疚。从情感上不知乔村人能否接受、包容和理解。"④这种担忧困扰着考古工作者，使其工作更加科学严谨，更加顾及人伦情感。虽然忧虑重重，但考古工作者面临的却是另一番景象："开工一周、一个月、一年，这种担心始终在我心头萦绕，如果他们抱怨、扰乱、阻止考古发掘，我完全可以理解这种情感，对此也做好了充分的思想准备，但是，忙碌中整整三年一晃而过，墓葬群和围墓兆沟的发掘已结束，工作中遇到很多挫

① 张蕴：《北宋名门的悲与喜——陕西蓝田吕氏家族墓园发掘记》，《中华遗产》2013年7期，106～119页。

② 赵争耀：《陕西蓝田考古发现北宋吕氏家族墓》，《潍坊日报》2011年9月16日，http://wfrb.wfnews.com.cn/content/20110916/Articel06002TB.htm，浏览日期：2021年8月2日。

③ 〔美〕布莱恩·费根著，钱益汇、朱学峰、邓晨钰译：《考古学入门》，北京联合出版公司，2018年，201页。

④ 张蕴：《依霞而居》，《东方藏品》2014年10期，52、53页。

折、很多人为因素导致的困难，但吕氏家族后人却自始至终没有出现，这让我颇感意外、暗中庆幸，毕竟是一千年呀，这样长的路走下来也许亲情已然疏淡。"①

通过考古工作者的视角，吕氏后人的敬祖情结和以国家利益为重的大家风范历历在目，令研究者为之动容。吕氏不肖子孙盗掘祖坟的恶劣行径，与考古工作者迫于文物保护需要而开展的抢救性发掘，中断了居住在乔村的几百户吕氏后人的敬祖情结。因此，本案例伦理问题的解决亟须兼顾科学考古的人文关怀和后裔群体的敬祖情节，以期规避墓葬田野考古中伦理性问题的出现。

三、科学兼顾人伦：蓝田吕氏家族墓园案的破解之道

伦理思想是人类诞生后在人与人之长期的交往过程中逐渐形成的。"伦"是指人与人之间的关系，"理"则是指事物的规律。"伦理"就是处理人们相互间关系所应遵循的道理和规则②。在"2005年12月吕氏墓园因被世袭守墓人后裔盗掘，万不得已中只得由考古人发掘'考古鼻祖'之墓"③的强大压力下，考古工作者被动接受这一任务，以"战战兢兢，如履薄冰"的高压状态接受了这场挑战，并以科学兼及人伦的工作态度圆满完成了这一备受社会关注的古墓葬发掘工作，创造了我国近年来古墓葬田野考古科学发掘的典范。在蓝田吕氏家族墓园抢救性发掘之初，考古工作者体认墓葬考古所关涉的古人与现代人间的亲缘关系及由之生发的人伦情感，结合工作实际，考古工作者采取了以下可推而广之的应对之策。

（一）敬祖情节与科学考古

考古队制定了科学的考古发掘方案，为田野考古工作的顺利开展做足准备。针对这一亲缘关系明确的千年墓葬群，发掘方案突出了对吕氏后裔的调查走访，一则全面了解吕氏家族及后裔历史及现实状况，为科学发掘做好准备；一则坚持"以人文本"，认识到墓葬考古与"人"的密切关系，以求兼顾科学考古和敬祖情节。

考古工作者制定的发掘方案将工作分为七个步骤，预计王年完成，前五个步骤主要是为正式发掘准备资料，历时一年多，重点开展了"……（二）对墓园周围村落和现代吕氏后人居住地——乔村进行调查走访，了解所有相关信息、遗迹、遗存与家谱及民间流传的吕氏先贤记载和传说，以了解该家族北宋时期的社会地位、生活状况、政治背景……"④2006年12月，考古调查队走访当地吕氏家族后人及县级文物部门相关人员，调查吕氏家族及其后裔的基本信息，结合史料，解决了诸如"官至宰相的吕大防在家族墓中只有一座衣冠冢"等历史谜团，为后期科学考古工作的开展做好了前期准备。又如，在走访吕氏后裔调查关于吕大忠的流放历史时，据现蓝田吕氏后人居住地乔村村主任吕晓义叙述："20世纪80年代忽有来自广东省澄海县东林村村民吕崇贤

① 张蕴：《依霞而居》，《东方藏品》2014年10期，52、53页。
② 何怀宏：《伦理学是什么》，北京大学出版社，2002年，8页。
③ 田建文：《用心去做一件事——〈蓝田吕氏家族墓园〉读后》，《中国文物报》2019年9月13日第6版。
④ 陕西省考古研究院、西安市文物保护考古研究院、陕西历史博物馆：《蓝田吕氏家族墓园》（一），文物出版社，2018年，4页。

找到此地寻根，自称为吕大防长子吕景山后裔，现定居之东林村尚遗留宋代吕氏祠堂遗址，村东南石鼓山东麓有大片吕氏墓园，居首位者即吕大防墓葬，现存吕氏族人皆奉吕大防嫡长子吕景山为先祖，并持有家谱为证。正是家谱中‘律师渭水堂’字样引导他千里迢迢、几经辗转找到陕西蓝田乔村吕大防故乡，从此，时隔千年、地处南北的两群吕氏后人终于握手相认。"①由此可知，吕氏后人对吕氏家族墓园寄托着一种特殊的情感，考古工作者必须以兼顾后裔的敬祖情结为科学考古工作开展的首要前提。

在发掘蓝田吕氏家族墓时，考古工作者总结前辈的经验教训，创造性地制定了"七步走"的科学田野发掘计划，以"社会人"的知性视角妥善安置考古发掘品以告慰逝者及其后裔。考古工作者坚持调查走访，坚持访谈墓主后裔，掌握发掘相关的人文历史信息，邀请后裔社群参与对先祖墓葬发掘相关资料的搜集与整理，通过对墓葬的田野发掘科学信息的研究与提取以增进后裔社群对先祖的认识，增强后裔社群的家族荣耀感。

（二）尊敬民族文化遗产与敬畏古代先贤

考古工作者创造性地将吕氏后裔对吕氏先贤的情感寄托进行了有形化转化——立碑纪念，最大限度地关照后裔的情感需求。在完成前期准备工作后，直到2008年6月13日，考古工作者才正式开始田野发掘工作。在考古发掘中，考古队坚持："……（六）在上述各项工作完成或基本完成的基础上，遵照先墓葬群、次墓园兆沟、再次家庙遗址、最后神道的发掘次序，逐一进行规范化田野考古清理，在此过程中尽可能完整收集其所有考古信息资料，并在最终田野考古工作结束后妥善掩埋保护发掘现场，以示对古代先贤的敬畏及民族文化遗产的尊敬。"②考古工作者以"最大化留取考古资料"为工作原则，以"对古代先贤的敬畏和民族文化遗产的尊敬"为思想指导原则，唯此，考古工作者获得了蓝田吕氏家族后裔的理解与支持。

蓝田吕氏家族墓园的考古发掘坚持了"以人为本"，自始至终谨记吕氏后裔的敬祖情节，从前期对吕氏后人的走访与田野调查，掌握吕氏后人的分布状况及吕氏后人对祖先的追念，让吕氏后人通过此次考古发掘加深对祖先的认识，增进与祖先的情感；考古工作者以"透物见人"的视角看待墓主人及其随葬品，对考古发掘品的处理更多的是以帮助吕氏后裔增进对先祖的认知为原则，任何一件考古发掘品都是吕氏家族先人的物化本性的呈现，都应得到最妥善的保护；考古工作者以"由表及里"的视角对待后裔社群的敬祖活动，表面上吕氏后裔每年的敬祖仪式看似普通的祭祀活动，实则是后裔社区与先祖情感互通的通道，是对先祖的追思与怀念，应得到情感上的尊重与支持。有鉴于此，在田野考古发掘结束后，考古工作者顾及后裔对先祖的情感寄托，以"社会人"的知性视角妥善掩埋保护发掘现场，敬畏古人，慰藉后裔。

---

① 陕西省考古研究院、西安市文物保护考古研究院、陕西历史博物馆：《蓝田吕氏家族墓园》（四），文物出版社，2018年，1095页。

② 陕西省考古研究院、西安市文物保护考古研究院、陕西历史博物馆：《蓝田吕氏家族墓园》（一），文物出版社，2018年，4页。

（三）立碑立传承继古人与现代人的情感通道

虽然五里头村畔的吕家墓地的直系先人已无从考证，但是千年来的祭祖活动从未中断。在考古工作期间，吕氏后人未曾阻挠发掘工作的进行；在考古工作者离开五里头村、考古工作暂告一段落期间，乔村吕氏后人悄然开始持续千年的祭祖活动。据考古工作队领队张蕴回忆道："2010年，等考古队再次返回该地再次开展发掘工作时，首先听到的是令人震惊不已的消息，原来乔村吕氏后人在我们离开后的新年第一天举行了大规模祭祖活动，三辆客车与卡车浩浩荡荡开赴先祖墓园，一番祭典后庄严礼拜，村主任凝重捧起一撮黄土裹入红绸中在众人簇拥下缓缓返回。"这让考古人产生了深深的自责，"这本该是我们做的事，是国家替吕氏后人做的事，我却揣着侥幸之心忽略了、误会了"[①]。由是，在最终的考古发掘报告中，考古工作者在发掘工作步骤中专列一条，即"（七）田野工作结束后选择适当地点树立蓝田吕氏家族墓园考古纪念碑，永远纪念蓝田吕氏家族对中国考古学的突出贡献，纪念这次中国考古学史上具有特殊意义的考古发掘"[②]。考古工作者，体认了吕氏后裔的这种情感，在考古工作接近尾声之际，2011年6月10日，陕西省考古研究院在原址竖碑一块，一则纪念吕氏先贤对中国理学、金石学、古器物学等做出的突出贡献；二则纪念以吕大临为代表的吕氏家族对中国现代考古学的突出贡献；三则铭记吕氏先贤的名字与品行，维系吕氏后裔千余年的祭祖活动，搭建今人与古人的情感通道[③]。

蓝田吕氏家族墓园案在处理与吕氏家族后裔的敬祖情结上，时刻谨怀对古人的敬畏之心，在田野考古工作结束后以物化的形式传承后裔对祖先的情感寄托；以历史穿线人的身份将千年的吕氏家族贯穿古今，聚合后裔群体，让他们寻根、重构身份认同。蓝田吕氏家族墓园的考古发掘结束后，考古工作者顾及后裔对先祖的情感寄托，以"社会人"的知性视角妥善掩埋保护发掘现场，原址立碑，敬畏古人，慰藉后裔。

（四）考古发掘报告的出版与考古成果的展览，延续现代人对未来人的责任

由于后裔对先祖墓茔的盗掘，考古工作者心中始终怀着深深的遗憾："如果世人少一分短见，多一分远识，这片墓园或许将永葆安宁，而我们也能为后代多留一份珍贵的文化宝藏。只可惜，不肖子孙的贪欲，让这一切假设化为乌有。"[④]故此，为全面揭示墓园的学术价值和历史价值，为了给吕氏后裔一个负责任的交代，2011年至2016年，考古工作者启动科学、翔实、系统的整理和考古报告撰写工作，这是一个"痛苦并快乐"的过程。2018年《蓝田吕氏家族墓园》四卷本大型考古发掘报告由文物出版社付梓刊发，这一凝结着蓝田吕氏家族墓园发掘者心血和汗水的鸿篇巨著，让中国考古学界感到万分欣慰，也让蓝田吕氏家族对中国考古所做的贡献得以面世。考古工作

---

① 张蕴：《依霞而居》，《东方藏品》2014年10期，52、53页。
② 陕西省考古研究院、西安市文物保护考古研究院、陕西历史博物馆：《蓝田吕氏家族墓园》（一），文物出版社，2018年，4页。
③ 张蕴：《依霞而居》，《东方藏品》2014年10期，52、53页。
④ 张蕴：《北宋名门的悲与喜——陕西蓝田吕氏家族墓园发掘记》，《中华遗产》2013年7期，106～119页。

者在考古工作结束后仅八年的时间，历时七年，完成四册巨著，考古领队自叹"我不敢说这是一个奇迹，但是每一个考古人都深深地明白：这是多么不容易的事情"①。

考古学家秉承对考古遗产的敬畏之心，用实际行动，及时全面地发表考古发掘成果，告慰古人，慰藉今人，启迪未来人。在蓝田吕氏家族墓园案中，有关资料显示，在田野考古工作结束后，2012年4月文物主管部门在陕西历史博物馆举办"家族的荣耀——2010年度全国十大考古新发现陕西获奖项目特展"，向公众展出蓝田吕氏家族墓园出土文物，满足了公众对蓝田四吕历史的好奇心和求知欲，普及了考古成果。同时，展览的举办肯定了吕氏家族的历史地位，通过"家族的荣耀"这一展览标题向社会普及吕氏家族及其后裔的特殊社会身份，重塑吕氏后裔对先祖荣耀的认同感，增强吕氏后裔的家族荣耀感。至此，墓葬考古真正成了人民的事业。

四、结　　语

《中华人民共和国文物保护法》规定：中华人民共和国境内地下、内水和领海中遗存的一切文物，属于国家所有②。在这种国家所有制下，考古学家代表国家履行着考古遗产监护人的权利和义务。然而，当面对后裔社群传承有序、血缘延续不断的古代墓葬等考古遗产时，考古工作者在开展科学考古发掘时，需要多一份关爱之心，既要保持对墓主人的敬畏，还应顾及后裔社群的情感，这样才能既保证科学发掘，又能得到民众和社会的道义支持，让墓葬考古成为人民的事业。墓葬田野考古发掘应从以下三个方面开展以期避免陷入伦理困境。

首先，以"保护墓葬考古遗产"的视角看待"后人盗墓引发的后续抢救性科学田野考古"，科学研究先祖遗产，增进后裔社群对先祖的全面认识。

墓葬考古是对逝者的一种尊敬，亦是对生者的一种关爱。在遭遇"后人盗墓"的现实困境后，社会在谴责不肖子孙的同时，希望墓主得以安息。但是当频繁的盗墓造成对墓中文物的毁灭性破坏时，考古工作者及时采取行动，采用科学的方法对墓葬进行抢救性发掘，这是对墓葬的一种抢救性保护，更是对墓主人历史身份的一种科学研究，将有助于后裔社群对先祖的全面科学认识。

其次，以"遗产"的视角看待墓葬考古，通过"透物见人""由表及里"的方法研析考古遗产，赋予遗产一定的人伦情感及人文关怀。

20世纪80年代"遗产"概念引入文化领域后，出现了文化遗产、自然遗产、考古遗产等概念，"遗产"所具有的代际传承性与精神寄托性赋能考古资料，考古遗产被赋予的人际性和精神性代表了特定社会群体的物质继承关系和代际精神传承关系。考古遗产已完全脱离了考古发掘品"物"的属性，具有更多"人"的特质，承载了千年间"古人与现代人"之间的亲情维系和情感寄托。因此，在面对田野考古发掘的墓葬遗产时，作为考古工作者，在遵从一般的考古遗产法律规定的基础上，深度挖掘这些

---

① 陕西省考古研究院、西安市文物保护考古研究院、陕西历史博物馆：《蓝田吕氏家族墓园》（一），文物出版社，2018年，4页。

② 国务院法制办公室：《中华人民共和国新法规汇编》，中国法制出版社，2017年，48页。

考古发掘"物"与"后裔社群等人"之间的情感关系，在对"物"进行合法合规的处理时，顾及后裔社群的情感，并将这种情感通过物化的形式以官方的行动付诸实践，树立考古遗产监管人负责任的社会形象，赢得民众的情感支持。

最后，以"考古遗产监护人"的身份，遵守职业规范，培育人伦情怀，惠及考古遗产的相关群体。

考古学家因其职业素养而具备科学发掘考古遗产的能力，经由国家有关部门的授权，代表公共利益开展田野发掘工作。但是，这并不意味着考古学家可以随心所欲，如同医生一样，他们每发掘一座墓葬，就如医生在诊治一个病人，共通的科学专业规范指导着考古学家和医生的工作实践，考古学可以借用医学上的"知情同意权"，通过调查走访墓主后裔，获取他们的支持，通过合乎人道和人伦观念的方法发掘墓葬以顾及墓主人及其后裔的情感，为墓葬考古的顺利开展提供保障。考古工作者按照田野考古工作规程制定发掘方案、开展田野发掘、编写田野发掘报告等等。在这些工作中，考古工作者心怀后裔社群，兼顾墓葬的发掘与后裔对墓主人的追念之情，发掘结束后妥善安置墓主人，通过官方树碑立传的方式表达国家对墓主人及其后裔的认可，为后裔社群对先祖的情感重塑寄托物。

综上，墓葬田野考古发掘相关伦理性问题的解决应妥善处理"物"与"人"的关系，具体表现为：科学看待抢救性墓葬田野考古，保护墓葬考古遗产，增进后裔社群对先祖的认知；以"遗产"的视角审视墓葬考古，赋予遗产以人伦情感与人文关怀；培育人伦情怀，遵守职业规范，肩负"考古遗产监护人"的职责，让考古遗产造福当代人。唯此，墓葬田野考古发掘方能为民众所接受、为社会所认同。

Ethical Issues Related to Tomb Field Excavation: A Case Study of the Rescue Excavation of Lü Family Cemetery of Northern Song Dynasty in Lantian County, Shaanxi Province

Dai Xuejing

(School of History and Culture, Shandong University; Shandong Museum)

Abstract: Under the influence of western environment protection and conservation campaign, the nonrenewable public social resource nature of archaeological heritage has become a commonsense in the academic world. Field excavation would destroy the original context of archaeological heritage and bring about ethical issues. Since the settlement of modern scientific archaeology in China, tomb archaeology and care for the descendent has been a big ethical issue in the field archaeology period. A study of the typical cases of tomb archaeology, especially the *Rescue Excavation of Lü Family Cemetery of Northern Song Dynasty in Lantian County, Shaanxi Province*, with a mode of putting forward a question, resolving a question and a reflection on the question, an applicable method has been withdrawn from the resolution process of the ethical issues. From the perspective of protecting tomb archaeological heritage, a reflection of the rescue excavation of the tomb due to decedents' robbing of ancestor's tomb, a study of ancestor's heritage would promote the comprehensive understanding of ancestor by decedents; viewing tomb archaeology as heritage, by methods of "from objects to humans", "from outward appearance to inner essence", human care and ethical emotions would be bestowed on heritage; being the steward of archaeological heritage, abiding by professional codes of ethics, cultivating ethical compassion, in the end, relevant groups of archaeological heritage would be benefited.

Key words: tomb excavation, field excavation, archaeological ethics

试析沣西新旺村西周晚期青铜器窖藏H2的埋藏背景与性质

王　迪

（中国社会科学院考古研究所）

内容提要： 西周晚期的青铜器窖藏往往被认为是西周末年犬戎入侵，周人逃难时埋藏的。本文通过分析1982年新旺村出土两件铜鼎的窖藏坑H2的埋藏背景，复原其埋藏过程和原始深度，指出将其定性为西周末年避犬戎之祸的埋藏坑，尚存几处疑点，进而提出窖藏H2可能是祭祀沣河或者人工河道的祭祀坑。

关键词： 新旺　青铜器窖藏　埋藏背景　祭祀

　　1982年初，陕西长安县沣西新旺村村民在村南约150米处土壕取土时发现西周窖藏铜鼎2件，考古队随即在该处布方发掘。该青铜器窖藏坑编号H2，本文称之为窖藏H2。窖藏H2坑内填土和所在探方的堆积状况在1983年即发表（下文简称83文）[①]，发掘区的考古资料发表于2012年（下文简称12文）[②]。依据这两次发表的考古资料，本文尝试分析窖藏H2的埋藏背景，讨论窖藏性质。

一、窖藏H2位于居址中

　　考古队在出土铜鼎的土壕边布设探方SCXT1-6、SCXT151-158，发掘面积共计416平方米，发现房址、窖穴、烧炕、水井、灰坑、墓葬等遗迹，出土陶器、石器、骨器、蚌器等遗物。通过对出土器物，特别是陶片的整理，发现陶鬲、陶盂以及细柄浅盘豆都是西周晚期的器形，判断该遗址的年代为西周晚期。12文描述了H1、H2、H3、H5、H6的年代，都属于西周晚期，H2打破西周晚期居住遗迹H1，又打破西周时期灰坑H3，相对年代是最晚的（图一）[③]。在新旺村、冯村、东石榴村和曹寨之间是一块

① 中国社会科学院考古研究所沣西发掘队：《陕西长安县新旺村新出西周铜鼎》，《考古》1983年3期。
② 中国社会科学院考古研究所沣西发掘队：《陕西长安县沣西新旺村西周遗址1982年发掘简报》，《考古》2012年5期。
③ 中国社会科学院考古研究所沣西发掘队：《陕西长安县沣西新旺村西周遗址1982年发掘简报》，《考古》2012年5期，20页。

东西长1800、南北宽1500米的平坦高地，西周遗存非常丰富，有灰坑、墓葬和窑址[①]。因此，窖藏H2埋藏于西周晚期的居址中。

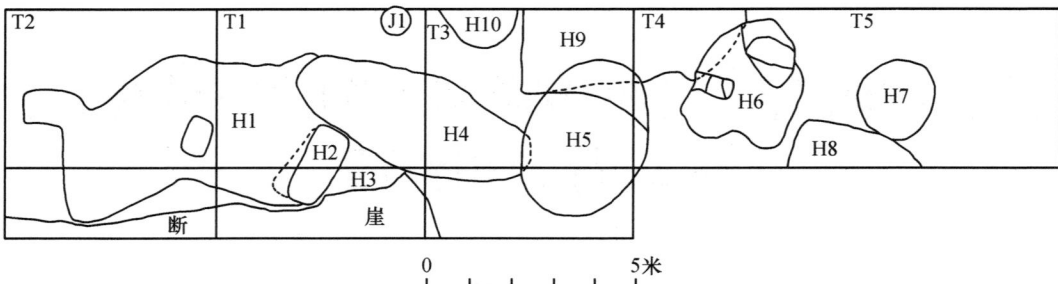

图一　T1～T5出土遗迹平面分布图[②]

二、窖藏H2埋藏过程

窖藏H2位于T1东南部，开口于扰乱层下，平面基本呈圆角长方形，南北长2.3、东西宽0.9、深1.5米。自坑中腰部向西掏进，形成一个壁龛，底部不平，自北向南倾斜，铜鼎放在坑南端最深处，大鼎倒置，内套装正置的小鼎[③]。

83文描述了窖藏坑周围的地层堆积状况：第1层，现代层；第2层，扰乱层，灰黄色，较耕土色浅亮，土质较硬，厚50～60厘米，出汉唐瓷片和少量西周陶片，则此层当为唐代层；第3层，周代文化层，自南向北倾斜叠压着黄熟土、深灰土和红烧土，其中以深灰色土中包含的西周遗物最为丰富[④]。依第3层的描述，似乎该层是由西周时期叠压着的黄熟土、深灰土和红烧土组成。但是，在发掘者根据断崖壁面画的H2剖面图中，本文发现是H1、H2和H3都打破第3层。第3层厚度在1.5米以上，尚未发掘到底，也没有标明叠压着的三层土的范围和各自厚度（图二）。而在12文的T1～T5南壁剖面图上，地层的第3层是现代扰层，窖藏坑打破西周晚期的H3和H1，并打破生土，并不存在西周文化层（图三）。根据83文的描述，窖藏H2"打破H1上部的褐土层、烧土层及黄熟土层"[⑤]，本文推测83文所谓第3层周代文化层应是指H1内上部的3层堆积。12文的地层关系应该是正确的。

12文对填土的描述过于简略，83文的描述则更为翔实，两者没有冲突之处，所以83文对窖藏H2填土的描述可信的。83文中说：窖坑内填一色的蓝灰土，土质细软疏松，与H1不同土色的地层堆积迥然不同，显然是一次填入。这种填土在其东邻H3口面上的西半部还覆有薄薄一层，窖坑以西也有，说明在放好铜鼎后，窖坑原土回填有余，因而铺撒在周围地面上[⑥]。这为我们分析窖藏H2的埋藏过程提供了宝贵的细节。

① 中国社会科学院考古研究所沣西发掘队：《陕西长安县新旺村新出西周铜鼎》，《考古》1983年3期，217页。
② 中国社会科学院考古研究所沣西发掘队：《陕西长安县沣西新旺村西周遗址1982年发掘简报》，《考古》2012年5期，20页，图一。
③ 中国社会科学院考古研究所沣西发掘队：《陕西长安县新旺村新出西周铜鼎》，《考古》1983年3期，217页。
④ 中国社会科学院考古研究所沣西发掘队：《陕西长安县新旺村新出西周铜鼎》，《考古》1983年3期，217页。
⑤ 中国社会科学院考古研究所沣西发掘队：《陕西长安县新旺村新出西周铜鼎》，《考古》1983年3期，218页。
⑥ 中国社会科学院考古研究所沣西发掘队：《陕西长安县新旺村新出西周铜鼎》，《考古》1983年3期，218页。

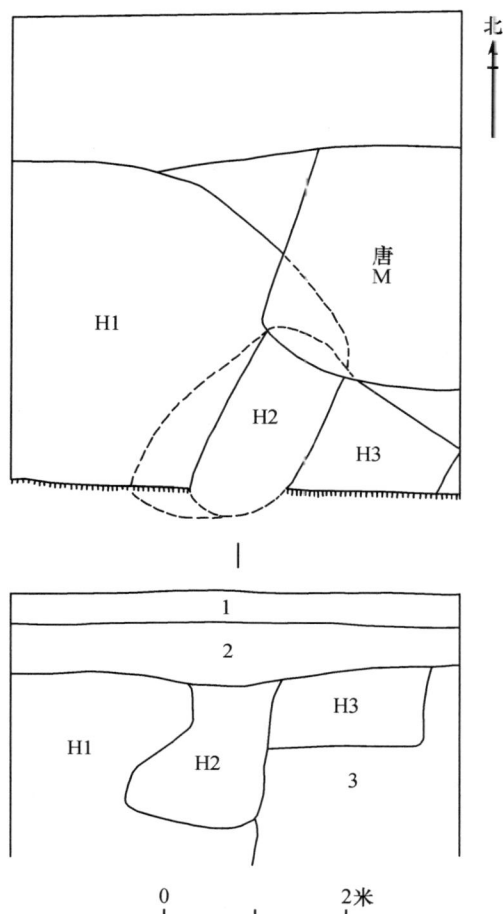

图二　窖藏H2平、剖面图（据断崖壁面绘出）①

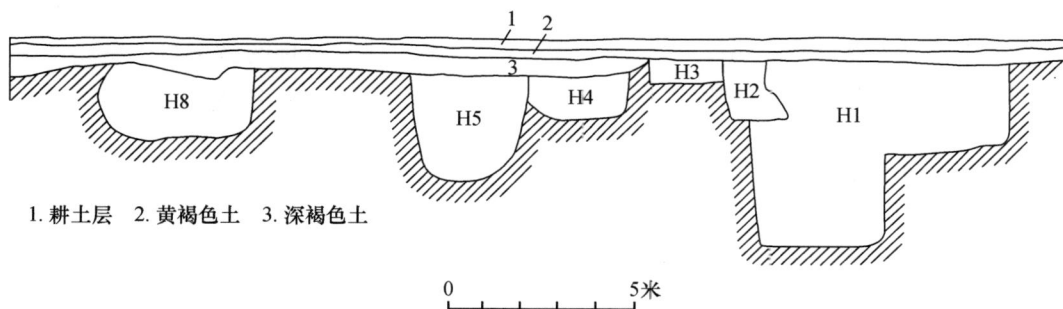

1. 耕土层　2. 黄褐色土　3. 深褐色土

图三　T1～T5南壁剖面图②

---

① 中国社会科学院考古研究所沣西发掘队：《陕西长安县新旺村新出西周铜鼎》，《考古》1983年3期，217
页，图一。

② 中国社会科学院考古研究所沣西发掘队：《陕西长安县沣西新旺村西周遗址1982年发掘简报》，《考古》
2012年5期，20页，图一。

H1是一座地窖式的居住房屋，此屋被废弃后填满灰土和黄灰土，其中有大量西周陶片[1]，上文已经说明褐土层、烧土层和黄熟土层应是其上层的填土堆积。H3内堆积状况未见描述。依据窖藏H2坑内填土"与外侧土质不同"的描述，可知必不与窖藏H2中土的土质、土色相同或相似，可能是考古中常见于灰坑中的灰黑色或者灰褐色杂土。

窖藏H2打破H1和H3，那么挖成H2时取出的原土，应由三种土组成：①生土，②H3中的土，③H1中的褐土、烧土、黄熟土相杂的土。这三种土混合回填后，必然不能是"一色的蓝灰土"。窖藏H2中填土是一色的蓝灰土，表明H2在放入青铜器后，并不是用原土，而应是特意从他处运来土回填。那么，发掘者认为的窖坑原土回填有余，因而铺撒在周围土地上的说法自然就不能成立。

窖藏H2的灰蓝色填土在H3口面上的西半部还覆有薄薄一层，窖坑以西也有。而H2西侧即是H1。这就表明现存的H1、H3表面上都部分覆盖着这种蓝灰土。由此，我们能判断，H1、H3的现存坑口，就是挖H2埋藏青铜器时候的地面或者工作面，否则填满窖藏H2所用的蓝灰土，绝不会出现在H1和H3的表面。

基于窖藏H2的坑口即为当时地面或者工作面的认识，我们可以推测窖藏坑的原始深度。窖藏坑H2开口的文化层距离现在地表0.9米，底部上距地表1.9～2.7米，底部不平，向北向南倾斜[2]。由此，可以确定窖藏H2下挖的原始深度是1～1.7米。12年描述坑深1.5米[3]，可能是取其近中位置的深度。

当时窖藏H2地表或者工作面上铺设的土是否只有这么薄薄的一层，也是值得考虑的。从82文根据断崖壁面所绘剖面图上看，叠压在H1、H2、H3之上的第2层是扰乱层，最晚的瓷片到唐宋，且H2又被唐墓打破[4]，表明唐代的人已经重新利用这片土地。在唐代开发利用前和利用时，很难不对西周时期的地表造成破坏，所以目前窖藏H2坑口薄薄的一层蓝灰土应是被破坏后残余的状态，原本覆盖坑口的蓝灰土应更厚，范围更大。

细看窖藏H2剖面图就不难发现，H2坑口处地势略低，而两侧H1和H3的表层地势都略高（图二）。结合坑口尚存的薄薄一层蓝灰土，可能说明周人在选定该窖藏地点后，要清除该地周围的表土，之后才向下挖掘H2。这块被清理的区域自然就略微低洼。蓝灰土堆出坑口之外的用意，可能是让窖坑H2的表面与当时的地表齐平。这样一来，在埋藏完成之后，地表应能够清楚看出H2填土与周围不同。

① 中国社会科学院考古研究所沣西发掘队：《陕西长安县沣西新旺村西周遗址1982年发掘简报》，《考古》2012年5期，20页。

② 中国社会科学院考古研究所沣西发掘队：《陕西长安县新旺村新出西周铜鼎》，《考古》1983年3期，217页。

③ 中国社会科学院考古研究所沣西发掘队：《陕西长安县沣西新旺村西周遗址1982年发掘简报》，《考古》2012年5期，20页。

④ 中国社会科学院考古研究所沣西发掘队：《陕西长安县新旺村新出西周铜鼎》，《考古》1983年3期，217页。

三、窖藏H2性质蠡测

（一）窖藏H2未必是西周末年避犬戎之祸而埋藏

郭沫若先生提出周原西周青铜器窖藏坑是西周末年社会大变动时留下的器物。考古界一致认为这个观点是基本正确的[①]。新旺村多次发现青铜器窖藏，时代都定在幽王灭国之际[②]。对于窖藏H2的性质，发掘者认为窖藏的原因必是出于大的政治变故，是平王东迁时为仓促逃命的朝廷贵族挖窖埋藏的[③]。

西周时期的青铜器窖藏集中分布在关中地区，且基本上都定在西周末年。结合这一时期犬戎入侵、平王东迁的时代背景，为逃命而藏匿青铜重器是合理的解释。作为西周都城的丰镐是犬戎劫掠的重点，当时的贵族把青铜重器挖坑藏匿是合理的解释。

窖藏H2也位于居址中，与周原青铜器窖藏类似。这符合当时贵族仓促逃跑之时，就近掩埋重器的逻辑。发掘者依据窖藏H2中陶片都是西周晚期的，结合窖藏H2开口在西周文化最上层，打破西周晚期灰坑H1，推断H2青铜器埋藏的时间是在西周末年[④]。

但实际上，基于丰镐遗址几十年的考古工作，学者们对西周断代研究基本形成共识，也只能把最晚一期西周遗存的绝对年代基本确定在厉王、宣王、幽王时期[⑤]。同时，由于对丰镐遗址的居址发掘相对较少，材料积累有限，仅仅根据居址出土陶器的考古类型学分析，不可能精确判断遗迹是否属于西周末期的幽王灭国之际。所以，发掘者把窖藏时代定在西周末年，更多是综合考虑了幽王遭犬戎之祸的社会背景，而不能在考古地层学和陶器类型学上得到充分支持。窖藏H2未必能晚到西周末年，也就未必和犬戎入侵有关。

此外，窖藏H2埋藏背景也与逃难埋藏的观点不相符：

（1）如果是犬戎入侵之时的仓促掩埋，由于时间有限，为何要特意从别处运来蓝灰土填埋，直接用挖出来的原土回填应该更能节约时间。

（2）如果贵族是为了逃难而临时掩埋重器，那么应该做好伪装，以图不被入侵者发现，待日后取回。在当时的地表，由于H1的最上层是褐色土，H3中堆填的是灰坑土，而窖藏H2中是单色的蓝灰土，时人必然能从地表一眼看出H2之所在。且西周时期蓝灰土范围应比今天所见的更大，无疑会进一步增加H2的辨识度。

（3）窖藏H2实际下挖的深度最浅只有1米，地表有非常明显的土色作为标识，这就会导致藏匿青铜器的地方不仅很容易被人发现，还很容易被挖出来。这也和逃难埋藏重器的初衷相悖。

---

① 张懋镕：《殷周青铜器埋藏意义考述》，《文博》1985年5期，44页。
② 中国社会科学院考古研究所沣西发掘队：《1979～1981年长安沣西、沣东发掘简报》，《考古》1986年3期，205页。
③ 中国社会科学院考古研究所沣西发掘队：《陕西长安县新旺村新出西周铜鼎》，《考古》1983年3期，219页。
④ 中国社会科学院考古研究所沣西发掘队：《陕西长安县新旺村新出西周铜鼎》，《考古》1983年3期，219页。
⑤ 中国社会科学院考古研究所、陕西省考古研究院、西安市周秦都城遗址保护管理中心：《丰镐考古八十年》，科学出版社，2016年，47页。

（二）窖藏 H2 可能是祭祀坑

周原遗址发现的青铜器窖藏集中在西周晚期，附近大都有相当规模的西周晚期的建筑遗存[1]。丰京遗址历年来出土的青铜器窖藏共有 8 处，分布于马王、张家坡、新旺村等地，其中马王和张家坡 2 处，其余的 6 处都在新旺村附近：3 处在新旺村北，3 处在新旺村南[2]（图四）。在张家坡和马王附近的客省庄西南、马王村北共发现西周时期

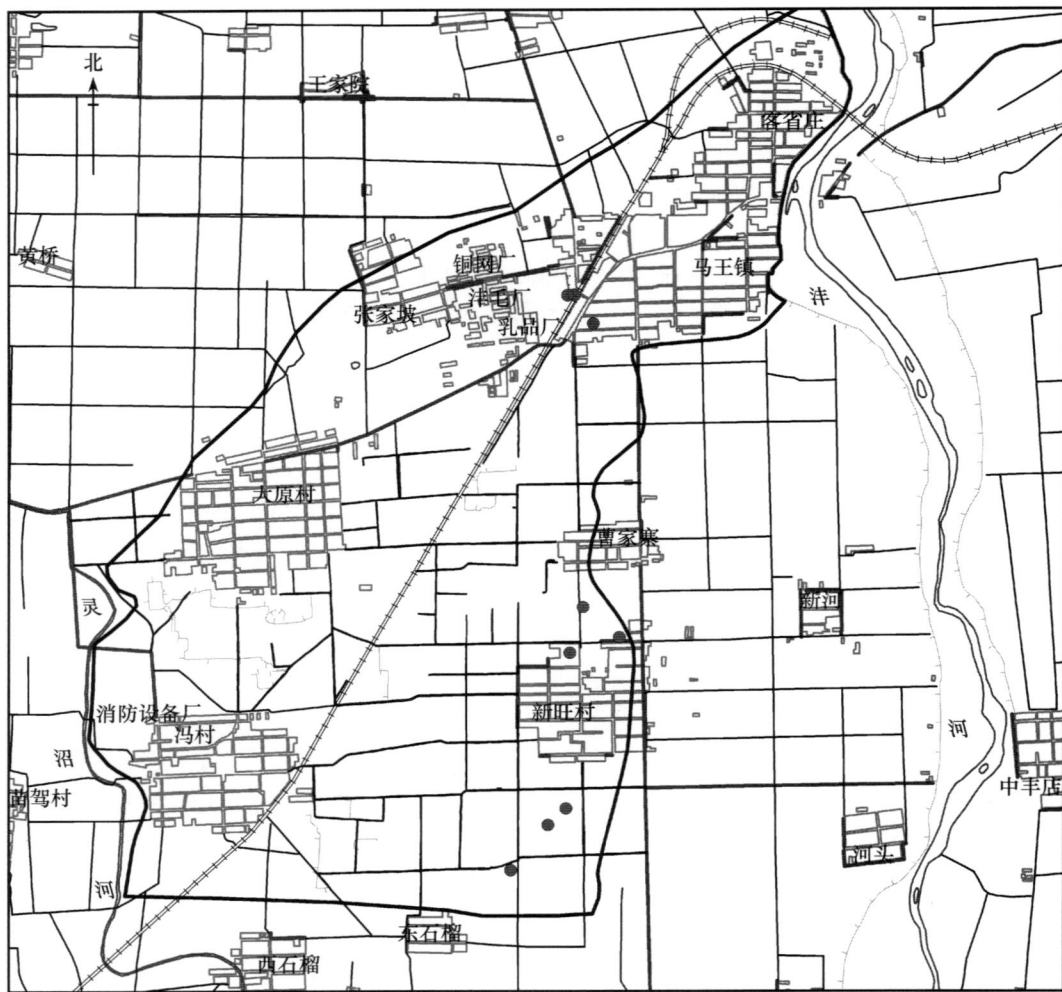

图四　丰京遗址青铜器窖藏分布图（有确切地点的窖藏）[3]

---

① 丁乙：《周原的建筑遗存和铜器窖藏》，《考古》1982 年 4 期，399 页。

② 中国社会科学院考古研究所、陕西省考古研究院、西安市周泰都城遗址保护管理中心：《丰镐考古八十年》，科学出版社，2016 年，84 页，图 4-35。

③ 彩色线图是中国社会科学院考古研究所所丰镐考古队资料。黑白线图见中国社会科学院考古研究所、陕西省考古研究院、西安市周泰都城遗址保护管理中心：《丰镐考古八十年》，科学出版社，2016 年，84 页，图 4-35。

的大型夯土建筑基址14座①，是与青铜器窖藏相对应的贵族居住的高等级建筑，附近的2处青铜器窖藏可能是平王东迁时贵族仓促逃命时就近挖窖埋藏。而在新旺村附近，虽然青铜器窖藏数量多，但是却未发现与之相对应的贵族居住的宫殿建筑。结合窖藏H2中填土的特殊选择，并极易在地表辨识，本文认为窖藏H2可能和祭祀有关。

目前考古发现的商周时期的多处青铜器窖藏可能与祭祀有关。张懋镕总结江苏、浙江、江西等地的商周青铜器窖藏，提出窖藏坑也可能是山川祭祀坑，并总结出一些特点，其中包括：①出土地点一般在山顶、山坡、靠近河流的高山上，或者就在河边；②出土青铜器离地表很近，一般在1米左右；③出土青铜器大多形制奇特或具有精美绝伦的瑰丽之气②。在河南郑州商城遗址发现的三处商代青铜器窖藏坑（"张寨坑""向阳H1"；"南H1"）均位于郑州商城城垣护城河外侧不远处的较高地带③。已有学者指出这三座青铜器窖藏坑内，把这些王室重器有条不紊地窖藏地下，绝不是因为突发事件仓皇埋入地下，应与祭祀后的窖藏有关④。在辽宁省喀左县西南大凌河两岸发现的多处青铜器窖藏，可能是西周初年燕国祭祀山川时候坦藏的青铜礼器⑤。

新旺村附近的6处青铜器窖藏（包括窖藏H2在内），都在沣河和丰京南部的人工河道附近的高地上。窖藏H2的原始深度可能也只有1～1.7米。就窖藏H2出土青铜器来说，一号鼎铸于商末周初，通高74、口径55厘米，重54千克，口下饰饕餮纹，填细雷纹⑥，显然是当时的重器，具有"瑰丽之气"。本文以为这些青铜器窖藏或许和河流祭祀有关。具体祭祀对象可能有二：①沣河。新旺村的东侧即是沣河。沣河形成丰京北侧和东侧的屏障，对于丰京的重要性自不待言。虽然今天的沣河在距新旺村1千米之外，但是钻探表明新旺村东侧已经是沣河滩地（图五）。②丰京南部的人工河道。丰京南部有一条人工河道，东接沣河，穿丰京南部腹地而过，引沣河水入灵沼河⑦。该河道在西周晚期之前开挖，到了西周晚期开始出现断流现象，并逐渐废弃⑧。作为西周晚期时的一条重要水利设施，为丰京南部腹地带来充足的水源，还形成了丰京的南部屏障，对丰京的生产、生活和安全都非常重要。其使用期间必然受到重视，并可能因此成为祭祀对象。从古河道的走向弧度看，河道很可能在新旺村的东南侧与沣河相接，这或许正是窖藏H2选址新旺村南的原因。

根据窖藏H2中出土铜鼎的铭文判断，窖藏H2的一号鼎与父丁卣（1967年出土于张家坡第87号西周墓）同属于殷末周初，且为同一家族之物，二者相距2.5千米，发

---

① 中国社会科学院考古研究所沣西发掘队：《陕西长安沣西客省庄西周夯土基址发掘报告》，《考古》1987年8期，698页。

② 张懋镕：《殷周青铜器埋藏意义考述》，《文博》1985年5期，45页。

③ 河南省文物研究所、郑州市文物研究所：《郑州商代铜器窖藏》，科学出版社，1999年，95页。

④ 安金槐：《再论郑州商代青铜器窖藏坑的性质与年代》，《华夏考古》1997年1期，76页。

⑤ 王世民：《喀左铜器窖藏》，《中国大百科全书·考古学》，中国大百科全书出版社，1986年，248页。

⑥ 中国社会科学院考古研究所沣西发掘队：《陕西长安县新旺村新出西周铜鼎》，《考古》1983年3期，219页。

⑦ 中国社会科学院考古研究所丰镐队：《西安市长安区丰京遗址水系遗存的勘察与发掘》，《考古》2018年2期，34页。

⑧ 中国社会科学院考古研究所、陕西省考古研究院、西安市周秦都城遗址保护管理中心：《丰镐考古八十年》，科学出版社，2016年，60页。

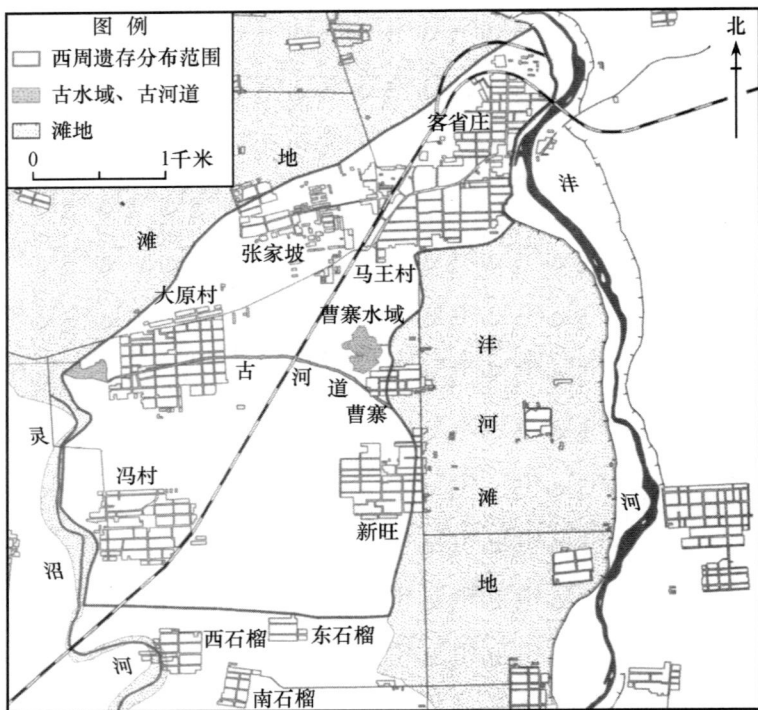

图五　丰京遗址西周古河道走势图[1]

掘者判断该家族的住宅在新旺，而墓地在张家坡[2]。结合上文的论述，本文以为还有一种可能：张家坡可能是该家族的所居和所葬之地，窖藏H2所在地可能是该家族举行河流祭祀的场所。

窖藏H2中出土青铜鼎2件，大小有别。郑州商城发现的三处青铜器窖藏，均出土王室重器青铜方鼎，也都大小有别[3]。青铜鼎与青铜器窖藏祭祀属性之间的关系，也值得注意。

四、结　　语

本文分析窖藏H2的埋藏背景，指出将其作为西周末年避犬戎之祸而挖的埋藏坑，还存在疑点，并推测其可能是祭祀坑。

对窖藏H2埋藏背景的分析，能够大致复原当时的埋藏过程：在祭祀过程中，于沣河边的高地上选定青铜器埋藏地点→清理该地点周围的地表土→下挖1～1.7米成坑，底部北高南低→放置青铜器至南部最深处→填入专门准备的细软蓝灰色土→填充细软蓝

---

① 中国社会科学院考古研究所丰镐队：《西安市长安区丰京遗址水系遗存的勘探与发掘》，《考古》2018年2期，27页，图二。

② 中国社会科学院考古研究所沣西发掘队：《陕西长安县新旺村新出西周铜鼎》，《考古》1983年3期，219页。

③ 河南省文物研究所、郑州市文物研究所：《郑州商代铜器窖藏》，科学出版社，1999年，96页。

灰色土直至与周围地面相平。这丰富了我们对青铜器窖藏挖建过程的认识。

以往的西周青铜器窖藏坑，所见坑深往往是被破坏后的残余深度，原始深度不得而知。通过对填土土质、土色和分布的分析，我们得以推测窖藏H2的原始埋藏深度。这得益于窖藏H2良好的保存状况，更取决于发掘者在现场细致的观察和记录。

An Analysis of the Burial Background and Nature of the Bronze Hoard H2, Late Western Zhou Dynasty, Found in Xinwang Village, Fengxi Site

Wang Di

(Institute of Archaeology, Chinese Academy of Social Sciences)

Abstract: The bronzes hoard in the late Western Zhou Dynasty were often believed to be buried during the Quanrong invasion in the latest Western Zhou Dynasty. Based on the analysis of the context of H2, in which unearthed two bronze *Ding*, in Xinwang Village in 1982, this paper recovers its burial process and original depth, points out that taking H2 as a hoard avoiding the disaster of Quanrong in the latest Western Zhou Dynasty, is still questionable. Furtherly, it is suggested that H2 may be a sacrificial pit to the Fenghe River or an artificial channel.

Key words: Xinwang, bronze Hoard, context, sacrifice

论河北邯郸百家村战国墓的人殉[*]

印　群

（中国社会科学院考古研究所）

内容提要： 本文通过对比来探讨战国时期三晋地区赵国贵族殉人墓的特色。赵国贵族殉人墓单墓殉人的数量远低于齐、楚国高级贵族殉人墓。战国中期齐、秦、楚国殉人墓有葬具者的比例都不同程度地高于赵国殉人墓。战国中期女郎山1号齐国大墓中的4名棺椁俱备的年轻女性殉人所用葬具等级已属于贵族标准，她们的地位高于一般的殉人。战国中期赵国殉人墓殉人有随葬品者所占比例最高，达100%，其殉人随葬品种类偏多，再结合无杀殉现象，折射出其殉人状况略有别于其他国度。以上战国中期殉人墓中，赵、楚殉人墓没有暴力杀殉现象，而齐、秦殉人墓有暴力杀殉现象。楚国殉人墓在文化因素上和晋文化有一定相似性，赵文化是晋文化的后继者，战国中期赵、楚殉人墓没有杀殉的现象或与此相关。

关键词： 战国时期　殉人　晋文化

　　邯郸是赵国的都城，其百家村遗址所发现的多座战国殉人墓[①]是三晋地区战国时期人殉的重要代表。邯郸百家村战国殉人墓属于战国中期墓葬，而该时期除了赵国之外，在齐、秦、楚国也发现了数量不等的殉人墓。百家村赵国殉人墓与同属战国中期齐国的山东章丘绣惠女郎山1号墓[②]、秦国的陕西咸阳任家嘴殉人墓[③]，以及楚国的河南新蔡葛陵大墓[④]、淅川徐家岭8号墓[⑤]和湖北鄂城百子畈3号、4号、5号殉人墓[⑥]相互之间可资比较，因此，本文拟通过将邯郸百家村战国殉人墓与齐、秦、楚国同期殉人墓进行对比，以探讨战国时期三晋地区殉人墓的内涵与特色，揭示当时的社会历史发展。

---

* 本文是2017年度国家社科基金重点项目 "东周墓葬制度研究"（项目批准号：17AKG003）的成果之一。

① 河北省文化局文化工作队：《河北邯郸百家村战国墓》，《考古》1962年12期，613～634页。

② 山东省文物考古研究所：《济青高级公路章丘工段考古发掘报告集》，齐鲁书社，1993年，115～149页。

③ 咸阳市博物馆：《咸阳任家嘴殉人秦墓清理简报》，《考古与文物》1986年6期，22～27页；朱凤瀚先生在《古代中国青铜器》一书中把咸阳任家嘴殉人秦墓和战国中期的朝邑M107并列为同一期（见朱凤瀚：《古代中国青铜器》，南开大学出版社，1995年，1021页）。

④ 河南省文物考古研究所：《新蔡葛陵楚墓》，大象出版社，2003年，17～185页。

⑤ 河南省文物考古研究所、南阳市文物考古研究所、淅川县博物馆：《淅川和尚岭与徐家岭楚墓》，大象出版社，2004年，122～357页。

⑥ 湖北省鄂城县博物馆：《鄂城楚墓》，《考古学报》1983年2期，223～253页。

一、河北邯郸百家村战国殉人墓的考古发现

百家村战国殉人墓位于河北省邯郸市西约4千米的百家村。该村南临沁河，墓群就分布于村西的一片岗地上。所发掘的战国墓计49座，皆为长方形的土坑竖穴墓，墓口大于墓底。墓底大多有熟土二层台。椁、棺形状均是长方形。在较大的墓里，经常发现涂朱漆片，或为棺、椁涂料。所发掘的墓葬皆为单人葬，墓向以北向者最常见。葬式包括30具直肢葬和11具屈肢葬及8具葬式不明者。第1号、3号、20号、25号、57号墓都是殉人墓，其中在3号墓的墓底，发现了四条生土隔梁，其高、宽都约为0.1米，土梁间隔是在0.3～0.4米左右。棺、椁皆放在隔梁上面。在该地区里，较大战国墓皆有以人殉葬的情况。再如，1号墓墓室规模不大，却仍用一个人殉葬。因此，当时赵国贵族死后以人殉葬还是较普遍的现象。这些战国墓在规模上可分成大、中、小型，都遭盗扰。大墓出土了种类繁多的陶器，这些陶器敦实厚重，器体比较大；小墓所出土陶器的器体小，器形较简单。墓中以鼎、豆、壶为基本陶器，几乎各墓均有，还有碗、盘、匜、鉴等，尽管较为常见，然而也并非普遍出土于每座墓里，至于鸟柱盘、盉及鸭尊等器形，只出自少数墓里，而青铜、玉器的有无则是根据墓主身份之高低。该墓地所发掘的49座墓葬就包括了5座殉人墓，凡大型或者较大的墓葬即存在殉人现象（表一、表二；图一、图二）。

表一　邯郸百家村战国殉人墓简表[①]

墓名	墓葬形制（长×宽）	葬具	墓向	随葬品	年代	殉人情况
M1	长方形竖穴土坑墓。3.4米×2.85米	不明	7°	陶鼎、豆、壶、盘、匜等	战国中期	发现殉人1名，屈肢，在墓主身侧，四周无棺痕。殉人头左侧出土3件铜带钩，腰附近和脚下发现铜马衔以及铅车書
M3	长方形竖穴土坑墓。4.8米×3.7米	有棺有椁	5°	铜鼎1（仅标明铜礼器数量）；陶鼎、豆、壶、盘、匜等	战国中期	发现殉人3名，即殉1、2、3号。殉1号在墓主脚下，殉2号、3号在墓主左侧。殉1号有宽0.4米的窄棺，殉3号的棺宽0.6米，殉2号则无棺痕。3名殉人皆呈直肢葬式。殉1号腰部出土2件铜带钩，腿部发现铜镞5件，脚部则有工方形铜片。殉2号胸部出土1铜环，腰间发现2件铜带钩与1件玉环。殉3号左肩处出土1把铜匕，腰部发现2件铜带钩及1枚铜环
M20	长方形竖穴土坑墓。4.1米×3.1米	有棺有椁	4°	陶鼎、豆、壶、盘、匜等	战国中期	填土里深约0.6米处，有1名殉人，随身发现4枚铜带钩。墓葬填土皆夯打过，未见扰乱痕迹

---

① 河北省文化局文化工作队：《河北邯郸百家村战国墓》，《考古》1962年12期，613～634页。

续表

墓名	墓葬形制 （长×宽）	葬具	墓向	随葬品	年代	殉人情况
M25	长方形竖穴土坑墓。5米×4米。有封土和积石	有棺有椁	0°	陶鼎、豆、壶、盘等	战国中期	墓室北端有1具横放的殉人骨架，头向朝东，直肢葬式，没发现棺痕，附近出土铜马衔、车軎和铁削等
M57	长方形竖穴土坑墓。4.76米×3.5米	有棺有椁	11°	铜鼎3、豆2、壶2等	战国中期	该墓所发现的3名殉人分别在墓主脚下方及左右两边。其葬式都是直肢葬。右侧1名殉人在头部出土19枚水晶珠及1件矛和1件鐏，头部右侧发现1件戈，腰间出土1件铜当卢。左侧1名殉人腰间发现2枚铜带钩（据该墓平面图）。脚下方的1名殉人，头部附近出土9枚铜环及5枚水晶珠。上述三名殉人均未见棺痕

表二　邯郸百家村战国中期墓殉人状况简表

墓名	殉人数量	殉人位置	葬式	葬具	随葬品	备注
M1	1名	墓主的身侧	屈肢	无	铜带钩3、马衔1、铅车軎1	
M3	3名	1名在墓主脚下，2名位于墓主的左侧	均为直肢葬式	1号殉人棺宽0.4米；3号殉人棺宽0.6米；2号殉人无棺	1号殉人：2件铜带钩、5件铜镞、1件方形铜片；2号殉人：1枚铜环、2件铜带钩、1件玉环；3号殉人：1把铜匕、2件铜带钩、1枚铜环	
M20	1名	填土内	不明	未见棺痕	4枚铜带钩	
M25	1名	墓室北端	直肢葬式	无	铜马衔1、车軎1、铁削1	
M57	3名	墓主的脚下方与左右两边	均为直肢葬式	3名殉人皆无棺	右侧殉人：19枚水晶珠、1件矛、1件鐏、1件戈、1件铜当卢；左侧殉人：2枚铜带钩；脚下方的殉人：9枚铜环、5枚水晶珠	

二、战国中期赵国殉人墓与齐、秦、楚国殉人墓的比较

（一）战国中期赵国殉人墓与齐国殉人墓的对比

1. 战国中期齐国殉人大墓的考古发现

以战国中期章丘女郎山1号齐国殉人大墓为代表。女郎山1号战国大墓位于山东省章丘市绣惠镇的女郎山。女郎山1号墓的墓室包括两个部分，即主墓与陪葬坑。该墓是单墓道的竖穴土坑墓，平面呈"甲"字形，填土经过夯筑。现存的墓口南北长13.15、东西宽12.58米。椁室在墓坑的中部，在四面发现生土二层台，二层台较宽大。东二层台上发现了器物库，其南北长6.2、而东西宽2.4米，该器物库是由木板组成的。在西、北二层台上总共发现了5个殉人坑，坑中有殉人及随葬品。在墓室南壁的中间有一条斜坡墓道，其断面形状呈梯形，墓道残存长度是5.5米。墓道中的填土经过了夯打。长方

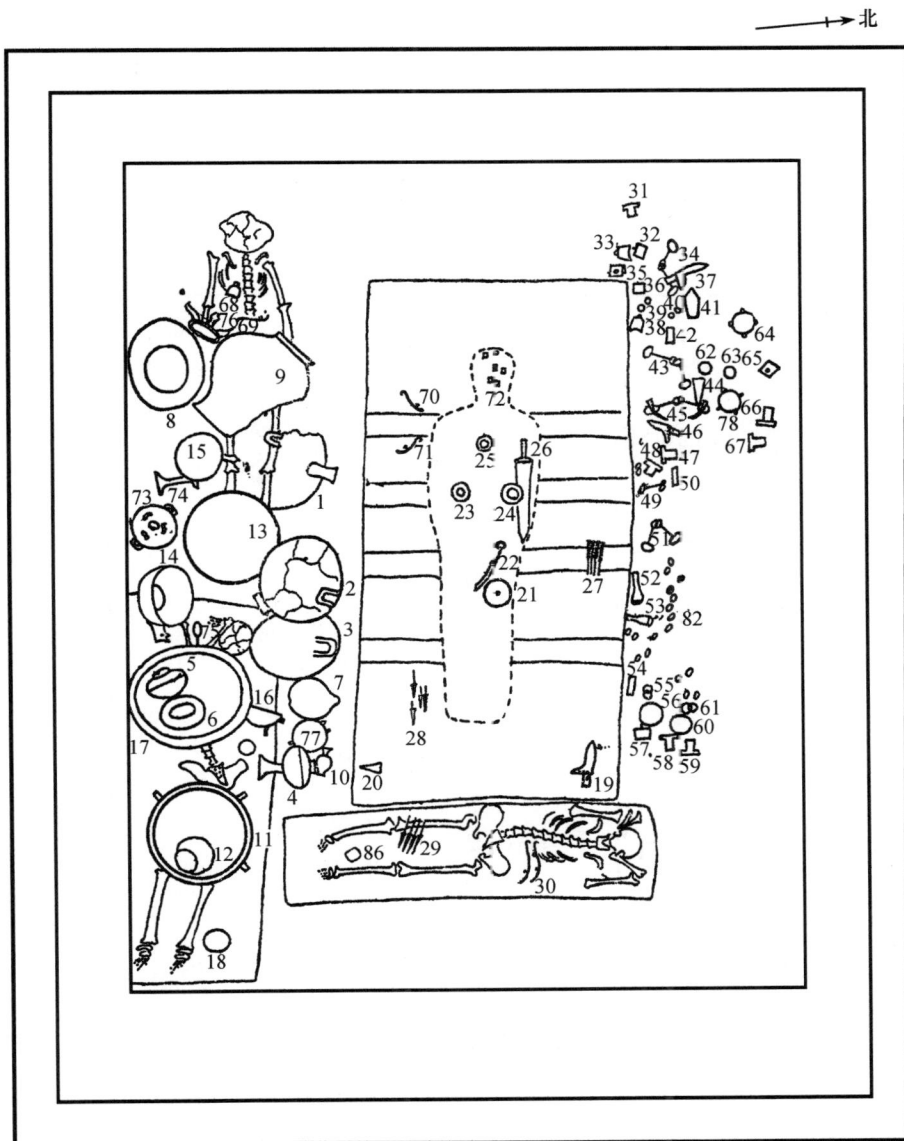

图一 百家村3号墓平面图

（采自《河北邯郸百家村战国墓》图五）

形的椁室南北长4.8、东西宽4.4米，葬具包括外椁、内椁和棺，即一棺二椁。在外椁盖上发现了一具被肢解了的殉人。外椁长3.6、宽3.1米；内椁长2.7、宽1.7米。棺长2.1、宽1.3米。在椁、棺板之表面髹有红漆、黑漆和黄漆。椁室的四周以鹅卵石填充。这座战国中期墓曾被盗，出土的青铜礼器计有鼎5件、豆4件、盖豆6件、壶4件、提梁壶1件、敦2件、舟4件及盘2件等，乐器有青铜钟（12件）和石编磬（2套）等。墓主应当属于大夫级的贵族，而5座殉人坑里的殉人生前很可能属于墓主之婢、姜（表三、表四；图三）。

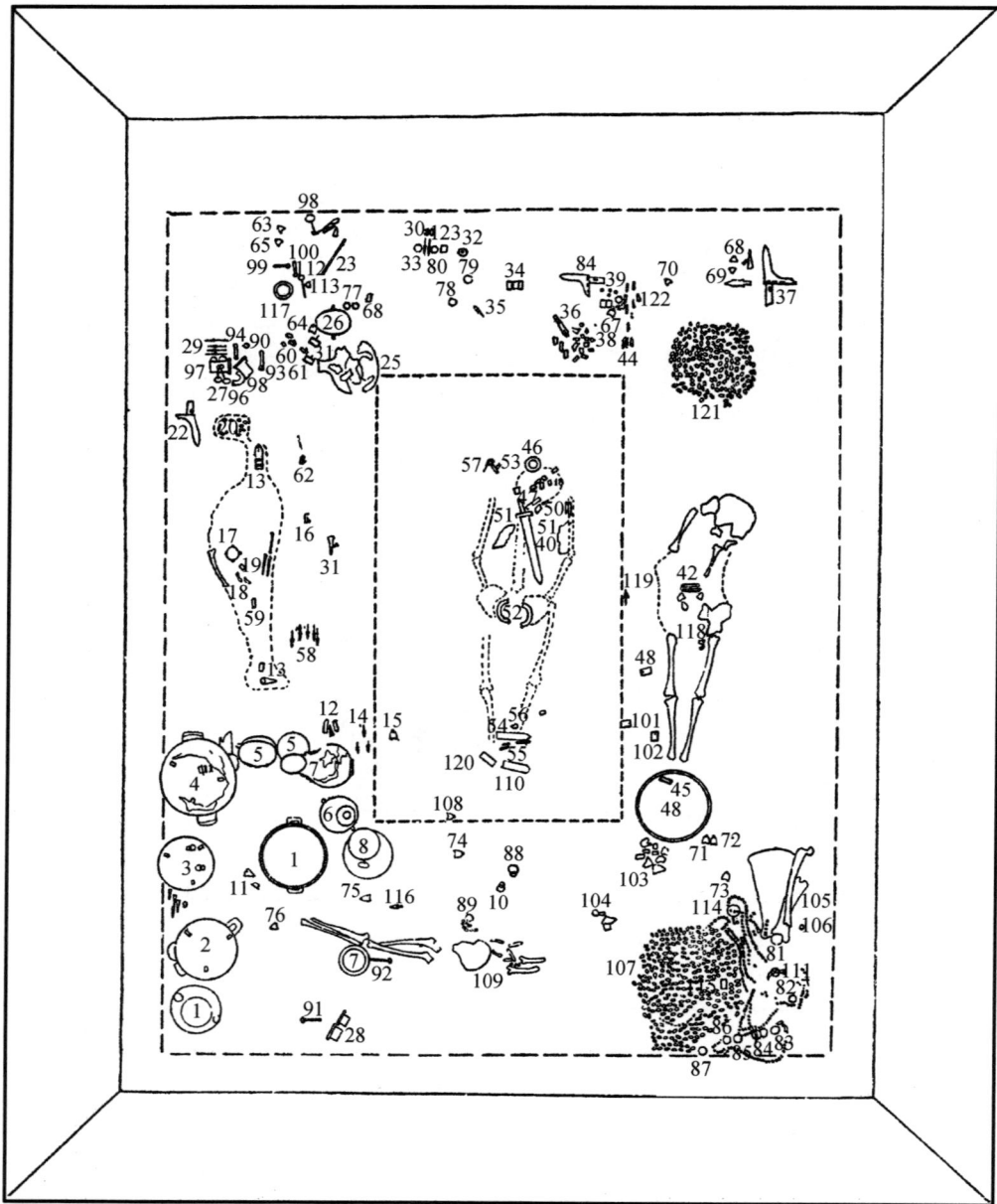

图二　百家村57号墓平面图

（采自《河北邯郸百家村战国墓》图六）

表三　战国中期章丘绣惠女郎山1号殉人大墓简表①

墓名	墓葬形制	葬具	墓向	随葬品	年代	殉人情况
章丘女郎山1号大墓	"甲"字形竖穴土坑墓，墓室南壁中间有斜坡墓道。墓室长13.15、宽12.58米	一棺二椁	190°	青铜礼器、乐器、兵器、车马器；玉石器；陶器；骨器；蚌器等	战国中期	在外椁盖上发现1名被肢解的殉人，呈仰身直肢状，头向为10°，似是1名老年男子。墓室里有5名殉人，分别在5个陪葬坑中，5个陪葬坑位于1号大墓的西二层台与北二层台上，都是长方形的土坑竖穴，发现了熟土二层台，其中有4个坑里的葬具为一椁一棺，另一个坑里的葬具为单棺。这些殉人都呈单人仰身直肢状，均为年轻女性。各陪葬坑中都出土了数量不等的仿铜陶礼器，有一些坑里还有少量青铜、骨、石、蚌器与陶俑

表四　战国中期章丘绣惠女郎山1号大墓殉人状况简表

墓名	殉人数量	殉人位置	葬式	葬具	随葬品	备注
M1	6名	5个在陪葬坑中，1个在外椁盖上	皆仰身直肢葬	在外椁盖上的无葬具，陪葬坑里的4个为一椁一棺，1个是单棺	仿铜陶礼器计52件，各陪葬坑里皆有而数量不等。有一些陪葬坑中随葬少量青铜车马器、饰品及骨、石、蚌器等，Ⅰ号坑内还随葬有38件彩绘乐舞陶俑	在外椁盖上的老年男子被杀殉，陪葬坑内的殉人是5名年轻女性

2. 战国中期赵国殉人墓和齐国殉人墓之比较

（1）殉人墓规模与殉人数量的对比

邯郸百家村的5座战国中期赵国殉人墓里，单座墓殉人数是1～3名，这5座墓面积不大，其中面积最大的M25的墓室面积才20平方米；相比之下，章丘绣惠女郎山1号齐国殉人大墓的面积较大，13.15米×12.58米，超过了100平方米，该墓殉人6名。章丘绣惠女郎山1号齐国殉人大墓的单墓规模远大于邯郸百家村的赵国殉人墓，前者的殉人数也远多于后者，百家村赵国殉人墓单墓殉人最多的是3人，而女郎山1号大墓的殉人达6名。

（2）殉人位置的对比

百家村战国中期赵国墓的9名殉人中，大多数（7/9，约77.8%）位于墓主身边及脚下，还有少量的殉人（2/9，约22.2%）分别在墓葬填土里（1/9，约11.1%）及墓室北端（1/9，约11.1%）；绣惠女郎山1号齐国殉人墓的6名殉人里，5/6（约83.3%）的位于陪葬坑中，1/6（约16.7%）的则是在外椁盖上。战国中期百家村赵国墓的殉人位置多在墓主人的身边与脚下，而女郎山1号齐国殉人墓绝大多数的殉人是位于二层台上的陪葬坑里，二者的差别较为明显。

---

① 山东省文物考古研究所：《济青高级公路章丘工段考古发掘报告集》，齐鲁书社，1993年，115～149页；参见印群：《论东周时期的齐殉人陪葬墓》，《管子学刊》2015年4期，117页，表二；印群：《东周时期秦齐殉人墓的比较研究》，《东方考古》（第9集·上册），科学出版社，2012年，322页，表二。

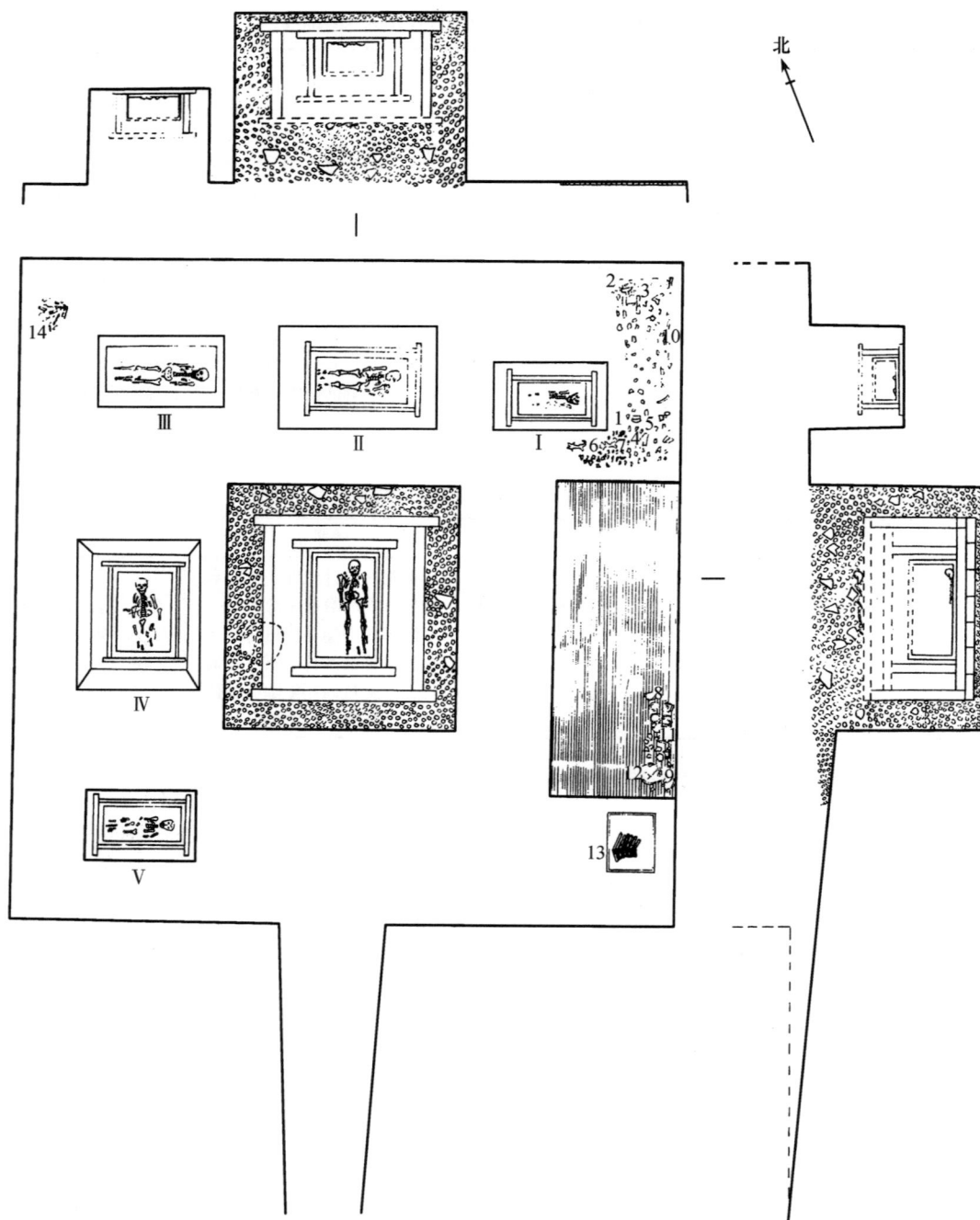

图三　女郎山1号战国大墓平、剖面图
（采自《济青高级公路章丘工段考古发掘报告集·章丘绣惠女郎山一号战国大墓发掘报告》图二）

（3）殉人葬式的对比

百家村战国中期赵国墓里有8名殉人葬式可辨，其中直肢葬式的占（7/8）87.5%，屈肢葬式的则占（1/8）12.5%；绣惠女郎山战国中期1号齐国大墓的6名殉人葬式可辨，均为仰身直肢葬式，在葬式可辨者中，仰身直肢葬式占100%。百家村赵国殉人墓与女郎山1号齐国殉人大墓在殉人葬式上有较大的相似性，其中都以仰身直肢葬式居于绝对优势，不过二者不同的是，百家村赵国墓的殉人还有12.5%的屈肢葬式，而这不见于女郎山1号齐国殉人大墓。

（4）殉人葬具的对比

百家村战国中期赵国殉人墓的9名殉人里，有葬具者只占2/9（约22.2%）；无葬具者占7/9（约77.8%）；女郎山战国中期1号齐国大墓的殉人中，有葬具的占5/6（约83.3%），该墓的5名年轻女性殉人皆有葬具，4名殉人的葬具是一椁一棺，在有葬具者中占80%，1名为单棺，只占20%。战国中期女郎山1号齐国大墓殉人的葬具与百家村赵国殉人墓的殉人葬具相比，前者有葬具的约为83.3%，占大多数，其中包括一椁一棺（占80%）与单棺（占20%）两种情况，后者有葬具的约仅占22.2%，且只有单棺，后者的葬具所占比例及葬具重数都远逊于前者。

（5）殉人随葬品的对比

百家村赵国殉人墓所发现的9名殉人皆有随葬品，分为两个档次，前者是有1名殉人的3座墓，其随葬品是生活用具、车马器和工具，后者是有3名殉人的2座墓，比前者多出了兵器、水晶及玉饰品；女郎山1号齐国大墓的6名殉人中，5名女性殉人有随葬品，有随葬品者约占83.3%，她们除了皆随葬仿铜陶礼器外，其中一些还随葬青铜车马器、饰品与骨、石、蚌器等，个别的还有彩绘乐舞陶俑。战国中期女郎山1号齐国大墓殉人与百家村赵国墓殉人在随葬品方面，相同之处是二者均普遍发现随葬品，不同之处是前者有随葬品的未包括全部殉人，后者则达到了100%，而且后者根据诸殉人墓里不同的殉人数量，殉人随葬品的档次存在差异。

（6）杀殉情况的对比

邯郸百家村的战国中期赵国殉人墓里未见杀殉现象，而章丘绣惠女郎山1号齐国殉人大墓则不仅有杀殉现象，而且被杀殉者还遭到肢解。有无暴力杀殉是二者的一个较显著差别。

（二）战国中期赵国殉人墓与秦国殉人墓的对比

1. 战国中期秦国殉人墓的考古发现

战国中期的秦国殉人墓以咸阳任家嘴殉人墓为代表。该墓地处陕西咸阳市区以东5千米的任家嘴，在土墩形台地的断崖上。该墓局部遭破坏，墓圹为袋形竖穴，墓圹里的填土经过了夯筑。一椁一棺的木质葬具，其椁残长3.79、宽3.24米。出土的随葬品有40多件，主要是青铜器，其他的还包括陶器、石器等。青铜器有25件，其中青铜礼器11件，包括3件鼎、1件敦、2件甗、3件壶和2件（高柄）钫。其他的随葬青铜器有12件铃及2把削刀。该墓有两名殉人，一名是成年男子，而另一名为儿童（表五、表六）。

表五　战国中期咸阳任家嘴秦殉人墓简表[①]

墓名	墓葬形制	葬具	墓向	随葬品	年代	殉人情况
咸阳任家嘴秦殉人墓	竖穴土坑墓，残长3.84、宽3.42米	一椁一棺	106°	铜鼎、敦、瓲、壶、钫及陶困等	战国中期	发现了2名殉人，1名被放在墓北壁的龛里，该龛是在北壁离墓底2.35米处，向北挖出的一个小长方形的竖穴，龛底部放了一具东西残长0.87、南北宽0.48米的薄木棺。棺里有一名成年男子殉葬，该殉人只存有上半身，呈侧身状，头朝西，面向北，大张着嘴，呈现出反抗杀害状。一手拿有两把青铜削刀。该殉人的骨架直接压在了夯土下。夯土层厚0.07～0.12米，和主墓里填土夯层相同；另1名殉人则被放在西边箱中间位置，是1名头向北的儿童，其顺着椁壁被南北向摆放，较为散乱的骨架被涂成了红色

表六　战国中期咸阳任家嘴秦殉人墓殉人状况简表

墓名	殉人数	殉人位置	葬式	葬具	随葬品	备注
咸阳任家嘴秦殉人墓	2名	1名成年男性殉人在墓北壁的龛里；另1名（儿童）殉人则在西边箱中间	1名成年男性殉人只剩了上半身；另1名（儿童）殉人的骨架呈散乱状	一名成年男性殉人有薄木棺；另一名（儿童）殉人无棺	一名成年男性殉人在手里拿着两把青铜削刀；而另一名（儿童）殉人则无随葬品	墓北壁龛里的成年男性被杀殉；西边箱中间的（儿童）殉人骨架被涂朱

2. 战国中期赵国殉人墓和秦国殉人墓之比较

（1）殉人墓规模与殉人数量的对比

咸阳任家嘴秦国殉人墓墓圹遭破坏，残存墓坑面积约13.13平方米。在该墓发现两名殉人，包括成年男子与儿童各1人；邯郸百家村的5座赵国殉人墓里，M25是面积最大的，其墓室面积为20平方米，M1是面积最小者，其墓坑面积为9.69平方米，百家村战国中期墓的单墓殉人数最少为1人，最多为3人。战国中期任家嘴秦国殉人墓的残存墓圹面积介于百家村赵国殉人墓面积最大者与面积最小者之间，而其殉人数量（2名殉人）也介于百家村赵国殉人墓殉人数量最多者（3人）与最少者（1人）之间。

（2）殉人位置的对比

咸阳任家嘴秦国殉人墓的2名殉人，1名成年男性殉人位于墓北壁壁龛里，而1名儿童殉人则在西边箱中间；邯郸百家村战国中期墓的9名殉人中，有7名皆在墓主身边或脚下，其余的2名殉人，1名是在墓葬填土里，另1名位于墓室的北端。在殉人位置方面，二者相差较大，任家嘴秦国殉人墓所发现的2名殉人，一个在壁龛里，另一个在边箱中；百家村赵国殉人墓的9名殉人，除了分别在填土及墓室一端的2名殉人外，其余均在墓主的身边及脚下。

① 咸阳市博物馆：《咸阳任家嘴殉人秦墓清理简报》，《考古与文物》1986年6期，22～27页；朱凤瀚：《古代中国青铜器》，南开大学出版社，1995年，1021页；参见印群：《东周时期秦齐殉人墓的比较研究》，《东方考古》（第9集·上册），科学出版社，2012年，319页，表一。

（3）殉人葬式的对比

由于任家嘴战国中期秦国殉人墓里的成年男性殉人仅残留上半身，而儿童殉人的骨架已乱，所以二者的葬式均不明。百家村战国中期赵国墓的9名殉人，有1名殉人葬式不明，8人的葬式可辨，在葬式可辨的殉人里，有7/8（87.5%）为直肢葬式，屈肢葬式则占1/8（12.5%）。战国中期任家嘴秦国殉人墓的殉人葬式和百家村赵国殉人墓相比，前者2名殉人的葬式均不明，后者基本是直肢葬式，个别为屈肢葬式。

（4）殉人葬具的对比

咸阳任家嘴战国中期秦国殉人墓的2名殉人，成年男性殉人有一具薄木棺作葬具，儿童殉人则没有葬具；百家村战国中期赵国殉人墓的9名殉人，只有2名殉人有木棺葬具，而7名殉人没有葬具，有葬具者占2/9（约22.2%）；无葬具者占7/9（约77.8%）。战国中期任家嘴秦国殉人墓的2名殉人，有无葬具的各占50%；百家村赵国殉人墓9名殉人里，有葬具的约占22.2%，而无葬具的约占77.8%。后者有葬具的比例明显低于前者。

（5）殉人随葬品的对比

咸阳任家嘴战国中期秦墓中，1名成年男性殉人手里有两把青铜削刀，另1名儿童殉人则无随葬品，有随葬品者占50%；而百家村战国中期赵墓的9名殉人均有随葬品，有随葬品者占100%，在5座墓中，3座只有1名殉人的墓葬里，其殉人仅有生活用具、车马器与工具，2座有3名殉人的墓葬里，其殉人除随葬生活用具、车马器、工具外，还有兵器、水晶和玉饰品。也就是说，战国中期任家嘴秦国殉人墓的殉人中，有无随葬品者各占50%，随葬品是工具；百家村赵国殉人墓的殉人，全有随葬品，随葬品有工具、生活用具、车马器、兵器及装饰品。

（6）杀殉情况的对比

咸阳任家嘴秦国殉人墓中存在暴力杀殉的现象，该墓北壁龛内的1名成年男性殉人被暴力杀殉，且只剩上半身；百家村所发掘的5座战国中期赵国殉人墓里没有发现杀殉现象。是否有暴力杀殉也是战国中期任家嘴秦国殉人墓与百家村赵国殉人墓所存在的明显差异。

（三）战国中期赵国殉人墓与楚国殉人墓的对比

1. 战国中期楚国殉人墓的考古发现

战国中期的楚国殉人墓以河南新蔡葛陵楚墓、淅川徐家岭M8及湖北鄂城百子畈M3、M4、M5为代表（表七、表八）。

（1）新蔡葛陵楚墓

新蔡葛陵楚墓是平面呈"甲"字形的单墓道竖穴土坑墓，该墓葬的总面积达654.8平方米。自墓口朝下一共分成了7级台阶。该墓主墓的葬具包括棺与椁，发现"亚"字形椁室，包括了5个长方形椁室，以中室面积最大。椁室的中部有外棺，棺室包括外棺与内棺两个部分。从该墓外椁室西室出土了8具人骨架，其中的1具男性骨架应当是墓主人，另外7具年轻女性的骨架属于殉人。该墓曾遭盗扰。出土随葬品中的青铜器包括了礼器簠、豆，乐器钮钟，还有兵器戈、戟、剑等。

表七　战国中期楚国殉人墓简表[①]

墓名	墓葬结构	墓圹大小（长×宽）	葬具	墓向	随葬品	年代	殉人情况
新蔡葛陵楚墓	"甲"字形竖穴土坑墓，带一条斜坡墓道	25.25米×22.5米～23.25米	二棺二椁	103°	包括礼、乐器在内的青铜器、漆木、骨角、象牙、玉石、铁、锡、陶器、皮革以及竹简等	战国中期	7名年轻女性殉人被发现于外椁室的西室里，她们年龄均约20岁，系墓主生前的女佣或侍女等，虽遭盗扰，但仅剩的遗存仍暗示出她们原来应各有简单棺木与玉石饰物。她们的葬具及随葬饰品表明其地位并不是特别低，她们生前跟墓主所存在的关系应当十分密切
鄂城百子畈M3	竖穴土坑墓，有一条斜坡墓道	5.08米×3.1米	一椁二棺，发现一具陪葬棺	东西向	青铜礼器、陶器、漆木器等	战国中期	出土了一具陪葬棺，长1.68、宽0.46、高0.48米。有骨架的遗痕，葬式不清
鄂城百子畈M4	竖穴土坑墓	5米～6.1米×4.8米	一椁二棺，发现二具陪葬棺	90°	青铜兵器、车马器、陶器、漆木器等	战国中期	出土了两具陪葬棺，长都是1.86、宽0.5、高0.56米。发现了骨架的遗痕，葬式不清
鄂城百子畈M5	竖穴土坑墓	4.94米×3.94米	一椁二棺，有二具陪葬棺	东西向	青铜日用器、陶器、漆木器等	战国中期	在椁室西南端及西北端各发现1具陪葬棺，这两具陪葬棺比主棺矮小，都为长方形。西南端的1具，长1.84、宽0.5、高0.56米。棺里有原始瓷杯和铜带钩。西北端的1具，长1.68、宽0.5、高0.56米。在两具陪葬棺的棺内底板上端发现了似"人字形"编织的竹席残片。棺里虽有骨架的痕迹，可葬式不清
淅川徐家岭M8	竖穴土坑墓	6.4米×4.75米	一棺一椁	78°	包括礼器、车马器在内的青铜、陶、铅、石器及鹿角等	战国中期	有1名殉人位于椁室南部的偏西处，呈仰身直肢状，头向是朝东，没发现棺痕

---

① 河南省文物考古研究所：《新蔡葛陵楚墓》，大象出版社，2003年，17～185页；河南省文物考古研究所、南阳市文物考古研究所、淅川县博物馆：《淅川和尚岭与徐家岭楚墓》，大象出版社，2004年，122～357页；湖北省鄂城县博物馆：《鄂城楚墓》，《考古学报》1983年2期，223～253页；参见印群：《试论战国时期的楚墓人殉》，《东方考古》（第18集），科学出版社，2021年，85页，表二。

表八 战国中期楚墓殉人状况简表

墓名	殉人数	殉人位置	葬式	葬具	随葬品	备注
新蔡葛陵楚墓	7名	外椁室西室	不明	应皆有简单的木棺	有玉石饰品	均为年轻女性，女佣、侍女之属
鄂城百子畈M3	1名	在（边、头、脚）箱之一端	不明	木棺	无	
鄂城百子畈M4	2名	在（边、头、脚）箱之一端	不明	木棺	无	
鄂城百子畈M5	2名	分别位于椁室的西南端与西北端	不明	木棺	位于西南端的有2件原始瓷杯及1枚铜带钩，在西北端的没有随葬品	
淅川徐家岭M8	1名	在椁室南部偏西处	仰身直肢	无	无	

（2）淅川徐家岭M8

徐家岭在河南淅川县仓房乡沿江村，属于龙山余脉。在该岭之上，发现了10座楚墓。8号墓在徐家岭墓地中部，是长方形竖穴土坑木椁墓，墓口长6.4、宽4.75米。一椁一棺的葬具，椁长3.4、宽2.56米；棺残长0.4、宽0.85米。该墓虽被盗，但仍出土了278件随葬品，其中青铜器包括1件盆、1件匜和2件马衔。该墓的年代属于战国中期，殉有1人。

（3）鄂城百子畈殉人墓

鄂城百子畈殉人墓包括百子畈M3、M4与M5，它们位于鄂城县城南大约2千米的洋澜湖岸边台地上。这三座墓都是竖穴土坑墓，皆有二层台，其中M3带有斜坡形墓道，其墓道位于墓坑东部的正中间。它们均为单椁重棺墓，椁室分成了五室，皆发现一个到两个边箱、头箱或者是脚箱。在边箱、头箱或者脚箱之一端发现了一到二具的陪葬棺。M3墓主的骨架保存得较好，呈仰身直肢葬式，并以竹席包裹。M4和M5墓主棺内发现了骨架遗痕，但葬式不明。M3出土了青铜鼎、勺及成套的陶器和漆木器等，M4及M5的随葬器物包括陶、铜、漆木器与竹器等，有40件到90件。以M5为例，其随葬品包括铜、陶、漆木和竹器等40件，大都出土于椁室的东头箱与南北两边箱里，而少量的则是在棺里，在该墓发现1名殉人（图四）。

2. 战国中期赵国殉人墓和楚国殉人墓之比较

（1）殉人墓规模与殉人数量的对比

战国中期楚国殉人墓既有面积相当大的墓葬，也有面积不大的墓葬，前者如新蔡葛陵楚墓，该墓葬总面积有654.8平方米，墓室面积达568余平方米，后者如鄂城百子畈诸墓，百子畈诸殉人墓中以鄂城百子畈M4面积最大，其墓室面积不超过29.28平方米；百家村战国中期殉人墓的规模都不大，未见面积很大者，如M25是该墓地所发掘的面积最大的殉人墓，其墓室面积才20平方米。百家村战国中期墓与战国中期楚殉人墓的最低殉人数均为1人，前者殉人数量最多的是3人，而后者为7人。

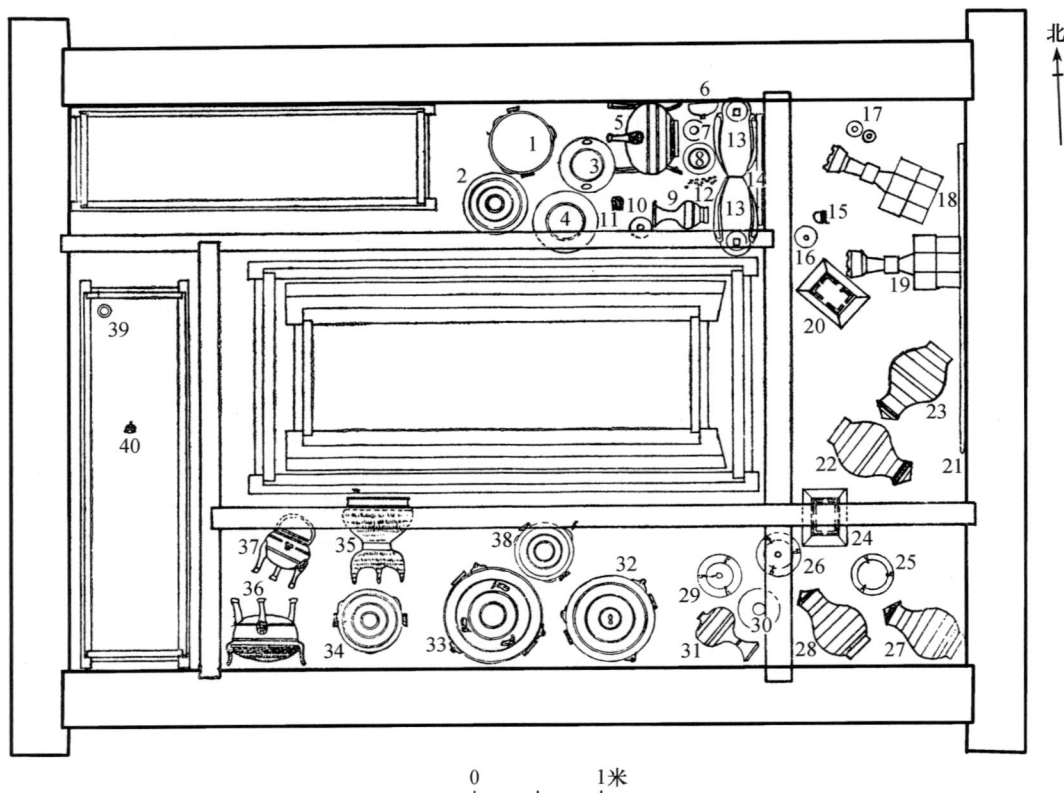

图四　鄂城百子畈M5平面图

（采自《鄂城楚墓》图四）

（2）殉人位置的对比

战国中期楚国殉人墓的殉人位于边箱（含头、脚箱）的一端或者椁室西部（包括西北和西南端），前者有3名殉人，后者有10人，以后者为主；邯郸百家村战国中期墓的殉人大多数位于墓主身边或者脚下，其9名殉人里有7名殉人位于墓主身边或者脚下，1名殉人在墓坑填土内，还有1名位于墓室北端。

（3）殉人葬式的对比

战国中期楚墓13名殉人中，葬式可辨者是仰身直肢葬式，但只有1人葬式可辨；百家村战国中期墓殉人葬式可辨者达8名，以直肢葬式占绝对优势，达87.5%，而屈肢葬式的占12.5%。

（4）殉人葬具的对比

战国中期楚国殉人墓的殉人以有葬具（木棺）者居于绝对多数，而百家村战国中期墓的殉人却以无葬具者居多。前者有葬具的约占（12/13）92.3%，无葬具的约只占（1/13）7.7%；后者9名殉人里，无葬具的约占77.8%，有葬具的约占22.2%。

（5）殉人随葬品的对比

战国中期楚国殉人墓有随葬品者约占（8/13）61.5%，百家村战国中期墓殉人均有随葬品。前者没有随葬品者约占（5/13）38.5%，其随葬品只包括装饰品与生活用具；后者的随葬品除了有生活用具和装饰品之外，还包括兵器、车马器及工具等。

（6）杀殉情况的对比

战国中期楚国殉人墓与百家村殉人墓皆未发现暴力杀殉的现象，在这方面，二者相一致。

三、结　　语

（1）战国中期邯郸百家村的赵国殉人墓的单墓面积远远小于章丘绣惠女郎山1号齐国殉人大墓，前者的单墓殉人数量最多者也只是后者殉人数量的一半；百家村赵国殉人墓单墓殉人数量最多是3人，最少是1人，而任家嘴秦国殉人墓的墓圹面积介于前者的单墓最大面积与最小面积之间，其殉人数目也居于前者单墓殉人数量最多的（3人）和最少的（1人）之间；百家村赵国殉人墓的规模都不大，最大面积不超过20平方米，而战国中期楚国殉人墓既有如新蔡葛陵楚国殉人大墓那样面积颇大者，亦有面积不大的，战国中期百家村赵国殉人墓与楚国殉人墓的单墓最低殉人数皆为1人，不过前者单墓殉人数最多为3个，后者最多是7个（葛陵楚国殉人大墓）。通过以上战国中期诸国殉人墓之间的对比，齐、楚国殉人大墓与百家村赵国殉人墓在殉人数目上相差明显，这也证明了尽管百家村赵国贵族殉人墓达5座之多，殉人数合计9人，但其单墓殉人的数量仍远低于齐、楚国殉人大墓所代表的高级贵族殉人墓。

（2）战国中期百家村赵国墓大多数（约77.8%）的殉人位置在墓主人的身边与脚下，而女郎山1号齐国殉人墓绝大多数（约83.3%）的殉人是位于二层台上的陪葬坑里；咸阳任家嘴秦国殉人墓的2名殉人，1名成年男性殉人位于墓北壁的壁龛里，而1名儿童殉人则在西边箱中间，即壁龛和边箱里的殉人各占50%。龛殉是东周秦墓人殉的一个重要特色，早在属于春秋时期的陕西凤翔八旗屯秦墓地的秦国殉人墓里，就有将殉人放在壁龛中以形成龛殉的，如八旗屯BM102[①]。因此，战国中期咸阳任家嘴秦国殉人墓的殉人方式也部分地继承了龛殉的传统；战国中期楚国殉人墓的13名殉人位于边箱（含头、脚箱）的一端或者椁室西部（包括西北和西南端），前者约占（3/13）23%，后者约占（10/13）77%，以后者为主。在殉人位置上，战国中期百家村赵国殉人墓、女郎山1号齐国殉人墓、任家嘴秦国殉人墓及楚国殉人墓之间的差别均较为明显，反映出当时赵、齐、秦、楚国殉人墓各自的特点。

（3）战国中期百家村赵国殉人墓和女郎山1号齐国殉人大墓的葬式可辨的殉人均以仰身直肢葬式占绝对优势，二者在殉人葬式方面相似性较大，但不同的是，百家村赵国墓的殉人还另有1例屈肢葬式，占葬式可辨者的12.5%，这未见于女郎山1号齐国殉人大墓。任家嘴秦国殉人墓里的2名殉人即成年男性殉人和儿童殉人的葬式皆不明。战国中期楚墓的殉人中，有1人葬式可辨，属于仰身直肢葬式。战国时代黄河中下游地区

---

① 印群：《东周时期秦齐殉人墓的比较研究》，《东方考古》（第9集·上册），科学出版社，2012年，316～325页。

虽以仰身直肢式为主要的葬式，不过屈肢葬式的数量也比较多[1]。河北邯郸百家村的49座战国墓中，仰身直肢葬式的有30座，屈肢葬式的有11座，还有8座葬式不明者。战国中期邯郸百家村赵国殉人墓的殉人所出现的屈肢葬式应是当时百家村赵国墓地屈肢葬式也比较多的一种反映。

（4）战国中期百家村赵国殉人墓的9名殉人，有葬具者约占22.2%，女郎山1号齐国大墓殉人中的6名殉人，约83.3%有葬具，后者有葬具的所占比例明显高于前者。前者的葬具仅有单棺，后者葬具中，80%的为一椁一棺，20%的是单棺。后者大多数的葬具重数比前者多一重；战国中期任家嘴秦国殉人墓的2名殉人，有葬具的占50%，其葬具所占比例高于百家村赵国殉人墓，二者的葬具都是单棺；战国中期楚国殉人墓的13名殉人以有葬具（木棺）的占绝对优势，约占92.3%，其葬具所占比例远高于百家村赵国殉人墓。战国中期齐、秦、楚国殉人墓有葬具者的比例都不同程度地高于赵国殉人墓，且女郎山1号齐国大墓有80%的殉人葬具在重数上比赵国殉人墓多了一重。女郎山1号齐国大墓殉人有葬具者都是埋在陪葬坑里的5名年轻女性，她们不仅皆有葬具，而且其中4人还是有棺有椁的二重葬具。

《礼记·檀弓上》："天子之棺四重"，郑注："诸侯再重，大夫一重，士不重"[2]。这里所谓的"一重"，亦即二棺之意[3]。依礼制，棺外面应当再有一层椁[4]。所以，大夫级贵族葬具为二棺一椁，士级贵族的葬具是一棺一椁。若依据以上历史文献记载，战国中期女郎山1号齐国大墓陪葬坑中的4名棺椁俱备的年轻女性殉人所用葬具等级已属于士级贵族标准。因此，她们的地位高于一般的殉人，其生前应与墓主关系密切，可能属于墓主人的侍妾。

（5）战国中期赵、齐、秦、楚国殉人墓的殉人中，有随葬品者在不同国度的殉人墓里所占比例不同，从比例最高的百家村赵国殉人墓殉人有随葬品的达100%即9名殉人均有随葬品，往下依次为齐、楚殉人墓的殉人，最后到比例最低的任家嘴秦墓殉人中有随葬品者只占50%。战国中期秦墓殉人不仅有随葬品者所占比例最低，且随葬品数量也偏少，任家嘴秦墓殉人的全部随葬品仅是两件削，而战国中期赵国殉人墓殉人随葬品种类偏多，包括生活用具、兵器、工具、车马器及装饰品等，再结合后者无杀殉的现象，似折射出二者殉人状况有所差异。

（6）战国中期邯郸百家村赵国殉人墓中没发现暴力杀殉现象，章丘绣惠女郎山1号齐国殉人大墓存在杀殉现象，这个遭到肢解的被杀殉者约占殉人数量的17%；咸阳任家嘴秦国殉人墓中亦存在暴力杀殉现象，遭杀殉者在殉人中占50%；而战国中期楚国殉人墓13名殉人没有被杀殉者。

《礼记·檀弓下》郑注："杀人以卫死者曰殉……以人从死曰殉。"[5]以上战国中期赵、齐、秦、楚殉人墓中，没发现暴力杀殉现象的是赵、楚殉人墓，而齐、秦殉人墓则明显有暴力杀殉现象，这是战国中期赵、楚殉人墓与齐、秦殉人墓所存在的较大

---

①　印群：《黄河中下游地区的东周墓葬制度》，社会科学文献出版社，2001年，102页。

②　《礼记正义》卷八，见《十三经注疏》，中华书局，1980年，1293页。

③　宝鸡茹家庄西周墓发掘队：《陕西省宝鸡市茹家庄西周墓发掘简报》，《文物》1976年4期，34～46页。

④　印群：《黄河中下游地区的东周墓葬制度》，社会科学文献出版社，2001年，153页，注释⑥。

⑤　引自《礼记正义》，见《十三经注疏》（上册），中华书局，1980年，1303页。

差别。楚国殉人墓在文化因素上与晋文化存在一定的相似性，而春秋时期周王室逐渐衰落，晋文化便已成为周文化的主要代表①，赵文化属于晋文化的后继者，所以，战国中期赵、楚殉人墓没有暴力杀殉的现象或与此相关。

On the Martyrdom of People in the Warring States Tombs in Baijia Village， Handan， Hebei Province

Yin Qun

（Institute of Archaeology， Chinese Academy of Social Sciences）

Abstract: This article discusses the characteristics of martyred tombs in the Sanjin area during the Warring States period through comparison. The number of martyrs from the single tomb of the nobility in Zhao was much lower than that of the senior nobility of the Qi and Chu states. In the middle period of the Warring States period, the proportions of martyrs who had coffins in the tombs of Qi, Qin, and Chu states were higher than that in the tombs of Zhao state. In the middle of the Warring States period, the coffins used by the four young women in the Qi State Tomb No. 1 on Mount Nvlang already belonged to the standard of nobility, and their status was higher than that of ordinary martyrs. In the middle of the Warring States period, Zhao State's martyrs had the highest proportion of burial objects, reaching 100%. There were many types of burial objects. Combined with the phenomenon of of non-killing martyrs, it reflected that its martyrdom situation was slightly different from other countries. Among the tombs mentioned above in the middle of the Warring States period, there was no violent killing in the tombs of Zhao and Chu, while there were violent killings in the tombs of Qi and Qin. The cultural factors of the tombs of the martyred people in the state of Chu had a certain similarity with the Jin culture. The Zhao culture was the successor of the Jin culture。

Key words: the Warring States period, martyrs, the Jin culture

---

① 印群：《论淅川下寺楚王室墓地殉人墓的文化因素》，《南方文物》2019年6期，181～188页。

论孙吴宗室墓葬时空分布与
孙吴政权疆域经略的内在联系

赵　娜

（山东大学历史文化学院）

内容提要： 孙吴宗室成员在孙吴政权创建过程中发挥了重要作用。目前发现的12座孙吴宗室墓葬的时空分布具有一定分布规律，均发现于孙吴政权的都城或军事重镇，在长江中游与长江下游地区呈现时间断续与空间分散的分布特点。这一分布规律与孙吴政权草创江东、西征荆州、营造建业的疆域经略路线一致，与孙吴政权中心转移有着紧密的因果关系。

关键词： 孙吴宗室　墓葬　政权　疆域经略

孙吴政权以江东大族为根基创建，历来对孙氏宗族成员委以重任，或是任命为将军为孙吴开疆拓土，或是赏封侯爵驻守封地。《三国志·吴书·宗室传》评曰："夫亲亲恩义，古今之常。宗子维城，诗人所称。况此诸孙，或赞兴初基，或镇据边陲，克堪厥任，不忝其荣者乎。"[①]由此可见在孙吴政权创建过程中，孙吴宗室成员扮演的重要角色。文献史料中对于孙吴宗室葬地的记载较少，仅有几例帝陵记载。如《吴郡志》载孙坚墓："吴孙王墓，在盘门外三里。政和间，村民发墓砖，皆做篆隶，为'万岁永藏'之文……父老相传云：长沙王墓……按史：坚自葬曲阿。绍熙辛亥，提举常平张体仁始加考订，以为孙氏疑墓，故从乡人谓之孙王墓。又命郡人举贤良方正滕戍（崴）记其事，复以史考之，定为孙策所葬，与世俗长沙王之说稍合。今皆录之。"[②]《建康志》记载孙权墓"吴大帝陵在蒋山之阳去城一十五里（旧志），考证吴志神凤元年大帝崩葬蒋陵（寰宇记），在县东北蒋山八里。"[③]因此对于孙吴宗室墓葬的考证与研究更需要依靠考古学证据。

目前考古学界已发掘12座孙吴宗室墓葬[④]，这些宗室成员死后一般葬于驻地或封地，12座孙吴宗室墓葬的时空分布含有一定规律，并且与孙吴政权的疆域经略有着密

① （晋）陈寿撰，（宋）裴松之注：《三国志》卷五十一，中华书局，2006年，1210页。下引此书，版本均同。
② （宋）范成大撰：《吴郡志》卷三十九，张均衡择士居影宋刻本，中华书局，1990年，1099页。
③ （宋）马光祖修，周应合撰：《景定建康志》卷四十三，南京出版社，2009年，2804页。
④ 十二座孙吴宗室墓葬详细发掘情况见附表。

切关联。故本文分别对孙吴宗室墓葬的分期及孙吴政权疆域开拓、政权中心转移路线进行梳理，考察孙吴宗室墓葬的早晚关系与分布规律，以此探究孙吴宗室墓葬分布与孙吴疆域经略、政权中心转移之间的内在联系。

一、孙吴宗室墓葬的年代与分期

　　12座孙吴宗室墓葬，均为砖室墓，墓室规模大小不一。综合墓室规模、耳室有无、内部建筑构件、地面建筑设施、葬具与随葬品等多个等级因素，可将12座孙吴宗室墓葬分为三个等级。其中第一等级为宗室王墓，仅发现南京江宁上坊孙吴墓[①]一座；第二等级为列侯将军墓，包括苏州虎丘路新村土墩三国孙吴M1[②]、安徽马鞍山"天子坟"孙吴墓[③]、鄂城东吴孙将军墓[④]、武汉黄陂滠口古墓[⑤]、江夏流芳东吴墓[⑥]、鄂州鄂钢饮料厂一号墓[⑦]、马鞍山宋山东吴墓[⑧]以及青旸地"孙坚孙策"墓[⑨]的两座汉墓；第三等级为王侯家族成员，属祔葬墓。包括苏州虎丘路新村土墩M2和M5（详见附表）[⑩]。

　　目前发现的12座孙吴宗室墓葬年代跨度较大。参考《鄂城六朝墓》对数百座孙吴墓葬的分期研究，孙吴早期的年代范围是从东汉建安十三年赤壁之战后至孙权还都建业为止的二十年左右，即公元208～229年。孙吴中期年代范围包括孙权在武昌称帝并还都建业后的黄龙、嘉禾、赤乌与太元二十余年间，即公元229～252年。孙吴晚期为孙亮、孙休和孙皓的统治时期，下迄吴末晋初，计三十年左右时间，即公元253～280年或稍后[⑪]。

　　12座宗室墓葬的下葬年代横跨三期，其中仅有苏州虎丘路新村土墩M5和马鞍山"天子坟"孙吴墓中出土纪年材料，可明确判断埋葬时间；青旸地"孙坚孙策"墓、鄂钢饮料厂一号墓与鄂城孙将军墓可推定墓主身份，结合墓内随葬器物与墓主相关史料可判断墓葬下葬年代；其余数座孙吴宗室墓葬虽无纪年材料，也未明确墓主身份，但依据墓葬形制结构与随葬器物也可尝试对墓葬下葬时间进行年代范围的划分。下文将按照孙吴早期、中期与晚期三个时段分别论述。

①　南京市博物馆、南京江宁区博物馆：《南京江宁上坊孙吴墓发掘简报》，《文物》2008年12期，4～34页。

②　苏州市考古研究所：《江苏苏州虎丘路新村土墩三国孙吴M1发掘简报》，《东南文化》2019年6期，26～41页。

③　虞金永：《安徽马鞍山"天子坟"孙吴墓的发掘及初步认识——以墓葬形制结构为重点》，南京师范大学硕士学位论文，2017年，4～15页。

④　鄂城县博物馆：《鄂城东吴孙将军墓》，《考古》1978年3期，163～167页。

⑤　雷新军、蔡华初：《武汉黄陂滠口古墓清理简报》，《文物》1991年6期，43～54页。

⑥　武汉市博物馆、江夏区文物管理所：《江夏流芳东吴墓清理发掘报告》，《江汉考古》1998年3期，59～66页。

⑦　鄂州博物馆、湖北省文物考古研究所：《湖北鄂州鄂钢饮料厂一号墓发掘报告》，《考古学报》1998年1期，103～131页。

⑧　安徽省文物考古研究所、马鞍山市文物管理所：《安徽马鞍山宋山东吴墓发掘简报》，《江汉考古》2007年4期，29～37页。

⑨　苏州博物馆考古组：《"孙坚孙策"墓的清理和看法》，《文物通讯》1982年6期，12～15页。

⑩　赵娜：《孙吴宗室墓葬的考古学研究》，山东大学硕士学位论文，2020年，21～41页。

⑪　南京大学历史系考古专业、湖北省文物考古研究所、鄂州市博物馆：《鄂城六朝墓》，科学出版社，2007年，12～20页。

（一）孙吴早期

下葬时间最早的孙吴宗室墓葬应是苏州青旸地"孙坚、孙策"墓。事实上孙坚、孙策墓地望所在，众说纷纭，莫衷一是，苏州青旸地发现的这两座墓葬称为孙坚、孙策二人的衣冠冢更为妥当[1]，因此无法从墓主身份判定墓葬年代。但从墓葬结构看，"孙坚、孙策"墓与汉画像石墓相仿，石质门额雕刻有青龙、白虎、羽人画像[2]，但其他墓室建筑未见画像，说明其并非纯粹画像石墓，只是借鉴汉画像石墓的部分装饰元素。依据目前全国出土的墓葬材料分析，汉画像大致在东汉末年衰落[3]，"孙坚、孙策"墓的画像石元素可能正是画像石衰落时期的表现。从出土器物看，墓中出土2件茶绿釉五联罐与汉代陶片。五联罐多见于东汉、三国的南方墓葬中，自孙吴以来，出土五联罐的墓葬逐渐减少，并演化为孙吴西晋墓葬中的魂瓶[4]。东汉晚期南方地区盛行茶绿色或青绿色釉陶器，至孙吴时期完成釉陶向青瓷的一大转变。因此综合墓室结构与出土器物来看，"孙坚、孙策"墓的时代介于东汉晚期至孙吴早期之间，是目前发现时间最早的孙吴宗室墓葬。

苏州虎丘路新村土墩的3座孙吴宗室墓葬中M1和M2营建于西汉时期土墩之上，两座墓葬共用封土。根据墓葬地层关系来看，M1先行入葬，随后进行合葬[5]。M1出土的随葬器物中双系盘口壶与安徽马鞍山市佳山东吴墓出土盘口壶相似[6]；方胜形串饰、算珠形串饰与长沙袁家岭省委汉墓出土的长方形金牌和纺轮形金珠[7]相似；兽形器座与河南淮阳北关一号汉墓出土的虎形石座[8]相似（图一）。因此发掘者认为虎丘路新村M1属于孙吴早期[9]。与M1共用封土的M2墓主为25岁左右女性，是M1墓主的妻妾。鉴于魏晋时期普遍存在早婚习俗，女子成亲年龄多在十三四岁[10]。M2墓主是M1墓主的妻妾，其成亲年龄一般符合当时十三四岁的社会习俗，而通过骨骼推算墓主年龄约在25岁左右，说明M2墓主与M1墓主的婚姻生活时限最多十年，而M1的下葬年代又早于M2，因此M2与M1的下葬时间间隔上限为十年左右，M2时代属孙吴早期或孙吴中期偏早。目前来看，苏州虎丘路新村M1的下葬时间晚于青旸地"孙坚、孙策"墓，早于虎丘路新村土墩M2。

① 赵娜：《孙吴宗室墓葬的考古学研究》，山东大学硕士学位论文，2020年，30～35页。
② 苏州博物馆考古组：《"孙坚孙策"墓的清理和看法》，《文物通讯》1982年6期，12～15页。
③ 南阳地区文物队：《方城党庄汉画像石墓——兼谈南阳汉画像石墓的衰亡问题》，《中原文物》1986年2期，45～51页。
④ 仝涛：《五联罐和魂瓶的形态学分析》，《考古与文物》2004年2期，54～63页。
⑤ 苏州市考古研究所：《江苏苏州虎丘路新村土墩三国孙吴M1发掘简报》，《东南文化》2019年6期，26～41页。
⑥ 安徽省文物考古研究所：《安徽马鞍山市佳山东吴墓清理简报》，《考古》1986年5期，404～409页。
⑦ 湖南省博物馆：《长沙汉墓出土金器研究》，《湖南省博物馆馆刊》（第九辑），岳麓书社，2013年，244～299页。
⑧ 周口地区文物工作队、淮阳县博物馆：《河南淮阳北关一号汉墓发掘简报》，《文物》1991年4期，34～46页。
⑨ 苏州市考古研究所：《江苏苏州虎丘路新村土墩三国孙吴M1发掘简报》，《东南文化》2019年6期，26～41页。
⑩ 于振波：《吴简户籍文书所见女子婚龄》，《走马楼吴简研究论文精选》（上），岳麓书社，2016年，605～611页。

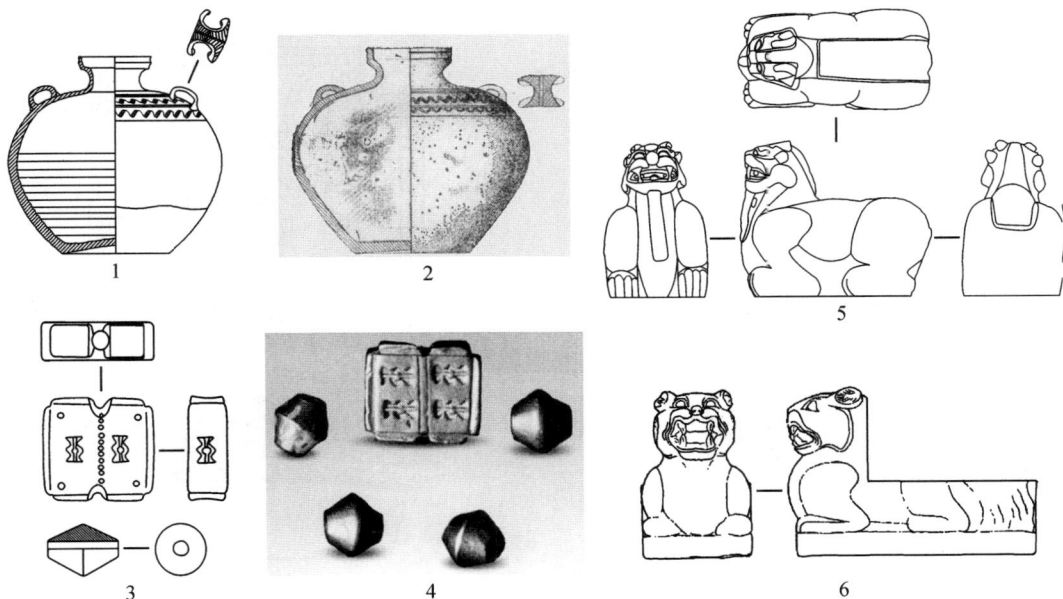

图一　苏州虎丘路新村土墩M1随葬器物比较

1、2. 双系盘口壶　3、4. 方胜形、算珠形串饰　5、6. 虎形石座

（1、3、5. 分别引自《江苏苏州虎丘路新村土墩三国孙吴M1发掘简报》图七、图一〇、图一一　2. 引自《安徽马鞍山市佳山东吴墓清理简报》图四　4. 引自《长沙汉墓出土金器研究》彩图四五　6.引自《河南淮阳北关一号汉墓发掘简报》图七）

（二）孙吴中期与中晚期

其余8座孙吴宗室墓葬，可明确墓主时代为孙吴中期的有鄂州鄂钢饮料厂一号墓与江夏流芳东吴墓。另外虽然无法确切判断马鞍山宋山东吴墓的下葬时间，但根据墓葬平面与随葬器物形制也可大致确定其时代范围为孙吴中晚期。

鄂州鄂钢饮料厂一号墓中出土一件鎏金铜弩机，扳机右侧铭刻有"将军孙邻弩一张"七字。墓主为威远将军、夏口沔中督、都乡侯孙邻。《三国志》记载："邻迁夏口沔中督、威远将军，所居任职。赤乌十二年卒。子苗嗣。"[1]据此可知，孙邻卒于赤乌十二年（公元249年），故鄂钢饮料厂一号墓的埋葬时间在公元249年或249年之后，当属孙吴中期。

江夏流芳东吴墓发掘简报推断墓葬年代为孙吴晚期。但从随葬器物来看，墓中出土的庑殿式院落、畜舍、小屋承袭汉代陶器风格，为六朝前期习俗[2]；墓中出土一座青瓷院落，与鄂州鄂钢饮料厂一号墓出土的青瓷院落布局极其相似（图二）[3]。江夏流芳

---

[1]　（晋）陈寿撰，（宋）裴松之注：《三国志》卷五十一，中华书局，2006年，1210页。

[2]　武汉市博物馆、江夏区文物管理所：《江夏流芳东吴墓清理发掘报告》，《江汉考古》1998年3期，59～66页。

[3]　鄂州博物馆、湖北省文物考古研究所：《湖北鄂州鄂钢饮料厂一号墓发掘报告》，《考古学报》1998年1期，103～131页。

图二　青瓷院落

1. 江夏流芳东吴墓出土青瓷院落　2. 鄂钢饮料厂一号墓出土青瓷院落

（1. 引自《江夏流芳东吴墓清理发掘报告》图四　2. 引自《湖北鄂州鄂钢饮料厂一号墓发掘报告》图九）

东吴墓墓主可能为沙羡侯孙奂或孙承①。孙奂卒年公元234年，孙承卒年公元243年，均属孙吴中期。因此从出土的青瓷院落、模型明器等随葬器物和墓主身份来看，江夏流芳东吴墓的墓葬年代推定为孙吴中期更为恰当。

马鞍山宋山东吴墓出土有"大泉当千"数枚，大泉当千为孙权赤乌元年（公元238年）始铸，赤乌九年（公元246年）罢铸②。因此，宋山东吴墓的年代上限不超过公元238年。此外，马鞍山宋山东吴墓的平面形制与鄂州鄂钢饮料厂一号墓极为相似，同样为带2个耳室的前、后砖室墓，耳室位于横前堂的前部两侧，甬道两侧，墓室平面呈"甲"字形（图三）。宋山东吴墓出土数件器物也具备时代特征，发掘简报认为宋山东吴墓出土的漆凭几形制与朱然墓随葬的漆凭几相仿③；青瓷鸡首罐是东吴中晚期浙江越窑的巅峰之作④。鄂钢饮料厂一号墓为孙邻墓，卒年为公元249年，朱然卒年为赤乌十二年（249年）。宋山东吴墓墓葬形制与鄂钢饮料厂一号墓相同，随葬器物与朱然墓出土漆凭几形制相仿，其墓葬年代当与以上两座墓葬年代相近，属于孙吴中晚期，上限不超过公元238年。

---

① 赵娜：《孙吴宗室墓葬的考古学研究》，山东大学硕士学位论文，2020年，36～39页。

② 何林：《钱币学词汇简释》，大众文艺出版社，1999年，26页。

③ 丁邦钧：《安徽马鞍山东吴朱然墓发掘简报》，《文物》1986年3期，1～15页。

④ 安徽省文物考古研究所、马鞍山市文物管理所：《安徽马鞍山宋山东吴墓发掘简报》，《江汉考古》2007年4期，29～37页。

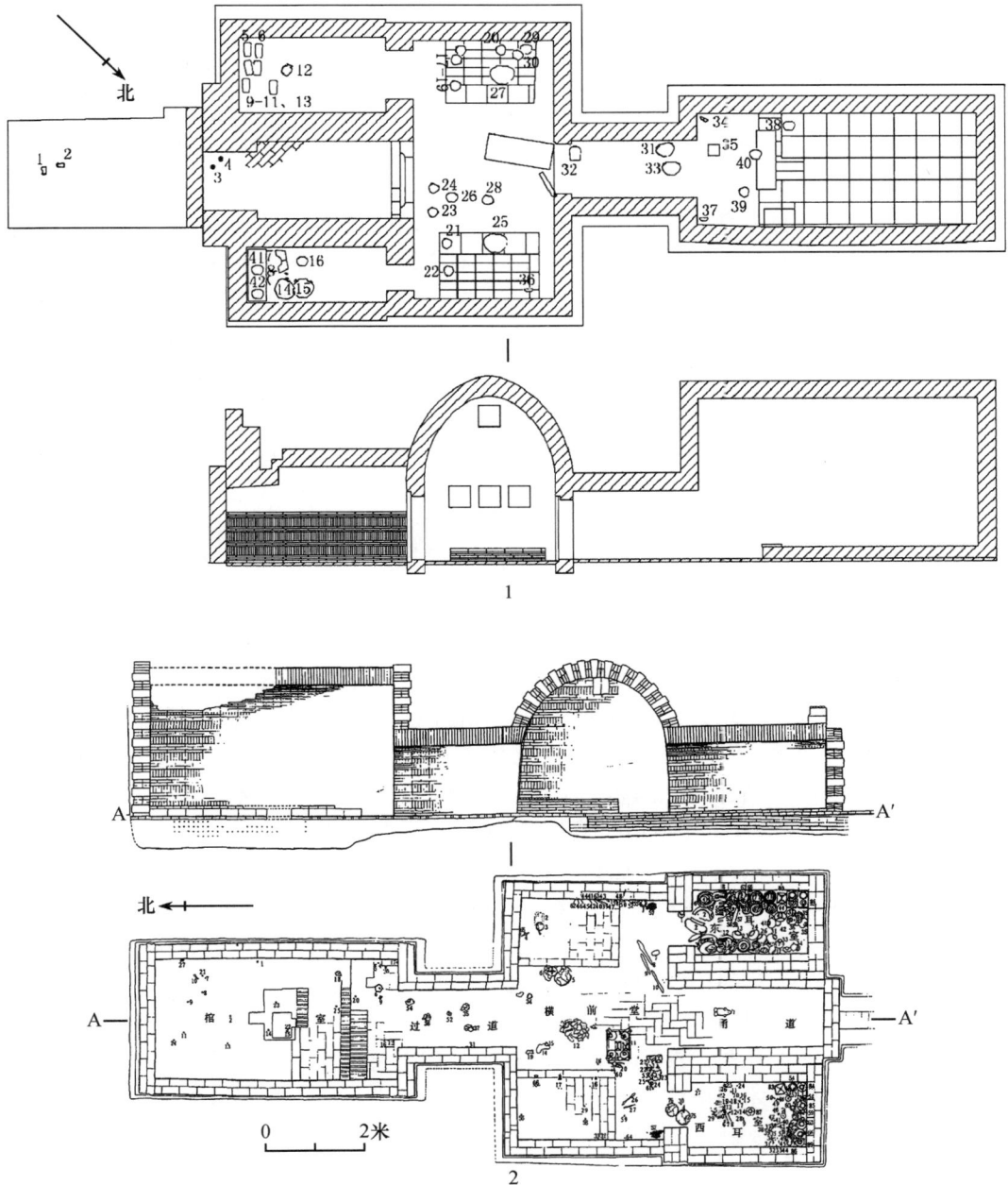

图三　马鞍山宋山东吴墓与鄂州鄂钢饮料厂一号墓

1. 马鞍山宋山东吴墓　2. 鄂州鄂钢饮料厂一号墓

（1. 引自《安徽马鞍山宋山东吴墓发掘简报》图二　2. 引自《湖北鄂州鄂钢饮料厂一号墓发掘报告》图二）

（三）孙吴晚期至西晋初年

可明确时代为孙吴晚期的孙吴宗室墓葬有4座，包括苏州虎丘路新村土墩M5、武汉黄陂滠口古墓、马鞍山"天子坟"孙吴墓与南京江宁上坊孙吴墓。鄂城孙将军墓中未出土明确纪年材料，年代可定于吴末晋初之间。

苏州虎丘路新村土墩M5中出土"建兴二年七月廿二日吴王"铭文砖。三国时期以"建兴"为年号的有孙吴废帝孙亮和蜀汉后主刘禅，分别为252年四月至253年、223年五月至237年。该墓既是孙吴宗室墓葬，且有"吴王"二字，因此铭文砖中的年号应当为孙亮的年号。建兴二年为公元253年，故苏州虎丘路新村土墩M5的下葬时间上限为公元253年，年代当属孙吴晚期。

武汉黄陂滠口古墓发掘简报根据随葬器物形制推断墓葬年代为吴末晋初[①]。事实上随着大量孙吴墓葬的发掘与考古材料的积累已经表明：牛车、武士俑等随葬器物在孙吴时期已开始流行，是孙吴贵族墓葬的等级因素之一。例如南京江宁上坊孙吴墓[②]、鄂城东吴孙将军墓[③]、江夏流芳东吴墓[④]中等均有牛车、武士俑出土。另外从墓主身份来看，孙吴时期先后在江夏郡任职的宗室有孙皎、孙奂、孙承与孙壹。孙皎卒于建安二十四年（219年），孙奂卒于嘉禾三年（234年），孙奂子孙承卒于赤乌六年（243年），孙壹于太平元年（256年）奔魏，入魏三年后即公元258年卒。黄陂在三国时期为石阳县，隶属江夏郡，史籍中关于石阳的记载较少，目前已知记载均与曹魏相关。《三国志集解》载："琦合江夏战士万人，与备俱到夏口。此后魏吴并置江夏郡。文聘屯石阳，别屯沔口。"[⑤]由此可知赤壁之战（208年）前石阳属曹魏管辖，且文聘在江夏数十年，郡治安陆。《三国志·吴书·陆逊传》记载："嘉禾五年，权北征……遣将军周峻、张梁等击江夏新市、安陆、石阳；石阳市盛，峻等奄至，人皆捐物入城。城门嗌不得关，敌乃自斫杀已民，然后得阖……江夏功曹赵濯、弋阳备将裴生及夷王梅颐等，并帅支党来附逊。"[⑥]这段史料可侧面证明嘉禾五年（236年）时石阳尚属曹魏领土。文聘去世后，"嘉平中，谯郡桓禺为江夏太守，清俭有威惠，名亚于聘"[⑦]。嘉平是曹魏齐王曹芳年号，即公元249年四月至254年十月。此时魏江夏郡与孙吴南北对抗，石阳仍归曹魏管辖。因此分别卒于建安二十四年、嘉禾三年和赤乌六年的孙皎、孙奂与孙承并非武汉滠口古墓的墓主。以上三位卒时，石阳尚在曹魏控制之下，唯有奔魏的孙壹才有可能葬于曹魏辖区。孙壹为孙奂庶子，其兄孙承卒，奉孙奂后，袭业为将。孙壹奔魏后，魏以孙壹为车骑将军、仪同三司，封吴侯[⑧]。《三国志》

①　雷新军、蔡华初：《武汉黄陂滠口古墓清理简报》，《文物》1991年6期，48～54页。
②　南京市博物馆、南京江宁区博物馆：《南京江宁上坊孙吴墓发掘简报》，《文物》2008年12期，4～34页。
③　鄂城县博物馆：《鄂城东吴孙将军墓》，《考古》1978年3期，163～167页。
④　武汉市博物馆、江夏区文物管理所：《江夏流芳东吴墓清理发掘报告》，《江汉考古》1998年3期，59～66页。
⑤　卢弼：《三国志集解》卷十八《文聘传》，中华书局，1982年，466页。下引此书，版本均同。
⑥　《三国志》卷五十八，1343页。
⑦　《三国志》卷十八，539页。
⑧　《三国志》卷五十，1191页。

记载："壹人魏三年死"，即孙壹卒于吴永安元年（258年）。因此，武汉黄陂滠口古墓的下葬时间为公元258年前后，年代属孙吴晚期。

马鞍山"天子坟"孙吴墓中出土有明确的纪年材料，为一块朱书题记漆皮与纪年墓砖（图四）。朱书题记漆皮发现于砖室内，可能用于书写随葬品名称和数量，文字释读为："永安三年？□□日校尉□□□七寸铁镜合八枚□□□翠毛□□□□□□尉薛□纪□……"在第二次封门墙处发现纪年墓砖铭文为"永安四年"，故墓砖烧造年代为永安四年①。孙吴时期以"永安"为年号的只有吴景帝孙休，时间为永安元年至永安七年，永安四年为公元261年。因此，马鞍山"天子坟"孙吴墓的时代约在永安四年，即公元261年左右，当属孙吴晚期。

南京江宁上坊孙吴墓中出土有孙吴赤乌元年（238年）始铸的"大泉当千"，由此可知此墓的年代上限为公元238年。从墓葬结构来看，江宁上坊孙吴墓的前、后室穹隆顶结构在南京地区较为少见，目前仅见于南京五塘村2号墓、江宁其林村西晋墓与江宁黄家营5号墓中。五塘村2号墓出土甘露元年（265年）铭文镜可推定年代为孙吴晚期②；江宁其林村墓③和黄家营5号墓④发掘简报均判定墓葬年代为西晋时期。由此可见前、后室穹隆顶结构砖室墓的流行年代介于孙吴晚期与西晋之间。同时考虑到此座墓

图四　马鞍山"天子坟"孙吴墓纪年材料
1. 朱书题记漆皮　2. 永安四年铭文砖
（1、2. 分别引自《安徽马鞍山"天子坟"孙吴墓的发掘及初步认识——以葬形制结构为重点》图2-29、图3-10）

---

① 虞金永：《安徽马鞍山"天子坟"孙吴墓的发掘及初步认识——以墓葬形制结构为重点》，南京师范大学硕士学位论文，2017年，40～48页。
② 南京市博物馆：《南京北郊五塘村发现六朝早期墓》，《文物资料丛刊》（第8辑），文物出版社，1983年，65～67页。
③ 南京市博物馆：《南京江宁晋墓出土瓷器》，《文物》1988年9期，81～89页。
④ 江苏省文物管理委员会：《江宁县黄家营第五号六朝墓清理简报》，《文物参考资料》1956年1期，42～44页。

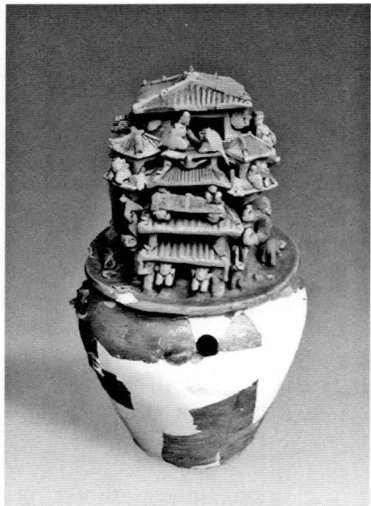

图五　南京江宁上坊孙吴墓青瓷堆塑罐
（引自《南京江宁上坊孙吴墓发掘简报》
图二六）

葬体量庞大、墓葬形制复杂，其他孙吴宗室墓葬规模无出其右，而西晋灭吴后孙吴宗室政治地位下降，难以营建如此大规模的孙吴宗室墓葬。因此南京江宁上坊孙吴墓的年代为孙吴晚期更为适宜。从目前出土的考古材料看，南京地区孙吴墓葬中随葬的陶、瓷质堆塑罐（或称魂瓶）均不见于孙皓执政时期之前，南京地区墓葬出土五联罐与堆塑罐的更替大致发生于孙皓早期[①]。江宁上坊孙吴墓中出土一件青瓷堆塑罐（图五），较为特殊的是堆塑罐的上部为4个方形亭阁，根据全涛对五联罐与魂瓶的形态学分析，此类堆塑罐属晚出造型，在浙江地区主要流行于西晋太康至元康年间[②]。综合考虑，这件青瓷堆塑罐的年代定为孙皓晚期较为合适；结合前、后室穹隆顶的墓葬结构，江宁上坊孙吴墓的年代可推定为孙皓晚期。

鄂城孙将军墓与鄂钢饮料厂一号墓相距不足50米，系属家族墓地[③]。曾在鄂城地带活动的孙吴宗室仅有二人，即孙邻与其子孙述。鄂钢饮料厂一号墓因出土带有"将军孙邻弩一张"七字的铜弩机，故可推断鄂城孙将军墓的墓主为孙邻之子孙述。孙述的生卒年不详，根据《晋书》记载，太康元年（280年）王戎受诏伐吴，派遣参军罗向和刘乔领前锋进攻武昌（今鄂州），当时的武昌守城将领杨雍、孙述与江夏太守刘朗均率众投降[④]。由此可知孙述卒年晚于公元280年，当在孙吴晚期至西晋初年之间。

综上所述，目前12座孙吴宗室墓葬可分为三个时期，孙吴早期墓包括青旸地"孙坚孙策"墓与苏州虎丘路新村土墩M1、M2；孙吴中期与中晚期墓包括湖北鄂州鄂钢饮料厂一号墓、江夏流芳东吴墓与安徽马鞍山宋山东吴墓；孙吴晚期墓包括苏州虎丘路新村土墩M5、武汉黄陂滠口古墓、安徽马鞍山"天子坟"孙吴墓、南京江宁上坊孙吴墓与鄂城东吴孙将军墓。这12座孙吴宗室墓葬时代早晚关系可依次列为：青旸地"孙坚孙策"墓、苏州虎丘路新村土墩M1、苏州虎丘路新村土墩M2、江夏流芳东吴墓、湖北鄂州鄂钢饮料厂一号墓、安徽马鞍山宋山东吴墓、苏州虎丘路新村土墩M5、武汉黄陂滠口古墓、安徽马鞍山"天子坟"孙吴墓、南京江宁上坊孙吴墓与鄂城东吴孙将军墓。

① 王志高、马涛、龚巨平：《南京上坊孙吴大墓墓主身份的蠡测——兼论孙吴时期的宗室墓》，《东南文化》2009年3期，41～50页。
② 全涛：《五联罐和魂瓶的形态学分析》，《考古与文物》2004年2期，54～63页。
③ 鄂城县博物馆：《鄂城东吴孙将军墓》，《考古》1978年5期，163～167页。
④ 《晋书》卷四十三《王戎传》："太康元年，浚进破武昌""受诏伐吴。戎遣参军罗尚、刘乔领前锋，进攻武昌，吴将杨雍、孙述、江夏太守刘朗各率众诣戎降。戎督大军临江，吴牙门将孟泰以蕲春、邾二县降。"

二、孙吴政权疆域经略与宗室墓葬分布

孙吴初据江东，在武昌建国，随后迁都建业，继承东汉的荆州、扬州、交州三州，其中荆、扬二州与曹魏隔江相对，大半疆域归吴。其疆域经略路线可大概总结为草创江东、西征荆州、营造建业。孙吴政区设置为州、郡、县三级，扬州包括丹阳等十三郡，荆州有南郡等十四郡。目前孙吴宗室墓葬分布于苏州、南京、马鞍山、武汉、鄂州等地，如若依照孙吴时期的行政区划来看，分别位于扬州丹阳郡的建业与丹阳县①、吴郡的吴县、荆州的江夏郡武昌（鄂县）、沙羡与石阳县。以上地点均属当时的政权中心或军事要地，细致梳理孙吴政权的疆域经略路线与孙吴宗室墓葬的分布可发现两者之间的密切联系。

（一）草创江东

孙吴政权的创建始于孙策，疆域开拓肇始自汉献帝兴平二年（195年），孙策渡江协助其舅丹阳太守吴景驱逐扬州刺史刘繇，在江北大族与江东土著大族支持下，先后廓定吴郡、会稽、丹阳、庐江、豫章与庐陵六郡，初步奠定孙吴疆域的基础②。吴郡辖区相当于今江苏长江以南，无锡、湖州以东的沆嘉平原以及建德以西的钱塘江两岸平原地区，以吴县为郡治，也就是现今苏州所在③。吴郡自被孙策攻占后，一直为孙吴政权掌控，吴县甚至在孙权建国之前曾作为孙吴都城长达十二年，既是孙吴政权的政治中心，也是孙吴开疆拓土的军事支撑。即使后来孙吴势力不断扩张，但江东吴郡一直是其根据地。

吴县在东汉末年是吴侯封地，《孙策传》注引《江表传》："建安三年，策又遣使贡方物，倍于元年所献。其年，制书转拜讨逆将军，改封吴侯。"④自孙策被改封为吴侯，这一名号被江东势力所袭传，此后直至孙吴被西晋所灭，吴侯这一爵位所封均为孙氏宗室。可以说，吴郡是孙吴政权创立的大本营，吴县更是新中国成立前的政治、军事中心，也是"吴侯"这一县侯的封地，因此在吴县发现疑似孙坚、孙策衣冠冢的孙吴早期青旸地"孙坚、孙策"墓和时间横跨孙吴早期与孙吴晚期的虎丘路新村土墩墓M1、M2、M5正是孙吴宗室势力在吴县根深盘踞的表现。

（二）西征荆州

孙吴政权平定江东后，孙策于汉建安五年（公元200年）去世，其弟孙权继任吴主。此时三国鼎立局面逐渐形成，孙权在江东六郡的基础上以西征黄祖作为开疆拓土的首要目标，孙吴疆域向西向南拓展，占据荆州与交州两州，自此奠定孙吴疆域

---

① 又名丹杨郡或丹扬郡，吴丹阳郡统辖建业、芜湖、丹阳、宣城等十二县，辖区相当于今安徽长江以南、江苏大茅山及浙江天目山以西和新安江支流武强溪以北地区。
② 胡阿祥：《六朝疆域与政权研究》，学苑出版社，2005年，37～44页。
③ 陈健梅：《孙吴政区地理研究》，岳麓书社，2008年，63～68页。
④ 《三国志》卷四六，1101页。

的轮廓。《三国志》记载："八年，权西伐黄祖，破其舟军，惟城未克，而山寇复动。""十二年，西征黄祖。虏其人民而还。""十三年春，权复征黄祖，祖先遣舟兵拒军，都尉吕蒙破其前锋。而凌统、董袭等尽锐攻之，遂屠其城。"①

孙权在荆州境内与曹魏、蜀汉争疆夺土，北界据有江夏郡和南郡，西界则将蜀汉势力逐出荆州②。建安十三年（公元208年）孙权讨伐黄祖，是西征荆州的肇始。建安十四年（公元209年）孙吴占据鄂县（今鄂州），在此设江夏太守。魏黄初二年（公元221年），孙权自公安迁徙至鄂县，改名为武昌，建置武昌郡，随后废武昌郡将其归为江夏郡。黄龙元年（公元229年）五月，孙权称帝建都武昌。其中江夏郡属于孙吴与曹魏疆域交界地带，郡境不常，时有战争发生。如今发现孙吴宗室墓葬的鄂州、武汉江夏区两地在三国时期分别名为武昌县与沙羡县，均隶属孙吴江夏郡，而武汉黄陂区当时名为石阳县，属曹魏江夏郡。武昌在当时属于都城与军事重镇，沙羡与石阳也是重要的军事要冲。

武昌（今鄂州）既是孙吴建国时的都城，也是在迁都建业后的陪都，与建业并称"东都"与"西都"。武昌处于"左控肥庐，右连襄汉"的战略要冲，可扼守长江、抵御中原，具有不可取代的政治、军事地位，故而此地一直派有名将重臣驻守，也是门阀豪族集聚之地。孙吴中期，武昌归属于孙吴政权版图，吴主多次派孙吴宗室成员驻守武昌。鄂州发现的孙吴中期鄂钢饮料厂一号墓与孙吴晚期鄂城孙将军墓，两座墓葬相距50米，墓主孙邻与孙述父子二人均属此列。孙邻为威远将军、都乡侯，孙述为武昌督、平荆州事，二人深受吴主器重，驻守军事要冲与政治西都"武昌"，死后并未选择魂归家族根据地吴郡，而是葬于驻地，也是受到生前驻守武昌这一疆域经略举措的影响，且其墓葬年代也与西征荆州后孙吴政权在荆州政区建置的时间段大致相符。

今武汉江夏区在汉代属江夏郡沙羡县，孙吴时未有变动。《水经注》卷三五："江之右岸有船官浦，船官浦东即黄鹄山，黄鹄山东北对夏口城，魏黄初二年（221年）孙权所筑，对岸则入沔津，故城以夏口为名，亦沙羡县治。"③沙羡县治夏口城，是孙权为拱卫武昌而依山修筑的军事要地。居高临下，退可防御，进可攻掠，孙权多派宗室在此率军驻守，具有重要的军事地位。然而太平元年（公元256年）驻守夏口的镇军将军孙壹降魏，曹魏废除沙羡县，因此孙吴晚期后此地归属曹魏。葬于江夏区的孙吴宗室墓葬理应不多，目前也仅发现江夏流芳东吴墓一例，墓主可能为孙吴中期时任沙羡侯的孙奂与孙承父子二人其中之一。

石阳县故址在今武汉黄陂区黄花涝，原是孙吴经略疆域时新置政区④，后为曹魏所控制。《三国志集解》载："琦合江夏战士万人，与备俱到夏口。此后魏吴并置江夏郡。文聘屯石阳，别屯沔口。"⑤石阳在三国时期是一处军事重镇，孙吴与曹魏在此地发生数次军事冲突，例如黄武元年（公元222年），"权闻魏文帝崩，征江夏，围石

---

① 《三国志》卷四十七，1115页。

② 陈健梅：《孙吴政区地理研究》，岳麓书社，2008年，3～6页。

③ （北魏）郦道元著，陈桥驿校证：《水经注校证》卷三五，中华书局，2007年，804页。

④ 《宋志》安陆太守安陆公相："江夏又有曲陵县，本名石阳，吴立。"

⑤ 《三国志集解》卷十八，466页。

阳，不克而还"①。此地虽属曹魏管辖，却发现孙吴宗室墓葬武汉黄陂滠口古墓，缘因滠口古墓墓主为太平元年奔魏的镇军将军孙壹。孙壹入魏后，任职车骑将军，被封为吴侯，"壹入魏三年死"②，说明孙壹在降魏三年后去世，因此身为孙吴宗室的孙壹葬于曹魏辖地也是可以理解的。

（三）营造建业

黄龙元年（公元229年），孙权于武昌称帝，同年迁都建业，自此开始孙吴政权对建业的营造。《三国志》记载："十六年，权徙治秣陵。明年，城石头，改秣陵为建业。"③初始孙权只是在金陵邑故址（今南京市区）修筑石头城，作为驻军与囤粮之地，此时孙吴尚未建国，建业只是军事堡垒。至黄龙元年孙权迁都建业后，经过较为系统的规划营造，现如今的南京市区作为当时的都城发展繁荣，建业方逐渐成长为孙吴的政治、军事、经济、文化中心。

孙吴迁都建业后，聚落中心从江宁区转移至现南京市区，而江宁上坊中下村、城墙村一带则成为孙吴晚期宗室、贵族的重要墓葬区。在这一带出土的孙吴晚期江宁上坊孙吴墓，是迄今发现规模最大、形制最为复杂的孙吴宗室墓葬，也是目前发掘等级最高的孙吴宗室墓葬；临近的棱角山附近发现两座"天册元年"墓，疑似"兒侯"的家族墓地④；陈家山发现的凤凰元年孙吴墓虽毁坏严重，墓中出土多件精美青瓷器，被毁前墓葬规模较大，亦属孙吴晚期高等级贵族墓⑤。

马鞍山市在汉至西晋时期隶属丹阳县，治所在今当涂县东北丹阳镇⑥，丹阳与秣陵接壤，接壤地带为今江宁区。两汉时期丹阳与胡孰、秣陵一带已经形成由世家大族主导的大规模生活聚居区⑦，至孙吴中期，孙吴政权迁都建业，丹阳、京口、胡孰等周边城市不仅成为供应建业军事、经济所需的屯田之所⑧，也是拱卫都城建业的天然屏障。因此，借由与建业接壤的地利之便以及军事重镇功能，马鞍山地区在孙吴中晚期较为发达，是次于一级中心南京、武昌的二级中心。根据史料记载，吴景帝孙休定陵位于当涂县东二十五里⑨，说明此地也是孙吴贵族的重要墓葬区之一。迄今为止，该地已发现多座孙吴中晚期高等级墓葬，包括孙吴中晚期马鞍山宋山东吴墓、孙吴晚期马鞍

① 《三国志》卷十八，539页。
② 《三国志》卷五十一，1208页。
③ 《三国志》卷四十七，1117页。
④ 南京市博物馆：《南京郊县四座吴墓发掘简报》，《文物资料丛刊》（第8辑），文物出版社，1983年，1～15页；许长生、周维林：《南京江宁孙吴"天册元年"墓发掘简报》，《东南文化》2009年3期，26～31页。
⑤ 王志高、马涛、龚巨平：《南京上坊孙吴大墓墓主身份的蠡测——兼论孙吴时期的宗室墓》，《东南文化》2009年3期，41～50页。
⑥ 《资治通鉴》卷一六六《梁纪》敬帝太平元年注。丹阳县地当在太平州东北。《太平寰宇记》卷九十"升州"上元县：故越城在县西南七里，晋初移丹阳县自芜湖迁城之南。
⑦ 张学锋：《六朝建康都城圈的东方——以破冈渎的探讨为中心》，《魏晋南北朝隋唐史资料》2015年2期，63～83页。
⑧ 梁华东：《六朝时期皖南农业开发述略》，《南京晓庄学院学报》2002年2期，22～26页。
⑨ 南宋王象之《舆地纪胜》称"吴景帝陵在当涂县东二十五里。"明嘉靖《太平府志》载"吴景帝陵，县东，地名洞阳。"

山"天子坟"孙吴墓两座孙吴宗室墓葬，孙吴晚期官拜左大司马的朱然墓和朱然家族墓等。

孙吴宗室墓葬的分布在时间上跨越孙吴早、中、晚三个时期，地域上覆盖扬州、荆州多个郡县。这些时间点与地点基本与孙吴政权草创江东、西征荆州、营造建业的疆域经略路线相一致，也可以说孙吴时期的宗室墓葬整体分布趋势呈分散状，与孙吴政治、军事中心的多次转移具有因果关系。

三、结　语

12 座孙吴宗室墓葬可分为三个时期，孙吴早期包括青旸地"孙坚孙策"墓与苏州虎丘路新村土墩 M1、M2；孙吴中期与中晚期墓包括湖北鄂州鄂钢饮料厂一号墓、江夏流芳东吴墓与安徽马鞍山宋山东吴墓；孙吴晚期墓包括苏州虎丘路新村土墩 M5、武汉黄陂滠口古墓、安徽马鞍山"天子坟"孙吴墓、南京江宁上坊孙吴墓与鄂城东吴孙将军墓。根据墓葬时空分布可发现孙吴宗室墓葬分布规律为：均发现于孙吴政权的都城或军事重镇，多为墓主生前的封地或驻地。孙吴早期的 4 座宗室墓葬均位于苏州；孙吴中期的两座宗室墓葬分别位于湖北武汉与鄂州；孙吴晚期的宗室墓葬在马鞍山、武汉、苏州、南京与鄂州均有所分布。

纵观孙吴政权的疆域经略路线，可以看出孙吴政权的政治、军事中心在孙权称帝前并不稳定，曾先后以会稽、吴县、京口（今江苏镇江）、秣陵、公安、武昌为治所，直至黄龙元年（公元 229 年）孙权称帝，都城自武昌迁往建业，三国鼎立局势至此正式形成。从孙吴早期的草创江东，孙吴早中期的西征荆州至孙吴中晚期营造建业的疆域经略路线来看，孙吴政权的政治、军事中心历经多次迁徙，吴郡、武昌、建业在不同时期充当孙吴政权的根据地与都城，而丹阳、沙羡、石阳等则分别是拱卫建业与武昌的军事重镇。

也可以说，正是由于孙吴政权的政治、军事中心频繁转移，孙吴宗室成员跟随吴主开疆拓土，驻守边境，辅佐朝政，故其足迹遍布孙吴曾迁徙的政治、军事中心。因此，目前发现的孙吴宗室墓葬基本位于孙吴政权曾经的都城或者军事重镇，在长江中游与长江下游地区呈现时间断续与空间分散的分布特点。这一分布规律与孙吴政权的疆域开拓、政区建置路线正相符，说明孙吴宗室墓葬时间断续与空间分散的分布是由孙吴政权疆域经略所导致的。

附表　孙吴宗室墓葬发掘情况一览

墓葬名称	墓葬平、剖面图	砖室规模（米）		墓主身份	墓葬年代	随葬器物
		总长	总宽			
南京江宁上坊孙吴墓		20.16	10.71	宗室王与两位王妃	孙皓晚期	出土青瓷器包括双系罐、四系罐、席纹罐、双领罐、钱纹罐、盘口壶、洗、果盒、耳杯、唾壶、器座、器盖、盂、碗、盘、镂孔金形器、支座、带孔支座、柱形支架、畚箕、扫帚、壮、杵、碓房、牛车、车厢、鸡台、羊圈、畜屋、马、猪、书刀、毛笔、青瓷俑出土有行礼俑、俑、古鼓俑、坐塌俑、抚琴俑、劳作俑等。出土陶瓦伴俑、胡人面、捏坐俑、俑等。出土陶瓦包括板瓦、筒瓦与人面纹瓦当、铜钉、铜栓、铜钉、铁钉等。出土木器包括金环、铜栓、金桃形钉等。出土漆木器包括器盖、容盒、碗、盏、勺等。出土金银器包括金环、金箔片、金指环、金珠、铜钱与银带饰等
苏州虎丘路新村土墩三国孙吴M1		14.2	9.7	吴侯	孙吴早期	出土66件（组）器物，青瓷器包括双系罐、四系罐、双系盘口壶、碗、四系耳罐、壶、圈足执壶、瓿、魂瓶、双耳熏、双系盘口罐、魂瓶、双耳熏、案足与陶案、陶器包括陶楼、包括人棱瓜形、鱼形、方框形、蛙形、比翼鸟形、交颈鸟形、虎形、算珠形器等多种申饰与指环。另出土玉质蛙形申饰、石质兽形器座和"凹"字形器座、琥珀、玻璃饰件与几件铜、银器
安徽马鞍山"天子坟"孙吴墓		13.9	8.5	列侯	孙吴晚期	前室、墓道、盗洞内填土中发现近百件五铢钱。西耳室接近墓底的位置出土羰盘五铢钱、"天"、"大吉"人像，金质"天"人像、"大吉"人像，以及彩绘蟠龙纹的漆片，在前室与后室的过道处，以及出土30多枚铜钱，仅出土丁几枚五铢钱、石臼等文物。东耳室被盗严重，出土两枚大铁钉，后室出土30多枚铜钱和桃形金箔，龙首型铜构件、桌型铜漆器件、龙首型铜构件、佛像铜首饰件、桌型铜漆器、陶橘、陶罐、金叶等文饰件与几件铜、银器
鄂城东吴孙将军墓		9.03	7.84	孙述	吴末晋初	出土随葬器物79件，青瓷器包括院落、房屋、坛、禽舍、车马、仓、灶、碓、磨、臼、牛、狗、俑、席、出土金器杯、勺、案、仓、灶、碓、磨、臼、牛、马、狗、俑、席，出土金器15件，包括鎏金铜饰，金叶与金钉、金环、金饼、金叶与金钉。另出土鎏金铜饰、铜钱与漆器等

续表

墓葬名称	墓葬平、剖面图	砖室规模（米）		墓主身份	墓葬年代	随葬物
		总长	总宽			
武汉黄陂滠口古墓		11.4	9.4	孙壹	孙吴晚期	随葬器物出土90件，其中7件为陶器，其余皆为青瓷器。青瓷器包括体、碗、盏、盘、洗、灯盏、耳杯、多子盒、灯、熏、长方形板、灶、仓、碓、房、禽舍、院落、座架、持刀武士俑、持盾武士俑、骑物立俑、徒手立俑、操作俑、持物坐俑、女俑、小俑、牛车、马头。随葬陶器包括筛、勺、小勺、棒
安徽马鞍山宋山东吴墓		17.68	5.7	孙休时期列侯或将军	孙吴中晚期	出土随葬器物共46件以及大量陶、青瓷和漆器残片。青瓷器41件，包括仓、双系盘口壶、鸡首壶、双系罐、四系罐、几何纹罐、盂、几凭几与石案各一件。陶器3件，包括陶罐与陶罐。另出土漆凭几与石案各一件
湖北鄂州鄂钢饮料厂一号墓		14.5	5.68	孙邻	孙吴中期	该墓随葬器物总计415件，包括青瓷器、陶器、铜器、铁器与金银器等。以青瓷器出土数量最多，计198件。甬道出土过道与镇墓兽一座；横前室出土石臼、青瓷碗、瓷坛、五联灯、青瓷鸡堡、青瓷畜圈、瓷灯、瓷炉形器、铜弩机、铜饰件、铜环、铜片、铁砚、铁钉、铁猫、铁镶、银钗、钱币；西耳室出土鎏金铜环、铜扣、铜钉、铜带、瓷井、瓷磨盘、瓷鸡舍、瓷屋舍、瓷磨、瓷碓、瓷磨石；东耳室出土有金钉、瓷鸡、瓷灶、瓷勺、石臼、铁格形器、盘口壶、瓷形器、盘、香薰、瓷井、角铺首衔环、鎏金银饰件、金银指环、银铺首衔、鎏金铜扣饰、玻璃器、银泡饰、石黛板
江夏流芳东吴墓		13.8	12.7	孙承或孙奂	孙吴中期	出土随葬器物为一套模型明器，均为青瓷。甬道出土有青瓷俑、盖、车轴、车轮、鸡舍等14件；左耳室出土有青瓷俑、羊舍、狗、烛台、仓盒、角楼等16件；前室右角随葬有青瓷院落、牛、盒、多子青瓷盒残片；右耳室出有青瓷扫帚、马、车、盖、车顶、角牛与青瓷俑计11件；左耳室右角随葬的棺钉；后室出土零星彩绘漆皮与鎏金饰片清理时发现有漆皮和锈蚀的棺钉；前室右侧壁绘帐

续表

墓葬名称	墓葬平、剖面图	砖室规模（米）		墓主身份	墓葬年代	随葬器物
		总长	总宽			
苏州"青旸地"二号汉墓		超过7.28	残宽3.15	孙坚或孙策	孙吴早期	出土有泥质红陶酱色釉陶片、五铢钱、朱红漆皮泥质灰陶质的器把等
苏州虎丘路新村土墩三国孙吴M2		9.1	3.2	吴侯妻妾	孙吴早期	情况不明
苏州虎丘路新村土墩三国孙吴M5		5.5	4.3	孙英或吴侯亲属	孙吴晚期	情况不明
苏州"青旸地"一号汉墓	毁坏严重	残长5.95	残宽2.63	孙坚或孙策	孙吴早期	随葬有漆器、灰陶质明器如猢狲、飞鸟瓷罐、茶绿釉五联罐、釉陶钵

On the Internal Relationship Between the Spatiotemporal Distribution of Sun Wu's Clan Tombs and the Territorial Strategy of Sun Wu's Regime

Zhao Na

(Institute of History and Culture of Shandong University)

Abstract: Members of the clan of Sun Wu played an important role in the establishment of the Sun Wu regime. The Spatiotemporal distribution of the twelve tombs of the imperial family of Sun Wu discovered so far has a certain rule. They were all found in the capital or military important town of the Sun Wu regime, showing the characteristics of time discontinuity and spatial dispersion in the middle and lower reaches of the Yangtze River. This distribution law is consistent with the territory strategy route of the Sun Wu regime, which initiated Jiangdong, conquered Jingzhou and built Jianye, and has a close causal relationship with the central transfer of the Sun Wu regime.

Key words: Sun Wu's clan, burial, regime, territory strategy

北齐时期女性的佛教信仰
——读《沙丘尼寺造像记》札记

杨爱国

（山东博物馆）

内容提要： 山东济宁兖州区泗河河床出土北齐河清三年（564）《沙丘尼寺造像记》是北齐时女性佛教信仰的重要文物，是泰山羊氏重要成员羊烈为家中寡居的女性建尼寺的重要物证。女性信佛在北魏时期即已存在，不仅见诸文献记载，也有造像记为证，至北齐时，女性信佛在社会上更加流行，有专供修行的尼寺，参与造像、刻经等活动，内容较前更为丰富。

关键词： 沙丘尼寺造像记　北齐　女性信佛

　　1993年，山东兖州人李永军在兖州泗河河床故瑕丘城（今济宁市兖州区所在地）东南，获一北齐河清三年（564）造像记，后入藏兖州博物馆，博物馆文物干部樊英民曾在《文物》杂志上对该造像记进行了介绍[①]，后又在《书法》上原大发表了该造像记拓片[②]，使其为世人所知，后有学者研究其书法风格[③]，山东美术出版社于2021年将其纳入《中国石刻书法精粹》丛书，以字帖形式出版了该造像记。造像记中提到"比丘尼之寺"，涉及北齐时期女性的佛教信仰。为了便于下文的讨论，现将造像记文字转录如下（图一）：

　　　　盖惟三空明彻，六度凝清，理协亡言，行侔实际。逍遥无得无住□所，纵容一道一原之中。挺志高悟，特钟玄旨，风仪韶峻，厥趣萧然。汤汤焉，□□焉，复何言哉！若夫邑义人等，品第膏腴，琼华玉闰，亭亭素月，明明景日。以大齐河清三年岁次实沉，于沙丘东城之内优婆夷、比丘尼之寺，率彼四众，奉为太上皇帝陛下、师僧父母，俾闰含灵一切有识。于是，法堂巍巍，廊庑赫弈，磊硌而重叠，峨峨以连属。又乃敬造阿弥陀连座三佛。日轮将坠之彩，俄影余光之色，四大海水之眼目，五□弥山之豪相。夷徒花葶，

① 樊英民：《兖州发现北齐造像记》，《文物》1996年3期，65页。
② 徐叶翎、樊英民：《记兖州近年发现的〈北齐河清三年造像记〉》，《书法》1996年3期，23～41页。
③ 张彪：《〈河清三年造像记〉的平宽书风》，《中国文化报·美术文化周刊》2019年6月30日第5版。

图一　山东兖州沙丘尼寺造像记原石和拓片

道气消扇。尼□琬琰，显美正观。词□（以下残灭）

　　李永军、赖非在为该字帖写的介绍文字中，据造像记中的"比丘尼之寺"称之为《沙丘尼寺造像记》[1]，并将该寺与当地著名的羊氏家族联系了起来，认为该寺即是《北齐书·羊烈传》中提到的尼寺："烈家传素业，闺门修饰，为世所称，一门女不再醮。魏太和中，于兖州造一尼寺，女寡居无子者并出家为尼，咸存戒行。"[2]《羊烈墓志》载羊烈"薨于沙丘里舍"，因此，上述推测是合理的。墓志中还提到羊烈注佛经事[3]（图二），他在沙丘城建尼寺，应与他本人信佛有关，也可能是羊家女眷信佛的传统[4]。

　　羊烈所建尼寺可能如南朝刘宋时，齐、北海二郡太守刘善明舍宅为寺，建立的佛

---

[1]　李永军、赖非：《中国石刻书法精粹——沙丘尼寺造像记》，山东美术出版社，2021年。

[2]　（唐）李百药：《北齐书》卷四十三《羊烈传》，中华书局，1972年，576页。

[3]　《羊烈墓志》记载："（烈）入老室以练神，安庄领以全补。睿如冲壑，豫若涉川，遂注道佛二经七十余卷，仍似公纪作释玄之论，昭晋无已；辅嗣制指例之篇，向不息。"早在羊烈之前，如羊祜就曾注《老子》二卷，羊氏家族虽然和道佛教关系紧密，但笺注佛经，羊氏家族始自羊烈。赖非：《山东石刻分类全集·第5卷·历代墓志》，青岛出版社、山东文化音像出版社，2013年，第94页。

[4]　南朝梁宝唱撰《比丘尼传》收录有两位泰山羊氏的比丘尼：洛阳城东寺道馨尼和禅林寺僧念尼。

图二　山东新泰羊烈墓志拓片

堂[1]，此佛堂即北齐武平四年（573）正式赐额的南阳寺，也就是现在人们经常提到的山东青州龙兴寺[2]。羊氏乃山东著姓，完全有能力在自家宅院辟出一院供"女寡居无子者"居住，以相照应，并以佛事为精神慰藉，称居处为"尼寺"，当然也可能捐资建专门的尼寺。究竟如何，已不可考。

由《沙丘尼寺造像记》，我们可以窥知北齐时期女性佛教信仰之一斑。

中土女性从什么时候开始有信佛者，已不可确考，但北魏有大量女性信佛，则史有明文，魏孝明帝之母胡太后是其中的代表人物，著名的洛阳永宁寺就是由她主持修建的[3]。上层社会的女性不仅在家信佛，还有出家侍佛的。据《魏书·皇后列传》载，北魏皇后中有五位出家为尼，她们是：孝文废皇后冯氏、孝文幽皇后冯氏、宣武皇后高氏、宣武灵皇后胡氏、孝明帝皇后胡氏。低于皇后嫔妃出家侍佛者更多。她们遁入空门的原因各有不同，但选择佛寺作为人生的归宿，表明佛教在她们心目中是有很高

① （元）于钦撰，刘敦愿、宋伯川、刘伯勤校释：《齐乘校释》卷四《古迹·亭馆上》，中华书局，2012年，380页。
② 山东省青州市博物馆：《青州龙兴寺佛教造像窖藏清理简报》，《文物》1998年2期，4～15页。
③ （魏）杨衒之著，周祖谟校释：《洛阳伽蓝记校释》，上海书店出版社，2000年，16～28页。

地位的。北魏时期，不仅这些上层社会的女性信佛，普通平民信佛者也大有人在。如山东泰安大汶口镇兴华村出土北魏太和十八年（494）尼妙音释迦铜像："太和十八年十一月八日，太山郡奉高县法林寺尼妙音，为弟子法达敬造释迦像。愿眷属、师僧、父母及一切众生，在所生处，因庄严净面奉圣容，仰诸道教，一闻法言，位登无生，脱若行建。堕于非虔者，夜遇观音大圣，速念解脱，所愿如此。像之行建，虽是妙音成道，众助名多，难列一豪之福。功弥于上，所愿如是。"①山东博物馆藏北魏正光六年（525）造像是贾智渊、张宝珠夫妇等共同捐造的（图三）："大魏正光六年岁次乙巳，四月乙亥朔，十九日癸巳，清信士佛弟子贾智渊、妻张宝珠等，并为七世父母、历劫诸师兄弟、姊妹、所亲眷属，香火同邑，常与佛会，所愿令一切众生，普同斯愿。弟子等生生世世值佛闻法，永离众苦，乃至成佛，心无退转。"②山东青州龙兴寺窖藏出土北魏永安二年（529）韩小华造像是她为亡夫、息所造像："永安二年二月四日，清信女韩小华敬造弥勒像一躯，为亡夫乐丑儿，与亡息祐兴迥（回）奴等，后己身并息阿虎，愿使过度恶世，后生生尊贵，世世侍佛。"③从北魏时期女性信佛的程度考察，女性信佛当在北魏之前。

图三　山东博物馆藏贾智渊、张宝珠造像题记拓片

北魏分裂为东西魏之后，文化传统没有发生变化，佛教信仰在社会上仍然十分流行④，如山东青州龙兴寺窖藏出土东魏天平三年（536）尼智明造像题记写道："大魏天平三年六月三日，张河间寺尼智明，为亡父母、亡兄弟、亡姐敬造尊像一区，愿令亡者托生净土，见在蒙福。又为一切咸同斯庆，郭达、郭胡侍佛时。"⑤广饶县李鹊镇李鹊村出土东魏天平四年（537）造像座上有"比丘尼法轮供养时"等比丘尼与比丘同造一尊像的题记⑥。新泰徂徕山光化寺遗址东南一里处出土佛像8尊，其中有东魏兴和三年（541）女佛弟子羊银光造像："□□□和三年四月壬寅朔八日己酉，清信女佛弟子羊银光造像一躯，所愿从心。"⑦河北邺城遗址北吴庄佛教造像埋藏坑出土东魏元象元年

① 泰安博物馆　吉爱琴：《泰安大汶口出土北朝铜鎏金莲花座等文物》，《考古》1989年6期，568、569页。
② 该题记录文由山东大学教授肖贵田先生提供，诚致谢意。
③ 山东省青州市博物馆：《青州龙兴寺佛教造像窖藏清理简报》，《文物》1998年2期，4～15页。
④ 北魏太武帝灭佛在社会上影响的时间并不长，废佛后六年，魏太武帝驾崩，魏文成帝即位，下诏复兴佛教，佛教又逐渐恢复发展，东魏北齐佛教地位日隆。
⑤ 山东省青州市博物馆：《青州龙兴寺佛教造像窖藏清理简报》，《文物》1998年2期，4～15页。
⑥ 东营市历史博物馆　赵正强：《山东广饶佛教石造像》，《文物》1996年12期，75～83页。此条资料蒙审稿专家提示，在此表示衷心感谢。
⑦ 王尹成：《新泰文化大观》，齐鲁书社，1999年。

（538）尼道胜造药师像："元象元年七月十五日，比丘尼道胜敬造药师佛一区……"武定五年（547）尼僧略造释迦像："大魏武定五年，岁次丁卯，比丘尼僧略敬造释迦像一区……"[①]这三例皆是比丘尼造像，透露出当时女性出家人数可能较多的信息。山东临淄东魏天平四年（537）崔鸿夫人张玉怜墓志载：夫人"推尚佛法，深解空相，大悲恸心，惟慕慈善，闻声见形，不食其□，三长六短，斋诚不爽，福善徒施。"[②]

北齐时期女性信佛是前代传统的延续。从文物遗存看，北齐时期女性信佛有以下几种方式。

一是积极参与佛教造像活动，在当时北齐辖境内的今河北、山西、山东都有女性参与佛教造像的记录，从造像题记看，参与造像女性既有在家者，也有出家者。

在家者如：河北邯郸邺城遗址北吴庄佛教造像埋藏坑出土北齐天保元年（550）长孙氏为亡夫造阿弥陀像一区："维大齐天保元年岁次庚午，五月廿八日，长孙氏陆谨为亡夫北徐州刺史长孙𢀖敬造阿弥陀像一区，举高三尺……"[③]天保元年为北齐开国元年，长孙氏在此前的东魏，甚至北魏时期即已信佛，夫亡而有造像之举。河北曲阳修德寺北齐河清二年（563）邸娥造思惟菩萨像座题记（图四）："河清二年四月八日，清信女邸娥为亡姐敬造思惟菩萨一躯。及己身眷属，俱登正觉。"[④]河北涉县木井寺北齐武平二年（571）观音经碑碑阴题记文字里提到的女性佛教信徒更多："□奇都督妻张思男，息宝达、宝洛、富贵，息女须摩、女摩耶。"碑左侧题记："大齐武平二年，太岁在辛卯，六月丁丑朔十五日辛卯，造设□□□□□清信女董要香。"[⑤]山东博兴龙华寺出土北齐天保五年（554）薛明陵造金铜菩萨像背光后刻题记："天保五年十二月十五日，孔雀妻薛明陵敬造。"[⑥]

出家者如：河北邯郸邺城遗址北吴庄佛教造像埋藏坑出土北齐河清二年（563）造

图四　河北曲阳修德寺河清二年邸娥造思惟菩萨像

---

① 中国社会科学院考古研究所、河北省文物研究所邺城考古队：《河北邺城遗址赵彭城北朝佛寺与北吴庄佛教造像坑》，《考古》2013年7期，49～68页。

② 赖非：《山东石刻分类全集·第5卷·历代墓志》，青岛出版社、山东文化音像出版社，2013年，38页。

③ 中国社会科学院考古研究所、河北省文物研究所邺城考古队：《河北邺城遗址赵彭城北朝佛寺与北吴庄佛教造像坑》，《考古》2013年7期，49～68页。

④ 河北博物院展品。

⑤ 马忠理、马小青：《涉县木井寺北齐观音经碑小考》，《北朝摩崖刻经研究》（三），内蒙古人民出版社，2006年，280～291页。

⑥ 王春法：《相由心生——山东博兴佛造像展》，山东美术出版社，2020年，136、137页。

像的尼僧觉昙华："叭大齐河清二年，比丘尼僧觉、昙华造像供□"①。山东泰安岱庙东庑内的北齐乾明元年（560）比丘尼慧承等像记："大齐乾明元年岁在庚辰，八月辛巳朔，廿五日，比丘尼慧冰、比丘尼静游、赵迎耳用（耳用为上下结构的一个字）义姜率镇诸邑同建洪业，□敬弥勒像一区。上为皇帝陛下、群臣宰守、诸师、父母、含生之类，愿使电转冥昏（昏），三空现证法界，共修等□正觉。邑义主比丘尼□究，邑义主比丘尼僧炎，白衣大象主张苟生兄弟等。邑义樊兴，□主榮伏□。□□□。"②赖非据题记中众多比丘尼推测，题记所出长清五峰乡石窝村附近可能有尼寺，而当地的小庵村之名乃历史延续的结果③。山东的比丘尼自北朝以来，代不乏人，阳谷阁楼乡关庄唐天宝十三载（754）石塔就是"清信女释大明"率众为自己的杞姓家族建造的④。

二是参与石窟建造活动。如山西平定县岩会乡乱流村（北朝并州乐平郡石艾县安鹿交村）"开河寺石窟"北齐河清二年（563）造像记第26行记录了韩知悦夫妇共同参与造像："当阳像主韩知悦，妻张舍明，息阿玉。"⑤

三是参与摩崖刻经活动。如山东邹城尖山北齐武平六年（575）刻经题记中有"经主韦子深妻徐法仙"，"比丘尼法门、法力、慧命、法缘、□拏（拿）、善性"（图五），"经主晋昌王唐邕妃赵"，"经主德信妃董"⑥（图六）。这么多的女性参加了佛教摩崖刻经的刊刻活动，在北齐佛教摩崖刻经刊刻活动中是较少见的。她们既有在家的信众，有出家的比丘尼。也有参与刻经碑制作的。如河北涉县木井寺北齐武平二年（571）《观音经碑》左侧题记："大齐武平二年，太岁在辛卯，六月丁丑朔十五日辛卯，造设□□□□□清信女董要香。"碑阴题记文字里有："□奇都督妻张思男，息宝达、宝洛、富贵，息女须摩、女摩耶。"

以上示例的题记文字显示，造像多是为了超度亡灵，刻经也有为同样目的的。如河北涉县中皇山《妙法莲华经·观世音普门品》刻经旁的题记表明，该刻经是唐邕妃赵氏的母亲为亡女所刻："亡女赵妃，志趣贞石，德□内融。春秋未及，奄頹兰馥。闻者悲悼，声言纯绝，况曰母子焉，堪忍痛。今因，令王建福之次，遂竭家资，敬造观世音像、观世音经。刊山凿石，题文不朽。唯愿亡女，□期纤属，入彼华堂。"⑦观世音经不仅这里有，涉县木井寺北齐武平二年（571）《七级石浮图观音经碑》所刻也是《妙法莲华经·观世音普门品》，可见观世音信仰是北齐时期当地流行的佛教信仰。

以上示例还显示，北齐时期女性参与佛教活动的类型是较多的，目前我们除了未见女性参与译经活动外，其他的佛事活动几乎都有女性参与。

---

① 中国社会科学院考古研究所、河北省文物研究所邺城考古队：《河北邺城遗址赵彭城北朝佛寺与北吴庄佛教造像坑》，《考古》2013年7期，49～68页。
② 北京图书馆金石组：《北京图书馆藏中国历代石刻拓本汇编》007，中州古籍出版社，1989年，100页。题记中并无慧承之名，不知为何被命名为慧承等造像记。
③ 赖非：《山东北朝佛教摩崖刻经调查与研究》，科学出版社，2007年，182页。
④ 聊城地区博物馆：《山东阳谷县关庄唐代石塔》，《考古》1987年1期，48～50页。
⑤ 山西省古建筑保护研究所、北京大学考古系石窟调查组：《山西平定开河寺石窟》，《文物》1997年1期，73～85页。
⑥ 赖非：《山东北朝佛教摩崖刻经调查与研究》，科学出版社，2007年，83～89页。
⑦ 中皇山刻经迄无详细报道，此段题记引自马忠理：《邯郸北朝摩崖佛经时代考》，《北朝摩崖刻经研究》（三），内蒙古人民出版社，2006年，25～73页，引文见39、40页。

图五　山东邹城尖山刻经徐法仙等题记

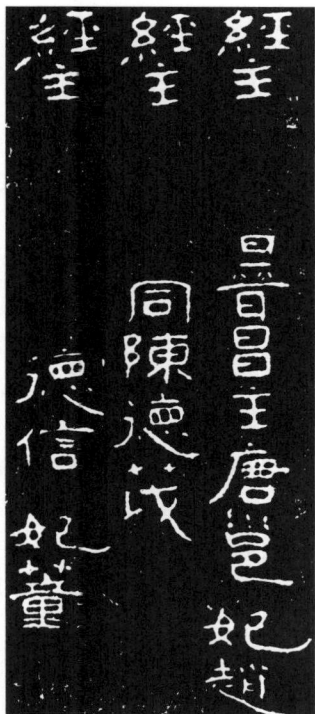

图六　山东邹城尖山刻经唐邕妃等题记

北齐时期，不仅有在家的女信众，出家的比丘尼，还有专为女性出家设立的尼寺。北齐全国"僧尼二百余万，寺四万余"。虽然未将僧尼分述，但人数之众可想而知，否则不会僧尼并列，四万余寺中肯定也有不少尼寺，兖州沙丘尼寺是其一。贵为皇后者也有被送到尼寺的。如文宣皇后李氏遭帝挝挞后，"犊车载送妙胜尼寺。后性爱佛法，因此为尼。齐亡入关。隋时得还赵郡"①。这种现象还表明，有些女性信佛，不是出于她的本意，而是事出无奈。

有的女性信佛与当时流行的"延寿益算"信仰有关②。延寿益算信仰中有一个内容是诵佛名，邹城尖山刻"大空王佛"，以及周边摩崖刻经的佛名可能具有同样的目的。如东平洪顶山的"大空王佛""大山岩佛""高山佛""安王佛""药师琉璃光佛"，以及北崖"大空王佛"旁的十三佛名③。

从广饶李鹊村东魏僧、尼同一寺院共同造像题记，以及《沙丘尼寺造像记》中的文字"沙丘东城之内优婆夷比丘尼之寺，率彼四众……"看，至晚东魏时期已在当地形成了由尼寺中女尼和在家信佛的优婆夷等组织的女性义邑组织④。这不仅反映了当时佛教在社会上流行之广泛，同时也揭示了女性信众人数之多，且与比丘、优婆塞一样

① （唐）李百药：《北齐书》卷九《皇后列传·文宣李后传》，中华书局，1972年，125、126页。
② 汤用彤：《汉魏两晋南北朝佛教史》，北京大学出版社，2011年，446～448页。
③ 赖非：《山东北朝佛教摩崖刻经调查与研究》，科学出版社，2007年，24～36页。
④ 此意见蒙审稿专家提示，在此表示衷心感谢。

有自己的民间佛教信仰组织。

北齐时期女性积极参与佛教造像，参与刻经等方式表达自己的佛教信仰，一方面可能与当时流行的末法思想有关[①]，另一方面也表明她们在家里是有一定经济地位和权利的。不论是造像，还是刻经都是要花钱的，只有有了经济地位才能做这类事。女性信佛还表明她们不是关起门来在家里过日子，与外界，如佛寺，或伴侣等有接触和往来，否则也无法成为"清信女"。

北齐女性信佛既有身份较高的人，也有普通民众，反映了佛教传入中国之后，经过数百的发展在社会上的普遍。北齐时期的女性或在家信佛，不误俗务；或出家为尼[②]，专心侍佛；或用造像、刻经超度亲人的亡灵，或刻经以延寿益算；或与转身成佛观念有关[③]。这些信众成为大德高僧几无其人，但她们对佛教在社会上的普及与流行却起来了积极的推动作用。

从文献记载看，有的女性与僧侣往来密切未必真信佛，却是奸事，如武成皇后胡氏与沙门昙献，以至"置百僧于内殿，托以听讲，日夜与昙献寝处"[④]。可能，不仅皇后中有这样的人，社会也有这样的女性。当然，这样的女性是极少数。

在古代宗教史、信仰史的研究中，以女性为对象的研究从来没有缺席过，虽然无论是宗教，还是一般的信仰，著书立说，开宗立派的多是男性，但女性占人口的半数，信众之多不可低估，而众多的女信众对宗教与一般信仰在社会上的流行起着积极推动作用，因此，其力量不可低估，而且母亲信佛还可能影响到下一代，对佛教在社会上的持续影响会产生推动作用。

Women's Buddhist Faith in Beiqi Dynasty Period: Reading Notes on *Recording of Statues in Shaqiuni Temple*

Yang Aiguo

（ Shandong Provincial Museum, Jinan 250014 ）

Abstract: The *Recording of Statues in Shaqiuni Temple* unearthed from the riverbed of Si River in Yanzhou, Shandong, dating to AD 564 is an important relic in relation to women's Buddhist faith in Beiqi Dynasty period and significant physical evidence of building a temple for widows in Yang family, Taishan by their key member Yanglie. Women's Buddhist faith already existed in Beiwei Dynasty period in proof of the literature and statue recordings, and this scenario was more common in Beiqi Dynasty period showing in the ampler affairs

---

① 山东诸城体育中心出土东魏至北齐间SFZ：112三尊立像背面的造像题记文字里就有这样的思想。杜在忠、韩岗：《山东诸城佛教石造像》，《考古学报》1994年2期，231～262页。

② 东晋以降，女子出家为尼者数量不少，南朝梁宝唱撰《比丘尼传》就收录东晋、宋、齐、梁四朝著名比丘尼65人。

③ 白春霞：《转身成佛观与北朝女性佛教信仰》，《许昌学院学报》2021年3期，5～9页。

④ （唐）李百药：《北齐书》卷九《皇后列传·武成胡后传》，中华书局，1972年，126页。

including building exclusive temples for women and women themselves participating in the activities such as statue-making or scripture-inscribing.

Key words: *Recording of Statues in Shaqiuni Temple*, Beiqi, women's Buddhist faith

唐以前三叉支垫的变迁

〔日〕丹羽崇史[1]著 唐丽薇[2]译

（1. 奈良文化财研究所主任研究员；2. 大阪大学大学院博士后期课程）

内容提要： 笔者为阐明历史上窑业技术的阶段性变迁，针对唐代以前的三叉支垫以及残存有窑具痕迹的陶瓷器进行了调查。其中，三叉支垫于东汉时期出现在浙江、福建一带，至北朝晚期与灰釉陶器生产技术一道被引入北方地区。由此，来自南方的灰釉陶器及其装烧技术以及汉代以来的铅釉陶器生产技术共同构成了北朝晚期陶瓷器生产的技术基础，最终由作为唐代陶瓷代表的唐三彩所继承。

关键词： 三叉支垫 窑业技术 陶瓷器 灰釉陶器 铅釉陶器

一、引　言

在中国，伴随着陶窑、瓷窑遗址的调查和发掘，以窑具、窑址遗存等与窑业生产相关的资料为主要对象的研究成果也在不断增加。但是，目前从宏观角度对比探讨生产体制和流通状况的研究仍然停滞不前。在为数不多的研究成果中，熊海堂的研究集中、日、韩三国窑具和窑址遗存之大成，系统论述了陶瓷器生产技术发展演变的历史进程。他指出，三叉支垫见于三彩、白瓷窑址内，且河南巩义黄冶窑与陕西铜川耀州窑使用的三叉支垫分别具有不同的形态[1]。另外，巽淳一郎指出，三叉支垫不仅被应用于北朝至隋代的"北方青瓷"（灰釉陶器[2]）窑，在后来的巩义黄冶窑遗址等三彩窑中也得以沿用，而且山东寨里窑遗址（北朝～隋）发现的一部分三叉支垫的上下两面均具有凸起，这一特征与烧制奈良三彩的三叉支垫相同，而如此设计的原因则在于防止器物在施满釉的情况下与窑具粘连在一起[3]。

笔者承袭了上述先行研究的方法论，明确了南北朝后期及唐代中期、晚期全中国窑具的整体性变化，进而指出见于福建省南朝时期怀安窑等遗址的窑具是唐三彩窑三叉支垫的前身，其经由北朝晚期出现于山东、河南北部、河北南部一带的"北方青

---

① 熊海堂：《东亚窑业技术发展与交流史研究》，南京大学出版社，1995年，116页。
② 本文重在"铅釉陶器"与"灰釉陶器"之间的对比，所以直接使用日本考古学用语中"铅釉陶器"和"灰釉陶器"的称谓。
③ 〔日〕巽淳一郎：《窑道具から見た我国の施釉陶器の起源》，《奈良文化财研究所紀要·2006》，2006年。

瓷"窑，被后来的唐三彩窑引入①。

窑具是世界各地窑业生产中的共用具，可以说不仅限于技术传播论，对于陶瓷器的生产体制、流通状况，乃至中国唐三彩以及日本奈良三彩的形成过程等重要问题也密切相关。特别是三叉支垫在作为唐三彩和奈良三彩共通窑具的同时，也被应用于"北方青瓷"窑以及南方地区的窑业生产，可以说，它是得以明确窑业技术系统以及工人集团动向等问题的重要文化因素。本文基于旧稿发表后的资料调查成果，选取唐代以前中国的三叉支垫以及施釉陶器表面留存的装烧痕迹等相关资料，探讨窑业生产中三叉支垫这一装烧技术的变迁。

二、分 析

1. 山西省侯马铸铜遗址

囿于识见，笔者认为中国境内与三叉支垫相似的、年代最早的陶制品见于东周时期的青铜器生产遗址——山西省侯马铸铜遗址，其平面呈三角形，三角形的尖端可见凸起（图一，1）②。笔者于2019年10月在山西青铜博物馆展厅内观察了实物，确定了其尖端处上下两面的凸起与发掘报告所示的实测图一致，不过尖端处的自然釉等痕迹无法确认。另外，该遗址内虽然发现了泥范以及被推测为陶窑的遗址，但由于上述三角形陶制品与窑址所在地之间相距较远，所以其究竟属于陶窑的装烧具、支烧具，还是与冶金有关的其他遗物目前还不明确。

2. 陕西省长安汉墓出土的施釉陶器

该西汉时期墓地出土的施釉陶器中，有一件陶罐的底部和口沿可见三处点状痕迹（图一，2）③，不过笔者未能见到实物。巽淳一郎将其视为小饼泥留下的痕迹④。

3. 山西省大同南郊墓地出土的施釉陶器

发掘报告提到，出土于北魏时期墓地的几件施釉陶器底部可见2～3处"支垫痕"⑤。这批资料笔者也未能见到，仅根据发掘报告提供的实测图（图一，3），初步认为这些痕迹与长安汉墓出土釉陶罐上的痕迹类似。

4. 浙江省越窑址

见于越窑遗址的东汉时期圆形泥板上有三个部位附有小型支烧泥饼，泥饼端部尖

---

① 〔日〕丹羽崇史：《窑道具からみた唐三彩窑成立・展開過程——三国・晋・南北朝・隋唐期における窑道具の基礎的研究》，《河南省鞏义市白河窑跡の発掘調査概報》，奈良文化財研究所，2013年，89～106页。以下简称"旧稿"。

② 山西省考古研究所：《侯马铸铜遗址》，文物出版社，1993年，图227。

③ 西安市文物保护考古所、郑州大学考古专业：《长安汉墓》，陕西人民出版社，2004年。

④ 〔日〕巽淳一郎：《窑道具から見た我国の施釉陶器の起源》，《奈良文化財研究所紀要・2006》，2006年。

⑤ 山西大学历史文化学院、山西省考古研究所、大同市博物馆：《大同南郊北魏墓群》，科学出版社，2005年。

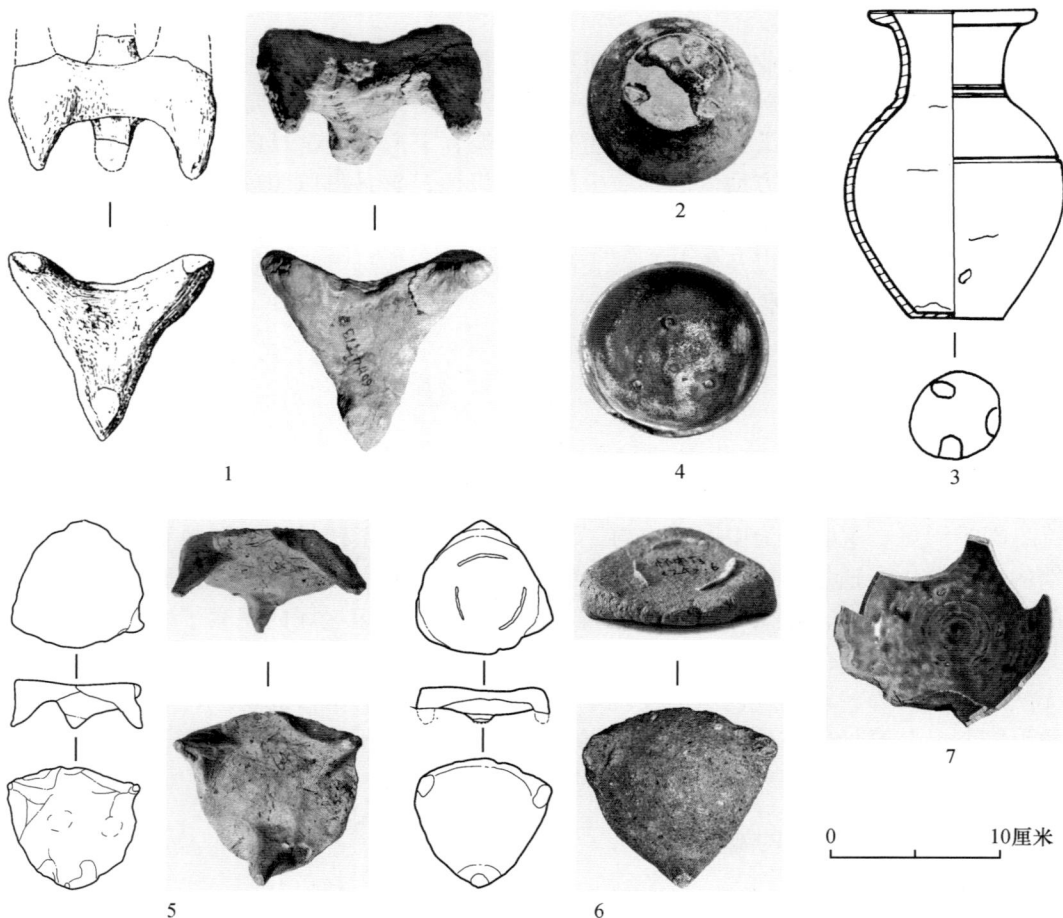

图一　唐以前中国的三叉支垫及施釉陶器表面留存的装烧痕迹

1. 侯马铸铜遗址出土陶制品（笔者摄于山西青铜博物馆展厅）　2. 长安汉墓出土施釉陶器　3. 大同南郊墓地出土
施釉陶器　4. 曲阜宋家村窑址出土灰釉陶器（笔者摄于山东大学文化遗产研究院）　5. 象山窑址出土三叉支垫
（笔者于福建博物院文物考古研究所绘制、拍摄）　6. 怀安窑址出土三叉支垫（笔者于福建博物院文物考古研究
所绘制、拍摄）　7. 怀安窑址出土灰釉陶器（笔者摄于福建博物院文物考古研究所）
注：1、5、6 实测图的方向与实物照片方向一致

锐，且几乎与圆形泥板成为一体。魏建钢指出，东汉时期的支垫系手捏成形，而三国时期后则以范成形①。

5. 福建省象山窑址

　　该遗址为东汉至三国时期烧制灰釉陶器的窑址②，笔者获准于 2017 年 12 月在福建博物院文物考古研究所对相关实物资料进行调查。该窑址出土的三叉支垫呈圆形或圆角三角形，平面可见三处凸起。笔者观察到的标本、包括其端部在内，虽然未能确认有

---

① 魏建钢：《越窑制瓷史》，中国社会科学出版社，2015 年，100、135～139 页。
② 福建博物院：《福建政和县发现东汉晚期至三国时期窑址》，《南方文物》2013 年 4 期。

釉附着，但手捏成形留下的痕迹是可以确认的（图一，5）。笔者认为，该窑址出土的三叉支垫与越窑遗址出土者属于同一系统。

6. 福建省怀安窑址

该遗址为南朝时期至唐代的灰釉陶器窑址[1]，笔者于2017年12月在福建博物院文物考古研究所进行资料调查，看到了出土于窑址的圆角三角形以及圆形三叉支垫的实物。由于其凸起的尖端部位有釉附着，可知曾被用于实际的装烧；成形方法为手工捏制，未见使用范成形留下的痕迹（图一，6）。

三、结　语

笔者在旧稿中将怀安窑址出土的三叉支垫理解为北朝晚期出现于北方地区的三叉支垫的前身，认为三叉支垫等窑具是伴随着灰釉陶器的生产技术而传入北方的。不过，目前关于长安汉墓以及大同南郊墓地等北方地区出土施釉陶器上的点状痕迹仅有简要介绍，所以笔者对于北方地区施釉陶器上的点状装烧痕迹应当如何认识仍持保留意见。

旧稿发表后，笔者在福建博物院文物考古研究所进行资料调查时也观察了与窑具出土于同一窑址的灰釉陶器（图一，7），确认其上具有与北方地区北朝晚期至隋代灰釉陶器（图一，4）上相同的三叉支垫痕迹。另外，从使用三叉支垫的器形以碗为主，以及南北方生产灰釉陶器所采用的窑具和装烧技术具有共通性等方面来看，笔者认为浙江、福建一带的灰釉陶器生产技术同三叉支垫等窑具一同传入北方地区，从而促成了所谓"北方青瓷"的出现。而长安汉墓、大同南郊墓地出土的施釉陶器，不仅器表点状痕迹的形态与上述"北方青瓷"不同，而且以罐这一器形为主，所以它们应当与引进了三叉支垫技术烧制而成的"北方青瓷"分别从属于不同的生产技术系统。不过，北朝晚期也存在铅釉陶器与灰釉陶器采用共同的窑具和装烧技术这一现象。可以说，来自南方的灰釉陶器及其装烧技术，以及汉代以来铅釉陶器的生产技术共同构成了北朝晚期陶瓷器生产的技术基础，最终由作为唐代陶瓷代表的唐三彩所继承[2]。

今后，笔者还将实施更进一步的资料调查，推进有关这一时期窑业生产体制变迁的研究，进而深化关于朝鲜半岛（韩半岛）、日本等周边地区窑业生产技术转移这一课题的探讨。

附记：笔者在福建博物院文物考古研究所的资料调查承蒙羊泽林先生关照，在公布相关实测图、照片之际承蒙福建博物院文物考古研究所、山东大学文化遗产研究院以及山西博物院许可，相关问题承蒙巽淳一郎先生指点。在此谨对以上单位和个人致以由衷的谢意。本研究为公益财团法人高梨学术奖励基金2017年度青年研究者资助项目和公益财团法人出光文化福祉财团2018年度调查研究资助项目的部分成果。

① 福建省博物馆、福州市文物管理委员会：《福州怀安窑址发掘报告》，《福建文博》1996年1期。
② 笔者于2019年5月在韩国国立庆州文化财研究所见到了残存有支垫、或者说支烧具痕迹的新罗时代铅釉陶器，明确了公元6世纪出现于黄河流域的三叉支垫传入朝鲜半岛（韩半岛）的可能性。不过这种痕迹形状大小不一，探讨其与所见窑具之间的对应关系可作为今后的一项研究课题。

（日文原著：丹羽崇史「唐代以前における三叉トチンの変遷」『奈良文化財研究所紀要2020』，2020年，54、55页）

The Transformation of Tripod Kiln Stilts Before the Tang Dynasty Period

Niwa Takafumi[1]　Translated by Tang Liwei[2]

(1. Nara National Research Institute for Cultural Properties; 2. Osaka University)

Abstract: To reconstruct the transformation of Kiln Technology in China, the author investigated the Tripod Kiln Stilts and manufacturing remains of glazed pottery before the Tang Dynasty period. Tripod Kiln Stilts appeared in the Zhejiang-Fujian area during the Eastern Han Dynasty Period. They were introduced to Northern China with the technology of ash-glazed pottery in the late Northern and Southern Dynasties. Based on lead-glazed technology from the Han Dynasty Period, Northern-style glazed pottery appeared late in the Northern and Southern Dynasties. This technology was inherited by the Tang Dynasty ceramics represented by three-color glazed potteries (Tang San Cai).

Key words: tripod kiln stilts, kiln technology, ceramic, ash glazed pottery, lead glazed pottery

唐、宋时期山东地区瓷器贸易考古学观察

陈章龙

（山东大学历史文化学院）

内容提要： 自古以来优越的地理、人文环境，赋予山东地区得天独厚的贸易条件。唐、宋时期良好的瓷器产业（生产、交换和消费）氛围以及山东地区瓷窑址、墓葬、窖穴等相关遗迹出土瓷器，同时本地区也是连接东北亚"东方海上丝绸之路"的前沿阵地，山东地区理应在对内、外瓷器贸易中扮演重要角色。本文结合相关瓷器考古材料，揭示山东地区在南、北方各地瓷器贸易，与朝鲜、日本列岛的官方、民间交流情况，进而辨析唐、宋时期统治者对外政策走向，并指出其应赋予本地区瓷器贸易更多的活力与内涵，但这种活力与内涵却与本地区瓷器考古研究不相对称的实际情况。最后，本文从历史、地理、政治、市场交换等方面，阐明山东地区瓷器贸易研究现状的原因。

关键词： 山东地区　瓷窑址　海上丝绸之路　唐宋时期

本文所指山东地区即今山东省行政区划所辖之范围。辖区东部胶东半岛突出于渤、黄海之间，与辽东半岛、朝鲜半岛遥遥相对。庙岛群岛横亘于渤海海峡，其南端距胶东半岛的蓬莱市仅3.5海里，北端距辽东半岛的大连老铁山22.8海里。两半岛之间东西排列着20余座岛屿，相邻岛屿之间最远距离也仅20海里，基本处于人们视线所及范围内，成为两个半岛之间交流往来的天然通道（图一）。辖区西、南两面接壤冀、豫、皖、苏四省。特殊的地理位置，使山东地区成为黄河中下游与环渤海地区往来结合部，我国古代历朝东西部、南北方经济和文化交流的重要中间地带，人文地理条件优越的地区之一。

一、山东地区优越的贸易环境

良好的地理优势造就山东地区悠久的贸易历史。约自山东大汶口、龙山文化时期起，胶东地区与辽东半岛、朝鲜半岛直至日本之间通过庙岛群岛"循海岸水行"的海路就可能沟通山东半岛即东夷与朝鲜、日本之间古人类的往来和文化交流[1]。春秋

---

① 逄振镐：《东夷文化研究》，齐鲁书社，2007年，601页。

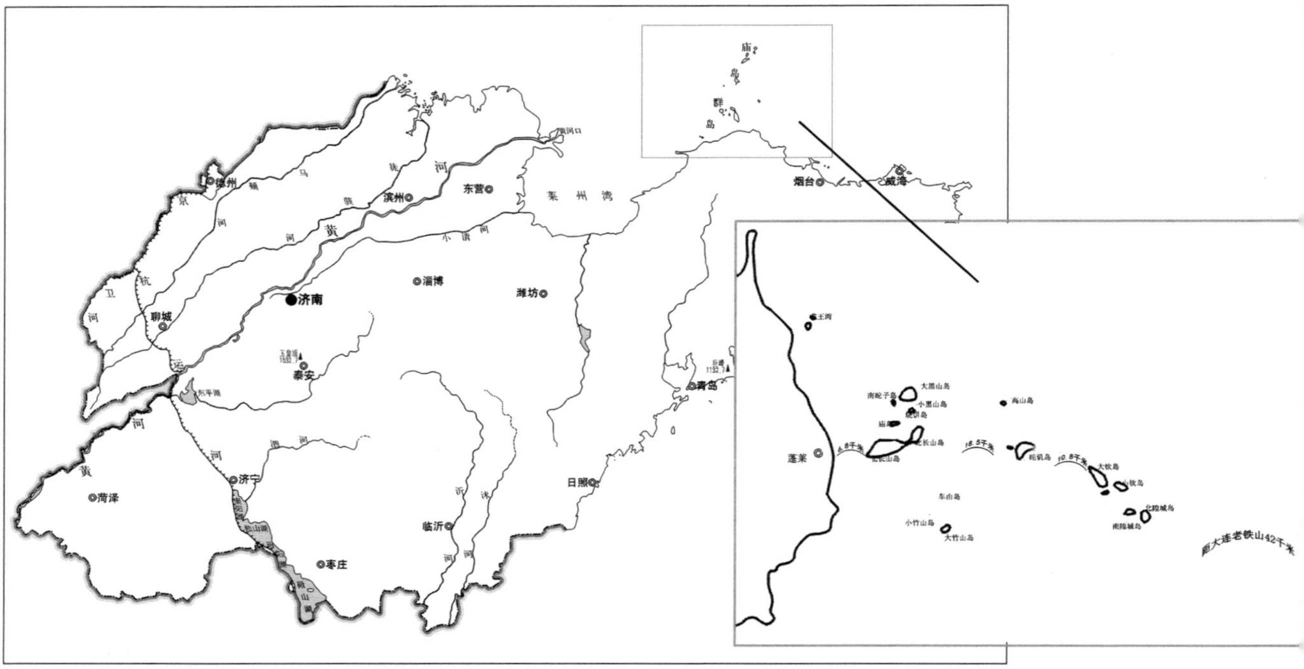

审图号：GS（2019）3333号

图一　庙岛群岛主要岛屿分布位置图

时期，齐相管仲就曾力主与朝鲜通商，并通过经贸活动来达到使邻国臣服的目的：
"八千里之发，朝鲜可得而朝也。"[①]秦朝一统，以徐福为代表的方士出于统治者意志
和民间信仰的缘由"入海求仙人"，从山东半岛北部入海，沿庙岛群岛渡过渤海湾，
欲从辽东半岛、朝鲜半岛"循海岸"南下到达日本。这是中、日、韩历史上第一次大
规模的人员往来，是山东半岛齐鲁文化第一次向海外的大传播。汉魏、北朝之际，华
夏各王朝与朝鲜半岛、日本列岛诸国开始正式官方往来，进一步促进了中华文明与
朝、日之间经济和文化的交流。

　　唐宋时期，我国历史上南北经济的融合与国际交流空前繁荣，为山东地区创造了
良好的贸易环境。隋朝短暂，但大运河的开凿贯通南北，流经今日山东的永济渠，改
善了山东西部地区的交通状况，以运河为轴，各汇流为网，形成纵横交错的水运系
统。南北方商贾、工匠纷纷来到山东运河区，从事各项商业、手工业生产活动，促进
山东西部地区社会经济的繁荣。唐王朝国力强盛，文化发达，"万国来朝"。山东半
岛作为东北、朝鲜与日本诸国使者往来中国，开展官民商贸活动的桥头堡，经贸活动
更加兴盛。

　　五代之际，中原地区虽朝代更迭、战乱频繁，但山东半岛作为高丽、渤海等国与
中原王朝之间的唯一通道，贸易交流仍然非常繁荣。

　　北宋时期，"（山东）登州三面临海，祖宗时，海中诸国朝贡，皆由登莱"[②]。

① 　（春秋）管仲：《管子》"卷三十二·轻重甲第八十"，齐鲁书社，1995年，331页。
② 　（元）马端临：《文献通考》"卷三百一十七·舆地三·登州"，浙江古籍出版社，2000年，2492页。

"（登州）西至大海四里，当中国往新罗、渤海大路""西北至黄县界（今龙口市），更经乌趣、石阜二山之间，又东经县理，东达于海，海东诸国朝贡必由此道"[①]。此外，密州板桥镇，"东则二广，福建、淮、浙，西则京东、河北、河东三路，商贾所聚，海舶之利颛于富家大姓"[②]。说明此时的山东半岛是连接东南沿海江浙、闽广与中原地区的枢纽，各地商贾云集的区域中心之一，更是政府对外的交往重镇。

因此，得天独厚的地理位置和历史境遇，使山东地区于对内、对外经济往来中具备优良的条件。而作为唐宋时期华夏王朝外交、贸易活动中最主要的媒介之一——瓷器产品（生产、销售），理应在本地区国内外交流中扮演重要的角色。

二、山东地区考古出土唐、宋时期瓷器内容

（一）唐、宋时期山东地区瓷窑业

历经北朝短暂积累，山东地区瓷窑业至隋唐时期发展显著。根据目前考古发掘、调查材料，已发现隋唐时期烧造窑址60余处，主要集中于泰安、济宁、枣庄、淄博、临沂等地区（图二）[③]。唐代经过正式发掘的窑址有淄川磁村窑、宁阳西太平窑址等[④]。从窑址出土器物观察，隋代瓷器以青釉瓷为主，种类包括各种日常生活器皿、文房用具等；器物造型较为规整，胎体细腻，呈灰白或青灰色，烧制火候较高；器表釉层较薄，施釉较均匀，部分器物有脱釉或流釉现象，并呈现出细小开片；装饰技法见有刻划、贴塑、模塑等工艺；唐代瓷器以白瓷、青釉瓷、黑釉瓷为主，还见有部分黄釉、酱釉、绿釉瓷等。其中，磁村窑在唐晚期烧造茶叶末釉、油滴釉瓷等。器物造型由厚重粗笨逐渐向稳重大方发展，胎薄质细，火候较高；釉色较为纯正，釉面光洁晶莹，玻璃质感强，釉层加厚，基本不见脱釉、流釉现象；器表以素面为主，新出现白釉绿彩、白釉红彩等颜色釉瓷。

伴随整个社会瓷器手工业的高度发展，宋代山东地区瓷器制造业迈入繁盛阶段。这一时期，山东地区发现瓷窑址群多达10余处，包括淄博磁村窑（郝家、巩家坞、坡地窑等）、博山大街窑（南万山、八陡、北岭村窑等）、临朐火光窑、泰安宁阳西太平窑、西瓷窑、枣庄中陈郝窑、泗水拓沟窑、聊城临清窑等（图三）。本阶段山东地区诸窑口所产瓷器特征鲜明，风格突出——既受到周边大窑口的影响，又呈现出明显的地方因素。如淄博磁村窑第三、四、五期分别为五代至北宋早期、北宋中晚期、金元时期。产品以白瓷、黑釉瓷为主，兼烧酱色釉瓷、茶叶末釉瓷和青釉瓷器等；器表装饰可见有刻划花、剔花、模印、釉下黑花、加彩、绞胎等工艺；装烧工具包括各种间隔具、支烧具、匣钵，并开始采用煤炭为燃料进行烧制。这与河北磁州窑和河南汤阴、密县、登封、鲁山等窑址情况相似，应受到其影响。此外，磁村窑碗、盘类器

① （元）乐史：《太平寰宇记》"卷二十·河南道·登州"，文渊阁四库全书第469册，171~173页。
② （元）脱脱：《宋史》"卷一百八十六·志一百三十九·食货下八"，中华书局，1977年，4560、4561页。
③ 国家文物局：《中国文物地图集·山东分册》，中国地图出版社，2007年。
④ 山东省文物考古研究所：《山东20世纪的考古发现和研究》，第五章"汉唐时期"之"隋唐五代时期瓷窑址"，科学出版社，2005年，554、555页。

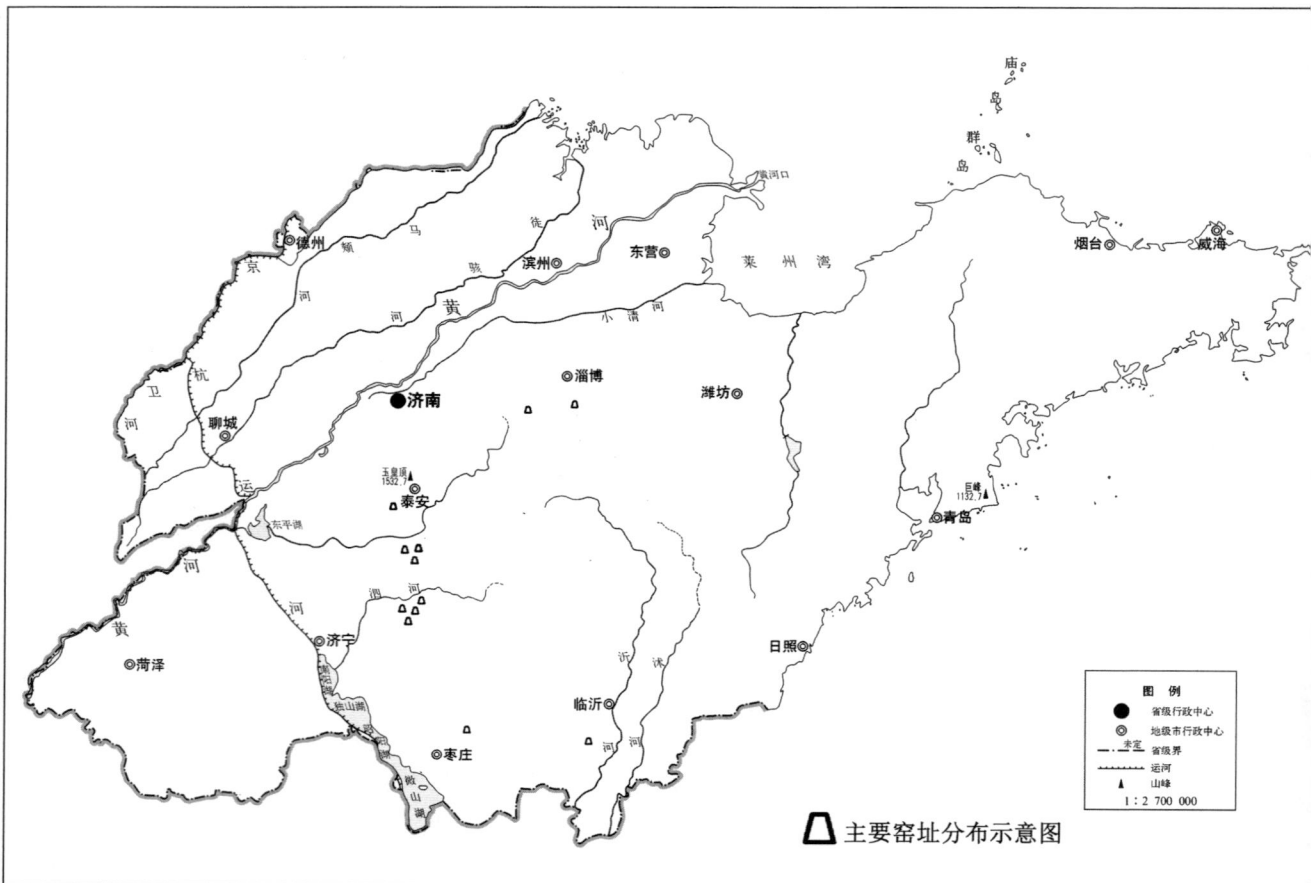

审图号：GS（2019）3333号

图二　隋唐时期山东地区瓷窑址分布情况

物，内底部多残留三至五枚方形支钉；部分白瓷器口沿上施黑釉一道；黑釉粉杠瓷多三至四条一组排列等内容，则为该窑所特有①。枣庄中陈郝窑，始烧于北朝晚期，第四、五、六期分属于宋、金和元代。瓷器以白瓷为主，黑釉次之，还包括少量的青釉、褐色釉瓷，流行白地黑花装饰②。此外，文献记载：北宋时期于东京建隆坊设立瓷器库，"掌受明、越、饶州、定州、青州白瓷器及漆器以给用"③。宋代漆器生产中心主要位于东南地区的两浙、江东、福建；中西部成都府、襄州和东京开封等地区④，即上引史料中的明、越、饶州等地。所以，定州和青州地区则进贡白瓷器，而定州是北宋时期著名的白瓷生产中心，将其与青州并列，从侧面说明青州乃是一处重要的白瓷产地。

---

① 山东淄博陶瓷史编写组：《山东淄博市淄川区磁村古窑址试掘简报》，《文物》1978年6期，46～58页；董健丽：《山东淄博磁村窑址调查》，《中原文物》2010年3期，9～13页。
② 山东大学历史系考古专业、枣庄市博物馆：《山东枣庄中陈郝瓷窑址》，《考古学报》1989年3期，363～387页。
③ （清）徐松：《宋会要辑稿·食货五十二》之三十七"瓷器库"，中华书局，1957年影印本，5717页。
④ 韩倩：《宋代漆器》，第三章"生产格局"之"生产中心"，清华大学文学硕士学位论文，2006年。

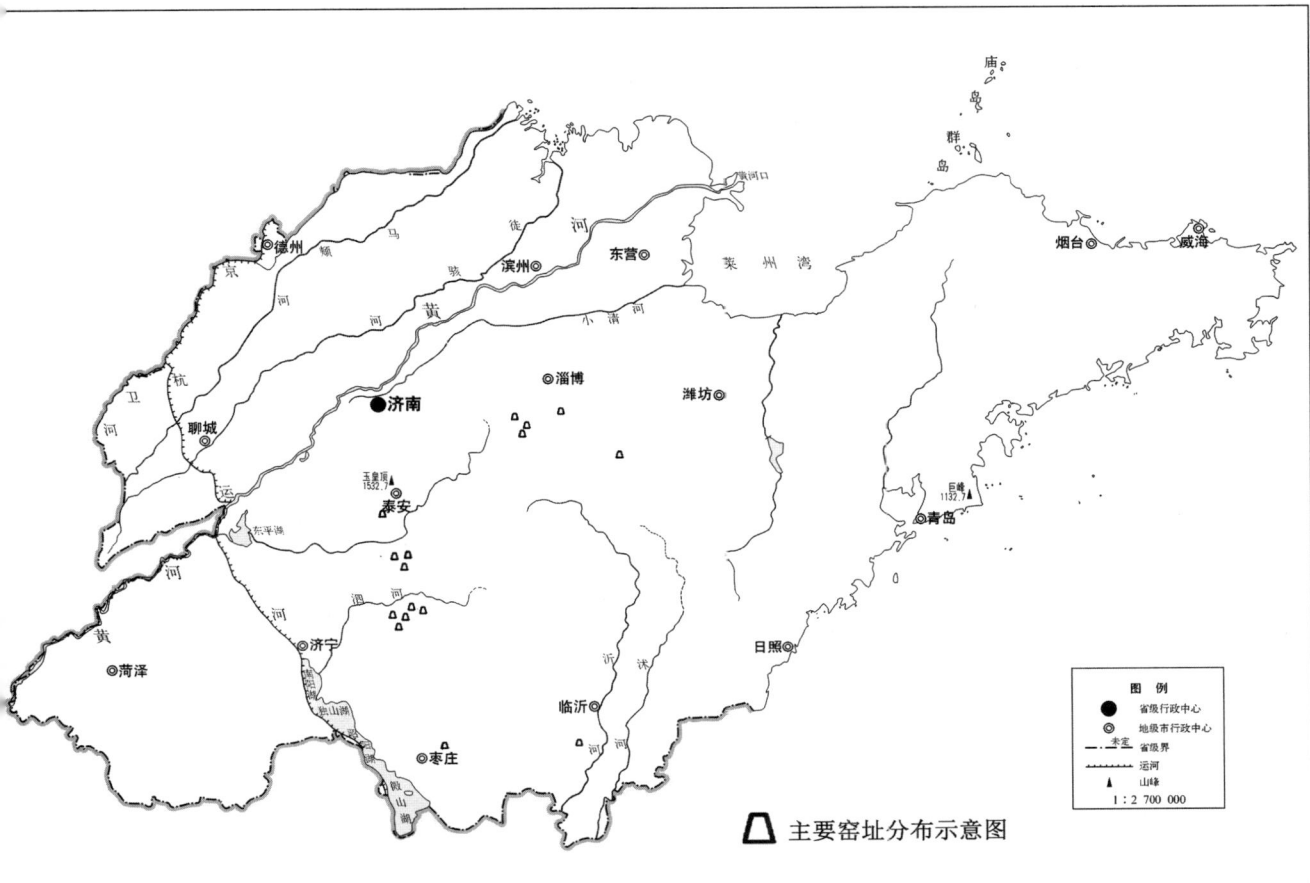

审图号：GS（2019）3333号

图三　宋代山东地区瓷窑址分布情况

（二）其他遗迹出土瓷器情况

窑址以外，山东地区部分唐、宋时期墓葬、窖穴、内陆运河及古港口等遗存也出土部分瓷器，类型多样，进一步丰富了本地区瓷器内容。

1. 墓葬出土瓷器

山东地区见于资料报道的唐、宋时期墓葬数量相对较少，但墓葬内随葬瓷器较为普遍，基本情况如下（表一）：

从目前考古材料来看，山东内陆地区唐代墓葬出土瓷器包括青釉瓷、酱釉、白釉以及三彩器等，多数器物胎、釉风格均与山东本地窑口产品相似。此外，墓葬中还可见部分河南巩义窑、河北邢窑等窑口产品①。沿海乳山、胶南等地出土少量长沙窑产

---

① 近年来，济南市考古研究所、山东省水下考古中心、青岛市考古所等单位在对济南小清河复航工程考古工作中清理一批唐、五代墓葬，形制多样，出土部分巩县窑白瓷、青釉、三彩、白釉绿彩瓷和邢窑白瓷器等，相关资料有待发表。

品，并不见于其他地区。宋墓材料中，可见南方景德镇青白瓷、越窑青瓷产品，北方地区窑口瓷器包括定窑、临汝窑、磁州窑等类型产品，均为当时南、北方较为常见的瓷器品种。

表一　山东地区唐、宋主要墓葬出土瓷器基本情况

序号	墓名	时代	地点	瓷器及窑口判定	出处
1	郑母镇唐墓	唐代早中期	青州市	三彩炉	《考古》1998年5期
2	女郎山宁家埠唐墓	唐	章丘市	青瓷碗	《济青高级公路（章丘段）考古发掘报告集》
3	乳山唐墓	唐	威海市	青釉绿彩执壶（长沙窑）、碗	《中国文物报》1998年5月20日
4	胶南寨里乡唐墓	唐	青岛市	青釉褐蓝彩双系罐（长沙窑）	《中国文物报》1990年11月11日
5	胶南镇唐墓	唐	青岛市	青釉贴花人物注壶（长沙窑）	《中国文物报》1990年11月11日
6	章丘女郎山唐墓	唐	章丘市	青釉、白釉、酱釉、黑釉、茶色釉、三彩等；器型有碗、壶、罐、瓶、盂、枕、炉等	《章丘女郎山》，科学出版社，2013年
7	芝罘石棺墓	五代以后	烟台市	青釉碗、碟	《文物》1986年8期
8	嘉祥钓鱼山二号墓	北宋	嘉祥县	黑釉瓷罐	《考古》1986年9期
9	慕家店慕伉墓	北宋政和六年（1116年）	栖霞市	绿釉瓷碗、白釉瓷碗、影青瓷碗、罐、扣盒	《考古》1998年5期
10	慕家店一、二号宋墓	北宋	栖霞市	一号墓出土白瓷罐、青瓷扣盒、白瓷盂、白瓷碗；二号墓出土白瓷扣盒、青瓷扣盒	《文物参考资料》（第10辑），1987年
11	长岛县宋墓	北宋	烟台市	双耳罐、青釉瓷碗	《考古》1998年5期
12	后李遗址第三、四次发掘宋墓	北宋	临淄市	黑釉白瓷碗、四系罐、瓷灯	《考古》1994年2期
13	宁家埠宋墓	北宋	章丘市	白瓷罐、白瓷碗	《济青高级公路（章丘段）考古发掘报告集》
14	女郎山M75	北宋末年	章丘市	白瓷碗、黑釉瓷碗、蓝瓷碗	《济青高级公路（章丘段）考古发掘报告集》
15	龙口阎家店宋墓	北宋	龙口市	青釉瓷罐	《华夏考古》2004年3期
16	大官庄M2	北宋建隆元年（960年）	济南市	酱釉瓷碗	《文物》2008年8期
17	大官庄M3	北宋	济南市	酱釉瓷罐	《文物》2008年8期
18	历城区洪家楼宋墓	北宋早期	济南市	白瓷碗	《文物》2005年11期
19	七家村宋墓群	北宋	济南市	白瓷熏炉、绿釉瓷枕	《济南重大考古发掘纪实》，黄河出版社，2003年

续表

序号	墓名	时代	地点	瓷器及窑口判定	出处
20	微山宋墓	北宋	枣庄市	白瓷罐	《考古》1995年8期
21	沂水宋墓	北宋	临沂市	白瓷碗、青瓷盘、白瓷碟、三彩埙	《考古》1985年2期
22	牟平北头墓群	北宋		白瓷碗	《考古》1997年3期
23	北老屯村宋墓	北宋	临沂市	白瓷罐、白瓷碗、灰绿釉碗	《考古》2001年3期
24	临沂药材站宋墓	北宋	临沂市	白瓷碗、瓷灯	《考古》2003年9期
25	章丘女郎山宋墓	北宋	章丘市	白釉、酱釉、绿釉、青釉、黑釉、三彩、青白釉瓷等，包括碗、罐、盘、枕、钵等	《章丘女郎山》，科学出版社，2013年

2. 窖穴、贸易型遗址出土瓷器

此外，部分唐宋时期窖穴、贸易性质遗址，也出土一批数量可观的瓷器，质量、种类较同时期其他遗迹更为丰富。如淄博市博山区窖藏出土影青瓜棱带盖执壶、熏炉、敞口碗、盏、盏托、葵口碟、瓜棱罐等，均为宋代景德镇湖田窑产品[1]。临淄区齐陵公社淄河店村宋代窖藏瓷器，出土包括北宋晚期钧窑、定窑、安徽萧窑以及磁村窑的产品[2]。2009年胶州板桥镇遗址，推测为北宋板桥镇某官署或仓储遗迹，出土了大量来自全国各地著名窑口的瓷器产品，包括定窑、磁州窑、钧窑、耀州窑、龙泉窑、景德镇窑、吉州窑、建窑等。同时，还出土部分山东本地窑口产品，如磁村窑粉杠瓷、博山大街窑褐花青釉瓷等，充分显示当年板桥镇作为重要的对外贸易口岸的历史[3]。山东垦利海北遗址出土大量景德镇青白瓷、临汝窑青瓷、定窑印花白瓷产品和大量山东本地窑口瓷器，初步推测该遗址可能为宋金时期贸易集散场所，对研究宋金时期当地水文地理环境、黄河变迁、南北方贸易交通及海上丝绸之路等具有重要意义[4]。济南平阴孔村遗址出土部分宋金时期景德镇青白瓷、临汝窑青瓷、定窑白瓷、钧窑和山东本地窑口瓷器等，该遗址为一处宋金至明清时期村落遗址，瓷器品种丰富，器型多样[5]。

历史上，山东地区作为一处南、北方重要水陆要冲，境内部分古河道、沉船等遗存也出土部分数量、种类丰富的瓷器产品。近年来，随着全国大规模基建考古、第三

---

① 张培德：《山东淄博出土宋代影青瓷器》，《文物》1982年12期，90页。

② 张光明、杨英吉：《山东临淄出土宋代窖藏瓷器》，《考古》1985年3期，234～240页。

③ 青岛市文物保护考古研究所：《胶州板桥镇遗址考古文物图集》，科学出版社，2014年。

④ 赵金：《山东垦利首次发现宋元时期文化遗址》，《中国文物报》2006年9月6日；徐波、柴丽平：《山东垦利县海北遗址新发现》，《华夏考古》2016年1期，38～44页；赵清华、陈章龙：《丝路之光——垦利海北遗址考古与文物精粹》，上海古籍出版社，2017年。

⑤ 2016年底山东大学历史文化学院、文化遗产研究院为配合"青兰高速泰安东阿段"工程建设，联合山东省文物考古研究所对平阴县孔村镇孔村遗址进行发掘，初步推断其为一处古代村落遗址，时代从北宋延续至明清时期，目前发掘材料正在整理中。

次文物普查的开展，在广饶①、聊城②、莱芜③等地区陆续发现一批瓷器或瓷器（片）堆积等。济南、平度、蓬莱、菏泽④等地隋代、宋元时期沉船中出土部分南、北方瓷器产品，对我们研究当地漕运、海运与内河运输史等有重要意义，进一步丰富了山东地区陶瓷器研究内容。

（三）"东方海上丝绸之路"的产物

隋唐之际，东方海上丝绸之路空前繁荣，隋唐王朝与朝鲜半岛、日本列岛的交往日趋频繁，层次越来越高，规模越来越大。山东半岛诸港口既是新罗、日本进出中国大陆的主要通商口岸，也是对外贸易的重要基地⑤。宋代，作为政府经略北方各民族政权的主要窗口，山东地区在官方、民间贸易往来中扮演着重要的角色。双方贸易规模、形式不断多样化和世俗化，中国陶瓷器及其生产技术输出到东亚诸国。近年来，朝鲜半岛、日本部分古代遗址中，均出土过部分唐、宋时期陶瓷器。

根据相关学者研究，唐代流播到朝鲜半岛的瓷器主要有三彩器、越窑青瓷、白瓷、长沙窑瓷器等⑥，韩国庆州新罗圣德王陵南面朝阳洞出土三彩镇⑦、海州龙媒岛出土长沙窑贴花人物褐斑壶等⑧。公元10世纪末至11世纪上半叶，朝鲜半岛陶工在借鉴中国制瓷工艺基础上，创造出高丽青瓷，这些瓷器给12世纪初出使高丽的北宋使者以深刻印象。

长岚在掌握近年考古材料的基础上，将7～14世纪日本出土的中国陶瓷器分唐三彩与绞胎陶器；越州窑系青瓷、邢·定窑系白瓷与长沙窑陶瓷；南方白瓷、龙泉·同安窑系青瓷、景德镇青白瓷系三个阶段，并对陶瓷器窑口及其使用、流布情况进行分析⑨（表二）。

这部分瓷器材料，虽未明确提及山东本地窑口产品（一方面囿于本地区古代陶瓷产品流布区域有限，另一方面可能与山东地区唐、宋时期瓷器工艺多博采众长，产品风格类似邻近地区诸窑口，难以从外观上加以区别有关），但无论是否作为当时流通陶瓷器产地之一，还是作为流通的中间环节，山东地区都是我国古代陶瓷交流的重要窗口，是探究东北亚地区海上陶瓷贸易的重要组成部分。

---

① 赵金：《山东广饶出土的宋金瓷器选介》，《中国文物报》2008年1月30日。
② 《中国文物信息网》2011年3月14日报道：2010年8～10月，聊城土桥闸遗址出土大量明清时期的青花瓷、青瓷、白瓷、青白瓷、蓝釉瓷、粉彩、釉上彩等，并发现少量宋元时期瓷片，为研究明清时期陶瓷的生产、运输、流传、使用等提供了丰富的实物资料。
③ 根据近年来部分文物爱好者及相关考古调查资料，在莱芜汶阳地区发现有大量瓷片堆积，出土有宋代定窑、钧窑、耀州窑、磁州窑、博山窑等窑口的产品，对遗址面貌有待于进一步认识。
④ 2010年9月17日，菏泽国贸中心工程建设工地发现部分文物和古船，沉船内及周围共出土110余件文物，包括陶器、瓷器、漆器、玉石、玛瑙、石器、铁器、铜器、金饰等。典型瓷器包括元代青花龙纹梅瓶、钧窑碗、影青釉杯盏等，包括景德镇、龙泉窑、钧窑、磁州窑、哥窑等多个窑口。
⑤ 刘凤鸣：《山东半岛与东方海上丝绸之路》，"第五章、隋唐时期——登、莱是'极海之处'。东方海上丝绸之路的繁荣"，人民出版社，2007年，116页。
⑥ 彭善国：《宋元时期中国与朝鲜半岛的瓷器交流》，《中原文物》2001年2期。
⑦ 冯先铭：《元以前我国瓷器行销亚洲的考察》，《文物》1981年6期。
⑧ 萧湘：《试论唐代长沙铜官窑瓷器的对外传布》，《求索》1982年2期。
⑨ 长岚：《7～14世纪中日文化交流的考古学研究》，中国社会科学出版社，2001年。

表二　唐、宋时期朝鲜半岛、日本主要地点出土中国瓷器概况

序号	出土地点	出土瓷器情况
1	福冈县	鸿胪馆遗址：8世纪后期，陆续出土大批越窑青瓷、邢窑和定窑白瓷、巩县窑、婺州窑、宜兴窑、台州温岭窑、长沙窑瓷器等；太宰府遗址：9～10世纪出土青瓷、越窑、长沙窑瓷器等。北宋时白瓷、黄釉褐彩瓷、龙泉青瓷、高丽青瓷、少数越南瓷等
2	广岛县	同安窑、景德镇、吉州窑、高丽镶嵌青瓷、李朝青瓷等
3	京都府	平安京所在地，包括台州温岭窑、邢窑、鄞县窑、景德镇、耀州窑、磁州窑和龙泉窑产品
4	博多港	奈良、平安时代作为太宰府的要津、唯一的外港，出土景德镇青白瓷、耀州窑、磁州窑、初期高丽青瓷、龙泉青瓷、天目瓷、黄釉铁绘瓷器等
5	岩手县	平泉柳之御所，青白瓷、白瓷和绿釉瓷器等
6	神奈川县	镰仓，12世纪末源赖朝创建幕府并开始武士政权的地方，以后成为中世纪初期的政治中心，出土龙泉、天目瓷、景德镇瓷器等
7	青森县	龙泉、天目瓷，景德镇窑等
8	朝鲜海州龙媒岛	长沙窑等
9	韩国庆州朝阳洞	三彩、越窑青瓷等

注：此表根据彭善国：《宋元时期中国与朝鲜半岛的瓷器交流》、苌岚：《7～14世纪中日文化交流的考古学研究》等制作

三、唐宋时期山东地区瓷器贸易考古学观察

（1）山东地区考古发现不同窑口瓷器，说明本地区与南、北方部分瓷窑业存在一定程度的交流。以内河为依托、海港为跳板，中西部地区趋向于邻近北方诸窑口，沿海多地则南、北兼有。

地域上，山东紧邻河北、山西、河南三省。历史上，晋、冀、齐、鲁、豫各文化区之间始终保持密切的文化交流和人员往来。唐宋之际，河北、河南等地瓷器制造业蓬勃发展，形成以邢窑、定窑、磁州窑、钧窑等窑口为代表的北方瓷器类型，并对周邻其他地区陶瓷生产造成深刻影响。山东地区瓷器制造业正是在此环境下，充分吸收邻近窑场工艺、技术，并结合地方特点，创造大批类似于定窑、磁州窑风格的瓷器。这一点，从鲁中、鲁西南诸窑址集中区产品特征有明显体现。

此外，唐、宋以来山东地区便利的水陆交通条件为瓷器贸易创造了有利条件。隋代，开凿以洛阳为中心的大运河，连接起江、淮、黄、海四大水系，形成一个巨大的内河交通运输网。其中，山东境内的永济渠在今馆陶附近入境，然后沿今山东、河北省界经临清、清河到德州，北流入河北境内。唐代，政府重视对永济渠的维护与治理，并开辟若干支渠[①]，这些措施进一步促进了华北平原与鲁西南地区水运交通的发展。五代、北宋时期，政府加强对御河（永济渠）、五丈河（开宝六年更名广济河）的治理，并将汴河水引入，此后往来京城的船只便可从开封进入五丈河，入梁山泊进

① 李泉、王云：《山东运河文化研究》，齐鲁书社，2006年，9页。

入济水，到达山东青州一带。至北宋末，广济河与北方清河、南方诸水道均已贯通①。伴随着水运交通的便利，河南、河北乃至南方地区的瓷器产品可便捷、高效地输入山东境内。从考古材料看，鲁中、鲁西南地区部分遗迹除出土大量山东本地瓷器外，还可见定窑、磁州窑、钧窑和临汝窑等产品，而南方地区瓷器较为少见。一方面说明随着内陆运河的畅通，更多的瓷器等商品进入山东境内；另一方面也说明本地区瓷器贸易更多倾向于河北、河南等邻近地区。此外，山东沿海地区的胶南、乳山、板桥镇、垦利等地区出土一定数量的长沙窑、越窑、建窑和景德镇窑等窑口瓷器，有学者考证其往来线路是经扬州港沿近海航行而至山东半岛登、莱等地②。此后由于战争原因，山东地区与南方交流的港口转移至胶州板桥镇。

（2）唐宋时期中原王朝与朝鲜、日本列岛的官方、民间交流情况及相关考古材料，说明山东地区在三地陶瓷交流往来中扮演重要角色。

《三国史记》记载，从公元703年至879年间，新罗以"贺正""朝贡""贡方物""献方物""朝唐""谢恩""入宿卫"等形式向唐王朝派遣使节团次数达89次③。这一时期，登州是出入高丽、渤海国的主要口岸，即"登州海行入高丽、渤海道"。《新唐书·地理志》转引贾耽《皇华四达记》载："登州东北海行，过大谢岛、龟歆岛、末岛、乌湖岛，三百里。北渡乌湖海，至马石山东之都里镇二百里。东傍海壖，过青泥浦、桃花浦、杏花浦、石人汪、橐驼湾、乌骨江八百里。乃南傍海壖，过乌牧岛、贝江口、椒岛，得新罗西北之长口镇。又过秦王石桥、麻田岛、古寺岛、得物岛，千里至鸭绿江唐恩浦口。乃东南陆行，七百里至新罗王城。"④此外，《元和郡县图志》记载登州黄县："大人故城在县北二十里。司马宣王伐辽东，造此城，运粮船从此入，今新罗、百济往还常由于此。"⑤由此可知，中原王朝经由山东半岛与朝鲜半岛之间的交往较为便利。登州港，作为唐朝与新罗往来的重要口岸，在官方交往、民间贸易等方面都起到重要作用。

与此同时，中国与日本列岛各政权官方、民间往来也多途经山东半岛和朝鲜半岛。其具体的往来路线，日本学者藤家礼之助曾考证，遣隋使和初期的遣唐使从朝鲜半岛进入中国山东半岛的具体路线有两条：从瓮津半岛直接横越黄海以达山东半岛顶端部分；或者沿着朝鲜半岛的高句丽所属西海岸北上，从辽东半岛经庙岛群岛，到达山东半岛的登州附近，后经由陆路去长安⑥。木宫泰彦在其著作《日中文化交流史》中也谈到中日之间的海上交通路线，即从日本难波的三津浦港登船出发，经过壹岐、对马海峡，通过朝鲜半岛南端与聃罗国（济州岛）之间到达今仁川附近，然后或直渡黄海，或沿朝鲜半岛西海岸到达辽东半岛，横渡渤海湾，于山东半岛登、莱口岸登陆，再踏上通往西北长安的管道⑦。

---

① 李泉、王云：《山东运河文化研究》，齐鲁书社，2006年，11、12页。
② 陈杰：《从出土瓷器看唐宋时期山东半岛与南方地区的海上交流》，《福建文博》2012年4期，17、18页。
③ 金富轼：《三国史记》卷八"新罗本纪第八"，奎章阁图书，7～19页。
④ （唐）欧阳修：《新唐书·地理志七下》，中华书局，1975年，1147页。
⑤ （唐）李吉甫：《元和郡县图志》卷十一"河南道七·登州"，中华书局，1983年，313页。
⑥ 〔日〕藤家礼之助：《日中交流二千年》，北京大学出版社，1982年，85页。
⑦ 〔日〕木宫泰彦：《日中文化交流史》，商务印书馆，1980年，80页。

史料记载，日本前后共派出遣唐使18次（表三），“早期的五次遣唐使……往返多循北路”“从山东半岛的登州、荣成、文登或莱州登陆”，后期的遣唐使虽多走扬州一带的南路，但有时也经过山东半岛，如第11次遣唐使即从“登州登陆”，第17次遣唐使“曾在今乳山、文登、荣成海岸停泊数日”①。日本高僧圆仁《入唐求法巡礼行记》也多次指出，登州乃唐政府对外往来的主要通关口岸，“过海归国”“事须递到登州地极之处，方可上船归国者”②。可见，山东半岛在中日历史交流中也扮演重要角色。

表三　日本遣唐使情况一览表

次数	往返时间	日方主要人物	航路③	备注
1	贞观四年至六年（630～632）	犬上御田锹、药师惠日	北路	唐使高表仁回访
2	永徽四年至五年（653～654）	吉士长丹、吉士驹共和学问僧、学生120余人		另一路高田根麻吕、扫守小麻吕等120余人遇难
3	永徽五年至六年（654～655）	河边麻吕、药师惠日等		
4	显庆四年至龙朔一年（659～661）	坂合部石步、津守吉祥		分乘两船赴唐，一船漂流至南岛被岛人杀害，后偷渡到唐括州（浙江丽水），另一船至余姚
5	麟德二年至乾封二年（665～667）	守大石、坂合部石积		唐使刘德高、司马法聪赴日
6	总章二年（669）	河内鲸		
7	长安二年至四年（702～704）	粟田真人、坂合部大分、巨势邑治	南岛路	
8	开元五年至六年（717～718）	多治比县守、大伴山守、藤原马养		4船共557人赴唐
9	开元二十一年至二十二年（733～734）	多治比广成、中臣名代		4船594人赴唐
10	天宝十一年至二十二年（752～754）	藤原清河、大伴古麻吕、吉备真备		4船120余人，藤原清河入仕唐朝
11	乾元二年至上元二年（759～761）	高原度		1船99人，迎归藤原清河

① 杨荫楼、王洪军：《齐鲁文化通史》（隋唐五代卷），中华书局，2004年，526、527页。

② 〔日〕圆仁：《入唐求法巡礼行记》“卷四·会昌五年七月三日”，广西师范大学出版社，2007年，149页。

③ 遣唐使传统航线主要有三条，即北线、南线、南岛线。船队多由日本难波三津浦（今大阪南区三津寺町）起航，沿濑户内海西行，到达北九州的筑紫大津浦（今博多湾）停泊，由此分南、北二线。北线，即渤海道，经壹岐岛、对马海峡，沿朝鲜本岛西海岸北行，到达仁川以后横渡黄海，到达山东半岛的登州、荣成、文登或莱州登陆；或沿朝鲜半岛西海岸继续北行至辽东半岛，再渡过渤海湾到达山东半岛。南线，由博多经九州西北部平户岛、值嘉岛，横渡东海，进入长江口的扬州或抵达明州（今宁波）。此外，还有一条南岛路，即沿九州西海岸南下，经多衬（种子岛）、夜久（屋久岛）、奄美（大岛），转往西北的明州或长江口。

续表

次数	往返时间	日方主要人物	航路	备注
12	761			因船故障终止
13	762			时令不对终止
14	大历十二年至十三年（777～778）	小野石根、神末足		4船，唐使孙兴进赴日
15	大历十四年至建中二年（779～781）	布势清直		2船，送唐使孙兴进
16	贞元二十年至元和一年（804～806）	藤原葛野麻吕、石川道益、菅原清公	南路	
17	开成三年至四年（838～839）	藤原常嗣、小野篁		4船600余人，回国时从楚州（淮安）经山东半岛南部乳山、文登、荣成回国
18	894			菅原道真终止遣唐使

　　至五代、两宋时期，中原王朝一直延续与新罗（后称高丽）、日本各政权的官方、民间交流，较长时间内山东半岛登州、密州仍作为双方往来的主要口岸。唐代，新罗在登州有"知后官"①，乃五代时对登州新罗馆长的称呼，成为五代时期新罗馆仍然存在并接待往来商船的证据②。《旧五代史》《新五代史》及《五代会要》等也记载有中原王朝与高丽等国的朝贡贸易及文化往来，其往来线路最为便捷的应是取道山东半岛。此后，大中祥符八年（1015年），北宋政府在登州设置高丽馆，专门接待高丽使臣。后因接待过于频繁，开支巨大，天禧五年（1021年），宋廷"别给登州钱十万，充高丽贡使之费"③。《宋史》也记载："往时，高丽人往返，皆自登州。（熙宁）七年，遣其臣金良鉴来言：欲远契丹，乞改涂，由明州诣阙（阙），从之。"④这说明至少北宋前期，登州仍是北宋、高丽两国使节、商人往来的主要口岸。后因契丹势盛，统辖东北、幽云地区，高丽政权不堪其扰，而北宋政府也禁令宋"客旅于海陆商贩者"去往"登、莱州界"。由此导致宋神宗熙宁七年（1074年）后，宋政府与高丽之往来，主要经由南路的明州，并由明州溯姚江、钱塘江再入运河北上到达汴州。沿途均为水路，高丽人"便于舟楫，多赍辎重"⑤，所以多取道于此。此后，登州港渐次封闭，密州板桥镇代替登州成为宋政府北方对外交往的口岸。

　　这一时期，宋日之间虽未建立正式的外交往来，但双方的民间贸易并未中断，同时小规模的官方贸易仍然存在。大量中国商船不断赴日本进行贸易，不仅满足日本社会对珍货物产的期望，更为中日人员的往来提供了方便。虽然相关文献并未提及路径问题，但宋代北方商人往来日本，山东半岛肯定是必经之地。密州作为宋代北方及海外贸易的重要销售场所及中转站，必定也是对日贸易的重要场所之一。

①　（唐）李吉甫：《册府元龟》，文渊阁四库全书·子部·外臣部·卷九百七十六·第919册，341页。
②　堀敏一：《隋唐帝国与东亚》，云南人民出版社，2002年，144页。
③　（宋）李焘：《续资治通鉴长编》卷九七"天禧五年"，中华书局，2004年，2247页。
④　（元）脱脱：《宋史》卷四百八十七"高丽传"，中华书局，1977年，14046页。
⑤　（宋）朱彧：《萍州可谈·卷二》，文渊阁四库全书·子部·小说家·杂事·第1038册，295页。

伴随着朝鲜半岛、日本等地与中原王朝官方和民间的贸易往来，唐代流播至朝鲜、日本的陶瓷器包括三彩器、越窑青瓷、长沙窑黄釉褐彩瓷、巩县白瓷等。其中，三彩器多发现于部分祭祀、寺庙和墓葬中，这与唐王朝三彩器多由政府定制管理，并非为追求市场价值而制造相对应。从目前考古发现情况看，烧制三彩器窑址主要集中于北方地区，包括巩县黄冶窑①、内丘邢窑②、陕西耀州窑③等。山东地区也出土少量三彩器，但不见本地窑口烧造，其产品应来自其他地区。此外，长沙窑、越窑等产品在山东沿海地区发现比例较大。考虑到唐代特别是遣唐使时期，登、莱州很大程度上是中原对外贸易交往的门户港，推测朝鲜、日本出土瓷器也有部分经山东半岛传入。

北宋时期，由于与北方辽、金政权的战争，登、莱二州成为军港，密州板桥镇逐渐取代登州港成为北方主要口岸，但中原王朝与朝鲜、日本民间往来并未中断。大量我国南、北方瓷器在山东、朝鲜半岛、日本各地区同时发现，侧面说明山东地区在东北亚诸国贸易往来中充当重要的中转作用。

（3）山东地区与韩、日等地出土瓷器在内涵、数量上的差异，折射出唐、宋时期统治者的对外政策走向。

从目前考古材料看，山东地区唐、宋遗迹出土瓷器可分为内陆和沿海两部分。内陆地区墓葬等遗迹出土瓷器种类、风格多与本地区窑口产品相似。沿海地区相关遗迹出土瓷器，既包括部分山东本地窑口瓷器，也可见大量南、北方其他窑口瓷器，特别是胶州板桥镇、垦利海北等遗址，出土瓷器数量、种类之丰富，应与港口或贸易集散地有关。

具体而言，与唐代朝鲜半岛、日本列岛相关遗迹发现大量长沙窑、越窑、邢窑和三彩器等相反，山东地区窑口瓷器于上述地区却鲜有发现。究其原因一方面可能与山东地区瓷器考古面貌有关，另一方面也说明唐政府重视同朝鲜、日本各政权的交往。伴随着遣唐使、唐使和民间商旅往来于中、韩、日之间，大量行销南、北方的瓷器产品经过山东半岛等地流转至东北亚各国，开辟"东方海上陶瓷之路"的新纪元，同时也维系唐政府与周边政权的紧密联系。

此后的五代、北宋前期，山东地区各类遗迹出土南、北方瓷器质量、数量均有提高，约10世纪末至11世纪上半叶，朝鲜半岛的工匠在继承本岛陶器制作传统的基础上，充分借鉴中国越窑、汝窑、定窑等制瓷工艺，创造出颇具本民族特色的高丽青瓷④。日本的鸿胪馆、太宰府、平安京等地，12世纪中叶以前输入时代、窑口不明的白瓷，但可确认为南方产品的贸易陶瓷占60%以上。耀州窑系青瓷、磁州窑系陶瓷也有出土，镰仓北条邸遗址出土部分北宋定窑划花瓷器⑤。大量各窑口瓷器的出现，说明中、日、韩交流更加频繁。

---

① 刘建洲：《巩县唐三彩窑址调查》，《中原文物》1981年3期；傅永魁：《河南巩县大·小黄冶村唐三彩窑址调查简报》，《考古与文物》1984年1期。
② 内丘县文物保管所：《河北省内丘县邢窑调查简报》，《文物》1987年9期。
③ 陕西省考古研究所：《唐代黄堡窑址》，文物出版社，1992年。
④ 彭善国：《宋元时期中国与朝鲜半岛的瓷器交流》，《中原文物》2001年2期。
⑤ 茛岚：《7~14世纪中日文化交流的考古学研究》"第二章 日本出土的7~14世纪中国遗物"，中国社会科学出版社，2001年。

根据相关史料记载，从北宋建立到南宋之初，北宋商船到高丽达230次之多，至于双方官方奉使往来则以徽宗朝最为频繁[①]。实际上，随着宋政府与辽、金民族战争的影响，北方地区处理贸易事务的地点已由登、莱等地转移至密州板桥镇。特别是公元1074年以后，宋政府与高丽之往来，已转移至南路的明州。而且，宋政府与日本列岛各政权也未建立正式的外交联系，双方往来主要是民间或经高丽商人建立贸易往来。这一点，通过各地发现的瓷器材料也有所体现，对外交流的窗口或中心已转移至南方江、浙地区，这也是在朝鲜、日本发现大量南方地区瓷器产品的原因。

（4）山东地区作为一处古代贸易枢纽、物质和文化交流的核心区域，应赋予本地区瓷器贸易更多的活力与内涵，但这种活力与内涵与本地区考古发现不相符。

从地理位置上看，山东地区以中部的泰山、沂蒙山为中心，西部、西北部一马平川，并与河南河北相连，共同构成华北平原的一部分。境内大运河贯通南北，将其与东南地区紧密连接；南部、西南部山区由高而缓，并与安徽、江苏连接为东部沿海的重要组成部分；东北及东部，三面临海，形成半岛，与辽东半岛同为渤海门户。所以，从文化交流的角度讲，无论是涉及东北亚与内陆地区历史文化交流，还是华北平原与江淮地区的文化传播，山东地区都处于较为重要且有利的位置。

唐宋时期的山东地区瓷器手工业，在传承本地区工艺的同时，更多受到来自河北、河南等地区大型窑口技术风格的影响，衍生出众多潮流的地方产品，从而也将本地区瓷器产品融入整个北方陶瓷序列。此外，运河航路的便利，大量南、北方陶瓷器也进入山东地区。唐、宋政府更是以山东沿海地区作为处理与同时期朝鲜半岛、日本列岛以及北方民族政权政治、贸易往来的重要窗口。而朝鲜半岛、日本列岛考古出土部分中国瓷器，也说明唐、宋政府不同阶段的外交内容。

活跃的人文环境必然会引动社会物质结构的巨大变化。唐宋时期，山东地区作为中原王朝一处重要的贸易、外交中心，必定会对本地区社会经济结构带来影响，其中就包括陶瓷贸易。但从目前的考古材料看，山东地区陶瓷器材料并不丰富，特别是青州、曹州、兖州、济州等腹地，各类遗迹出土陶瓷器产品，仍以本地窑口为主，其他窑口相对较少，南方地区产品更为少见。此外，今朝鲜半岛、日本出土中国瓷器，均未辨出山东地区窑口瓷器。而沿海地区的胶州板桥镇、垦利海北等遗址却出土大量山东本地窑口陶瓷器，推测其也应作为贸易往来的商品之一。《入唐求法巡礼行记》曾提及，朝廷馈赠予部分遣唐使、来唐日本人的物品由当地"州官准敕给禄"，或是沿途相关人士赠予[②]，这其中也不乏瓷器的可能。如若此，现今朝鲜半岛、日本地区应有一定数量的山东窑口瓷器出土。所以，结合特定历史环境而言，山东地区瓷器贸易在广度（出土瓷器种类、地点）、维度（国内、国外贸易所充当角色）方面都存在自身的特点，但目前考古材料却难以呈现其历史史实。

---

① 彭善国：《宋元时期中国与朝鲜半岛的瓷器交流》，《中原文物》2001年2期；祁庆富：《宋代奉使高丽考》，《中国史研究》1995年2期。

② 〔日〕圆仁：《入唐求法巡礼行记》卷第一"开成四年"，广西师范大学出版社，2007年。

四、唐宋时期山东地区瓷器贸易研究现状之原因探讨

综上所述，结合唐、宋统治者政策导向、生产技术革新等因素，山东地区在南北方、东北亚瓷器贸易中均占有重要地位，考古材料也说明山东地区瓷器贸易呈现出一定的时代特色。但结合目前考古研究实际情况，山东地区瓷器贸易研究还缺乏系统、完备的考古材料，对部分问题的阐释仅停留于推断层面，是否与本地区历史地理境遇相呼应，尚未明晰。究其原因，可能存在以下几方面原因：

（1）历史因素。自春秋战国起，纺织业作为山东地区最主要的手工业门类，一直受到统治者和当地民众的倚重。"青州产织绣"，为隋代纺织业的主产区。唐代，则"天下唯北海（青州）绢最佳"[①]。至宋代更加发达，所谓"河北缣绮之美，不下齐鲁"[②]即是对其恰当的评价，号称天下第一的"东绢"即为京东路纺织品的典范。当时山东地区的丝织品种类、花样都较为丰富，产品运销河南、陕西、山西等地区，并深受当地人们喜爱。宋政府也在青州设有织锦院，每年在青、齐、郓、濮、缁、潍、沂、密、登、莱等州收购军队用的布匹和朝廷官府所使用的名贵丝织物。当时有人称山东等地的养蚕丝帛之利"踰（逾）于稼穑""织薄缣，修广合于官度，而重才百铢，望之如雾，著故浣之，亦不纰疏"[③]。所以，历史上，山东地区占据社会经济主导的纺织业，会在一定程度上影响瓷器手工业及贸易的发展。同时，技术条件的停滞也制约本地区瓷器手工业的规模。虽然北朝时期山东地区出现"北方地区最早青瓷窑址之一"的淄博寨里窑，但此后的唐、宋之际，河北、河南地区几大窑口异军突起，形成风格鲜明的地方产品，山东地区在此大环境下更多是借鉴邻近窑口的技术与风格内涵，产品缺乏创新与竞争力，从而制约了山东地区陶瓷手工业的继续发展。

（2）地理原因。山东地区独特的地理位置，造就其开放的经济、文化氛围。山东地区贸易交通主要分为陆路与海路两个方面：陆路可西通中原各地，北经河北直达东北各地；南通江浙，无高山阻挡，交通十分便利。海路，雄伟的胶东半岛就如一条巨龙直接伸向大海之中，将浩瀚的东海水域一分为二。长达3000余千米的海岸线，不仅为古代劳动人民提供了极其丰富的海洋资源，更为经济文化的交流提供了便利的海上交通。北面，隔渤海海峡与辽东半岛相望，渡渤海，过辽东，直通东北各省和东北亚各地，即可经由辽东去朝鲜，亦可经海路去朝鲜。东面，可渡海达日本列岛，亦可经由朝鲜半岛，渡朝鲜海峡去日本。南面，可渡海直通我国东南沿海各地[④]。优越的地理环境，为本地区社会经济、思想文化发展与交流创造了良好条件。

瓷器交流上，山东地区唐、宋时期各类遗存中出土一定数量的南、北方窑口产品，特别是宋、金之际相关遗址，外来瓷器所占比例更加突出。此外，本地区产品，以淄博地区为代表的诸窑口，其产品呈现出北方定窑、磁州窑风格，相互之间存在明

---

①　（宋）李昉：《太平广记》卷三百"三卫"引《广异记》，中华书局，2020年。

②　（宋）苏辙：《双溪集》卷九"务农札子"，商务印书馆，中华民国二十四年，122页。

③　（宋）庄绰：《鸡肋编》卷上"定州缂丝与各地工艺"，中华书局，1983年，83页。

④　孙祚民：《山东通史》第一章"山东土著居民——东夷"之"山东的位置和地理环境"，山东人民出版社，1992年，4页。

显的技术交流与借鉴。这种情况，一方面反映了山东地区开放的地理环境，为本地区的瓷器贸易和生产提供便利的流通和交流条件；另一方面，由于山东地区处于周邻文化的交汇地带，从而也导致山东地区瓷器等手工业在一段时间内缺乏创新、前进的动力，而是更多模仿、借鉴周邻大型窑址的生产技术、经验，独立性逐渐丧失。

（3）政治原因。唐宋时期，山东地区频繁的战争，也在一定程度上影响本地区瓷器等手工业。从历史发展轨迹看，各个朝代内部阶级矛盾不可调和的产物就是大规模的中央与地方战争，这其中受影响最大的就是广大普通百姓的日常生活。隋朝末年，隋炀帝营建东都、开凿大运河，都调发了大量山东地区的民工。其数次东征高丽，也是把山东作为进攻高丽的人力、物力供应基地，在山东地区增置军府，"扫地为兵"，成年男子尽被征发。《资治通鉴》"隋大业七年"条记载：

> "帝自去岁谋讨高丽，诏山东置府，令养马以供军役。又发民夫运米，积于泸河、怀远二镇，车牛往者皆不返，士卒死亡过半，耕稼失时，田畴多荒。加之饥馑，谷价踊贵，东北边尤甚，米斗值数百钱。所运米或粗恶，令民粜而偿之。又发鹿车夫六十余万，二人共推米三石，道途险远，不足充糇粮，至镇，无所输，皆惧罪亡命。重以官吏贪残，因缘侵渔，百姓困穷，财力俱竭，安居则不胜冻馁，死期交急，剽掠则犹得延生，于是始相聚为群盗。"[1]

可见，隋朝统治者的暴政，使得山东地区民生凋敝，满目疮痍，而继起的隋末农民起义，更是对山东社会经济产生进一步的破坏。其后，经过李唐政权的励精图治，山东地区经济迅速恢复。唐朝中后期爆发的"安史之乱"再一次将山东地区卷入战争的漩涡，唐政府于此地设置"淄青镇"，也导致淄青镇与"河朔三镇"长达七十余年的兼并战争，极大地消耗了山东地区的人力、物力。此后，唐政府收复淄青镇，山东地区虽然保持了一定的安定局面，但是唐末首先在曹、濮二州爆发的王仙芝、黄巢起义最终导致唐政权统治的名存实亡。五代，梁、唐在山东地区多年的角逐，也给本地区的地方经济和人民生活带来了严重的破坏。梁军为阻止后唐南下，曾两次掘开黄河大堤，水淹唐军的同时也使大片农田无辜陷入汪洋，众多生灵惨遭涂炭。所以，在遭受长期一系列战争的打击之后，山东地区经济崩溃、人口骤减，进而影响到本地区瓷器制造业。

宋代，统治者吸取唐、五代的教训，十分重视山东地区的各方面情况，并选派一些朝中重臣和社会名流来山东任职，如于继徽、寇准、王禹偁、韩琦、富弼、司马光、范仲淹等都曾于山东任职。中央政府通过将山东地区各级政权的权力牢固掌握在朝廷钦派要员手中，对山东地区统治力大大加强。这些措施一方面有利于稳定山东社会秩序，客观上促进本地区社会经济的恢复和发展；但另一方面，这些措施也给山东地区的地方政权建设和经济生活带来许多消极后果。如中央对地方机构统得过死，各路、州、县自主权受到很大的限制[2]；人民的思想意识趋于陈规，更不敢忤逆朝廷的各

---

① （宋）司马光：《资治通鉴》卷181 "隋大业七年"，黄锦鋐文白对照全译本，新世界出版社，4487页。
② 孙祚民：《山东通史》第六章 "宋金时期的山东"，山东人民出版社，1992年，243页。

项政策。所以，山东地区北宋时期窑址及相关遗迹出土的本地瓷器，虽然数量相对丰富，但其种类、质量等相比较整个北方地区显得简单、滞后，可能与当时地方社会环境、政府的统治措施有关。

（4）市场交换原因。隋唐以来，优越的地理环境、交通条件，使得山东地区逐渐成为我国北方重要的贸易集散、交流中心，各国遣隋使和早期的遣唐使都是从当时的登州登陆到达我国的。当时，山东半岛是隋唐政府对外交往的门户，也是中外商品的最主要集散地和抵御外族侵略的军事要塞。唐中后期，登州古港以其优越的战略区位，上升为当时北方最大的港口，与南方的广州港遥相呼应，成为中国古代中央政权与位于辽东半岛的地方政权以及朝鲜、日本联系的纽带。北宋时期，随着手工业生产和市镇集市贸易的发展，山东地区商品贸易较隋唐时期更为发达。本地区"来自广南、福建、淮、浙商旅，乘海船贩到香药诸杂税物，乃至京东河、河北、河东等路商客船运见钱、丝、锦、绫、绢，往来交易。"[1]此外，宋代山东进出口货物种类繁多，数量较大。从进出口货物的数量上看，进口的大宗商品主要是经济作物和香货奢侈品，出口货物大部分是中国传统产品：丝织、陶瓷和铁器等。从贸易形式上看，主要有官方贸易和民间私人贸易两种，其中又以官方互市贸易占主导地位[2]。从山东地区出土陶瓷器品种看，唐墓出土部分釉陶器，包括炉、枕、壶等，应来自河南等地区；部分宋代墓葬中出土影青瓷等应为来自南方景德镇的产品。胶州板桥镇、垦利海北等遗址出土大量瓷器，包括定窑、磁州窑、钧窑、临汝窑、越窑、景德镇窑等窑口。随着南、北方民间瓷器贸易的扩大，更加广阔的国际市场开拓，山东地区需要更高水平的瓷器产品，而本地窑口产品难以满足不断增长的社会需求。所以，山东地区出土南、北方瓷器产品数量不断增加，也反映出地区间瓷器贸易的不均衡性。

五、结　语

唐宋之际，我国陶瓷手工业蓬勃发展，伴随着南、北方贸易往来的频繁和海外市场的拓展，大批精良的陶瓷产品行销国内外，适应并满足多地区人民的需求。山东地区作为一定时期内唐、宋政府连接北方民族、朝鲜半岛与日本列岛各政权的前沿地区，自身条件优越，陶瓷手工业历史悠久、地域特色浓厚，理应在对外交流中担当重要角色。

随着考古工作的陆续展开，山东地区瓷窑址考古成果斐然，本地区瓷器生产面貌、产品特征基本明晰。同时，其他遗存也出土一定数量的瓷器产品，丰富了山东地区瓷器考古内容。透过这部分瓷器材料，本文也进一步阐明唐宋时期山东地区瓷器手工业面貌、贸易往来状况。总体而言，山东地区唐宋时期瓷器贸易活力、内涵与本地区考古发现面貌不相符，这可能存在历史、地理、政治和市场交换等方面的原因。但笔者以为，要从根本解决以上问题，则需要更为系统、全面的考古工作，以便获得山东地区瓷器考古时空框架、区域特征。

---

① （宋）李焘：《续资治通鉴长编》卷409"元祐三年三月乙丑"，中华书局，1995年，9956页。
② 孙祚民：《山东通史》第6章"宋金时期的山东·商业的繁荣"，山东人民出版社，1992年，254、255页。

Archaeological Observation of Porcelain Trade in Shandong Province During the Tang and Song Dynasties

Chen Zhanglong

(Institute of History and Culture of Shandong University)

Abstract: Since ancient time, the superior geographical and human environment has given Shandong a unique trading environment. During the Tang and Song Dynasties, there was a good atmosphere for the porcelain industry (Production, Exchange and Consumption) and porcelain unearthed from porcelain kiln sites, tombs, cellars and other related relics in Shandong. At the same time, the region is also a frontier position connecting the "Oriental Maritime Silk Road" in Northeast Asia. The Shandong region should play an important role in the domestic and foreign porcelain trade. The paper combines the related porcelain archaeological materials to reveal the local porcelain trade in the North and south of Shandong, the official and folk exchanges with North Korea and the Japanese archipelago, and then analyzes the foreign policy trends of the rulers of the Tang and Song Dynasties. It also points out that it should give more vitality and connotation to the porcelain trade in this region, but this vitality and connotation is not symmetrical with the actual situation of the porcelain archeological research in this region. Finally, from the history, geography, politics, market exchange and other aspects, the paper analyzes the current situation of porcelain trade research in Shandong.

Key words: Shandong province, porcelain site, The Maritime Silk Road, Tang and Song Dynasties

早期全球贸易的考古学研究：
太平洋航线上的漳州窑陶瓷

李 旻

（加利福尼亚大学洛杉矶分校）

内容提要： 这项研究通过分析漳州窑业生产、港口外销、沉船陶瓷，以及菲律宾和美洲等太平洋航线社会的考古遗存来探索早期全球贸易的考古学研究路径。发生在16世纪晚期传统亚洲贸易体系向近现代世界体系的转折如何发生？那些主动或被动参与早期全球化过程的社会经历了何种文化变迁？在东亚和美洲之间跨太平洋贸易的背景之下，本文把早期全球化进程中商团活动、生产组织、消费取向和文化变迁视为观察重点——通过陶瓷考古和聚落考古的研究视角，记录亚洲贸易网络的嬗变，以及各地社会对早期全球贸易和欧洲殖民化进程的不同回应。

关键词： 全球化考古　马尼拉大帆船　克拉克瓷　漳州窑　景德镇

　　关于近现代全球化的经典阐释主要围绕着这样一个理论框架：15世纪末新航路的开辟以及美洲新大陆的发现，对世界政治、经济格局产生了很大影响，世界各大洲之间的经济联系更加紧密，国际贸易繁荣，世界市场逐渐形成，最终导致欧洲的经济崛起和政治霸权的确立。世界其他国家和地区则在这种冲击—回应的模式下被动地卷入全球化过程。当代社会史学家则对这种以欧洲为中心的全球化史观提出批评。阿布-卢戈德（Janet Abu-Lughod）强调以亚洲为中心的贸易体系的延续性和互动关系的重要性，认为在16世纪开始欧洲霸权形成之前，曾存在一个以巴格达和泉州等亚洲都市为轴心的13世纪世界贸易体系[1]。弗兰克（Gunder A. Frank）进一步质疑18世纪之前是否存在所谓欧洲霸权。他认为，早期全球化经济中的亚洲，特别是中国，是世界经济的中心[2]。16世纪开始的美洲白银贸易为欧洲社会提供了进入亚洲贸易体系的入场券。西欧国家在19世纪初工业革命发生之后才逐渐取得世界经济的主导地位。在弗兰克看来，13世纪的亚洲贸易体系与15世纪后的早期全球贸易体系是一种连续中的嬗变，而非另起炉灶。滨下武志认为，近代中国和亚洲近代化的动因并非在长期的停滞之后对西方

① Abu-Lughod, Janet L. *Before European Hegemony: The World System A.D. 1250-1350.* New York: Oxford University Press, 1989.

② Frank, Andre Gunder. *ReOrient: Global Economy in the Asian Age.* Berkeley: University of California Press, 1998.

冲击的被动回应[①]。相反，亚洲的各个国家和地区是一个拥有独特历史传统和延续性的亚洲经济圈的组成部分。在中国朝贡贸易体制之外，以闽商为代表的地域性商业力量在这个经济圈中起着重要作用。16世纪后亚洲经济在与欧洲商业势力的互动中有着自身的发展规律和特征。

我们面对的核心问题是，传统的亚洲贸易体系向近现代世界体系的转折——这种历史性的转折如何发生？如何用对物质遗存的考古学研究来观察和描述这个转折过程，以及其中不同社会的经历？这些问题促使早期全球化进程中商团活动、生产组织、消费取向和社会变迁成为观察重点，取代传统学术体系内中国史与世界史之间、亚洲贸易与全球贸易之间，以及历史与考古之间的分野。对早期全球化历史过程的重新审视，要求对这一过程产生和发展的社会环境，以及这个一体化的世界市场与其他区域和体系形成过程的关系，进行考古人类学分析与描述。

沃尔夫（Eric R Wolf）运用马克思关于生产方式、社会阶级和国家的理论考察全球化过程中不同社会和文化如何应对这一变化，以及如何互相发生影响、创造新的传统。他认为应当在历史的和互动的前提下理解全球化的过程——人类是在相互的关系中而不是孤立地营造他们各自的文化，史学家应该超越欧洲中心史观偏见，到那些所谓"没有历史的人民"那里观察近代全球化发端所造成的深远影响[②]。萨林斯（Marshall Sahlins）认为，沃尔夫的系统论史观只强调了全球资本主义扩张给非西方社会带来的被动转变，没有关注非西方文化自身的主观能动性[③]。他认为非西方文化与西方文化都是以自身独特的文化结构和价值诉求来建构他们的社会。当地社会并不是只能对西方文化进行被动反应，而是出于它们自身的文化理念，在本土世界观的支配下，在互动交往中将西方的殖民势力纳入到他们自己的价值体系和政治诉求中。在与西方殖民者相接触的历史过程中，这些社会的文化转型和再生是在这种互动结构中发生的。这些研究为分析社会转折中各种历史过程提供了不同的观察角度，也向针对外销陶瓷生产，消费及其社会史背景的考古学研究提出了新的问题。

考古学研究不仅通过物质遗存和遗迹的空间特征描绘某一类贸易物资的全球分布，而且探求在这个广阔的图景中，不同地区、文明与国家如何应对全球规模的变局——本地既有的社会和文化传统如何参与建构这一历史发展过程，在自身文化系统如何创生不同的意义，推动我们对全球化议题产生更深层次的认识。针对全球化的考古研究对田野工作的规模、空间尺度和脉络分析都带来新的挑战。田野发掘或区域调查并不适合了解贸易物资的世界范围内分布状况，而是擅长描述它们使用与埋藏的场景，以及与当地物质文化遗存和遗迹的共存关系。由于文化和社会的差别，这种场景中的脉络关系常常存在地域性差别。因此，在重构贸易网络和经济史之外，早期全球化考古研究关注那些参与贸易网络中的人和社会的经历，从考古学视野用物质遗存书写民族志。

① Hamashita, Takeshi. *China, East Asia and the Global Economy: Regional and Historical Perspectives*. London: Routledge, 2008.

② Wolf, Eric R. *Europe and the People Without History*. Berkeley: University of California Press, 1982.

③ Sahlins, Marshall. *Islands of History*. Chicago: Chicago University Press, 1985; Sahlins, Marshall. Cosmologies of capitalism: the trans-Pacific sector of the World System. *Culture/Power/ History: A Reader in Contemporary Social Theory*, Princeton: Princeton University Press, 1994: 412-455.

物质文化不仅是社会变迁的见证，而且为社会关系的再生、协商和变化提供行动领域[①]。不同的社会群体通过生产、交换和消费具有象征意义的物品来协商社会角色。作为早期全球贸易中的主要商品，陶瓷在生产、转运和消费链条中的每个环节上都留下独特而数量可观的考古印记，例如窑址、城市、港口堆积、沉船等。与丝绸、香料、茶叶等大宗有机质货物相比，陶瓷碎片在沉船和遗址中得以完好保存，并且可以根据窑址考古和成分分析判断年代和产地。陶瓷考古显示，跨越东亚与印度洋世界的亚洲贸易网络在9世纪就已经相当成熟，在14世纪上半叶达到高峰。此后，16世纪到17世纪中叶，18世纪到19世纪中叶，中国贸易陶瓷两度成为全球贸易重要物质。这些因素使外销陶瓷成为理解全球贸易结构变迁以及对当地社会影响的理想媒介。

中国青花瓷的烧造是早期世界贸易和交流的产物。巩县、扬州，以及印度尼西亚黑石礁沉船出土的唐青花瓷器证明钴料在9世纪就被阿拉伯和波斯商人引入中国的陶瓷生产并返销海外。14世纪中叶，景德镇窑工匠使用进口钴料烧造出精美的元青花瓷器，并在制造初始，便以海外为目标市场，同青瓷、青白瓷、白瓷和黑瓷一起组成出口东南亚、西亚和东非市场的主要瓷器种类。至16世纪晚期，当航海技术的发展和跨太平洋航路的开辟推动全球贸易网络的形成，青花瓷在陶瓷贸易中成为主导商品，并广泛地分布于全球各地。因此，史学家芬利Robert Finlay认为，瓷器为研究全球范围内持久的文化交流提供了最重要和分布最广泛的物质文化材料[②]。

13世纪以来，宋元政府对于国际贸易的支持、提倡，以福建为中心的东南沿海外销窑场的繁荣，明朝的海禁政策，海外作坊的兴起，中晚明时期对外贸易的复兴，欧洲贸易势力在东亚的出现，以白银为核心的太平洋贸易的发端等一系列历史变局，都与东南沿海外贸经济的起伏存在关联。在此过程中，中国沿海社会与逐渐形成的全球贸易网络产生复杂的互动。闽商与福建经济在这个转折中担负重要的角色。福建陶瓷生产、转运和外销，在宋元时期就达到第一次高峰。在经历了明代早中期的低谷之后，福建陶瓷业又在晚明全球贸易网络形成的过程中复兴并达到第二次出口高峰；直到清初再次海禁，生产中心转向日本才告一段落[③]。从宋元到清初，福建陶瓷工业参与了由传统的亚洲贸易体系向早期全球贸易体系的转折过程，因此对于从考古人类学视角来观察这一变迁和它对相关社会的影响有重要意义。

本文以晚明漳州窑考古为主要线索，通过对早期太平洋航线上产地、中转地和消费地考古陶瓷的分析，研究早期全球贸易与本地消费取向的关系。与晚明景德镇窑瓷器主要销往欧洲和中东市场的情况不同，漳州窑产品经常被欧洲殖民者用来在其东方

① Appadurai, Arjun (ed). *The Social Life of Things: Commodities in Cultural Perspective*. Cambridge: Cambridge University Press, 1986.

② Carswell, John. Blue-and-White in China, Asia, and the Islamic world. *Blue and White: Chinese Porcelain and Its Impact on the Western World*. Chicago: University of Chicago Press, 1985: 27-35; Carswell, John. *Blue and White: Chinese Porcelain around the World*. London: British Museum Press, 2000; Finlay, Robert. *The Pilgrim Art: Cultures of Porcelain in World History*. Berkeley: University of California Press, 2010.

③ 熊海堂：《东亚窑业技术发展与交流研究》，南京大学出版社，1995年；Impey, Oliver. *The early porcelain kilns of Japan: Arita in the first half of the seventeenth century*. Oxford: Clarendon Press, 1996; Brown, Roxanna. *The Ming Gap and Shipwreck Ceramics in Southeast Asia: Towards a Chronology of Thai Trade Ware*. Bangkok: The Siam Society, 2009.

殖民地或航线沿途土著社会交换香料、给养、人力等资源[1]。这些外销瓷进一步通过本地贸易网络，深入那些远离贸易枢纽的内陆腹地或者边远岛屿。因此，漳州窑陶瓷散布范围跨越东南亚、非洲、美洲等世界各地考古遗址中。它们的广泛分布显示，即使当地社会不曾直接遭受殖民统治或参与殖民贸易，也都间接受到宏观贸易格局变革的影响，因为它们所处的传统贸易网络和社会关系已经发生了质变[2]。漳州窑瓷器因此呈现出殖民者和被殖民者之间、不同本土政治势力之间的互动，成为一种从考古学视野探讨早期全球化过程的独特物质文化类别。

一、漳 州 窑

为了加强海防和巩固统治，明初实行海禁政策，禁止私人出海贸易，海外贸易以朝贡贸易的方式进行。明代中期以后，东南地区商品经济的繁荣、商业性农业和手工业的兴盛、社会分工不断扩大，促进了民间海上贸易的迅速发展。中、小商人阶层成为从事走私贸易的海商，为了生存需要而武装起来对抗官府的海禁政策，逐渐发展为武装商团[3]。依托闽浙沿海地理环境和区域经济传统，形成规模巨大的海洋经济贸易体系，与传统的朝贡贸易体系分庭抗礼。朱纨事件反映出当时的形势已经从民间海洋经济与朝廷势力之间的对抗，演变为中国社会内部不同势力之间的较量——民间外贸经济已经成为明代社会体制内可观的一股政治势力[4]。

16世纪欧洲贸易势力的东渐、新航路的开通以及殖民扩张，给传统的亚洲经济贸易体系带来结构性变化。变化的契机同时来自中国社会的内部——朝贡贸易的衰落，商品经济繁荣引发的赋税制度改革，成为明朝政府调整海外贸易政策的内在推动力[5]。为适应经济发展趋势，增加财政来源，明政府于隆庆元年（1567年）开放漳州月港，允许本国商贾出东西洋从事民间贸易[6]。

位于九龙江出海口的月港凭借自身地理优势，以及悠久的灰色经济背景，在16世纪海内外贸易大变局形势下，发展成为重要的民间贸易港口[7]。大量美洲白银通过菲律

① Volker, T. *Porcelain and the Dutch East India Company*. Leiden: Brill, 1954.

② Li Min. Fragments of globalization: Archaeological porcelain and the early colonial dynamics in the Philippines. *Asian Perspectives*, 2013, 52(1):43-74.

③ 李金明：《漳州港》，福建人民出版社，2001年；李庆新：《明代海外贸易制度》，社会科学文献出版社，2007年；Andrade Tonio. The company's Chinese pirates: how the Dutch East India Company tried to lead a coalition of pirates to war against China, 1621-1662. *Journal of World History*, 2004, 15 (4): 415-444; Higgins, Roland. *Piracy and coastal defense in the Ming period: government response to coastal disturbances*. Ph. D. Dissertation, Department of History, University of Minnesota, 1981: 1523-1549; Wills, John E. Jr. Maritime China from Wang Chih to Shih Lang: Themes in peripheral history. *From Ming to Ch'ing: Conquest, Region, and Continuity in Seventeenth-Century China*. New Haven: Yale University Press, 1979: 202-238; Wills, John E. Jr. Relations with maritime Europeans. *The Cambridge History of China, vol.8, The Ming Dynasty, 1368-1644, part 2*. Cambridge: Cambridge University Press, 1998: 1514-1662.

④ 廖大珂：《朱纨事件与东亚海上贸易体系的形成》，《文史哲》2009年2期，87～100页。

⑤ Von Glahn, Richard. *Fountain of Fortune: Money and Monetary Policy in China, 1000-1700*. Berkeley: University of California Press, 1996.

⑥ 晁中辰：《论明中期以后的海外贸易》，《文史哲》1990年2期，90～94页。

⑦ 郑广南：《中国海盗史》，华东理工大学出版社，1998年。

宾（吕宋）和漳州间的海上贸易输入闽南，对晚明社会商品经济发展产生影响。月港的主要出口商品包括瓷器、生丝、丝织品和茶叶。福建沿海地区在宋元时期已经成为重要的外销瓷产地，具有相当的生产规模①。明代晚期，活跃的景德镇窑业生产仍然不能满足日益扩大的本土和海外市场的需求，尤其是明万历早中期。原料和管理制度的困境，导致景德镇窑产量减少，不能同时在质量和产量上满足市场需求。产能的限制和经济利益的驱使等因素，使景德镇窑业集中于中、高端市场，专门外销欧洲和中东市场的开光纹饰克拉克瓷在此时问世②。在海外市场需求的拉动下，漳州窑的产量优势和运输便利，使它迅速成为生产景德镇窑替代品的基地，在晚明时代生产规模达到高峰。近年来国内外陆地和水下考古工作提供了漳州窑瓷器大量外销的重要依据。装载漳州瓷器的沉船广泛分布于南海海域、东南亚、印度洋和大西洋③。日本、东南亚、西亚、非洲以及欧美遗址也频繁发现漳州陶瓷。晚明与宋元外销陶瓷的分布特征相比发生了较大变化，使我们第一次在物质文化领域看到一种全球性贸易的空间格局。

陶瓷考古调查显示漳州窑场在平和、漳浦、诏安、南靖、云霄、华安等地都有分布④。这些窑场之间有着共同特征和密切联系，形成有区域共同性和延续性的窑业系统。虽然不同窑址和生产阶段之间存在差异，漳州地区明清时期瓷器在型式、装饰纹样、制作工艺和窑炉技术等方面都具备一定的连续性。漳州窑场产品包括青花瓷、青瓷、白瓷、釉上彩绘瓷、色釉瓷等，其中青花瓷占据主要地位。这些窑场以外销为驱动力，制造了大量仿制景德镇窑瓷器而质量相对粗糙的产品。在其窑业遗址发现之前，西方学界一直沿袭古董商的传统把传世的漳州窑产品称作"汕头器"（Swatow ware）⑤。由于汕头开埠时间较晚，学界很早就对这种说法提出质疑。20世纪50年代初，密歇根大学人类学博物馆东亚陶瓷史学者卡梅尔·阿尕-奥哥陆（Kamer Aga-Oglu）在整理来自菲律宾南部的顾塔收藏中大量外销瓷标本时，首次在考古分析的基础上提出这类不同于景德镇窑的产品可能来自华南的闽粤沿海窑场。她对菲律宾南部

① 曾凡：《福建陶瓷考古概论》，福建省地图出版社，2001年；栗建安：《福建古瓷窑考古五十年》，《陈昌蔚纪念论文集（陶瓷）》，陈昌蔚文教基金会，2001年，9～37页。

② Medley, Margaret. Organization and production at Jingdezhen in the sixteenth century. *The Porcelains of Jingdezhen*, Colloquies on Art and Archaeology in Asia, no. 16. London: Percival David Foundation of Chinese Art, 1993: 69-82; Rinaldi, Maura. *Kraak Porcelain: A Moment in the History of Trade*. London: Bamboo Publisher, 1989; Vinhais, Luisa and Jorge Welsh. *Kraak Porcelain: The Rise of Global Trade in the Late 16th and Early 17th Centuries*. London: Jorge Welsh Books, 2008.

③ 孟原召：《闽南地区宋至清代制瓷手工业遗存研究》，文物出版社，2017年。

④ 福建省博物馆、平和县博物馆：《平和县明末清初青花瓷窑址调查》，《福建文博·福建陶瓷专辑》1993年1、2期合刊，161～167页；福建省博物馆、平和县博物馆：《福建平和县南胜、五寨古窑址1993年度调查简报》，《福建文博》1995年1期，74～82页；福建省博物馆：《福建平和县南胜田坑窑址发掘报告》，《福建文博》1998年1期，4～30页；福建省博物馆：《平和五寨洞口窑址的发掘》，《福建文博》1998年增刊，3～31页。

⑤ Canepa, Teresa. *Zhangzhou Export Ceramics: The So-Called Swatow Wares*. London: Jorge Welsh, 2006; Harrisson, Barbara. *Swatow*. Leeuwarden: Gemeentelijk Museum Het Princessehof, 1979; Ho, Chuimei. *Minnan Blue-and-white Wares: An Archaeological Survey of Kiln Sites of the Sixteenth-Nineteenth Centuries in Southern Fujian, China*. BAR International Series 428, Oxford, 1988.

出土漳州窑青花瓷的著述成为这一研究领域早期的代表作[①]。

对比初步开展的景德镇卡拉克瓷窑址发掘，漳州窑址考古发现已经有20多年的历史。由于漳州窑产品完全供给海外市场，其产品在中国考古遗址中非常少见，因此很久都没有成为中国陶瓷考古的研究课题。然而，这类产品在日本大量流传，并对日本陶瓷美学传统影响深远，所以在日本东洋陶瓷史研究中始终受到关注。其窑址的发现也是在20世纪90年代由日本溯源至闽南，在栗建安、栖崎彰一、熊海堂等中日考古学家合作调查中发现[②]。随后通过窑址调查与发掘，水下考古调查与发掘，以及海外消费市场的考古发掘，漳州窑研究逐渐成为早期全球贸易与殖民历史考古的重要环节。在东南亚、印度、非洲、美洲等地遗址中，漳州窑瓷片的出现成为全球贸易与欧洲殖民时代开端的断代标志。

漳州窑瓷器装饰纹样和图案丰富多变、题材广泛。其装饰纹样受到同时期景德镇窑的很大影响，出现很多相同和相似的题材。同时，漳州窑产品无论是克拉克瓷风格和传统风格的青花瓷、彩绘瓷（包括日本所谓"吴须赤绘"）和素三彩瓷（包括日本所谓"交趾香盒"）中，都能看到一些很有创意的纹饰，是景德镇窑所没有的[③]。这些窑场对装饰风格的选择极为灵活。仿克拉克瓷与传统风格的青花瓷、单色釉瓷和彩绘瓷，常常在同一窑场生产。庄良友进一步指出，作为大宗产品的传统风格青花瓷实际上更接近明代早中期的装饰纹样，而不是晚明景德镇窑的流行风格[④]。这些多元风格的并存，显示出对不同市场消费取向的积极回应，而不是一味仿照当时景德镇窑的流行产品。

漳州窑场在制胎和施釉技术、窑炉和窑具、装烧工艺上，与景德镇窑存在显著区别。漳州窑工独特的制作工艺和烧成技术致力于产量而不是质量的提高。明清时期漳州地区的窑业生产主要是使用横室阶级窑（图版一，1），产量高于同时期景德镇使用的鸭蛋型窑炉。漳州窑瓷器制作通常采用快轮成型，先刮足、后泼釉，施釉工艺较草率导致釉层不匀并在外底表面保留飞溅釉痕。匣钵内垫砂用于瓷器与匣钵分离，以及防止器物在高温烧成时变形，导致器物圈足上常常粘有大量粗黑砂粒（图版一，2）。这些工艺技术特征提高了瓷器批量生产的效率，也使漳州窑的产品从外观上极具可辨识性[⑤]。

漳州窑和景德镇窑技术传统的差别，揭示出闽南窑工采用本地区宋元时期就已经自成体系的技术传统来组织生产，以此应对早期全球贸易和晚明社会市场经济发展所提供的商业机会。漳州窑业显示出几个特点：依赖本地技术传统迅速投产并扩大生产

①　Aga-Oglu, Kamar. The So-Called 'Swatow' Wares: Types and Problems of Provenance. *Far Eastern Ceramic Bulletin*, 1955, 7(2): 803-861; Aga-Oglu, Kamar. B. Ming Porcelain from Sites in the Philippines. *Asian Perspectives*, 1961, 5(2): 243-252; Aga-Oglu, Kamar. Ming porcelain from sites in the Philippines. *Archives of the Chinese Art Society of America*, 1963, 17: 7-19.

②　福建省博物馆：《漳州窑》，福建人民出版社，1997年。

③　茶道资料馆、MOA美术馆、福建省博物馆等：《交趾香盒》，茶道资料馆，1998年；森村建一：《福建漳州窑系青花、五彩、玻璃地的编年和贸易——明末清初的汕头器》，《福建文博·福建陶瓷专辑》1996年2期，136～138页。

④　庄良友：《漳州瓷：仿效与原创》，新加坡国立大学中国外销瓷研究国际会议论文，2007年。

⑤　栗建安：《漳州窑的研究》，《陈昌蔚纪念论文集》（第四辑），陈昌蔚文教基金会，2009年，17～68页。

规模、大批量生产单一品种产品、外向型市场、产品分布范围与全球贸易网络基本重合。这些特点都与贸易结构的转折紧密相关。如前所述，漳州窑产品的主要市场并非欧洲本土，而是早期全球贸易航程沿途社会，以及中国在东亚、东南亚的传统市场。闽商在用本地窑业技术传统应对这种高度多样化的海外市场需求时体现出很高的灵活性。这种灵活性使当地窑业在很短时间内形成庞大的生产规模并主导了欧洲以外的外销瓷市场。漳州窑瓷器不但可以满足沿线社会的市场需求，而且在船舱中搭载大量厚重廉价的瓷器可以在航行中起到压舱作用，对茶叶、丝绸等重量较轻的货物形成平衡，这也是漳州窑产品的一个优势。

漳州窑业的兴衰揭示了早期全球贸易的脆弱性与地方手工业技术传统的韧性。清朝政权统一中国以后，为切断郑成功与内地抗清力量的联系，清政府沿袭明朝海禁制度，禁止民间海外贸易。又在康熙元年（1662年）推行更为严厉的迁界政策，要求滨海居民悉数内迁，以绝东南沿海接济台湾之患[1]。位于九龙江流域的平和漳州窑业因此衰落，日本有田窑业获得迅猛发展的机会以满足海外市场的庞大需求。然而，闽南漳州窑的工业传统并没有因为海禁完全中断。位于内陆华安和南靖地区的东溪窑在晚明时代已经成为漳州窑外围窑业中心，使用横式阶级龙窑技术烧制漳州窑风格产品[2]。晚明到清初，东溪窑产品在日本、越南、菲律宾、埃及等地遗址或沉船上都有发现。在康熙迁界以及窑业资源（燃料、原料）等综合原因导致平和等地漳州窑衰落之后，九龙江上游的东溪窑逐渐成为漳州窑业传统的中心[3]。

二、菲 律 宾

在16世纪之前，菲律宾是传统的亚洲贸易体系的一部分，因盛产珍珠而知名。南宋赵汝适《诸蕃志》和元代汪大渊《岛夷志略》中，都有关于闽商与菲律宾贸易的记载[4]。西班牙殖民统治开始之际，菲律宾存在诸多商业势力，其中包括闽商集团、以马尼拉和苏禄为基地的穆斯林商团，以及旅居菲律宾北部的日本侨团[5]。伊斯兰教将从印度洋的港口到菲律宾苏禄群岛的穆斯林贸易体系通过宗教连接在一起[6]。摩洛商人（接受伊斯兰教的马来人与当地居民通婚的后裔）将从华商和日商手中购买的商品销售到分散在各岛的菲律宾社会。

明代中期的菲律宾已经为东南沿海走私贸易目的地之一。菲律宾各岛发现数量可

---

① 王日根、苏惠苹：《康熙帝海疆政策反复变易析论》，《江海学刊》2010年2期，161～168页。
② 栗建安：《华安东溪窑调查纪略》，《福建文博·福建陶瓷专辑》1993年1、2期合刊，138～150页。
③ 栗建安：《海丝·东溪窑国际学术研讨会论文集》，福建人民出版社，2018年。
④ （宋）赵汝适撰，杨博文点校：《诸蕃志校释》，中华书局，1996年；（元）汪大渊撰，苏继顾点校：《岛夷志略校释》，中华书局，1981年；Hirth F. and W. Rockhill. *Chau Ju-Kua: His Work on the Chinese and Arab Trade in the Twelfth and Thirteenth Centuries, Entitled Chu-Far-Chi*. Amsterdam: Oriental Press, 1966.
⑤ Cushner, Nicholas P. *Spain in the Philippines: From Conquest to Revolution*. Quezon City: Ateneo de Manila University, 1971.
⑥ Majul, Cesar Adib. *Muslims in the Philippines*. Quezon City: University of the Philippines Press, 1973.

观的弘治时期景德镇窑青花瓷器[1]。中国贸易瓷器成为菲律宾传统社会宗教祭祀仪式中的重要法器，祭司通过敲击瓷器召唤祖先和神灵。一件瓷器的可贵之处在于能让祖先和神灵清晰地听到声响而降临，并接受供奉，福佑子孙。因此，当地社会将敲击瓷器时发出的声音作为衡量其质量的重要标准。13世纪之后，随着宋元陶瓷器在亚洲贸易中的重要性逐渐增加，陶瓷器在菲律宾社会成为衡量财富和社会地位的象征，并广泛地出现在仪式庆典和宴会等活动中[2]。

在海船上用来作容器的釉陶瓮，在菲律宾与东南亚社会也被赋予重要的宗教意义，这可能与瓷器贸易发端之前人形陶土瓮在当地文化中的宗教角色有关。这些所谓龙瓮（或称"马塔班"瓮）在婚丧嫁娶、部落结盟、祖先崇拜中都有举足轻重的地位。这些例证显示，在亚洲贸易网络中，各地社会对贸易物资的接受方式很大程度上源于其内在的文化秩序与价值取向。中国手工业产品在跨越文化边界之后在当地文化秩序中获得新的文化和社会身份。随着在当地社会中的转手交易，这些贸易陶瓷深入远离港口的内陆社会，不断被赋予新的文化价值，并参与当地社会关系的营建。在此过程中，渐渐脱离原产地的商业文化和价值定义。

菲律宾考古所见的外销瓷分布特征显示，13世纪之后中国外销陶瓷在亚洲贸易网络中的地位日渐显著[3]。15世纪之前，青瓷器在菲律宾贸易瓷市场中始终占据主导地位。宋元时期青瓷器的来源，除了少量为浙江龙泉窑大窑的高质量梅子青产品外，主要是龙泉窑东区，福建连江、同安、闽清等地窑口的大批量外销产品。青瓷贸易从10世纪出现少量越窑产品开始，在13世纪出现稳定的增长，到14世纪上半叶达到贸易的高峰[4]。同时，还发现少量景德镇青白瓷、枢府白瓷、元青花，以及德化屈斗宫窑烧制的白瓷。

菲律宾考古显示，15世纪后期到17世纪中期，青花瓷器取代青瓷器成为贸易大宗。由于这段时间是亚洲乃至整个世界社会政治变迁的关键时期，因此对于观察贸易结构的转折有特殊的意义[5]。20世纪20年代初，密歇根大学考古学家卡尔·顾塔（Carl Guthe）在菲律宾南部岛屿进行了为期三年半的考古发掘及调查。其二十多次田野工作

① Fox, Robert B. The Calatagan excavations. *Philippine Studies*, 1959(7): 325-390; Fox, Robert B. The archaeological record of Chinese influence in Philippines. *Philippine Studies*, 1967, 15(1): 41-62; Goddio, Frank. *Lost at Sea: The Strange Route of the Lena Shoal Junk*. London: Periplus, 2002.

② Tan, Rita C. Development of Ming Minyao blue-and-white ware with reference to Philippines finds. Larry Gutuaco, Rita C. Tan, and Allison I. Piem (eds) *Chinese and Vietnamese Blue-and-white Wares Found in the Philippines*. Makati City: Bookmark, 1997: 79-108.

③ Bacus, Elisabeth A. *Political Economy and Interaction: Late Prehistoric Polities in the Central Philippine Islands*. Ph.D. Dissertation, Department of Anthropology, University of Michigan, Ann Arbor, 1995; Bacus, Elisabeth A. Prestige and potency: political economies of protohistoric Visayan polities. *Complex Polities in the Ancient Tropical World*. Archaeological Papers of the American Anthropological Association. American Anthropological Association Arlington, 1999(9): 67-87; Junker, Laura. Integrating History and Archaeology in the Study of Contact Period Philippine Chiefdoms. *International Journal of Historical Archaeology*, 1998(2): 291-320; Junker, Laura. *Raiding, Trading, and Feasting*. Honolulu: University of Hawaii Press, 1999.

④ 李旻、 Rachel Lee：《重返青瓷洞：顾塔菲律宾考古发掘中国青瓷的空间分布特征》，新加坡国立大学中国外销瓷研究国际会议论文，2007年。

⑤ Li Min 2013.

共涉及542个遗址。顾塔的发掘对象多为墓葬，包括普通墓地和棺木堆叠的洞穴墓葬。出土一万多件器物和标本中包括近7500件陶瓷器皿和瓷片，年代跨越10世纪到18世纪，其中主要是14到16世纪产品。这些东亚和东南亚贸易瓷器产地包括中国、泰国、越南、缅甸、柬埔寨，以及少量西班牙殖民时期（16世纪到19世纪）的欧洲贸易瓷器。还有许多菲律宾本地生产制造的陶瓷、贝饰、铁器、铜器，以及由美石、玻璃、黄金制成的珠饰，每一件都标有遗址和岛屿的出处。这批庞大的考古藏品为研究亚洲海上贸易网络的时空特征提供了重要证据[1]。

顾塔发掘的瓷器材料，为探索13到18世纪之间菲律宾南部社会变迁提供了可能性。从宋元时期到明代中期，中国陶瓷在菲律宾地区的分布，在质和量方面都呈现为一个连续性分布，没有明显的断裂。作为代表明代外销瓷主要类型的青花瓷器，在明早期（1368～1464）的顾塔考古标本中鲜有发现，这与同期中国外销瓷在东南亚地区的分布缺坏情况一致，是明政府严厉执行海禁政策的结果[2]。顾塔发掘所得的近千件明中晚期青花瓷片中，明中期（1465～1522）的标本在质量上多数属于中上，在洞穴墓葬遗址中约占78%，普通墓葬遗址中约占60%。其中，中等质量的产品占大宗，在洞穴墓葬遗址中出土瓷器约为52%，普通墓葬遗址中约为46%；质量粗劣的产品所占比例较小。这个时期的青花瓷器主要来自景德镇及其周围地区[3]。这些贸易特征揭示出菲律宾南部岛屿原住民社会发展的内在变化导致对海外贸易财富的需求增加——在当地政治集团之间逐步加剧的竞争中，当地首领通过拥有大量的陶瓷制品来提高自己的影响力和社会地位，并进一步通过对贸易枢纽的控制为建立政治联盟和扩大自己的政治权威提供更多机会[4]。

杨克（Laura Junker）对坦贾伊的研究和西村正雄对宿务的研究共同显示中国外贸陶瓷在墓葬和居址中呈现出数量上的显著增长。杨克的研究说明坦哈伊港口社会中的精英和非精英居民都比居住在河流上游的内陆居民有更多机会得到优质瓷器。西村正雄在宿务的研究显示，优质瓷器几乎全部出自其中一个遗址，瓷器最初只有有限的社会精英能够获得，数量的上升是消费群体扩大的结果。他进一步指出，宿务发现的元代和明代早期的瓷器质量较优且形式多样。随着政治网络规模的扩大导致的瓷器的消费范围在社会等级中向下流动。对瓷器数量需求的增加和贸易陶瓷的普及也造成质量和形式的单一化趋势[5]。这些研究共同存在把西班牙殖民时代开始之前与之后的外销瓷混在一起来分析地方政治与经济动态的缺点，忽略了菲律宾成为早期全球贸易重要枢纽的过程对中菲陶瓷贸易产生的深远影响。

从16世纪晚期开始，菲律宾在早期世界贸易体系的形成中开始扮演重要角色。她的独特贸易地位很大程度上是葡萄牙与西班牙两个早期殖民帝国之间竞争与妥协的结

① Guthe, Carl. Distribution of sites visited by University of Michigan's Philippines Expedition, 1922-1925. *Papers of the Michigan Academy of Science, Arts, and Letters*, 1929(10): 79-89.

② Brown 2009.

③ Li Min 2013.

④ Junker 1999.

⑤ Nishimura, Masao. *Long Distance Trade and the Development of Complex Societies in the Prehistory of the Central Philippines: the Cebu Central Settlement Case*. Ph.D Dissertation, Department of Anthropology, University of Michigan, Ann Arbor, 1992.

果。哥伦布返回欧洲之后，两国签订了托尔德西里亚斯 (Tordesillas, 1494 年) 和萨拉戈萨 (Saragossa, 1529年) 等一系列旨在瓜分世界的条约以防止恶性竞争。这些条约把当时已知和未知的世界一分为二，西半球属于西班牙势力范围，东半球则为葡萄牙势力范围。这些条约限制了西班牙沿大西洋向东航行绕道好望角在印度洋和亚洲扩张势力，只能向西航行殖民美洲。由于太平洋洋流的关系，麦哲伦船队开拓的是一条单向西行的环球路线，从美洲向西经太平洋航线到达菲律宾后，只能继续西行穿越葡萄牙垄断的东方航路才能返回欧洲。因此，麦哲伦在菲律宾卷入当地政治身亡之后，幸存的船员是以越界者的身份西渡印度洋返回西班牙的，并数度遭遇葡萄牙舰队的威胁与逮捕。

西班牙在亚洲的商业成功取决于三个要素，控制一个能与各国商船交易的亚洲贸易港，找到一条从亚洲东行返回西属美洲殖民地的路线，提供亚洲市场需要的硬通货白银。如果遵守条约所规划的世界秩序，西班牙参与亚洲贸易的唯一路径是从西属墨西哥殖民地西行跨越太平洋抵达菲律宾与东亚各地商船贸易，然后经原路返回墨西哥，将亚洲货物经陆路运输到大西洋西岸，向东航行返回西班牙。西班牙利用当时地理知识的漏洞，在西葡分界线以西的菲律宾建立和巩固了其殖民地，作为从美洲向西航行到达东方的跳板。

1564年，西班牙舰队从墨西哥出发占领宿务，菲律宾成为西属墨西哥总督府在亚洲的属地。次年，西班牙传教士发现了从菲律宾出发、随北上洋流黑潮东航，穿越太平洋并沿加利福尼亚海岸南下返回墨西哥的航路。北太平洋航路的发现使得西班牙人建立起往返于菲律宾和墨西哥阿卡普尔科 (Acapulco) 港之间的大帆船贸易[①]。1571年，西班牙人从当地穆斯林首领手中夺得马尼拉之后，马尼拉成为大帆船贸易航线的起点。西班牙帝国终于通过对墨西哥和菲律宾的殖民控制和跨太平洋双向航路的开发，建立起从西半球进入亚洲贸易网络的路径。

西班牙在西葡条约框架的约束下，避免离开菲律宾到葡萄牙在东亚的航线上从事商业活动。然而，来自美洲的白银吸引了亚洲各国商人和葡萄牙商船来到菲律宾交易。1567年明朝海禁解除之后，从漳州月港出海贸易的商船主要是去往马尼拉，出口货物是在美洲殖民城市中非常畅销的丝织品。菲律宾由传统亚洲贸易网络中的一个区域性中心港口转变成跨太平洋贸易航线上的重要枢纽，向西由闽商船队连接漳州月港，向东由西班牙大帆船连接阿卡普尔科。广东汕头南澳岛发现的南澳一号明代沉船为研究漳州窑产品外销提供了重要佐证。这艘满载漳州窑瓷器的晚明木船在驶向东南亚的航程中沉没，目的地可能是菲律宾的马尼拉，所载瓷器货物七成来自漳州，只有三成来自景德镇[②]。

除了美洲殖民地消费之外，部分中国商品从陆路横穿美洲，从墨西哥湾的维拉克鲁斯港 (Veracruz) 装船跨越大西洋，运往西班牙首都塞维利亚。马尼拉大帆船贸易连

---

① Schurz, W. L. *The Manila Galleon*. E. P. Dutton, New York, 1939.

② 广东省文物考古研究所、国家水下文化遗产保护中心、广东省博物馆：《广东汕头市南澳I号明代沉船》，《考古》2011年7期，39～46页。

接亚、美、欧三个商品市场，因此成为全球化开端的标志性时刻[1]。西班牙凭借对美洲银矿的殖民开发和晚明中国经济对于白银的大规模需求，加入到传统的亚洲贸易体系中来，并对其产生了重要影响[2]。跨太平洋贸易的成功开辟导致中国手工业产品的畅销与西班牙工业产品在美洲市场垄断地位的下降。16世纪末，西班牙王室曾限制其殖民地船队从美洲前往菲律宾贸易，来保护本国在美洲的商业利益[3]。

从"珍珠之路"的源地变成全球化的重要枢纽之后，来自菲律宾本地社会遗址的考古材料反映出16世纪晚期的陶瓷器消费出现了显著变化。这在顾塔在菲律宾南部遗址发掘所获青花瓷的质量和数量上都有体现。这一时期的洞穴墓葬和普通墓地遗址中，质量粗劣的瓷器分别为约65%和44%，其中主要为漳州窑的产品，这个数字接近明中期景德镇窑生产的中档产品。与整体质量下降相对的则是瓷器数量和质量分布的空间差异扩大。从质量分布来看，顾塔发掘的青花瓷标本从明中期陶瓷的正态分布（少量高级的产品，大量中级产品，少量低级产品），向晚明时期的两极化趋势转变：一边是少量景德镇窑生产的优质克拉克瓷，一边是大量漳州的低端产品；而在明中期占据主要优势的中等质量的瓷器则减少了。从空间分布来看，有的遗址集中出现精致的景德镇窑瓷器，有的经历了数量和质量上的衰减。这可能代表殖民化历程中不同社会群体经济地位的起伏。在顾塔发掘的考古标本中，晚明时期高质量的青花瓷器主要来自几个西班牙殖民中心遗址，其中两个地点出土的瓷器几乎半数以上为优质的景德镇窑克拉克瓷，而其他地方的墓地出土精品则非常稀少[4]。

对远途贸易的控制，曾经是菲律宾原住民社会政治权威的基础[5]。西班牙的殖民，导致当地政治领袖权威的下降和财富来源的丧失。因此，当地政治势力与殖民者之间不断发生冲突，并与岛外的伊斯兰力量和西班牙的欧洲竞争对手建立同盟，联合对抗西班牙的殖民统治。为了平衡各种不同政治力量，西班牙殖民政府不得不与一部分当地政治领袖建立政治联盟以获得其军事支持。不同政治集团之间的角力为当地社会提供了机会以及利用经济交易、军事援助、政治联姻等手段获取殖民资源的途径。因此，考古材料中的陶瓷器质量分布的差异，可能反映了当地社会的政治重组和贸易结构的变化，而不能简单地看作殖民者与当地社会对立的结果。

当时殖民地中心的陶瓷器消费情况，能够从西班牙沉船材料进行观察。1600年12月14日，荷兰舰队在马尼拉外海击沉刚从美洲返航就仓促上阵的"圣地亚哥"（San

---

① Flynn, Dennis O. and Arturo Giráldez. Path dependence, time lags and the birth of globalization: A critique of O'Rourke and Williamson. *European Review of Economic History*, 2004(8): 81-108; Pearson, M.N. Spain and Spanish Trade in Southeast Asia. *The Pacific World History: Lands, People and History of the Pacific, 1500-1900, vol. 4: European Entry into the Pacific: Spain and the Acapulco-Manila Galleons*, Ashgate, Burlington, 2001: 117-137.

② Atwell, William S. International Bullion Flows and the Chinese Economy circa 1530-1650. *Past and Present*, 1982(95): 68-90; Atwell, William S. Ming China and the Emerging World Economy. c. 1470-1650. *The Cambridge History of China, vol. 8, The Ming Dynasty*. Cambridge, Cambridge University Press, 1998: 376-416.

③ Schurz 1939.

④ Li Min 2013.

⑤ Junker 1999.

Diego）号大帆船[1]。水下考古发掘复原出一个丰富多彩的早期殖民时代物质文化图景。"圣地亚哥"号沉船出水中国青花瓷器分为两种，包括精致的景德镇窑克拉克瓷器和相对粗糙的漳州窑仿克拉克大盘。其他陶瓷制品有来自美洲殖民地的陶制品，来自中国沿海和东南亚窑场的陶瓮，以及一种镶嵌有外销瓷碎片的西班牙传统土陶制品[2]。这些陶瓷制品从质、量、空间分布和器型组合方面体现出显著差别，其中成套的景德镇窑克拉克瓷餐具来自高级舱位，与精细的景德镇瓷器流向殖民中心和欧洲市场的整体趋势一致。

漳州窑瓷器的出现与太平洋贸易开始的时间基本重合。作为这一时期主要商品之一，漳州窑瓷器分布于菲律宾的各个地区。据栗建安和李旻的观察，顾塔发掘明晚期青花瓷片中六成可以确认为漳州窑产品，其他则来自景德镇窑周围的窑口和福建广东沿海的不明窑口[3]。其中部分漳州窑瓷器质量十分粗劣，接近窑址废品，可能作为压舱物输入菲律宾。对于一个后起的窑场，漳州窑业达到这种市场份额是综合了产地、转运港、海外市场多重领域贸易和社会结构变化的结果。在菲律宾本地遗址出土的低端漳州窑制品中，传统风格制品和仿克拉克瓷制品都有出土，但传统风格制品明显偏多，体现出在16、17世纪的菲律宾社会变革中，传统的审美取向与欧洲殖民文化保持了差别。

除了可能与殖民地有关的少数遗址之外，菲律宾南部遗址中普遍缺失的是16、17世纪中国外贸瓷中的优质产品，无论是传统纹样的景德镇万历青花瓷还是具有开光纹饰的克拉克瓷。一个可能的解释是，殖民统治和大帆船贸易对本地商业结构和贸易网络形成破坏。首先，控制主要贸易港是殖民统治和太平洋贸易的前提——这些港口曾经是本地社会政治发展的权力中心和主要财源，港口所有权的易手会影响传统贸易网络和社会结构；其次，白银的流动改变了中菲贸易重点——跨太平洋贸易开始后，赴菲律宾贸易的闽南商船更热衷于用丝绸等货物来交易高利润的美洲白银，对菲律宾当地产品的需求相对下降。虽然连接福建与墨西哥的太平洋贸易对中国晚明社会的影响巨大，但菲律宾的当地社会并没有直接参与并从中获益。与西班牙对美洲的直接征服和殖民统治相比，菲律宾在世界贸易体系中的新位置使当地社会经历了另一种殖民化历程——菲律宾本地社会在新的全球贸易格局中失去在亚洲贸易中的传统位置而面临边缘化。因此，考古学所见16世纪晚期菲律宾进口瓷器质量的下降和晚明中国窑业生产的重组是全球贸易不平衡发展的地方性体现。

三、美　　洲

大帆船贸易的发端使太平洋几乎成为西班牙殖民帝国的内湖。白银贸易也给中南

---

① Desroches, Jean-Paul, Gabriel Casal, et al. *Treasures of the San Diego*. New York: Elf Aquitaine International Foundation, 1996; Dizon, Eusebio Z. Underwater Archaeology of the San Diego a 1600 Spanish Galleon in the Philippines. *Early Navigation in the Asia-Pacific Region: A Maritime Archaeological Perspective*. Singapore: Springer, 1996: 91-101.

② Hsieh, Ellen. *Early Spanish Colonialism in Manila, the Philippines: An historical archaeological viewpoint*. Ph.D. dissertation, Interdepartmental Program of Archaeology, University of California, Los Angeles, 2017.

③ Li Min 2013.

美洲殖民地的市井文化带来了浓重的东亚色彩。其中，中国外销陶瓷在西属美洲殖民地的分布非常广泛[1]。美洲出土的中国贸易瓷器来自多个窑场，包括景德镇窑产品与福建、广东和浙江窑口不同规模和质量的产品，其中既有针对出口大规模生产的低端产品，也有精工细作的优质产品。墨西哥出土中国贸易瓷器的数量于晚明时期达到高峰，17世纪后期开始有所下降，直到1815年之前都只有少量进口。对墨西哥城圣赫罗尼莫（San Jeronimo）修道院发掘出土瓷器的量化分析显示，明万历时期的瓷器约占瓷器总数的56%，转折期时下降到20%，清康熙时期则为15%，其中三分之二的瓷器为青花瓷[2]。

在墨西哥发现的中国瓷器的种类除了克拉克瓷、福建漳州窑的青花瓷和彩绘瓷，还有专为欧洲和墨西哥市场烧制的瓷器。例如，被称为膏药罐（Albarello）的瓷器便是代表墨西哥品位的形式。这种束腰长圆柱形罐的造型可以追溯到12世纪的波斯，通常用来装药物和调料。虽然这种罐子大多为当地生产，也有一部分从中国进口。在墨西哥城旧市区中心索卡洛（Zocalo）区，西班牙总督府、大教堂、市政厅和周围一些街区殖民时期地层都有中国瓷器出土。1595年，西班牙在新墨西哥建立了殖民地之后，中国瓷器也随之进入圣达菲（Santa Fe）地区，圣达菲总督府遗址就有明万历时期和明清转折期陶瓷出土[3]。

在普埃布拉（Puebla de Zaragoza）可以清楚地看到中国陶瓷对当地制陶业的影响。拥有丰富制陶原料的普埃布拉在历史上一直是墨西哥重要的制陶中心，并在近代受到多重文化的影响。当地陶器中具有来自伊斯兰、西班牙和意大利文艺复兴的风格特征，后来又受到中国瓷器的影响。由于普埃布拉位于阿卡普尔科和韦拉克鲁斯两港之间的中点，当地陶工有机会见到通过大帆船贸易运来的中国瓷器。17世纪中期，在当时风尚的影响下，普埃布拉陶工开始仿造当时盛行的中国青花瓷器样式用于本土的陶器装饰。1653年的一份陶器行会的规定明确说明要模仿中国瓷器，要求陶工制作类似中国青花瓷那样具有纯正蓝色釉和装饰的陶器[4]。虽然当地陶器在17至18世纪之间都深受中国瓷器的影响，但依旧延续了本土的陶瓷艺术。当地陶工将各种风格融合在一起形成了独特的普埃布拉陶艺传统。

与西班牙在中南美洲的殖民中心相比，我们对中国陶瓷在北美洲印第安原住民社会中的使用情况所知甚少。在美洲传统社会的审美体系和价值诉求中，闪亮的物质有很强的文化意义。因此，与菲律宾传统社会相比，是光泽而非声音在主导美洲印第安居民对瓷器的兴趣。由于美洲印第安文化有很强的地区差别，在殖民化进程中的参与程度各不相同，因此中国陶瓷在各地物质文化中的意义也存在很大的差异。早期全球贸易中的殖民化进程不全是通过领土扩张的形式实现——欧洲的海上殖民帝国结构更接近一系列控制核心资源和航道的岛链。在很长的时间中，并非所有的印第安社会都处

① Kuwayama, George. *Chinese Ceramics in Colonial Latin America*. Ph.D. dissertation, Department of Art History, University of Michigan, Ann Arbor, 1992; Kuwayama, George. *Chinese ceramics in Colonial Mexico*. Honolulu: University of Hawaii Press, 1997; Shulsky, Linda S. Chinese Porcelain in Spanish Colonial Sites in the Southern Part of North America and the Caribbean. *Transactions of the Oriental Ceramic Society*, 1999(63): 83-98.
② Kuwayama 1992, 1997.
③ Kuwayama 1997.
④ Kuwayama 1997.

于欧洲殖民政权的直接控制之下，但他们会通过疾病传播、贸易物资流入等原因受到间接的影响。这种特征与前述菲律宾南部的原住民社会相似——他们不是早期全球贸易的直接参与者，但通过贸易格局转变和人口流动的间接影响而发生不可逆转的变迁。

与菲律宾不同的是，北美洲西岸印第安原住民社会在太平洋航线开通之前和之后都不是亚洲和全球贸易网络中的一部分。虽然西班牙人在1542年就到过加利福尼亚一带，直接的殖民统治在1769年才开始，中间所谓的原史时期（protohistoric period, 1542～1769）经历的是一种没有直接殖民统治的社会变迁。欧洲航海记录和印第安部落的口述叙事都有彼此接触的记录[1]。厄尔兰德森（Jon Erlandson）等学者提出当地社会可能通过与西班牙水手的接触，感染来自欧亚大陆的传染病而导致大量死亡和人口下降，到18世纪才又回升[2]。

北美洲西海岸社会与中国外销瓷的接触主要围绕几次马尼拉大帆船沉船事件发生，以加利福尼亚州北部旧金山德雷克湾（Drake's Bay，当地印第安人称为Tamál-Húye）的米沃克（Miwok）部落遗址出土最为集中。德雷克湾因为可能是英国航海家兼海盗德雷克（Sir Francis Drake）船长乘"金鹿"（Golden Hind）号帆船环游世界时停留休整过的泊地而得名，因此很早就吸引了当地学者的浓厚兴趣[3]。据美国国家公园管理局水下资源中心考古学家马修·罗赛（Matthew A. Russell）统计，由旧金山不同学术机构主导的考古发掘活动从20世纪40年代开始一直持续到70年代，一共发掘16个遗址点[4]。在聚落生活垃圾的堆积中，发现有1100余件16世纪欧洲航海时期的遗物，其

① Bolton, H. E. *Spanish Exploration in the Southwest 1542-1706*. New York: Charles Scribner's Sons, 1916; Nauman, J. D. *An Account of the Voyage of Juan Rodriguez Cabrillo*. San Diego. Cabrillo National Monument Foundation, 1999.

② Erlandson, Jon M., Torben C. Rick, Douglas J. Kennett, et al. Dates, demography, and disease: Cultural contacts and possible evidence for Old World epidemics among the Island Chumash. *Pacific Coast Archaeological Society Quarterly*, 2001, 37(3):11-26.

③ Davidson, George. *Voyages of Discovery and Exploration on the Northwest Coast of America from 1539 to 1603*. U.S. Coast and Geodetic Survey Washington D.C, 1887; Davidson, George. Identification of Francis Drake's Anchorage on the Coast of California in the Year 1579, *California Historical Society Papers*, Vol. 1. Bacon, San Francisco, 1890; Hakluyt, Richard. *The Principal Navigations, Voyages and Discoveries of the English Navigations*. London, 1589; Von der Porten, Edward P. The Drake Puzzle Solved. *Pacific Discovery*, 1984, 37 (July-September): 22-26; Taylor, E. G. R. The Missing Draft Project of Drake's Voyage of 1577-1580. *The Geographical Journal*, 1930, 75(1): 46-47.

④ Aker, Raymond and Edward Von der Porten. *Discovering Francis Drake's California Harber*. Palo Alto: Drake Navigators Guild, 2000; Deetz, James. Archaeological Evidence of Sixteenth- and Seventeenth-Century Encounters. *Historical Archaeology in Global Perspective*. Washington, DC: Smithsonian Institution Press, 1991: 1-10; Meighan, C. W. Excavations in Sixteenth Century Shellmounds at Drake's Bay, Marin County. University of California Archaeological Survey Report No. 9, *Papers on California Archaeology* No. 9. Department of Anthropology, University of California, Berkeley; Meighan, C. W. The Stoneware Site, A 16th Century Site on Drakes Bay, 1950. *Essays in California Archaeology: A Memorial to Franklin Fenenga*. Contributions of the University of California Archaeological Research Facility No. 60. University of California, Berkeley, 2002: 62-87; Meighan, C. W. and R. F. Heizer. Archaeological Exploration of Sixteenth-Century Indian Mounds at Drake's Bay. *California Historical Society Quarterly*, 1952, 31(2):99-108; Stewart, Suzanne and Andrian Praetzellis. *Archaeological Research Issues for the Point Reyes National Seashore-Golden Gate National Recreational Area*. Report prepared for National Parks Service, San Francisco, 2003; Treganza, A. E. The Examination of Indian Shellmounds in the Tomales and Drake's Bay Areas with Reference to Sixteenth Century Historic Contacts. *Archaeological Archives Manuscript* No. 283, Phoebe A. Hearst Museum of Anthropology, University of California, Berkeley, 1959; Treganza, A. E. and T. F. King (eds). *Archaeological Studies in Point Reyes National Seashore*. San Francisco State College Archaeological Survey and Santa Rosa Junior College, 1968.

中包括一千多件晚明时期的青花瓷片，包括景德镇窑克拉克瓷和福建漳州窑的产品，代表至少235件瓷器。其他物品包括釉陶碎片、铁钉和其他小件①。

当年参与发掘的航海史家爱德华·冯·波顿（Edward Von der Porten）与旧金山亚洲艺术博物馆东亚陶瓷史家克拉伦斯·尚格劳（Clarence Shangraw）曾根据瓷片的釉色、质量、装饰风格和磨损程度几个方面的差别，将德雷克湾印第安聚落出土的考古标本与16世纪晚期史料中欧洲人与当地印第安部落发生的两次接触事件联系起来②。第一批瓷器来自1579年六月德雷克船长与当地米沃克部落之间的礼物交换。德雷克船队的航行记录显示，英国人在南美洲西海岸劫掠过两艘西班牙大帆船，所获财物包括金银和瓷器。英国船队在北美西海岸休整为跨洋航行作准备的五周中，德雷克船长与当地部落有过接触，并根据大不列颠岛的古称将当地命名为新阿尔比恩（New Albion），代表英国王室对当地宣示主权③。

第二批瓷器来自1595年十一月，从马尼拉返航的西班牙"圣奥古斯丁"（San Agustín）号大帆船在德雷克湾停泊，水手们与当地米沃克部落存在历时一个多月的和平交往。此后，"圣奥古斯丁"号被一场冬季风暴吹走后触礁搁浅。文献记录显示他们在弃船之前与印第安人之间就货物的打捞问题关系恶化，并发生冲突④。最终，船长瑟密纽（Sebastian Rodriquez Cermeño）决定放弃货物与大船，率领他的西班牙水手们乘一艘小船辗转到达墨西哥⑤。其船体至今尚未通过水下考古寻获⑥。

尚格劳和冯·波顿根据中国史料中对万历时代景德镇窑业所经的变革作为区分标准——16世纪70年代的景德镇青花瓷颜色偏重，而90年代由于钴料短缺导致蓝色偏淡，并在图案描绘质量上有所下降。他们进一步指出有冲刷磨痕的瓷片（笔者目测主要是漳州窑标本）来自沉没海底的"圣奥古斯丁"号大帆船（图版二，1）。没有海水冲刷磨蚀痕迹的瓷片中，蓝色偏重的标本来自"金鹿"号船员与米沃克部落之间的礼物交换，蓝色偏淡的瓷片可能是在"圣奥古斯丁"号大帆船搁浅沉没之前由当地印第安人搬运下船⑦。

这种分析的前提是时代风格和质量的整齐划一。然而，无论在生产组织和采购转运环节，每个时代内部存在的差异幅度都有可能超过不同时代之间的差异。基于文献

① Heizer, R. F. Archaeological Evidence of Sebastian Rodriquez Cermeño's California Visit in 1595. *California Historical Society Quarterly*, 1941, 20(4):315-328.

② Shangraw, Clarence and Edward P. Von der Porten. *The Drake and Cermeño Expeditions' Chinese Porcelains at Drakes Bay, California, 1579 and 1595*. Santa Rosa Junior College and Drake Navigator's Guild, Santa Rosa and Palo Alto, 1981.

③ Nuttall, Z. (ed.). *New Light on Drake: A Collection of Documents Relating to his Voyage of Circumnavigation, 1577-1580*. London: The Hakluyt Society, 1914; Vaux, W. S. W. (ed.). The World Encompassed by Sir Francis Drake. London: The Hakluyt Society, 1854.

④ Wagner, Henry R. The Voyage to California of Sebastian Rodriguez Cermeño in 1595. *California Historical Society Quarterly*, 1924, 3(1):3-24.

⑤ Sanchez, J. P. From the Philippines to the California Coast in 1595: The Last Voyage of San Agustin Under Sebastian Rodriguez Cermeño. *Colonial Latin American Historical Review*, 2001, 10(2):223-251.

⑥ Russell, Matthew A. *Encounters at Tamál-Húye: An Archaeology of Intercultural Engagement in Sixteenth-Century Northern California*. Ph.D. Dissertation, Department of Anthropology, University of California, Berkeley, 2011.

⑦ Shangraw and Von der Porten 1981.

描述建立时代特征，在跨度只有二三十年的时间段中区分来自两个历史事件的考古遗存已经超越了陶瓷考古分析的有效范畴，特别是在景德镇克拉克瓷窑址遗存分期完全缺席的前提之下。两位作者这番努力的历史原因在于早期加利福尼亚考古的殖民性特征——寻找德雷克船长的遗迹是这个考古学传统的终极使命[①]。以加利福尼亚大学伯克利分校肯特·莱特福德（Kent Lightfoot）为代表的当代考古人类学家已经不再认同这个历史使命，并对德雷克船长登陆休整并命名的新阿尔比恩是否在德雷克湾，以及德雷克湾米沃克聚落遗址中出土的中国瓷器中是否存在这次事件的遗存持保留态度[②]。

基于笔者在旧金山雷斯岬国家海岸公园(Point Reyes National Seashore)美国国家公园管理局考古工作站对这批出土陶瓷的实地观察，绝大部分标本的确是16世纪晚期到17世纪早期的青花瓷片[③]。其中约有一半标本有海底冲刷磨损的痕迹，但仅仅根据风格差异不太可能把这批数量可观的瓷片全部锁定在两次事件上。其中有少量标本更接近17世纪早期风格的瓷片，如立凤纹饰漳州窑标本（1034），或许另有来源（图版二，2）。虽然没有具体到遗迹的报告，我们还是能把这批考古标本看成一个整体进行观察。与顾塔收藏中菲律宾南部岛屿的青花瓷分布特征相比，德雷克湾的瓷片中高质量标本的比例非常高，主要是景德镇的优质克拉克瓷，大部分做工精湛，色彩亮丽，有的图案风格与1600年沉没的"圣地亚哥"号沉船瓷器相近。这批考古标本中，漳州窑产品的比例很低。从磨损情况来看，数量偏低不像是因为漳州窑陶瓷密度较低而易为自然力摧毁所导致。聚落中的出土标本可能来自不同船只，上岸的情况又各不相同，由此推测贸易结构有相当的变数。菲律宾南部的标本同样是陆地遗址出土，中间环节更不可追溯。然而，即使粗略比较，还是能看出两批数量上千的标本中，优质景德镇克拉克瓷与低端漳州产品的分布特征相反——德雷克湾以克拉克瓷为主，菲南以漳州窑为主。由于德雷克湾瓷片主要来自当时大帆船贸易的陶瓷货物，这种差别有可能说明殖民时代大帆船贸易与菲律宾南部本土贸易之间的差别。

早期加利福尼亚考古研究的重点是确认德雷克船长登陆的考古证据，而非中国陶瓷如何成为米沃克印第安人物质文化的一部分。对于了解中国陶瓷在早期全球贸易中社会角色的转变，美洲原住民的视角尤为重要——他们如何在他们自己的世界观中理解这些陌生的器物？他们如何将西班牙大帆船带来的东方物品融入他们的日常生活、文化实践、宗教仪式与价值体系中？1595年西班牙水手和当地米沃克狩猎采集部落之间长达一个多月的持续互动，以及西班牙水手离开后印第安人对沉船货物的打捞，使之成为迄今为止加利福尼亚早期历史中考古记录最丰富的跨文化互动事件，也是西班牙人在18世纪晚期在当地开始殖民活动之前近两百年间最后一次有记录可查的跨文化

① Von der Porten, Edward P. *The Porcelains and Terra Cottas of Drakes Bay*. Drake Navigators Guild, Palo Alto, 1968; Von der Porten, Edward P. Drake and Cermeño in California: Sixteenth Century Chinese Ceramics. *Historical Archaeology*, 1972(6): 1-22.

② Darby, M. Thunder Go North: The Hunt for Drake's Fair and Good Bay. University of Utah Press, 2019; Kelsey, Harry. Did Francis Drake Really Visit California? *The Western Historical Quarterly*, 1990, 21(4): 445-462; Lightfoot, K. G., and W. S. Simmons. Culture Contact in Protohistoric California: Social Contexts of Native and European Encounters. *Journal of California and Great Basin Anthropology*, 1998, 20(2): 138-170; Lessa, William. *Armand Drake's Island of Thieves: Ethnological Sleuthing*. Honolulu: University Press of Hawaii, 1975.

③ 收藏在加利福尼亚大学伯克利分校赫尔斯特（Hearst）博物馆的瓷片未列入统计范围。

接触。

米沃克部落的零星或系统收集和打捞活动可能持续了相当一段时间。长达一个月的接触使得当地印第安人清楚地了解西班牙水手与这些陶瓷之间的关系。同时，在沉船之后的四百年间，陆续有瓷片从沉没海底的"圣奥古斯丁"号大帆船上冲刷上岸。因此，部分瓷片是在沉船事件之后很久才进入当地印第安人的视野，导致人与物之间的联系不复存在。在太平洋两岸之间这种缓释发生的物质文化交流中，当地居民的文化脉络和价值判断左右着他们对这些中国陶瓷的理解。在殖民时代之前，以渔猎采集经济为主的米沃克部落没有制陶和农业传统。陶器的功能主要由琢磨而成的石器、贝壳容器，以及精细编制的篮子来完成。米沃克社会用贝壳磨制加工而成的圆片珠串用于交换、仪式，以及显示财富与尊贵地位。加州印第安部落发达的贝珠加工业使得在贝壳上钻孔的石钻头原料也成为重要商品①。

考古证据显示，米沃克社会用贝壳的概念来理解他们得到的中国瓷器。德雷克湾出土的瓷片中有不超过十件边缘经过打制加工，都是来自景德镇克拉克瓷的碎片。多数碎片没有保持原有图案的完整性，而是直接磨制成圆片珠的形状。从打制加工和尝试钻孔的痕迹来看，当地贝饰制造业和打制石器的技术有密切关联。有一件圆盘是小心地围绕克拉克瓷盘的中心图案截取（图版二，3），而另一件吊坠则保持了克拉克瓷装饰的开光连珠纹饰（图版二，4）。在这些加工选择的细节上，我们看到中国陶瓷的艺术表现如何被纳入以贝饰为中心的米沃克部落物质文化与价值体系中。在没有制陶业的米沃克文化传统中，瓷器成为本土贝饰文化和石器传统的自然延伸，当地社会试图把新的贸易网络带来的物质文化纳入原有文化结构中。

墨西哥巴哈加利福尼亚半岛中部恩塞纳达市（Ensenada）附近海滩上出土的另一艘大帆船遗址也出现景德镇与漳州窑瓷片、景泰蓝、石雕、漆器等中国货物。廿年来，墨西哥国立人类学和历史研究所对恩塞纳达沉船遗址的调查与发掘显示这是一艘船体外包铅片的西班牙大帆船。根据船载蜂蜡被寄生船蛆蛀蚀的情况推知，该船在海滩搁浅一年多以后才在风暴中解体，导致船体碎片和船载物资散落在沿海岸南北延绵约11千米，东西宽约180米的沙滩上，形成陆上沉船遗址。

当地印第安社会对恩塞纳达沉船中国陶瓷的态度与德雷克湾的情况相似。少数景德镇瓷片有被当地印第安人打制为刮削器的痕迹（图版一，3）。尚没有漳州窑瓷器被改制器物的现象，这可能与漳州窑瓷片质地较差和整体数量很低有关。值得注意的是，当肩负考察与拓殖使命的西班牙耶稣会神父康萨格（Father Consag）在18世纪中叶到达此地时，当地印第安人给他展示了中国瓷器，并带他造访了一处散落瓷器的海滩，说明来自这个沉船地点和中国瓷器已经成为当地文化传统的一部分。此后两百多年之后，这个遗址再度被遗忘，直到近廿年的考古发现②。

尚格劳根据这批陶瓷器物种类丰富、质量差别幅度大、图案繁多，并多为中国与

① Arnold, Jeanne E. Transportation Innovation and Social Complexity among Maritime Hunter-Gatherer Societies. *American Anthropologist*, 1995(97): 733-747; Arnold, Jeanne E. (ed.). *The Origins of a Pacific Coast Chiefdom: The Chumash of the Channel Islands*. Salt Lake City. University of Utah Press, 2001.

② Junco, Roberto. On a Manila Galleon of the 16th Century: A Nautical Perspective. Wu Chunming (ed.) *Early Navigation in the Asia-Pacific Region: A Maritime Archaeological Perspective*. Singapore: Springer, 2016: 103-113.

东南亚市场喜闻乐见的主题，如丹凤朝阳纹、火焰纹、山水纹、兰草纹、灵芝纹、螭龙纹、雀上枝头纹凤穿花纹、佛珠纹、人物纹、草书诗文等特征，指出此船货物可能带有大帆船贸易肇始之际的试销特性，代表的是当时亚洲贸易体系内部的货物构成。其中部分为西班牙殖民地和欧洲市场所钟爱，日后成为外销陶瓷的主导纹样。不符合西班牙审美与器用传统的造型，以及成本高昂的五彩瓷器，则在后面的订单中消失。参与发掘并负责整理出土陶瓷的冯·波顿进一步以他和尚格劳在20世纪80年代初对德雷克湾出土陶瓷的断代分析为坐标，指出这艘满载"试销品"的大帆船早于1579年德雷克与米沃克部落的交往[1]。

在这两个前提的堆叠之上，冯·波顿在1565年和1579年之间马尼拉大帆船航行档案中寻找早期失事大帆船的史料证据，将恩塞纳达沉船推定为于1576年失事的"圣菲利普"（San Felipe）号大帆船。此后，新发现的文献记录显示"圣菲利普号"在北太平洋航行途中遭遇风暴受损，并且在试图返回菲律宾的途中沉没。因此，冯·波顿将恩塞纳达沉船重新推定为失踪于1578年的"圣万尼诺"（San Juanillo）号大帆船[2]。

从恩塞纳达沉船船名归属的变更可以看出，对沉船年代的判断始终基于两个前提——德雷克船长1579年造访德雷克湾，部分当地出土中国陶瓷为德雷克船长所遗留。无论是美国西岸历史考古对德雷克船长登陆地点的判定，还是现有中国陶瓷年代分期，两个前提都远非坚实。从考古学角度来看，今天唯一确凿的年代标尺是1595年沉没在德雷克湾的"圣奥古斯丁"号大帆船。由于德雷克船长在加州殖民地历史上的独特意义，冯·波顿和尚格劳两位学者对这个标尺的坚持，已经超越了考古材料所能支持的辨析度。无论是16世纪晚期的景德镇陶瓷考古，还是世界各地沉船陶瓷分期，都并不足以支持这种完全史料化的解读。船载货物的变化也不一定遵循尚格劳所提出的线性轨迹。因此，在何种程度上恩塞纳达沉船代表马尼拉大帆船贸易初期考古遗迹，尚不可确知。

翁彦俊对出土1620件瓷器残片的分析显示船载陶瓷以景德镇产品为主，与德雷克湾遗址出土陶瓷组合特征相似[3]。其中，生产成本较高的景德镇五彩产品在恩塞纳达沉船的瓷器货物中占13%，而同类产品在景德镇落马桥窑址出土晚明瓷片中则占比不到百分之一。漳州窑产品仅26件，如果沉船事件的确发生在16世纪70年代，那么这批产品对了解漳州窑业的发端有重要意义。

四、结　　语

陶瓷是探索传统的亚洲贸易网络向近现代全球贸易格局转折的重要参照物——考古发现的外销瓷不仅提供了长途贸易的证据，同时承载了社会关系和政治结构的变

---

[1] Von der Porten, Edward. Sixteenth-Century Manila Galleon Cargos on the American West Coast and a Kraak Plate Chronology. Wu Chunming (ed.) *Early Navigation in the Asia-Pacific Region: A Maritime Archaeological Perspective*. Singapore: Springer, 2016: 115-145.

[2] Von der Porten, Edward 2016.

[3] 翁彦俊、李旻：《关于墨西哥恩塞纳达沉船出水中国瓷器的调查及相关思考》，《故宫博物院院刊》2020年9期，108～122页。

迁，作为物质文化参与缔造近现代社会风貌。欧洲贸易势力对印度洋和东亚贸易网络的渗透为由中国、印度、阿拉伯世界和东南亚国家所构筑与主导的亚洲贸易体系带来一系列变化。16世纪晚期，美洲的低价白银经由马尼拉源源不断地流入中国，给原有的亚洲贸易网络增加了跨太平洋的纬度。海外市场的扩大导致闽南沿海贸易瓷生产再次出现生产高峰。景德镇陶瓷业与新兴的漳州陶瓷业形成了针对不同市场的分工生产。从考古学视野观察自宋元以来窑业技术发展与产品分布，我们可以清楚地看出闽南陶瓷业独特历史传统和延续性。

在中国朝贡贸易制度之外，闽南民间商业势力积极参与了传统的亚洲贸易网络和早期全球贸易体系的塑造。即使在漳州窑核心区窑业生产因康熙迁界衰落，位于九龙江上游的东溪窑保持了漳州窑业传统，并在海禁废弛之后复兴。在月港淤塞、厦门港兴起的大背景之下，厦门成为清代中晚期东溪窑产品出口的主要港口，其产品遍及世界各地，特别是19世纪华工与华侨的聚居地，因此成为研究近代历史的物质文化遗存。

中国陶瓷贸易的扩大使墨西哥、秘鲁、西班牙、漳州、日本、葡萄牙、菲律宾和荷兰在这一全球化进程中紧密相连。作为中国陶瓷制品外销的大宗，景德镇和漳州窑业产品为研究东亚、东南亚、印度洋、美洲、欧洲贸易特征提供了重要考古材料，并帮助我们探索全球化对本地社会的影响和殖民化过程中的多样体验。在这些跨文化流通中，中国陶瓷并非简单的贸易品，而是在不同社会中具有复杂而微妙的含义，它们既可以是实用的又可以是仪式的器物，以各种不同的方式塑造着早期全球化物质文化的特征。德雷克湾和恩塞纳达两个沉船遗址出土的中国外销陶瓷以及当地印第安社会对这些陶瓷碎片的再生利用共同显示，中国陶瓷以物质文化的方式参与了各地原住民社会与欧洲殖民势力之间的跨文化交往，成为不断扩大的早期全球化考古中两个独特范例。

菲律宾经历了从13世纪亚洲贸易向近现代以西方为主导的世界体系的转折。它在亚洲跨太平洋航路上的地理优势，使其在16世纪全球贸易开始后成为连接东亚、东南亚、美洲和欧洲的桥梁。在那些远离殖民中心和贸易港口的洞穴墓葬中，漳州窑产品的出现揭示这些社会并没有独立于全球贸易与西班牙殖民扩张的影响之外。因此，漳州窑产品在欧洲之外的海外市场中占据的主导位置成为早期全球化考古的标志性器物。未来针对印度洋航线上漳州窑产品分布特征的考古学研究，将会给全球贸易考古提供另一个重要视角。

　　附记：本文在2010年第三届世界闽商大会上提交的论文《早期全球贸易与福建陶瓷考古：太平洋航线上的漳州窑陶瓷》基础上根据近十年的研究成果增补完成。原文收入栗建安主编会议论文集考古卷《考古学视野中的闽商》（中华书局，2010年）。感谢栗建安先生、爱德华·冯·波顿先生和美国国家公园管理局雷斯岬国家海岸公园工作站对这项研究提供的学术支持。

Archaeology of the Early Global Trade: Zhangzhou Ceramics Discovered along the Trans-Pacific Trade Route

Li Min

(University of California, Los Angeles)

Abstract: This study explores the archaeology of early global trade by analyzing the production of Zhangzhou ceramics at their kiln sites, their export on shipwreck cargos, and their consumption based on archaeological remains excavated from communities involved in the early global trade from the Philippines to the Americas. It seeks to answer these questions: How did the transition from the traditional Asiatic Trading Network to the Early Global Trade Network during the late sixteenth century take place? How the different societies that involved in the early globalization process experience this change? In the context of trans-Pacific trade between East Asia and the Americas, this paper focuses on the activities of merchant groups, production organization, consumption patterns, and cultural changes in the process of early globalization. Working from the perspectives of ceramic archaeology and settlement archaeology, it documents the evolution of trade networks as well as the diverse responses to early global trade and European colonization by the local communities along the trans-Pacific trade route.

Key words: archaeology of early global trade, kraak porcelain, Manila Galleon, Zhangzhou ceramics, Jingdezhen

昌邑辛置墓地出土明代买地券发微[*]

李宝军

（山东省文物考古研究院）

内容提要：昌邑辛置墓地是近年来山东明清墓葬资料的一次集中刊布。墓地出土的两方明代买地券对于研究明代山东地方葬俗具有重要意义。本文通过对两方买地券的讨论，辨明了孙氏买地券属昌邑望族道昭孙氏，并对明代双券型买地券进行了初步梳理，认为傅逵买地券书写格式有别于常见买地券，但仍属当时流行的单券型买地券。傅逵买地券对于探讨明代北方地区流行的双券型、单券型买地券具有重要价值。

关键词：辛置墓地　买地券　地方葬俗

　　视死如生是中国古代的丧葬传统，早在先秦时期，就已经形成了一套完备的丧葬礼仪制度。汉代时刻有死者生平事迹的墓碑开始出现，自南北朝起，墓志始大行于天下，延续千年，成为后世了解先人的重要物证。除墓碑、墓志外，描述逝者生平的标识物还有旌铭、买地券等。

　　买地券是中国古代丧葬礼仪中的重要明器，汉代即已出现，迨至明清时期，在中下层墓葬中广泛流行。买地券材质以陶为主，也有用石者，券文一般用利器刻划，亦有用朱砂或墨书写者，券文内容虽多为格式化书写，但其中蕴含有墓主籍贯、下葬地点、葬俗等信息，对于研究古代乡里制度、民间信仰、丧葬风俗等具有重要意义。

　　新近出版的《昌邑辛置：2010～2013年墓葬发掘报告》，煌煌四巨册，公布周、汉、明、清墓葬964座，为近年来山东墓葬考古之重要发现。尤为可贵的是，报告全面公布了147座明清墓葬的资料，这是山东明清考古资料的一次集中刊布。辛置墓地明代墓葬共出土陶质买地券三方，其中两块朱书内容较为清晰，另一块则磨灭不清，这两方买地券对于研究明代山东地方葬俗具有重要价值，迄今尚未引起学界关注，今结合相关资料，试做分析。

一、买地券出土概况

　　三方买地券分别出土于M842、M698、M949，其中M842为土坑竖穴砖室双室墓，

---

* 本文系2021年度山东省人文社会科学课题"山东运河碑刻整理与研究"（2021-JCLS-04）的阶段性成果。

买地券作正方形，素面，出土于墓葬东室壁龛内[1]，也即男性墓主东侧的壁龛内。报告云未见文字痕迹，因买地券多为朱书或墨书，可能文字早已风化磨灭。M698为长方形竖穴土坑带券顶砖椁墓[2]，出土男女人骨各一具，二次葬，买地券出土时竖放于北壁中部的壁龛内，位于墓主头端，偏男性墓主一侧。M949为长方形竖穴土坑浇浆墓[3]，出土人骨四具，女三，男一，二次葬，买地券出土时嵌立于东壁壁龛内，位于男性墓主头端。可见，辛置墓地出土买地券埋放特征较为明显，一般置于男性墓主的头端，这一点应与传统社会中的男尊思想有关。上述三墓均未出土墓志，也侧面说明了墓主级别不高，买地券似有作为墓志替代品的意义。

二、孙氏买地券

该券出土于M698，为汉代铺地砖改制而成，作正方形，面有朱书边框，券文楷书，朱砂书写，文字间有界格，为从右向左竖直书写，文字多有漫漶不清之处，移录如下[4]（图版三，1）：

维正德十五年岁次庚辰叁月己丑朔越□日……………………………………………/
昌邑县忠孝乡辛营社人孙□孙□□□□祖父母…………………后□于正德/
捌年柒月初八日故，葬送俱托□土，未得实…………………………………/
捌月之首五之辰，已将祖父母之骨殖□□。另行创置茔兆一所……………/
不遑所厝，令日者择此高源……………………………………吉地……/
本县住宅正西偏南之源现为吉地。出价钱……千玖佰玖…………贯/

文买到墓地一方，南………………………东西阔………………………/

虎，南至朱雀，北至玄武…………………四…………………………/
路将军，齐整阡陌，致使千年百载…………………………………/
于恩荣其地。若有干犯，并令将军亭长缚付河伯，今备牲牢酒脯，百味香新，共为/
信契。财地交相，各已分付。令工匠修茔，安厝以后…………………/
知见人岁月主，代保人今日直符。故气邪精……………………………永/
避万里。若违此约，地府主吏，自当其祸。助葬主里外存亡，悉皆/

---

[1] 山东省文物考古研究院、昌邑市博物馆：《昌邑辛置：2010~2013年墓葬发掘报告》（第三册），文物出版社，2021年，1125页。

[2] 山东省文物考古研究院、昌邑市博物馆：《昌邑辛置：2010~2013年墓葬发掘报告》（第三册），文物出版社，2021年，1114页。

[3] 山东省文物考古研究院、昌邑市博物馆：《昌邑辛置：2010~2013年墓葬发掘报告》（第三册），文物出版社，2021年，1132页。

[4] 蒙何德亮先生谬识，《昌邑辛置：2010~2013年墓葬发掘报告》中的买地券铭文由笔者释读，重新翻检之下，发现由于笔者失误，部分铭文有误释、漏释，今重新一一加以核正，此处券文为重新校正，下文傅逵买地券同此。

安吉。急急如五帝使者女青律令。/

券二本。一本奉付后土，一本乞付墓中。令祖父……收……身永远/

照用。今分券背上书合同二字，故气伏尸永不侵争………………/

正德拾伍年叁月初捌日………………/

此券叙述格式与《茔原总录》所记类似，由券文知，此券乃孙氏兄弟葬祖父母之用，孙氏兄弟名讳已不可考，但从买地券上可辨为单字，上有一"曰"字旁。

辛置墓地南部即为昌邑望族道昭孙家的祖墓地，其地原有封土数十座，"文革"中悉数平毁，墓上神道之牌坊、石翁仲等亦佚失。道昭孙氏源出乐安孙氏，元末明初因兵燹流寓昌邑，因而落籍，已有孙洪神道碑[1]、孙昂墓志[2]、孙垦墓志[3]等出土，综合现有道昭孙氏出土碑志，可知其谱系如下：

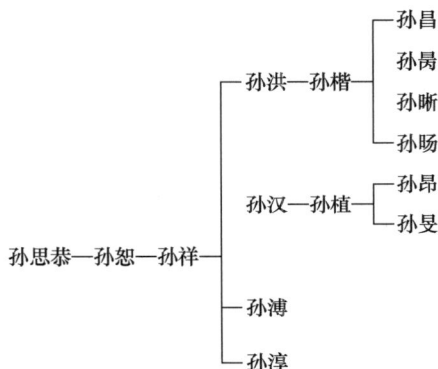

孙氏买地券之孙□孙□兄弟，名字均为"曰"字旁，或为孙昂之同宗，推测孙氏买地券之孙氏兄弟应与孙昂同辈，亦为道昭孙氏之族人。

三、傅逵买地券

买地券出土于M949，作正方形，面有边框，券文楷书，朱砂从左向右书写，文字间有界格。本券书写格式不同于常见的从右至左，《昌邑辛置：2010～2013年墓葬发掘报告》亦按从右至左格式誊录，细审原券，实为从左至右书写，今将券文重新隶正如下（图版三，2）：

维嘉靖二十八年岁次己酉四月庚子朔越念二日辛酉，莱州府平度州昌邑县居/

信乡礼义社人孝子傅世勋等，伏奄逝父亲傅逵，改卜创立茔兆一所，凤夜忧思，/

---

① 王蔚成：《昌邑文化博览》，齐鲁书社，2000年，267、268页。

② 潍坊市博物馆、昌邑县图书馆：《山东昌邑县辛置二村明代墓》，《考古》1989年11期，999～1005页。

③ 王君卫、徐晓宁：《昌邑市博物馆藏明代孙垦墓出土滑石器》，《文物》2019年8期，85～96页。

不遑所厝。择令日者卜此冢，坤方迁立茔兆，巽山发龙过脉，巳山为主贪狼星来潮。/

水出巽方。夹带丙山龙脉，此水来去潮迎。地属西南阁之原，堪为茔兆。已备银钱九千/

九百文买到墓地一亩一分，南北长一十五步，东西阔一十步，计积二十五步。东西入甲庚穴，南北/

入壬丙穴。四兽捧穴俱全，东至青龙，西至白虎，南至朱雀，北至玄武。内方勾陈，四域，丘承（丞）/

墓伯，封界畔。道路将军，齐整阡陌。致使千秋百载，永无殃咎。若有干犯，并令山川神，其/

缚付直符。今以酒脯丝帛致拱（供），为墓契。各已分付。工匠修茔，安以后，子孙永吉也。/

故契邪神，不得干扰。先有为者，永避万里。地府主使，自当其咎。吾帝使者，女清律令。/

券立二本：一本奉/

后土阴君之神。一本给付墓中亡人傅逮，收把付身永为照用，须至券者，/

右给付显考傅逮执照/

代保人：时直胜光之神/

　　　　　日直传送之神/

　　　　　月直从魁之神/

　　　　　年直神后之神/

嘉靖二十八年四月二十二日立/

此券叙嘉靖二十八年（1549）傅世勋为其父傅逮作买地券事。券文提到孝子傅世勋为居信乡礼义社人，居信乡乃昌邑北鄙，辛置属西鄙，或傅氏原籍于此。出土买地券的M949西侧为M950，两墓形制相同，或为傅氏同宗墓葬，惜未出土可证材料。

傅逮买地券券文内容基本照搬《茔原总录》《三元总录》，上述两书作为流行于明代的阴阳书，是当时丧葬活动的指南，但券文在书写时多有省略，以致有些地方难以读通，如"内方勾陈，四域，丘承（丞）墓伯，封界畔"，应为"内方勾陈，分掌四域，丘承（丞）墓伯，封步界畔"，再如"各已分付。工匠修茔，安以后，子孙永吉也"，应为"财地交相，各已分付。工匠修茔，安竣（厝）以后，子孙永吉也"。

傅逮买地券书写格式不同于以往流行的从右至左方式，而是从左至右书写，此种书写格式较为少见，据段立强统计，明代130方买地券中，仅有17方为从左向右书写[①]。此类书写格式，宋代即已出现，泰州出土的北宋宣和五年（1123）蒋师益买地券即如此，该券为木质，书写格式为从左向右，自上而下[②]。对于这种书写方式，有学

① 段立强：《明代买地券研究》，哈尔滨师范大学硕士学位论文，2020年，16页。

② 曹冬梅、王为刚：《江苏泰州出土买地券浅释》，《泰州职业技术学院学报》2015年4期，56～60页。

者认为买地券乃供神明之用，神明阅读顺序与凡人不同，从左向右书写乃是区别于凡人，方便神明阅读[1]。也有学者认为此类反常书写者，多为双券类型买地券，即买地券分左、右两件且内容一致，但书写格式有别，一件为从左向右书写，另一件为从右向左书写，书写格式取决于墓主持有左券或右券[2]。

《三元总录》卷三"立券文契"云："堂券从左边写，墓券从右边写……券立二本，一本奉上后土地祇，一本给付墓中亡过立祖某人收执，准伏付身永远照用。今分券背书又立合同二字，故气伏尸，永不侵争。"[3]据此，凡立券应有二本，一本用于供奉后土神祇即堂券，一本归墓主收执即墓券，二本书写格式王好相反，且券背分书"合同"二字。追溯堂、墓券的分别，最早应在宋金时期。据流行于宋金时期的阴阳书《地理新书》记载，买地券有两块，一块埋于明堂位心，一块埋于墓中枢前，考古实例见于山西汾阳东龙观金明昌六年（1195）王立墓。王立墓出土买地券两方，分别出土于墓室及明堂内，两方买地券内容一致，但书写格式均为从右至左、由上及下[4]。

按照《三元总录》的说法，交付后土神祇的堂券，应埋于墓前的明堂遗迹中，由于明堂遗迹考古发现者不多，故此类买地券少有发现。而且很多墓地可能不设明堂，亦无从寻找，有些双券墓可能采取折中的办法，把堂券、墓券都埋于墓室中。明代堂券、墓券考古同出者极少，目前发现者均置放于墓中，如北京出土正德十年（1515）太监王佑买地券[5]。王佑墓券系石质，分刻两石，额题均为"明故御马监太监王公茔券"，一方从右至左书写，落款为"明堂黄道生气之神"；另一方从左向右书写，落款为"左给付御马监太监王公讳佑收执"，券末书"合同为照"左半部分，其中"合同"二字为合文。显然，王佑墓出土的两方买地券的写法与《三元总录》记载不一致。买地券中书"左给付"者仅王佑墓一例，有学者据此认为此系左券。因古时书写格式为从右向左、自上而下，名"右"者乃是对前面书写内容而言，"右给付"乃当时行文的通用写法，当时的契约文书均作如此写法。同理，王佑买地券中的"左给付"亦相对于前面的书写内容而言，非左右券之左。右券亦是指前文而言，非左右两券之右券，如合肥出土嘉靖四十二年（1563）蔚囗为妻伦氏买地券云"右券二本：一本奉付后土，一本付墓中，令亡妻伦氏付身永远照用"[6]。

出土双券者还有万历四十四年（1616）田应敖墓券[7]，亦出土于北京，据拓片该券应是分刻于两石，一石似为堂券，券右侧直书"顺承天效法厚德光太后土皇地祇"，左侧直书"昔故田公讳应敖启迁茔地俱同土府书字"，中间为咒文，右下角刻"合同"二字合文。另一石额题"阳券文"，内云"券立二本，一本奉付后土，一本给付亡人田应敖左手收执"。

① 〔美〕韩森著，鲁西奇译：《传统中国日常生活中的协商：中古契约研究》，江苏人民出版社，2008年，523页。
② 段立强：《明代买地券研究》，哈尔滨师范大学硕士学位论文，2020年，17页。
③ （明）柳洪泉：《三元总录》（卷三），世界知识出版社，2010年，220页。
④ 山西省考古研究所、汾阳市文物旅游局、汾阳市博物馆：《汾阳东龙观宋金壁画墓》，文物出版社，2012年，88、89页。
⑤ 北京图书馆金石组：《北京图书馆藏中国历代石刻拓本汇编》（第54册），中州古籍出版社，1989年，22、23页。
⑥ 汪炜、赵生泉、史瑞英：《安徽合肥出土的买地券述略》，《文物春秋》2005年3期，61~66页。
⑦ 北京图书馆金石组：《北京图书馆藏历代石刻拓本汇编》（第59册），中州古籍出版社，1989年，88、89页。

双券者又有把堂、墓券内容合刻于一处的，称"鸳鸯券"。如陕西洛川出土天启七年（1627）宋法买地券，该券为半圆形石，额题"敕令鸳鸯地券□"，其下内容一式两份，两份券文内容相同，仅书写格式有别，右侧券文从右至左刻书，左侧券文从左至右刻书，中间刻有"合同"合文。券文中提到"券立二本，一本给墓中后土，一本令亡人宋法收执"[①]。

另一种形式虽为两券，但书写格式一致，均为从右至左。如天顺八年（1464）黄宗吕买地券，一式二方，一方额题曰"明堂"，一方额题曰"墓契"，两券正文书写格式一致，均为从右至左，唯落款处不同，明堂券作"右奉付后土"，墓券作"右给付右副使黄宗吕收把，准备付身，永远照用"[②]。

目前考古发现的明代买地券以单券型居多，即仅有墓券，傅逵买地券正是如此，同样的还有嘉靖三十一年（1552）诰封夫人栗氏墓立券碑[③]、万历三年（1575）荆文德买地券[④]，均为从左至右书写。

除供奉后土神祇外，也有称"地府主吏"者，如上海出土万历十八年（1590）陈万理买地券，云"□左券一本，□供圹中付地府主吏者，百年后□还执照"[⑤]。

按《茔原总录》《三元总录》记载，此类买地券背面应刻、写有骑缝"合同"二字，两券"合同"可合二为一。背后刻、写"合同"者考古发现者有金大定二十九年（1189）邢元泽为祖父邢禹买地券、元宪宗八年（1258）冯三翁买地券、明景泰五年（1454）成敬墓买地券。邢元泽为祖父邢禹买地券券背面阴刻"合同分券"四字，存左半部分，正面涂朱刀刻券文[⑥]；焦作出土的元宪宗八年（1258）冯三翁买地券背面阴刻"合同契券"半字[⑦]；西安出土明景泰五年（1454）成敬墓买地券背面书"合同"二字合文[⑧]，字体完整。凡有"合同"字样者，更多的是在正面券文末尾刻或写骑缝"合同"合文，亦有作"合同为照"者，如前揭王佑买地券；或作"合同地券一道"者，如广州出土的南汉大宝五年（962）马氏二十四娘墓地券[⑨]。

明代买地券背面骑缝"合同"合符者迄今未见发现，正面"合同"合符者有隆庆二年（1568）宋秀为父宋淳、母陶氏买地券[⑩]。券为石质，两方，两石各有"合同"半字，第一方从左至右书写，券末书"右券给付先考宋公淳、妣陶氏收执"，第二方从右至左书写，券末书"右券上奉□氏之神"。

① 刘忠民：《陕西洛川出土明代〈宋法墓志〉及买地券释读》，《碑林集刊》（13 辑），陕西人民美术出版社，2008 年，109～113 页；苑志鑫、段熔：《明〈宋法买地券〉补释》，《兰台世界》2021 年 3 期，159、160 页。

② 中国文物研究所、北京石刻艺术博物馆：《新中国出土墓志汇编·北京卷》（上册），文物出版社，2003 年，377、378 页。

③ 刘泽民：《三晋石刻大全·长治市长治县卷》，三晋出版社，2012 年，92 页。

④ 郑州市文物考古研究院：《郑州黄岗寺明墓发掘简报》，《东方博物》（第 31 辑），浙江大学出版社，2009 年，88～93 页。

⑤ 张乃清：《上海市闵行区碑刻资料集》，中西书局，2017 年，71 页。

⑥ 闫建春、石俊贵：《托克托县发现金代买地合同分券》，《内蒙古文物考古》1998 年 1 期，50～53 页。

⑦ 河南省博物馆、焦作市博物馆：《焦作金代壁画墓发掘简报》，《中原文物》1980 年 4 期，1～6 页。

⑧ 铜川市考古研究所：《陕西铜川明内官监太监成敬墓发掘简报》，《考古与文物》2017 年 5 期，26～36 页。

⑨ 曹腾騑：《广东出土买地券综述》，《广东省博物馆集刊·1999》，广东人民出版社，1999 年，51 页。

⑩ 端方：《陶斋藏石记》卷四四，《石刻史料新编》第 1 辑第 11 册，台北新文丰出版公司，1982 年，8428 页。

四、结　语

　　傅逵买地券所代表的单券型买地券为考古所常见，惟书写格式少见。通过梳理此类买地券，知该类买地券流行于北方地区，分堂券、墓券两种，墓券又称阳券、墓契，不同于地理葬书分埋明堂、墓室的记载，目前考古所见者双券或同埋一室或同刻一石，书写格式也有较大的差异。除了买地券外，昌邑辛置墓地明代墓葬还随葬有镇墓石与镇墓瓦，均是当时流行的葬仪明器，为我们观察明代山东地方葬俗提供了一个很好的视角。买地券券文虽千篇一律，格式化较强，但傅逵买地券书写格式与传统有别，为我们探讨明代双券型、单券型买地券提供了重要资料。

Study on the Land Purchase Certificates of Ming Dynasty Unearthed in Tombs at Xinzhi in Changyi

Li Baojun

(Shandong Provincial Institute of Cultural Relics and Archaeology)

Abstract: Data of tombs at Xinzhi in Changyi is a centralized publication of the Ming and Qing Dynasties in Shandong in recent years. The two land purchase certificates unearthed in the tombs are of great significance to the study of local burial customs in Shandong in the Ming Dynasty. Through the discussion of the two land purchase certificates, this article confirms that the certificates bought by the Sun family in Daozhao village, a famous family in Changyi, and preliminarily combs the double land purchase certificate in the Ming Dynasty. This paper believes that Fu Kui's writing format of the land purchase certificate is different from that of common certificates, but it is still a popular single land purchase certificate type at that time. Fu Kui's land purchase certificate is of great value in exploring the popular double and single certificates in northern China in the Ming Dynasty.

Key words: tombs at Xinzhi in Changyi, land purchase certificate, local burial customs

上王遗址新石器时代植物遗存研究*

郑晓蕖[1] 李永宁[2] 丁风雅[2] 陈宗瑞[3]

（1.上海大学文化遗产与信息管理学院；2.宁波市文化遗产管理研究院；
3.中国社会科学院考古研究所）

内容提要：上王遗址是一处包含河姆渡文化晚期和良渚文化早期遗存的新石器时代遗址。通过对其植物遗存的统计、分析，发现在河姆渡文化晚期，稻作农业已十分发达，并延续至良渚文化时期。对水稻的农耕、收割均显示出农业基层聚落的特点。从发现情况推断，该遗址对野生植物的利用以少量菱、芡实、葡萄、梅和葫芦为组合，已仅作为辅助，并放弃了对橡子的利用。杂草组成也显示出遗址是以水生植物资源为主的平原环境。根据遗迹现象与植物遗存的分布情况，可推测从河姆渡文化到良渚文化晚期，遗址发掘区可能存在从生活区边缘转变为水稻加工场地的现象，并存在人工清理地面植被的活动，由此构建了一幅史前小型农耕村落的生动景观。

关键词：上王遗址 植物遗存 生业模式 农业景观

上王遗址位于浙江省宁波市奉化区方桥街道，距离名山后遗址、下王渡遗址距离均较近。2018年，为配合宁波市第一医院异地一期建设工程项目，宁波市文物考古研究所、奉化区文物保护管理所、中国人民大学，联合对遗址Ⅰ区进行了发掘，发掘面积约1000平方米，发现了丰富的史前文化遗存及部分历史时期遗存。遗址主要包含有河姆渡文化晚期、良渚文化早期和宋元三个时期的遗存。从出土遗物来看，河姆渡文化遗存相对年代属于河姆渡文化四期偏晚阶段，其上直接叠压有良渚早期遗存，是一处持续使用的史前聚落遗址[1]。

自河姆渡文化发现以来，目前已有数十处遗址进行过系统的调查、发掘工作。以此为基础，学者对河姆渡文化的分布、演变、生业模式、环境变迁等方面均有较多讨论。前期考古发现与研究主要集中于姚江流域、四明山一带及东部沿海地区，这一带遗址多依山傍水，生业模式也常以开发山林和海洋资源为重要手段。而奉化江流域的发展与之不同，得益于海平面的波动，这里发现了一批如下王渡、上王遗址等较为分

---

* 本文得到国家社科基金青年项目"淮河中下游新石器时代晚期生业模式的植物考古学研究（批准号19CKG027）"资助。

① 宁波市文物考古研究所、中国人民大学考古文博系、宁波市奉化区文物保护管理所：《浙江宁波奉化方桥上王遗址2018年发掘简报》，《南方文物》2020年1期，36～45页。

散、单个遗址聚落面积较小的旷野类聚落。其中，上王遗址发掘区域的河姆渡文化地层中，发现有木构道路及围栏，推测可能为遗址生活区通向外界的交界区域，是考察、研究河姆渡文化晚期小型聚落植物景观的理想区域。此外，上王遗址史前遗存年代处于河姆渡文化晚期到良渚文化的过渡阶段，是稻作农业达到顶峰前的关键时期。因此，对上王遗址植物遗存的研究不但有助于了解不同环境下聚落先民的生业模式、聚落环境和农业活动，更可探索遗址的使用过程及农业景观的历时性转变。

一、采样与提取

本次发掘浮选样品的采集主要使用针对性采样法，样品单位主要来自灰坑和部分地层。共采集浮选样品64份，样品量共计170.5升。其中，河姆渡文化时期样品采集于遗址第4层木构道路两侧地层、灰坑和第5层，共计39份，样品量为86.5升。良渚文化时期样品采集于遗址第3层和灰坑，共计25份，样品量为70升。

浮选工作是在考古发掘现场进行的，所用方式为小水桶浮选法，收集轻浮的筛网孔径为80目（0.2mm）。轻浮样品阴干后送至上海大学考古实验室进行处理、分类、鉴定、拍照和统计分析。

二、结果与分析

上王遗址浮选所获得的可鉴定植物遗存十分丰富，可分为炭屑、植物种子、果实和小穗轴四类。其中大于1mm的炭屑被单独收集、称重以便进一步分析。样品整体炭屑含量较高，共计169.02 g，但在不同地层和遗迹中则差异较大，其中以遗址第4层最为丰富，发现有119.8 g；其次为第3层，有48.47 g；第5层最少，仅有0.74g。除炭屑外，共获得植物种子1017粒，分属于12个科15个种/属，可分为农作物、野生植食资源和杂草三大类。其中农作物发现有水稻（*Oryza sativa* L.）和粟（*Setaria italica* L.）两种，并以水稻为大宗，数量和出土概率均极高（表一）。水稻遗存中除炭化稻米外，另有两粒饱水保存的颖果，颜色鲜亮且较为完整，发现自遗址的第4层。与此同时，水稻小穗轴在遗址第4层中也大量出现，共发现有4617个，其中包括河姆渡文化时期的1505个和良渚文化早期的3112个。

表一　上王遗址植物遗存绝对数量及出土概率

植物资源	植物种属	河姆渡（N=39）		良渚（N=25）	
		绝对数量	出土概率	绝对数量	出土概率
农作物	水稻（整）	112	43.6%	82	48%
	水稻（残）	210	33.3%	254	80%
	小穗轴	1505	64.1%	3112	72%
	粟	1	2.6%	5	16%

续表

植物资源	植物种属	河姆渡（N=39）		良渚（N=25）	
		绝对数量	出土概率	绝对数量	出土概率
植食资源	菱	9	15.4%	15	28%
	芡实	1	2.6%	1	2.6%
	葡萄	1	2.6%		
	梅	3	2.6%	4	8%
	块茎	2	2.6%		
	葫芦	22	5.1%	3	8%
杂草	豆科	3	5.1%	1	4%
	禾本科			2	8%
	狗尾草	2	5.1%	5	4%
	眼子菜	21	10.3%		
	莎草科	228	46.2%	7	20%
	金鱼藻	1	2.6%		
	狐尾藻	26	12.8%	1	4%
	藨草	2	5.1%		
	蓼科	12	12.8%		
	紫苏	2	5.1%	1	4%
	葎草	2	5.1%		

野生植食资源的种子包括菱（Trapaceae）、芡实（*Euryale ferox*）、葡萄（*Vitis vinifera* L.）、梅（*Armeniaca mume*）和葫芦（*Lagenaria siceraria*）（图一），作为食谱的丰富性补充。其中菱和芡实是宁绍平原新石器时代先民重要的淀粉质野生植物资源[1]，葡萄、梅和葫芦则均为长江中下游常见的瓜果类植物，在其他河姆渡时期遗址中也多有发现[2]。但值得指出的是，在其他河姆渡文化时期遗址，例如田螺山、乌龟山等遗址中大量被发现的栎果果壳在上王遗址中没有发现[3]。

杂草发现有禾本科（Gramineae）、豆科（Leguminosae）、莎草科（Cyperaceae）、蓼科（Polygonaceae）、眼子菜科眼子菜（*Potamogeton distinctus* A. Benn.）、金鱼藻科金鱼藻（*Ceratophyllum demersum* L.）、小二仙草科狐尾藻（*Myriophyllum verticllatum* L.）、紫苏（*Perilla frutescens* L.）、桑科葎草（*Humulus scandens*）和少数无法鉴定的炭化种子遗存。总体来说，上王遗址的杂草发现多数属于一年生或多年生水生草本，生境为池塘、沼泽、河沟和湿地，仅有少数几种为陆生和林缘杂草。

---

① 潘艳：《长江三角洲于钱塘江流域距今10000～6000年的资源生产：植物考古与人类生态学研究》，复旦大学博士学位论文，2011年，270页。
② 傅稻镰、秦岭、赵志军等：《田螺山遗址的植物考古学分析：野生植物资源采集、水稻栽培和水稻驯化的形态学观察》，《田螺山遗址自然遗存综合研究》，文物出版社，2011年，47～96页。
③ 郑晓蕖：《江淮东部新石器时代晚期到末期植物考古学研究》，中国社会科学院研究生院博士学位论文，2018年，80～105页。

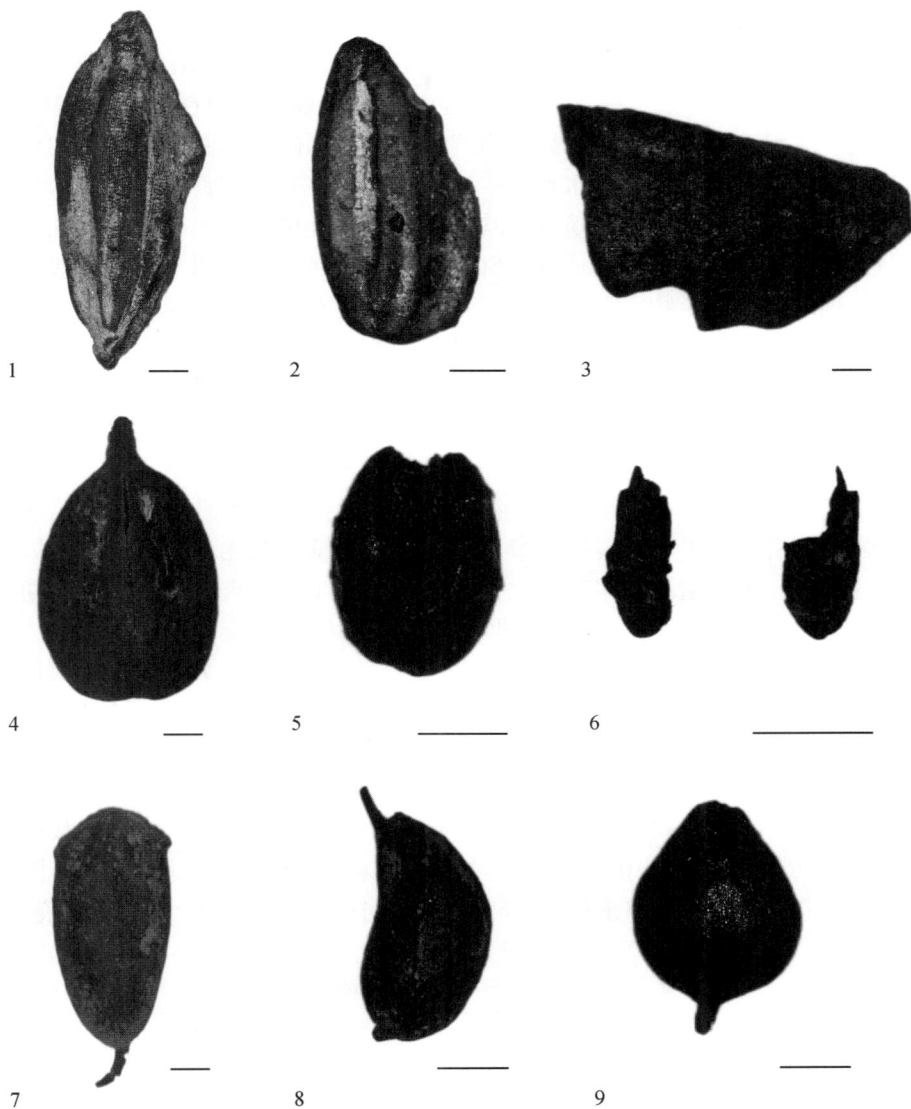

图一 上王遗址大植物遗存（比例尺均为1毫米）

1.饱水保存水稻颖果 2.碳化稻米 3.菱角 4.葡萄 5.粟 6.水稻小穗轴 7.金鱼藻 8.川蔓藻 9.莎草科

三、上王遗址新石器时代的生业模式

对于河姆渡文化和良渚文化时期的生业模式，学者们多认为从河姆渡文化早期到晚期，先民逐渐放弃了采集狩猎，农业活动逐步占据了越来越重要的地位[①]。河姆渡文化跨度长达千年，其采集、利用、消费植物资源的模式也是逐渐转变的。从田螺山、鱼山遗址的研究结果看，大约在河姆渡第二期，对橡子的利用也逐渐从消费转向备荒

① Fuller D. Q., Qin L. Declining oaks, increasing artistry, and cultivating rice: the environmental and social context of the emergence of farming in the Lower Yangtze Region. *Environmental Archaeology*, 2013, 15(2): 139-159 ；北京大学考古文博学院、浙江省文物考古研究所：《田螺山遗址自然遗存综合研究》，文物出版社，2011年，47～107页。

式的储存，第二三期之间也逐渐放弃了以菱为主要对象的淀粉来源[①]。进入良渚文化时期，稻作农业已臻于成熟，并达到了史前时期的顶峰，其丰富的粮食储备、广袤的水田、巨大的城市、水利建设工程及复杂的社会构架都是以发达的农业生产为基础的[②]。

上王遗址河姆渡文化时期遗存属于河姆渡文化晚期阶段，并多受崧泽文化晚期的影响。从发现的植物遗存来看，水稻这一时期已是最主要的主食来源，稻米和基盘的绝对数量和出土概率在所有植物遗存中均为最高。遗址中水稻遗存也多发现于河姆渡文化时期道路两旁，而并非房址或灶等常见食物加工区域，说明水稻在该遗址可能已经不是一种难以获得的植物资源。目前遗址发掘面积有限，尚未找到水稻田。上王遗址作为一个小型基层聚落，我们推测其获取食物的方式很可能是自给自足，其稻作农业生产已可支持其聚落人群的食物需求。

到良渚文化时期，上王遗址稻作农业则有进一步发展的态势，小穗轴的数量远高于河姆渡时期（发现良渚时期小穗轴3112个），稻米的出土概率也更高（良渚时期稻米出土概率高达80%）。小穗轴作为水稻加工的副产物，其大量出现说明了水稻在这一时期高强度消费。良渚文化时期，奉化江流域并非良渚文化分布的中心区域，处于较为外围的区域。上王遗址中水稻的大量消费则进一步说明进入良渚文化时期，聚落无论等级高低，还是位置偏远，稻作农业均已较为发达[③]。

河姆渡至良渚文化时期是稻作农业发展的关键时期，也处于水稻持续驯化的过程中。从过往对水稻尺寸的研究中，一般认为随着驯化的发展，尺寸会趋向于增大[④]，但本文通过对上王遗址河姆渡文化四期及良渚文化早期完整的112个稻米样品进行测量及统计分析，发现河姆渡文化四期的水稻在长、宽、厚和饱满程度上都高于良渚文化早期的稻遗存，其尺寸的离散性则差异较小。如果对结果进行t检验，以检测数据是否具有可比较性，以常用的P小于0.05作为差异显著的标准[⑤]，便可发现除稻米长度外，其宽、厚、长宽比及长、宽、厚乘积均有较高的可对比性，具有统计学意义（表二）。

表二　上王遗址水稻遗存测量t检验结果

	长（L）			宽（W）			厚（T）			L/W	L×W×T（mm³）	N
	$\overline{X}$（mm）	范围（mm）	σ	$\overline{X}$（mm）	范围（mm）	σ	$\overline{X}$（mm）	范围（mm）	σ			
河姆渡文化时期	4.87	3.96～6.34	0.471	2.81	2.10～3.71	0.367	2.09	1.29～2.83	0.296	1.75	29.16	65
良渚文化时期	4.65	3.97～5.64	0.435	2.47	1.84～3.25	0.287	1.85	1.24～2.55	0.275	1.89	21.76	47

注：X=平均值，$σ$=标准差，N=样本数

① 郑晓蕖、孙国平、赵志军：《田螺山遗址出土菱角及相关问题》，《江汉考古》2017年5期，103～107页；郑晓蕖、雷少、王结华等：《宁波鱼山遗址浮选结果及分析》，《农业考古》2019年6期，21～27页。
② 郑云飞：《良渚文化时期的社会生业形态与稻作农业》，《南方文物》2018年1期，93～101页。
③ 袁靖、潘艳、董宁宁等：《良渚文化的生业经济与社会兴衰》，《考古》2020年2期，83～92页。
④ Fuller D. Q., Qin L., Zheng Y., et al. The domestication process and domestication rate in rice: spikelet bases from the Lower Yangtze. Science, 2009, 323(5921): 1607-1610.
⑤ 周南著，李冬冬、喻明玥译：《给考古学家的统计学：一种常识的方法》，中国社会科学出版社，2021年，180页。

　　对于这种结果，似乎有悖关于农作物驯化过程中尺寸变化趋势认识，但从目前大量长江下游水稻遗存测量数据来看，其改变的阶段是在驯化的前期阶段，早于基盘破碎度的改变[①]。基盘的分类研究显示，到河姆渡文化四期和良渚文化早期，驯化应已达到了较为完善的阶段[②]。上王遗址中，河姆渡文化四期和良渚文化早期的基盘中野生型的比例也均较低，差异较小[③]，故其水稻粒型的数据应并非由于驯化程度而产生差异。

　　稻米的尺寸是由特定基因所决定[④]，但人为和环境因素也需考虑在内。比如籽粒灌浆期的养分、水分、光照和温度会直接影响粒重和产量[⑤]，对其收割时间的选择和集中性也会对粒型造成影响。如对目前已发表的良渚文化时期水稻形态进行梳理，则可发现在该时期，水稻粒型显示出相当大的离散度（图二），很难从聚落等级、埋藏环境和文化分布总结出规律。对于这种情况，我们也许应该从水稻品种及单个农业聚落的农耕、收割的方式去考虑。良渚文化时期目前已发现多处水田，有的是伴随基层聚落的小面积水田，有的是可能为城市居民和贵族提供粮食来源的大型农耕遗迹。在耕种时的施肥、管理行为及在成熟期的收割方式及时间都是造成粒型变化的潜在因素[⑥]，良渚文化时期这种离散的粒型可能是源于农业基层聚落自身生产力、人口及农耕习惯的个体差异，在留种、施肥、田间管理和收割时造成的区别。对于上王遗址本身，水稻粒型小的状况除了耕种行为的影响，本身保存位置的偏差也可能是其原因之一。

　　遗址中其他可食用的植物资源包括菱、芡实、葡萄、梅和葫芦，均为河姆渡文化时期常见的采集植物资源，且发现均较少，可能仅作为食谱的补充。葫芦籽发现较多，22粒葫芦籽中有18粒集中发现于一个灰坑，可能是集中处理的结果。根据目前研究，认为其可能已处于驯化过程中，葫芦不仅在未成熟期可作为蔬菜食用，成熟后也可去种、剖开、晒干后加工成日常工具。值得注意的是，在上王遗址中并未见河姆渡文化时期遗址普遍发现橡子遗存的现象。其原因可能有两种，其一是因为到河姆渡文化四期偏晚，由于稻作农业的发达，导致本地居民已完全不需要此类口感欠佳的食物，且高强度的农业活动导致聚落居民无暇顾及密集的采集工作；其二是由于遗址地处平原，聚落周边缺失壳斗科植物资源，导致人群放弃此类遗存。对于上王遗址的个

①　Fuller D. Q. Contrasting patterns in crop domestication and domestication rates: recent archaeobotanical insights from the Old World. *Annals of Botany*, 2001, 100(5): 903-924; Gross B. L., Zhao Z. Archaeological and genetic insights into the origins of domesticated rice. *Proceedings of the National Academy of Sciences*, 2014, 111(17): 6190-6197.

②　郑云飞、蒋乐平、W.C. Gary：《稻谷遗存落粒性变化与长江下游水稻起源和驯化》，《南方文物》2016年3期，122～130页。

③　河姆渡时期和良渚时期各自随机取200个基盘进行驯化型、野生型的分类，排除掉不可鉴定的基盘，驯化型基盘在河姆渡时期和良渚时期遗存各占62.5%和68.2%。

④　Li N., Xu R., Duan P., et al. Control of grain size in rice. *Plant Reproduction*, 2018, 31(3): 237-251; Wang S., Wu K., Yuan Q., et al. Control of grain size, shape and quality by OsSPL16 in rice. *Nature genetics*, 2012, 44(8): 950-954.

⑤　王敏：《关于水稻颖果发育的研究》，扬州大学硕士学位论文，2011年，54页；施伟：《水稻籽粒灌浆的影响因子及其机制研究进展》，《中国农学通报》2020年8期，1～7页；Wang E., Wang J., Zhu X., et al. Control of rice grain-filling and yield by a gene with a potential signature of domestication. *Nature genetics*, 2008, 40(11): 1370-1374.

⑥　Fuller D. Q., Weisskopf A. R., Castillo C. C. Pathways of rice diversification across Asia. *Archaeology International*, 2016(19): 84-96; Kim M., Ahn S. M., Jeong, Y. Rice (Oryza sativa L.): Seed–size comparison and cultivation in ancient Korea Economic Botany, 2013, 67(4): 378-386.

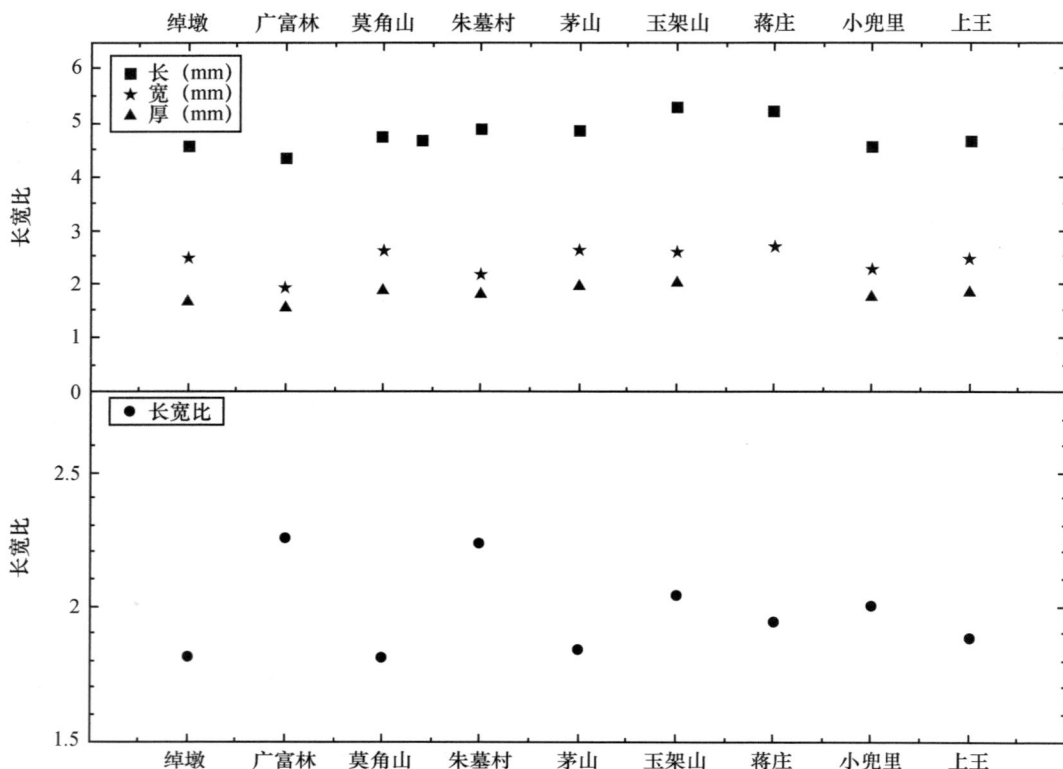

图二　良渚文化时期遗址水稻长、宽、厚测量平均值及长宽比

例，我们认为第一种原因可能性更大。上王遗址目前尚未进行环境考古研究，但根据与其距离很近的下王渡遗址地层中的孢粉研究，显示当地植被应以落叶阔林为主，也包括壳斗科植物[1]，考虑孢粉可到达的距离和河姆渡文化时期先民野生食物资源域的活动范围，对壳斗科资源的获取并非不可能。且纵观良渚文化时期的野生植物资源利用情况，大部分遗址都已经放弃对于橡果的采集，上王遗址的年代接近良渚，其生业形态应已相当接近良渚文化时期聚落。

特殊的平原环境造成的影响更加体现在蔬果类和杂草组合的遗存中。在上王遗址中，生境在山林或低山丘陵的南酸枣和林缘杂草均未出现，杂草均以典型的湿地杂草和农田杂草组合为主，表现出了与以往河姆渡文化时期遗址不同的植物组合模式。

在过去的研究中，一般认为良渚文化时期稻作农业达到顶峰，其产量、在人类生活中的分量及耕种手段都有了明显的提高。但从上王遗址来说，我们似乎可以把稻作农业的主流地位在宁绍平原确立的时间提前一些，在这个河姆渡文化晚期的小型聚落，水稻已经似乎并非一种稀缺、珍贵的资源，从而被遗失在村落外围的路边得以保存下来，良渚文化时期稻作农业继续发展，产量进一步提高，其田间管理、收割方式上可能有自己的特点。上王遗址的稻作农业并非本地传统，而是在海侵的影响退却后

① 孙珏、马春梅、李永宁等：《浙江下王渡遗址中晚全新世古环境演变及人类活动初步研究》，《高校地质学报》2020年2期，209～217页。

随着人类的迁徙而来，但在当地湿润、温暖的环境加持下快速发展为一个较为发达的农耕聚落。

四、上王遗址农业景观变迁

上王遗址属于新石器时代的地层包括⑤、④和③层，分别对应于河姆渡文化四期偏晚和良渚文化早期阶段，良渚文化早期地层直接叠压于河姆渡文化时期地层，从年代序列上看，遗址应为连续发展。目前对河姆渡文化的去向和良渚文化的起源问题仍多有争论①，河姆渡文化主要分布于宁绍平原一带，良渚文化的核心分布区位于杭嘉湖平原，宁波平原地区已趋于外围。许多遗址的河姆渡文化与良渚文化中间似有海侵或中断的迹象。据此，我们通过不同地层植物遗存和遗迹、遗物的组合、分布情况，可推测遗址发掘区的人类活动及景观变迁。

上王遗址目前环境考古工作成果尚待发表，但从下王渡遗址的环境变迁来看，该区域似在河姆渡文化三期之前受风暴潮侵扰，到四期后海洋的影响则逐渐减退，遗址在滨海湿地上逐渐发展起来②。上王遗址略晚于下王渡，未见河姆渡文化三期遗存。如果对比遗址不同地层的植物丰富度，则可发现在地层遗迹中变化不大，但灰坑中则植物资源组合较为单一。如果以植物资源组合的比例变化来看，在第5层即遗址开始使用的阶段，杂草数量较多，稻米遗存非常少，农作物发现以基盘为主。该时期杂草的组合模式以沉水植物金鱼藻、狐尾藻及适应湿地环境的莎草科杂草为主，其出现应不是人类活动而带入遗址，而是遗址区域的草本植被。到第4层，发现有部分灰坑和木构道路，推测该区域此时应为遗址生活区通往外界的一条通道。该层植物组合则以农作物为主，杂草数量较少，推测当时人类应有清理杂草、平整土地等行为。遗址区域稻米遗存随意掉落在地层及道路附近，基盘的分布也没有集中于灰坑。杂草中狗尾草、豆科等田间杂草的伴随发现，则可能指示附近有农田遗迹。遗址木炭集中发现于两处灰坑，且葫芦种子也集中发现于一个灰坑中，可能是倾倒垃圾的场所。地层和灰坑中虽然有大量基盘发现，但笔者认为该区域并非水稻加工场地，更有可能是人类频繁经过或处理垃圾的场所。

到良渚文化时期，该区域的功能似乎有所改变，遗迹发现以灰坑为主，遗物则发现有陶、石器，其中石器又以农具和工具居多，发现有犁、石刀、石锛、石钺等。良渚文化时期地层和灰坑的植物组合凸显了水稻加工场地的特点，杂草极少，几乎难以见到自然生长的草本植物遗存，可能在使用时已被清理。偶然可见的杂草也是少量禾本科、豆科等农田杂草。遗址地层和灰坑内都以水稻为主，且发现了大量的水稻加工的副产物，其中1248个基盘集中发现于H2中。对于如此巨大的数量，我们可以认为这

---

① 邵九华：《河姆渡遗址的废弃和河姆渡文化消亡原因的研究》，《史前研究》2000年1期，345～351页；刘军、王海明：《宁绍平原良渚文化初探》，《东南文化》1993年1期，92～102页。

② Huang J., Li Y., Ding F., et al. Sedimentary records of mid-Holocene coastal flooding at a Neolithic site on the southeast plain of Hangzhou Bay, east China. *Marine Geology*, 2021: 431, 106380; He K. Y., Lu H. Y., Li Y. N., et al. Cultural response to Middle Holocene sea-level fluctuations in eastern China: a multi-proxy approach. *Boreas*, 2020, 49(1): 71-88.

是一处水稻脱壳加工的场所，水稻在收割后可能在此处进行进一步的处理。根据现代民俗学的研究，储存水稻时应带壳储存以保新鲜，在食用之前再去除颖壳，良渚文化时期这个区域则可能是位于农田和生活区之间的一处初加工场所。值得注意的是，该时期也发现了许多稻米遗存，在前文中也提到稻米遗存普遍小于该遗址河姆渡文化时期的稻米。如果该区域在良渚文化时期为水稻加工场所，这些稻米遗存的出现则可能来自于加工时的遗漏，其原因也可能是由于其粒形偏小所致，从而导致了在分析中产生的偏差和现象。

上王遗址从河姆渡文化到良渚文化时期，从发掘区域来看，其区域功能有所转变，从连接外界与村落的交通要道，逐渐转变为可能用于水稻加工场所；从杂草组合来看，人类一直有进行地表植被清理的行为，为我们构建了一幅史前小型农耕村落的生动图像。

五、结　　语

依据考古资料，以往发现的河姆渡文化遗址多依山傍水，其生业模式以利用自然山林资源为主，这在河姆渡文化遗址二三期中为多见现象。而类似上王一类面积较小、分布又较为分散的遗址，主要发现于奉化江流域，以往关注不多，尚有较大的研究空间。从时代上看，该遗址又处于河姆渡文化晚期向良渚文化早期过渡的重要节点，是稻作农业发展、成熟的关键时期。因此，对其植物遗存的分析和生业模式的探讨则尤为重要。上王遗址的形成基于海退，稻作农业并非本地传统，应多受到其他河姆渡文化或崧泽文化人群的传播影响，在河姆渡文化晚期即已形成了以水稻为主要食物来源的生业模式，并基本放弃了对橡子、菱一类野生淀粉质来源的利用。进入良渚文化时期，稻作农业则更加成熟和发达，遗址发现地本身也显示出自身的农耕特点。研究显示，史前小型遗址的植物遗存综合研究，对了解小型聚落的农业图景同样具有重要的意义。

Archaeobotanical Study on Neolithic Remains of Shangwang Site

Zheng Xiaoqu[1]　　Li Yongning[2]　　Ding Fengya[2]　　Chen Zongrui[3]

(1. School of Cultural Heritage and Informaiton Management, Shanghai Unversity; 2. Ningbo Municipal Institute of Cultural Heritage Management; 3. Institute of Archaeology, Chinese Academic of Social Science)

Abstract: Shangwang site is a Neolithic site which contains archaeological remains from the late Hemudu to the early Liangzhu period. In this article, we analyze its archaeobotanical macro remains and found that in the late Hemudu period, rice farming was developed and continued to the early Liangzhu period in this region. Different sites show their own characteristics in cultivating and harvesting. The utilization of edible wild plants has been decreasing, and the use of acorns has been abandoned. The composition of weeds remains indicate the environment of the site. According to the relics and plant remains in the site, we also can reconstruct the agricultural landscape of the prehistoric site. The site may be the edge of a living area at first, and then been used as a rice processing place in the early Liangzhu period.

Key words: Shangwang site, plant remains, subsistence, agricultural landscape

炭化植物遗存所见中国古代藜属植物利用

陶大卫　肖艺琦

（郑州大学历史学院考古学系）

内容提要：考古遗址中大量炭化植物遗存的发现，为探讨农作物的栽培驯化和农业起源等重大课题提供了实物证据。实际上，炭化植物中除了农作物遗存外，还有很多和人类生计活动密切相关的植物种类。系统梳理国内出土炭化植物遗存的考古遗址，发现75处遗址中出土有炭化藜属种子。这些藜属遗存的年代最早到裴里岗文化时期，最晚可至元代，出土区域主要集中在黄河中下游地区。自仰韶文化时期始，中国北方地区先民一直利用藜属植物。特别是关中地区，利用藜属植物的现象直到秦汉时期依然存在，西汉时期有可能存在作为谷物的藜属植物。古人对藜属植物的利用，主要有两种方式，其一作为古代人类食物来源，种子可作为粮食，而其茎叶亦可做蔬菜；其二可做动物饲草。藜属植物在古代先民生计活动中有过重要贡献，在早期农业不发达阶段或者历史时期农业歉收之时，是可以储存起来的重要食物资源。开展非农作物遗存的系统研究有助于深化对古代生业经济和社会状况的认识。

关键词：藜属　关中地区　鱼化寨遗址　二里头遗址　汉阳陵

　　藜属植物在现今社会生活中仍发挥作用，藜麦是备受推崇的健康谷物；灰菜是人们喜爱的野菜；土荆芥可以用于制作农药，也可外用治疗皮肤湿疹[1]；杖藜嫩苗可作蔬菜，种子可代粮食用，茎秆用作手杖[2]。世界范围内来看，藜属植物的利用具有悠久历史，在美洲、欧洲和喜马拉雅等区域的史前时代就被利用[3]，某些藜属植物的栽培种甚至是美洲地区史前时期重要的作物之一[4]。借助于浮选法的应用，国内考古遗址中出土了丰富的炭化植物遗存，其中就包含藜属种子，但藜属植物在中国古代的利用状况如

① 中国科学院"中国植物志"编辑委员会：《中国植物志》第25（2）卷，科学出版社，1979年，82页。
② 中国科学院"中国植物志"编辑委员会：《中国植物志》第25（2）卷，科学出版社，1979年，94页。
③ Smith BD. *The Economic Potential of Chenopodium berlandieri in Prehistoric Eastern North America*. Washington：Smithsonian Institution Press, 1987, 7(1): 29-54; Mueller-Bieniek A, Bogucki P, Pyzel J, et al. The role of *Chenopodium* in the subsistence economy of pioneer agriculturalists on the northern frontier of the Linear Pottery culture in Kuyavia, central Poland. *Journal of Archaeological Science*, 2019 (111): 105027-105027; Partap T, Kapoor P. The himalayan grain chenopods. I. Distribution and ethnobotany. *Agriculture Ecosystems & Environment*, 1985 (14): 3-4.
④ 王庆铸：《3800年前北美东部本地作物群的最初形成》，《南方文物》2011年4期，157～161页。

何，还未见详细论述。本文系统梳理了国内炭化藜属遗存的出土情况，并结合国外藜属遗存的发现与研究、民族学资料和中国古代文献记载，探讨中国古代藜属植物的利用，以期较为全面地了解藜属植物在中国古代社会生活中的作用，深化对中国古代先民植物资源利用和生计活动的认识。

一、国外藜属植物的利用状况

藜属植物是较为常见的旱地杂草之一，也是人类较早利用的植物种类。欧洲、美洲及其喜马拉雅等地区的古代先民都将其作为一种重要的食物资源加以利用。藜属植物作为食物资源并非南美安第斯地区独有的现象，在北美的墨西哥地区，伯兰德氏藜（*Chenopodium berlandieri* ssp. Nuttalliae）的嫩叶和花序就曾被大量食用；在印度、尼泊尔和不丹的喜马拉雅山脉地区，人们在海拔3000～5000米的区域种植藜科植物（应是藜）；藜在欧洲大陆史前时期广泛分布，人骨的食性分析表明它是欧洲史前人类饮食来源的一部分[1]。

美洲地区藜属植物的利用历史悠久，目前藜属的3个重要栽培种，即藜麦（*Chenopodium quinoa* Willd）、伯兰德氏藜（*Chenopodium berlandieri*）和kañawa（*Chenopodium pallidicaule*），均是在美洲地区最早被驯化栽培。该地区考古遗址出土的炭化藜的遗存主要出土于两个区域，一个是北美东部林地，一个是南美安第斯山脉地区。北美东部林地的里弗顿遗址（Riverton side）提供了北美东部最早的（距今3800年）以伯兰德氏藜为核心的驯化植物群证据。该遗址发现了两种驯化的伯兰德氏藜，一种是薄皮驯化种（*Chenopodium Berlandieri* ssp. Jonesianum），另一种是白皮驯化种（*Chenopodium Berlandieri* ssp. Nuttalliae）[2]。实际上，早在距今4400年左右，该地区Titterington时期遗址中伯兰德氏藜野生种在所有种子遗存中就已占据主导地位，显示了强化利用的趋势；在之后距今3800年左右，北美东部地区的作物群逐渐形成，随后的晚古风时代（Late Archaic）和伍德兰时期（Woodland period），栽培的藜科植物在作物群中占据了主导地位[3]。而安第斯地区也发现了两种被驯化的藜，一种是藜麦（*Chenopodium quinoa* Willd），现在已经是风靡世界的健康食品；一种是kañawa，是印第安原住民的重要作物之一。Kañawa最初很可能只是藜麦田或土豆田中的一种杂草，由于其显著的抗寒和抗旱能力得到关注从而被驯化[4]，Titicaca湖盆地可能是其重要的驯化起源地之一[5]。而藜麦在安第斯山脉已经种植了5000多年，它可能在不同时间不同区域分别被驯化，包括安第斯山脉北部的秘鲁（公元前5000年）、中部的智利（公

① Bazile D, Fuentes F, Mujica A. Historical perspectives and domestication. *Quinoa: Botany, Production & Uses*, 2011.

② Smith BD, Yarnell RA. Initial formation of an indigenous crop complex in eastern North America at 3800 B. P. *Proceedings of the National Academy of Sciences of the United States of America*, 2009, 106(16).

③ 王庆铸：《3800年前北美东部本地作物群的最初形成》，《南方文物》2011年4期，157～161页。

④ Gade DW. Ethnobotany of caihua (Chenopodium pallidicaule), rustic seed crop of the Altiplano. *Economic Botany*, 1970, 24(1).

⑤ Bruno M. C., Milton P., Wilfredo R. Identifying Domesticated and Wild Kaawa (*Chenopodium pallidicaule*) in the Archeobotanical Record of the Lake Titicaca Basin of the Andes. *Economic Botany*, 2018.

元前3000年）和南部的玻利维亚（公元前750年）^①。

喜马拉雅地区种植藜科植物的历史很悠久，印度民族学调查发现该地区通常采用混种制度，即藜科与水稻和大豆、藜科与小米等混种。相关研究还发现藜科植物的消费和当地海拔呈正相关，和家庭收入呈负相关^②。该区域的藜科植物是高海拔地区和低收入家庭粮食和蔬菜的重要来源之一。

而在欧洲地区，波兰中北部的库亚维亚地区Ludwinowo 7新石器时代遗址（距今7500～5000年）发现了大量炭化藜种子，这些炭化藜种子是不成熟的，或者曾经历过一些烹饪过程，可能是利用其叶子和茎干。线纹陶文化最早阶段遗址中炭化藜的研究表明，藜在当时聚落人群生计活动中的重要性显而易见^③。新的植物考古证据显示由于北欧地区不利的气候环境，谷类作物种植的难度较大，因此，在农业初始阶段，间歇种植藜这一本地植物的经济活动经常出现^④。

上述发现表明，藜属植物在世界范围内的诸多地区有着悠久的利用历史，其中的某些栽培品种更是美洲地区早期生业经济中的重要作物。不同地区对藜属植物的利用都与当地的生态环境、社会状况存在一定关联。总体来看，藜属植物总是以一种重要的补充性食物资源被世界各地先民利用。

二、国内考古遗址发现的藜属遗存

近年来，基于浮选法的广泛应用，国内考古遗址炭化植物遗存的出土数量激增，藜属植物是国内特别是北方考古遗址中较为常见的非农作物遗存之一。通过对国内已开展过浮选的考古遗址开展的系统梳理，目前有114个遗址发现有炭化藜科植物遗存，其中能鉴定到藜属的有75个遗址，分布范围广泛，主要集中在黄河中下游地区。其年代最早可到裴李岗文化的河南舞阳贾湖遗址（距今7800～9000年），最晚为元上都西关厢遗址出土的藜属遗存。

1. 前仰韶文化时期（公元前7000～5000年）

前仰韶时期发现有炭化藜属植物遗存的遗址仅有5处，即河南舞阳贾湖遗址（距今7800～9000年）^⑤、山东济南张马屯（距今9000年）^⑥、山东长清月庄（距今

---

① Kadereit G, Borsch T, Weising K, et al. Phylogeny of Amaranthaceae and Chenopodiaceae and the evolution of C_4 photosynthesis. *International Journal of Plant Science*, 2013 (164): 959-986.

② Partap T, Kapoor P. The himalayan grain chenopods. I. Distribution and ethnobotany. *Agriculture Ecosystems & Environment*, 1985: 3-4.

③ Mueller-Bieniek A, Bogucki P, Pyzel J, et al. The role of Chenopodium in the subsistence economy of pioneer agriculturalists on the northern frontier of the Linear Pottery culture in Kuyavia, central Poland. *Journal of Archaeological science*, 2019, 111.

④ Mueller-Bieniek A, Pyzel J, Kapcia. Chenopodium Seeds in Open-Air Archaeological Sites-How to Not Throw the Baby Out with the Bathwater. *Environmental Archaeology*, 2018 (3).

⑤ 张居中、程至杰、蓝万里等：《河南舞阳贾湖遗址植物考古研究的新进展》，《考古》2018年4期，102～112页。

⑥ 吴文婉、靳桂云、王兴华：《海岱地区后李文化的植物利用和栽培：来自济南张马屯遗址的证据》，《中国农史》2015年2期，3～13页。

8000~7500年）①、山东章丘西河②和江苏泗洪顺山集③。其中贾湖遗址发现的藜属种子数量最多，但也仅有128粒，且全部出自一期；张马屯遗址发现的藜属种子最少，仅有6粒。

2. 仰韶文化时期（公元前5000~3000年）

仰韶时期出土炭化藜属遗存遗址的数量较之前有所增加，共有12处（表一），主要分布在陕西关中地区和河南中北部地区，此外甘肃、山东和东北地区也有零星发现。出土藜属种子数量较多的遗址主要有西安鱼化寨等。其中西安鱼化寨遗址北首岭期单个灰坑（编号H201）出土的藜属种子数量高达23.5万余粒④。发现最少的是属红山文化的内蒙古魏家窝铺遗址，仅发现了13粒炭化藜属遗存⑤。

表一　仰韶文化时期出土藜属种子遗址统计

遗址名称	出土藜属种子数量（粒）	藜属种子占非农作物的百分比	遗址面积（平方米）
甘肃岷县山那树扎	11212	63.07%	＞500000
陕西扶风案板	878	16.78%	700000
陕西西安鱼化寨	235000	82.94%	75000
陕西蓝田新街	856	28.9%	300000
湖北郧县大寺	12	18.46%	5000
陕西渭南兴乐坊	42	0.75%	270000
陕西华县东阳	114	26.57%	不详
陕西渭南下河	75	17.2%	400000
河南荥阳汪沟	574	21.65%	620000
内蒙古魏家窝铺	13	26.53%	93000
辽宁大连王家村	135	21.79%	10000
山东即墨北阡	150	13.3%	＞50000

3. 龙山文化时期（公元前3000~2000年）

龙山时期发现炭化藜属遗存遗址数量增加明显，共有30处（表二），主要集中分布在陕西北部的榆林地区、中原地区和海岱地区，同时在河北和内蒙古也有分布，

① Gary W. Crawford、陈雪香、栾丰实等：《山东济南长清月庄遗址植物遗存的初步分析》，《江汉考古》2013年2期，107~116页。

② 吴文婉、张克思、王泽冰等：《章丘西河遗址(2008)植物遗存分析》，《东方考古》（第10集），2013年，科学出版社，374~390页。

③ 张居中、李为亚、尹承龙等：《江苏泗洪顺山集遗址植物遗存分析的主要收获》，《东方考古》（第11集），2014年，科学出版社，365~373页。

④ 赵志军：《仰韶文化时期农耕生产的发展和农业社会的建立——鱼化寨遗址浮选结果的分析》，《江汉考古》2017年6期，98~108页。

⑤ 孙永刚、曹建恩、井中伟等：《魏家窝铺遗址2009年度植物浮选结果分析》，《北方文物》2012年1期，37~40页。

在海拔较高的甘肃、青海和云南地区也有分布。主要遗址有陕西神木石峁[1]、新密新砦[2]、和西藏卡若[3]等。其中以辽宁大连王家村遗址小珠山文化五期发现最多[4]，共发现了8010粒炭化藜属种子，发现最少的是河南淮阳平粮台遗址，仅出土了2粒[5]。

表二　龙山时期出土藜属种子遗址统计

遗址名称	出土藜属种子数量（粒）	藜属种子占非农作物百分比	遗址面积（平方米）
西藏卡若	44	不详	10000
青海宗日	55	39.57%	60000
甘肃张掖西城驿	155	8.06%	350000
甘肃互助金蝉口	51	6.23%	8000
甘肃临夏李家坪	32	5.57%	144000
四川茂县营盘山	2405	69.09%	150000
四川新津宝墩	56	12.23%	3000000
云南元谋大墩子	13	10.92%	不详
云南白羊村	97	不详	3000
陕西蓝田新街	30	34.09%	300000
陕西神木神圪垯梁	63	8.92%	不详
陕西神木木柱柱梁	1044	24.49%	40000～50000
陕西神木石峁	2283	31.91%	4250000
陕西榆林寨峁梁	2758	54.42%	30000
河南登封程窑	154	38.89%	100000
河南禹州瓦店	990	不详	1000000
河南鹤壁大赉店	1096	35.18%	300000
河南新密古城寨	7	30.43%	170000
河南新密新砦	314	24.47%	1000000
河南淮阳平粮台	2	0.18%	50000
山东菏泽十里铺北	48	3.72%	＞90000
山东章丘黄桑院	1	1.96%	100000
山东章丘宁家埠	10	5.28%	200000
山东邹平丁公	404	12.1%	105000

[1] 高升：《陕北神木石峁遗址植物遗存研究》，西北大学博士学位论文，2017年。

[2] 钟华、赵春青、魏继印等：《河南新密新砦遗址2014年浮选结果及分析》，《农业考古》2016年1期，31～39页。

[3] 邰媛媛：《西南地区先秦时期藜属植物利用的考古学观察》，《西藏大学学报（社会科学版）》2020年2期，17～26页。

[4] 马永超、吴文婉、王强等：《大连王家村遗址炭化植物遗存研究》，《北方文物》2015年2期，41～45页。

[5] 赵珍珍、曹艳朋、靳桔云：《河南淮阳平粮台遗址（2014～2015）龙山时期炭化植物遗存研究》，《中国农史》2019年4期，19～32页。

遗址名称	出土藜属种子数量（粒）	藜属种子占非农作物百分比	遗址面积（平方米）
河北张家口大水沟	639	13.07%	151500
内蒙古二道井子	394	0.57%	>30000
辽宁赤峰哈民忙哈	66	91.47%	100000
辽宁大连王家村	8010	77.68%	10000
山东烟台午台	633	31.45%	90000
山东滕州北台上	1030	不详	830000

4. 青铜时代（公元前2000～前221年）

相较于龙山文化时期，青铜时代发现炭化藜属遗存的遗址未有明显减少，也有28处（表三），主要分布在黄河中下游的河南和山东，陕西、吉林、内蒙古、青海和云南等地也有分布。主要遗址有河南登封程窑[①]、偃师二里头[②]、郑州东赵[③]、郑州商城[④]和郑州小双桥[⑤]等。其中偃师二里头遗址出土的早商时期藜属种子多达98883粒，其中二里冈文化晚期H11出土的藜属种子达86360粒[⑥]；郑州商城发现最少，仅见1粒[⑦]。

表三　青铜时代出土藜属种子遗址统计

遗址名称	出土藜属种子数量（粒）	藜属种子占非农作物百分比	藜属种子出土年代	遗址面积（平方米）
西藏邦嘎	174895	不详	西周至春秋时期	3000
西藏卡若	633	不详	公元前1665～前1518年	10000
甘肃民乐东灰山	101	5.63%	二里头晚期至商代早期	240000
云南海门口	2165	不详	夏商时期	100000
云南江川光坟头	5301	96.8%	春秋战国至西汉时期	170000
云南东川玉碑地	35	48.61%	青铜时代	18000
陕西枣林旬邑河滩	16	0.39%	商周时期	80000
陕西华县东阳	11412	83%	西周时期	不详
河南偃师二里头	99085	不详	二里头文化时期、二里冈文化时期	3750000
河南登封程窑	839	93.53%	东周	100000

① 钟华、张永清、吴倩等：《河南登封程窑遗址浮选结果与分析》，《农业考古》2018年6期，7～16页。
② 赵志军、刘昶：《偃师二里头遗址浮选结果的分析和讨论》，《农业考古》2019年6期，7～20页。
③ 杨玉璋、袁增箭、张家强等：《郑州东赵遗址炭化植物遗存记录的夏商时期农业特征及其发展过程》，《人类学学报》2017年1期，119～130页。
④ 贾世杰：《郑州商城炭化植物遗存研究》，中国科学技术大学硕士学位论文，2011年。
⑤ 钟华、李素婷、李宏飞等：《河南省郑州市小双桥遗址浮选结果及分析》，《南方文物》2018年2期，161～169页。
⑥ 赵志军、刘昶：《偃师二里头遗址浮选结果的分析和讨论》，《农业考古》2019年6期，7～20页。
⑦ 贾世杰、张娟、杨玉璋等：《郑州商城遗址炭化植物遗存浮选结果与分析》，《江汉考古》2018年2期，99～105、116页。

续表

遗址名称	出土藜属种子数量（粒）	藜属种子占非农作物百分比	藜属种子出土年代	遗址面积（平方米）
河南登封南洼	3147	不详	二里头文化时期、春秋时期、汉代	300000
河南新密古城寨	24	35.82%	二里头时期、二里冈时期、殷墟时期	170000
河南郑州东赵	1	0.02%	商代	1000000
河南郑州商城	1	0.58%	商代	2500000
河南郑州小双桥	94	21.7%	商代	4000000
河北邢台赵村	14	0.61%	商代	不详
辽宁敖汉热水汤	1	2.78%	青铜时代晚期	15000
吉林长山	33	15%	青铜时代	14000
山东菏泽十里铺北	120	10.03%	岳石文化时期、商代、东周	＞90000
山东邹城邾国	51	7.92%	东周	6320000
山东青岛龙泉河东	61	33.7%	周代	不详
山东青岛河南庄	32	16.67%	周代	不详
山东胶东周王庄	12	19.67%	周代	不详
山东临淄阚家寨	31	6.62%	春秋晚期至战国时期	不详
山东章丘宁家埠	8	2.64%	商末周初、东周	200000
山东章丘黄桑院	1	1.81%	商周时期	100000
山东济南唐冶	287	0.78%	西周早中期	不详
山东烟台照各庄	数量不详	不详	岳石文化时期	55000

5. 秦汉及以后时期（公元前221年及以后）

进入秦汉以后，出土炭化藜属植物遗存遗址数量明显减少，仅有14处（表四），主要包括河南登封南洼[①]、元上都西关厢[②]、山东东营广北农场[③]、临淄阚家寨[④]、邹城邾国故城[⑤]和西安汉阳陵[⑥]等。其中汉阳陵外藏坑DK15中发现的藜属种子最多，章丘黄桑院西汉时期发现最少，仅有6粒。

---

① 吴文婉、张继华、靳桂云：《河南登封南洼遗址二里头到汉代聚落农业的植物考古证据》，《中原文物》2014年1期，109～117页。

② 孙永刚、田小冬、塔拉等：《元上都西关厢遗址植物遗存综合研究》，《中国农史》2017年5期，12～24页。

③ 魏娜、李慧冬、王子孟：《东营广北农场一分场一队东南遗址炭化植物遗存分析报告》，《海岱考古》（第九辑），科学出版社，2017年，233～241页。

④ 陈雪香、马方青、徐龙国等：《山东临淄齐故城阚家寨遗址B区第Ⅰ地点植物遗存浮选结果及初步分析》，《中国农史》2018年2期，15～25页。

⑤ 马方青、陈雪香、路国权等：《山东邹城邾国故城遗址2015年发掘出土植物大遗存分析——兼议古代城市管理视角中的人与植物》，《东南文化》2019年3期。

⑥ 杨晓燕、刘长江、张健平等：《汉阳陵外藏坑农作物遗存分析及西汉早期农业》，《科学通报》2009年13期，1917～1921页。

表四 秦汉及以后时期出土藜属种子遗址统计

遗址名称	出土藜属种子数量	藜属种子占非农作物百分比	藜属种子出土年代	聚落面积（平方米）
西藏卡尔东	274	8.97%	AD680～395	130000
云南江川光坟头	5301	96.8%	春秋战国至西汉时期	170000
云南澄江学山	158	7.51%	春秋战国至西汉末期东汉初期	19000
陕西汉阳陵外藏坑	大量	不详	西汉	不详
陕西华县东阳	78	90.7%	西汉	不详
河南登封南洼	147	不详	西汉	300000
山东邹城邾国	182	27.41%	汉代	6320000
山东章丘黄桑院	6	1.68%	汉代及以后	100000
山东临淄阚家寨	130	13.38%	西汉	不详
山东东营广北农场	768	76.95%	魏晋、北朝时期	不详
辽宁大连王家村	55	74.63%	汉代	10000
吉林长山	120	19.51%	辽金时期	14000
内蒙古赤峰巴彦塔拉	127	46.86%	辽代	4200
内蒙古元上都西关厢	1126	45.02%	元代	4350000

　　总体来看，出土炭化藜属植物遗存的遗址分布整体呈现出了一种北多南少的局面，前仰韶时期和仰韶时期，南方仅在江苏泗洪顺山集遗址中发现少许藜属种子[1]，到了龙山时期及以后，南方出土藜属植物的遗址数量有些许增加。但总体数量仍很少，而且各个遗址出土的藜属种子数量都很少，它们应该不是人类利用的对象，而只是单纯的田间杂草。北方黄河中下游地区（主要是陕西、河南和山东）自新石器时代起，一直是藜属植物出土最集中的区域。这一区域不但出土藜属植物的遗址数量多，出土数量丰富藜属遗存的遗址也多集中于此，如仰韶文化时期的西安鱼化寨遗址[2]、青铜时代的洛阳偃师二里头遗址[3]、陕西华县东阳遗址[4]和西汉时期汉阳陵外藏坑[5]。而且西汉时期关中地区更是出现了很可能是驯化的杖藜[6]。山东地区虽然单个遗址内从未发现数量丰富的炭化藜属种子，但在龙山文化、青铜时代和秦汉及以后三个时期，山东地

---

① 张居中、李为亚、尹承龙等：《江苏泗洪顺山集遗址植物遗存分析的主要收获》，《东方考古》（第11集），科学出版社，2014年，265～373页。

② 赵志军：《仰韶文化时期农耕生产的发展和农业社会的建立——鱼化寨遗址浮选结果的分析》，《江汉考古》2017年6期，98～108页。

③ 孙永刚、曹建恩、井中伟等：《魏家窝铺遗址2009年度植物浮选结果分析》，《北方文物》2012年1期，37～40页。

④ 孙永刚、曹建恩、井中伟等：《魏家窝铺遗址2009年度植物浮选结果分析》，《北方文物》2012年1期，37～40页。

⑤ 杨晓燕、刘长江、张健平等：《汉阳陵外藏坑农作物遗存分析及西汉早期农业》，《科学通报》2009年13期，1917～1921页。

⑥ 杨晓燕、刘长江、张健平等：《汉阳陵外藏坑农作物遗存分析及西汉早期农业》，《科学通报》2009年13期，1917～1921页。

区出土藜属遗存遗址数量都接近各个时期总遗址数量的三分之一，且在陕西和河南地区出土藜属遗存遗址数量趋于减少的情况下，山东地区并没有明显变化。山东东营广北农场魏晋时期盐业遗址[①]出土植物遗存的分析表明，山东沿海一些地区可能因为其独特的高盐地理环境，有利于藜属植物的广泛分布，因而由于某种原因进入聚落的可能性明显增加。

前仰韶文化时期出土藜属植物的遗址仅有5处，且出土绝对数量都很少（图一），这些藜属植物应该仅是作为聚落周边植被或者田间杂草而进入遗址的，并非先民有意识利用的结果。从现有发现来看，前仰韶文化时期不存在藜属植物明确利用的证据。仰韶文化时期，出土藜属种子的遗址有所增加（图一），且主要分布在陕西和河南。这两个区域正好是仰韶文化分布的核心区，藜属植物集中发现于这一区域，可能与区域内聚落数量、规模和人口数量激增，生存资源的需要比较大有关。仰韶文化时期农业虽然有了较大发展，但包括藜属植物在内的非农作物仍是重要的食物资源补充。陕西西安鱼化寨遗址单个灰坑出土了高达23.5万余粒的藜属种子[②]，可见藜属植物在这一聚落生计活动中占据了相当重要的地位。龙山时期出土藜属植物遗址的数量进一步增加（图一），主要分布区域仍集中在陕西、河南和山东。这些地区在龙山时代的社会发展程度较高[③]，不同类型的城址陆续被发现，陕西扶风案板[④]、陕西榆林寨峁梁[⑤]、陕西神木石峁[⑥]、河南鹤壁大赉店[⑦]和山东滕州北台上[⑧]等不同规模聚落都发现较多藜属种子（表二），显示出这一时期藜属种子利用具有普遍性。到了青铜时代，出土藜属遗存的遗址在中原地区和海岱地区依然分布较多，但陕西地区的分布变得零星且分散，云南、青海和西藏等地也有些许分布。这一时期藜属种子的利用更多集中于普通聚落（表三）。

而秦汉及以后时期，出土藜属植物的遗址数量明显减少（图一），单个遗址出土数量丰富的藜属遗存的现象也很少见了。究其原因可能有二：一方面是由于秦汉及以后的考古遗址开展浮选工作的较少；另一方面可能是秦汉以后农业经济发展，包括藜属植物在内的可食性植物资源利用频率降低，导致考古遗址中发现丰富藜属植物遗存的概率变小。

① 魏娜、李慧冬、王子孟等：《东营广北农场一分场一队东南遗址炭化植物遗存分析报告》，《海岱考古》（第九辑），科学出版社，2017年。
② 赵志军：《仰韶文化时期农耕生产的发展和农业社会的建立——鱼化寨遗址浮选结果的分析》，《江汉考古》2017年6期，98～108页。
③ 严文明：《龙山文化和龙山时代》，《文物》1981年6期，43～50页。
④ 刘晓媛：《案板遗址2012年发掘植物遗存研究》，西北大学硕士学位论文，2014年。
⑤ 高升、孙周勇、邵晶等：《陕西榆林寨峁梁遗址浮选结果及分析》，《农业考古》2016年3期，14～19页。
⑥ 赵珍珍、曹艳朋、靳桂云：《河南淮阳平粮台遗址（2014～2015）龙山时期炭化植物遗存研究》，《中国农史》2019年4期，19～32页。
⑦ 武欣、郭明建、王睿等：《河南鹤壁大赉店遗址龙山时期植物遗存分析》，《东方考古》（第14集），2017年，科学出版社，184～201页。
⑧ 王珍珍：《山东滕州北台上遗址植物大遗存分析》，山东大学硕士学位论文，2018年。

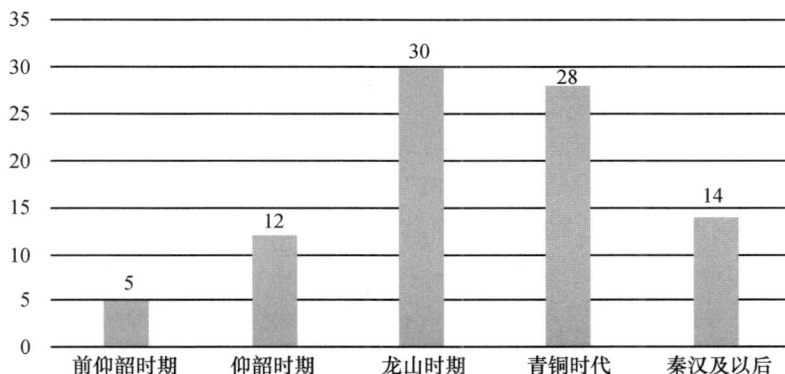

图一　国内不同时期出土炭化藜属遗存考古遗址数量统计

三、藜属植物在中国古代的利用

藜属中的某些种类一直到现在仍是重要的植物资源，在现今社会生活中发挥作用。如藜属中的藜（*Chenopodium album*），也叫灰灰菜，仍然是现今经常食用的一种野菜，灰灰菜维生素和矿物质元素丰富，可以凉拌、做汤或者烙饼[①]，但其植物体含有少量的吗咔啉物质，若多食或长期食用，可能会引起光过敏或皮肤疾病[②]；藜属中的藜麦（*Chenopodium quinoa*），又称南美藜，原产于南美洲安第斯山区，是印加土著居民的主要传统食物，至今已经有5000~7000年的利用和种植历史[③]。藜属种子是国内考古遗址中较为常见的炭化植物种类之一，结合历史文献记载和藜属植物在考古遗址中的出土背景，我国古代先民对藜属植物的利用历史悠久，从藜属植物出土数量和出土背景可以了解其在古代聚落中的利用状况。

现有考古发现表明，早在仰韶文化时期，已经存在明显的藜属植物利用行为。陕西西安鱼化寨遗址属于北首岭时期的H201出土多达23.5万粒炭化藜种子，藜（即灰灰菜）通常作为蔬菜食用，但藜的种子经过复杂加工也是可以食用的，并且营养价值也不低[④]。鱼化寨遗址中也发现了其他大型的储藏窖穴，这类袋状窖穴通常用来存放粮食[⑤]，例如H186出土了29520粒粟（占遗址出土炭化粟总数的81%）和11940粒黍（占遗址出土炭化黍总数的88%）[⑥]，这都说明鱼化寨遗址先民已经有了贮藏食物的习惯，所

---

① 孙存华、李扬、贺鸿雁等：《藜的营养成分及作为新型蔬菜资源的评价》，《广西植物》2005年6期，598~601页。

② 秦佳梅、张增江、张卫东：《食藜与日光过敏性皮炎》，《吉林农业月刊》1995年6期。

③ 哈斯巴根、音扎布：《内蒙古藜科野生可食植物资源的研究》，《内蒙古师范大学学报（自然科学汉文版）》1995年3期，59~63页。

④ 赵志军：《仰韶文化时期农耕生产的发展和农业社会的建立——鱼化寨遗址浮选结果的分析》，《江汉考古》2017年6期，98~108页。

⑤ 倪爱武：《三门峡及邻区公元前5000~2000年环境变化与人类响应研究》，中国地质大学（北京）博士学位论文，2011年。

⑥ 赵志军：《仰韶文化时期农耕生产的发展和农业社会的建立——鱼化寨遗址浮选结果的分析》，《江汉考古》2017年6期，98~108页。

以H201中发现的大量炭化藜很有可能是古代先民采集并储藏在窖穴中作为食物之用。从食物资源域的研究来看，采集活动的半径较小，一般都是以获取遗址周边的野生植物资源为主[①]。环境考古的研究表明，藜属植物是仰韶文化时期黄土高原分布的重要植被之一[②]，比较易于获取，且藜容易储存，很适合贮藏用作备用食物。

此后的龙山时期，藜属植物在黄土高原的某些区域仍是重要的食物来源。陕西榆林寨峁梁遗址龙山时期房址F13内西南角圆形灰坑内发现了全遗址90.4%的藜种子，多达1492粒，研究者认为F13西南角的这类灰坑是房屋内用来保存食物的窖穴[③]。寨峁梁遗址发现有两种形状的灰坑，一种是圆形的，位于屋内；一种是方形的，位于室外。依据灰坑与房址的空间分布关系，研究者认为这两类灰坑均是其所在房屋的储藏坑[④]。而灰坑内集中放置的炭化藜，很可能是当时人们储存起来以备食用。

进入青铜时代，藜属植物的储存利用状况仍然存在。二里头遗址二里冈晚期出土藜属种子99085粒，其中灰坑H11就发现了86360粒炭化藜属种子，它们很可能是作为食物储存的[⑤]。二里头文化时期，作为"都城"的二里头遗址，其资源供给存在外部输入的情况。如二里头文化时期的水稻，很有可能是通过收取供赋手段，从其他水稻种植区域获取稻谷，满足都城居民的食物消费[⑥]。二里头遗址在二里头文化四期晚段就已经基本废弃[⑦]，随着二里头"都城"地位的丧失，二里冈文化时期该遗址逐渐成为普通聚落，外部的资源供给不存在了。二里冈文化时期的二里头居民除了种植农作物外，包括藜属在内的各类野生植物资源自然成为重要的采集利用对象。

中国古代先民对于藜属植物的利用历史悠久，而且存在着持续性的利用。针对某一类植物长期的利用，很有可能导致驯化的产生。藜属植物在世界上的某些地区如美洲地区确实被驯化过，但目前还没有确切证据显示藜属植物在中国被驯化（过）。实际上，汉景帝阳陵外藏坑的木箱中就发现了相当数量的藜属种子（很可能是杖藜）与粟黍共出的现象[⑧]，西安缪家寨汉墓陶仓中也发现有藜与粟黍共存，这些藜与小米作物共同作为随葬品现象的存在，表明在西汉时期藜属植物就有可能是一种重要的食物资源。实际上，藜属的驯化品种在我国台湾地区至今仍有所种植，台湾红藜（*Chenopodium formosanum*）作为台湾地区传统的假谷物（pseudo-cereal crop），是原住民的主食之一，也是重要的酒母种类。它在1918年台湾南部部落大饥荒时扮演了救命粮的角色。同时，一些原住民还把小米和红藜混种，利用红藜的生物特性来防治病

① 秦岭、傅稻镰、张海：《早期农业聚落的野生食物资源域研究——以长江下游和中原地区为例》，《第四纪研究》2010年2期，245～261页。

② 王盼丽：《黄土高原全新世以来植硅体记录及古气候研究》，河北地质大学硕士学位论文，2016年。

③ 高升、孙周勇、邵晶等：《陕西榆林寨峁梁遗址浮选结果及分析》，《农业考古》2016年3期，14～19页。

④ 孙周勇、邵晶、赵向辉等：《陕西榆林寨峁梁遗址2014年度发掘简报》，《考古与文物》2018年1期，5～18页。

⑤ 赵志军、刘昶：《偃师二里头遗址浮选结果的分析和讨论》，《农业考古》2019年6期，7～20页。

⑥ 赵志军、刘昶：《偃师二里头遗址浮选结果的分析和讨论》，《农业考古》2019年6期，7～20页。

⑦ 中国社会科学院考古研究所：《偃师二里头——1959年～1978年考古发掘报告》，中国大百科全书出版社，1999年。

⑧ 杨晓燕、刘长江、张健平等：《汉阳陵外藏坑农作物遗存分析及西汉早期农业》，《科学通报》2009年13期，1917～1921页。

虫害①。

　　在中国古代历史文献中，藜通常被称作"灰藋"或"灰菜"等。明代《救荒本草》就明确记载了两种藜属植物（灰菜和舜芒谷）可以作为荒年的食物以救饥，书中详细论述了如何食用这两种植物。如灰菜，其茎叶"……煠熟，水浸淘净，去灰气，油盐调食"，甚至"晒干煠食尤佳"。或者等"穗成熟时""采子捣为米，磨面作饼蒸食，皆可"②。

　　上述考古发现表明，藜属植物在新石器时代就被作为一种食物资源而采集利用，在某些藜属植物分布较为丰富的区域，很可能是古代人类重要的食物来源。考古遗址中发现大量藜属种子集中出土于某一遗迹单位的现象，很可能反映了储存大量藜属种子行为的存在。进入青铜时代以后，藜属植物的集中储存和利用现象仍然存在，甚至在秦汉时期，藜属植物中的某些种类存在被驯化的可能。文献记载表明藜属植物的茎叶和种子均可食用，这一特性使其成为历史时期一种常见的备荒救饥的植物。

　　藜科植物不但可以作为营养丰富的食物，同时也是优良的牧草，藜科中有不少种是荒漠草原的主要牧草③，我国就曾在西北地区引种优若藜④和绵毛优若藜⑤等来改善草原牧场。畜牧业发达区域考古遗址中出土的藜属遗存很可能是作为动物饲草被利用。元上都西关厢遗址南部紧邻上都河，北边依托着龙冈山，周围是金莲川草原，水草丰美，非常利于畜牧。西关厢遗址的浮选发现了较多的适宜做优良牧草的炭化植物遗存，其中就包括藜属，还有同属藜科的猪毛菜属、苔草属等。该遗址共发现了1126粒炭化藜科种子，共五属六种，分别是藜、猪毛菜、地肤、虫实、轴藜和碱蓬，这其中以藜和猪毛菜发现较多，而藜、猪毛菜、虫实和碱蓬都是较好的饲草⑥。并且元上都地区在蒙元时期孢粉为"蒿-松"组合带，是典型的森林草原组合，草本植物占优⑦。这说明当时元上都居民对藜科牧草的利用不单是因为这几类牧草营养丰富、家畜喜食，更是由当时的植被分布所决定的。

四、结　　语

　　基于国内考古遗址出土藜属植物的系统梳理，从空间分布来看，绝大多数出土藜属植物的遗址分布在北方黄河中下游地区，特别是关中地区及其相邻的榆林地区，是新石器时代利用藜属植物最为集中的区域，这可能与该区域新石器时代的植被分布特

① Chin-Yuan Huang, Yung-Lin Chu, Kandi Sridhar, et al. Analysis and determination of phytosterols and triterpenes in different inbred lines of Djulis (*Chenopodium formosanum Koidz.*) hull: A potential source of novel bioactive ingredients. *Food Chemistry*, 2019(1).

② （明）朱橚撰，倪根金校注：《救荒本草校注》，中国农业出版社，2008年。

③ 中国科学院"中国植物志"编辑委员会：《中国植物志》第25（2）卷，科学出版社，1979年。

④ 郎炳耀：《利用优若藜建立干草原放牧场》，《内蒙古草业》1993年2期。

⑤ 刘虎俊、王继和、张国良等：《绵毛优若藜在我国干旱区的适应性》，《牧草与饲料》2007年2期，39～42页。

⑥ 孙永刚、田小冬、塔拉等：《元上都西关厢遗址植物遗存综合研究》，《中国农史》2017年5期，12～24页。

⑦ 汤卓炜、魏坚、姜晓宇：《元上都城市生态系统的环境背景研究》，《元上都》，中国大百科全书出版社，2008年。

征有关；从时间上来看，自仰韶文化时期，北方诸多区域存在明显的藜属植物利用行为，储存大量藜属种子的现象直到青铜时代和秦汉时期依然存在。相较于国外藜属植物悠久的种植历史，目前没有明确的考古学证据表明中国的藜属植物被栽培过，但西汉时期藜属植物与粟黍共存作为随葬品，似乎表明在秦汉时期，藜属植物中的某些种类可能被驯化成一种谷物。总体来看，中国古代的藜属植物主要作为一种较易获取的食物资源，在历史时期的某些地区也曾作为一种优良饲草加以利用。

Utilization of *Chenopodium* in Ancient China Based on Charred Seeds from Archaeological Sites

Tao Dawei   Xiao Yiqi

(Department of Archaeology, School of History, Zhengzhou University)

Abstract: Charred plant remains uncovered from archaeological sites provide solid evidences to investigate the plant cultivation and the origins of agricultures. In fact, besides the crop remains, there are many non-crops remains which were closely related to human subsistence activities uncovered from archaeological sites. Among the archaeological sites where the flotation has been conducted, charred Chenopodium seeds emerged in 75 archaeological sites and these remains are dated from Peiligang cultural periods to Yuan Dynasty. These sites mainly distributed in the middle or lower reaches of the Yellow River. Since the Yangshao cultural period, Chenopodium plants had been utilized in North China. The tradition of utilization of Chenopodium plants had lasted to the Han Dynasty and possible Chenopodium crop appeared in Western Han in Guanzhong area, Shaanxi Province according to co-occurrence of abundant charred millet grains and Chenopodium seeds as burial articles. Chenopodium plants in ancient China were used for human food in case of famine or domesticated animal fodder in some area where animal husbandry economy prevails.

Key words: *Chenopodium*, Guanzhong area, Yuhuazhai site, Erlitou site, Yang Mausoleum of the Han Dynasty

硫同位素分析在考古学研究中的应用：综述[*]

Olaf Nehlich[1, 2]著　　王媛媛[3]译　　董　豫[3]校

（1. 英属哥伦比亚大学人类学系；2. 马克斯·普朗克进化人类学研究所人类演化系；

3. 山东大学文化遗产研究院）

内容提要： 考古材料的硫同位素分析可为研究古生态系统、古饮食、迁移和流动提供相关信息。此综述首先介绍了其地球化学背景，包括岩石圈、水圈和生物圈中硫同位素组成的变化。之后对相关考古学研究进行实质性回顾，介绍这种新的科技考古标记物，并展示其在未来研究中的可能应用。

关键词： 硫　同位素　考古　古饮食　迁徙　骨胶原

一、引　言

　　测量生物组织中的硫同位素比值越来越多地应用于现在和过去的环境和饮食重建中。当今生态互动研究的多个方向都运用了硫同位素分析，如最近的污染[①]、植物生理学[②]、淡水生态系统[③]、河口生物群[④]、海洋物种[⑤]以及饮食行为[⑥]等。过去十年，硫稳

---

[*]　原文：Nehlich O., 2015. The application of sulphur isotope analyses in archaeological research: A review, Earth-Science Reviews 142, 1-17.本文翻译工作得到国家重点研发计划项目（批准号：2020YFC1521606）和山东大学青年交叉科学群众项目（2020QNQT018）的资助。

[①]　Krouse, H.R., 1977. Sulfur isotope abundance elucidate uptake of atmospheric sulfur emissions by vegetation. Nature 265, 45-46; Case, J.W., Krouse, H.R., 1980. Variations in sulfur content and stable sulfur isotope composition of vegetation near a SO_2 source at Fox Creek, Alberta, Canada. Oecologia V44, 248-257.

[②]　Mekhtieva, V.L., Gavrilov, E.Y., Pankina, R.G., 1976. Sulfur isotopic composition in land plants. Geochem. Int. 13, 85-88; Chukhrov, F.V., Ermilova, L.P., Churikov, V.S., Nosik, L.P., 1980. The isotopic composition of plant sulfur. Org. Geochem. 2, 69-75; Trust, B.A., Fry, B., 1992. Stable sulfur isotopes in plants: a review. Plant Cell Environ. 15, 1105-1110.

[③]　Hesslein, R.H., Capel, M.J., Fox, D.E., Hallard, K.A., 1991. Stable isotopes of sulfur, carbon, and nitrogen as indicator of trophic level and fish migration in the Lower Mackenzie River Basin, Canada. Can. J. Fish. Aquat. Sci. 48, 2258-2265; Fry, B., 2002. Stable isotopic indicators of habitat use by Mississippi River fish. J. N. Am. Benthol. Soc. 21, 676-685.

[④]　Peterson, B.J., Howarth, R.W., Garritt, R.H., 1985. Multiple stable isotopes used to trace the flow of organic matter in estuarine food webs. Science 227, 1361-1363; Wissel, B., Fry, B., 2005. Tracing Mississippi River influences in estuarine food webs. Oecologia 144, 659-672.

[⑤]　Hoekstra, P.F., Dehn, L.A., George, J.C., Solomon, K.R., Muir, D.C.G., O'Hara, T.M., 2002. Trophic ecology of bowhead whales (Balaena mysticetus) compared with that of other arctic marine biota as interpreted from carbon-, nitrogen-, and sulfur-isotope signatures. Can. J. Zool. 80, 223-231.

[⑥]　Hobson, K.A., Drever, M.C., Kaiser, G.W., 1999. Norway rats as predators of burrownesting seabirds. J. Wildl. Manag. 63, 14-25.

定同位素在考古学中的应用也越来越多①，见图一。为了认识考古材料的硫同位素模式，有必要了解现代环境中的环境作用过程和硫同位素分布。尽管无法进行直接比较，但由于环境同位素组成会影响动物和人体组织的同位素特征，因此必须要对现代生态系统作用过程和同位素组成有基本的了解。环境的变化和差异将反映在有机组织中。

　　这里我们展示硫同位素分析如何能拓展从考古材料（如毛发和骨骼）中收集潜信息的范围。此外，本文将回顾过去所发表的研究并总结硫同位素分析在考古学中的潜在应用。此综述首先将介绍地质勘查中的无机物数据，以说明地质和水文对生物圈中测得硫同位素组成变化的影响。随后将介绍现代生态系统的例子，以展示硫同位素分析对考古背景下环境重建的潜在适用性。最后，本文对硫同位素分析在考古学研究中的已有应用进行批判性评估，并提出这种新标记物相关的潜在深入研究方向。虽然这里汇总展示的数据并不完整，但足以证明硫同位素分析在考古研究中的多样变化性和适用性。

① Richards, M.P., Fuller, B.T., Hedges, R.E.M., 2001a. Sulfur isotopic variation in ancient bone collagen from Europe: implications for human palaeodiet, residence mobility, and modern pollutant studies. Earth Planet. Sci. Lett. 191, 185-190; Craig, O.E., Ross, R., Andersen, S.H., Milner, N., Bailey, G.N., 2006. Focus: sulfur isotope variation in archaeological marine fauna from northern Europe. J. Archaeol. Sci. 33, 1642-1646; Privat, K.L., O'Connell, T.C., Hedges, R.E.M., 2007. The distinction between freshwater-and terrestrial-based diets: methodological concerns and archaeological applications of sulfur stable isotope analysis. J. Archaeol. Sci. 34, 1197-1204; Fornander, E., Eriksson, G., Lidén, K., 2008. *Wild at he*art: approaching pitted ware identity, economy and cosmology through stable isotopes in skeletal material from the Neolithic site Korsnäs in Eastern Central Sweden. J. Anthropol. Archaeol. 27, 281-297; Linderholm, A., Andersson, K., Mörth, C., Grundberg, L., Harding, B., Lidén, K., 2008a. An early Christian cemetery at Björned in northern Sweden. Fornvännen 103, 176-189; Linderholm, A., Jonson, C.H., Svensk, O., Lidén, K., 2008b. Diet and status in Birka: stable isotopes and grave goods compared. Antiquity 82, 446-461; Hu, Y., Shang, H., Tong, H., Nehlich, O., Liu, W., Zhao, C., Yu, J., Wang, C., Trinkaus, E., Richards, M.P., 2009. Stable isotope dietary analysis of the Tianyuan 1 early modern human. Proc. Natl. Acad. Sci. 106, 10971-10974; Vika, E., 2009. Strangers in the grave? Investigating local provenance in a Greek Bronze Age mass burial using δ³⁴S analysis. J. Archaeol. Sci. 36, 2024-2028; Nehlich, O., Boric, D., Stefanovic, S., Richards, M.P., 2010. Sulfur isotope evidence for fresh water fish consumption: a case study from the Danube Gorges, SE Europe. J. Archaeol. Sci. 37, 1131-1139; Nehlich, O., Fuller, B.T., Jay, M., Mora, A., Nicholson, R.A., Smith, C.I., Richards, M.P., 2011. Application of sulfur isotope ratios to examine weaning patterns and freshwater fish consumption in Roman Oxfordshire, U.K. Geochim. Cosmochim. Acta 75, 4963-4977; Nehlich, O., Fuller, B.T., Márquez-Grant, N., Richards, M.P., 2012. Investigation of diachronic dietary patterns on the islands of Ibiza and Formentera, Spain: evidence from sulfur stable isotope ratio analysis. Am. J. Phys. Anthropol. 149, 115-124; Nehlich, O., Barrett, J.H., Richards, M.P., 2013. Spatial variability in sulfur isotope values of archaeological and modern cod (Gadus morhua). Rapid Commun. Mass Spectrom. 27, 2255-2262; Nehlich, O., Oelze, V., Jay, M., Conrad, M., Stäuble, H., Teegen, W., Richards, M.P., 2014. Sulphur isotope ratios of multi-period archaeological skeletal remains from central Germany: a dietary and mobility study. Anthropologie (BRNO) LII, 15-33; Nehlich, O., Smith, C.I., Fuller, B.T., Wahl, J., Richards, M.P., 2014. Diagenetic alteration of sulphur isotope ratios in archaeological bone collagen. Earth Planet. Sci. Lett. (forthcoming); Bollongino, R., Nehlich, O., Richards, M.P., Orschiedt, J., Thomas, M.G., Sell, C., Fajkosova, Z., Powell, A., Burger, J., 2013. 2000 Years of Parallel Societies in Stone Age Central Europe. Science; Bocherens, H., Baryshnikov, G., Van Neer, W., 2014. Were bears or lions involved in salmon accumulation in the Middle Palaeolithic of the Caucasus? An isotopic investigation in Kudaro 3 cave. Quat. Int. 339-340, 112-118; Kinaston, R., Buckley, H., Valentin, F., Bedford, S., Spriggs, M., Hawkins, S., Herrscher, E., 2014. Lapita Diet in remote Oceania: new stable isotope evidence from the 3000-year-Old Teouma Site, Efate Island, Vanuatu. PLoS One 9, e90376.

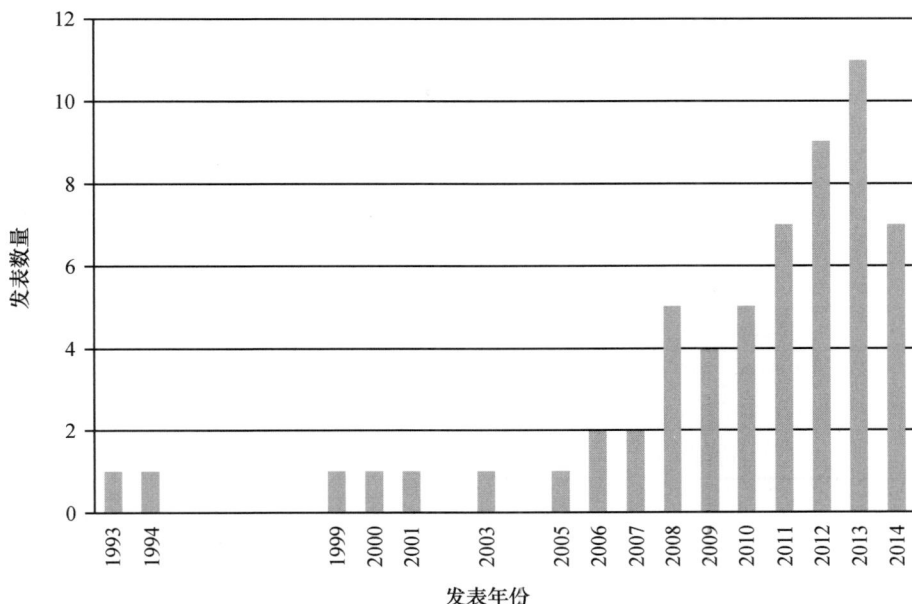

图一　每年发表的考古材料硫同位素研究文章的数量

1. 硫

硫是地球上含量第15位的元素，在人体有机组织中丰度排名第7，因此它在蛋白质结构中起着重要作用[①]。地球上有3个主要的硫储藏库：水圈中的海洋溶解硫酸盐、蒸发硫酸盐，以及岩石圈中的黄铁矿（表一）。次要硫储藏库包括大气、生物质（包括化石燃料）和土壤[②]。大气和生物质硫来自海洋和土壤硫。无机环境中的硫通过风化、蒸发、降雨和构造运动进行循环[③]，如图二所示。在矿物质中，硫通常以黄铁矿（FeS_2）、重晶石（$BaSO_4$）、硬石膏（$CaSO_4$）、石膏（$CaSO_4 2H_2O$）等化合物形式存在，或以其他形式与其他元素（如铜和硒）共生。在原始的水环境和未受污染的大气中，硫主要以可溶性硫酸盐（SO_4^{2-}）、二氧化硫（SO_2）、硫化氢（H_2S）和挥发性有机硫化合物（如DMS生源硫化物二甲基硫等）的形式存在。硫被动植物吸收后，成为蛋白质或氨基酸的组成部分，主要涉及蛋氨酸（$C_5H_{11}NO_2S$）和半胱氨酸（$C_3H_7NO_2S$）[④]。

[①] Ingenbleek, Y., 2006. The nutritional relationship linking sulfur to nitrogen in living organisms. J. Nutr. 136, 1641S-1651S.

[②] Newton, R., Bottrell, S., 2007. Stable isotopes of carbon and sulfur as indicators of environmental change: past and present. J. Geol. Soc. Lond. 164, 691-708.

[③] Bottrell, S.H., Newton, R.J., 2006. Reconstruction of changes in global sulfur cycling from marine sulfate isotopes. Earth Sci. Rev. 75, 59-83.

[④] Nielsen, H., Pilot, J., Grinenko, L.N., Grinenko, V.A., Lein, A.Y., Smith, J.W., Pankina, R.G., 1991. Lithospheric sources of sulfur. In: Krouse, H.R., Grinenko, V.A. (Eds.), Stable Isotopes in the Assessment of Natural and Anthropogenic Sulfur in the Environment. John Wiley & Sons, Chichester, pp. 65-132.

表一　不同储藏库中硫的质量[①]

硫储藏库	硫的质量（g）
环境储藏库	
大气	1×10^{12}
海洋（硫酸盐）	1.3×10^{21}
陆地生物质	1×10^{16}
土壤	3×10^{16}
地质储藏库	
氧化产物（硫酸盐）	3×10^{21}
还原产物（黄铁矿）	6×10^{21}
化石燃料	7×10^{16}

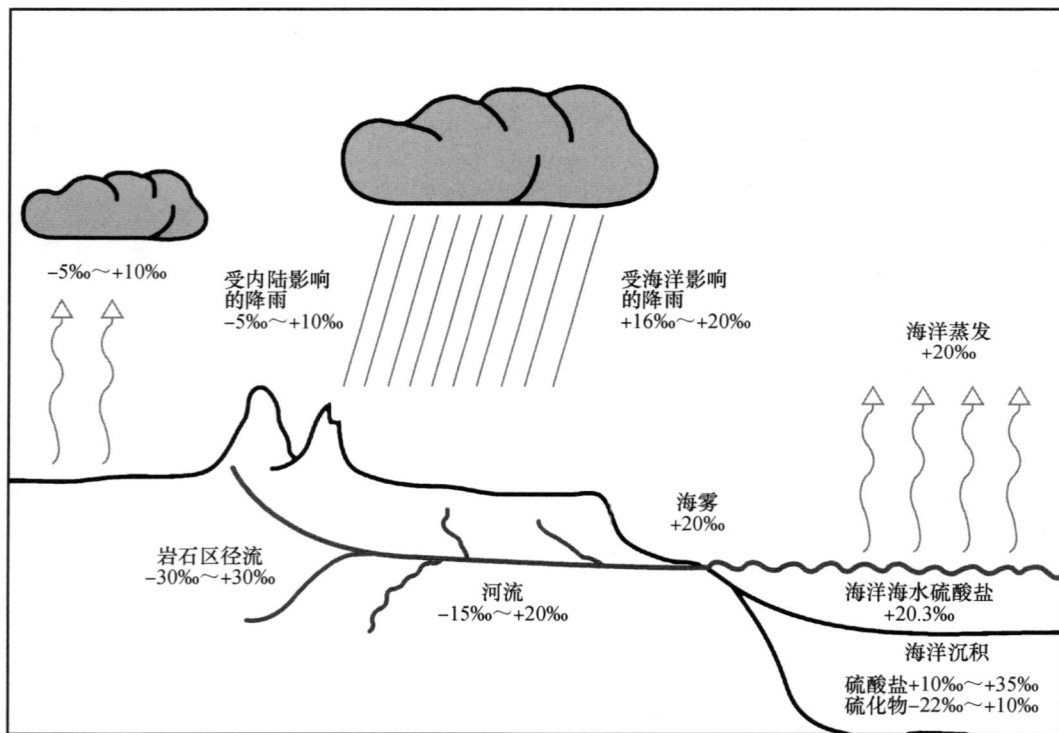

图二　硫的循环及其在不同环境中的预期硫同位素值示意图

① Newton, R., Bottrell, S., 2007. Stable isotopes of carbon and sulfur as indicators of environmental change: past and present. J. Geol. Soc. Lond. 164, 691-708.

　　硫和氧一样，是周期表中第16列（非金属元素）的一员。硫有5种不同的化合价（H_2S：-2；S^0：0；S_2O_3：-2；SO_3^{2-}：+4；SO_4^{2-}：+6）。无机硫主要通过微生物和细菌的还原或氧化作用发生转化[①]。

2. 硫同位素

　　Aston和Nier发现了硫元素的四种稳定同位素：^{32}S、^{33}S、^{34}S和^{36}S[②]。其中相对丰度最大的轻同位素^{32}S占95.02%，其次是^{34}S（4.21%）、^{33}S（0.75%）和^{36}S（0.02%）[③]。最常分析的是较轻同位素^{32}S和较重同位素^{34}S之间的比值。通常将测得的硫同位素比值与迪亚布洛峡谷陨硫铁（V-CDT，国际公认标准物质）进行对照，并表达为$\delta^{34}S$值，使用以下公式以千分比（‰）来表示：

$$\delta^{34}S = \left(\frac{(^{34}S/^{32}S)_{sample}}{(^{34}S/^{32}S)_{standard}} - 1 \right) \times 1000‰$$

　　传统上，有机材料的硫同位素是通过化学方式提取硫生成$BaSO_4$或Ag_2S来测定[④]，随后通过燃烧生成SO和SO_2进行分析。最近，有机组织硫同位素比值的测量可通过组织的直接燃烧并使用连续流同位素比率质谱仪（CF-IRMS）测量所生成的SO和SO_2气体[⑤]。由于其可以掩盖重、轻硫同位素的真实数量，需要根据硫酸气体中可能出现的重氧同位素对仪器得出的重、轻同位素比值进行统计校正[⑥]。样品和标准物质都需要进行校正，以避免其中之一出现偏差。为了可靠地报告硫同位素测量结果，应明确分析方法和测得的国际标准物质同位素组成[⑦]。

　　化学或生物反应中同位素比值的改变称为分馏。在各种环境（如无机化学反应、生物新陈代谢）中，从来源物到产物，其同位素组成可发生不同的变化。来源和反应产物之间的同位素组成差异表示为$\Delta^a b_{产物-来源}$（a—重同位素的质量数；b—分析的元素；例如，$\Delta^{34}S$值），它们可以用来比较同位素尺度不同端点发生的实际变化。

---

①　Krouse, H.R., 1980. Sulfur isotopes in our environment. In: Fritz, P., Fontes, J.C. (Eds.), Handbook of Environmental Isotope Geochemistry. Elsevier B.V., Amsterdam, pp. 435-471.

②　Nier, A.O., 1938. The isotopic constitution of calcium, titanium, sulfur and argon. Phys. Rev. 53, 282-286.

③　Faure, G., 1986. Principles of Isotope Geology. John Wiley & Sons, New York.

④　Robinson, B.W., Kusakabe, M., 1975. Quantitative preparation of sulfur dioxide, for $^{34}S/^{32}S$ analyses, from sulfides by combustion with cuprous oxide. Anal. Chem. 47, 1179-1181.

⑤　Giesemann, A.J.H., Norman, A.L., Krouse, H.R., Brand, W.A., 1994. Online sulfur isotope determination using an elemental analyzer coupled to a mass spectrometer. Anal. Chem. 66, 2816-2819; Baublys, K.A., Golding, S.D., Young, E., Kamber, B.S., 2004. Simultaneous determination of $\delta^{33}S_{V-CDT}$ and $\delta^{34}S_{V-CDT}$ using masses 48, 49 and 50 on a continuous flow isotope ratio mass spectrometer. Rapid Commun. Mass Spectrom. 18, 2765-2769; Yun, M., Wadleigh, M.A., Pye, A., 2004. Direct measurement of sulfur isotopic composition in lichens by continuous flow-isotope ratio mass spectrometry. Chem. Geol. 204, 369-376.

⑥　Fry, B., Silva, S.R., Kendall, C., Anderson, R.K., 2002. Oxygen isotope corrections for online $\delta^{34}S$ analysis. Rapid Commun. Mass Spectrom. 16, 854-858; Coleman, M., 2004. Data corrections for mass-spectrometer analysis of SO_2. In: de Groot, P. (Ed.), Handbook of Stable Isotope Analytical Techniques. Elsevier B.V., Amsterdam, pp. 957-970.

⑦　Mayer, B., 2009. Reporting requirements for sulfur isotope measurements on environmental samples. Isot. Environ. Health Stud. 45, 164-168.

二、岩石圈和水圈

为了在环境（生态学和考古学）研究中使用硫稳定同位素，首先必须确定感兴趣区域特有的过程所导致的同位素变化。必须注意的是，由于混合、浓缩和其他相关化学过程，在沉积物中测得的硫同位素组成与在植物、动物和人类中测得的生物可利用硫同位素组成之间可能存在差异。进入食物网底部生物分子中的硫来源于地下水、雨水里的硫酸盐以及大气中的含硫气体。然而，其他硫源也可能加入生物可利用硫库，并增加特定环境中测得 $\delta^{34}S$ 值的变化性。首先，不同类型岩石（砂岩、花岗岩、石灰石、辉长岩、白云岩等）和含硫矿物（硫酸钡、硫酸钙、硫化亚铁、二硫化亚铁等）的风化能引入高度可变的 $\delta^{34}S$ 值[1]。其次，现代环境可能受到来自化石燃料燃烧、天然气厂和其他工业排放物所产生硫的高度污染。大部分的污染被释放到空气中，并被植物吸收为生物可利用硫[2]。另一种可能的方式是通过地下水和土壤中的固体沉积使无机硫具有生物可利用性[3]。人为污染产生的额外硫可能对现代材料的硫同位素组成产生影响。因此，相对于本地预期的自然值，所获得的结果可能具有更低或更高的 $\delta^{34}S$ 值，并且差异很大。

1. 岩石中的硫同位素组成

地球表面的大多数硫存在于岩石矿物（硬石膏、石膏、重晶石、黄铁矿、磁黄铁矿等）中。假定地球上的原始 $\delta^{34}S$ 值为0‰。含硫化合物经历具有较大分馏效应的氧化或还原环境过程造成这一数值的改变。图三显示了世界各地不同矿物最常见的 $\delta^{34}S$ 测量值的范围。大多数测得的硫同位素组成范围在-20‰～ +30‰之间，但也观察到了-50‰和+40‰的极值[4]。造成这些极端 $\delta^{34}S$ 值的原因是分馏 $\Delta^{34}S$ 超过25‰的硫酸盐的还原或硫化物的氧化反应[5]。大多数 $\delta^{34}S$ 值被发现聚集在0‰（火成、火山、陨石成因）和+20‰（海洋硫酸盐蒸发岩）附近。所分析的重晶石、硬石膏和石膏主要来自不同的海洋沉积物，因此范围为+10‰～ +30‰。同位素值是其形成过程中化学过程决定的。黄铁矿、磁黄铁矿、闪锌矿、天然硫和方铅矿的 $\delta^{34}S$ 值的范围主要在-20‰～+15‰之间，中间值约为0‰。岛屿和沿海地区或海洋沉积物的地质硫酸盐样品的 $\delta^{34}S$ 值较高，在+20‰左右，火山岩和陨石样品的 $\delta^{34}S$ 值通常聚集在0‰左右。据测量，硫酸盐

① Rossmann, A., Kornexl, B., Versini, G., Pichlmayer, F., Lamprecht, G., 1998. Origin assignment of milk from alpine regions by multielement stable isotope ratio analysis (Sira). Riv. Sci. Aliment. 27, 9-21.

② Case, J.W., Krouse, H.R., 1980. Variations in sulfur content and stable sulfur isotope composition of vegetation near a SO₂ source at Fox Creek, Alberta, *Canada*. Oecologia V44, 248-257.

③ Mizota, C., Sasaki, A., 1996. Sulfur isotope composition of soils and fertilizers: differences between Northern and Southern hemispheres. Geoderma 71, 77-93.

④ Krouse, H.R., 1980. Sulfur isotopes in our environment. In: Fritz, P., Fontes, J.C. (Eds.), Handbook of Environmental Isotope Geochemistry. Elsevier B.V., Amsterdam, pp. 435-471.

⑤ Kaplan, I.R., 1975. Stable isotopes as a guide to biogeochemical processes. Proc. R. Soc. Lond. Ser. B Biol. Sci. 189, 183-211; Böttcher, M.E., 2001. Sulfur isotope fractionation in the biogeochemical sulfur cycle of marine sediments. Isot. Environ. Health Stud. 37, 97-99.

蒸发岩的δ³⁴S值在+10‰及以上，随地质时代的变化而变化[1]；土壤中的硫酸盐往往在0～+10‰之间；还原性硫化物的³⁴S通常较贫乏，其值达到+10‰以下[2]；煤、石油、天然气和硫化物矿石的测量值范围为−40‰～+30‰，因为它们的组成取决于特定的矿物沉积和形成过程[3]。欧洲花岗岩的范围为−4‰～+9‰[4]。玄武岩在冷却过程中因脱气损失了多达75%的硫，与脱气之前的原始组成相比会贫化或富集³⁴S[5]。岩石的δ³⁴S值因形成过程不同变化很大，且局部有差异，因此进行考古研究有必要获得当地特征。

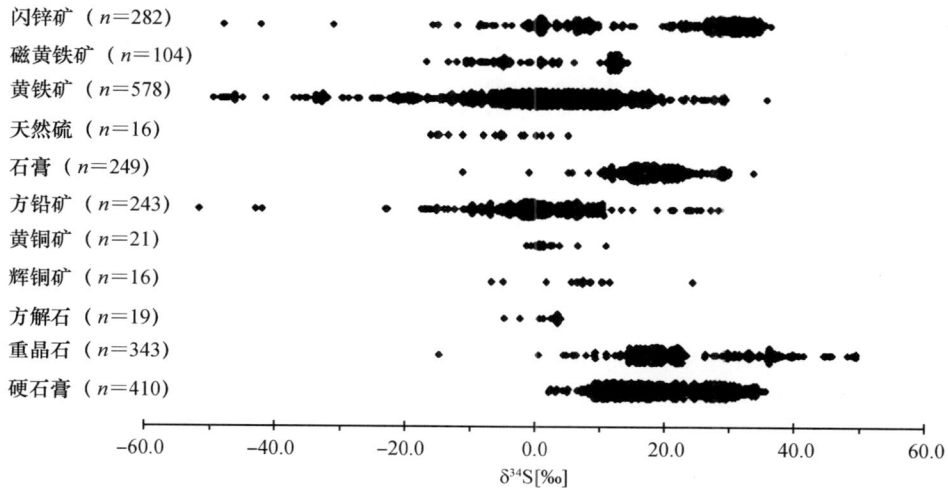

图三　不同类型矿物的δ³⁴S值图[6]

---

[1] Claypool, G.E., Holser, W.T., Kaplan, I.R., Sakai, H., Zak, I., 1980. The age curves of sulfur and oxygen isotopes in marine sulfate and their mutual interpretation. Chem. Geol. 28, 199-260.

[2] Krouse, H.R., Mayer, B., 2000. Sulfur and oxygen isotopes in sulphate. In: Cook, P.G., Herczeg, A.L. (Eds.), Environmental Tracers in Subsurface Hydrology. Kluwer Academic Publisher, Dordrecht, pp. 195-231.

[3] Nielsen, H., Pilot, J., Grinenko, L.N., Grinenko, V.A., Lein, A.Y., Smith, J.W., Pankina, R.G., 1991. Lithospheric sources of sulfur. In: Krouse, H.R., Grinenko, V.A. (Eds.), Stable Isotopes in the Assessment of Natural and Anthropogenic Sulfur in the Environment. John Wiley & Sons, Chichester, pp. 65–132; Hoefs, J., 2006. Stable Isotope Geochemistry. Springer, Berlin.

[4] Hoefs, J., 2006. Stable Isotope Geochemistry. Springer, Berlin.

[5] Faure, G., 1986. Principles of Isotope Geology. John Wiley & Sons, New York; Hoefs, J., 2006. Stable Isotope Geochemistry. Springer, Berlin.

[6] 数据来自Ault, W.U., Kulp, J.L., 1959. Isotopic geochemistry of sulfur. Geochim. Cosmochim. Acta 16, 201-235; Thode, H.G., Monster, J., Dunford, H.B., 1961. Sulfur isotope geochemistry. Geochim. Cosmochim. Acta 25, 159-174; Lawrence, L.J., Rafter, T.A., 1962. Sulfur isotope distribution in sulfides and sulfates from Broken Hill South, New South Wales. Econ. Geol. 57, 217-225; Smitheringale, W.G., Jensen, M.L., 1963. Sulfur isotopic composition of the Triassic igneous rocks of eastern United States. Geochim. Cosmochim. Acta 27, 1183-1207; Hulston, J.R., Thode, H.G., 1965. Variations in the S³³, S³⁴, and S³⁶ contents of meteorites and their relation to chemical and nuclear effects. J. Geophys. Res. 70, 3475-3483; Gehlen, K.V., 1966. Schwefel-Isotope und die Genese von Erzlagerstätten. Int. J. Earth Sci.55, 178-197; Holser, W.T., Kaplan, I.R., 1966. Isotope geochemistry of secimentary sulfates. Chem. Geol. 1, 93-135; Mitchell, R.H., Krouse, H.R., 1971. Isotopic composition of sulfur and lead in galena from the Greenhow-Skyreholme area, Yorkshire, England. Econ. Geol. 66, 243-251; Solomon, M., Rafter, T.A., Dunham, K.C., 1971. Sulfur and oxygen isotope studies in the northern Pennines in relation to ore genesis Trans. Inst. Min. Metall. Sect. B Appl. Earth Sci. 80, B259-B275; Hitchon, B., Krouse, H.R., 1972. Hydrogeochemistry of the surface waters of the

Mackenzie River drainage basin, Canada—III. Stable isotopes of oxygen, carbon and sulfur. Geochim. Cosmochim. Acta 36, 1337-1357; Rye, R.O., 1974. A comparison of sphalerite-galena sulfur isotope temperatures with filling temperatures of fluid inclusions. Econ. Geol. 69, 26-32; Robinson, B.W., Ineson, P.R., 1979. Sulfur, oxygen and carbon isotope investigations of lead-zinc-barite-fluorite-calcite mineralization, Derbyshire, England. Trans. Inst. Min. Metall. 88, B107-B117; Sasaki, A., Ishihara, S., 1979. Sulfur isotopic composition of the magnetite-series and ilmenite-series granitoids in Japan. Contrib. Mineral. Petrol. 68, 107-115; Claypool, G.E., Holser, W.T., Kaplan, I.R., Sakai, H., Zak, I., 1980. The age curves of sulfur and oxygen isotopes in marine sulfate and their mutual interpretation. Chem. Geol. 28, 199-260; Sakai, H., Gunnlaugsson, E., Tomasson, J., Rouse, J.E., 1980. Sulfur isotope systematics in Icelandic geothermal systems and influence of seawater circulation at Reykjanes. Geochim. Cosmochim. Acta 48, 1223-1231; Coleman, M.L., Raiswell, R., 1981. Carbon, oxygen and sulfur isotope variations in concretions from the Upper Lias of N.E. England. Geochim. Cosmochim. Acta 45, 329-340; Love, G.L., Coleman, M.L., Curtis, C.D., 1983. Diagenetic pyrite formation and sulfur isotope fractionation associated with a Westphalian marine incursion, northern England. Trans. R. Soc. Edinb. Earth Sci. 74, 165-182; Strauss, H., Schieber, J., 1990. A sulfur isotope study of pyrite genesis: the Mid-Proterozoic Newland Formation, Belt Supergroup, Montana. Geochim. Cosmochim. Acta 54, 197-204; Chivas, A.R., Andrews, A.S., Lyons, W.B., Bird, M.I., Donnelly, T.H., 1991. Isotopic constraints on the origin of salts in Australian playas. 1. Sulfur. Palaeogeogr. Palaeoclimatol. Palaeoecol. 84, 309-332; Kim, K.H., Mizutani, Y., Moon, H.S., 1995. Oxygen and sulfur isotopic compositions of quartz, barite and sulfide minerals from the Sambo Pb-Zn-barte ore deposits, South Korea. Geochem. J. 29, 277-295; Bechtel, A., Shieh, Y., Pervaz, M., Püttmann, W., 1996. Biodegradation of hydrocarbons and biogeochemical sulfur cycling in the salt dome environment: Inferences from sulfur isotope and organic geochemical investigations of the Bahloul Formation at the Bou Grine Zn/Pb ore deposit, Tunisia. Geochim. Cosmochim. Acta 60, 2833-2855; Calvert, S.E., Thode, H.G., Yeung, D., Karlin, R.E., 1996. A stable isotope study of pyrite formation in the Late Pleistocene and Holocene sediments of the Black Sea. Geochim. Cosmochim. Acta 60, 1261-1270; Jones, H.D., Kesler, S.E., Furman, F.C., Kyle, J.R., 1996. Sulfur isotope geochemistry of Southern Appalachian Mississippi valley-type deposits. Econ. Geol. 91, 355-367; Bottrell, S.H., Hannam, J.A., Andrews, J.E., Maher, B.A., 1998. Diagenesis and remobilization of carbon and sulfur in mid-Pleistocene organic-rich freshwater sediment. J. Sediment. Res. 68, 37-42; Paytan, A., Kastner, M., Campbell, D., Thiemens, M.H., 1998. Sulfur isotopic composition of Cenozoic seawater sulfate. Science 282, 1459-1462; Alonso-Azcarate, J., Boyce, A.J., Bottrell, S.H., Macaulay, C.I., Rodas, M., Fallick, A.I., Mas, J.R., 1999. Development and use of in situ laser sulfur isotope analyses for pyrite-anhy-drite geothermometry: an example from the pyrite deposits of the Cameros Basin, NE Spain. Geochim. Cosmochim. Acta 63, 509-513; Makhnach, A., Mikhajlov, N., Kolosov, I., Gulis, L., Shimanovich, V., Demeneva, O., 2000. Comparative analysis of sulfur isotope behavior in the basins with evaporites of chloride and sulfate types. Sediment. Geol. 134, 343-360; McKay, J.L., Longstaffe, F.J., 2003. Sulfur isotope geochemistry of pyrite from the Upper Cretaceous Marshybank Formation, Western Interior Basin. Sediment. Geol. 157, 175-195; Wagner, T., Boyce, A.J., 2003. Sulfur isotope geochemistry of black shale-hosted antimony mineralization, Arnsberg, northern Rhenish Massif, Germany: implications for latestage fluid flow during the Variscan orogeny. J. Geol. Soc. Lond. 160, 299-308; Paytan, A., Kastner, M., Campbell, D., Thiemens, M.H., 2004. Seawater sulfur isotope fluctuations in the Cretaceous. Science 304, 1663-1665; Dold, B., Spangenberg, J.E., 2005. Sulfur speciation and stable isotope trends of water-soluble sulfates in mine tailings profiles. Environ. Sci. Technol. 39, 5650-5656; Lowry, D., Boyce, A.J., Fallick, A.E., Stephens, W.E., Grassineau, N.V., 2005. Terrane and basement discrimination in northern Britain using sulfur isotopes and mineralogy of ore deposits. In: McDonald, I., Boyce, A.J., Butler, I.B., Herrington, R.J., Polya, D.A. (Eds.), Mineral Deposits and Earth Evolution. Geological Society, London, pp. 133-151; Peryt, T.M., Bula, Z., Halas, S., Olszewska, B., Pluta, I., Slodkowska, B., 2005. Non-marine evaporites in the Lower Miocene of Upper Silesia (Carpathian Foreland Basin, Poland). Geol. Carpath. 56, 327-336; Wagner, T., Boyce, A.J., 2006. Pyrite metamorphism in the Devonian Hunsrück slate of Germany: insights from laser microprobe sulfur isotope analysis and thermodynamic modeling. Am. J. Sci. 306, 525-552; Yoo, B.C., Lee, H.K., White, N.C., 2006. Gold-Bearing mesothermal veins from the Gubong Mine, Cheongyang Gold District, Republic of Korea: fluid inclusion and stable isotope studies. Econ. Geol. 101, 883-890; Goldberg, T., Strauss, H., Guo, Q., Liu, C., 2007. Reconstructing marine redox conditions for the Early Cambrian Yangtze Platform: evidence from biogenic sulfur and organic carbon isotopes. Palaeogeogr. Palaeoclimatol. Palaeoecol. 254, 175-193; Bojar, A., Halas, S., Bojar, H.,

2. 海洋中的硫同位素

水生环境中的硫主要以硫酸盐（SO_4^{2-}）形式存在。在现代海洋中，硫酸盐的浓度约为28mM[1]，平均硫同位素值为+20.3‰[2]。

由于水在各大洋中不断循环，海洋中的硫同位素组成相当一致。只有在河口地区，因从河流输入的淡水较多，才会出现较低的$\delta^{34}S$值。然而，全球海洋海水硫酸盐的$\delta^{34}S$值在地质时间尺度上出现过波动。Claypool等人分析了海洋蒸发岩，发现海洋海水硫酸盐的硫同位素值可从三叠纪的+10‰变化为前寒武纪/寒武纪边界的+35‰[3]。Paytan等人分析了白垩纪和新生代的沉积重晶石，也报告了随时间推移而出现的显著波动[4]。Bottrell和Newton证明，过去100万年中海水硫酸盐的$\delta^{34}S$值没有明显变化[5]。其中一个原因可能是海洋通过水团的循环所产生的大型存储库效应。对于较小的盆地，如黑海，生态因素的影响则更为明显。Calvert等人的研究证明在很小的深度范围内沉积黄铁矿的$\delta^{34}S$值可发生急剧变化，有一些变化超过30‰[6]。这些波动被解释为黑海与地中海脱离的时期，其高度贫化^{34}S的$\delta^{34}S$值证明了这一点。

3. 淡水资源中的硫同位素

水生环境的$\delta^{34}S$值变化很大。图四总结了已发表的来自不同来源的水硫酸盐数据。

Szaran, J., 2008. Isotopic evidence for the origin of an acid sulphate alteration, Styrian basin, Austria. Terra Nova 20, 45-51; Legler, B., Schneider, J.W., 2008. Marine ingressions into the Middle/Late Permian saline lake of the Southern Permian Basin (Rotliegend, Northern Germany) possibly linked to sea-level highstands in the Arctic rift system. Palaeogeogr. Palaeoclimatol. Palaeoecol. 267, 102-114; Tyukova, Y.E., Voroshin, S.V., 2008. The sulfur isotopic composition of sulfides from ores and host rocks of the Upper Kolyma Region, Magadan Oblast. Russ. J. Pac. Geol. 2, 25-38; Strmic Palinkas, S., Spangenberg, J.E., Palinkas, L.A., 2009. Organic and inorganic geochemistry of Ljubija siderite deposits, NW Bosnia and Herzegovina. Mineral. Deposita 44, 893-913; Ripley, E.M., Li, C., Moore, C.H., Schmitt, A.K., 2010. Micro-scale S isotope studies of the Kharaelakh intrusion, Norilsk region, Siberia: constraints on the genesis of coexisting anhydrite and sulfide minerals. Geochim. Cosmochim. Acta 74, 634-644.

[1] Kurtz, A.C., Kump, L.R., Arthur, M.A., Zachos, J.C., Paytan, A., 2003. Early Cenozoic decoupling of the global carbon and sulfur cycles. Paleoceanography 18, 1090-1104.

[2] Ault, W.U., Kulp, J.L., 1959. Isotopic geochemistry of sulfur. Geochim. Cosmochim. Acta 16, 201-235; Thode, H.G., Monster, J., Dunford, H.B., 1961. Sulfur isotope geochemistry. Geochim. Cosmochim. Acta 25, 159-174; Rees, C.E., 1978. Sulfur isotope measurements using SO_2 and SF_6. Geochim. Cosmochim. Acta 42, 383-389; Rees, C.E., Jenkins, W.J., Monster, J., 1978. The sulfur isotopic composition of ocean water sulphate. Geochim. Cosmochim. Acta 42, 377-381; Böttcher, M.E., Brumsack, H., Dürselen, C., 2007. The isotopic composition of modern seawater sulfate: I. Coastal waters with special regard to the North Sea. J. Mar. Syst. 67, 73-82.

[3] Claypool, G.E., Holser, W.T., Kaplan, I.R., Sakai, H., Zak, I., 1980. The age curves of sulfur and oxygen isotopes in marine sulfate and their mutual interpretation. Chem. Geol. 28, 199-260.

[4] Paytan, A., Kastner, M., Campbell, D., Thiemens, M.H., 1998. Sulfur isotopic composition of Cenozoic seawater sulfate. Science 282, 1459-1462; Paytan, A., Kastner, M., Campbell, D., Thiemens, M.H., 2004. Seawater sulfur isotope fluctuations in the Cretaceous. Science 304, 1663-1665.

[5] Bottrell, S.H., Newton, R.J., 2006. Reconstruction of changes in global sulfur cycling from marine sulfate isotopes. Earth Sci. Rev. 75, 59-83.

[6] Calvert, S.E., Thode, H.G., Yeung, D., Karlin, R.E., 1996. A stable isotope study of pyrite formation in the Late Pleistocene and Holocene sediments of the Black Sea. Geochim. Cosmochim. Acta 60, 1261-1270.

海洋硫酸盐的δ³⁴S值约为+20.3‰，而在雨、雪和其他淡水资源中测得的δ³⁴S值范围大多在0～+10‰之间[1]。这些硫酸盐来源于陆地（如土壤和岩石的淋溶和侵蚀、地下水以及地质构造），反映了当地岩石、土壤和矿物的可溶和被侵蚀部分，如Robinson和Bottrell在新西兰原始集水区的研究所示[2]。雨和雪的硫同位素组成反映了来自不同地区蒸发水的混合物，有时涵盖了不同的地质背景和环境来源（如土壤和岩石侵蚀、气溶胶和灰尘）。不同河流生态系统硫酸盐的δ³⁴S值大多在−5‰～+15‰之间，由于硫酸盐被还原或硫化物被氧化的地球化学过程，在一些特定地点和较小地理范围内，有一些数值超出了这些范围[3]。这些极端范围（约40‰）出现在特定条件下的局部地点内。

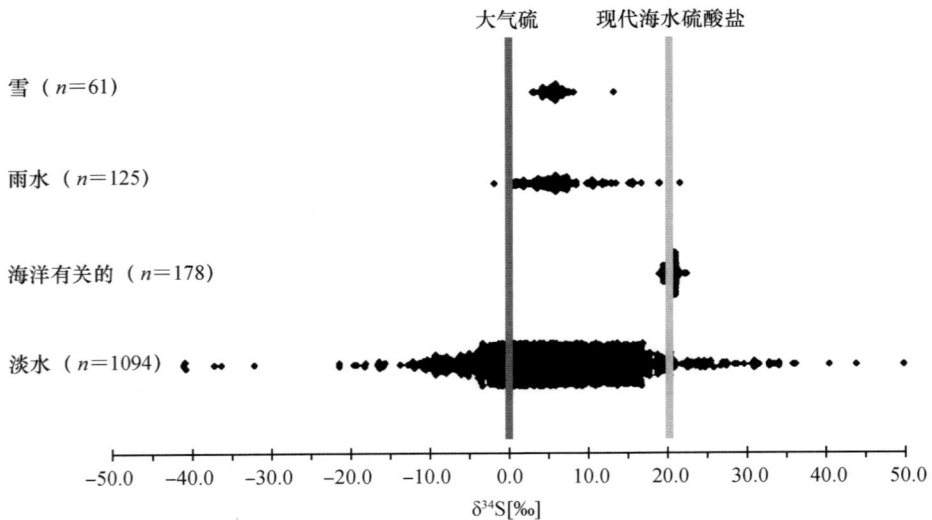

图四　不同水环境的δ³⁴S值图（根据来源划分）[4]

---

① Nriagu, J., Rees, C.E., Mekhtieva, V.L., Lein, A.Y., Fritz, P., Drimmie, R.J., Pankina, R.G., Robinson, R.W., Krouse, H.R., 1991. Hydrosphere. In: Krouse, H.R., Grinenko, V.A. (Eds.), Stable Isotopes in the Assessment of Natural and Anthropogenic Sulfur in the Environment. John Wiley & Sons Environment, Chichester, pp. 177-265.

② Robinson, B.W., Bottrell, S.H., 1997. Discrimination of sulphate sources in pristine and polluted New Zealand river catchments using stable isotopes. Appl. Geochem. 12, 305–319.

③ Ivanov, M.V., 1983. The sulfur cycle in continental reservoirs. In: Ivanov, M.V., Freney, J.R. (Eds.), The Global Biogeochemical Sulfur Cycle-Scope. Scientific Committee on Problems of the Environment, pp. 297–356; Hoefs, J., 2006. Stable Isotope Geochemistry. Springer, Berlin.

④ 数据来自Ault, W.U., Kulp, J.L., 1959. Isotopic geochemistry of sulfur. Geochim. Cosmochim. Acta 16, 201-235; Jensen, M.L., Nakai, N., 1961. Sources and isotopic composition of atmospheric sulfur. Science 134, 2102-2104; Thode, H.G., Monster, J., Dunford, H.B., 1961. Sulfur isotope geochemistry. Geochim. Cosmochim. Acta 25, 159-174; Kaplan, I.R., Emery, K.O., Rittenberg, S.C., 1963. The distribution and isotopic abundance of sulfur in recent marine sediments of southern California. Geochim. Cosmochim. Acta 27, 297-312; Holser, W.T., Kaplan, I.R., 1966. Isotope geochemistry of sedimentary sulfates. Chem. Geol. 1, 93-135; Nakai, N., Jensen, M.L., 1967. Sources of atmospheric sulfur compounds. Geochem. J. 1, 199-210; Mekhtieva, V.L., Pankina, R.G., 1968. Isotopic composition of sulfur in aquatic plants and dissolved sulfates. Geochem. Int. 5, 624-627; Hitchon, B., Krouse, H.R., 1972. Hydrogeochemistry of the surface waters of the Mackenzie River drainage basin, Canada—III. Stable isotopes of oxygen, carbon and sulfur. Geochim. Cosmochim. Acta 36, 1337-1357; Longinelli, A., Bartelloni, M., 1978. Atmospheric pollution in Venice, Italy, as indicated by isotopic analyses. Water Air Soil Pollut. 10, 335-341; Nriagu, J.O., Coker, R.D., 1978a. Isotopic composition of sulfur in atmospheric precipitation around Sudbury, Ontario. Nature 274, 883-885; Nriagu,

J.O., Coker, R.D., 1978b. Isotopic composition of sulfur in precipitation within the Great Lakes Basin. Tellus 30, 365-375; Nriagu, J.O., Harvey, H.H., 1978. Isotopic variation as an index of sulfur pollution in lakes around Sudbury, Ontario. Nature 273, 223-224; Rees, C.E., Jenkins, W.J., Monster, J., 1978. The sulfur isotopic composition of ocean water sulphate. Geochim. Cosmochim. Acta 42, 377-381; Chukhrov, F.V., Ermilova, L.P., Churikov, V.S., Nosik, L.P., 1980. The isotopic composition of plant sulfur. Org. Geochem. 2, 69-75; Sakai, H., Gunnlaugsson, E., Tomasson, J., Rouse, J.E., 1980. Sulfur isotope systematics in Icelandic geothermal systems and influence of seawater circulation at Reykjanes. Geochim. Cosmochim. Acta 48, 1223-1231; Fry, B., Scalan, R.S., Winters, J.K., Parker, P.L., 1982. Sulfur uptake by salt grasses, mangroves, and seagrasses in anaerobic sediments. Geochim. Cosmochim. Acta 46, 1121-1124; Ivanov, M.V., 1983. The sulfur cycle in continental reservoirs. In: Ivanov, M.V., Freney, J.R. (Eds.), The Global Biogeochemical Sulfur Cycle-Scope. Scientific Committee on Problems of the Environment, pp. 297-356; Nriagu, J.O., Soon, Y.K., 1985. Distribution and isotopic composition of sulfur in lake sediments of northern Ontario. Geochim. Cosmochim. Acta 49, 823-834; Grinenko, V.A., Krouse, H.R., 1992. Isotope data on the nature of riverine sulfates. Mitt. Geol. Paläontol. Inst. 72, 9-18; Cameron, E.M., Hall, G.E.M., Veizer, J., Krouse, H.R., 1995. Isotopic and elemental hydrogeochemistry of a major river system: Fraser River, British Columbia, Canada. Chem. Geol. 122, 149-169; Herut, B., Spiro, B., Starinsky, A., Katz, A., 1995. Sources of sulfur in rainwater as indicated by isotopic $\delta^{34}S$ data and chemical composition, Israel. Atmos. Environ. 29, 851-857; Mayer, B., Feger, K.H., Giesemann, A., Jager, H., 1995. Interpretation of sulfur cycling in two catchments in the Black Forest (Germany) using stable sulfur and oxygen isotope data. Biogeochemistry 30, 31-58; Lei, L., Volkov, I.I., Strizhov, V.P., 1996. Sulfur compounds in water and sediments in sea and river waters mixing zones. Oceanology 35, 623-629; Yang, C., Telmer, K., Veizer, J., 1996. Chemical dynamics of the 'St. Lawrence' riverine system: δD_{H_2O}, $\delta^{18}O_{H_2O}$, $\delta^{13}C_{DIC}$, $\delta^{34}S_{sulfate}$, and dissolved $^{87}Sr/^{86}Sr$. Geochim. Cosmochim. Acta 60, 851-866; de Caritat, P., Krouse, H.R., Hutcheon, I., 1997. Sulfur isotope composition of stream water, moss and humus from eight arctic catchments in the Kola Peninsula region (NW Russia, N Finland, NE Norway). Water Air Soil Pollut. V94, 191-208; Heaton, T.H.E., Spiro, B., Robertson, S.M.C., 1997. Potential canopy influences on the isotopic composition of nitrogen and sulfur in atmospheric deposition. Oecologia 109, 600-607; Yang, W., Spencer, R.J., Krouse, H.R., 1997. Stable isotope compositions of waters and sulfate species therein, Death Valley, California, USA: implications for inflow and sulfate sources, and arid basin climate. Earth Planet. Sci. Lett. 147, 69-82; Groscheova, H., Novak, M., Havel, M., Cerny, J., 1998. Effect of altitude and tree species on $\delta^{34}S$ of deposited sulfur (Jezery Catchment, Czech Republic). Water Air Soil Pollut. 105, 295-303; Pichlmayer, F., Schöner, W., Seibert, P., Stichler, W., Wagenbach, D., 1998. Stable isotope analysis for characterization of pollutants at high elevation alpine sites. Atmos. Environ. 32, 4075-4085; Böttcher, M.E., Lepland, A., 2000. Biogeochemistry of sulfur in a sediment core from the west-central Baltic Sea: evidence from stable isotopes and pyrite textures. J. Mar. Syst. 25, 299-312; Heinrichs, G., Hoque, E., Wolf, M., Stichler, W., 2000. Hydrogeologische und biologische Besonderheiten der Schwefelquelle von Irnsing bei Neustadt a.d. Donau. Geol. Bl. NO-Bayern 50, 1-16; Karim, A., Veizer, J., 2000. Weathering processes in the Indus River Basin: implications from riverine carbon, sulfur, oxygen, and strontium isotopes. Chem. Geol. 170, 153-177; Mandernack, K.W., Lynch, L., Krouse, H.R., Morgan, M.D., 2000. Sulfur cycling in wetland peat of the New Jersey Pinelands and its effect on stream water chemistry. Geochim. Cosmochim. Acta 64, 3949-3964; Novák, M., Kirchner, J.W., Groscheová, H., Havel, M., Cerný, J., Krejčí, R., Buzek, F., 2000. Sulfur isotope dynamics in two central european watersheds affected by high atmospheric deposition of SO_x. Geochim. Cosmochim. Acta 64, 367-383; Kampschulte, A., Bruckschen, P., Strauss, H., 2001. The sulfur isotopic composition of trace sulphates in Carboniferous brachiopods: implications for coeval seawater, correlation with other geochemical cycles and isotope stratigraphy. Chem. Geol. 175, 149-173; Mast, M.A., Turk, J.T., Ingersoll, G.P., Clow, D.W., Kester, C.L., 2001. Use of stable sulfur isotopes to identify sources of sulfate in Rocky Mountain snowpacks. Atmos. Environ. 35, 3303-3313; Strauch, G., Schreck, P., Nardin, G., Gehre, M., 2001. Origin and distribution of sulphate in surface waters of the Mansfeld mining district (Central Germany) — a sulfur isotope study. Isot. Environ. Health Stud. 37, 101-112; Cortecci, G., Dinelli, E., Bencini, A., Adorni-Braccesi, A., La Ruffa, G., 2002. Natural and anthropogenic SO_4 sources in the Arno river catchment, northern Tuscany, Italy: a chemical and isotopic reconnaissance. Appl. Geochem. 17, 79-92; Lein, A., Pimenov, N., Guillou, C., Martin, J., Lancelot, C., Rusanov, I., Yusupov, S., Miller, Y., Ivanov, M., 2002. Seasonal dynamics of the sulphate reduction rate on the Northwestern Black Sea Shelf. Estuar. Coast. Shelf Sci. 54, 385-401; Pawellek, F., Frauenstein, F., Veizer, J., 2002. Hydrochemistry and isotope geochemistry

4. 海雾对硫同位素比值的影响

如图一所示，海洋硫以雨水的形式重新沉积在海岸线上。沿海地区存在含有一定量海盐硫酸盐的气溶胶。海雾硫酸盐产生的气溶胶和雨水的δ³⁴S值为+20.3‰[1]。尚无海洋海盐硫酸盐的δ³⁴S值与纯陆地来源硫酸盐的δ³⁴S值相似的实例记录[2]。Mizota和Sasaki、Wakshal和Nielsen测试了海盐硫酸盐对日本沿海不同距离土壤δ³⁴S值的影响，他们在距离海岸线30千米的内陆仍然能够检测到海洋硫酸盐的影响，沿海土壤的初始δ³⁴S值达到+18‰以上，并逐渐降低至+10‰[3]。距离海岸线更远的地区则没有检测到当

of the upper Danube River. Geochim. Cosmochim. Acta 66, 3839-3853; Trembaczowski, A., Swieca, A., 2002. Sulfur and oxygen isotopic composition of sulphates in springs feeding the Wieprz River and Other Springs of Lublin Upland and Roztocze. Isotopes in Environmental and Health Studies 38, 285-306; Sørensen, K.B., Canfield, D.E., 2004. Annual fluctuations in sulfur isotope fractionation in the water column of a euxinic marine basin. Geochim. Cosmochim. Acta 68, 503-515; Trembaczowski, A., Szaran, J., Niezgoda, H., 2004. Investigating the provenance and seasonal variations in sulphate sulfur and oxygen isotopes of Central Roztocze River Water, SE Poland. Water Air Soil Pollut. 157, 65-84; Yu, J., Park, Y., 2004. Sulfur isotopic and chemical compositions of the natural waters in the Chuncheon area, Korea. Appl. Geochem. 19, 843-853; Savvichev, A.S., Rusanov, I.I., Rogozin, D.Y., Zakharova, E.E., Lunina, O.N., Bryantseva, I.A., Yusupov, S.K., Pimenov, S.V., Degermendzhi, A.G., Ivanov, M.V., 2005. Microbiological and isotopic-geochemical investigations of Meromictic Lakes in Khakasia in winter. (in Russian). Mikrobiologia 74, 552-561; Jezierski, P., Szynkiewicz, A., Jedrysek, M.-O., 2006. Natural and anthropogenic origin sulphate in an mountainous groundwater system: S and O isotope evidences. Water Air Soil Pollut. 173, 81-101; Khayat, S., Hötzl, H., Geyer, S., Ali, W., Knöller, K., Strauch, G., 2006. Sulfur and oxygen isotopic characters of dissolved sulphate in groundwater from the Pleistocene aquifer in the southern Jordan Valley (Jericho area, Palestine). Isot. Environ. Health Stud. 42, 289-302; Vokal-Nemec, B., Szaran, J., Trembaczowski, A., Halas, S., Dolenec, T., Lojen, S., 2006. Sulphate sources in the Sava and Ljubljanica Rivers, Slovenia, inferred from sulfur and oxygen isotope compositions. Aquat. Geochem. 12, 199-220; Böttcher, M.E., Brumsack, H., Dürselen, C., 2007. The isotopic composition of modern seawater sulfate: I. Coastal waters with special regard to the North Sea. J. Mar. Syst. 67, 73-82; Brenot, A., Carignan, J., France-Lanord, C., Benoît, M., 2007. Geological and land use control on δ³⁴S and δ¹⁸O of river dissolved sulfate: the Moselle river basin, France. Chem. Geol. 244, 25-41; Nakano, T., Tayasu, I., Yamada, Y., Hosono, T., Igeta, A., Hyodo, F., Ando, A., Saitoh, Y., Tanaka, T., Wada, E., Yachi, S., 2008. Effect of agriculture on water quality of Lake Biwa tributaries, Japan. Sci. Total Environ. 389, 132148; Szynkiewicz, A., Modelska, M., Jedrysek, M.O., Mastalerz, M., 2008. The effect of acid rain and altitude on concentration, δ³⁴S, and δ¹⁸O of sulfate in the water from Sudety Mountains, Poland. Chem. Geol. 249, 36-51; Celmen, O., Celik, M., 2009. Hydrochemistry and environmental isotope study of the geothermal water around Beypazari granitoids, Ankara, Turkey. Environ. Geol. 58, 1689-1901; Lewicka-Szczebak, D., Trojanowska, A., Drzewicki, W., Górka, M., Jedrysek, M., Jezierski, P., Kurasiewicz, M., Krajniak, J., 2009. Sources and sinks of sulphate dissolved in lake water of a dam reservoir: S and O isotopic approach. Appl. Geochem. 24, 1941-1950; Miller, E.J., Rhodes, K.R., 1982. Preparation and characterization of the different types of collagen. In: Cunningham, Leon W., Frederiksen, Dixie W. (Eds.), Methods in Enzymology. Academic Press, pp. 33-64; Peters, M., Strauss, H., Farquhar, J., Ockert, C., Eickmann, B., Jost, C.L., 2010. Sulfur cycling at the Mid-Atlantic Ridge: a multiple sulfur isotope approach. Chem. Geol. 269, 180-196.

① Nielsen, H., 1974. Isotopic composition of the major contributors to atmospheric sulfur. Tellus XXVI, 213-221; Norman, A., Anlauf, K., Hayden, K., Thompson, B., Brook, J.R., Li, S., Bottenheim, J., 2006. Aerosol sulphate and its oxidation on the Pacific NW coast: S and O isotopes in PM₂.₅. Atmos. Environ. 40, 2676-2689.

② McArdle, N., Liss, P., Dennis, P., 1998. An isotopic study of atmospheric sulfur at three sites in Wales and at Mace Head-Eire. J. Geophys. Res. 103, 31079-31094.

③ Mizota, C., Sasaki, A., 1996. Sulfur isotope composition of soils and fertilizers: differences between Northern and Southern hemispheres. Geoderma 71, 77-93; Wakshal, E., Nielsen, H., 1982. Variations of δ³⁴S(SO₄), δ¹⁸O(H₂O) and Cl/SO₄ ratio in rainwater over northern Israel, from the Mediterranean Coast to Jordan Rift Valley and Golan Heights. Earth Planet. Sci. Lett. 61, 272-282.

地土壤的δ^{34}S值与更高的海洋δ^{34}S值有混合[1]。在河流的δ^{34}S值中也观察到了类似影响，由于海雾效应，δ^{34}S值在距离海岸30千米的范围内会升高[2]。然而，各地的气候因素（如盛行风向）和地形因素（如山地、平原或集水区）可以决定海盐的δ^{34}S值对沿海地区的影响[3]。

5. 人为影响

除了自然硫源，工业和其他人工来源的人为释放硫在过去几个世纪中也急剧增加。环境污染会影响生态的不同部分：例如Krouse等人证明，由于天然气厂的排放，表层土壤^{34}S含量丰富[4]；Strauch等人在一个采矿区发现了污染严重的地表水[5]；Krouse和Mayer发现，农业化肥也是环境污染的一个来源[6]。因此，现代被污染的环境与古代环境间并不存在可靠的关联。

三、生　物　圈

无机硫可就地被纳入生物质中[7]。有机结合硫以蛋白质中氨基酸的形式沿食物网进行传递。在这一过程中，只有少量的分馏会影响到重硫同位素与轻硫同位素的比值，因此δ^{34}S值只发生轻微的变化[8]。所以，生态栖息地特定食物链中不同成员的δ^{34}S特征范围相对较小。

1. 植物中的硫同位素比值

大多数植物以硫酸盐形式从土壤（SO_4^{2-}）和大气（SO_2）中吸收硫。硫酸盐主要来

---

[1] McArdle, N., Liss, P., Dennis, P., 1998. An isotopic study of atmospheric sulfur at three sites in Wales and at Mace Head-Eire. J. Geophys. Res. 103, 31079-31094; Coulson, J.P., Bottrell, S.H., Lee, J.A., 2005. Recreating atmospheric sulfur deposition histories from peat stratigraphy: diagenetic conditions required for signal preservation and reconstruction of past sulfur deposition in the Derbyshire Peak District, UK. Chem. Geol. 218, 223-248.

[2] Cortecci, G., Dinelli, E., Bencini, A., Adorni-Braccesi, A., La Ruffa, G., 2002. Natural and anthropogenic SO$_4$ sources in the Arno river catchment, northern Tuscany, Italy: a chemical and isotopic reconnaissance. Appl. Geochem. 17, 79-92.

[3] Wadleigh, M.A., Schwarcz, H.P., Kramer, J.R., 1994. Sulfur isotope tests of seasalt correction factors in precipitation: Nova Scotia, Canada. Water Air Soil Pollut. 77, 1-16; Wadleigh, M.A., Schwarcz, H.P., Kramer, J.R., 1996. Isotopic evidence for the origin of sulphate in coastal rain. Tellus B 48, 44-59.

[4] Krouse, R.H., Mayer, B., Schoenau, J.J., 1996. Application of stable isotope techniques to soil sulfur cycling. In: Boutton, T.W., Yamasaki, S. (Eds.), Mass Spectrometry of Soils. Marcel Decker Inc., New York, pp. 247-284.

[5] Strauch, G., Schreck, P., Nardin, G., Gehre, M., 2001. Origin and distribution of sulphate in surface waters of the Mansfeld mining district (Central Germany) — a sulfur isotope study. Isot. Environ. Health Stud. 37, 101-112.

[6] Krouse, H.R., Mayer, B., 2000. Sulfur and oxygen isotopes in sulphate. In: Cook, P.G., Herczeg, A.L. (Eds.), Environmental Tracers in Subsurface Hydrology. Kluwer Academic Publisher, Dordrecht, pp. 195-231.

[7] Krouse, R.H., Mayer, B., Schoenau, J.J., 1996. Application of stable isotope techniques to soil sulfur cycling. In: Boutton, T.W., Yamasaki, S. (Eds.), Mass Spectrometry of Soils. Marcel Decker Inc., New York, pp. 247-284.

[8] Hobson, K.A., 1999. Tracing origins and migration of wildlife using stable isotopes: a review. Oecologia 120, 314-326.

源于大气（高达90%），但也有土壤硫以硫酸盐的形式沉积到植物角质层中[1]。几种酶级联反应参与了丝氨酸［$HO_2C\text{-}CH（NH_2）CH_2OH$］的生物合成及其向半胱氨酸的转化，以及无机硫的吸收[2]。继而，半胱氨酸又是植物合成蛋氨酸的来源。蛋氨酸的生物合成几乎不涉及硫同位素的分馏，因为该过程中硫没有发生变化[3]。如Trust和Fry所述，植物的$\delta^{34}S$值平均比环境中的硫酸盐低约$-1.5‰$[4]。Krouse等人发现植物的$\delta^{34}S$值比所吸收硫的$\delta^{34}S$值低$0\sim4‰$[5]。然而，这种同位素分馏效应具有高度可变性，在植物中进行年内测量时，环境硫和吸收硫之间的变化范围为$-8‰\sim+3‰$[6]。单一地点植物间$\delta^{34}S$值的变异可达到$10‰$[7]。

2. 动物和人类的硫循环

在20种常见的（标准）氨基酸中，只有半胱氨酸和蛋氨酸含有硫。含硫氨基酸在蛋白质折叠中起着关键的结构作用。蛋氨酸的密码子（AUG）还可作为蛋白质翻译的起始信号[8]。蛋氨酸的另一个重要功能是在生物体内提供甲基[9]。蛋氨酸无法在脊椎动物体内合成，因此必须完全通过饮食来提供[10]。半胱氨酸可以提供蛋氨酸需求的组成部分，因为它可以在体内代谢成蛋氨酸[11]。遗憾的是，目前尚无涉及该代谢循环的同位素信息。

就同位素而言，身体中的蛋氨酸应反映膳食蛋白质中蛋氨酸的平均$\delta^{34}S$值，因为其对大多数动物来说都是必需氨基酸，因此必须通过饮食来摄取。然而，半胱氨酸的$\delta^{34}S$值不仅反映了饮食中的半胱氨酸，也反映了蛋氨酸被催化生成半胱氨酸的内部循环。在分析胶原蛋白和其他有机组织时，重要的是记住这两种氨基酸都反映膳食蛋白质$\delta^{34}S$的平均值。该观察结果与Ambrose和Norr的研究类似，他们证明了骨胶原中的碳主要来源于饮食中的蛋白质部分[12]。在这两种含硫的标准氨基酸中，哺乳动物的Ⅰ型胶原蛋白

[1] Agrawal, M., 2003. Plant responses to atmospheric sulfur. In: Abrol, Y.P., Ahmad, A. (Eds.), Sulfur in Plants. Kluwer Academic Publishers, Dordrecht, pp. 279-293.

[2] Noji, M., Saito, K., 2003. Sulfur amino acids: biosynthesis of cysteine and methionine. In: Abrol, Y.P., Ahmad, A. (Eds.), Sulfur in Plants. Kluwer Academic Publishers, Dordrecht, pp. 135-144.

[3] Noji, M., Saito, K., 2003. Sulfur amino acids: biosynthesis of cysteine and methionine. In: Abrol, Y.P., Ahmad, A. (Eds.), Sulfur in Plants. Kluwer Academic Publishers, Dordrecht, pp. 135-144.

[4] Trust, B.A., Fry, B., 1992. Stable sulfur isotopes in plants: a review. Plant Cell Environ. 15, 1105-1110.

[5] Krouse, R.H., Mayer, B., Schoenau, J.J., 1996. Application of stable isotope techniques to soil sulfur cycling. In: Boutton, T.W., Yamasaki, S. (Eds.), Mass Spectrometry of Soils. Marcel Decker Inc., New York, pp. 247-284.

[6] Mekhtieva, V.L., Gavrilov, E.Y., Pankina, R.G., 1976. Sulfur isotopic composition in land plants. Geochem. Int. 13, 85-88.

[7] Tanz, N., Schmidt, H., 2010. $\delta^{34}S$-value measurements in food origin assignments and sulfur isotope fractionations in plants and animals. J. Agric. Food Chem. 58, 3139-3146.

[8] Brosnan, J.T., Brosnan, M.E., 2006. The sulfur-containing amino acids: an overview. J. Nutr. 136, 1636S-1640S.

[9] Cantoni, G.L., 1975. Biological methylation: selected aspects. Annu. Rev. Biochem. 44, 435-451.

[10] Doyle, P.T., Moir, R.J., 1979. Sulfur and methionine metabolism in sheep. II. Quantitative estimates of sulfur metabolism in the sheep's stomach. Aust. J. Biol. Sci. 32, 65-76; Walton, M.J., Cowey, C.B., Adron, J.W., 1982. Methionine metabolism in rainbow trout fed diets of differing methionine and cystine content. J. Nutr. 112, 1525-1535.

[11] Finkelstein, J.D., Martin, J.J., Harris, B.J., 1988. Methionine metabolism in mammals. The methionine-sparing effect of cystine. J. Biol. Chem. 263, 11750-11754.

[12] Ambrose, S.H., Norr, L., 1993. Experimental evidence for the relationship of the carbon isotope ratios of whole diet and dietary protein to those of bone collagen and carbonate. In: Lambert, J.B., Grupe, G. (Eds.), Prehistoric Human Bone — Archaeology at the Molecular Level. Springer-Verlag, Berlin, pp. 1-38.

仅发现了蛋氨酸残基，而Ⅰ型骨胶原是骨骼的主要有机组成部分[1]。因此，骨胶原的 $\delta^{34}S$ 值应直接反映从膳食蛋白质中摄取的蛋氨酸。

3. 从消费者到饮食的硫同位素组成的变化

如前所述，有机组织中的硫丰度低于碳或氮。硫主要存在于半胱氨酸和蛋氨酸两种氨基酸中，这些氨基酸在不同组织和不同动物种属中的含量很低且数量不一。例如，鱼肌肉组织的含硫量比牛肌肉组织的含硫量高得多[2]。此外，肌肉组织中的硫含量比骨骼高得多[3]。在对膳食成分进行建模时必须考虑到，饮食中含硫量不同的食物将对消费者组织的硫同位素组成产生不平衡的影响。

消费者相对于其饮食同位素组成的变化通常被称为营养级的变化（$\Delta^a b_{消费者-饮食}$）。尽管人体总碳在不同营养级之间 ^{13}C 的富集度约为 1‰[4]，氮随营养级富集 3‰~5‰[5]，但消费者组织和饮食之间的硫同位素比值尚无已知的差异。表二总结了已发表的饮食和消费者之间 $\Delta^{34}S$ 值的差异。Peterson 和 Howarth 以固定饮食来饲养昆虫和鱼类，鱼类（消费者）和昆虫（饮食）之间的平均偏移量（$\Delta^{34}S_{消费者-饮食}$）为 +0.5 ± 0.6‰[6]。以鳟鱼（消费者）和舞毒蛾（饮食）为实验对象的饲养实验表明 $\Delta^{34}S_{消费者-饮食}$ 为 +1.4‰[7]。Ana González San Martín 等人测量了猪（消费者）的肝组织与其食物（饮食）之间的微小差异；他们得出结论，含硫蛋白质的代谢过程中只发生很少的分馏[8]。McCutchan 等人发现他们研究的昆虫和鱼类饮食中蛋白质含量与 $\Delta^{34}S_{消费者-饮食}$ 之间有相关性[9]。他们还发现 $\Delta^{34}N_{消费者-饮食}$ 与 $\Delta^{34}S_{消费者-饮食}$ 呈正相关[10]。Richards 等人也提出了类似的发现，他们在一项控制饲养实验中，给马喂了两种不同的饮食[11]。第一种饮食以 C_3 植物为基础，第二种饮

---

[1] Eastoe, J.E., 1955. The amino acid composition of mammalian collagen and gelatin. Biochem. J. 61, 589-600.

[2] Beveridge, J.M.R., 1947. Sulphur distribution in fish flesh proteins. J. Fish. Res. Can. 7, 51-54; Eastoe, J.E., 1955. The amino acid composition of mammalian collagen and gelatin. Biochem. J. 61, 589-600; Eastoe, J.E., 1957. The amino acid composition of fish collagen and gelatin. Biochem. J. 65, 363-368.

[3] Eastoe, J.E., 1967. Composition of collagen and allied proteins. In: Ramachandran, G.N. (Ed.), Treatise on Collagen. Academic Press, London, pp. 1-72.

[4] DeNiro, M.J., Epstein, S., 1978. Influence of diet on the distribution of carbon isotopes in animals. Geochim. Cosmochim. Acta 42, 495-506.

[5] Minagawa, M., Wada, E., 1984. Stepwise enrichment of ^{15}N along food chains. Geochim. Cosmochim. Acta 48, 1135-1140; Bocherens, H., Drucker, D., 2003. Trophic level isotopic enrichments for carbon and nitrogen in collagen: case studies from recent and ancient terrestrial ecosystems. Int. J. Osteoarchaeol. 13, 46-53.

[6] Peterson, B.J., Howarth, R.W., 1987. Sulfur, carbon, and nitrogen isotopes used to trace organic matter flow in the salt-marsh estuaries of Sapelo Island, Georgia. Limnol. Oceanogr. 32, 1195-1213.

[7] Peterson, B.J., Howarth, R.W., Garritt, R.H., 1985. Multiple stable isotopes used to trace the flow of organic matter in estuarine food webs. Science 227, 1361-1363.

[8] González-Martín, I., González Perez, C., Hernandez Mendez, J., Sanchez Gonzalez, C., 2001. Differentiation of dietary regimen of Iberian swine by means of isotopic analysis of carbon and sulfur in hepatic tissue. Meat Sci. 58, 25-30.

[9] McCutchan, J.H., Lewis, W.M., Kendall, C., McGrath, C.C., 2003. Variation in trophic shift for stable isotope ratios of carbon, nitrogen, and sulfur. OIKOS 102, 378-390.

[10] 同[6]。

[11] Richards, M.P., Fuller, B.T., Sponheimer, M., Robinson, T., Ayliffe, L., 2003. Sulfur isotopes in palaeodietary studies: a review and results from a controlled feeding experiment. Int. J. Osteoarchaeol. 13, 37-45.

食以C_4植物为基础。C_3植物饮食导致尾毛的$\delta^{34}S$值比饮食低1‰，而C_4植物饮食则导致毛发的$\delta^{34}S$值比饮食高4‰。作者认为，相比于缺乏蛋白质的C_4植物，富含蛋白质的C_3植物可以更好地被身体蛋白质所利用，整个身体硫的循环再利用会影响组织的$\delta^{34}S$值。对于不受控的饮食，估计消费者和饮食之间的营养级变化为−0.5‰[1]，这与Barnes和Jennings的结果一致，他们发现消费者组织与饮食之间的差异约为−1‰[2]。然而，Tanz和Schmidt在分析同一动物的不同组织时，提出了消费者和饮食之间更高的同位素位移值[3]。他们发现，牛骨胶原的^{34}S与膳食中的硫相比贫化了0.5‰，而肌肉组织的$\delta^{34}S$值则增加了0.6‰。这与乳山羊的结果不同，乳山羊骨胶原和肌肉的$\delta^{34}S$值高于饮食，但母乳喂养是一种特殊的代谢情况，因此可能不具有代表性[4]。在大多数人为控制饮食的研究中，消费者及其饮食之间的差异更大。综上所述，可以得出结论，具有自然饮食的动物（消费者）其身体组织的$\delta^{34}S$值略高于其食物（平均为+0.5 ± 2.4‰）。

表二　已发表的消费者和饮食硫同位素值的差异$\Delta^{34}S$值

消费者	饮食	分析材料	营养级变化 $\Delta^{34}S \pm SD$ (n)	参考文献[5]
orchelimum fidicinium（叶蝉）	大米草	整体	−1.1	Peterson, et al.（1985）
Porthetria dispar（舞毒蛾）	植物性饮食	整体	+1.4	Peterson, et al.（1985）
Salvelinus fontinalis（美洲红点鲑；大型）	商品化饮食	肌肉	+1.2	Peterson, et al.（1985）

① Peterson, B.J., Howarth, R.W., Garritt, R.H., 1986. Sulfur and carbon isotopes as tracers of salt–marsh organic matter flow. Ecology 67, 865-874.

② Barnes, C., Jennings, S., 2007. Effect of temperature, ration, body size and age on sulfur isotope frac-tionation in fish. Rapid Commun. Mass Spectrom. 21, 1461-1467.

③ Tanz, N., Schmidt, H., 2010. δ34S-value measurements in food origin assignments and sulfur isotope fractionations in plants and animals. J. Agric. Food Chem. 58, 3139-3146.

④ Fuller, B.T., Fuller, J.L., Sage, N.E., Harris, D.A., O'Connell, T.C., Hedges, R.E., 2004. Nitrogen balance and δ15N: why you're not what you eat during pregnancy. Rapid Commun. Mass Spectrom. 18, 2889-2896.

⑤ Peterson, B.J., Howarth, R.W., Garritt, R.H., 1985. Multiple stable isotopes used to trace the flow of organic matter in estuarine food webs. Science 227, 1361-1363; Peterson, B.J., Howarth, R.W., Garritt, R.H., 1986. Sulfur and carbon isotopes as tracers of salt-marsh organic matter flow. Ecology 67, 865-874; Katzenberg, Anne M., Krouse, Roy H., 1989. Application of Stable Isotope Variation in Human Tissues to Problems in Identification. J. Can. Soc. Forensic Sci. 22 (1), 7-19; Hesslein, R.H., Hallard, K.A., Ramlal, P., 1993. Replacement of Sulfur, Carbon, and Nitrogen in Tissue of crowing Broad whitefish (Coregonus nasus) in Response to a Change in Diet Traced by δ34S, δ13C, and δ15N. Can. J. Fish. Aquat. Sci. 50, 2071-2076; Gonzalez-Martin, I., Gonzalez Perez, C., Hernandez Mendez, J., Sanchez Gonzalez, C., 2001. Differentiation of dietary regimen of Iberian swine by means of isotopic analysis of carbon and sulfur in hepatic tissue. Meat Sci. 58, 25-30; McCutchan, J.H., Lewis, W.M., Kendall, C., McGrath, C.C., 2003. Variation in trophic shift for stable isotope ratios of carbon, nitrogen, and sulfur. OIKOS 102, 378-390; Richards, M.P., Fuller, B.T., Sponheimer, M., Robinson, T., Ayliffe, L., 2003. Sulfur isotopes in palaeodietary studies: a review and results from a controlled feeding experiment. Int. J. Osteoarchaeol. 13, 37-45; Barnes, C., Jennings, S., 2007. Effect of temperature, ration, body size and age on sulfur isotope fractionation in fish. Rapid Commun. Mass Spectrom. 21, 1461-1467; Tanz, N., Schmidt, H., 2010. δ34S-value measurements in food origin assignments and sulfur isotope fractionations in plants and animals. J. Agric. Food Chem. 58, 3139-3146.

续表

消费者	饮食	分析材料	营养级变化 $\Delta^{34}S \pm SD$（n）	参考文献
S. fontinalis（美洲红点鲑；小型）	商品化饮食	肌肉	+1.4	Peterson, et al.（1985）
Sciurus carolinensis（北美灰松鼠）	橡树叶	肌肉	−0.5	Peterson, et al.（1986）
Xiphias gladius（剑鱼）	自然性饮食	肌肉	−0.5	Peterson, et al.（1986）
人类	杂食性饮食	头发	−0.2	Katzenberg and Krouse（1989）
Coregonus nasus（宽鼻白鲑）	预制饮食	肌肉	+1.5 ± 1.0（5）	Hesslein, Hallard and Ramlal（1993）
Sus mediterraneaus（伊比利亚猪）	橡子	肝	−2.4	González-Martín, et al.（2001）
S. mediterraneaus（伊比利亚猪）	商品化饮食	肝	−0.7	González-Martín, et al.（2001）
Junonia coenia（鹿眼蛱蝶；成年）	人工喂养	整体	+1.8 ± 0.4（9）	McCutchan, et al.（2003）
J. coenia（鹿眼蛱蝶；成年）	腐烂根（戟叶凯氏草）	整体	−0.7 ± 0.6（10）	McCutchan, et al.（2003）
J. coenia（鹿眼蛱蝶；成年）	车前草	整体	+6.9 ± 1.2（8）	McCutchan, et al.（2003）
J. coenia（鹿眼蛱蝶；蛹）	腐烂根（戟叶凯氏草）	整体	−1.5 ± 0.3（8）	McCutchan, et al.（2003）
J. coenia（鹿眼蛱蝶；蛹）	车前草	整体	+7.3 ± 0.7（10）	McCutchan, et al.（2003）
Malacosoma sp.（天幕毛虫）	美国稠李	整体	−0.4 ± 0.02（13）	McCutchan, et al.（2003）
虎蛾毛虫	三角叶杨	整体	−3.2（合并样品）	McCutchan, et al.（2003）
Periphyllus sp.（蚜虫）	Thai dragon（一种辣椒）	整体	−0.5（合并样品）	McCutchan, et al.（2003）
Oncorhynchus mykiss（虹鳟）	鲑鱼饲料	肌肉	+4.0 ± 0.1（6）	McCutchan, et al.（2003）
S. fontinalis（美洲红点鲑）	鲑鱼饲料	肌肉	+1.6 ± 0.4（8）	McCutchan, et al.（2003）
马	无芒雀麦	毛发	−1	Richards, et al.（2003）
马	狗牙根	毛发	+4	Richards, et al.（2003）
欧洲鲈鱼	玉筋鱼丁	肌肉	−1	Barnes and Jennings（2007）
牛	饲料（干草和精料）	肌肉	+0.6	Tanz and Schmidt（2010）

续表

消费者	饮食	分析材料	营养级变化 $\Delta^{34}S \pm SD$（n）	参考文献
牛	饲料（干草和精料）	骨胶原	−0.5	Tanz and Schmidt（2010）
牛	饲料（干草和精料）	软骨胶原	−1.7	Tanz and Schmidt（2010）
山羊（乳山羊）	母乳	肌肉	+0.2	Tanz and Schmidt（2010）
山羊（乳山羊）	母乳	骨胶原	+0.7	Tanz and Schmidt（2010）
山羊（乳山羊）	母乳	软骨胶原	−1.8	Tanz and Schmidt（2010）
			+0.5 ± 2.4	

四、硫同位素分析在现代环境中的应用

1. 硫同位素分析在海洋和水生环境中的应用

水生环境中的硫同位素比值变化很大。所有水生动物的δ³⁴S值（在海洋或淡水生态系统中）都与水硫酸盐的δ³⁴S值有关，水中的硫酸盐也是水生植物硫的主要来源[1]。

海洋生态系统内非常一致。现代海洋鱼类测得的平均δ³⁴S值为+16.8 ± 0.7‰[2]。北冰洋近海北极露脊鲸测得的δ³⁴S值与其非常相似（+17.0 ± 1.0‰），因此说明物种间和物种内的差异性很小[3]。

大多数水生环境的硫同位素研究都是在淡水和海水硫酸盐混合的河口生态系统中进行的[4]。河口生态系统植物的δ³⁴S值变化很大，因此，与河口环境相关的动物δ³⁴S值

---

① Mekhtieva, V.L., Pankina, R.G., 1967. Die Schwefelisotopenverteilung in der Vegetation und in Sulfaten von Wasserbecken. Stud. Biophys. 4, 209-217.

② Fry, B., 1988. Food web structure on Georges Bank from stable C, N, and S isotopic compositions. Limnol. Oceanogr. 33, 1182-1190; Krouse, H.R., Herbert, M.K., 1988. Sulfur and carbon isotope studies of food webs. In: Kennedy, B.V., LeMoine, G.M. (Eds.), Diet and Subsistence: Current Archaeological Perspectives: Proceedings of the Nineteenth Annual Conference of the Archaeological Association of the University of Calgary. University of Calgary Press, Calgary, pp. 315-325; Thomas, C.J., Cahoon, L.B., 1993. Stable isotope analyses differentiate between different trophic pathways supporting rocky-reef fishes. Mar. Ecol. Prog. Ser. 95, 19-24; Kwak, T.J., Zedler, J.B., 1997. Food web analysis of southern California coastal wetlands using multiple stable isotopes. Oecologia 110, 262-277; Beavan-Athfield, N., Green, R.C., Craig, J., McFadgen, B., Bickler, S., 2008. Influence of marine sources on ¹⁴C ages: isotopic data from Watom Island, Papua New Guinea inhumations and pig teeth in light of new dietary standards. J. R. Soc. N. Z. 38, 1-23; Nehlich, O., Barrett, J.H., Richards, M.P., 2013. Spatial variability in sulfur isotope values of archaeological and modern cod (Gadus morhua). Rapid Commun. Mass Spectrom. 27, 2255-2262.

③ Hoekstra, P.F., Dehn, L.A., George, J.C., Solomon, K.R., Muir, D.C.G., O'Hara, T.M., 2002. Trophic ecology of bowhead whales (Balaena mysticetus) compared with that of other arctic marine biota as interpreted from carbon-, nitrogen-, and sulfur-isotope signatures. Can. J. Zool. 80, 223-231.

④ Peterson, B.J., Howarth, R.W., Garritt, R.H., 1985. Multiple stable isotopes used to trace the flow of organic matter in estuarine food webs. Science 227, 1361-1363.

变化也很大。河口生物的δ³⁴S值反映了其食物的来源地区[1]。在这种情况下，硫同位素分析的一个特别优势是可以将内陆（淡水输入）与海洋（海水）的影响区分开。植物的同位素差异性应反映在生态系统内食草动物的软组织中。

淡水生态系统的δ³⁴S值会因水源地硫酸盐的地质条件不同而有较大范围的变化。在某些河流中，特定鱼类测得的δ³⁴S值的范围＜5‰，但在其他河流中，鱼类δ³⁴S值的范围可达35‰[2]。河岸和洪泛区也能发现河水硫酸盐，因此，河水硫酸盐会影响周围景观的硫同位素组成[3]。

2. 硫同位素分析在陆地环境中的应用

硫同位素分析在陆地生态系统中的应用有助于获得有关个体饮食以及空间行为方面的信息。Krouse和Levinson发现了人类肾结石δ³⁴S值的地理分布[4]。尽管27块被分析的石头之间存在差异，但很难在所有地点中发现一个模式。在另一项研究中，头发中的硫同位素被用来确定现代（活的）人类及其食物[5]或动物的地理来源[6]。然而，测得的超市动物δ³⁴S值的范围揭示了研究现代人类的一个棘手情况[7]。Thompson等人和Valenzuela等人分析了来自亚洲和美国不同城市居民的头发，来检测当地的多种同位素特征[8]。通过将δ³⁴S的结果与其他稳定同位素结合起来，他们能够按照大致的来源区域对人群进行聚类。然而，这些研究表明，硫同位素特征可能在局部环境中变化很大，但可在一个大的景观区域中因平均效应而具有相似的同位素特征。

---

① Deegan, L.A., Garritt, R.H., 1997. Evidence for spatial variability in estuarine food webs. Mar. Ecol. Prog. Ser. 147, 31-47; Leakey, C.D., Attrill, M.J., Jennings, S., Fitzsimons, M.F., 2008. Stable isotopes in juvenile marine fishes and their invertebrate prey from the Thames Estuary, UK, and adjacent coastal regions. Estuar. Coast. Shelf Sci. 77, 513-522; Wells, R.J.D., Cowan, J.H., Fry, J.B., 2008. Feeding ecology of red snapper Lutjanus campechanus in the northern Gulf of Mexico. Mar. Ecol. Prog. Ser. 36 (1), 213-225.

② Hesslein, R.H., Capel, M.J., Fox, D.E., Hallard, K.A., 1991. Stable isotopes of sulfur, carbon, and nitrogen as indicator of trophic level and fish migration in the Lower Mackenzie River Basin, Canada. Can. J. Fish. Aquat. Sci. 48, 2258-2265.

③ Fry, B., 2002. Stable isotopic indicators of habitat use by Mississippi River fish. J. N. Am. Benthol. Soc. 21, 676-685.

④ Krouse, H.R., Levinson, A.A., 1984. Geographical trends of carbon and sulfur isotope abundances in human kidney stones. Geochim. Cosmochim. Acta 48, 187-191.

⑤ Bol, R., Pflieger, C., 2002. Stable isotope (¹³C, ¹⁵N and ³⁴S) analysis of the hair of modern humans and their domestic animals. Rapid Commun. Mass Spectrom. 16, 2195-2200.

⑥ Hedges, R.E.M., Thompson, J.M.A., Hull, B.D., 2005. Stable isotope variation in wool as a means to establish Turkish carpet provenance. Rapid Commun. Mass Spectrom. 19, 3187-3191.

⑦ Buchardt, B., Bunch, V., Helin, P., 2007. Fingernails and diet: stable isotope signatures of a marine hunting community from modern Uummannaq, North Greenland. Chem. Geol. 244, 316-329.

⑧ Thompson, A.H., Chesson, L.A., Podlesak, D.W., Bowen, G.J., Cerling, T.E., Ehleringer, J.R., 2010. Stable isotope analysis of modern human hair collected from Asia (China, India, Mongolia, and Pakistan). Am. J. Phys. Anthropol. 141, 440-451; Valenzuela, L.O., Chesson, L.A., O'Grady, S.P., Cerling, T.E., Ehleringer, J.R., 2011. Spatial distributions of carbon, nitrogen and sulfur isotope ratios in human hair across the central United States. Rapid Commun. Mass Spectrom. 25, 861-868.

因动物的食物和食物资源的来源较为有限，因此对动物的研究可得出更可靠的结论。但是，不同区域的硫同位素特征仍然存在很大的重叠，另外，饮食的特殊性或季节变化性也可能导致解释出现偏差。近年来发表的几篇关于商业食品溯源的多同位素研究证明了碳、氮、硫、氧同位素的多变量统计学分析可以有效地识别非本地产品①。

五、硫同位素在考古学中的应用

在考古学研究中，硫同位素有几种可能的应用。考古有机遗存中最多的是骨骼，毛发、指甲和其他软组织则较少。已有研究对这些考古材料进行了硫同位素分析，以重建饮食、生态、时间或空间模式。

尽管现代污染不会干扰硫同位素的组成，但受限于保存下来的材料和成岩作用，重建古代生态系统或食物链比现代生态学研究更具挑战性。受物种多样性和丰度的限制使得解释更为笼统。此外，由于特定的局部同位素差异，要重建人类饮食模式，几乎不可能从地理位置上预测其δ³⁴S值。地质、雨水和地下水中的硫同位素组成不是影响人体组织硫同位素组成的唯一因素，文化因素也是，最重要的是，个人喜好也可能影响硫同位素特征。个体、社会和文化差异在结果的准确度和精确度上设定了界限，因此限制了解释的力量。另外，硫只是组织中的较小组分，因此在其可能只反映较小部分营养来源的前提下，需要仔细评估根据这一指标做出的阐释。

1. 考古毛发中的硫同位素

在考古学背景下，只有在某些条件下（例如，永久冻土、木乃伊化）才能保存毛发或毛皮。然而，如果保存得当，考古毛发的δ³⁴S值相对容易测量，因为毛发是由角蛋白构成，角蛋白是一种含硫量（高达5%）远高于骨胶原（低于1%）的结构蛋白。此外，毛发同位素数据代表了死亡前（或发束采样前）相对短期的信息。但是，由于考古环境中毛发保存状况较差，分析考古毛发δ³⁴S值的研究很少。由于毛发角蛋白的渐次增长及其化学惰性，因此，对考古毛发样品进行分析可提取有关个人生命最后几周或几个月的序列信息。Aufderheide等人、Fernández等人、Macko等人、von Holstein等人以及Touzeau等人分别分析了智利、阿根廷和古埃及木乃伊头发样品的硫同位素组

①　Schmidt, H., Roßmann, A., Voerkelius, S., Schnitzler, W., Georgi, M., Graßmann, J., Zimmermann, G., Winkler, R., 2005a. Isotope characteristics of vegetables and wheat from conventional and organic production. Isot. Environ. Health Stud. 41, 223-228; Schmidt, O., Quilter, J.M., Bahar, B., Moloney, A.P., Scrimgeour, C.M., Begley, I.S., Monahan, F.J., 2005b. Inferring the origin and dietary history of beef from C, N and S stable isotope ratio analysis. Food Chem. 91, 545-549; Manca, G., Franco, M.A., Versini, G., Camin, F., Rossmann, A., Tola, A., 2006. Correlation between multielement stable isotope ratio and geographical origin in Peretta cows' milk cheese. J. Dairy Sci. 89, 831-839; Camin, F., Bontempo, L., Heinrich, K., Horacek, M., Kelly, S., Schlicht, C., Thomas, F., Monahan, F., Hoogewerff, J., Rossmann, A., 2007. Multi-element (H, C, N, S) stable isotope characteristics of lamb meat from different European regions. Anal. Bioanal. Chem. 389, 309-320; Schellenberg, A., Chmielus, S., Schlicht, C., Camin, F., Perini, M., Bontempo, L., Heinrich, K., Kelly, S.D., Rossmann, A., Thomas, F., Jamin, E., Horacek, M., 2010. Multielement stable isotope ratios (H, C, N, S) of honey from different European regions. Food Chem. 121, 770-777.

成①。硫同位素比值被用来确定海洋食物在内陆食物为主的饮食中的贡献，在此基础上推断识别可能的外来个体。Wilson等人从安第斯山脉的儿童木乃伊中发现了不同的δ³⁴S模式②。结合古DNA分析，他们能够在被分析的个体中识别出特定的文化和个体特征。

然而毛发样品中硫同位素的分析需要多加注意，不能被认为是标准化的。目前还没有建立考古毛发样品的硫同位素分析质量标准，以评估毛发角蛋白结构的完整性③。在此方法可以放心地应用于考古毛发材料之前，有必要建立与骨胶原相似的完整性控制指标④。然而，还有一些额外的限制因素可能会影响毛发硫同位素结果的准确性，因为其同位素特征可能会受到外部因素的影响，如紫外线辐射、海雾效应、脂类和油脂等⑤。类似的问题也适用于考古指甲、蹄或软组织的硫同位素分析。需要对毛发角蛋白结构中的硫进行彻底评估，并需要对不同物种中的此类物质进行系统研究，这在本次综述中无法完成，应在以后的研究中进行整合。这应着眼于各种物种毛发的成分差异，并评估现代毛发中硫的差异性，此外，有必要讨论埋葬环境对毛发角蛋白结构潜在的成岩作用和埋藏作用的影响。

2. 考古骨胶原中的硫同位素分析

正如Leach等人首次证明的那样，用化学方法从考古骨骼中提取的硫可以进行硫同位素分析⑥。然而该早期研究的一个明显问题是比方法需要大量的骨骼。Giesemann等

---

① Aufderheide, A.C., Munoz, I., Arriaza, B., 1993. Seven Chinchorro mummies and the prehistory of northern Chile. Am. J. Phys. Anthropol. 91, 189-201; Aufderheide, A.C., Kelley, M.A., Rivera, M., Gray, L., Tieszen, L.L., Iversen, E., Krouse, H.R., Carevic, A., 1994. Contributions of chemical dietary reconstruction to the assessment of adaptation by ancient highland immigrants (Alto Ramirez) to coastal conditions at Pisagua, North Chile. J. Archaeol. Sci. 21, 515-524; Fernández, J., Panarello, H.O., Schobinger, J., 1999. The Inka mummy from Mount Aconcagua: decoding the geographic origin of the "messenger to the deities" by means of stable carbon, nitrogen, and sulfur isotope analysis. Geoarchaeology 14, 27-46; Macko, S.A., Engel, M.H., Andrusevich, V., Lubec, G., O'Connell, T.C., Hedges, R.E.M., 1999. Documenting the diet in ancient human populations through stable isotope analysis of hair. Philos. Trans. R. Soc. Lond. B 354, 65-76; von Holstein, I.C.C., Hamilton, J., Craig, O.E., Newton, J., Collins, M., 2013. Comparison of isotopic variability in proteinaceous tissues of a domesticated herbivore: a baseline for zooarchaeological investigation. Rapid Commun. Mass Spectrom. 27, 2601-2615; Touzeau, A., Amiot, R., Blichert-Toft, J., Flandrois, J., Fourel, F., Grossi, V., Martineau, F., Richardin, P., Lecuyer, C., 2014. Diet of ancient Egyptians inferred from stable isotope systematics. J. Archaeol. Sci. 46, 114-124.

② Wilson, A.S., Taylor, T., Ceruti, M.C., Chavez, J.A., Reinhard, J., Grimes, V., Meier-Augenstein, W., Cartmell, L., Stern, B., Richards, M.P., Worobey, M., Barnes, I., Gilbert, M.T.P., 2007. Stable isotope and DNA evidence for ritual sequences in Inca child sacrifice. Proc. Natl. Acad. Sci. 104, 16456-16461.

③ O'Connell, T., Hedges, R., 1999. Isotopic comparison of hair and bone: archaeological analysis. J. Archaeol. Sci. 26, 661-665.

④ Nehlich, O., Richards, M.P., 2009. Establishing collagen quality criteria for sulfur isotope analysis of archaeological bone collagen. Archaeol. Anthropol. Sci. 1, 59-75.

⑤ Auerswald, K., Rossmann, A., Schäufele, R., Schwertl, M., Monahan, F.J., Schnyder, H., 2011. Does natural weathering change the stable isotope composition (²H, ¹³C, ¹⁵N, ¹⁸O and ³⁴S) of cattle hair? Rapid Commun. Mass Spectrom. 25, 3741-3748; Zazzo, A., Monahan, F.J., Moloney, A.P., Green, S., Schmidt, O., 2011. Sulfur isotopes in animal hair track distance to sea. Rapid Commun. Mass Spectrom. 25, 2371-2378.

⑥ Leach, B.F., Qiunn, C.J., Lyon, G.L., 1996. A stochastic approach to the reconstruction of prehistoric human diet in the Pacific region from bone isotope signatures. Tuhinga 8, 1-54.

人在技术上取得了重大进展[1]，概述了无需额外预处理步骤即可直接测量骨胶原的程序[2]。考古骨胶原的同位素分析存在数据可靠性以及如何评估的问题。由于骨胶原硫含量高，可抗成岩作用保持完整性，以及具有建立检验其质量方法的潜力，它是考古骨骼遗存分析的首选材料。这种有机基质应满足体内组织的某些标准[3]，不仅Nehlich和Richards针对现代和考古骨胶原建立并测试了这种质量指标[4]，Privat等人、Fornander等人、Bocherens等人以及Sayle等人也对此进行了讨论[5]。Nehlich和Richards提出了哺乳动物、鸟类骨胶原（%S范围 0.15%～0.35%；C：S 600 ± 300；N：S 200 ± 100）和鱼骨胶原（%S 0.4%～0.8%；C：S 175 ± 50；N：S 60 ± 20）的不同质量控制标准[6]。这些发现也被Bocherens等人所确认[7]。然而，他们批评了这一宽泛的范围，并建议实施额外的标准，如不同因素之间的相关性以评估骨胶原的成岩变化。这些建议仍在讨论中，这可以在Bocherens等人、Sayle等人以及Nehlich等人的研究中找到[8]。目前被广泛接受的是Nehlich和Richards对骨胶原硫同位素分析的质量控制标准，因此，现在有可能对考古骨骼样品的硫同位素分析结果进行标准化。质量标准（C、N、S的含量以及C：S和N：S的比值）应始终与同位素结果一起发表以确保质量。本综述中的所有结果均在建议的质量标准范围内（一些已发表的结果，请作者提供了额外的质量标准，以便充分评估数据的可靠性）。

① Giesemann, A.J.H., Norman, A.L., Krouse, H.R., Brand, W.A., 1994. On-line sulfur-isotope determination using an elemental analyzer coupled to a mass spectrometer. Anal. Chem. 66, 2816-2819.

② Richards, M.P., Pettitt, P.B., Stiner, M.C., Trinkaus, E., 2001b. Stable isotope evidence for increasing dietary breadth in the European mid-Upper Paleolithic. Proc. Natl. Acad. Sci. 98, 6528-6532.

③ DeNiro, M.J., 1985. Postmortem preservation and alteration of in vivo bone collagen isotope ratios in relation to palaeodietary reconstruction. Nature 317, 806-809.

④ Nehlich, O., Richards, M.P., 2009. Establishing collagen quality criteria for sulfur isotope analysis of archaeological bone collagen. Archaeol. Anthropol. Sci. 1, 59-75.

⑤ Privat, K.L., O'Connell, T.C., Hedges, R.E.M., 2007. The distinction between freshwater-and terrestrial-based diets: methodological concerns and archaeological applications of sulfur stable isotope analysis. J. Archaeol. Sci. 34, 1197-1204; Fornander, E., Eriksson, G., Lidén, K., 2008. Wild at heart: approaching pitted ware identity, economy and cosmology through stable isotopes in skeletal material from the Neolithic site Korsnäs in Eastern Central Sweden. J. Anthropol. Archaeol. 27, 281-297; Bocherens, H., Drucker, D.G., Taubald, H., 2011. Preservation of bone collagen sulphur isotopic compositions in an early Holocene river-bank archaeological site. Palaeogeogr. Palaeoclimatol. Palaeoecol. 310, 32-38; Sayle, K.L., Cook, G.T., Ascough, P.L., Hastie, H.R., Einarsson, A., McGovern, T.H., Hicks, M.T., Edwald, A., Fridriksson, A., 2013. Application of ^{34}S analysis for elucidating terrestrial, marine and freshwater ecosystems: evidence of animal movement/husbandry practices in an early Viking community around Lake Myvatn, Iceland. Geochim. Cosmochim. Acta 120, 531-544.

⑥ 同④。

⑦ Bocherens, H., Drucker, D.G., Taubald, H., 2011. Preservation of bone collagen sulphur isotopic com-positions in an early Holocene river-bank archaeological site. Palaeogeogr. Palaeoclimatol. Palaeoecol. 310, 32-38.

⑧ Bocherens, H., Drucker, D.G., Taubald, H., 2011. Preservation of bone collagen sulphur isotopic com-positions in an early Holocene river-bank archaeological site. Palaeogeogr. Palaeoclimatol. Palaeoecol. 310, 32-38; Sayle, K.L., Cook, G.T., Ascough, P.L., Hastie, H.R., Einarsson, A., McGovern, T.H., Hicks, M.T., Edwald, A., Fridriksson, A., 2013. Application of ^{34}S analysis for elucidating terrestrial, marine and freshwater ecosystems: evidence of animal movement/husbandry practices in an early Viking community around Lake Myvatn, Iceland. Geochim. Cosmochim. Acta 120, 531-544; Nehlich, O., Smith, C.I., Fuller, B.T., Wahl, J., Richards, M.P., 2014. Diagenetic alteration of sulphur isotope ratios in archaeological bone collagen. Earth Planet. Sci. Lett. (forthcoming).

与其他元素一样，骨胶原的硫同位素特征代表了10年或更长时间的长时期膳食平均值[1]。然而，与碳和氮不同（碳氮是骨胶原的主要成分），硫只是胶原蛋白中的次要成分，因此需要提及的是，骨胶原的硫同位素特征仅代表活着的个体较大氨基酸库中的小部分，因此可能是比预期时间长得多的平均值。

为了解古代人类的饮食模式，有必要获得所有可能的食物资源[2]。然而由于材料的丢失，这在考古研究中常常是个问题，因为这些材料要么没有沉积，要么埋藏后在埋藏过程中丢失。像锶同位素分析那样对现代材料进行分析比较[3]，对硫来说是不可行的，因为现代人为污染会改变环境的硫同位素特征[4]。Richards等人首次提到了这一点，他们报告了英格兰中部现代动物高度贫化的^{34}S值（−11‰），这最初被解释为现代工业硫污染的结果[5]。然而，来自牛津郡考古材料的新数据表明，类似的组成也可能出现在工业革命之前未受干扰的当地环境中[6]。因此，需要从环境[7]、地球化学[8]以及社会文化背景[9]等方面仔细评估人类和动物的硫同位素数据。然而，有一种可见的趋势，使得有必要比现代数据更仔细地评估考古数据。与每个研究遗址的考古动物特征相比，不同生态系统现代动物硫同位素组成的变化性往往要小得多（现代研究中的平均δ^{34}S范围：±1.9‰；考古研究：±2.4‰，请参阅补充信息）。曼-惠特尼差异性检验

①　Hedges, R.E.M., Clement, J.G., Thomas, C.D.L., O'Connell, T.C., 2007. Collagen turnover in the adult femoral mid-shaft: modeled from anthropogenic radiocarbon tracer measurements. Am. J. Phys. Anthropol. 133, 808-816.

②　Casey, M.M., Post, D.M., 2011. The problem of isotopic baseline: reconstructing the diet and trophic position of fossil animals. Earth Sci. Rev. 106, 131-148.

③　Copeland, S.R., Sponheimer, M., de Ruiter, D.J., Lee-Thorp, J.A., Codron, D., le Roux, P.J., Grimes, V., Richards, M.P., 2011. Strontium isotope evidence for landscape use by early hominins. Nature 474, 76-78.

④　Case, J.W., Krouse, H.R., 1980. Variations in sulfur content and stable sulfur isotope composition of vegetation near a SO$_2$ source at Fox Creek, Alberta, Canada. Oecologia V44, 248-257; Bentley, R.A., 2006. Strontium isotopes from the earth to the archaeological skeleton: a review. J. Archaeol. Method Theory 13, 135-187.也对锶同位素进行了类似讨论。

⑤　Richards, M.P., Fuller, B.T., Hedges, R.E.M., 2001a. Sulfur isotopic variation in ancient bone collagen from Europe: implications for human palaeodiet, residence mobility, and modern pollutant studies. Earth Planet. Sci. Lett. 191, 185-190.

⑥　Nehlich, O., Fuller, B.T., Jay, M., Mora, A., Nicholson, R.A., Smith, C.I., Richards, M.P., 2011. Application of sulfur isotope ratios to examine weaning patterns and freshwater fish consumption in Roman Oxfordshire, U.K. Geochim. Cosmochim. Acta 75, 4963-4977.

⑦　Drucker, D.G., Bridault, A., Cupillard, C., Hujic, A., Bocherens, H., 2011. Evolution of habitat and environment of red deer (Cervus elaphus) during the Late-glacial and early Holocene in eastern France (French Jura and the western Alps) using multi-isotope analysis (<delta>^{13}C, <delta>^{15}N, <delta>^{18}O, <delta>^{34}S) of archaeological remains. Quat. Int. 245, 268-278; Drucker, D.G., Bridault, A., Cupillard, C., 2012. Environmental context of the Magdalenian settlement in the Jura Mountains using stable isotope tracking (^{13}C, ^{15}N, ^{34}S) of bone collagen from reindeer (Rangifer tarandus). Quat. Int. 272-273, 322-332.

⑧　Nehlich, O., Fuller, B.T., Jay, M., Mora, A., Nicholson, R.A., Smith, C.I., Richards, M.P., 2011. Application of sulfur isotope ratios to examine weaning patterns and freshwater fish consumption in Roman Oxfordshire, U.K. Geochim. Cosmochim. Acta 75, 4963-4977; Sayle, K.L., Cook, G.T., Ascough, P.L., Gestsdottir, H., Hamilton, W.D., McGovern, T.H., 2014. Utilization of δ^{13}C, δ^{15}N, and δ^{34}S analyses to understand ^{14}C dating anomalies within a Late Viking Age Community in Northeast Iceland. Radiocarbon 56, 811-821.

⑨　Nehlich, O., Fuller, B.T., Márquez-Grant, N., Richards, M.P., 2012. Investigation of diachronic dietary patterns on the islands of Ibiza and Formentera, Spain: evidence from sulfur stable isotope ratio analysis. Am. J. Phys. Anthropol. 149, 115-124.

显示，各现代地点的方差和考古遗址的方差存在显著不同（$P < 0.0001$）。这似乎与大多数现代同位素研究只是对整个年际差异的短期反映有关，而且现代研究严格控制样品选取。地质、气候和生态研究中的现代硫同位素组成代表了与考古研究不同的时空背景。因此，有必要在考古研究中获得有关环境基线的同期信息和背景信息[①]。

3. 考古学硫同位素研究中的消费者-饮食间隔

现代研究表明，消费者的硫同位素组成相较于其天然食物（饮食）的硫同位素值略有增加，约为 +0.5‰。然而，尚无包括人类及其食物在内的对照研究。因此，这里检验考古学研究中的硫同位素分析能否获得与现代饲养研究相似的结果。为此，本文收集并分析了考古硫同位素研究的结果。当研究对象仅食用一种潜在营养来源的饮食时的数据才采用，否则结果将偏向于第二种食物来源。表三列出了人类（消费者）及其食物（饮食）的平均 $\delta^{34}S$ 值以及 $\Delta^{34}S_{消费者-饮食}$（消费者-饮食的差异）。根据已发表的考古研究，人类（消费者）与陆地动物（可能的饮食）之间的平均硫同位素差异为 +0.8 ± 2.5‰。这略高于现代饲养研究的预期（见上文）。考古研究的标准偏差很大，这表明许多未知因素可能影响消费者和饮食同位素组成之间的差异。通过硫同位素特征分析，可能无法检测到饮食多样性、流动性、气候或环境影响。此外，考古材料的差异可能源于它们所覆盖的时间范围，也可能因为并非所有的食物来源都可以获得。在解释考古骨胶原分析的硫同位素结果时，需要考虑这些不确定性。

4. 海洋和河口考古环境中的硫同位素

Leach 等人指出，总的来说，在海洋生态系统内可以观察到 $\delta^{34}S$ 值略有下降，并导致海洋鱼类和哺乳动物的 $\delta^{34}S$ 值低于水生植物和海水硫酸盐[②]。然而，没有海洋性食物输入的陆生个体可能会消耗 $\delta^{34}S$ 值高于海洋海水硫酸盐的食物，这在奇恰遗址（Chicha）的几个样品中可见一斑，如发现一只狗的 $\delta^{34}S$ 值为 +29.5‰[③]。其原因可能是土壤中微生物对硫化物和有机硫的氧化，从而导致 $\delta^{34}S$ 值较高。Böttcher 等人在瓦登海（德国北部，北海的海岸线）的土壤有机物中发现类似结果[④]。他们测量的有机物其 $\delta^{34}S$ 值高于海水。Nehlich 等人证明特定的地球化学条件可以影响食物网从而影响人类的 $\delta^{34}S$ 值[⑤]。因此，需要分别对每个考古遗址和生态栖息地的硫同位素比值进行局部评估。

① Casey, M.M., Post, D.M., 2011. The problem of isotopic baseline: reconstructing the diet and trophic position of fossil animals. Earth Sci. Rev. 106, 131-148.

② Leach, F., Quinn, C., Morrison, J., Lyon, G., 2003. The use of multiple isotope signatures in reconstructing prehistoric human diet from archaeological bone from the Pacific and New Zealand. N. Z. J. Archaeol. 23 (2001), 31-98.

③ Privat, K.L., O'Connell, T.C., Hedges, R.E.M., 2007. The distinction between freshwater- and terrestrial-based diets: methodological concerns and archaeological applications of sulfur stable isotope analysis. J. Archaeol. Sci. 34, 1197-1204.

④ Böttcher, M.E., Oelschläger, B., Höpner, T., Brumsack, H., Rullkötter, J., 1998. Sulfate reduction related to the early diagenetic degradation of organic matter and 'black spot' formation in tidal sandflats of the German Wadden Sea (southern North Sea): stable isotope (^{13}C, ^{34}S, ^{18}O) and other geochemical results. Org. Geochem. 29, 1517-1530.

⑤ Nehlich, O., Fuller, B.T., Jay, M., Mora, A., Nicholson, R.A., Smith, C.I., Richards, M.P., 2011. Application of sulfur isotope ratios to examine weaning patterns and freshwater fish consumption in Roman Oxfordshire, U.K. Geochim. Cosmochim. Acta 75, 4963-4977.

表三 已发表的考古研究中动物和人类的平均硫同位素组成和标准差，以及计算得出的
这些遗址消费者和饮食之间的同位素差异

地点	动物群（饮食）			人类（消费者）			$\Delta^{34}S_{消费者-饮食}$	参考文献[①]
	n	平均 $\delta^{34}S$	SD	n	平均 $\delta^{34}S$	SD		
Björned（瑞典）	4	5.7	9.5	24	5.5	3.4	−0.1	Andersson（2006）
Grotta del Romito（意大利）	5	13.6	1.2	8	11.9	1.2	−1.7	Craig, et al.（2010）
Körsnas（瑞典）	14	10.8	4.1	4	13.5	2.2	2.7	Fornander, et al.（2008）

---

① Andersson, K., 2006. Diet och identitet: Analyser av kol- kväve- och svavelisoto⊃er på indiver från det kristna senvikingatida gravfältet i Björned, Torsåkers socken, Ångermanland. (M.A. thesis), University of Stockholm, Department of Archaeology (http://su.diva-portal.org/smash/record.jsf?pid =diva2:189476&searchId = null); Craig, O.E., Biazzo, M., Colonese, A.C., Di Giuseppe, Z., Martinez-Labarga, C., Lo Vetro, D., Lelli, R., Martini, F., Rickards, O., 2010. Stable isotope analysis of Late Upper Palaeolithic human and faunal remains from Grotta del Romito (Cosenza), Italy. J. Archaeol. Sci. 37, 2504-2512; Fornander, E., Eriksson, G., Lidén, K., 2008. Wild at heart: approaching pitted ware identity, economy and cosmology through stable isotopes in skeletal material from the Neolithic site Korsnäs in Eastern Central Sweden. J. Anthropol. Archaeol. 27, 281-297; Lindberg, T., 2009. Smörkullen— The Forgotten Cemetery: Dietary Studies of a Roman Iron Age cemetery in Västra Tollstad parish, Östergötland. (MA thesis), University of Stockholm, Department of Archaeology (http://su.diva-portal.org/smash/record.jsf?searchId = 2&pid = diva2:302665); Linderholm, A., Andersson, K., Mörth, C., Grundberg, L., Harding, B., Lidén, K., 2008a. An early Christian cemetery at Björned in northern Sweden. Fornvännen 103, 176-189; Linderholm, A., Jonson, C.H., Svensk, O., Lidén, K., 2008b. Diet and status in Birka: stable isotopes and grave goods compared. Antiquity 82, 446-461; Linderholm, A., Kjellström, A., 2011. Stable isotope analysis of a medieval skeletal sample indicative of systemic disease from Sigtuna Sweden. J. Archaeol. Sci. 38, 925-933; Nehlich, O., Boric, D., Stefanovic, S., Richards, M.P., 2010. Sulfur isotope evidence for freshwater fish consumption: a case study from the Danube Gorges, SE Europe. J. Archaeol. Sci. 37, 1131-1139; Nehlich, O., Wahl, J., 2011. Binnengewässer-eine unterschätzte Nahrungsressource. Stabile Kohlenstoff-, Stickstoff-und Schwefelisotope aus dem Kollagen menschlicher und tierischer Knochenreste aus der urnenfelderzeitlichen Nekropole von Neckarsulm. Fundberichte aus Baden-Württemberg 2010 31 pp. 97-114; Nehlich, O., Fuller, B.T., Jay, M., Mora, A., Nicholson, R.A., Smith, C.I., Richards, M.P., 2011. Application of sulfur isotope ratios to examine weaning patterns and freshwater fish consumption in Roman Oxfordshire, U.K. Geochim. Cosmochim. Acta 75, 4963-4977; Nehlich, O., 2012-2013. Archäometrische Untersuchungen an Skelettfunden des Friedhofes bei St. Michael, Stadt Jena. Alt-Thüringen 43, 281-286; Nehlich, O., Fuller, B.T., Márquez-Grant, N., Richards, M.P., 2012. Investigation of diachronic dietary patterns on the islands of Ibiza and Formentera, Spain: evidence from sulfur stable isotope ratio analysis. Am. J. Phys. Anthropol. 149, 115-124; Nehlich, O., Oelze, V., Jay, M., Conrad, M., Stäuble, H., Teegen, W., Richards, M.P., 2014. Sulphur isotope ratios of multi-period archaeological skeletal remains from central Germany: a dietary and mobility study. Anthropologie (BRNO) LII, 15-33; Nehlich, O., Montgomery, J., Evans, J., Richards, M.P., Alt, K.W., 2007/2009. Biochemische Analyse stabiler Isotope an prähistorischen Skelettfunden aus Westerhausen. Jschr. Mitteldt. Vorgesch. 91, 329-350; Oelze, V.M., Koch, J.K., Kupke, K., Nehlich, O., Zäuner, S., Wahl, J., Weise, S.M., Rieckhoff, S., Richards, M.P., 2012a. The multi-residential burial population of the Early Iron Agemonumental tumulus of Magdalenenberg, Black Forest, Germany. Am. J. Phys. Anthropol. 148, 406-421; Privat, K.L., O'Connell, T.C., Hedges, R.E.M., 2007. The distinction between freshwater-and terrestrial-based diets: methodological concerns and archaeological applications of sulfur stable isotope analysis. J. Archaeol. Sci. 34, 1197-1204; Richards, M.P., Fuller, B.T., Hedges, R.E.M., 2001a. Sulfur isotopic variation in ancient bone collagen from Europe: implications for human palaeodiet, residence mobility, and modern pollutant studies. Earth Planet. Sci. Lett. 191, 185-190; Vika, E., 2009. Strangers in the grave? Investigating local provenance in a Greek Bronze Age mass burial using $\delta^{34}S$ analysis. J. Archaeol. Sci. 36, 2024-2028.

续表

地点	动物群（饮食）			人类（消费者）			$\Delta^{34}S_{消费者-饮食}$	参考文献
	n	平均 $\delta^{34}S$	SD	n	平均 $\delta^{34}S$	SD		
Smörkullen（瑞典）	11	4.1	3.8	43	4.9	43.0	0.8	Lindberg（2009）
Birka（瑞典）	3	−1.8	1.6	20	5.2	2.6	7.0	Linderholm, et al. （2008a, 2008b）
Sigtuna（瑞典）	4	5.1	2.5	20	7.2	2.5	2.2	Linderholm and Kjellström （2011）
Vinca-elo Brdo （塞尔维亚）	5	3.9	1.0	5	3.0	0.5	−1.0	Nehlich, et al.（2010）
Neckarsulm（德国）	5	2.4	1.1	41	4.9	1.0	2.5	Nehlich and Wahl（2011）
Nieder-Mörlen （德国）	6	1.9	2.4	6	2.1	1.9	0.3	Nehlich, et al.（2011a）
Jena（德国）	11	8.8	3.0	12	10.6	1.4	1.8	Nehlich（2012-2013）
Ibiza（西班牙）	70	14.7	1.2	120	12.6	2.8	−2.1	Nehlich, et al.（2012）
Benzingerode （德国）	3	2.5	1.7	12	4.4	2.8	1.9	Nehlich, et al.（2014）
Derenburg（德国）	7	0.3	1.4	31	0.5	1.6	0.2	Nehlich, et al.（2014）
GroBstorkwitz （德国）	1	−0.8		5	1.4	1.9	2.2	Nehlich, et al.（2014）
Halberstadt（德国）	4	0.6	2.9	34	1.8	0.9	1.3	Nehlich, et al.（2014）
Karsdorf（德国）	10	5.4	2.1	15	3.7	1.6	−1.7	Nehlich, et al.（2014）
Kölsa（德国）	2	4.1	2.5	3	3.0	2.6	−1.0	Nehlich, et al.（2014）
Westerhausen （德国）	6	5.4	0.9	19	4.9	2.9	−0.5	Nehlich, et al.（2014）; Nehlich, et al.（2007/2009）
Magdalenenberg （德国）	8	2.6	3.4	38	3.5	1.5	0.9	Oelze, et al.（2012a）
Bil'shivtsi（乌克兰）	18	7.9	5.2	1	3.0		−4.9	Privat, et al.（2007）
Chicha（俄罗斯）	19	11.0	5.9	10	16.2	3.9	5.3	Privat, et al.（2007）
Carding Mill Bay （苏格兰）	1	19.2		2	19.8	0.1	0.6	Richards, et al.（2001a）
Thebes（希腊）	11	12.8	2.2	11	13.7	0.7	1.0	Vika（2009）
					$\Delta^{34}S$平均值	0.8		
					SD	2.5		

　　一些研究分析了来自斯堪的纳维亚半岛不同遗址的骨骼材料，试图利用骨胶原的 $\delta^{34}S$ 值来区分海洋、河口与陆地饮食来源。图五重新绘制了这些研究的碳和硫同位素的平均结果。Craig 等人研究了丹麦（Norsminde and Bjornsholm）新石器时代的海洋和

陆地动物[①]。他们分析了灰海豹、马鹿和家犬的硫同位素比值，发现马鹿的硫同位素分布有截然不同的模式。丹麦Norsminde和Bjornsholm遗址的海洋动物分为两个离散组，第一组的$\delta^{34}S$值高约+16‰，$\delta^{13}C$值为−16‰，可以解释为典型的海洋哺乳动物值[②]。然而，第二组海洋哺乳动物的$\delta^{34}S$值为+10‰，$\delta^{13}C$约为−10‰，出乎意料。此组可以用这些动物的来源来解释。这些动物生活在^{34}S贫乏的海洋环境中，这意味着大量淡水的输入，如Skagerrak、Kattegat或河口（如峡湾）。类似的海洋哺乳动物结果还被Fornander等人和Linderholm等人观察到[③]。大量淡水的涌入影响了海洋生物的同位素组成。因此，海豹的^{13}C值富集而^{34}S贫化（与波罗的海或北海的海水值相比）。Craig等人的研究表明灰海豹和家犬的硫同位素结果非常相似，表明这些狗吃了大量来自淡水影响水域的海洋哺乳动物（可能是生活垃圾）[④]。

在过去的几十年中，通过精细的贝叶斯数据模型对这种多同位素或多来源结果评估的方法得到了发展[⑤]。这里我们将检验这种贝叶斯模型是否能够帮助区分斯堪的纳维亚研究的营养来源。将食物分为四组，它们代表同位素不同的膳食资源（见补充信息表S2）。这四组食物是：①淡水影响的海洋动物群；②海洋动物群；③海雾效应影响的沿海动物群；④陆地动物群。这些组在至少一种元素上与其他组存在显著差异，其碳、氮和硫同位素值取自Andersson、Craig等人、Fornander等人、Linderholm等人、Lindberg等人以及Howcroft等人的数据并取平均值[⑥]。来自斯堪的纳维亚不同

① Craig, O.E., Ross, R., Andersen, S.H., Milner, N., Bailey, G.N., 2006. Focus: sulfur isotope variation in archaeological marine fauna from northern Europe. J. Archaeol. Sci. 33, 1642-1646.

② Krouse, H.R., Herbert, M.K., 1988. Sulfur and carbon isotope studies of food webs. In: Kennedy, B.V., LeMoine, G.M. (Eds.), Diet and Subsistence: Current Archaeological Perspectives: Proceedings of the Nineteenth Annual Conference of the Archaeological Association of the University of Calgary. University of Calgary Press, Calgary, pp. 315-325; Hoekstra, P.F., Dehn, L.A., George, J.C., Solomon, K.R., Muir, D.C.G., O'Hara, T.M., 2002. Trophic ecology of bowhead whales (Balaena mysticetus) compared with that of other arctic marine biota as interpreted from carbon-, nitrogen-, and sulfur-isotope signatures. Can. J. Zool. 80, 223-231.

③ Fornander, E., Eriksson, G., Lidén, K., 2008. Wild at heart: approaching pitted ware identity, economy and cosmology through stable isotopes in skeletal material from the Neolithic site Korsnäs in Eastern Central Sweden. J. Anthropol. Archaeol. 27, 281-297; Linderholm, A., Andersson, K., Mörth, C., Grundberg, L., Harding, B., Lidén, K., 2008a. An early Christian cemetery at Björned in northern Sweden. Fornvännen 103, 176-189; Linderholm, A., Jonson, C.H., Svensk, O., Lidén, K., 2008b. Diet and status in Birka: stable isotopes and grave goods compared. Antiquity 82, 446-461.

④ Craig, O.E., Ross, R., Andersen, S.H., Milner, N., Bailey, G.N., 2006. Focus: sulfur isotope variation in archaeological marine fauna from northern Europe. J. Archaeol. Sci. 33, 1642-1646.

⑤ Phillips, D.L., Koch, P.L., 2002. Incorporating concentration dependence in stable isotope mixing models. Oecologia 130, 114-125; Kellner, C.M., Schoeninger, M.J., 2007. A simple carbon isotope model for re-constructing prehistoric human diet. Am. J. Phys. Anthropol. 133, 1112-1127.

⑥ Andersson, K., 2006. Diet och identitet: Analyser av kol- kväve- och svavelisotoper på indivier från det kristna senvikingatida gravfältet i Björned, Torsåkers socken, Ångermanland. (M.A. thesis), University of Stockholm, Department of Archaeology (http://su.diva-portal.org/smash/record.jsf?pid= diva2:189476&searchId = null); Craig, O.E., Ross, R., Andersen, S.H., Milner, N., Bailey, G.N., 2006. Focus: sulfur isotope variation in archaeological marine fauna from northern Europe. J. Archaeol. Sci. 33, 1642-1646; Fornander, E., Eriksson, G., Lidén, K., 2008. Wild at heart: approaching pitted ware identity, economy and cosmology through stable isotopes in skeletal material from the Neolithic site Korsnäs in Eastern Central Sweden. J. Anthropol. Archaeol 27, 281-297; Linderholm, A., Andersson, K., Mörth,C., Grundberg, L., Harding, B., Lidén, K., 2008a. An early Christian cemetery at Björned in

遗址的食物组和人类的平均碳、硫同位素值如图五所示。食物同位素组代表可能的饮食生态位，在此检验是否可以确定消费者（人和狗）的饮食偏好问题。贝叶斯模型（FRUIT:http://sourceforge.net/projects/fruits/;SIAR:http://cran.rproject.org/web/packages/siar/index.html）输出的结果是统计概要、各食物组的箱式图和概率图（详见补充资料）。表四显示了所分析的考古遗址中各食物组的平均摄入量。结果表明，来自Norsminde/Bjornsholm遗址的狗和来自Birka的人类在这四种食物来源中均未表现出同位素检测到的饮食偏好。在Körsnas遗址，人类明显偏爱海洋食物，而在其他遗址（Björned、Sigtuna、Smörkullen、Öland），人类以数量不等的陆地或受海雾影响的陆地食物作为其主要饮食成分。

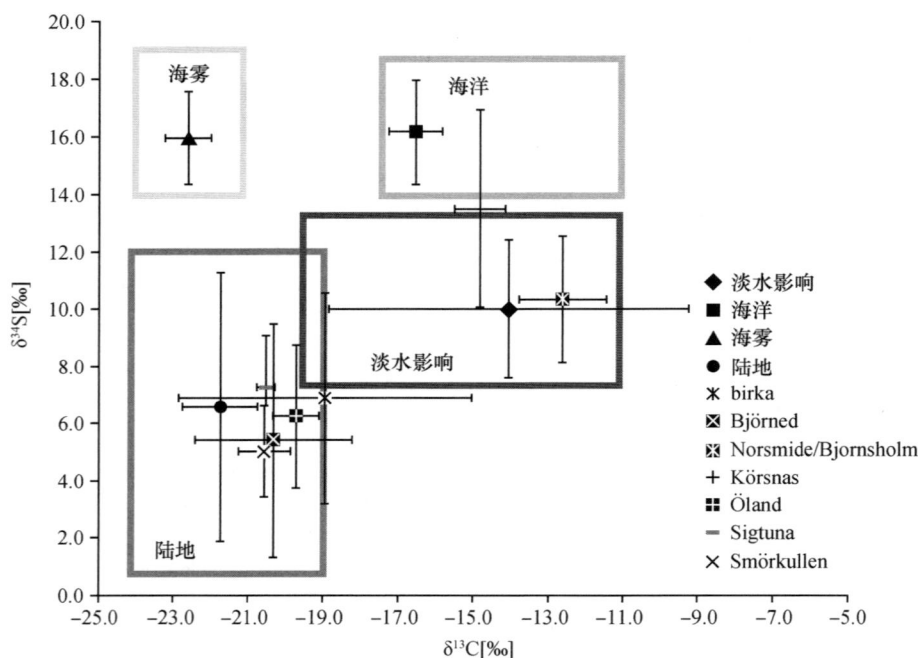

图五　斯堪的纳维亚半岛人类和动物考古骨胶原的δ13C和δ34S值图[1]

northern S-weden. Fornvännen 103, 176-189; Linderholm, A., Jonson, C.H., Svensk, O., Lidén, K., 2008b. Diet and status in Birka: stable isotopes and grave goods compared. Antiquity 82, 446-461; Lindberg, T., 2009. Smörkullen — The Forgotten Cemetery: Dietary Studies of a Roman Iron Age cemetery in Västra Tollstad parish, Östergötland. (MA thesis), University of Stockholm, Department of Archaeology (http://su.diva-portal.org/smash/record.jsf?searchId = 2&pid = diva2:302665); Howcroft, R., Eriksson, G., Liden, K., 2012. Conformity in diversity? Isotopic investigations of infant feeding practices in two iron age populations from Southern Öland, Sweden. Am. J. Phys. Anthropol. 149, 217-230.

[1]　数据出自Craig, O.E., Ross, R., Andersen, S.H., Milner, N., Bailey, G.N., 2006. Focus: sulfur isotope variation in archaeological marine fauna from northern Europe. J. Archaeol. Sci. 33, 1642-1646; Fornander, E., Eriksson, G., Lidén, K., 2008. Wild at heart: approaching pitted ware identity, economy and cosmology through stable isotopes in skeletal material from the Neolithic site Korsnäs in Eastern Central Sweden. J. Anthropol. Archaeol. 27, 281-297; Linderholm, A., Andersson, K., Mörth, C., Grundberg, L., Harding, B., Lidén, K., 2008a. An early Christian cemetery at Björned in northern Sweden. Fornvännen 103, 176-189; Linderholm, A., Jonson, C.H., Svensk, O., Lidén, K., 2008b. Diet and status in Birka: stable isotopes and grave goods compared. Antiquity 82, 446-461.

表四　斯堪的纳维亚考古遗址各饮食组可能的摄入比例

食物组	Birka 遗址	Björned 遗址	Bjornsholm/Norsminde 遗址	Körsnas 遗址	Öland 遗址	Sigtuna 遗址	Smörkullen 遗址
淡水 影响	0.23 ± 0.16	0.17 ± 0.16	0.26 ± 0.18	0.24 ± 0.15	0.21 ± 0 17	0.19 ± 0.17	0.20 ± 0.18
海洋	0.22 ± 0.16	0.11 ± 0.09	0.27 ± 0.19	0.47 ± 0.21	0.13 ± 0 10	0.11 ± 0.09	0.08 ± 0.07
海雾	0.26 ± 0.18	0.31 ± 0.20	0.23 ± 0.17	0.16 ± 0.12	0.27 ± 0 17	0.33 ± 0.20	0.28 ± 0.18
陆地	0.30 ± 0.19	0.41 ± 0.22	0.23 ± 0.17	0.13 ± 0.11	0.39 ± 0 20	0.37 ± 0.21	0.44 ± 0.22

注：详细信息请参阅补充信息

　　贝叶斯模型结果证明了这种统计学评估对于多同位素、多来源古代饮食重建的强大力量。将其他身体组分的同位素结果（如骨骼磷灰石、牙本质和牙釉质）纳入其中，并扩展到其他同位素体系（如氧同位素和氢同位素），可能会在未来的研究中增加这种模型的力量和精度。

5. 硫同位素组成与到海岸距离之间的关系

　　Richards等人的研究表明硫同位素能够区分内陆和沿海区域的考古材料[1]。为了证明动物和人类骨胶原中海雾效应的一般模式，Nehlich和Richards应用已建立的质量标准对发表的研究结果进行重新评估并作图[2]。利用已发表研究报告中人类和动物的δ^{34}S值及其距离海岸线的远近来确定居住模式。图六绘制了人和动物考古骨胶原δ^{34}S值与海岸距离的关系图。在靠近海洋的区域海雾效应该很明显，而在内陆30千米以外的地方，可以获得完全陆地化的δ^{34}S值（视情况而定，小于10千米[3]；或高达70千米[4]）。在这些内陆地区（与海岸的距离＞50千米），硫同位素值预计低于+14‰（见图六，在距离海洋＞50千米的遗址中超过这一阈值的不到10%；这与关于人类流动性的研究一致，可以解释为来自沿海地区或类似地区的移民）。低于该阈值的硫同位素比值被认为不受海雾效应的影响，并且未食用海洋食物[5]。然而，情况显然并非总是如此，尽管距海洋小于50千米的遗址的平均δ^{34}S值与距离较远遗址的δ^{34}S值之间存在显著差异（p＜0.0001）。但在遥远的内陆地区（＞50千米），人和动物的δ^{34}S值也可以较高；

---

① Richards, M.P., Fuller, B.T., Hedges, R.E.M., 2001a. Sulfur isotopic variation in ancient bone collagen from Europe: implications for human palaeodiet, residence mobility, and modern pollutant studies. Earth Planet. Sci. Lett. 191, 185-190.

② Nehlich, O., Richards, M.P., 2009. Establishing collagen quality criteria for sulfur isotope analysis of archaeological bone collagen. Archaeol. Anthropol. Sci. 1, 59-75.

③ Norman, A., Anlauf, K., Hayden, K., Thompson, B., Brook, J.R., Li, S., Bottenheim, J., 2006. Aerosol sulphate and its oxidation on the Pacific NW coast: S and O isotopes in $PM_{2.5}$. Atmos. Environ. 40, 2676-2689.

④ Wakshal, E., Nielsen, H., 1982. Variations of $\delta^{34}S(SO_4)$, $\delta^{18}O(H_2O)$ and Cl/SO_4 ratio in rainwater over northern Israel, from the Mediterranean Coast to Jordan Rift Valley and Golan Heights. Earth Planet. Sci. Lett. 61, 272-282.

⑤ Richards, M.P., Fuller, B.T., Hedges, R.E.M., 2001a. Sulfur isotopic variation in ancient bone collagen from Europe: implications for human palaeodiet, residence mobility, and modern pollutant studies. Earth Planet. Sci. Lett. 191, 185-190.

例如，Pivat等人发表了导致内陆环境δ³⁴S值较高的可能条件[①]。他们展示了高于+14‰低于+20‰的δ³⁴S值。这些结果反映了Chicha遗址的地质情况。由于这里的蒸发岩主要来源于海水硫酸盐，因此富含³⁴S[②]，并导致环境和本地食物链有很高的δ³⁴S值[③]。这有两种可能的解释：第一，高δ³⁴S值反映了当地由沉积岩组成的地质结构；第二，这些内陆遗址中被分析的个体是来自沿海地区的移民或吃过海洋食物。因此，即使是完全的内陆遗址，也会产生较高的δ³⁴S值（例如，在特定的局部条件下，由于地质背景或迁移行为造成高于+14‰的值[④]）。

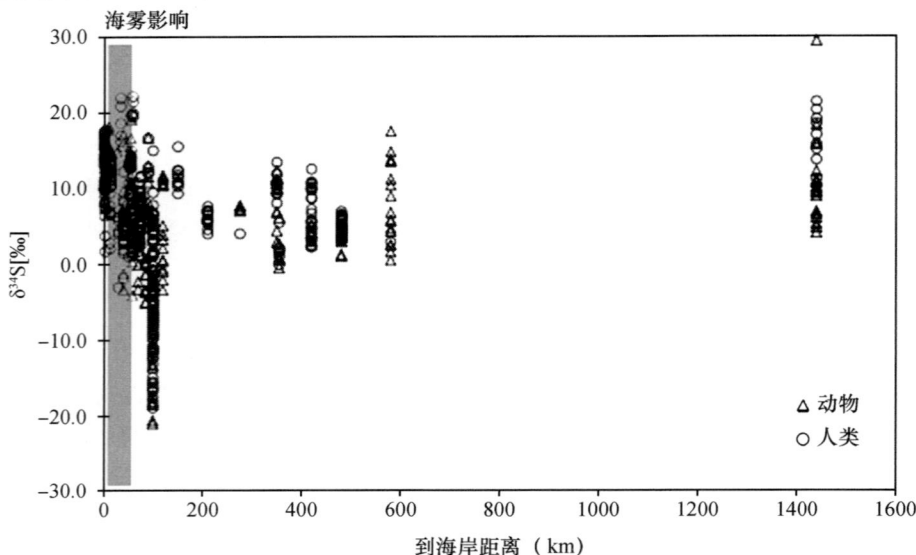

图六　到海岸不同距离遗址中人体组织（毛发和骨胶原）考古样品的δ³⁴S值[⑤]

---

① Privat, K.L., O'Connell, T.C., Hedges, R.E.M., 2007. The distinction between freshwater- and terrestrial-based diets: methodological concerns and archaeological applications of sulfur stable isotope analysis. J. Archaeol. Sci. 34, 1197-1204.

② Krouse, H.R., Mayer, B., 2000. Sulfur and oxygen isotopes in sulphate. In: Cook, P.G., Herczeg, A.L. (Eds.), Environmental Tracers in Subsurface Hydrology. Kluwer Academic Publisher, Dordrecht, pp. 195-231.

③ Rossmann, A., Kornexl, B., Versini, G., Pichlmayer, F., Lamprecht, G., 1998. Origin assignment of milk from alpine regions by multielement stable isotope ratio analysis (Sira). Riv. Sci. Aliment. 27, 9-21; Pawellek, F., Frauenstein, F., Veizer, J., 2002. Hydrochemistry and isotope geochemistry of the upper Danube River. Geochim. Cosmochim. Acta 66, 3839-3853.

④ Privat, K.L., O'Connell, T.C., Hedges, R.E.M., 2007. The distinction between freshwater-and terrestrial-based diets: methodological concerns and archaeological applications of sulfur stable isotope analysis. J. Archaeol. Sci. 34, 1197-1204.

⑤ 数据来自Aufderheide, A.C., Kelley, M.A., Rivera, M., Gray, L., Tieszen, L.L., Iversen, E., Krouse, H.R., Carevic, A., 1994. Contributions of chemical dietary reconstruction to the assessment of adaptation by ancient highland immigrants (Alto Ramirez) to coastal conditions at Pisagua, North Chile. J. Archaeol. Sci. 21, 515-524; Fernández, J., Panarello, H.O., Schobinger, J., 1999. The Inka mummy from Mount Aconcagua: decoding the geographic origin of the "messenger to the deities" by means of stable carbon, nitrogen, and sulfur isotope analysis. Geoarchaeology 14, 27-46; Leach, B.F., Quinn, C.J., Lyon, G.L., Haystead, A., Myers, D.B., 2000. Evidence of Prehistoric Lapita Diet at Watom Island, Papua New Guinea, using Stable Isotopes. N. Z. J. Archaeol. 20 (1998), 149-159; Richards, M.P., Fuller, B.T., Hedges, R.E.M., 2001a. Sulfur isotopic variation in ancient bone collagen from Europe: implications for human palaeodiet, residence mobility, and modern pollutant studies. Earth Planet. Sci. Lett. 191, 185-190; Leach, F.,

6. 通过硫同位素分析重建淡水饮食结构

许多将碳氮同位素应用于骨胶原的考古研究表明，淡水鱼和海洋鱼类是饮食的重要组成部分[①]。此类考古学研究遇到的一个问题是埋藏的鱼骨保存状况不好。解决饮食

Quinn, C., Morrison, J., Lyon, G., 2003. The use of multiple isotope signatures in reconstructing prehistoric human diet from archaeological bone from the Pacific and New Zealand. N. Z. J. Archaecl. 23 (2001), 31-98; Petchey, F., Green, R., 2005. Use of three isotopes to calibrate human bone radiocarbon determinations from Kainapirina (SAC), Watom Island, Papua New Guinea. Radiocarbon 47, 181-192; Craig, O.E., Ross, R., Andersen, S.H., Milner, N., Bailey, G.N., 2006. Focus: sulfur isotope variation in archaeological marine fauna from northern Europe. J. Archaeol. Sci. 33, 1642-1646; Privat, K.L., O'Connell, T.C., Hedges, R.E.M., 2007. The distinction between freshwater- and terrestrial-based diets: methodological concerns and archaeological applications of sulfur stable isotope analysis. J. Archaeol. Sci. 34, 1197-1204; Wilson, A.S., Taylor, T., Ceruti, M.C., Chavez, J.A., Reinhard, J., Grimes, V., Meier-Augenstein, W., Cartmell, L., Stern, B., Richards, M.P., Worobey, M., Barnes, I., Gilbert, M.T.P., 2007. Stable isotope and DNA evidence for ritual sequences in Inca child sacrifice. Proc. Natl. Acad. Sci. 104, 16456-16461; Beavan-Athfield, N., Green, R.C., Craig, J., McFadgen, B., Bickler, S., 2008. Influence of marine sources on ^{14}C ages: isotopic data from Watom Island, Papua New Guinea inhumations and pig teeth in light of new dietary standards. J. R. Soc. N. Z. 38, 1-23; Fornander, E., Eriksson, G., Lidén, K., 2008. Wild at heart: approaching pitted ware identity, economy and cosmology through stable isotopes in skeletal material from the Neolithic site Korsnäs in Eastern Central Sweden. J. Anthropol. Archaeol. 27, 281-297; Linderholm, A., Andersson, K., Mörth, C., Grundberg, L., Harding, B., Lidén, K., 2008a. An early Christian cemetery at Björned in northern Sweden. Fornvännen 103, 176-189; Linderholm, A., Jonson, C.H., Svensk, O., Lidén, K., 2008b. Diet and status in Birka: stable isotopes and grave goods compared. Antiquity 82, 446-461; Hu, Y., Shang, H., Tong, H., Nehlich, O., Liu,W., Zhao, C., Yu, J., Wang, C., Trinkaus, E., Richards, M.P., 2009. Stable isotope dietary analysis of the Tianyuan 1 early modern human. Proc. Natl. Acad. Sci. 106, 10971-10974; Vika, E., 2009. Strangers in the grave? Investigating local provenance in a Greek Bronze Age mass burial using δ³⁴S analysis. J. Archaeol. Sci. 36, 2024-2028; Craig, O.E., Biazzo, M., Colonese, A.C., Di Giuseppe, Z., Martinez-Labarga, C., Lo Vetro, D., Lelli, R., Martini, F., Rickards, O., 2010. Stable isotope analysis of Late Upper Palaeolithic human and faunal remains from Grotta del Romito (Cosenza), Italy. J. Archaeol. Sci. 37, 2504-2512; Nehlich, O., Boric, D., Stefanovic, S., Richards, M.P., 2010. Sulfur isotope evidence for freshwater fish consumption: a case study from the Danube Gorges, SE Europe. J. Archaeol. Sci. 37, 1131-1139; Smits, E., Millard, A.R., Nowell, G., Graham Pearson, D., 2010. Isotopic investigation of diet and residential mobility in the Neolithic of the Lower Rhine Basin. Eur. J. Archaeol. 13, 5-31; Linderholm, A., Kjellström, A., 2011. Stable isotope analysis of a medieval skeletal sample indicative of systemic disease from Sigtuna Sweden. J. Archaeol. Sci. 38, 925-933; Petchey, F., Spriggs, M., Leach, F., Seed, M., Sand, C., Pietrusewsky, M., Anderson, K., 2011. Testing the human factor: radiocarbon dating the first peoples of the South Pacific. J. Archaeol. Sci. 38, 29-44; Nehlich, O., Fuller, B.T., Jay, M., Mora, A., Nicholson, R.A., Smith, C.I., Richards, M.P., 2011. Application of sulfur isotope ratios to examine weaning patterns and freshwater fish consumption in Roman Oxfordshire, U.K. Geochim. Cosmochim. Acta 75, 4963-4977; Towers, J., Jay, M., Mainland, I., Nehlich, O., Montgomery, J., 2011. A calf for all seasons? The potential of stable isotope analysis to investigate prehistoric husbandry practices. J. Archaeol. Sci. 38, 1858-1868; Nehlich, O., Fuller, B.T., Márquez-Grant, N., Richards, M.P., 2012. Investigation of diachronic dietary patterns on the islands of Ibiza and Formentera, Spain: evidence from sulfur stable isotope ratio analysis. Am. J. Phys. Anthropol. 149, 115-124; Oelze, V.M., Koch, J.K., Kupke, K., Nehlich, O., Zäuner, S., Wahl, J., Weise, S.M., Rieckhoff, S., Richards, M.P., 2012a. The multi-residential burial population of the Early Iron Age monumental tumulus of Magdalenenberg, Black Forest, Germany. Am. J. Phys. Anthropol. 148, 406-421; Oelze, V.M., Nehlich, O., Richards, M.P., 2012b. 'Here's no place like home' — no isotopic evidence for mobility at the Early Bronze Age Cemetery of Singen, Germany. Archaeometry 54, 752-778.

① Richards, M.P., Pettitt, P.B., Stiner, M.C., Trinkaus, E., 2001b. Stable isotope evidence for increasing dietary breadth in the European mid-Upper Paleolithic. Proc. Natl. Acad. Sci. 98, 6528-6532; Müldner, G., Richards, M.P., 2005. Fast or feast: reconstructing diet in later medieval England by stable isotope analysis. J. Archaeol. Sci. 32, 39-48;

重建中的鱼类困境是一个重要的研究问题[①]，因为有几个迹象表明低估了淡水鱼在古饮食中的比例[②]。当基于碳氮同位素结果没有发现鱼类摄入的科学证据时，硫同位素分析可能有助于详细确定海洋、水生和陆地饮食的比例。硫同位素在水生环境和海洋环境研究中可提供大量信息[③]。因此，硫同位素分析在科技考古中最重要的应用之一是区分淡水和陆地环境。

为了探讨淡水鱼摄入对人体同位素组成的影响，Pivat 等人分析了来自俄罗斯（Chicha）和乌克兰（Bil'shivtsi）两个遗址的淡水鱼、陆地动物和人类[④]。这两个遗址距离最近的海都有 500 多千米，并且靠近几个淡水湖和咸水湖。结果表明，地质和气候的影响使得获取不同生态系统差异化的 $\delta^{34}S$ 值成为问题。这两个遗址水生和陆地生态系统的 $\delta^{34}S$ 值都相当相似（它们的 $\delta^{34}S$ 值并没有完全分开）。要么是陆生动物在水生影响区吃草；要么由于恒定的地质和气候影响，整体生物可利用的硫同位素比值是同质的。在这种环境下无法将淡水和陆地生态系统区分开。然而，Nehlich 等人的研究显示塞尔维亚多瑙河峡谷陆地和淡水环境的 $\delta^{34}S$ 值存在非常明显的差异[⑤]，而 Bollongino 等人的研究则显示德国西北部的 $\delta^{34}S$ 值存在差异[⑥]。同样，Nehlich 等人的研究表明英国牛津郡罗马-不列颠人的饮食中摄入淡水食物，或摄入具有淡水影响硫同位素特征的来自冲积平原的食物[⑦]。胡耀武等人展示了来自中国周口店 4 万年前人类的类似模式[⑧]。Sayle

Dürrwächter, C., Craig, O.E., Collins, M.J., Burger, J., Alt, K.W., 2006. Beyond the grave. J. Archaeol. Sci. 33, 39-48; Bocherens, H., Polet, C., Toussaint, M., 2007. Palaeodiet of Mesolithic and Neolithic populations of Meuse Basin (Belgium): evidence from stable isotopes. J. Archaeol. Sci. 34, 10-27; Craig, O.E., Biazzo, M., Colonese, A.C., Di Giuseppe, Z., Martinez-Labarga, C., Lo Vetro, D., Lelli, R., Martini, F., Rickards, O., 2010. Stable isotope analysis of Late Upper Palaeolithic human and faunal remains from Grotta del Romito (Cosenza), Italy. J. Archaeol. Sci. 37, 2504-2512; Bocherens, H., Baryshnikov, G., Van Neer, W., 2014. Were bears or lions involved in salmon accumulation in the Middle Palaeolithic of the Caucasus? An isotopic investigation in Kudaro 3 cave. Quat. Int. 339-340, 112-118.

① Milner, N., Craig, O.E., Bailey, G.N., Pedersen, K., Andersen, S.H., 2004. Something fishy in the Neolithic? A re-evaluation of stable isotope analysis of Mesolithic and Neolithic coastal populations. Antiquity 78, 9-22; Milner, N., Craig, O.E., Bailey, G.N., Pedersen, K., Andersen, S.H., 2006. A response to Richards and Schulting. Antiquity 80, 456-458; Richards, M.P., Schulting, R.J., 2006. Touch not the fish: the Mesolithic-Neolithic change of diet and its significance. Antiquity 80, 444-456.

② Erlandson, J.M., Rick, T.C., 2010. Archaeology meets marine ecology: the antiquity of maritime cultures and human impacts on marine fisheries and ecosystems. Ann. Rev. Mar. Sci. 2, 231-251.

③ Peterson, B.J., Howarth, R.W., Garritt, R.H., 1985. Multiple stable isotopes used to trace the flow of organic matter in estuarine food webs. Science 227, 1361-1363.

④ Privat, K.L., O'Connell, T.C., Hedges, R.E.M., 2007. The distinction between freshwater-and terrestrial-based diets: methodological concerns and archaeological applications of sulfur stable isotope analysis. J. Archaeol. Sci. 34, 1197-1204.

⑤ Nehlich, O., Boric, D., Stefanovic, S., Richards, M.P., 2010. Sulfur isotope evidence for freshwater fish consumption: a case study from the Danube Gorges, SE Europe. J. Archaeol. Sci. 37, 1131-1139.

⑥ Bollongino, R., Nehlich, O., Richards, M.P., Orschiedt, J., Thomas, M.G., Sell, C., Fajkosova, Z., Powell, A., Burger, J., 2013. 2000 Years of Parallel Societies in Stone Age Central Europe. Science.

⑦ Nehlich, O., Fuller, B.T., Jay, M., Mora, A., Nicholson, R.A., Smith, C.I., Richards, M.P., 2011. Application of sulfur isotope ratios to examine weaning patterns and freshwater fish consumption in Roman Oxfordshire, U.K. Geochim. Cosmochim. Acta 75, 4963-4977.

⑧ Hu, Y., Shang, H., Tong, H., Nehlich, O., Liu, W., Zhao, C., Yu, J., Wang, C., Trinkaus, E., Richards, M.P., 2009. Stable isotope dietary analysis of the Tianyuan 1 early modern human. Proc. Natl. Acad. Sci. 106, 10971-10974.

等人对来自冰岛的维京人材料进行了生态位区分，这是另一项出色的硫同位素分析应用[①]。他们能够利用每个生态位的硫同位素组成来证明陆生动物具有受淡水影响的δ^{34}S值。在这样的研究中，硫同位素分析的潜力似乎非常强大，有助于获得有关过去饮食和环境的科学信息。

7. 硫同位素分析以重建过去的迁移模式

硫同位素分析另一个潜在的研究途径是识别从其他地区进入研究区域的外来动物或人类移民。这种方法的背景是非本地硫与本地硫相比有不同的同位素比值。Vika的研究通过与其他个体和动物的δ^{34}S值进行比较，在希腊底比斯的一个青铜时代的墓葬中发现了一个非本地的、可能是移民的女性[②]。外来个体的同位素组成与假设的本地值相比，δ^{34}S值贫化了5‰，因此该个体很可能是外来个体。另一方面，Oelze等人则没有发现德国南部青铜时代早期和铁器时代早期遗址人口流动的证据[③]。Nehlich等人对Ibiza（西班牙）考古遗址的历时性研究呈现了另一幅图景[④]。他们证明从铜石并用时代到伊斯兰时代的流动性有所增加。晚期个体几乎都食用外来食物或是移民，而早期的移民比例则低得多。硫同位素应用的另一个例子是追踪动物同位素模式随时间的变化，Drucker等人将其应用于晚冰期至全新世早期的马鹿[⑤]。它们显示了法国东部马鹿骨胶原硫同位素值随时间的变化。然而，要把硫同位素分析确立为科技考古中类似锶同位素[⑥]的居住地标志物，还需要进行很多系统的研究。

8. 硫的古等值线图

同位素的地理空间分布模式有助于确定不同环境条件的具体分布[⑦]。在法医学和生

① Sayle, K.L., Cook, G.T., Ascough, P.L., Hastie, H.R., Einarsson, A., McGovern, T.H., Hicks, M.T., Edwald, A., Fridriksson, A., 2013. Application of ^{34}S analysis for elucidating terrestrial, marine and freshwater ecosystems: evidence of animal movement/husbandry practices in an early Viking community around Lake Myvatn, Iceland. Geochim. Cosmochim. Acta 120, 531-544.

② Vika, E., 2009. Strangers in the grave? Investigating local provenance in a Greek Bronze Age mass burial using δ^{34}S analysis. J. Archaeol. Sci. 36, 2024-2028.

③ Oelze, V.M., Koch, J.K., Kupke, K., Nehlich, O., Zäuner, S., Wahl, J., Weise, S.M., Rieckhoff, S., Richards, M.P., 2012a. The multi-residential burial population of the Early Iron Age monumental tumulus of Magdalenenberg, Black Forest, Germany. Am. J. Phys. Anthropol. 148, 406-421; Oelze, V.M., Nehlich, O., Richards, M.P., 2012b. 'Here's no place like home' — no isotopic evidence for mobility at the Early Bronze Age Cemetery of Singen, Germany. Archaeometry 54, 752-778.

④ Nehlich, O., Fuller, B.T., Márquez-Grant, N., Richards, M.P., 2012. Investigation of diachronic dietary patterns on the islands of Ibiza and Formentera, Spain: evidence from sulfur stable isotope ratio analysis. Am. J. Phys. Anthropol. 149, 115-124.

⑤ Drucker, D.G., Bridault, A., Cupillard, C., Hujic, A., Bocherens, H., 2011. Evolution of habitat and environment of red deer (Cervus elaphus) during the Late-glacial and early Holocene in eastern France (French Jura and the western Alps) using multi-isotope analysis (<delta>^{13}C, <delta>^{15}N, <delta>^{18}O, <delta>^{34}S) of archaeological remains. Quat. Int. 245, 268-278.

⑥ Bentley, R.A., 2006. Strontium isotopes from the earth to the archaeological skeleton: a review. J. Archaeol. Method Theory 13, 135-187.

⑦ Bowen, G.J., West, J.B., Hoogewerff, J., 2009. Isoscapes: isotope mapping and its applications. J. Geochem. Explor. 102, 161-187.

态科学中，这种同位素比值的空间模式（等值线）对鉴定来源非常有帮助[1]。就硫同位素数据而言，Valenzuela等人通过分析美国现代人头发的δ^{34}S值对其等值线进行了检验[2]。他们利用从73个城市的理发店中随机提取的来自228个个体的废弃头发，预测了人类头发硫同位素特征的等值线。然而，这种方法有一些不足之处：首先，任何人类或动物身体组织的硫同位素组成代表了其饮食的平均同位素组成。因此，具有完全不同饮食偏好的个体（肉食者、素食者、海鲜消费者）将被认为来自不同的地区。可以通过分析代表当地栖息地的特定动物和动物产品来克服这一问题；例如，TRACE项目显示了不同欧洲国家的蜂蜜、肉类和其他动物产品样本中δ^{34}S值的地理差异[3]。其次，现代人的饮食通常由"工业食品"组成，这些食品的原料来自世界各地。与人们预期不同的是，这类食品在同位素上往往是非常同质的，这在快餐食品中尤其如此[4]。因此，工业化食物的消费者其组织的δ^{34}S值不再代表任何地域。第三，现代人为污染有可能改变当地的硫同位素特征，使之偏向人工引入值。根据污染种类（矿区污水、SO_2气体、化肥等）及其来源（开采矿石、工业排放物等）的不同，这些污染可以改变长达数年甚至数十年的环境同位素组成[5]；最后，生成等值线图的可靠性取决于取样位置密度和支撑数据的样本量。通常缺乏足够的采样遗址会使等值线图的结果出现偏差。然而，它是一个可以直观地显示地貌内同位素差异并确定各区域的模式的有用工具。

这里试图绘制德国硫古等值线图（δ^{34}S数据见表三和补充信息）。选择这个区域是由于该区域发表的考古δ^{34}S数据最多。利用考古数据计算等值线有助于克服现代工业食品供应和人为污染的局限性和偏见。（前）历史时期的欧洲人不太可能消耗大量非本地农产品或非本地可利用野生动物群的食物资源。基于碳氮同位素的重建结果，我们只考虑那些以陆地饮食为主的人类和陆生动物样品。有了这样的数据集，我们就可以测试硫等值线在科技考古、法医和古生态学中识别区域的适用性。图七显示了从德国收集的考古δ^{34}S数据的等值线图（用R建模）。同位素数据的地理空间分布似乎受到取样遗址分布和现有材料密度的影响。

---

① Beard, B.L., Johnson, C.M., 2000. Strontium isotope composition of skeletal material can determine the birth place and geographic mobility of humans and animals. J. Forensic Sci. 45, 1049-1061; Bowen, G.J., West, J.B., Hoogewerff, J., 2009. Isoscapes: isotope mapping and its applications. J. Geochem. Explor. 102, 161-187.

② Valenzuela, L.O., Chesson, L.A., O'Grady, S.P., Cerling, T.E., Ehleringer, J.R., 2011. Spatial distributions of carbon, nitrogen and sulfur isotope ratios in human hair across the central United States. Rapid Commun. Mass Spectrom. 25, 861-868.

③ Camin, F., Bontempo, L., Heinrich, K., Horacek, M., Kelly, S., Schlicht, C., Thomas, F., Monahan, F., Hoogewerff, J., Rossmann, A., 2007. Multi-element (H, C, N, S) stable isotope characteristics of lamb meat from different European regions. Anal. Bioanal. Chem. 389, 309-320; Schellenberg, A., Chmielus, S., Schlicht, C., Camin, F., Perini, M., Bontempo, L., Heinrich, K., Kelly, S.D., Rossmann, A., Thomas, F., Jamin, E., Horacek, M., 2010. Multielement stable isotope ratios (H, C, N, S) of honey from different European regions. Food Chem. 121, 770-777.

④ Jahren, A.H., Kraft, R.A., 2008. Carbon and nitrogen stable isotopes in fast food: signatures of corn and confinement. Proc. Natl. Acad. Sci. 105, 17855-17860.

⑤ Winner, W.E., Bewley, J.D., Krouse, H.R., Brown, H.M., 1978. Stable sulfur isotope analysis of SO_2 pollution impact on vegetation. Oecologia V36, 351-361.

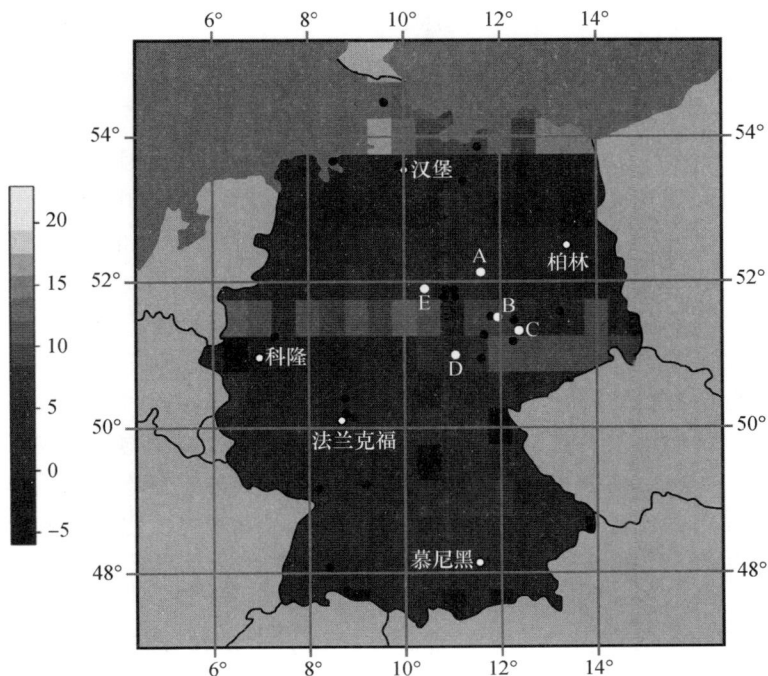

图七　德国考古遗址人类和动物胶原蛋白硫同位素值的空间分布

（白点=城市：A=马德格堡，B=哈雷，C=莱比锡，D=埃尔福特，E=戈斯拉尔；黑点=有硫同位素数据的考古遗址；数据和参考文献列于表三）

　　考古等值线的地理空间模拟无法考虑诸如山脉或河谷等地理区域，因为这些地方的考古遗迹有限或尚未进行分析。结果表明，德国的大部分δ34S值都位于内陆淡水、雨水的范围内（δ34S= 0‰-10‰[1]）。此外，结果还显示由于存在海雾效应，约100千米的沿海走廊有富集的δ34S值。这可以用来识别在这些区域具有内陆特征的非本地人[2]。尽管遗址数量很少，但每个遗址都代表着可供分析的古代人群，以及他们的文化和环境营养成果。由于食物限制、流动、贸易或食物偏好等原因，考古遗址δ34S值的中位数可能并不代表当地环境可利用的δ34S值，而是此特殊群体文化选择的反映。因此，对于其他较早（如狩猎采集者）或较晚（中世纪、现代/工业化）、具有不同饮食偏好（如野生动物和淡水蛋白质）的时期，它可能不具有代表性。使用具有工业化饮食的人类或动物的现代同位素数据集也会存在类似情况。史前动物的生物化学信息是解释古人类地域性的最可靠来源。

---

[1]　Nriagu, J., Rees, C.E., Mekhtieva, V.L., Lein, A.Y., Fritz, P., Drimmie, R.J., Pankina, R.G., Robinson, R.W., Krouse, H.R., 1991. Hydrosphere. In: Krouse, H.R., Grinenko, V.A. (Eds.), Stable Isotopes in the Assessment of Natural and Anthropogenic Sulfur in the Environment. John Wiley & Sons Environment, Chichester, pp. 177-265.

[2]　Nehlich, O., Fuller, B.T., Márquez-Grant, N., Richards, M.P., 2012. Investigation of diachronic dietary patterns on the islands of Ibiza and Formentera, Spain: evidence from sulfur stable isotope ratio analysis. Am. J. Phys. Anthropol. 149, 115-124.

六、总结和展望

考古材料分析结果的质量评估对于可靠的解释至关重要。因此，考古同位素研究和其他类似的研究有为读者记录质量标准的科学必要性，以证明其结果的可靠性。已有人建议对碳、氮和硫的元素含量及其他质量标准进行记录（如C∶N、C∶S和N∶S的原子比）。

以碳氮稳定同位素作为过去人类饮食指标的相关研究在考古学中已被证明是非常成功的，显然，硫同位素分析的应用可以扩大和增加我们从考古材料中了解到的信息。然而，在分析考古材料（毛发和骨胶原）的硫同位素特征时，可能会出现不确定因素。首先，一个遗址中人类饮食包含的所有饮食来源（如植物和动物）都被保存下来是很罕见的。其次，动物和人类样品在年代上的差异可能意味着其远非同时代。长时间段内，资源获取模式和利用（或驯化）周边景观方式的变化会影响动物的硫同位素值。最后，可能只有某些物种被食用，其他物种仅被饲养以获取毛皮或其他动物产品。

与骨胶原不同，对考古毛发的系统研究较少。毛发和骨胶原可以揭示类似的信息，但时间尺度不同，这使得它们既相互补充，又扩大了可获得的结果。这里非常需要进行研究，以制定硫同位素分析可靠的统一标准。为此需要对毛发角蛋白的成岩作用和埋藏作用进行系统研究，还需要对不同物种毛发的硫含量和同位素差异性进行更大规模的研究。

硫同位素比值主要受环境影响，尤其是地质和水文的影响。因此，描述遗址当地的地质、地形和地理环境特征，对了解考古同位素模式至关重要。此外，还有气候的影响，特别是风向和降雨量，这也是另一个变化很大的硫的来源。无机硫的生物吸收是由植物从土壤中的水或大气中的气态硫中获得无机硫完成的。硫一旦进入蛋白质，就会沿着食物链传给动物，最后传给人类。由于蛋氨酸是哺乳动物骨胶原中唯一含硫的氨基酸，其δ^{34}S值反映了摄入食物的硫同位素组成。为了区分不同的饮食来源，评估土壤圈的硫同位素比值是否存在差异也很有帮助。

河流生态系统的输入源远离调查区域，并且其硫源的范围更加广泛，这与给定区域内的陆地生态系统形成了很好的对比。在有利的条件下，一个生态系统的硫同位素组成可能是独特的，并且与同一地区的其他硫同位素组成明显不同（例如，淡水生态系统与陆地生态系统；陆地与冲积平原）。关于成岩作用引起变化的争论仍在进行中，需要合适的考古遗址来检验埋藏过程对硫同位素比值影响的假说。

为理解考古材料中的硫同位素比值，有必要评估尽可能多的个体（最好是分析与碳和氮样本同样多的个体），最好包括相同出土背景以及更大的区域甚至更远地方的动物种属。目前仅发表了数量有限的考古硫同位素研究，但它们都证明了硫同位素在考古研究中的适用性和真正潜力。与碳氮同位素分析类似，在未来研究中必须聚焦于大量样品的硫同位素分析以及对整个地貌进行系统采样，以建立可用于迁移研究的可靠等值线图。

为了了解不同饮食习惯下消费者和饮食之间的差异，需要更多研究。特别是人类的杂食行为使研究十分具有挑战性，因为他们经常利用所有生态位，其组织代表了整个区域的平均硫同位素特征。还需要进行专注硫的控制饲养实验并进行全面分析，以了解生理和生化变化及其对有机组织中硫同位素组成的影响。

居住在不同栖息地的次级生产者应反映该地区生物可利用硫同位素比值的范围，因此可以为消费者提供背景值。需要注意的是，当考虑到更广泛的食物类别时，例如鱼类、海洋哺乳动物和陆生动物，不同生态栖息地的δ^{34}S值可能会出现重叠。结合δ^{34}S数据与其他同位素数据（例如δ^{13}C、δ^{15}N和δ^{18}O），可以使用贝叶斯模型找到离散的饮食模式。先进的模型可以解释不同食物来源的不同责任比例或分析程序之间的方法差异。等到这种方法完全建立起来，古饮食的多同位素重建将有可能更精确地估算海洋或淡水饮食，这也有助于揭示精度更高的放射性碳年代。这样改进的年代可以帮助回答复杂的地层问题和假设，并可以在年代序列上提高分辨率。此外，一旦考古研究的密度达到一定水平，就有可能制作出有意义的等值线图，这也可能成为生态学和法医学等其他研究领域的良好基线。与此同时，需要特别注意填补同位素地貌中的空白，将来可能建立年代图，以显示不同时期的饮食和迁移方式。

尽管考古材料的硫同位素分析仍处于起步阶段，但本综述显示了其未来应用的潜力和可能成果。除碳氮同位素外，硫同位素可能成为古饮食同位素重建的第三大支柱，并且有潜力对锶同位素分析所获得的迁移信息进行补充。

致谢：这项研究得到了马克斯-普朗克协会和德国科学基金会（NE1666/1-1）的资助。我们感谢Mandy Jay、Gideon Hartman和Kate Britton对早期草稿的评论和更正。我很感谢Michael Richards对此工作的参与和意见。最后，我要感谢匿名审稿人和Simon Bottrell对本稿和早期版本的意见和建议。

附记：本文补充数据请访问 http://dx.doi.org/10.1016/j.earscirev.2014.12.002。

The Application of Sulphur Isotope Analyses in Archaeological Research: A Review

Olaf Nehlich[1,2]　　Translated by Wang Yuanyuan[3]　　Proofread by Dong Yu[3]

（1. Department of Anthropology, University of British Columbia, Vancouver, British Columbia, Canada; 2. Department of Human Evolution, Max-Planck Institute for Evolutionary Anthropology, Leipzig, Germany; 3. Institute of Cultural Heritage, Shandong University, China）

Abstract: Sulphur isotope analysis of archaeological materials provides information on past ecosystems, palaeo-diets, migration and mobility. This review covers the geochemical background, including the variability of sulphur isotope compositions in the geo-, hydro-, and biosphere. Then, a substantive review of archaeological studies is undertaken to introduce this new marker for archaeological sciences and demonstrate its possible applications for future research.

Key words: Sulphur, isotope, archaeology, palaeo-diet, migration, collagen

安徽固镇县新石器时代遗址调查简报

安徽省文物考古研究所

内容提要： 固镇县新石器时代文化遗存在皖东北区域较具代表性，此次安徽省文物考古研究所针对固镇县境内新石器时代遗址的调查结合了局部勘探，得出的遗址面积较过去公布的相对更为准确。调查了解到固镇境内各处新石器遗址的主体年代，明确了垓下遗址、孟城遗址、湖沟霸王城等遗址的分布范围，基本确认湖沟霸王城为一座新石器时代城址，也发现了遗址整体分布的一定规律，从而可以初步勾勒出固镇县沱、浍、澥河流域新石器时代文化的基本格局，为研究固镇县境内新石器时代遗址的年代序列、聚落性质、居住形态等增添了新的认识。

关键词： 固镇县　新石器时代　遗址

固镇县位于安徽省蚌埠市北部，地处淮河中游腹地，境内地势平坦，海拔高度在16～28米之间，自北向南依次有沱河、浍河与澥河三条河流经过，均为西北—东南流向。固镇县境内新石器时代文化遗存丰富，在皖东北区域较具代表性。为深入了解固镇县新石器时代遗址的分布、形态和年代特点，2017年11月至12月，安徽省文物考古研究所对固镇县境内新石器时代遗址进行了专项调查。

此前该地区已有较好的工作基础，开展过一系列科学发掘和调查。安徽省文物考古研究所、武汉大学等单位曾对苇塘[1]、孟城[2]、垓下[3]、南城孜[4]、集东[5]等遗址进行过考古发掘。1988年安徽省文物考古研究所对蚌埠市境内的先秦遗址进行过调查，在固镇发现南城孜、城东（即三普"小程遗址"）、阳城三处新石器时代遗址[6]。1989～1990年，中国社会科学院考古研究所安徽队曾在淮北地区进行过一次新石器时

① 安徽省文物考古研究所、固镇县文物管理所：《固镇县苇塘新石器时代遗址》，《中国考古学年鉴（1993）》，文物出版社，1995年，152页。

② 安徽省文物考古研究所：《固镇孟城新石器时代遗址》，《文物研究》（第11辑），黄山书社，1998年，78页。

③ 贾庆元、王志：《安徽固镇县垓下遗址2007～2008年度发掘的主要收获》，《文物研究》（第16辑），黄山书社，2009年；贾庆元、王志：《安徽固镇县垓下发现大汶口文化晚期城址》，《中国文物报》2010年2月5日。

④ 安徽省文物考古研究所、武汉大学历史学院考古系：《皖北小孙岗、南城孜、杨堡史前遗址试掘简报》，《考古》2015年2期，3～18页。

⑤ 《固镇丛书》编委会：《文博固镇》，内部书刊，2019年，22、23页。

⑥ 安徽省文物考古研究所：《蚌埠市先秦古文化遗址调查简报》，《文物研究》（总第6辑），黄山书社，1990年，124～135页。

代遗址调查，但未涉及固镇境内的遗址①。2008～2009年，固镇县文物局组织了"三普"文物调查，这次调查较为系统地掌握了县内各时代遗址的分布情况，成果简要介绍于《中国文物地图集·安徽分册》（上）②，可惜在文图上出现了一些混乱。2013年11～12月，南京大学在发掘谷阳城的同时，曾对三普发现的浍河南岸的小王庄霸王城遗址进行了考古调查、勘探、试掘，探明其是一处新石器时代大汶口文化晚期的环壕聚落遗址③。

本次调查在过去调查、发掘工作的基础上，重点调查以往未开展过考古发掘的遗址。依沱河、浍河和澥河三个流域展开调查，使用GPS记录遗址上采集陶片的坐标。地面调查完毕后，对每个遗址进行少许勘探，初步了解到遗址文化层的分布范围、遗址面积以及堆积情况。现分别介绍各流域主要新石器遗址的调查结果（图一、表一）。

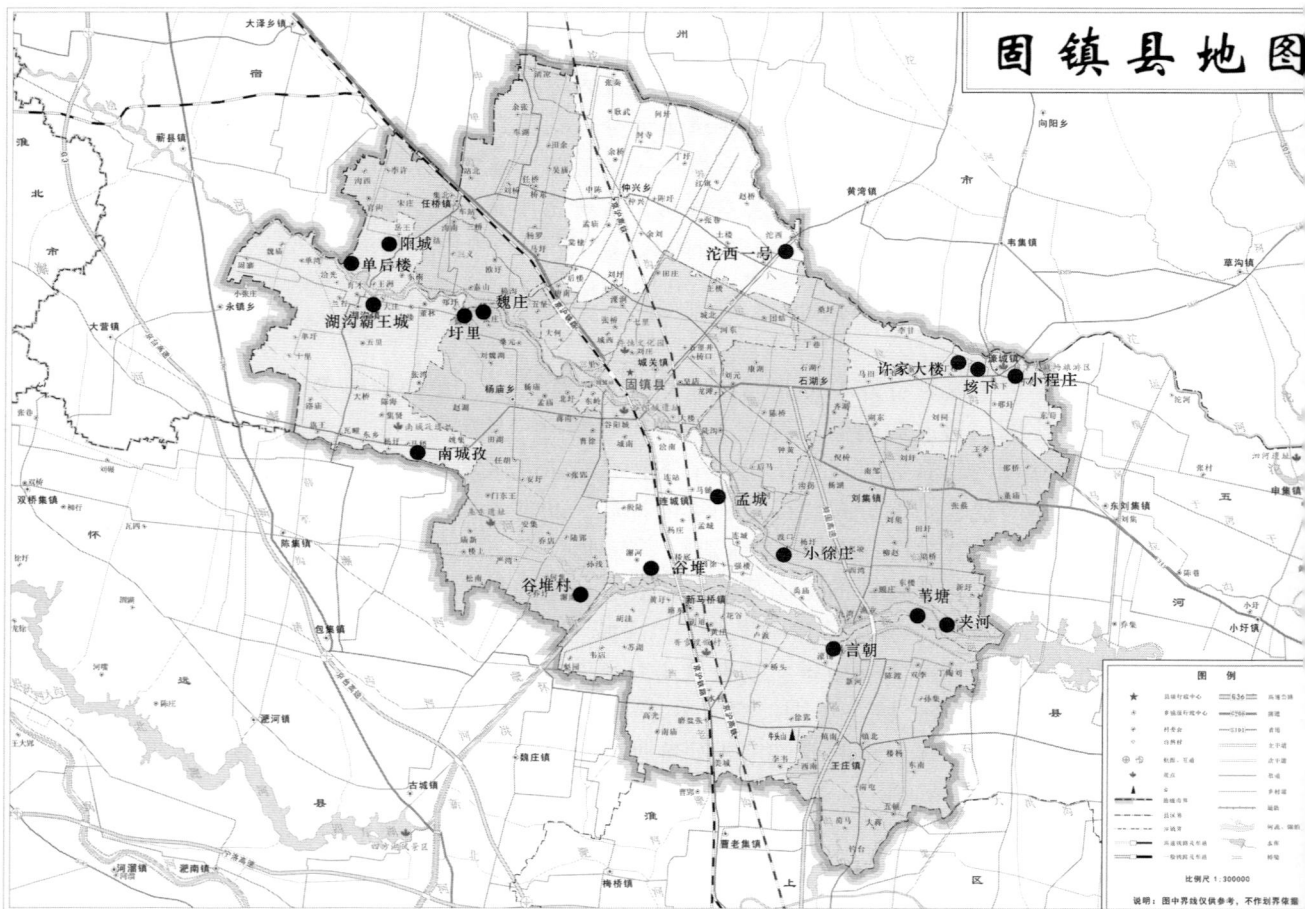

图一　固镇县新石器时代遗址分布图

① 中国社会科学院考古研究所安徽工作队：《安徽淮北地区新石器时代遗址调查》，《考古》1993年11期，961～980页。
② 国家文物局：《中国文物地图集·安徽分册》（上），中国地图出版社，2014年，150、151页；国家文物局：《中国文物地图集·安徽分册》（下），中国地图出版社，2014年，106、107页。
③ 《固镇丛书》编委会：《文博固镇》，内部书刊，2019年，30、31页。

表一　本次调查的新石器时代遗址统计表

流域	遗址	位置	离主河距离	遗址地貌	文化层情况	面积（万平方米）	采集遗物的年代
沱河流域	垓下遗址（城址）	濠城镇北1千米	北距现沱河15米	台地形	厚2～3米	15	大汶口晚期—龙山早期
	沱西一号	仲兴乡沱西村东南	东距沱河70米	漫坡状高地	厚1.5～2米	4.9	大汶口晚期偏晚
浍河流域	阳城	湖沟镇浍北村	南距浍河2100米	漫坡状高地	中心厚0.8～1.6米。边缘厚0.3～0.5米	2.6	大汶口末期—龙山早期
	魏庄	杨庙乡石门村东北	北距浍河900米	漫坡状高地	中部厚1.1～1.3米	2.1	大汶口晚末期
	孟城	连城镇徐湾村东	东距浍河160米	台地形	中部厚1.95米	1.7	大汶口晚期—龙山早期
	湖沟霸王城	湖沟镇东黄大庄村东南部	北距浍河760米	台地形	中部厚0.9～1.4米	10	大汶口晚末期
	圩里	杨庙乡团刘庄西南，魏庄遗址西侧	北距浍河540米	漫坡状台地	中心厚0.7～1.3米，边缘厚0.3～0.5米	2.6	大汶口晚期—龙山早期
澥河流域	谷堆	杨庙乡何集村西、谷堆村西南	南距澥河850米	平地（原为墩形，已铲平）	无文化层（完全破坏）	不详（三普数据为2万平方米）	大汶口晚期

一、沱河流域

沱河古称洨水，为淮河支流，发源于河南商丘，流经河南永城、安徽濉溪、宿州，最后于固镇县北部经过，注入洪泽湖。因沱河是固镇县与灵璧县的分界线，本次调查主要在沱河南岸固镇县境内开展，共调查新石器时代遗址2处。

1. 垓下遗址

垓下遗址位于固镇县濠城镇北，沱河南岸，距离县城24千米。安徽省文物考古研究所曾在此进行过勘探和发掘。分别是2007年进行普探、2010年专门针对护城河进行复探、2007～2009年连续发掘。发掘发现大汶口文化晚期至龙山文化早期的城址[1]（图二～图四）。但对于遗址的边界问题、古沱河的位置问题并未解决。针对上述问题，本次调查在新石器时代城墙外进行了少许勘探（图五）。

结果显示，城外几乎不见文化层，仅在城南偏西距城址80米处的个别探孔中有所发现，厚约0.3米。城南距城址约100米处发现有东西向河湖相堆积，堆积为青灰色或灰白色淤泥，最深处超过2.7米，未至底，已探出宽度超过20米，再往南被现代村落占压。城址东部在相同位置不见这种堆积，怀疑其是原沱河故道。在城址东北和北部紧

① 修燕山、白侠：《五河濠城镇新石器时代遗址》，《考古》1959年7期，372页。

图二　固镇垓下遗址航拍照（镜向北）

图三　固镇垓下东城墙发掘照

图四　固镇垓下北城墙顶部的排房

图五　垓下遗址调查勘探孔位图

靠城墙处探得一环壕，最深处深度在3米以上。城西为现沱河改道前的河道，皆是淤泥状堆积。紧邻沱河以西、灵璧县境内不见文化层，或为淤泥状堆积，或耕土下即是生土。由此可知：第一，目前无证据显示垓下遗址新石器时代的文化层能够分布到城址范围以外，基本可以确定城址范围即遗址范围；第二，过去勘探对于城外壕沟的认识是该壕沟从西、南、东三面环绕城址，北边接沱河古河道。对此应当重新认识，即城址北城墙外也有人工壕沟，而沱河很可能曾经改道，不排除古沱河在城址南侧的可能。当然，解决以上两方面问题还需要更多考古工作。

2. 沱西一号遗址

沱西一号遗址位于固镇县东北部仲兴乡沱西村东南，沱河西岸，距离县城11千米。遗址东部紧靠河堤，其中部隆起，比周围地势较高（图六）。在遗址上发现了鼎足、磨制石斧、罐与盆的口沿等遗物。勘探结果表明，遗址沿河堤呈西北—东南走向，遗址面积约4.9万平方米，长约415、宽约173米，文化层厚度普遍在1.5米左右，最深处有2米（图七、图八）。

罐　3件，均为口沿。

TX-4，罐口沿，泥质灰陶，圆唇内凹，外折沿，侈口，厚0.4～0.7、残高2.4厘米（图八，1）。

TX-3，罐口沿，直口，泥质灰陶，外饰一道凸棱纹，厚0.4～0.6、残高5厘米

图六　沱西一号遗址航拍照（镜向东）

图七　沱西一号遗址勘探孔位图

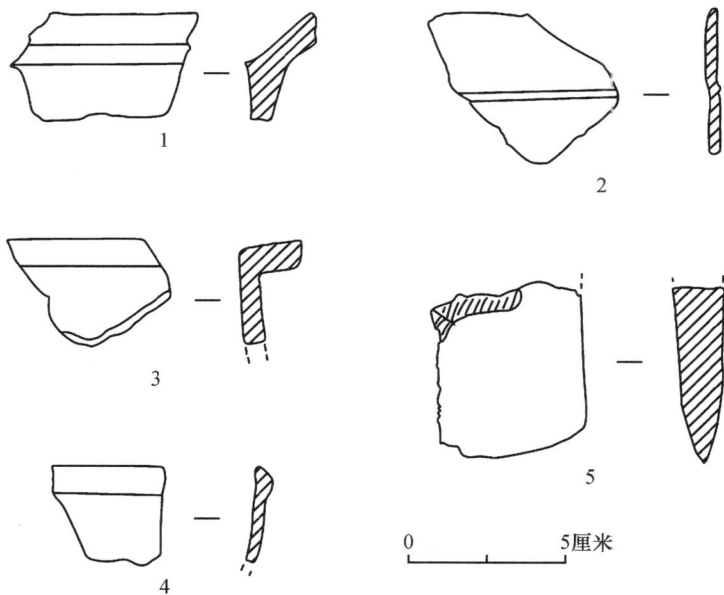

图八　沱西一号遗物

1、2、4.罐口沿（TX-4、TX-3、TX-9）　3.盆口沿（TX-7）　5.石斧（TX-15）

（图八，2）。

TX-9，罐口沿，泥质外红内黑陶，尖圆唇，唇部较厚，腹壁斜直。残高3.2、宽3.6、壁厚0.3厘米（图八，4）。

盆　1件，为口沿。TX-7，陶盆口沿，泥质灰陶，方唇，平折沿，厚约0.7～1、残高3.5厘米（图八，3）。

石斧　1件。TX-15，正面、横截面均呈长方形，表面磨制光滑，底部双面磨出刃部。残长5.7、宽4.7、最厚1.6厘米（图八，5）。

鼎足　10件，其中扁平形鼎足5件、凿形鼎足4件、侧装三角形1件。

TX-13，扁平形鼎足，夹砂红陶，横截面呈长方形，正面有两道纵向凹槽。宽2.7～4.2、残高7.5、厚1.2～3.4厘米（图九，1）。

TX-14，扁平形鼎足，夹砂红褐陶，正面两道纵向刻划纹。残高4.7、厚0.4～0.6厘米（图九，3）。

TX-11，扁平形鼎足，夹砂红陶，正面有三道纵向凹槽，残高6、宽3～3.5厘米，

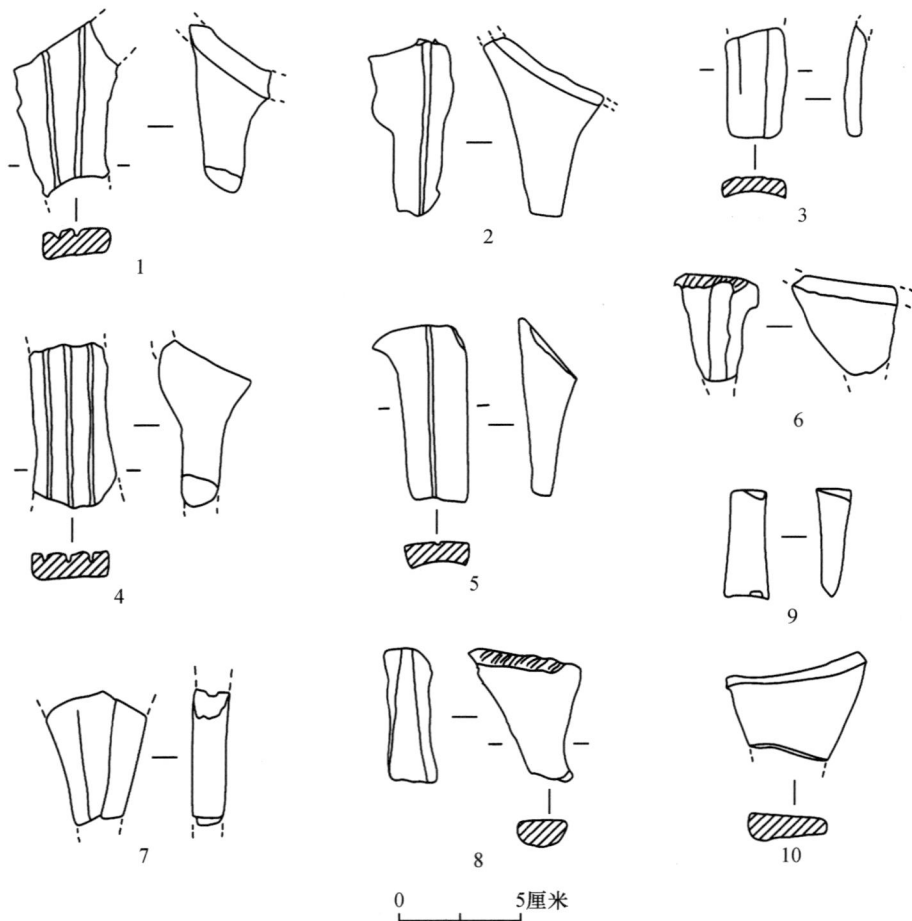

0　　　　5厘米

图九　沱西一号遗址采集鼎足

1、3～5、7.扁平形鼎足（TX-13、TX-14、TX-11、TX-1、TX-5）　2、6、8、9.凿形鼎足（TX-10、TX-8、TX-12、TX-6）　10.侧装三角形鼎足（TX-2）

凹槽宽0.2、深0.4厘米（图九，4）。

TX-1，扁平形鼎足，泥质红陶，足外侧正中有一道刻划纹。厚0.6～2.7、残高8.3厘米（图九，5）。

TX-5，扁平形鼎足，夹砂褐陶，上宽下窄，正面有一道纵向凹槽。残高5.7、厚1.4厘米（图九，7）。

TX-10，凿形鼎足，夹砂灰陶，外侧刻划一道凹槽，外灰内黑，厚1.5～3.4、残高7.2厘米（图九，2）。

TX-8，凿形鼎足，夹细砂红褐陶，侧三角形鼎足，正面有一纵向凹槽。残高4.4厘米（图九，6）。

TX-12，凿形鼎足，夹砂红褐陶。残高5.5厘米（图九，8）。

TX-6，凿形鼎足，泥质红陶，素面，横截面呈长方形。残高4.1厘米（图九，9）。

TX-2，侧装三角形鼎足，夹砂红褐陶，外红内黑，厚1～3.9、残高4.5厘米（图九，10）。

二、浍河流域

浍河古称涣水，发源于河南商丘，流经永城、淮北，于固镇县中部与澥河汇合注入淮河。本次重点调查浍河流域新石器时代遗址5处，为阳城遗址、魏庄遗址、孟城遗址、湖沟霸王城遗址和圩里遗址。

1. 阳城遗址

位于固镇县湖沟镇浍北村，距离县城15千米，其东侧有010县道穿过。遗址中部隆起，比四周稍高。在遗址田间发现一些红烧土，可能为房址（图一〇）。在遗址上采集的遗物，以红褐陶为主，有鼎足、罐底、口沿等。勘探显示遗址东西、南北长均在186米左右，面积约2.6万平方米。遗址中心区位于偏东部，边缘文化层普遍较薄，中心区文化层0.8～1.6米之间，边缘区文化层厚0.3～0.5米（图一一）。

罐　2件，分别为罐底与口沿。

YC-2，罐口沿，泥质红陶，敛口，圆唇，唇部较厚。残高1.8、宽4.2、壁厚0.3厘米（图一二，2）。

YC-6，罐底，泥质红陶，陶胎为灰色，平底，素面。残高2.2、壁厚0.5厘米（图一二，1）。

鼎　6件，可分为锥形鼎足、凿形足与扁平形足。

YC-1，圆锥状鼎足，泥质红陶，上部有一椭圆形凹窝。残高3.6、最大直径2厘米（图一二，3）。

YC-3，扁平形鼎足，夹细砂红陶，横截面呈椭圆形，上部有一椭圆形凹窝，残高3.7、宽2.2～2.7、厚1.1～1.9厘米（图一二，4）。

YC-4，扁平形鼎足，夹细砂红陶，正面中间有一道竖向凹槽。残高5.3、宽2.9～3.3、厚0.9～2.1厘米，凹槽宽0.5、深0.2厘米（图一二，6）。

YC-5，扁平形鼎足，夹粗砂红陶，正面刻划三道纵向凹槽，左边一条不清晰且较

图一〇　阳城遗址地貌（镜向北俯瞰）

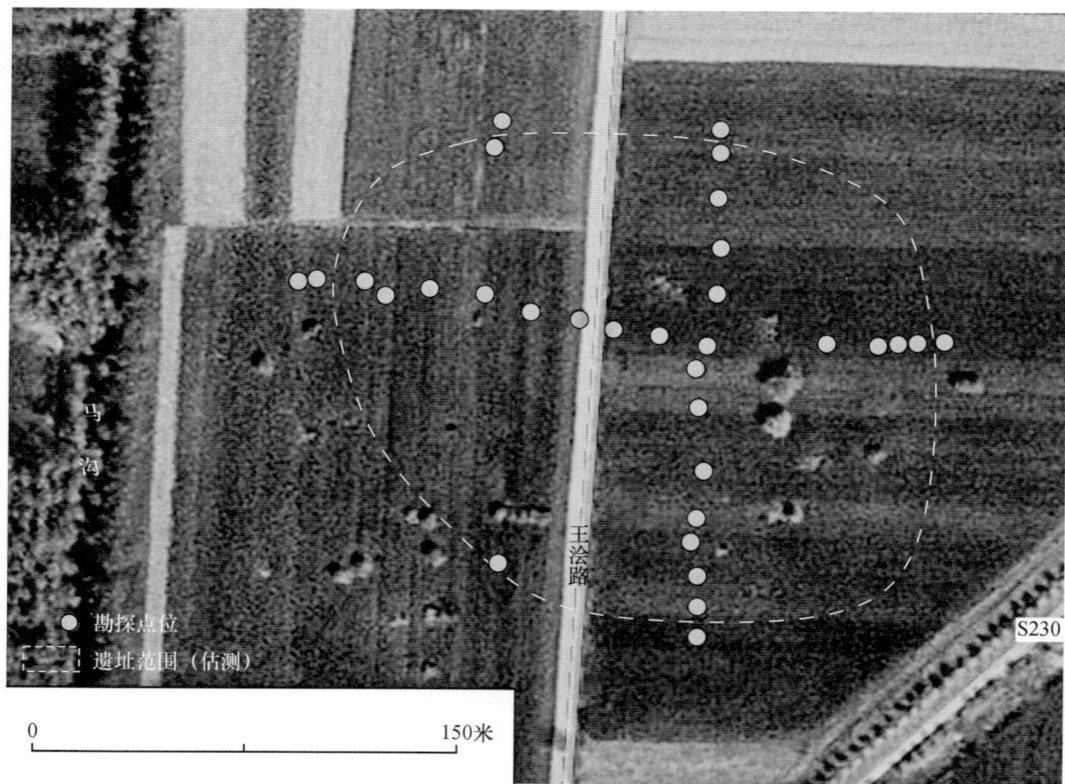

图一一　阳城遗址勘探孔位图

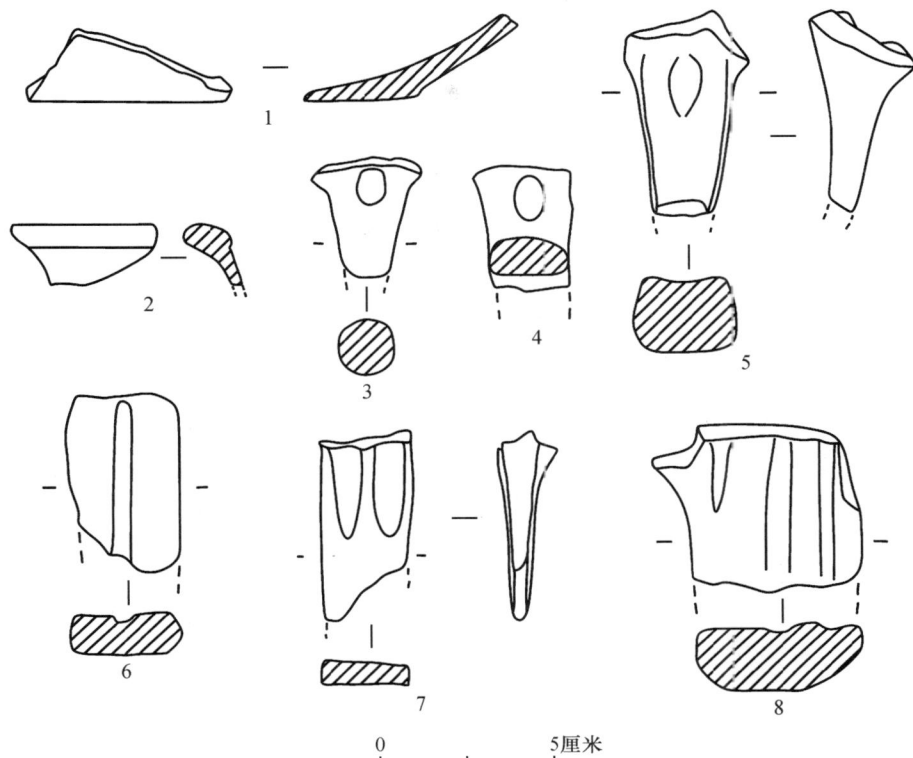

图一二　阳城遗址采集遗物

1. 罐底（YC-6）　2. 罐口沿（YC-2）　3. 锥形鼎足（YC-1）　4、6~8. 扁平形鼎足（YC-3、YC-4、YC-7、YC-5）　5. 凿形鼎足（YC-8）

短。残高5、宽5、厚1.1~3.2厘米（图一二，8）。

YC-7，扁平形鼎足，夹砂红陶，横截面呈长方形，靠上部饰两道纵向凹槽，凹槽较宽。残高5.7、最宽处2.6厘米，凹槽宽0.8厘米（图一二，7）。

YC-8，凿形鼎足，夹砂红褐陶，横截面接近正方形，正面近足根处有一浅凹痕。残高6厘米（图一二，5）。

2. 魏庄遗址

魏庄遗址位于固镇县杨庙乡石门村东北，距县城8千米。遗址中部地势较高，从翻耕的土地上发现有一定量的红烧土。在遗址上发现器物腹片、口沿、凿形鼎足等（图一三）。勘探显示，遗址东西约169米，南北约174米，面积约2.1万平方米，中心区应分布于遗址北部偏西的位置。中心区文化层厚度集中在1.1~1.3米之间。该遗址应该包含汉代和新石器时代两个聚落。探孔中打出汉代与新石器时代陶片，在遗址东部台地边缘和台地下有大量散落的汉代陶片，本次调查仅采集到少许新石器时代遗物（图一四）。

WZ-1，凿形鼎足，夹砂红褐陶，素面。残高4.8、宽2.5厘米（图一五，2）。

WZ-2，腹片，夹砂黑陶，靠上部饰有一道凹弦纹，弦纹上按有一泥饼。残长5.1、

图一三　魏庄遗址地貌（镜向北）

图一四　魏庄遗址勘探孔位图

厚0.6厘米（图一五，1）。

WZ-3，口沿，泥质红陶，敛口，方唇，唇面上有两道凸棱。残高2、壁厚0.3厘米（图一五，3）。

WZ-4，口沿，夹砂黑衣灰陶，敞口卷沿，方唇，唇面上有一凹槽。残宽4.6、残高1.7、厚0.6厘米（图一五，4）。

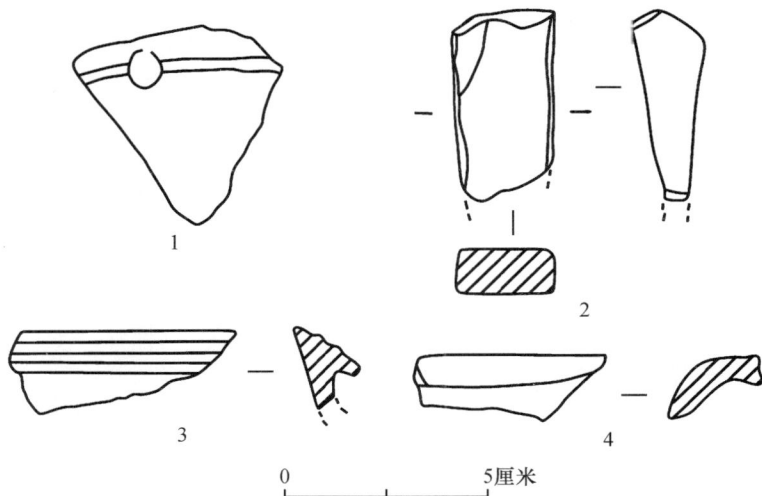

图一五　魏庄遗址采集遗物

1.腹片（WZ-2）　2.鼎足（WZ-1）　3、4.口沿（WZ-3、WZ-4）

3. 孟城遗址

孟城遗址位于连城镇徐湾村东，浍河西岸。遗址为一个方形高台，比周围高出2~3米。1995年安徽省文物考古研究所曾进行过发掘[①]（图一六）。这次调查在遗址上发现了杯底、器盖、鼎足等器物，陶质、陶色主要为夹砂红褐陶。从调查遗物看，孟城遗址的主要年代约为大汶口文化晚期至龙山文化早期。

对遗址进行"十"字形勘探，以确定其文化层的范围。结果显示，文化层仅存在于高台之上，台地之下不见文化层，由此估测遗址面积约1.7万平方米（图一七）。

鼎足　9件。

MC-1，扁平形鼎足。夹细砂红陶，正面中部有一道凹槽。残高9.1、宽2.8~3厘米，凹槽宽0.6、深0.4厘米（图一八，1）。

MC-5，扁平形鼎足。夹细砂红褐陶，正面中间有一道纵向凹槽，侧边处有两条浅划痕。残高6.5、宽2.5~3.4厘米，凹槽宽0.3~0.5、深1厘米（图一八，2）。

MC-8，扁平形鼎足。夹细砂红陶，正面有两道斜向刻划凹槽。残高5.4厘米（图一八，5）。

MC-12，扁平形鼎足。夹砂红陶，侧面略内凹。残高5、厚0.4~2.5厘米（图

① 安徽省文物考古研究所：《固镇孟城新石器时代遗址》，《文物研究》（第11辑），黄山书社，1998年，78~88页。

图一六　孟城遗址地貌（镜向北）

● 勘探点位
┈ 遗址范围（估测）

0　　　　　　100米

图一七　孟城遗址勘探孔位图

一八，6）。

MC-11，扁平形鼎足。夹细砂红褐陶，正面有三道纵向凹槽。残高3.2、宽4.9、厚0.7～1.5厘米（图一八，7）。

MC-2，凿形鼎足。夹细砂橙红陶，正面有两个纵向排列的浅窝，残高9.5厘米（图一八，3）。

MC-3，凿形鼎足。泥质灰陶，正面足根处有一按窝。残高7.8厘米（图一八，4）。

MC-4，凿形鼎足。夹细砂红褐陶，截面呈长方形。残高3.9、宽2.2～2.5、厚0.8～1.3厘米（图一八，8）。

MC-7，凿形鼎足。夹细砂红褐陶，侧装，正面足根处有一按窝。高10.5、正面厚1.6～2.3厘米（图一八，12）。

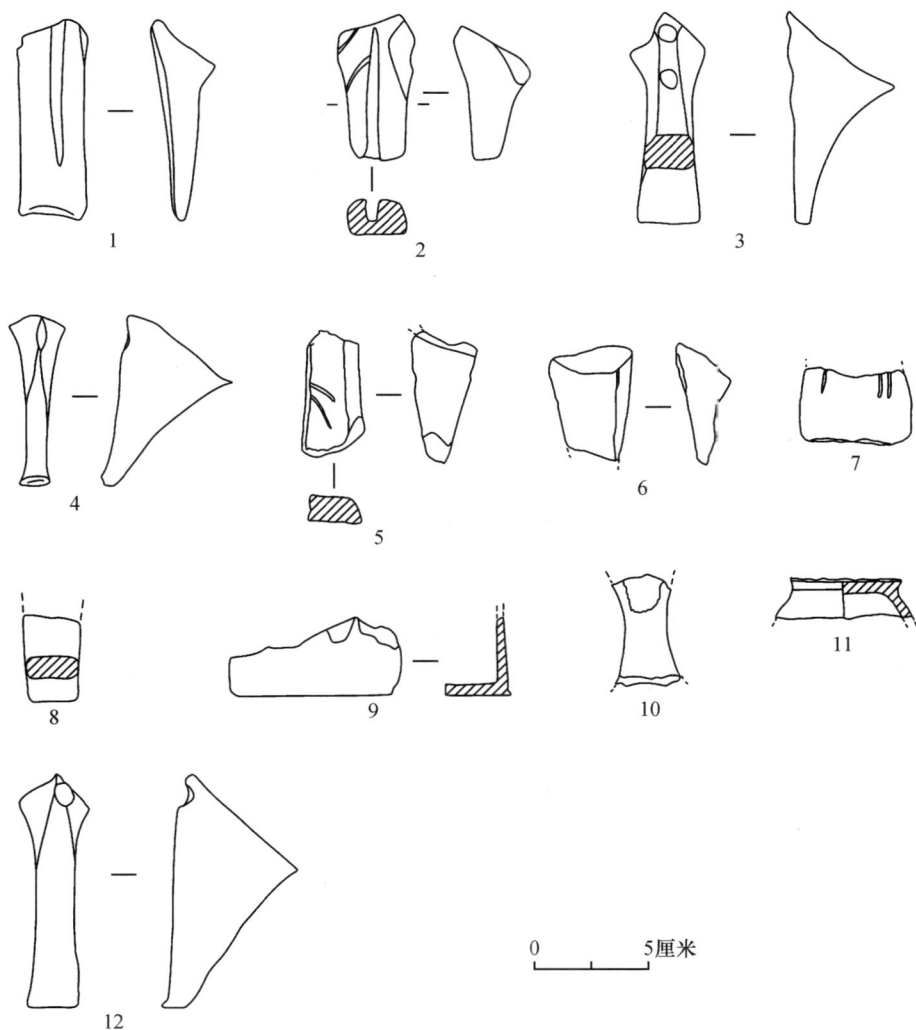

图一八　孟城遗址采集遗物

1、2、5～7.扁平形鼎足（MC-1、MC-5、MC-8、MC-12、MC-11）　　3、4、8、12.凿形鼎足（MC-2、MC-3、MC-4、MC-7）　9.杯底（MC-6）　10.高柄杯（MC-9）　11.器盖（MC-10）

杯　1件。MC-6，杯底。泥质红胎灰皮陶，平底，直腹微斜，素面。残高3.5、宽7.5、壁厚0.3～0.5、底厚0.5厘米（图一八，9）。

高柄杯　1件。MC-9，高柄杯柄。夹砂灰陶。残高4.5、直径1.5～2.5厘米（图一八，10）。

器盖　1件。MC-10，覆碗形器盖。夹砂灰陶，盖面四周凹凸不平。盖顶直径5、厚0.6、残高1.8厘米（图一八，11）。

4. 湖沟霸王城

皖北地区叫霸王城的地点甚多，固镇垓下遗址原也称为"霸王城"，谷阳城遗址旁还有小王庄"霸王城"。湖沟霸王城遗址位于湖沟镇东黄大庄村东南部。遗址平面呈不规则长方形，台地形貌，台缘外有一圈沟壑。调查中发现有陶罐口沿、器底和鼎足等。陶质、陶色以夹砂红褐陶为主（图一九）。

图一九　湖沟霸王城遗址地貌（镜向北）

勘探主要针对台缘展开，并在台地内外各布设若干探孔以确定文化层情况。先是在遗址南部偏东布探孔11个，城内偏西南田间布探孔3个，城外东、西、南、北方向各1个，共计18个探孔。后又在遗址西南布3个、西部布7个、东北部布3个、东部布3个探孔。共计勘探34孔（图二〇）。

勘探显示，该遗址台缘一周很可能存在城墙，墙宽约20米，城墙上部遭到一定破

图二〇 湖沟霸王城勘探孔位图

坏，残存墙体堆积厚0.5～1.4米。四周墙土均十分致密、坚硬，土色以黄色土为主。探孔显示城墙外堆积较厚，为淤土，深度多在2米以上，紧靠城墙，疑似壕沟。城外围不见文化层堆积，城内文化层堆积厚约0.9～1.4米。依台地形状和勘探结果推测，该城址近东西向圆角长方形，东西长约460米，南北宽约230米，总面积约有10万平方米。从出土遗物判断，湖沟霸王城遗址很可能为大汶口文化晚期城址（图二一）。

罐 2件，分别为底部与口沿。

BWC-1，罐口沿，泥质红陶，敛口，唇面外翻。宽8.2、高4.2、壁厚0.4厘米（图二一，1）。

BWC-3，罐底，夹砂内灰外红褐陶，平底，器壁饰斜向篮纹。残高5、壁厚0.8、底厚0.3厘米（图二一，3）。

鼎足 2件，可分为凿形鼎足与侧三角形鼎足。

BWC-2，扁平形鼎足，仅余足根部。夹砂陶，外红内黑。足根上部有一按窝，按窝下接一竖向凹槽。横剖面呈扁长方形。残长4.8、残宽4.1厘米（图二一，2）。

BWC-4，侧装三角形鼎足，夹砂红陶，仅剩足根部位，正面有两个按窝。残高4.2厘米（图二一，4）。

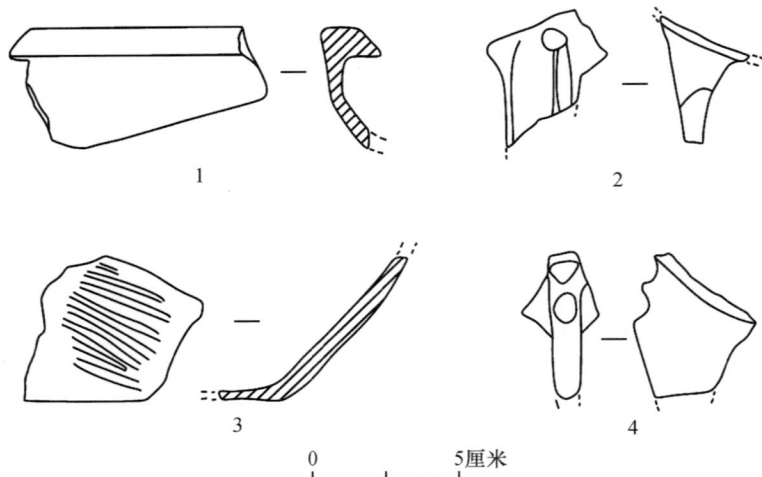

图二一　湖沟霸王城采集遗物

1. 罐口沿（BWC-1）　2. 扁平形鼎足（BWC-2）　3. 罐底（BWC-3）　4. 侧装三角形鼎足（BWC-4）

5. 圩里遗址

圩里遗址位于杨庙乡团刘庄西南，魏庄遗址西侧。"圩里"顾名思义为围在一圈墙或坝内，固镇垓下遗址既称为"霸王城"也称作"圩里"。遗址西侧地势起伏略大，东侧则比较平坦（图二二）。在遗址调查时发现被翻耕出来的土呈现红烧土、黄土与灰土成排交替分布的现象，推测可能与排房的条状台基有关。在遗址上发现陶罐口沿、凿形鼎足、扁平形鼎足等，陶质以红褐陶为主。从遗物判断，遗址主体年代可能为大汶口文化晚期至龙山文化早期。

为弄清是否存在建筑台基，除根据地表翻耕出的土色观察外，对遗址进行了相对较密的勘探。勘探结果显示遗址范围约东西217、南北157米，面积约2.6万平方米。遗址中心区大约位于遗址东部，文化层厚0.7～1.3米，边缘区文化层厚0.3～0.5米（图二三～图二五）。遗址西部针对红烧土、黄土与灰土成排交替部位的勘探发现三个南北排列的土台，土台是用纯黄土堆筑而成，部分堆土与生土十分接近，不易分辨，土台之间则为夹杂大量红烧土块的灰褐土。初步勘探显示，三个土台均呈东西长、南北短的长方形。北边的土台1长约7、宽5米，面积35平方米；中间土台2长12、宽4米，面积48平方米；南边土台3长13、宽4米，面积52平方米。土台1、2之间相距33米，土台2、3之间相距28米（图二六）。

罐　2件，皆为罐口沿。

WL-3，罐口沿，泥质内灰外红褐陶，折沿尖唇，沿面微内凹，素面。残高2.5、宽4.3、壁厚0.3～0.5厘米（图二七，5）。

WL-5，罐口沿，夹细砂红褐陶，折沿，圆唇，素面。残高3.5、宽4.2、壁厚0.3～0.5厘米（图二七，6）。

豆　1件。WL-1，豆盘口沿，泥质红陶，口微敛，方唇，唇下稍内凹，腹微弧。残高3.3、宽7、壁厚0.3～0.4厘米（图二七，1）。

图二二　圩里遗址航拍照（镜向北）

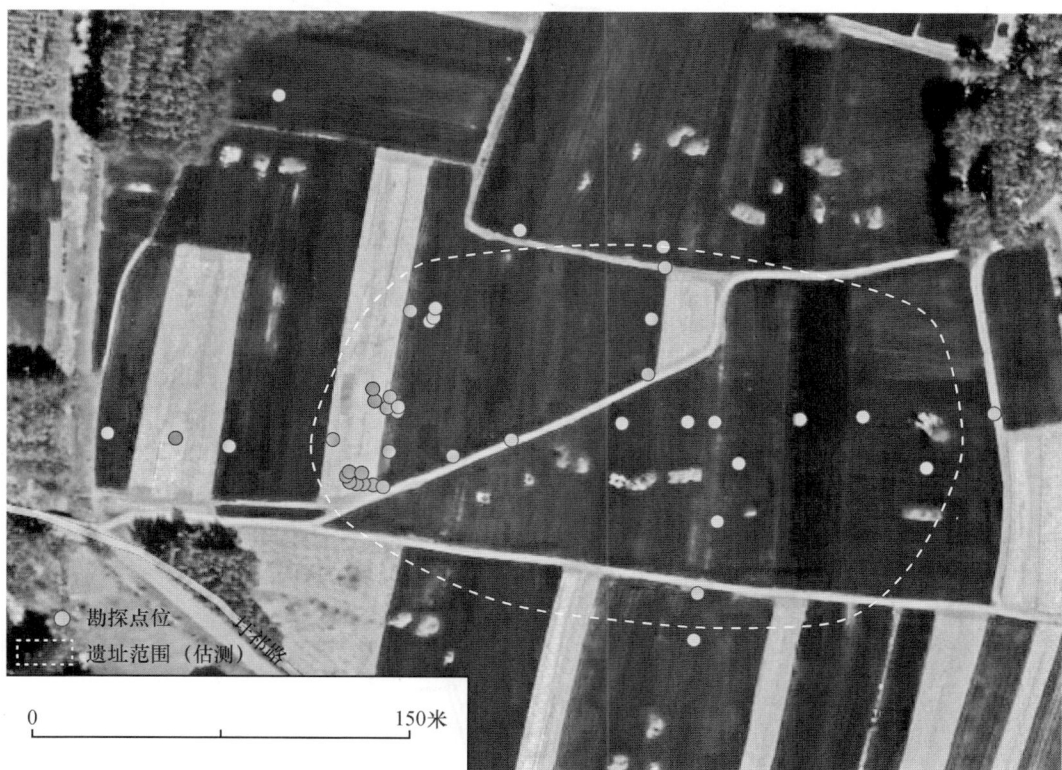

图二三　圩里遗址勘探孔位图

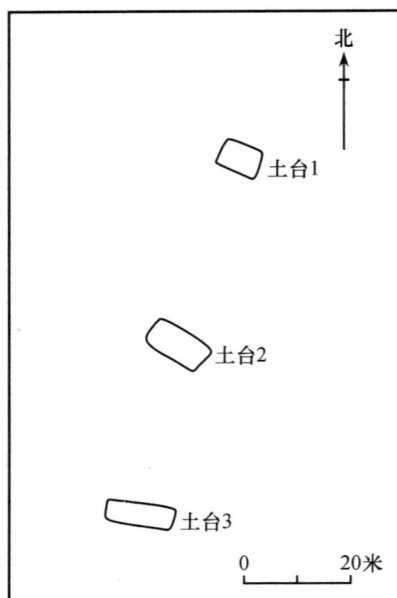

图二四　圩里遗址黄土台分布情况

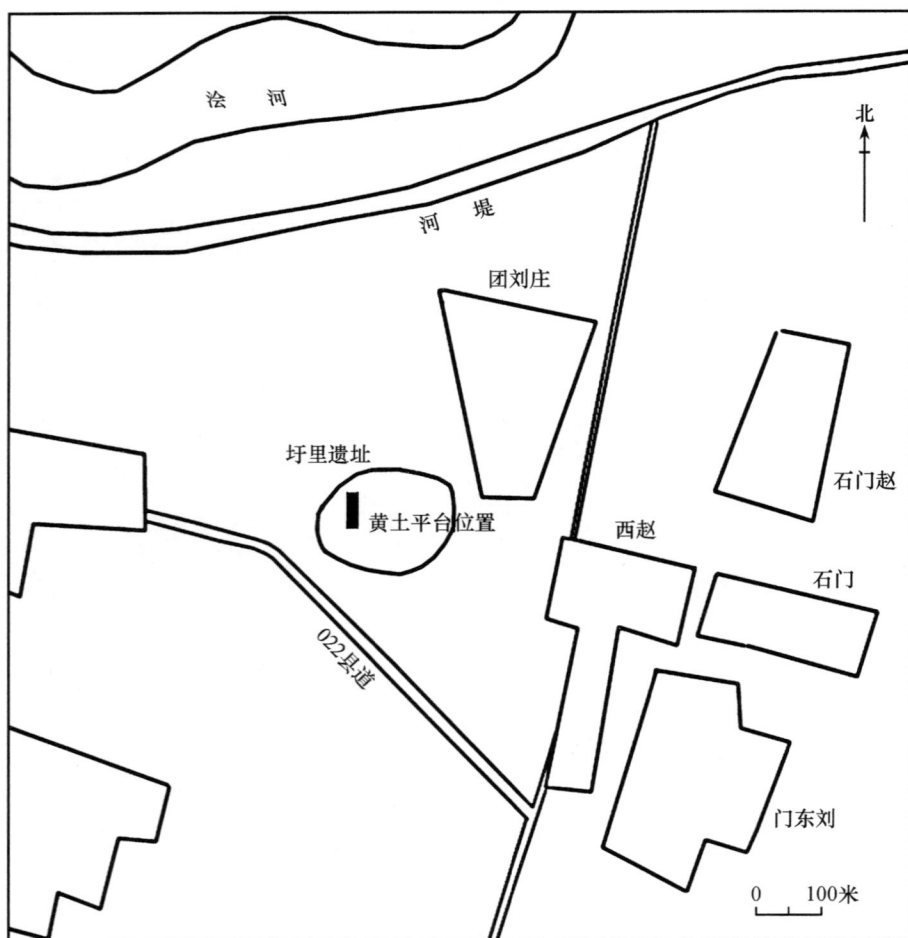

图二五　圩里遗址黄土台位置图

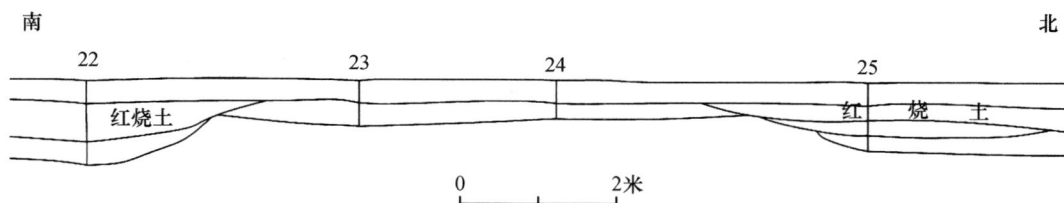

图二六　圩里遗址2号土台勘探剖面图

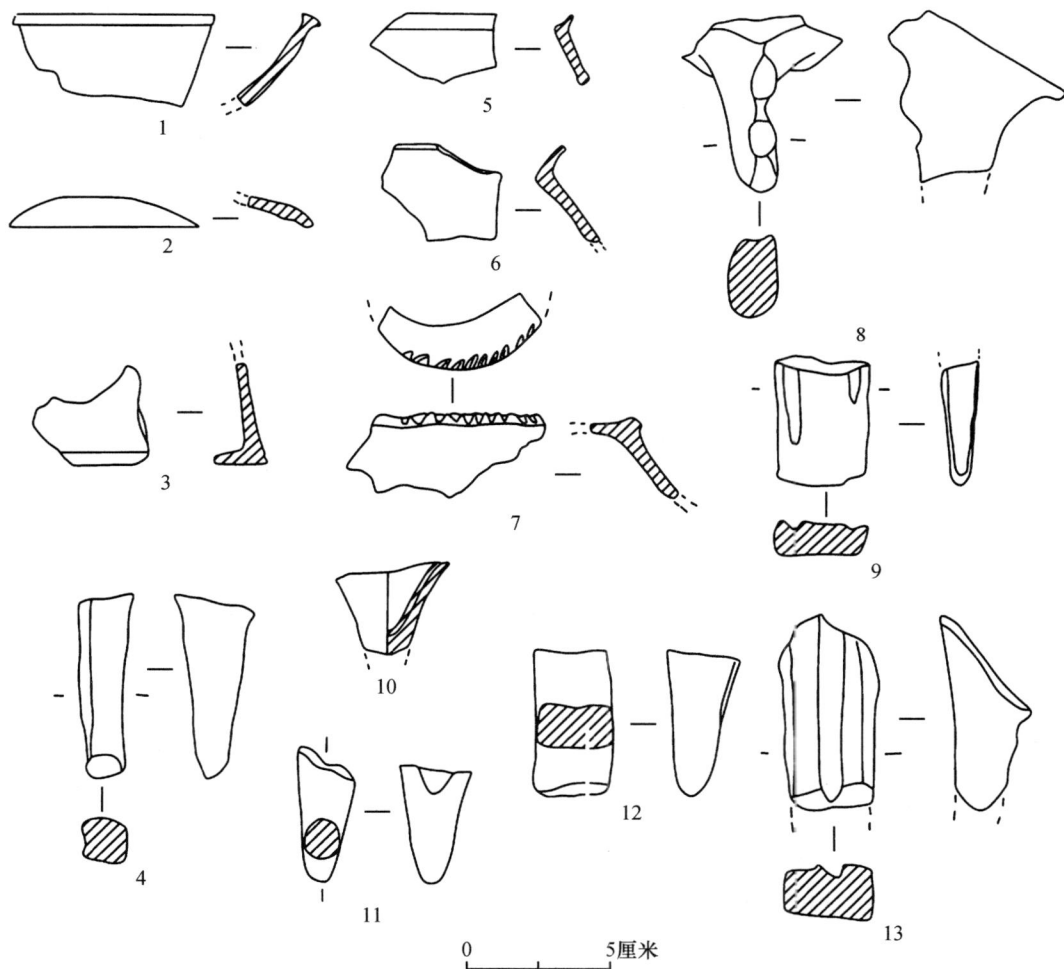

图二七　圩里遗址采集遗物

1.豆盘（WL-1）　2、7.器盖（WL-2、WL-7）　3.杯底（WL-8）　4.圆锥鼎足（WL-11）　5、6.罐口沿（WL-3、WL-5）　8.凿形鼎足（WL-6）　9、12、13.扁平形鼎足（WL-4、WL-13、WL-12）　10、11.鬶足（WL-10、WL-9）

器盖　2件。

WL-2，器盖，泥质灰陶，尖圆唇。残高1.1、宽6.7、厚0.3～0.4厘米（图二七，2）。

WL-7，器盖，夹细砂红陶，施红褐色陶衣，覆碗形，顶部边缘压印多道竖条。高3、宽7、壁厚0.4、顶厚0.3厘米（图二七，7）。

杯　1件。WL-8，杯底，泥质红胎灰皮陶，平底，斜直腹，近底处饰一周凹弦纹。残高3.6、壁厚0.2～0.6、底厚0.3厘米（图二七，3）。

鼎足　5件，分为锥形鼎足、凿形鼎足与扁平形鼎足。

WL-11，圆锥鼎足，夹细砂红褐陶，横截面近圆方形，一侧有一纵向凹槽。高6.6厘米（图二七，4）。

WL-6，凿形鼎足，夹细砂红陶，侧装，正面近顶部有两个纵向排列的椭圆形凹窝。残高6.3厘米（图二七，8）。

WL-4，扁平形鼎足，夹粗砂黑陶，正面靠近两侧边处各有一纵向凹槽。残高4.7、宽3.3、厚0.7～1.2厘米（图二七，9）。

WL-12，扁平形鼎足，夹粗砂红褐陶，横截面呈长方形，正面有一竖向凹槽。高7、宽3～3.5、厚1.8～2.7厘米，凹槽宽0.9、深0.4厘米（图二七，13）。

WL-13，扁平形鼎足，夹粗砂红褐陶，横截面为长方形。残高5.3、宽2.5～2.8厘米（图二七，12）。

鬶足　2件。

WL-9，鬶足，夹细砂红陶，圆锥形。残高4.8厘米（图二七，11）。

WL-10，鬶足，夹细砂，顶部断面及外表面呈黑色，底部断面为红褐色，圆锥形。残高3.4厘米（图二七，10）。

三、漴河流域

漴河发源自濉溪县，从固镇县南部流过注入浍河。漴河流域共调查新石器时代遗址3处，分别为集东遗址、南城孜遗址和谷堆遗址。其中集东、南城孜已由武汉大学于2013～2017年进行了考古发掘，本文仅介绍谷堆遗址的情况。

谷堆遗址　谷堆遗址位于连城镇郭圩村西南，漴河北侧。遗址原为一堌堆，上有村庄。后村庄拆迁，堌堆被推平为田地，地面集中散落有大量陶片和烧土块（图二八、图二九）。陶片以红褐色陶为主，器型有器盖、把手、罐口沿、鼎足等（图三〇）。在遗址中心区域勘探发现耕土下皆为生土，未见文化层，说明遗址已被破坏无存。

罐　6件。分为口沿与罐底。

GD-4，罐底。夹细砂内灰外橙红陶，底部略内凹，器表装饰有斜向篮纹。残高5.4、宽13.7、壁厚0.5～1.1、底厚0.7～0.9厘米（图三〇，2）。

GD-25，罐口沿。夹砂外红内黑陶，口微敛，方唇折腹，上腹较直，下腹斜收。残高4.5、厚0.6～1厘米（图三〇，3）。

GD-12，罐口沿。夹细砂内黑外红陶，折沿方唇，沿面及唇面略内凹，外壁口沿靠下处及器身饰斜向篮纹。残高5.7、宽13.4、口沿厚0.7～0.9、壁厚0.5～0.9厘米（图三〇，5）。

图二八 谷堆遗址地貌（镜向南）

图二九 谷堆遗址勘探孔位图

GD-17，罐口沿。夹粗砂内黑外红陶，折沿，尖唇，外表饰横向篮纹。残高3、宽4.5、厚壁0.3～0.4厘米（图三〇，8）。

GD-1，罐口沿。夹细砂内黑外橙红陶，折沿，侈口，方唇，口沿内外侧有不明显的多道凸起。残高5.9、宽9.3、壁厚0.9～1厘米（图三〇，11）。

GD-7，罐口沿。夹细砂内黑外红陶。折沿，侈口，方唇，口沿内侧唇下有一浅凹槽，外表饰横向篮纹。残高5.4、宽5.6、壁厚0.4～0.7厘米（图三〇，12）。

器盖　4件。

GD-24，夹细砂红陶，覆碗形，平顶。残高2、顶厚0.7、壁厚0.7～0.9厘米（图三〇，4）。

GD-14，夹粗砂内黑外红褐陶，圆唇，弧壁。残高3.4、壁厚0.3～0.5厘米（图三〇，6）。

GD-3，夹细砂红陶，器表部分呈现黑褐色。覆碗形，外表近顶部按有六个圆形凹窝，应是捏成，使得盖顶边缘形成一周凸起。残高3.4、宽8、厚0.3～0.6厘米（图三〇，13）。

GD-2，夹细砂红褐陶，覆碗形，方唇，外表饰四道凸棱且尚残留少许轮制旋痕。残高5.6、最宽6.8、壁厚0.5～0.6厘米（图三〇，14）。

图三〇　谷堆遗址采集遗物

1、7、10. 口沿（GD-15、GD-27、GD-13）　2.罐底（GD-4）　3、5、8、11、12.罐口沿（GD-25、GD-12、GD-17、GD-1、GD-7）　4、6、13、14.器盖（GD-24、GD-14、GD-3、GD-2）　9、15.杯底（GD-8、GD-9）　16.把手（GD-16）

口沿　3件。

GD-13，夹粗砂内黑外红陶，直口微敛，方唇，唇面略内凹，直腹。壁厚0.5～0.8厘米（图三〇，10）。

GD-15，夹细砂内黑外红陶，直口方唇，唇面上有一周凹槽，外表饰些斜向篮纹。高4.5、宽6、厚0.9～1.1厘米（图三〇，1）。

GD-27，夹细砂内黑外红褐陶，直口，圆唇，直腹。残高5、厚0.5～0.7厘米（图三〇，7）。

杯底　2件。

GD-8，泥质红陶，平底，斜直腹，底及内壁可见轮制痕迹。残高7.5、宽6～7.4、底厚0.8、壁厚0.9～1.2厘米（图三〇，9）。

GD-9，泥质灰陶，平底，斜直腹，近底部饰一周凹弦纹。残高1.5、宽4.7、壁厚0.3、底厚0.4～0.5厘米（图三〇，15）。

把手　1件。GD-16，陶鬶把手。夹细砂灰胎红皮陶，表面刻划一道斜向凹槽。高8.3、宽1.9～2.3、厚1.2～1.7厘米（图三〇，16）。

鼎足　7件。

GD-20，凿形鼎足。夹细砂红褐陶，正面纵向排列两个椭圆形凹窝。残高5厘米（图三一，1）。

GD-26，凿形鼎足。夹砂红陶，正面压印有两个凹窝。残高7.3厘米（图三一，2）。

GD-23，凿形鼎足。夹粗砂红陶，上窄下宽，横截面为长方形，足根处有一按窝。高7.6厘米（图三一，5）。

GD-19，凿形鼎足。夹粗砂红陶，横截面近正方形，足根处有一按窝。高6.4厘米

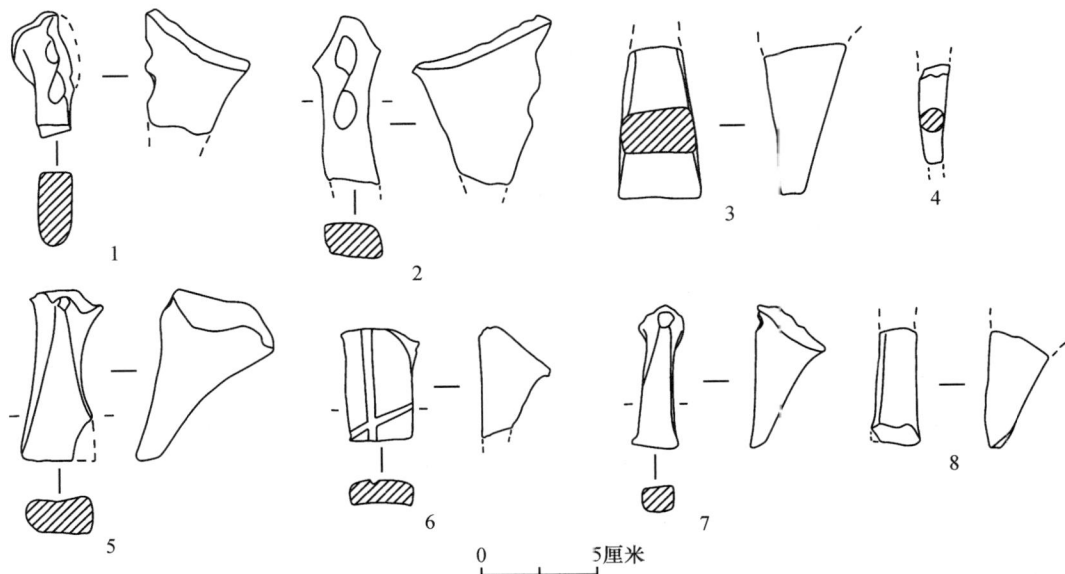

图三一　谷堆遗址采集鼎足

1、2、5、7、8.凿形鼎足（GD-20、GD-26、GD-23、GD-19、GD-21）　3、6.扁平形鼎足（GD-22、GD-28）

4.骨锥（GD-18）

（图三一，7）。

GD-21，凿形鼎足。夹细砂红褐陶，侧装，素面。残高5.2厘米（图三一，8）。

GD-22，扁平形鼎足。夹粗砂红陶，上窄下宽。残高6.7、宽2.1～3.5、厚1～3.5厘米（图三一，3）。

GD-28，扁平形鼎足，夹砂红陶，正面有两道凹槽，纵向者较深。残高5厘米（图三一，6）。

骨锥　1件。GD-18，圆锥形，横截面为圆形。长4.4，直径0.7～1.3厘米（图三一，4）。

四、结　语

皖北地区位于淮河中游，从新石器时代中期开始便是淮河上游、海岱地区的文化碰撞区域，同时也形成了蚌埠双墩、定远侯家寨等具有本地特色的文化遗存。新石器时代晚期，大汶口文化、仰韶文化则分别对皖北地区的东、西两面产生强烈影响，皖北地区史前遗址的考察对探讨区域文化交流有着重要作用。安徽地区的考古调查最早可追溯至20世纪30年代中央研究院的李景聃等人在寿县地区开展的调查。20世纪80年代，随着全国第二次文物普查和苏鲁豫皖四省边界地区先秦考古学文化研究等相关课题的开展，皖北地区迎来大规模田野调查。在安徽省文物考古研究所、武汉大学、固镇县文物管理所等单位对固镇县境内的古文化遗存的多次调查、发掘的基础上，本次调查仍取得了多项实质性进展，主要有以下几方面的收获。

（1）遗址面积的确定是考古调查中的难题，传统调查中以地形、陶片分布为依据确定范围的方法存在将遗址范围扩大或将多个相邻的单体遗址合并为一处大遗址的现象。以地表观察和勘探卡边结合的方法相对而言更有优势。本次调查结合勘探推测的遗址面积较过去公布的遗址面积相对更为准确。调查发现垓下遗址、孟城遗址、湖沟霸王城遗址等高台型遗址的文化层分布皆未超出台地范围，解决了过去的一些疑问，对于台地所代表的聚落的形成、演变过程研究具有一定的参考价值。

（2）调查基本确认湖沟霸王城为一座城址，主体年代极可能为大汶口文化晚末阶段，如能确证，其将是皖北地区第二座大汶口文化晚期城址，对该地区文明化进程研究具有重要意义。本次调查还发现圩里遗址有成排的夯土台基分布，与垓下遗址以夯土台为房屋基址的做法十分相似，其排列较有规律，应是经过一定规划，是研究该区域新石器时代居住形态演变、人地关系的较好材料。

（3）调查大致了解到固镇境内各处新石器遗址的主体年代。其中集东遗址已知年代可以追溯到大汶口文化早期，其余遗址的年代从地表遗物观察均集中在大汶口文化晚期至龙山文化早期，皆可归为尉迟寺类型。尉迟寺遗址经过中国社会科学院考古研究所等的系统发掘，年代序列清晰，其大汶口文化遗存划分为三个阶段[①]。垓下遗址经安徽省文物考古研究所发掘，将其新石器遗存初步分为四个时段，第一、二段相当

---

① 　中国社会科学院考古研究所、安徽省蒙城县文化局：《蒙城尉迟寺（第二部）》，科学出版社，2007年，287、288页。

于尉迟寺大汶口遗存第二、三段，第三段为大汶口向龙山文化过渡期，第四段为龙山文化早期[①]。以尉迟寺和垓下遗址为标尺，基本可以勾勒出本次调查的各遗址出土遗物的年代序列。谷堆遗址遗物年代相对偏早，可分为早晚两段，早段遗物夹砂颗粒粗大，器型尺寸偏大，火候高，质地硬，横篮纹粗宽，鼎足主要为"鸭嘴形"足，年代约相当于尉迟寺遗址大汶口遗存的一段；晚段遗物火候相对稍低，罐、鼎口沿渐窄，侧三角状鼎足的足尖变窄，出现正面带竖槽的扁凿形足，接近尉迟寺遗址大汶口遗存的二段。孟城遗址与垓下遗址类似，主体为大汶口文化晚期阶段，下限为龙山文化早期。孟城发掘报告将该遗址⑥～③层分早晚二期[②]。从遗物特征看，其⑥层、⑤层约相当于尉迟寺遗址大汶口遗存的二段、三段；④层外红内黑陶减少，扁凿形足刻槽宽粗且向足根缩退，夹砂器盖捉手顶部由平顶变为浅凹等特点接近于垓下遗址第三时段，即大汶口文化向龙山文化演进的过渡期；③层罐侈口窄沿，折沿近卷，器盖捉手顶部下凹，扁凿形鼎足向柱状演变，刻槽缩至足跟部，近于按窝，这些特点均与垓下遗址第四时段遗存相似，应为龙山文化早期。沱西一号、湖沟霸王城三个遗址采集的遗物与尉迟寺遗址大汶口第三段遗物接近，如侧装三角形鼎足的足尖较窄，部分足尖有捏窝，有较多带刻槽的横装扁凿形足等，相当于大汶口文化晚期偏晚阶段。魏庄遗址采集遗物过少，但从篮纹腹片、扁凿形鼎足形态看其年代主要为大汶口文化末期。圩里遗址采集遗物约相当于垓下遗址的第二、三时段，即大汶口文化晚期偏晚阶段至大汶口文化向龙山文化过渡期。阳城遗址的采集物则主要为大汶口文化末期至龙山文化早期，与孟城④层、③层和垓下第三、四时段遗物接近。南城孜为本区域年代下限最晚的新石器时代遗址，根据报告其一、二期遗存，分别相当于尉迟寺遗址的大汶口第二段和王油坊龙山文化中层。由此可以勾勒出固镇县沱、浍、濠河流域新石器时代文化的基本格局和序列。

（4）遗址分布显示出一定的规律。调查发现大多数遗址并非紧靠河流，而是在河流附近的小岔河或岔沟旁。尽管河流历史上可能有摆动、改道，岔河或岔沟是否为古代的自然河道也难以确认，但这至少为该区域人地关系尤其是古人对水的利用和防范方面的研究提供了一定的线索。

本次调查也存在着显著的问题，调查限于人员配置和时间，未采用拉网式区域系统调查的方法，对遗址数量的掌握并不全面。通过"十"字形勘探所估测的遗址范围和面积在精度上也有所欠缺。由于近年来耕作方式的改变，旋耕机将原来暴露地表的陶片打得细碎，因此在现在的调查中大多情况下很难发现陶片或大块的陶片，以传统的地面调查方法来发现遗址已经愈发困难。本次调查还根据三普资料调查了小程庄、小徐庄、苇塘、夹河、言朝、单后楼等遗址，经地面踏查和勘探均未能确认，这些都有待于将来开展进一步工作。

---

① 王志、胡锐：《安徽固镇县垓下遗址发掘的新进展》，《东方考古》（第7集），科学出版社，2010年。
② 安徽省文物考古研究所：《固镇孟城新石器时代遗址》，《文物研究》（第11辑），黄山书社，1998年，78～88页。

参加调查的人员有：王　志　穆东旭　贺亚炳　张晓宁

制图：穆东旭　贺亚炳　张阁阁　王　志

执笔：王　志　贺亚炳　穆东旭　胡　锐

Investigation of Neolithic Sites in Guzhen County, Anhui Province

Anhui Provincial Institute of Cultural Relics and Archaeology

Abstract: The neolithic cultural remains in Guzhen County are representative in the northeast of Anhui Province. The survey of neolithic sites in Guzhen County by the Anhui provincial institute of cultural relics and archaeology combined with local exploration, and the extent of the site is relatively more accurate than those published in the past. The investigation revealed the main age of neolithic sites throughout Guzhen, cleared the scope of sites such as Gaixia site, Mengcheng site and Hugoubawangcheng site, basically identified Hugoubawangcheng site as a neolithic city site, also found a pattern in the overall distribution of the sites, thus can preliminary outline the basic pattern of the neolithic culture of Tuo, Hui, Xie rivers basin in Guzhen County. It adds new understanding to the study of the time sequence, settlement nature and living form of the neolithic sites in Guzhen County.

Key words: Guzhen, The Neolithic Age, site

重庆市开州区姚家坝遗址发掘报告

山东大学历史文化学院考古学系　重庆市文化和旅游发展委员会
开州区文物管理所

内容提要： 姚家坝遗址位于重庆市开州西南赵家街道姚家村西，地处浦里河南岸，西北距赵家街道办事处约500米。遗址于20世纪90年代初由山东大学考古队调查发现。2008年，为配合重庆市三峡工程淹没及迁建区的文物保护工作，山东大学东方考古研究中心对该遗址进行了考古发掘，主要发现了房址、灰坑和灰沟等遗迹现象。姚家坝遗址年代跨度大，存留有商周、汉、唐宋和明清时期的遗存，特别是商周时期数量众多的陶器、少量玉石器及房址等遗存的发现，是迄今开县境内发现的较早的文化遗存，具有填补空白的意义，对研究开县历史、三峡地区商周时期聚落的分布以及巴蜀文化提供了新材料。

关键词： 姚家坝遗址　商周时期　巴蜀文化

一、遗址概况

（一）地理环境

开州区位于重庆市东北部，在三峡库区小江支流回水末端，北依巴山，南近长江，西与四川省接壤，距重庆市区280千米。在造山运动及水流的侵蚀切割下，开州地区形成山地、丘陵、河边平坝三种地貌类型，大体是"六山三丘一分坝"的地貌景观，地势向东南逐渐降低。

赵家街道位于重庆市开州西南，万（州）开（州）高汊段高等级公路过境，南侧浦里河自西向东穿过。姚家坝遗址位于姚家村西，坐落在浦里河南岸的河流拐角处，西北距离赵家街道办事处直线距离约500米，西南距古坟包遗址约800米（图一；图版四，1），遗址中心坐标为东经108°25′51″，北纬31°05′22″，海拔高度为166～172米。

（二）发现与发掘经过

1994年春，山东大学考古队调查发现姚家坝遗址，在数处地点发现明清时期的瓷片、瓦片等遗物。

2008年5～7月，为配合重庆市三峡工程淹没及迁建区的文物保护工作，受重庆市

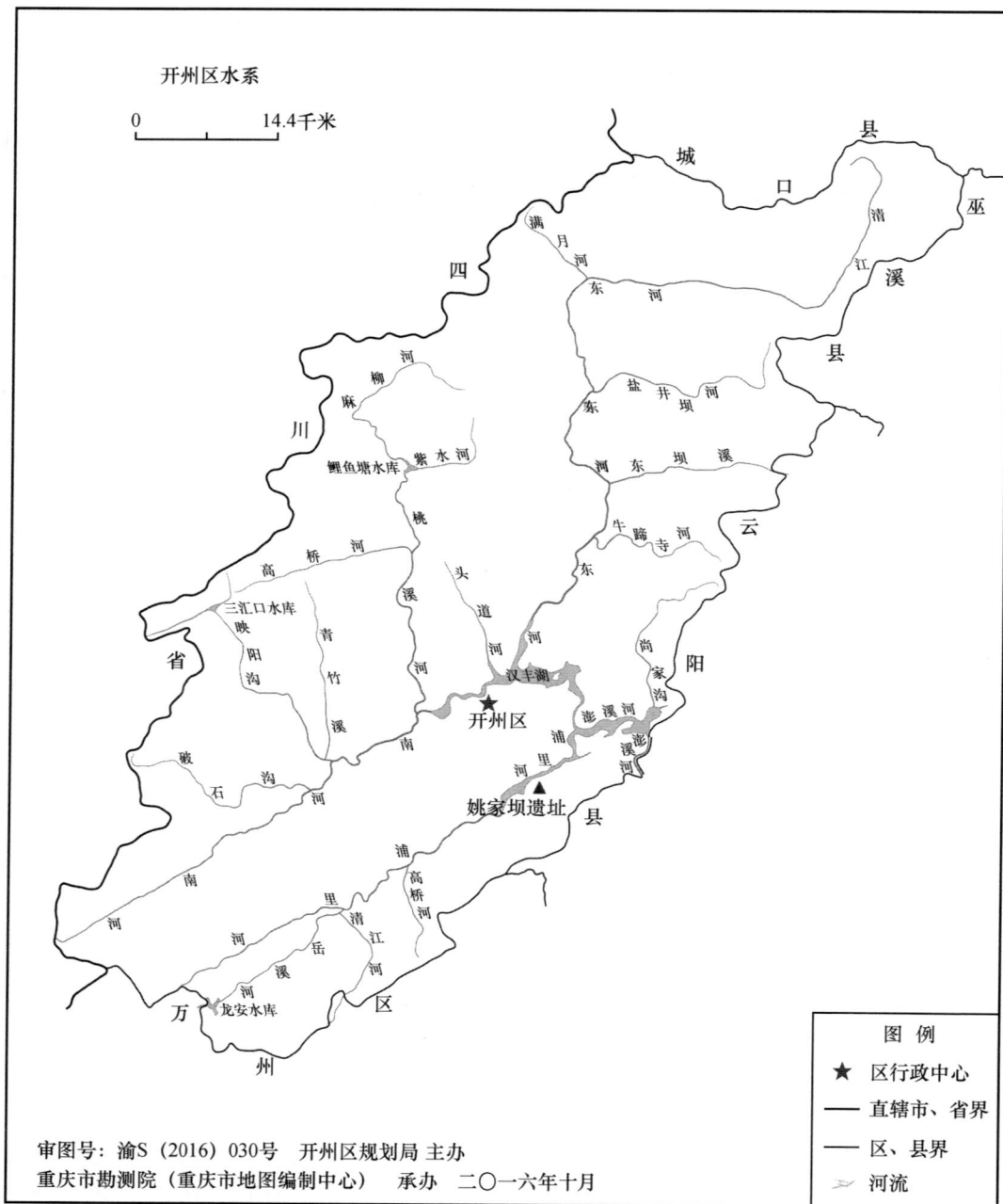

开州区水系

0   14.4千米

图 例
★ 区行政中心
—— 直辖市、省界
—— 区、县界
河流

审图号：渝S（2016）030号 开州区规划局 主办
重庆市勘测院（重庆市地图编制中心）承办 二〇一六年十月

图一 姚家坝遗址位置示意图

三峡办委托，山东大学东方考古研究中心对开县赵家姚家坝遗址进行了抢救性发掘。发掘之前，考古队对遗址所在台地进行了复查。遗址的大部分区域种植玉米、小麦、油菜等农作物和蔬菜，农田的地表有较多瓷片和砖瓦的残片。在前期复查的基础上，在地表瓷片比较多的区域进行了钻探，确定了具体的发掘位置。

考古队在发掘过程中继续对姚家坝及周围进行调查，在浦里河河滩中采集到少量商周时期的绳纹陶片，并在浦里河南岸断崖上发现了商周时期的文化层。通过勘探进一步确认了商周时期文化层的存在，在发掘面积基本完成的情况下，对其进行了一定面积的发掘揭露。

故此次发掘分为南部和北部两个发掘区域（图二）。

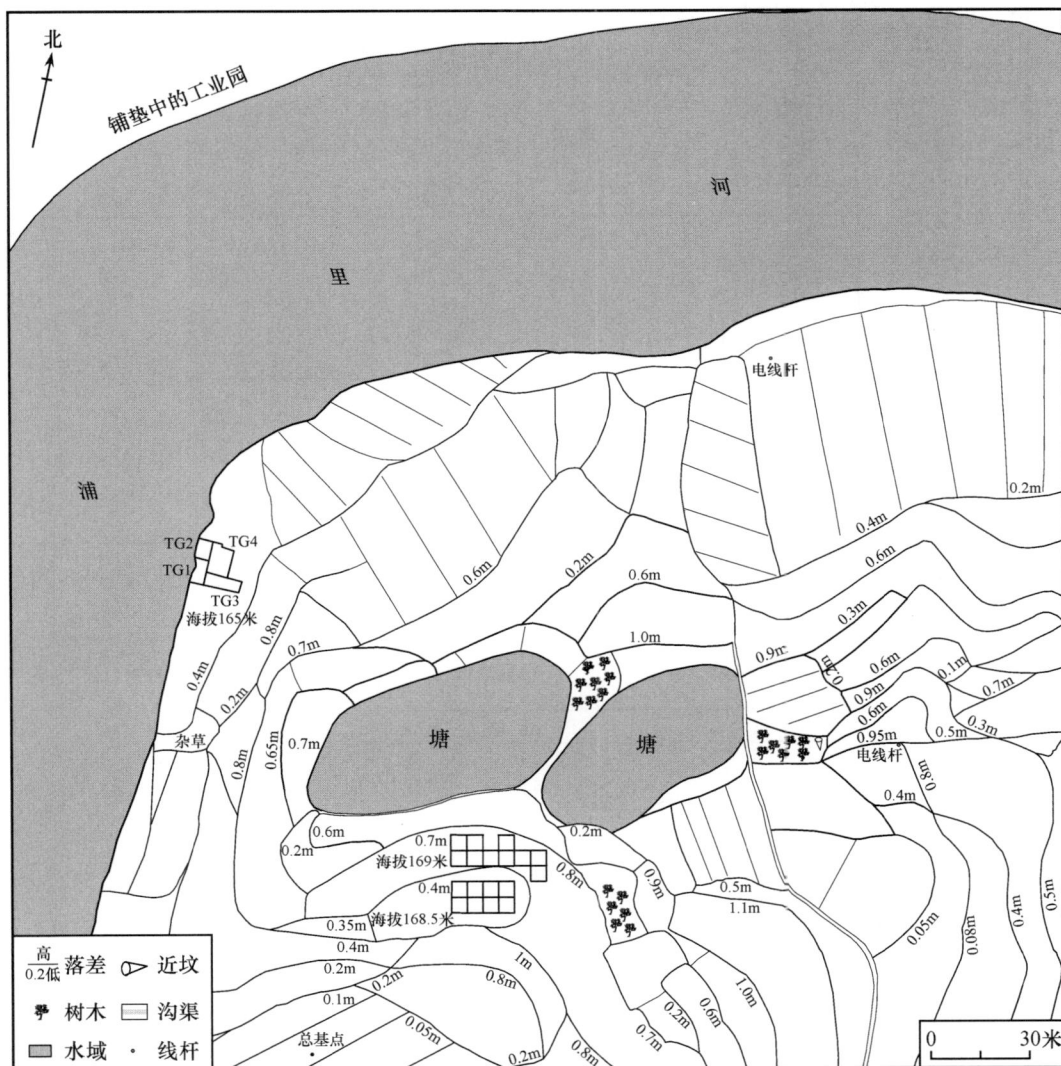

图二　姚家坝遗址周边地形及发掘位置图

南部发掘区：在遗址西南设总基点，探方依田地走向布设，方向为349°。共布探方18个，规格均为5米×5米，布方面积450平方米。所布探方分别位于相邻的南、北两块梯田之内，其中南侧梯田8个探方，编号为T1010、T1011、T1110、T1111、T1210、T1211、T1310、T1311；北侧梯田10个探方，编号为T1013、T1014、T1113、T1114、T1213、T1313、T1314、T1413、T1512、T1513。加上扩方，南区实际发掘面积462平方米（图三）。

北部发掘区：布设TG1、TG2、TG3和TG4等4条探沟，均为正方向。探沟的规格不同，TG1为4米×8米，TG2为5米×6米，TG3为4米×11.5米，TG4为7米×9米。TG1西南角与T1010西南角的位置关系为：T1010西南角向北140米，向西60米即为TG1的西南角。连同扩方实际发掘面积为174平方米（图四）。

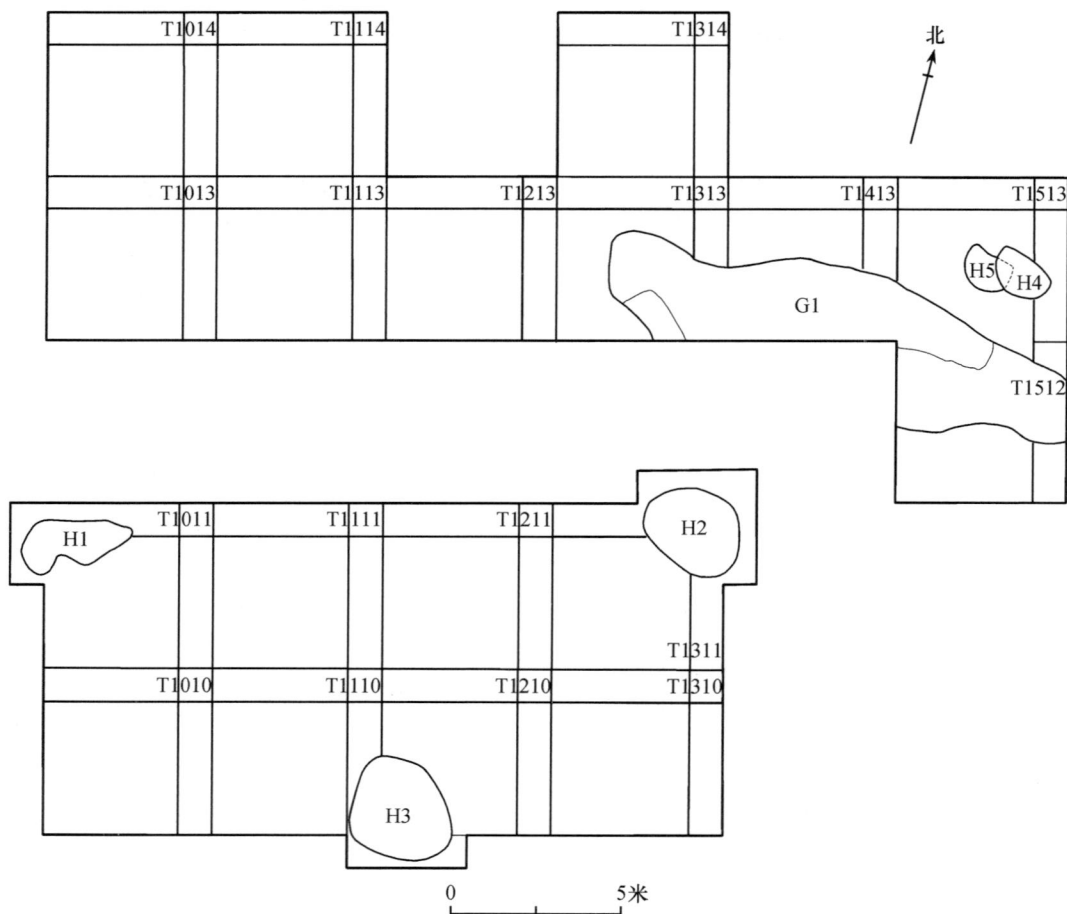

图三　南部发掘区总平面图

图四　北部发掘区总平面图

二、文化堆积及出土遗物

（一）文化堆积

1. 南部发掘区

南部发掘区是先期进行发掘的区域，分为两批：第一批8个探方位于较高梯的田上；第二批10个探方在低一级的梯田内。两批探方的堆积情况不尽相同，现将两批探方文化层的对应关系列为表一。

下面分别以T1010、T1011的西壁和T1314、T1313的东壁为例进行说明。

T1010、T1011西壁剖面（图五）：

第1层，厚5~22厘米。浅灰褐色，土质较软，结构疏松。包含物有现代瓷片、砖瓦残片等，全方分布。为现代耕土层。

第2层，深5~22、厚13~28厘米。黄褐色，土质较硬，结构紧密，颗粒细小。包含物有瓷片、瓦片、塑料制品等，全方分布。为近代层。

表一　南部发掘区地层对照表

南部发掘区遗址地层	南侧探方		北侧探方	
	T1010、T1011、T1110、T1111、T1210、T1211、T1310	T1311	T1013、T1113、T1114、T1213、T1313、T1314、T1413、T1512、T1513	T1014
①层	①	①	①	①
②层	×	×	②	②
③层	②	②	③	③
④层	③	③	④	④
⑤层	④	×	⑤	×

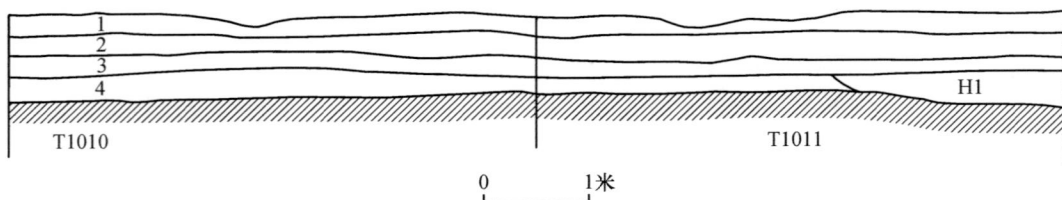

图五　南部发掘区T1010、T1011西壁剖面图

第3层，深23～46、厚15～19厘米。灰色，土质较软，结构紧密，颗粒细小。包含物较杂，有砖瓦片、瓷片、铜钱等，全方分布。H1开口于此层下，为明清时期堆积。

第4层，深42～65、厚16～29厘米。灰黄色，土质较软，结构紧密。包含物较少，主要有少量瓷片，水平分布，部分区域内缺失。为唐宋时期堆积。以下为生土。

T1314和T1313东壁剖面（图六）：

第1层，厚15～30厘米。浅灰褐色，土质较软，结构疏松。包含物有少量现代砖瓦片、瓷片等，全方分布。为现代耕土层。

第2层，深15～30、厚8～24厘米。黑褐色，土质较硬，结构紧密，颗粒细小。包含物有瓷片、瓦片等，全方分布。H4和H5开口于此层下。为现代层。

第3层，深28～47、厚0～17厘米。黄褐色，土质较硬，结构紧密，颗粒细小。包含物有少量瓷片，水平分布，发掘区北部小范围内缺失。为近代层。

第4层，深50～60、厚0～30厘米。灰色，土质较软，结构紧密，颗粒细小。包含物较杂，有砖瓦片、瓷片等，水平分布，北部略浅，南部略深，发掘区北部缺失。为

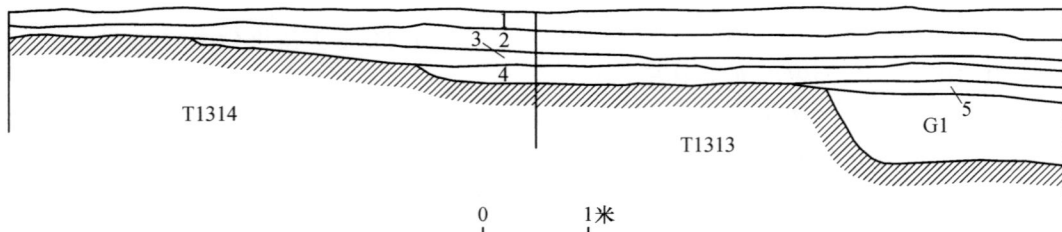

图六　南部发掘区T1314、T1313东壁剖面图

明清时期堆积。

第5层，深70～90、厚0～15厘米。灰黄色，土质较软，结构紧密。包含物较少，主要有少量瓷片，北部略浅，南部较深，东北部缺失。G1开口于此层下，为唐宋时期堆积。此层以下为生土。

2. 北部发掘区

位于浦里河畔的北部发掘区域，生土之上可分为6层，其中①～③层在整个发掘区内都有分布，且可以和南部发掘区南侧探方的地层相对应，④层和⑤层在发掘区的东部小范围缺失，⑥层主要分布于TG1的北部以及TG2和TG4内（图七、表二）。下面以TG1和TG2的东壁为例，对北部发掘区的堆积予以说明（图八）。

第1层，厚5～30厘米。浅灰褐色，土质较软，结构疏松。包含物有现代瓷片、砖瓦残片等，全方分布。为耕土层。

第2层，深5～30、厚35～48厘米。黄褐色，土质较硬，结构紧密，颗粒细小。包含物有瓷片、瓦片等，全方分布。为近代层。

第3层，深50～75、厚10～30厘米。灰色，土质较软，结构紧密，颗粒细小。包含物有瓷片、陶片、瓦片等，全方分布。为明清时期堆积。

第4层，深60～98、厚0～40厘米。灰黄色，土质较软，结构紧密。包含物较少，主要有少量瓷片。为唐宋时期堆积。

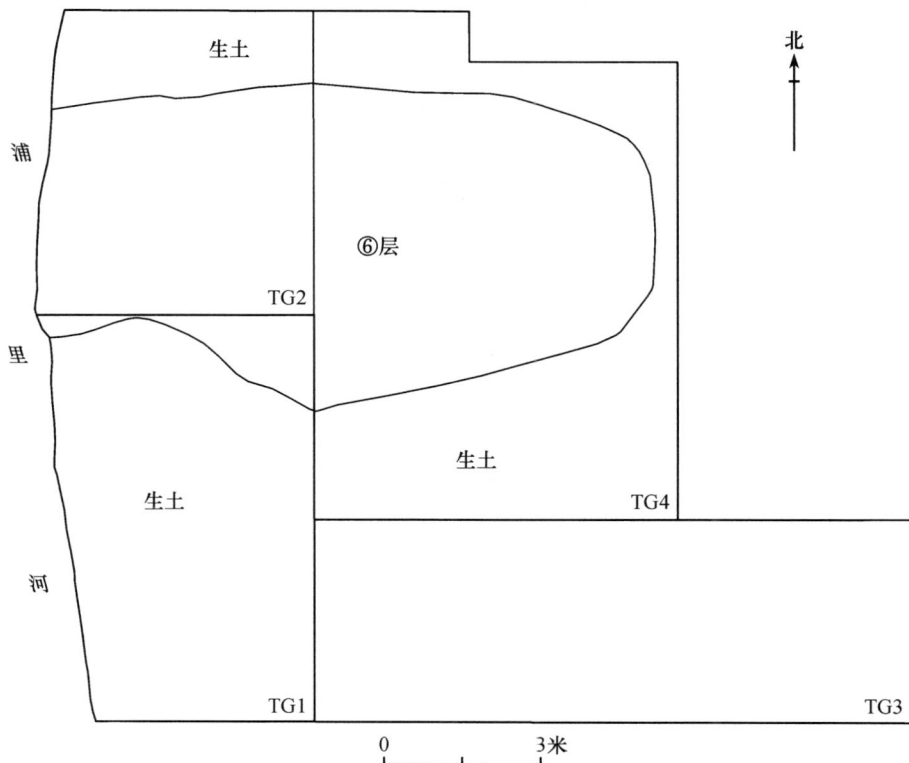

图七　北部发掘区⑥层分布图

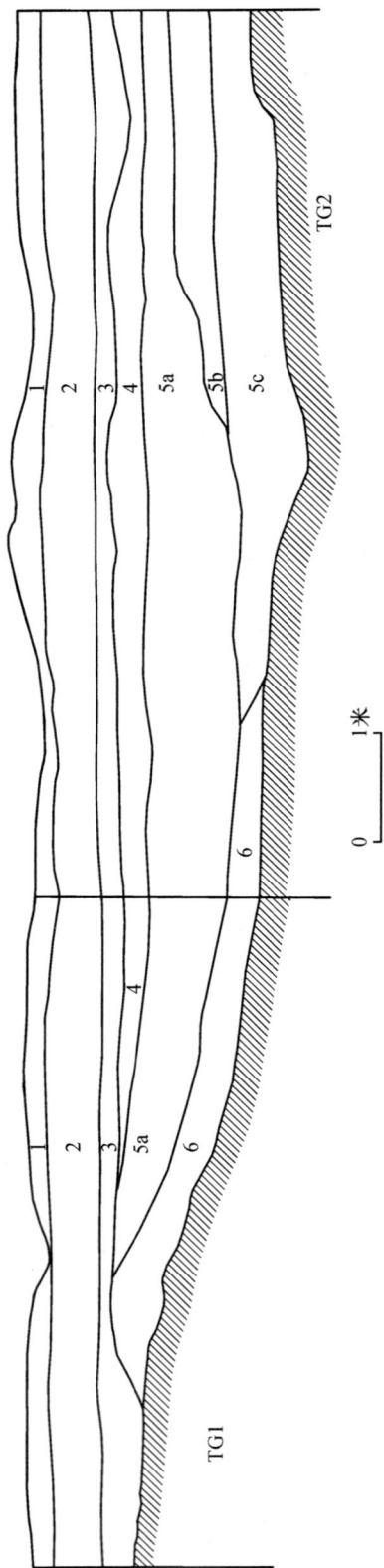

图八 北部发掘区TG1、TG2东壁剖面图

第5层，深62～125、厚0～140厘米。又可分为3小层。⑤a层，厚0～80厘米，深灰褐色，土质较软，结构紧密，由北向南倾斜分布，发掘区的北部缺失；⑤b层，厚0～35厘米，浅黄褐色，土质适中，结构紧密，由北向南倾斜分布，仅存在于发掘区的西南部小范围内；⑤c层，厚0～72厘米，深黄褐色，土质较硬，结构紧密，近水平分布，仅在发掘区西南部小范围内存在。层下开口遗迹为H7。⑤层包含物较杂，有许多早期陶片，但在⑤c层中采集到花纹砖和瓷片等遗物，故⑤层的年代最早不过六朝时期。

第6层，深62～70、厚0～47厘米。黑灰色，土质较软，结构紧密，由北向南倾斜分布，仅存在于TG1的北部、TG2的南部以及TG4的西部。包含物丰富，有大量的陶片、石块、烧土块等，其下为生土，年代应为商周时期。此层下开口的遗迹有房址2座、灰沟1条，均打破生土层。

第6层以下为生土。

（二）文化层出土遗物

1. 南部发掘区

南部发掘区文化层出土的遗物以瓷器为主，另外有少量陶器、铁器和铜钱，共计采集遗物23件。保存较好、可复原遗物7件，有石纺轮、陶俑、瓷碟、铁镞和铜钱；标本16件，主要有碗底、杯底、盆口、钵口、罐口、罐腹片、罐底3件和把手等。遗物主要出自第4层，亦即南部发掘区南部探方的第3层和北部探方的第4层。

石纺轮　1件（T1011③：2）。红褐色泛白。圆形饼状，较厚，中部有一孔上下贯通。两面均有刻划纹，分四组，每组数量3～6条不等，两组相垂直。直径8.1～8.2、内孔径0.7～1、厚2.4厘米（图九，1）。

陶俑　1件（T1111③：1）。泥质黄褐陶。似马形，耳、尾部、腿部皆残失。素面。残长8.8、宽3.1、残高3.7厘米（图九，2）。

瓷碟　1件（T1211③：1）。暗红胎，青釉。敞口，尖圆唇，斜腹外弧，浅腹，平底微内凹。素面，器表青釉脱落殆尽。口径10、底径4.6、高2.8、厚0.45～1.1厘米（图九，3）。

铁镞　1件（T1010③：1）。黄褐色，表面锈蚀严重。镞前端呈心形，扁平，横断面近菱形，铤部为长圆柱形。长6.75、镞宽1.9、铤径0.65厘米（图九，4）。

铜钱　3枚。

均为圆形方孔。T1011③：1，呈铜绿色，个体较小，为"乾隆通宝"（图九，5）；T1512⑤：1，呈褐色，个体稍大，为"万历通宝"（图九，6）；T1310③：1，呈铜绿色，个体较大，字迹模糊不清（图九，7）。

碗底　4件。

T1011③：3，白胎，蓝白釉，青花。上部残失，斜弧腹，矮圈足。外底部除外，通体施釉，内底部有叠烧砂圈。底径5.8、残高2.8、厚0.3～0.9厘米（图一〇，1）。

T1413④：1，白胎，青白釉。上部残失，斜弧腹，矮圈足。圈足及外底部未施釉，内底部有叠烧砂圈。底径6.4、残高3.8、厚0.3～0.7厘米（图一〇，2）。

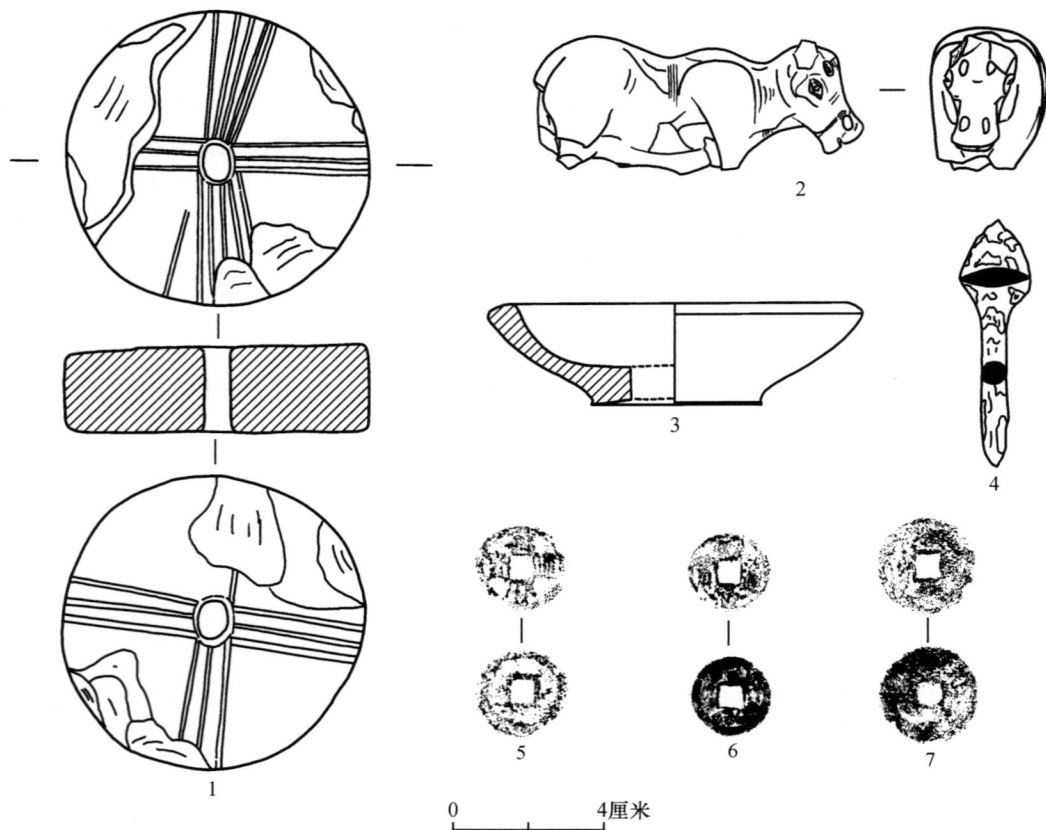

图九　南部发掘区地层出土遗物

1. 石纺轮（T1011③：2）　　2. 陶俑（T1111③：1）　　3. 瓷碟（T1211③：1）　　4. 铁镞（T1010③：1）

5～7. 铜钱（T1011③：1、T1512⑤：1、T1310③：1）

T1114④：1，灰白胎，青釉。上部残失，斜弧腹，矮圈足。圈足及外底部未施釉，内底部有叠烧砂圈。底径8.6、残高3.3、厚0.5～0.8厘米（图一〇，5）。

T1213④：2，灰白胎，白釉，青花。上部残失，斜弧腹，矮圈足。外底部以外通体施釉，内底部有鸟羽形青花纹样。底径5.6、残高2.1、厚0.3～0.6厘米（图一〇，8）。

杯底　1件（T1114④：2）。灰白胎，青白釉。上部残失，斜弧腹，假圈足。素面。底径2、残高1.6、厚0.3～1厘米（图一〇，3）。

盆口　1件（T1211③：2）。黄褐胎，青白釉。敞口，圆唇，斜腹，上腹以下残失。素面。残高2.2、残宽5.6、厚0.5～1.1厘米（图一〇，7）。

钵口　1件（T1113④：1）。瓷质，红胎。敛口，斜弧腹，下腹残失。素面，内壁有竖向成排刻划凹槽。口径13.2、最宽14、残高5.8、厚0.2～0.45厘米（图一〇，10）。

罐口　3件。

T1013④：1，红褐胎，青黄釉。敛口，尖唇，窄平沿，斜腹，上腹以下残失。素面。残高3.9、残宽5.5、厚0.4～1厘米（图一〇，4）。

T1513④：1，粗瓷，灰胎，白釉。敛口，圆唇，沿面外弧，斜肩，其下残失。素面。残高5、残宽6.6、厚0.65～0.9厘米（图一〇，9）。

T1314④：1，瓷质，灰黑胎。侈口，折沿，斜肩，其下残。素面，通体未施釉。残高4.9、残宽7、厚0.8～1厘米（图一〇，6）。

罐腹片　2件。

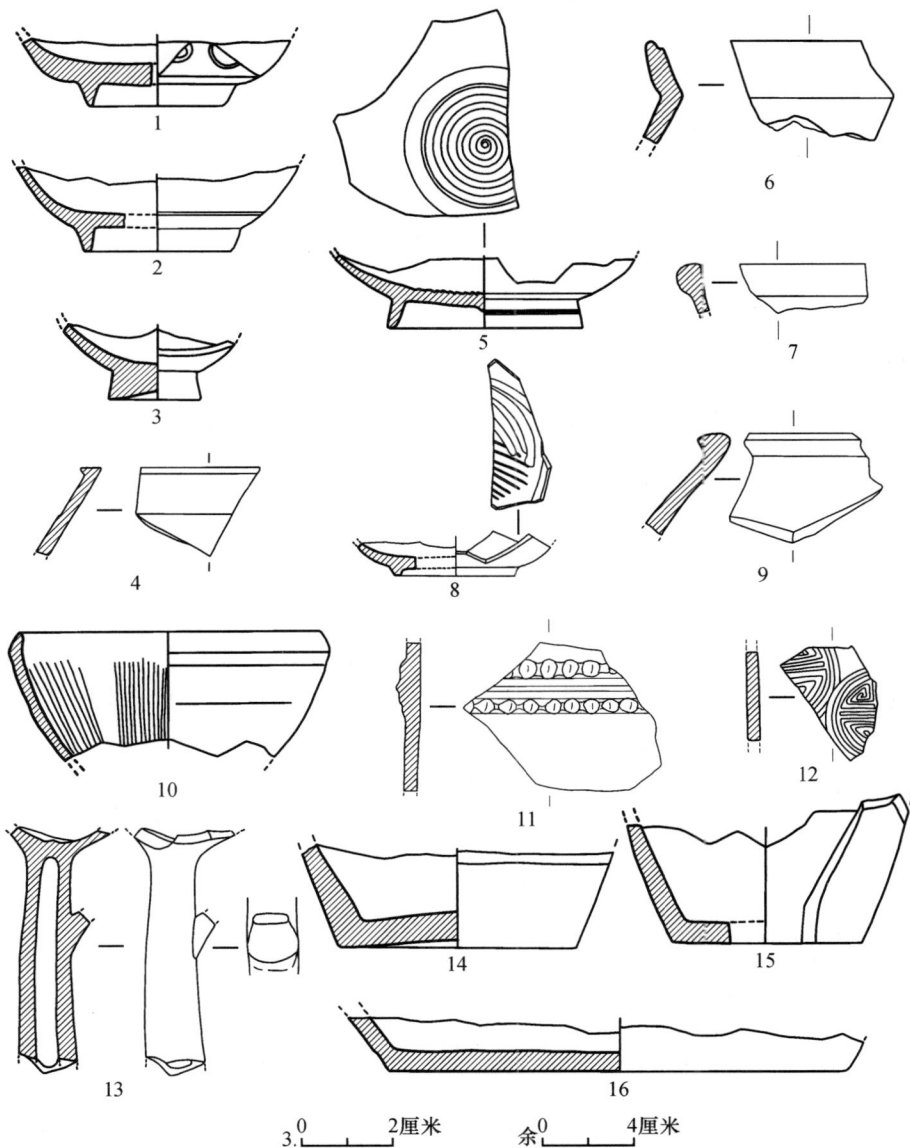

图一〇　南部发掘区地层采集标本

1、2、5、8.碗底（T1011③：3、T1413④：1、T1114④：1、T1213④：2）　3.杯底（T1114④：2）
4、6、9.罐口（T1013④：1、T1314④：1、T1513④：1）　7.盆口（T1211③：2）　10.钵口（T1113④：1）
11、12.罐腹片（T1310③：2、T1213④：3）　13.把手（T1210③：1）　14～16.罐底（T1310③：3、
T1213④：1、T1512④：1）

T1310③：2，灰胎，青白釉。上下皆残，仅余腹片，微弧。上部有两周附加堆纹。残高6.6、残宽8.7、厚0.55～1.2厘米（图一〇，11）。

T1213④：3，灰胎，青釉。上下残失，近直。外表有钱状纹饰。残高5.1、残宽4.3、厚0.55厘米（图一〇，12）。

罐底　3件。

T1310③：3，深红胎，青黑釉。上部残失，斜腹，平底内凹。素面。底径10.4、残高4.6、厚0.7～1.2厘米（图一〇，14）。

T1213④：1，红褐胎，青灰釉。上部残失，斜直腹，平底。素面。底径8.4、残高6.6、厚0.6～0.9厘米（图一〇，15）。

T1512④：1，红褐胎，青釉。上部残失，斜腹，大平底。底径20、残高2.4、厚0.6～0.9厘米（图一〇，16）。

把手　1件（T1210③：1）。灰胎，青白釉。上部残失，仅留底部，细高柄，内空，下部残失，一侧带残把手痕迹。素面，通体施釉。残高10.9、厚0.4～0.8厘米（图一〇，13）。

2. 北部发掘区

北部发掘区出土的遗物主要集中于第3层、第5层和第6层。其中第3层为明清时期的文化层，第6层为商周时期的文化层，第5层出土遗物绝大多数为商周时期，但含有晚期的绳纹砖和花纹砖以及瓷片等遗物。下面按照堆积先后顺序介绍文化层的出土遗物。

（1）第6层出土遗物

第6层出土遗物主要为陶片及少量石器。TG1、TG2和TG4第6层共出土陶片3336件，其中夹砂陶3177件，占95.2%，泥质陶159件，占4.8%（表二）。夹砂陶的陶色主要有褐色（含红褐和黄褐）、灰色（含青灰、黑灰和灰褐色）及黑色几种，其中褐色

表二　北部发掘区⑥层陶片数量统计表

数量 陶色 纹饰	夹砂								泥质							
	红褐	黄褐	青灰	黑灰	灰褐	黑	合计	百分比（%）	红褐	黄褐	青灰	黑灰	灰褐	灰	合计	百分比（%）
素面	260	238	102	40	173	326	1139	35.9	10	3	116	14	3	0	146	91.8
粗绳纹	210	265	176	16	121	108	896	28.2	0	8	3	0	0	0	11	6.9
中绳纹	130	554	74	46	64	123	991	31.2	0	0	2	0	0	0	2	1.3
细绳纹	23	30	15	6	27	23	124	3.9								
刻划纹	5	1	3	4	3	6	22	0.7								
方格纹	1	1	0	1	0	1	4	0.1								
弦纹	0	1	0	0	0	0	1	0.03								
合计（片）	629	1090	370	113	388	587	3177		10	11	121	14	3	0	159	
占本类百分比（%）	19.8	34.3	11.6	3.6	12.2	18.5		100	6.3	6.9	76.1	8.8	1.9	0		100

陶数量最多，约占54%，其次为灰色，约占27%，黑色最少，约占19%；泥质陶的陶色主要有灰色和褐色两种，其中灰陶数量最多，约占87%，其次为褐色，约占13%。陶器的器表装饰主要是绳纹和素面两类，其他纹饰数量极少，主要有刻划纹、方格纹和弦纹（图一一、图一二）。陶器器表往往密布绳纹，绳纹可分为粗绳纹、中绳纹和细绳纹三类，绳纹陶器的比例在70%以上，素面陶的比例约为26%。

陶片多见器物口沿，底部少见，从采集遗物标本分析，器底多圜底和尖底，有少量的平底器，圈足器少见，三足器几乎不见。陶器的器形主要有釜、罐、钵、杯、盆、壶、盏、纺轮等，其中陶釜有花边口沿与素缘口两类，杯均为尖底，罐、盆、壶、釜等多为口沿残片，极少发现器底。数量上以花边口釜和素缘口釜最多，另外圜底钵和尖底杯数量也较多（表三）。

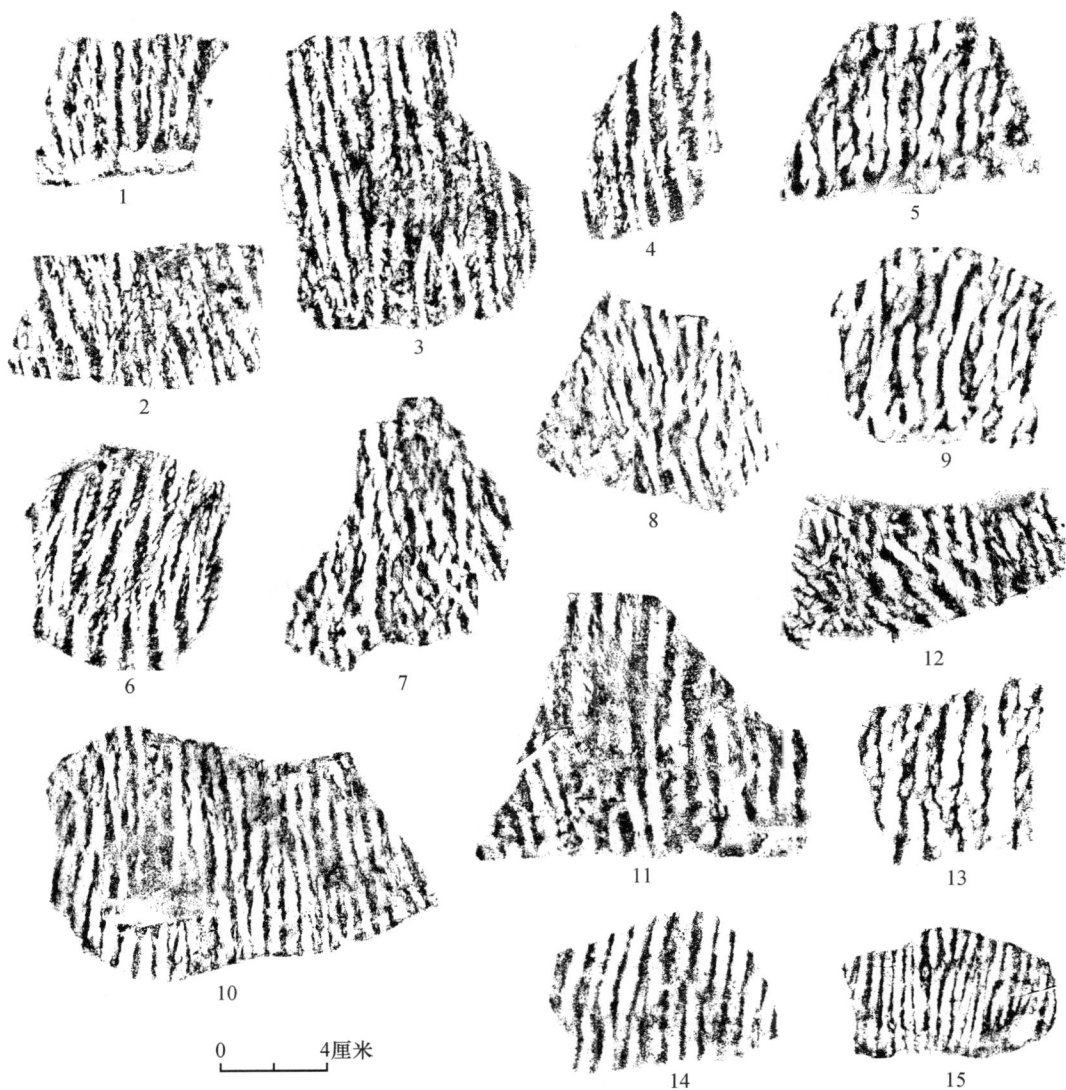

图一一　北部发掘区⑥层出土陶片纹饰——粗绳纹

1～4、14. TG1⑥层　5～13、15. TG2⑥层

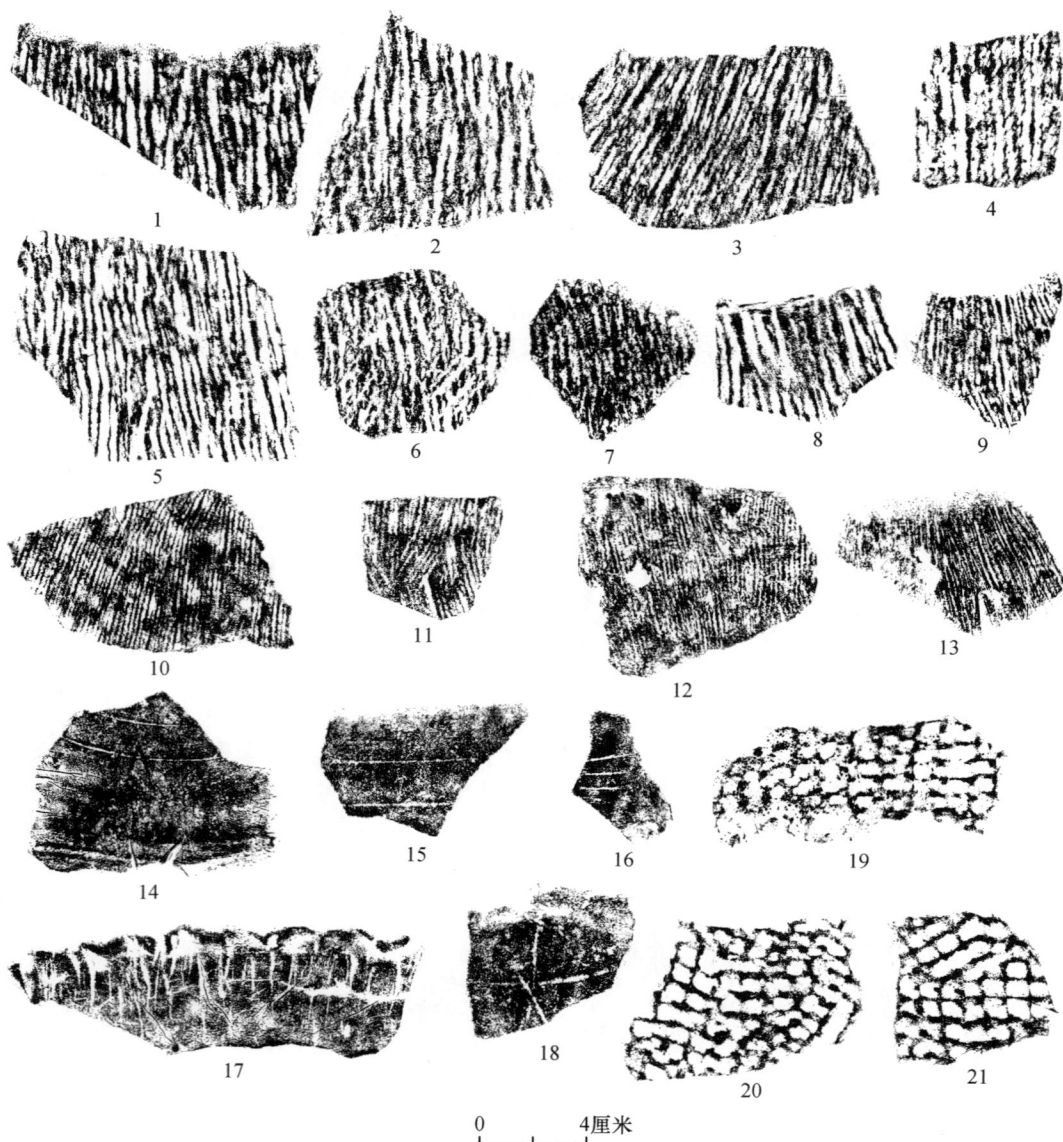

图一二　北部发掘区⑥层出土陶片纹饰——中绳纹、细绳纹、刻划纹及方格纹

1～9. 中绳纹（1～3、7～9. TG2⑥层；4、6. TG1⑥层；5. TG4⑥层）　10～13. 细绳纹（10. TG4⑥层；11～13. TG2⑥层）　14～18. 刻划纹（14～16、18. TG4⑥层；17. TG2⑥层）　19～21. 方格纹（TG4⑥层）

第6层采集遗物118件，其中陶器110件，玉石器8件。

陶器　110件。器形主要有釜、罐、钵、杯、壶、盆、盏、网坠等，其中釜和罐可分为素缘、花边两种。

素缘绳纹釜　2件。

TG4⑥：37，夹砂褐陶。侈口，圆唇，卷沿，溜肩，弧腹，下腹以下残失。腹部饰粗绳纹。口径46、残高26.4、厚0.8～1.2厘米（图一三，15）。

表三　北部发掘区TG4⑥层陶片器形统计表

质地	色	花边釜（罐）刻划	花边釜 素面	花边釜 粗绳纹	花边釜 中绳纹	花边釜 细绳纹	罐 方格	罐 素面	罐 粗绳纹	罐 中绳纹	罐 细绳纹	罐 刻划	钵 素面	尖底盏 素面	素沿釜 素面	素沿釜 粗绳纹	素沿釜 中绳纹	素沿釜 细绳纹	尖底杯 素面	壶 素面	盆 素面	不明器 素面	圜底器 素面	总计	百分比（%）
夹砂	红褐	1	12	8	23	1		10	9	1			1		3	5	3		2	1	1			81	16.7
夹砂	黄褐	1	11	19	13	1	1	7	8	4			1		1	1	1							68	14.1
夹砂	青灰	2	1	5	1	4		9	2	4	1	2		2	1		1	1	3	2	1			39	8.1
夹砂	黑灰		2	6	2			5	3	2		1	4	12	5		2	1	1	1	1	2		46	9.5
夹砂	灰褐	1	8	11	6	1	1	15	3	4	1	1	12						2					65	13.5
夹砂	黑	1	27	25	23	1		22	5	2	10	1	22	3	3	4	1		4		1		1	156	32.3
泥质	红褐																		1					1	0.2
泥质	黄褐																		1	6	2			9	1.9
泥质	青灰							7							1				1	4	1			14	2.9
泥质	黑灰							2											1	1			1	4	0.8
总计		5	61	74	68	8	2	77	27	18	11	5	40	17	12	10	7	1	15	15	7	2	1	483	
百分比（%）		1	12.6	15.3	14.1	1.7	0.4	15.9	7.3	5.6	2.3	1	8.3	3.5	2.5	2.1	1.4	0.2	3.1	3.1	1.4	0.4	0.2		100

TG4⑥：38，夹砂褐陶。侈口，圆唇，卷沿，溜肩，中腹以下残失。腹部饰中粗绳纹。残高18、残宽23.8、厚0.8～1.2厘米（图一三，16）。

素缘绳纹罐　20件。

TG2⑥：51，夹细砂黑灰陶。侈口，尖圆唇，卷沿，鼓腹，中腹以下残失。上腹部施中绳纹。残高7.6、残宽11、厚0.35～0.7厘米（图一三，17）。

TG1⑥：10，夹细砂灰陶。侈口，尖唇，卷沿，束颈，溜肩，上腹以下残失。上腹部有竖向细绳纹。口径11.9、残高4.8、厚0.2～0.5厘米（图一三，14）。

TG4⑥：25，夹细砂红褐陶。侈口，尖圆唇，卷沿，束颈，溜肩，弧腹，中腹以下残失。上腹以下饰中绳纹。口径41、残高12、厚0.6～1厘米（图一三，20）。

TG4⑥：42，夹细砂黑陶。侈口，圆唇，卷沿，束颈，溜肩，鼓腹，中腹以下残失。上腹以下饰竖向中绳纹。口径16、残高8、厚0.4～0.7厘米（图一三，3）。

TG4⑥：20，夹细砂黄褐陶。侈口，尖圆唇，斜肩，上腹以下残失。颈下部有横向几道较粗的刻划纹饰，腹部饰中绳纹。口径30、残高7.2、厚0.5～0.8厘米（图一三，1）。

TG2⑥：23，夹细砂黑陶。侈口，尖圆唇，溜肩，鼓腹，下腹及底残失。腹部饰竖向细绳纹。口径10.4、最大腹径12、残高6.8、厚0.2～0.45厘米（图一三，2）。

TG4⑥：9，夹细砂黑陶。侈口，圆唇，卷沿，溜肩，中腹以下残失。腹部饰竖向与斜向交错刻划纹。口径18、残高7.1、厚0.5～0.8厘米（图一三，4）。

TG2⑥：50，夹细砂红褐陶。侈口，圆唇，卷沿，圆肩，上腹以下残失。腹部饰中绳纹。口径13.2、残高6、厚0.3～0.5厘米（图一三，5）。

TG2⑥：31，夹细砂黑灰陶。口微侈，圆唇，溜肩，圆腹，中腹以下残失。腹部饰斜向中绳纹。口径14、残高7.4、厚0.4～0.6厘米（图一三，6；图版五，8）。

TG2⑥：11，夹细砂黑陶。侈口，尖圆唇，卷沿，溜肩，深腹，下腹以下残失。腹部饰斜向粗绳纹。口径18.4、最大腹径22.4、残高19.4、厚0.6～1厘米（图一三，8）。

TG4⑥：41，夹细砂黑褐陶。直口，圆唇，宽圆肩，腹以下残失。腹部饰中细绳纹。口径12.2、残高6.4、厚0.6～0.9厘米（图一三，9）。

TG2⑥：22，夹细砂灰陶。口微侈，圆唇，束颈，窄肩，鼓腹，下部残失。腹部饰交错粗绳纹。口径8、残高6.3、厚0.3～0.5厘米（图一三，10）。

TG2⑥：28，夹细砂黑陶。口微侈，溜肩，圆腹，中腹以下残失。腹部饰交错刻划纹。口径10.4、残高7.7、厚0.4～0.5厘米（图一三，12）。

TG2⑥：38，夹细砂黑陶。口微侈，圆唇，宽圆肩，鼓腹，中腹以下残失。腹部饰交错刻划纹。口径8.8、残高6.3、厚0.4～0.6厘米（图一三，13）。

TG2⑥：8，夹细砂黑灰陶。侈口，圆唇，卷沿，溜肩，微鼓腹，中腹以下残失。腹部饰粗绳纹。口径30.4、残高9.6、厚0.6～0.9厘米（图一三，18）。

TG1⑥：25，夹细砂黑陶。侈口，尖圆唇，卷沿，束颈，溜肩，腹及以下残失。肩部饰中绳纹。口径28、残高8、厚0.6～0.9厘米（图一三，19；图版六，1）。

TG4⑥：21，夹细砂灰陶。侈口，圆唇，卷沿，束颈，圆肩，腹及以下残失。肩部饰竖向中绳纹。口径30、残高7、厚0.8～1厘米（图一三，21）。

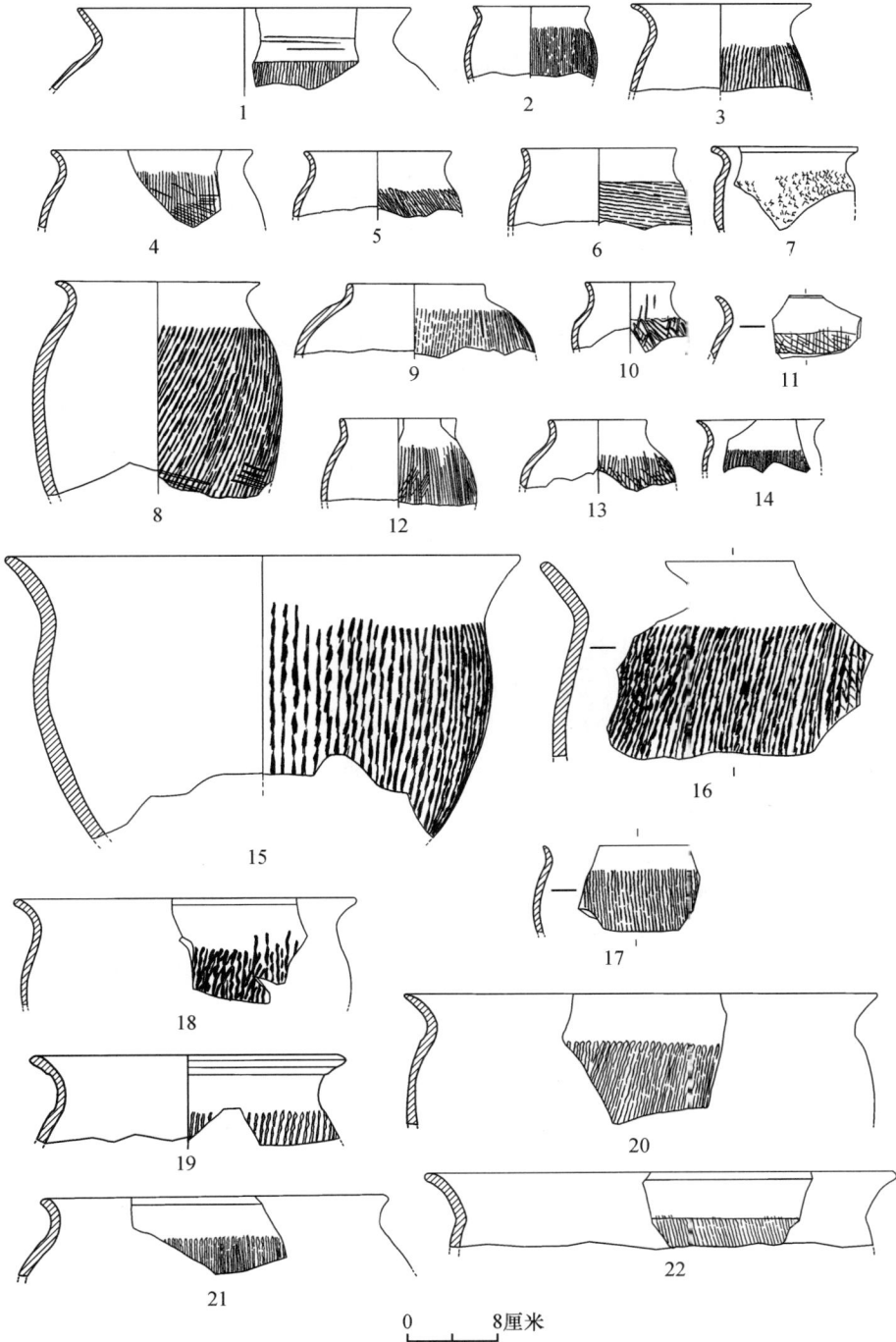

图一三 北部发掘区⑥层出土素缘釜、罐

1~14、17~22. 陶罐（TG4⑥：20、TG2⑥：23、TG4⑥：42、TG4⑥：9、TG2⑥：50、TG2⑥：31、
TG4⑥：26、TG2⑥：11、TG4⑥：41、TG2⑥：22、TG1⑥：26、TG2⑥：28、TG2⑥：38、TG1⑥：10、
TG2⑥：51、TG2⑥：8、TG1⑥：25、TG4⑥：25、TG4⑥：21、TG2⑥：48）
15、16. 陶釜（TG4⑥：37、TG4⑥：38）

TG1⑥：26，夹细砂灰褐陶。侈口，圆唇，卷沿，溜肩，腹及以下残失。肩部饰交错刻划纹。残高5.8、残宽8.1、厚0.3～0.7厘米（图一三，11）。

TG2⑥：48，夹细砂黑灰陶。侈口，圆唇，宽折沿，斜肩，以下残失，肩部饰中绳纹，残高6.8、口径42、厚0.6～0.9厘米（图一三，22）。

TG4⑥：26，泥质灰陶。侈口，圆唇，卷沿，束颈，窄肩，近直腹，中腹以下残失。腹部饰类箆点的杂乱短线刻划纹。口径13、残高7.6、厚0.4～0.9厘米（图一三，7）。

花边釜（罐）　29件。花边口沿。

TG1⑥：22，夹细砂黑陶。器体大而厚重，侈口，卷沿，斜肩，腹及以下残失。器表饰斜向粗绳纹。口径52、残高17.2、厚1～1.5厘米（图一四，4；图版六，3）。

TG2⑥：14，夹细砂红褐陶。侈口，圆唇，卷沿，溜肩，腹及以下残失。颈部有抹绳纹，肩部饰中绳纹。口径44、残高14、厚0.8～1.1厘米（图一四，6；图版六，4）。

TG2⑥：35，夹砂黑陶。侈口，圆唇，卷沿，溜肩，鼓腹，近底部残失。腹部饰竖向粗绳纹。口径40.4、残高24.8、厚0.6～1.2厘米（图一四，10）。

TG1⑥：11，夹砂灰褐陶。侈口，尖圆唇，束颈，圆肩，以下残失。肩部饰竖向粗绳纹。口径36.8、残高6.4、厚0.4～0.7厘米（图一四，11）。

TG4⑥：24，夹细砂黑褐陶。侈口，圆唇，卷沿，束颈，溜肩，上腹以下残失。腹部饰斜向中细绳纹。口径26、残高10.6、厚0.4～0.8厘米（图一四，1）。

TG2⑥：44，夹细砂黄褐陶，内壁黑色。侈口，宽大卷沿，上腹部以下残失。腹部饰竖向中粗绳纹。残高10、残宽13.4、厚0.7～0.8厘米（图一四，2）。

TG2⑥：33，夹细砂黄褐陶。侈口，折沿，弧腹，以下残失。腹部饰竖向中绳纹。残高13.4、残宽14.4、厚0.9～1.1厘米（图一四，7）。

TG1⑥：37，夹细砂黑陶。侈口，圆方唇，卷沿，溜肩，以下残失。肩部饰粗绳纹。残高10.6、残宽20、厚0.9～1.7厘米（图一四，5）。

TG4⑥：39，夹粗砂红褐陶。侈口，圆肩，鼓腹，上腹以下残失。肩、腹部饰交错中绳纹。口径20、残高10.4、厚0.8～1厘米（图一四，3；图版六，2）。

TG2⑥：49，夹细砂黑陶。侈口，卷沿，斜肩，上腹以下残失。腹部饰竖向中绳纹。口径38、残高11.8、厚0.6～1厘米（图一四，12）。

TG1⑥：45，夹细砂红褐陶。侈口，圆唇，宽卷沿，束颈，以下残失。颈下部有中粗绳纹。口径40.6、残高7.6、厚1～1.2厘米（图一四，13）。

TG2⑥：12，夹细砂红褐陶。侈口，圆唇，卷沿，斜肩，以下残失。肩、腹部饰中细绳纹。口径12、残高5.6、厚0.4～0.85厘米（图一四，9）。

TG4⑥：29，夹细砂灰陶。侈口，卷沿，束颈，斜肩，上腹以下残失。颈、肩部有竖向中粗绳纹。口径36、残高9.2、厚0.3～0.9厘米（图一四，14）。

TG1⑥：36，夹细砂黑皮陶，灰胎。侈口，圆方唇，卷沿，斜肩，上腹以下残失。肩、腹部饰粗绳纹。残高7.2、残宽8.2、厚0.5～0.9厘米（图一四，8）。

TG1⑥：39，夹细砂黄褐陶。侈口，圆唇，卷沿，其下残失。颈外表饰中粗绳纹。残高7.9、残宽19、厚0.8～1.2厘米（图一五，1）。

TG2⑥：46，夹细砂黄褐陶。侈口，卷沿，其下残失。颈部饰斜竖向中粗绳纹。

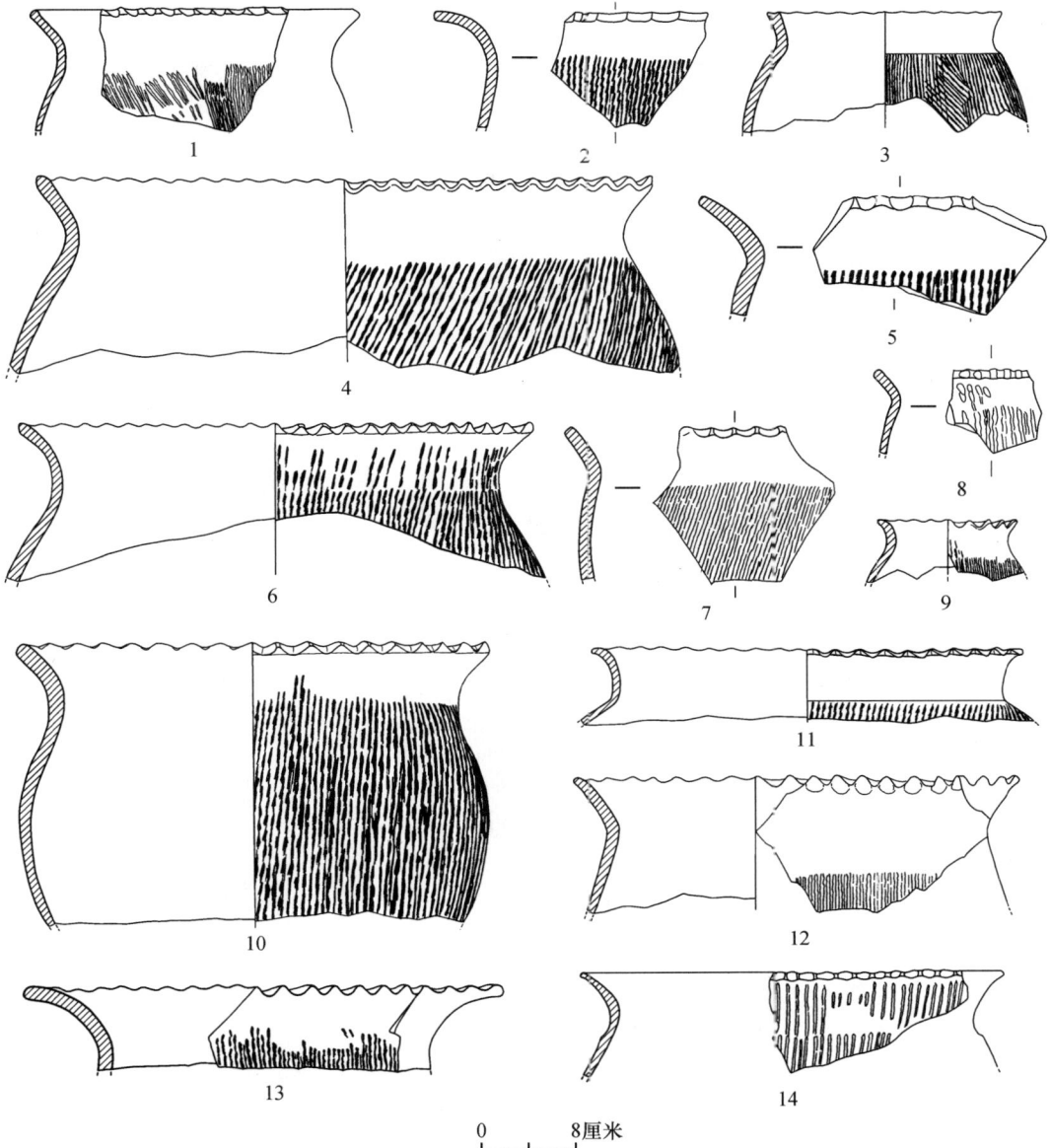

图一四 北部发掘区⑥层出土花边口陶釜（罐）

1~3、5~9、12~14.陶釜（罐）（TG4⑥：24、TG2⑥：44、TG4⑥：39、TG1⑥：37、TG2⑥：14、
TG2⑥：33、TG1⑥：36、TG2⑥：12、TG2⑥：49、TG1⑥：45、TG4⑥：29） 4、10、11.陶釜
（TG1⑥：22、TG2⑥：35、TG1⑥：11）

残高7.1、残宽11.6、厚0.8～1厘米（图一五，2）。

　　TG2⑥：16，夹细砂灰褐陶。口微侈，圆唇，卷沿，窄圆肩，弧腹近直，腹下部残失。肩、腹部饰中绳纹。残高11.4、残宽5.4、厚0.8～1.2厘米（图一五，3）。

　　TG2⑥：53，夹细砂黑陶。侈口，圆唇，卷沿，溜肩，鼓腹，以下残失。颈部有杂乱的刻划纹，腹部饰中粗绳纹。残高16、残宽13、厚0.6～1.2厘米（图一五，4）。

　　TG2⑥：36，夹细砂黑褐陶。侈口，圆唇，束颈，窄肩，腹较直，以下残失。肩、腹部饰中绳纹。残高8.8、残宽12.8、厚0.4～0.7厘米（图一五，6）。

　　TG1⑥：43，夹细砂黑陶。直口微侈，广斜肩，其下残失。器表饰细密中绳纹。残高14.8、残宽15.6、厚0.8～1.2厘米（图一五，7）。

　　TG2⑥：45，夹细砂黄褐陶。侈口，折沿，斜肩，以下残失。颈部有刻划纹，其

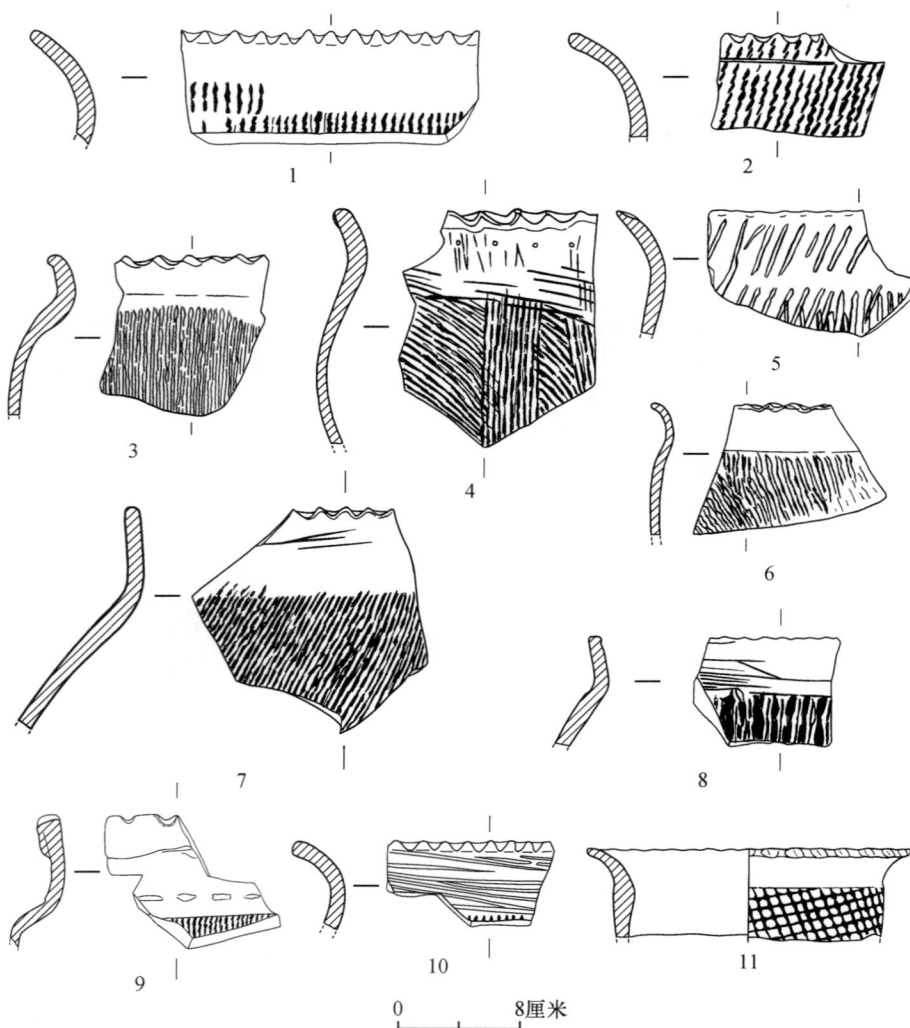

图一五　北部发掘区⑥层出土花边口陶釜（罐）

1. TG1⑥：39　2. TG2⑥：46　3. TG2⑥：16　4. TG2⑥：53　5. TG1⑥：12　6. TG2⑥：36
7. TG1⑥：43　8. TG2⑥：45　9. TG4⑥：40　10. TG1⑥：47　11. TG4⑥：43

下为竖向粗绳纹。残高7.4、残宽9.6、厚0.7~1厘米（图一五，8）。

TG4⑥：40，夹细砂黑陶。直口微侈，叠唇，窄圆肩，以下残失。肩部有凹窝和粗绳纹。残高8.7、残宽11.5、厚0.8~1.5厘米（图一五，9）。

TG1⑥：47，夹砂红褐陶。侈口，圆唇，卷沿，束颈，以下残失。颈部有横向刻划纹，其下为中绳纹。残高5.8、残宽11.2、厚0.7~0.8厘米（图一五，10）。

TG1⑥：12，夹粗砂黄褐陶。侈口，尖圆唇，卷沿，肩以下残失。沿外及肩部施斜向粗绳纹。残高8.6、残宽13.8、厚0.3~0.9厘米（图一五，5）。

TG4⑥：43，夹粗砂黄褐陶。侈口，圆唇，卷沿，近直腹，以下残失。颈以下饰纵横绳纹交错构成的方格纹。残高6.4、口径21.2、厚0.6~1.4厘米（图一五，11）。

TG1⑥：49，夹砂灰陶。侈口，尖圆唇，卷沿，颈部有捺窝，其下残失。残高4.2、残宽12.2、厚0.4~0.6厘米（图一六，1）。

TG1⑥：29，夹粗砂黄褐陶。侈口，圆方唇，卷沿，沿面有捺窝。残高5.7、残宽7.9、厚0.8~1厘米（图一六，2）。

TG1⑥：42，夹细砂灰褐陶。侈口，圆唇，卷沿，沿面有捺窝，其下残失。残高7.3、残宽9.2、厚0.8~1厘米（图一六，3）。

TG1⑥：48，夹砂灰陶。器体轻薄，侈口，尖圆唇，大卷沿，束颈，其下残失，口沿内部有捺窝。残高5.2、残宽11.2、厚0.3~0.4厘米（图一六，5）。

陶盆　1件（TG2⑥：25）。夹细砂灰陶。敛口，叠唇，唇面上有斜向凹槽，弧腹，下部残失。下腹部有横向刻划线。残高11.6、残宽10.9、厚0.5~1.5厘米（图一六，4）。

陶壶　3件。

TG1⑥：28，夹细砂红褐陶。上下残失，束颈。素面。残高7.4、颈径16、厚0.6厘米（图一六，6）。

TG4⑥：34，夹细砂灰陶。直口微侈，圆唇，高粗颈，其下残失。口径15.6、残高8、厚0.4~0.6厘米（图一六，7）。

TG4⑥：16，夹细砂黄褐陶。侈口，方唇，卷沿，粗高颈，其下残失。口径18、残高6、厚0.3~0.9厘米（图一六，8）。

陶杯　1件（TG4⑥：33）。夹细砂黑陶。直口，直腹微外弧，底部残失。素面。口径8.8、残高8、厚0.3~0.5厘米（图一六，9）。

陶网坠　4件。

TG2⑥：7，夹细砂黑陶。个体轻小，管状，下部残失。素面。外径0.7~0.8、内径0.5、残长3.1、厚0.1~0.15厘米（图一六，10）。

TG1⑥：3，夹细砂黑褐陶。个体轻小，管状，下部略残。素面。外径0.7~0.9、内径0.4~0.5、残长3.9、厚0.2~0.25厘米（图一六，11）。

TG1⑥：2，夹细砂灰陶。个体轻小，管状。在顶部有3道极短刻划纹。外径0.7~1、内径0.4~0.6、长4.2、厚0.1~0.3厘米（图一六，12）。

TG1⑥：1，泥质灰褐陶。个体较大，管状，中部外鼓，下部残。素面。外径3~3.2、内径0.65、残长5.1、最厚1.3厘米（图一六，13）。

圜底钵　10件。

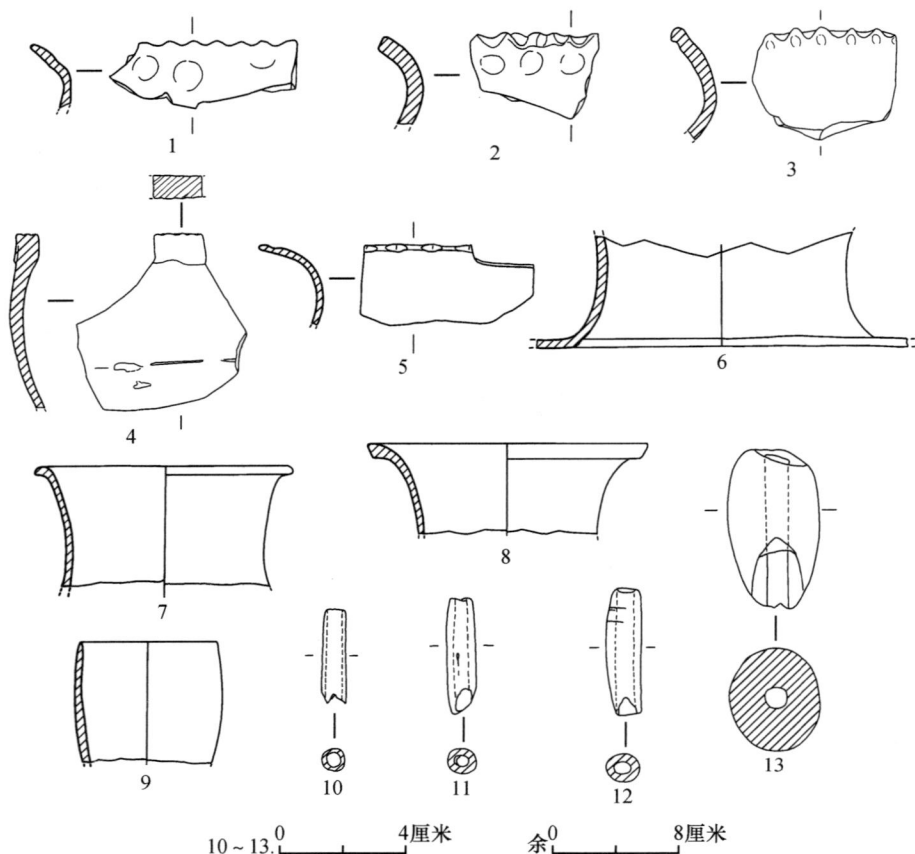

图一六　北部发掘区⑥层出土陶釜（罐）、陶壶、纺轮等遗物

1~3、5. 陶釜（罐）（TG1⑥：49、TG1⑥：29、TG1⑥：42、TG1⑥：48）　4. 陶盆（TG2⑥：25）
6~8. 陶壶（TG1⑥：28、TG4⑥：34、TG4⑥：16）　9. 陶杯（TG4⑥：33）　10~13. 陶网坠（TG2⑥：7、
TG1⑥：3、TG1⑥：2、TG1⑥：1）

TG2⑥：2，夹细砂黑陶。敛口，弧腹，圜底。近底部残留几道极细的刻划纹，内里中部有刻划"X"纹。口径11.2、高4.7、厚0.3~0.4厘米（图一七，1；图版五，3）。

TG2⑥：5，夹细砂黑陶。敛口，弧腹，圜底。近底部残留几道极细刻划纹。口径13.2、高7.4、厚0.3~0.7厘米（图一七，2；图版五，4）。

TG2⑥：6，夹细砂黑皮陶，灰胎。敛口，弧腹，圜底。腹部有近"A"字形刻划纹。口径12.6、高7.2、厚0.5~0.7厘米（图一七，3）。

TG4⑥：2，夹细砂灰陶。敛口，弧腹，圜底。近底部有1周数道极细刻划纹。口径13.4、高7.8、厚0.3~0.8厘米（图一七，4；图版五，5）。

TG4⑥：30，夹细砂黑陶。敛口，弧腹，圜底微残。素面。口径14、残高7.1、厚0.4~0.6厘米（图一七，5）。

TG1⑥：21，夹砂黑陶。敞口微敛，弧腹，底部残。腹部有两道折线纹，内底部有较浅的刻划图案。残高5、残宽5.8、厚0.5~1厘米（图一七，6）。

TG1⑥：20，夹砂黑陶。口微敛，弧腹，底部残。素面。口径16.8、残高6.6、厚

0.5～0.7厘米（图一七，7）。

TG2⑥：27，夹砂黑陶。敛口，弧腹，底部残失。腹部饰竖向中粗绳纹。口径13.6、残高5.6、厚0.4～0.7厘米（图一七，8）。

TG2⑥：15，夹细砂黑陶。敛口，弧腹，圜底残失。素面。口径12、残高4.3、厚0.25～0.6厘米（图一七，9）。

TG2⑥：39，夹细砂灰黑陶。敞口，弧腹，圜底残。素面。口径14、残高4.8、厚0.3～0.5厘米（图一七，10）。

尖底杯　6件。均残，整体呈炮弹形，深腹较深，尖底。

TG4⑥：32，夹细砂灰陶，内壁黑色。近底部绕底1周有4组短细刻划纹。残高8.6、厚0.2～0.8厘米（图一七，11；图版五，2）。

TG1⑥：40，夹细砂黑皮陶，灰胎。腹部有两周宽凹槽，近底部有几道刻划纹，近环状分布。残高5.4、厚0.3～1.4厘米（图一七，12）。

TG2⑥：9，夹细砂灰陶。腹部有两周凹弦纹，残留3组短粗刻线，内壁有制作形成的凹痕。残高5.2、厚0.2～1厘米（图一七，13）。

TG2⑥：56，夹细砂黑陶，褐胎。腹部有1道凹弦纹，其下为4组刻划短线，近平均分布，底部有2个凹窝。残高4.3、厚0.3～0.85厘米（图一七，16）。

TG4⑥：36，夹细砂灰陶。素面。残高4.6、厚0.3～0.6厘米（图一七，18）。

TG2⑥：17，夹细砂灰陶。腹部有两周细划纹。残高6.7、厚0.4～1厘米（图一七，23）。

尖底盏　3件。均残存尖底部分。

TG4⑥：27，夹细砂黑陶。斜腹，近底部微折，尖底。近底部绕底1周有5组短细刻线。残高2.9、厚0.4～1厘米（图一七，19）。

TG2⑥：21，夹细砂，灰陶。上部残失，斜腹，尖底略残。近底部残留3道较粗刻划纹饰。残高2.7、残宽7.4、厚0.3～1.2厘米（图一七，21）。

TG1⑥：19，夹细砂黑皮陶，灰胎。器壁薄，斜弧腹，乳突状尖底。残高3.1、厚0.1～0.6厘米（图一七，22）。

圜底釜　2件。

TG2⑥：30，夹细砂红褐陶。残存圜底。外表饰竖向中绳纹。残高4.4、厚0.7～0.9厘米（图一七，27）。

TG2⑥：1，夹细砂黑陶。侈口，卷沿，溜肩，鼓腹，圜底，器表不平整，口部不规则。素面。口径5.6～6.2、最大腹径6～6.3、高6.3、厚0.3～0.7厘米（图一七，24；图版五，6）。

小平底罐　1件（TG2⑥：42）。夹细砂黑灰陶。残存底部，斜腹，小平底。近底部有1周4组横向短细刻线。残高1.85、厚0.25～0.55厘米（图一七，20）。

平底罐　4件。均残存平底部位。

TG2⑥：19，夹细砂灰陶。斜腹，底微外弧。底径9.6、残高4、厚0.3～0.6厘米（图一七，25）。

TG1⑥：4，夹细砂灰皮陶，褐胎。斜腹，底部近平，系两层泥片粘贴而成。残高4.8、残宽9.2、厚0.2～1.2厘米（图一七，26）。

图一七　北部发掘区⑥层出土陶钵、陶杯等遗物

1～10.圜底钵（TG2⑥：2、TG2⑥：5、TG2⑥：6、TG4⑥：2、TG4⑥：30、TG1⑥：21、TG1⑥：20、
TG2⑥：27、TG2⑥：15、TG2⑥：39）　11～13、16、18、23.尖底杯（TG4⑥：32、TG1⑥：40、TG2⑥：9、
TG2⑥：56、TG4⑥：36、TG2⑥：17）　14、17、25、26.平底罐（TG2⑥：41、TG4⑥：8、TG2⑥：19、
TG1⑥：4）　15.圈足（TG2⑥：40）　19、21、22.尖底盏（TG4⑥：27、TG②⑥：21、TG1⑥：19）
20.小平底罐（TG2⑥：42）　24、27.圜底釜（TG2⑥：1、TG2⑥：30）

TG4⑥：8，夹细砂黑褐陶。斜腹，腹部凹凸不平，假圈足状平底微内凹。底径8.8、残高4.6、厚0.3～2.3厘米（图一七，17）。

TG2⑥：41，夹细砂黑灰陶。斜腹。底径6.3、残高1、厚0.2～0.3厘米（图一七，14）。

圈足　1件（TG2⑥：40）。夹细砂灰陶。上部残失，斜弧腹，矮圈足。底径6、残高1.6、厚0.1～0.7厘米（图一七，15）。

素面陶罐　23件。均为素面。

TG4⑥：19，夹细砂灰黑陶。侈口，圆唇，卷沿，束颈，其下残失。口径26、残高3.7、厚0.3～0.6厘米（图一八，2）。

TG1⑥：23，夹细砂灰陶。侈口，圆唇，卷沿，粗颈较高，其下残失。口径19.2、残高4.2、厚0.5～0.8厘米（图一八，1）。

TG4⑥：11，夹细砂灰陶。直口微侈，尖圆唇，卷沿，粗高颈，斜肩，其下残失。口径21.2、残高7.2、厚0.25～0.8厘米（图一八，4）。

TG4⑥：12，夹细砂红褐陶。侈口，圆唇，卷沿，束颈，斜肩，其下残失。口径22、残高5.4、厚0.4～0.9厘米（图一八，3）。

TG2⑥：47，夹细砂灰陶。侈口，圆唇，卷沿，束颈，斜肩，其下残失。口径19.6、残高4.4、厚0.4～1厘米（图一八，6）。

TG4⑥：14，夹细砂灰褐陶。直口，圆唇，粗颈较高，宽肩，其下残失。口径17.8、残高7.4、厚0.5～1.1厘米（图一八，5；图版五，9）。

TG2⑥：20，夹细砂黑陶。敛口，圆唇，微束颈，圆肩，上腹以下残失。残高7.2、残宽13.4、厚0.5～0.8厘米（图一八，8）。

TG4⑥：10，夹细砂黑皮陶，褐胎。侈口，近直口，尖圆唇，卷沿，束颈，宽圆肩，颈肩之交下凹，其下残失。口径13.2、残高5、厚0.4～0.7厘米（图一八，7）。

TG2⑥：34，夹砂黑陶。侈口，圆唇，卷沿，斜肩，其下残失。口径12.4、残高6.7、厚0.5～1.2厘米（图一八，12）。

TG1⑥：7，夹细砂黄褐陶。器形较小，侈口，卷沿，溜肩，鼓腹，其下残。口径8.1、最大腹径11.8、残高7.4、厚0.3～0.5厘米（图一八，9）。

TG4⑥：31，夹细砂黑陶。直口微侈，圆唇，圆肩，鼓腹，下腹以下残失。口径10、最大腹径15、残高8.2、厚0.3～0.6厘米（图一八，10）。

TG4⑥：13，夹细砂黑陶。侈口，尖圆唇，卷沿，溜肩，鼓腹，以下残失。口径10.4、残高7.5、厚0.3～0.5厘米（图一八，11）。

TG4⑥：35，泥质黑皮陶，红褐胎。敛口，鼓腹，下部残失。残高7、残宽12、厚0.5～0.6厘米（图一八，13）。

TG2⑥：55，夹细砂灰陶。敛口，尖唇，窄沿，鼓腹，以下残失。腹部有1道凹槽。口径10.4、最大腹径11.2、残高3、厚0.3～0.45厘米（图一八，14）。

TG2⑥：37，夹细砂灰褐陶。器形小薄，口微敛，尖圆唇，宽沿面内凹，鼓腹，下部残失。口径8.8、残高2.5、厚0.2～0.3厘米（图一八，15）。

TG4⑥：15，夹细砂红褐陶。矮盘口外侈，粗高颈，其下残失。残高11.2、残宽14.2、厚0.3～0.4厘米（图一八，18）。

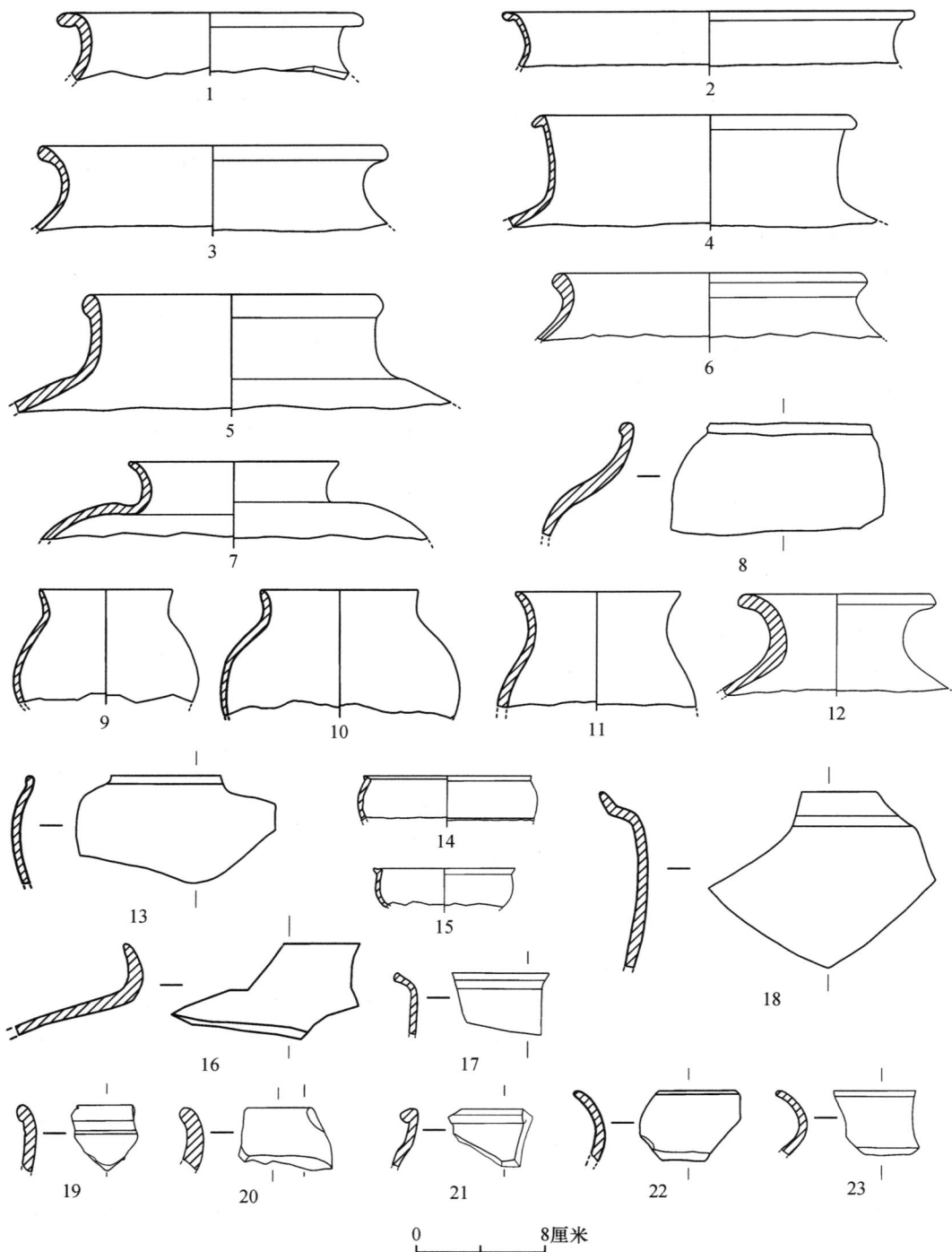

图一八　北部发掘区⑥层出土素面陶罐

1. TG1⑥：23　2.TG4⑥：19　3.TG4⑥：12　4.TG4⑥：11　5.TG4⑥：14　6.TG2⑥：47　7. TG4⑥：10
8.TG2⑥：20　9.TG1⑥：7　10.TG4⑥：31　11.TG4⑥：13　12.TG2⑥：34　13.TG4⑥：35　14.TG2⑥：55
15. TG2⑥：37　16. TG1⑥：44　17.TG4⑥：18　18.TG4⑥：15　19.TG1⑥：31　20. TG1⑥：34
21. TG1⑥：15　22. TG1⑥：33　23.TG2⑥：10

TG1⑥：44，夹细砂黑陶。侈口，卷沿，宽肩外斜，其下残失。残高6、残宽11.6、厚0.6~0.9厘米（图一八，16）。

TG4⑥：18，夹细砂红褐陶。侈口，圆唇，卷沿，高直颈，其下残失。残高4、残宽6.1、厚0.3~0.5厘米（图一八，17）。

TG1⑥：31，夹细砂黑陶。直口微侈，圆唇，沿微卷，直颈，其下残失。上颈部有1周凹弦纹。残高4.2、残宽4.1、厚0.65~1厘米（图一八，19）。

TG1⑥：34，夹细砂红褐陶。口微侈，圆唇，卷沿，其下残失。残高3.6、残宽5.9、厚0.8~1.2厘米（图一八，20）。

TG1⑥：15，夹细砂红褐陶，灰白胎。敛口，圆唇，束颈，窄肩，其下残失。残高3.7、残宽5.4、厚0.5厘米（图一八，21）。

TG1⑥：33，夹细砂红褐陶。侈口，卷沿，其下残失。残高4.6、残宽6.4、厚0.4~0.7厘米（图一八，22）。

TG2⑥：10，夹细砂黑陶。侈口，卷沿，斜肩，其下残失。残高4.1、残宽5.2、厚0.4~0.6厘米（图一八，23）。

玉石器　8件。主要有石器、砺石和玉玦。

石器　4件。

石斧　3件。

TG2⑥：3，上窄下宽梯形，较薄，两面平整微弧，顶部外通体磨光，双面刃，有使用痕迹。长11.8、宽4.5~5.8、最厚2厘米（图一九，1；图版六，5）。

TG4⑥：6，上圆下直近梯形，较薄，两面平整微弧，通体磨光，双面刃，有使用痕迹。长9.4、宽4.2、厚1.5厘米（图一九，2；图版六，6）。

TG4⑥：7，残存上半部，圆弧形，断面为椭圆形。长4.1、宽3~6.7、厚1.2~2.4厘米（图一九，5）。

残石器　1件（TG4⑥：3）。一侧残失，另一侧磨光，底面磨光较平，有竖向使用痕迹。残长3.7、残宽3.9、最厚3.9厘米（图一九，3）。

砺石　3件。

TG4⑥：4，黄褐色砂岩。上侧残失，下侧圆弧，整体较为厚重，上面有两道磨痕，底面有一道磨痕，痕迹较深，横断面两侧均似波浪形，纵断面近圆形。残长7、残宽6.4、最厚3.1厘米（图一九，7）。

TG4⑥：5，灰白色砂岩。器体厚重，残留部分呈一面凹半圆形，底侧平整，正面中心部分内凹。残长23.1、残宽13、厚4.4~4.9厘米（图一九，4；图版六，7）。

TG2⑥：4，灰褐色砂岩。中间凹，残留部分呈椭圆形的四分之一，正反两面均有竖向宽度不同的磨痕。残长15.3、残宽11.4、厚4~7.2厘米（图一九，8；图版六，8）。

玉玦　1件（TG4⑥：1）。残，绿色。圆环状，背面平整，正面外缘磨成斜面，近尖缘。外径1.65、内径0.6、上顶径1.15、厚0.25厘米（图一九，6）。

（2）第5层出土遗物

出土遗物绝大多数为商周时期的陶片及石器，在陶器的陶质、陶色、器形和纹饰方面与第6层基本一致，但包含有晚期的绳纹砖和花纹砖以及瓷片等遗物（图二〇），此层堆积的时代早不过东汉时期。

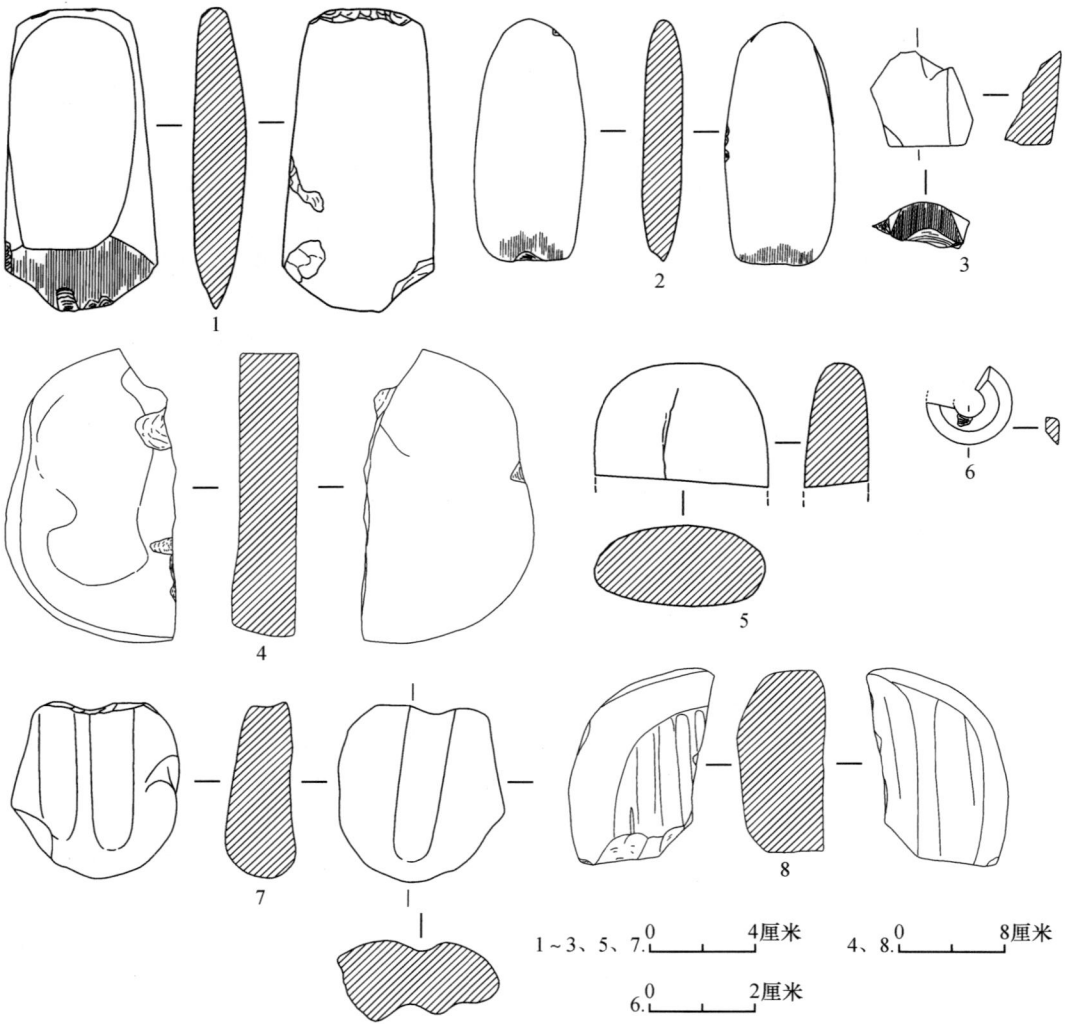

图一九　北部发掘区⑥层出土砺石、玉石器

1、2、5. 石斧（TG2⑥：3、TG4⑥：6、TG4⑥：7）　3. 石器（TG4⑥：3）

4、7、8. 砺石（TG4⑥：5、TG4⑥：4、TG2⑥：4）　6. 玉玦（TG4⑥：1）

　　第5层出土有商周时期的陶纺轮、石斧和石坯等。此外采集了陶器和瓷器标本12件。

　　陶罐　6件。

　　TG1⑤：7，罐口，夹细灰陶。直口微侈，方唇，宽平沿，粗高颈，下残。素面。口径16、残高4.3、厚0.3～0.7厘米（图二一，1）。

　　TG4⑤：5，罐口，泥质黑皮陶，灰胎。直口，方唇，宽平沿，粗颈，以下残失。颈部有1周粗凹弦纹。口径24.4、残高4.4、厚0.8～1厘米（图二一，2）。

　　TG1⑤：4，罐口，泥质灰陶。敛口，圆唇，宽平沿，窄折肩，直腹，下部残失。素面。残高5.6、残宽8.9、厚0.4～0.6厘米（图二一，3）。

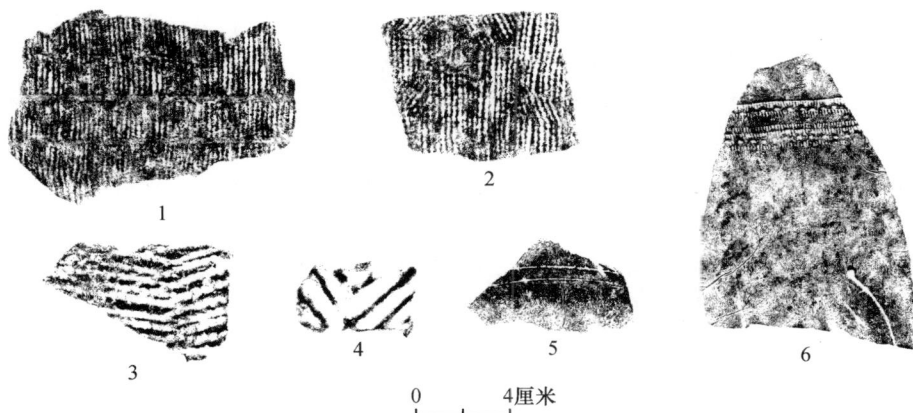

图二〇　北部发掘区⑤层出土遗物拓片

1、2. 细绳纹（TG1⑤层）　3. 中绳纹（TG1⑤层）　4. 绳纹砖拓片（TG1⑤层）　5. 弦纹（TG1⑤层）
6. 弦断绳纹（TG4⑤层）

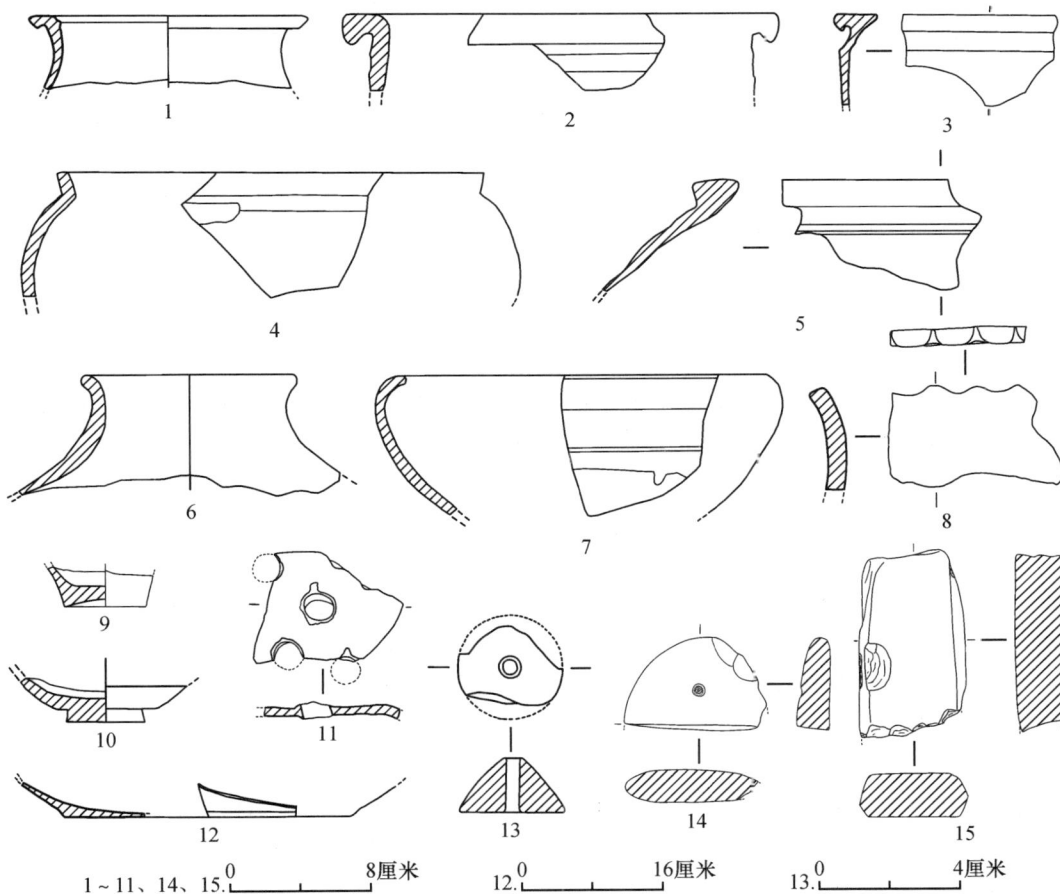

图二一　北部发掘区⑤层出土遗物

1～3、5、6、9. 陶罐（TG1⑤：7、TG4⑤：5、TG1⑤：4、TG3⑤：2、TG4⑤：3、TG1⑤：3）　4. 瓷罐（TG3⑤：1）
7. 瓷钵（TG4⑤：4）　8. 陶釜（TG1⑤：5）　10. 瓷碗（TG3⑤：3）　11. 陶算（TG1⑤：2）　12. 陶盆
（TG1⑤：6）　13. 纺轮（TG1⑤：1）　14. 石坯（TG4⑤：2）　15. 石斧（TG4⑤：1）

TG3⑤：2，罐口，泥质灰陶。敛口，尖唇，宽平沿，斜腹，上腹以下残失。腹部有两周宽凹弦纹。口径32、残高6.5、厚0.4~1厘米（图二一，5）。

TG4⑤：3，罐口，夹细砂黑陶。敛口，圆唇，卷沿，束颈，斜肩，其下残失。素面。口径12、残高6.8、厚0.4~1厘米（图二一，6）。

TG1⑤：3，罐底，夹细砂灰陶。上部残失，斜腹，平底内凹。素面。底径4.7、残高2.3、厚0.4~1.1厘米（图二一，9）。

陶釜　1件（TG1⑤：5）。釜口沿，夹细砂灰陶。侈口，花边口沿，束颈，其下残失。素面。残高5.9、残宽9.9、厚1~1.2厘米（图二一，8）。

陶算　1件（TG1⑤：2）。陶算残片，泥质灰陶。凹凸不平，中部略内凹，残存4个大孔。素面。残长8.5、残宽6.6、厚0.5~0.8厘米（图二一，11）。

陶盆　1件（TG1⑤：6）。盆底，泥质红褐陶。上部残失，斜腹，大平底。素面。底径32、残高3.8、厚0.6~1.8厘米（图二一，12）。

陶纺轮　1件（TG1⑤：1）。夹细砂黑褐陶。个体较小，呈圆台形，上有小平面，内有一孔上下贯通。素面。顶径0.6、底径3、内孔径0.4、高1.6厘米（图二一，13）。

瓷罐　1件（TG3⑤：1）。罐口，白胎、青釉。侈口，方唇，折沿，圆肩，鼓腹，以下残失。素面。口径24、残高7.2、厚0.5~0.8厘米（图二一，4）。

瓷钵　1件（TG4⑤：4）。钵口，红褐胎、青黄釉。敛口，鼓腹，底部残失。素面，外施半釉。残高8、口径19.2、厚0.5~0.6厘米（图二一，7）。

瓷碗　1件（TG3⑤：3）。碗底，白胎、青釉，内酱釉。斜腹，假圈足。通体施釉。底径4.4、残高2.4、厚0.5~1.4厘米（图二一，10）。

石器　2件。

TG4⑤：1，石斧，刃端残。砂岩，灰褐色。平面略呈长方形，两侧面因磨出棱。残长11.1、残宽6.1、厚2.6厘米（图二一，15）。

TG4⑤：2，石坯，砂岩，灰色。呈半圆形，底面平整，正面微弧，有一未钻透的小孔，内有小圆圈，为管钻痕迹。残高5.4、残宽8.2、最厚1.9厘米（图二一，14）。

（3）第3层出土遗物

北部发掘区明清时期文化层出土的遗物数量不多，主要为瓷器和陶器。

瓷器　4件。

瓷钵　1件（TG2③：2）。口沿残片，青釉瓷，灰白胎。敛口，圆腹，下部残失。腹部有圆形花纹。口径13.6、残高6.5、厚0.5~0.6厘米（图二二，1）。

瓷盆　1件（TG1③：1）。口沿残片，瓷质，灰黑胎。敞口，斜腹，底部残失。腹部有3周凸棱。口径14.8、残高5.6、厚0.5~0.7厘米（图二二，3）。

瓷碗　1件（TG1③：3）。碗底，白胎、白釉。上部残，斜腹，假圈足，底部内凹。底部未施釉，有墨书“平”字。底径3.2、残高1.8、厚0.2~0.65厘米（图二二，4）。

竖耳　1件（TG2③：1）。深红褐胎，青白釉。竖耳近半圆形，断面为圆形。竖耳直径0.95~1.1、残高5.7厘米（图二二，5）。

陶盆　1件（TG1③：2）。泥质黄褐陶。敞口，尖圆唇，卷沿，斜弧腹，底部残失。素面。口径12.4、残高5.2、厚0.4~0.7厘米（图二二，2）。

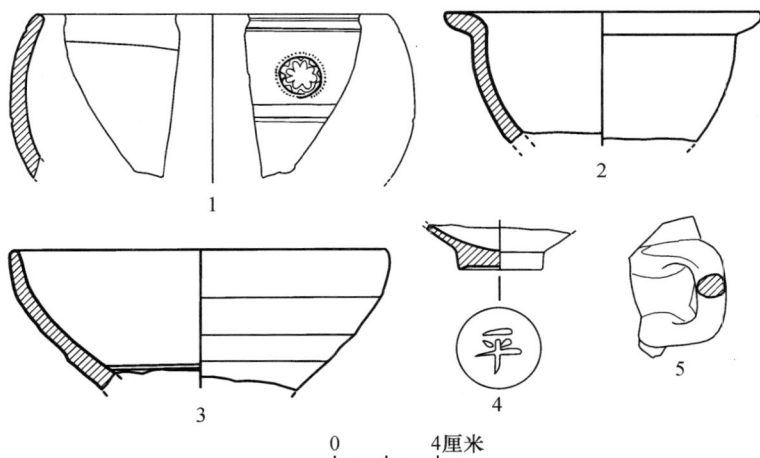

图二二　北部发掘区③层出土遗物

1.瓷钵（TG2③：2）　2.陶盆（TG1③：2）　3.瓷盆（TG1③：1）　4.瓷碗（TG1③：3）
5.竖耳（TG2②：1）

三、遗迹及出土遗物

（一）南部发掘区

姚家坝遗址南部发掘区为明清和唐宋时期遗址区，共发现灰坑5个，灰沟1条。其中唐宋时期的灰沟1条（G1）；明清时期的灰坑3个（H1、H2、H3）；近代灰坑2个（H4、H5）。

1.唐宋时期遗存

灰沟　1条（G1）。横跨T1512、T1513、T1413、T1313四个探方，开口于第5层下，打破生土。G1未全部揭露，完整形状不明，推测为不规则长条形。沟的北壁规整，为斜壁，南壁不规则，有斜有直，沟底起伏较大。暴露长度13.23米，宽度最大4米，方向95°。灰沟内部分为高台和凹坑两部分：高台在南端，深25～55厘米；凹坑在北端，深50～85厘米。高台部分起伏较大，凹坑部分大体斜平（图二三）。

沟内填灰褐色土，土质较硬，结构紧密，颗粒细小，与第5层土相似。灰沟上部较纯净，无包含物，沟底凹坑中出土大量瓦片、瓷片、石块等遗物。G1出土遗物有瓷盘、瓷罐、瓷盆、瓷碗、器物把手和陶垫等。

瓷盘　2件。

G1：1，灰胎，外表红褐色，未施釉。敞口，尖唇，窄平沿，浅腹，大平底。素面。口径16.4、底径14、高1.7、厚0.5～0.8厘米（图二四，1）。

G1：4，瓷盘底，红胎，青釉。上部残失，直腹，大平底内凹。近底部有1周凹弦纹。底径14.8、残高1.8、厚0.6～1.1厘米（图二四，5）。

瓷罐　1件（G1：7）。口沿、红褐胎，青釉。敛口，圆唇，斜肩，下部残失。素面。残高7.2、残宽8.8、厚1～1.6厘米（图二四，3）。

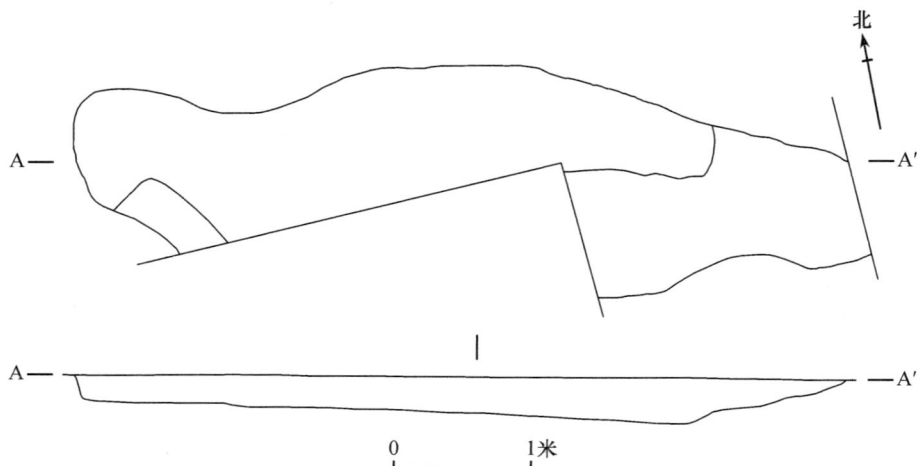

图二三　南部发掘区G1平、剖面图

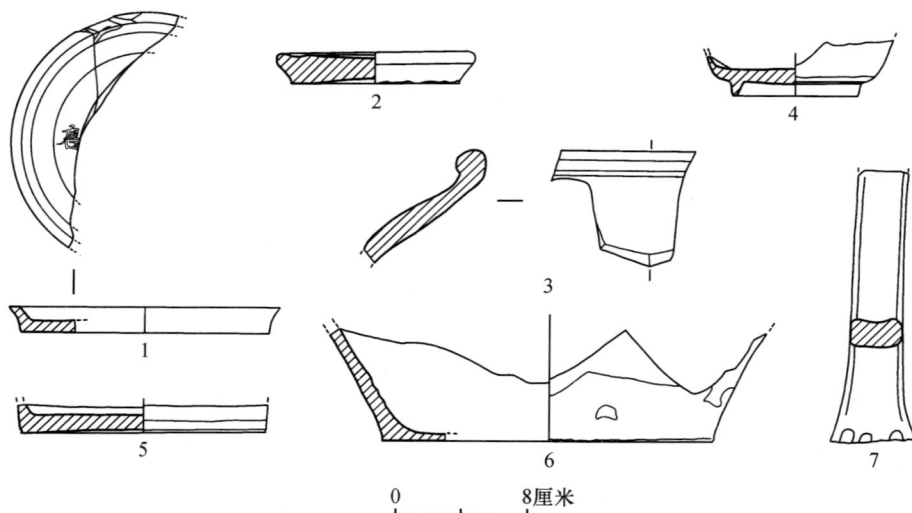

图二四　南部发掘区G1出土遗物

1、5. 瓷盘（G1：1、G1：4）　2. 陶垫（G1：2）　3. 瓷罐（G1：7）　4. 瓷碗（G1：6）　6. 盆底（G1：3）
7. 把手（G1：5）

瓷盆　1件（G1：3）。盆底，红褐胎，青白釉。上部残失，斜腹，平底。素面，外施半釉。底径20、残高6.8、厚0.6～0.8厘米（图二四，6）

瓷碗　1件（G1：6）。碗底，灰白胎，青釉。上部残失，斜弧腹，矮圈足。通体施釉，圈足根部有1周极细凹弦纹。底径7.6、残高3.6、厚0.2～1厘米（图二四，4）。

青瓷把手　1件（G1：5）。灰胎、青釉。长条形，弧度较小，断面近圆角方形，底部有3个小凹窝。残长17.2、宽3～5.2、厚0.4～1.8厘米（图二四，7）。

陶垫　1件（G1：2）。泥质红陶。圆唇，正面微下凹，边缘有1周宽凹槽，周边微内收，大平底内凹。顶径12、底径10.2、厚1.2～2厘米（图二四，2）。

2. 明清时期遗存

灰坑　3个。

H1　位于T1011的西北部，部分延伸至T0911，开口于第3层下，打破生土。坑口形状不规则，斜壁，近圜底。最长径约326、宽106～174、深40厘米（图二五）。

坑内填灰褐色土，土质较软，结构疏松。包含物主要有瓷片、石块、瓦片等，可辨器形有盆、瓷把手等。

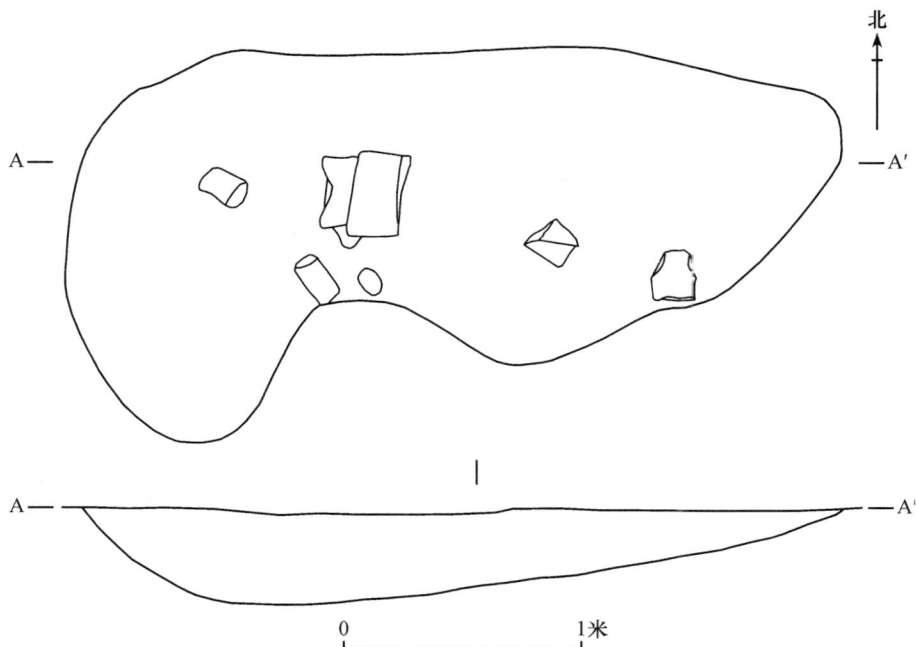

图二五　南部发掘区H1平、剖面图

瓷盆　1件（H1∶1）。口沿，红褐胎，青釉。敞口，圆唇，折沿，斜弧腹，以下残失。素面。残高2.5、残宽6.3、厚0.55～0.7厘米（图二七，5）。

H2　位于T1311东北角。开口于第3层下，打破生土。坑口形状呈不规则的椭圆形，斜壁，近圜底，底部稍有不平。长径315、短径234、深30厘米（图二六）。

坑内填灰褐色土，土质较软，结构较疏松。包含物较多，有一些碎砖、瓦片、瓷片以及炭渣等，可辨器形有盆、盘、罐、碗等。

瓷盆　1件（H2∶1）。灰胎，青釉。口微敛，圆唇，斜腹较深，大平底内凹。

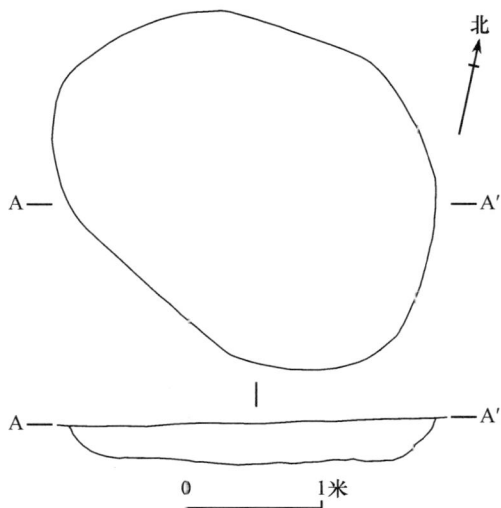

图二六　南部发掘区H2平、剖面图

上腹部残留一横耳状錾手。素面，腹部施釉未到底。口径39、底径25.8、高16.2、厚0.6～1.1厘米（图二七，1）。

瓷盘　1件（H2：2）。红褐色。大敞口，方唇，宽沿斜折，浅斜腹，大平底内凹。素面。口径16、底径10.4、高3.6、厚0.4～0.6厘米（图二七，2）。

瓷碗　1件（H2：4）。碗底，白胎，青绿釉。上部残，斜腹，矮圈足。素面。底径5.4、残高2.2、厚0.4～1.1厘米（图二七，3）。

瓷罐　1件（H2：5）。腹片，红褐胎，青釉。上、下残失，仅余腹片，较直。外表有3周凸棱，中间1周按压成齿状。残高7.4、残宽6.7、厚0.5～1.1厘米（图二七，4）。

铜钱　1件（H2：3）。圆形方孔，为"乾隆通宝"（图二七，6）。

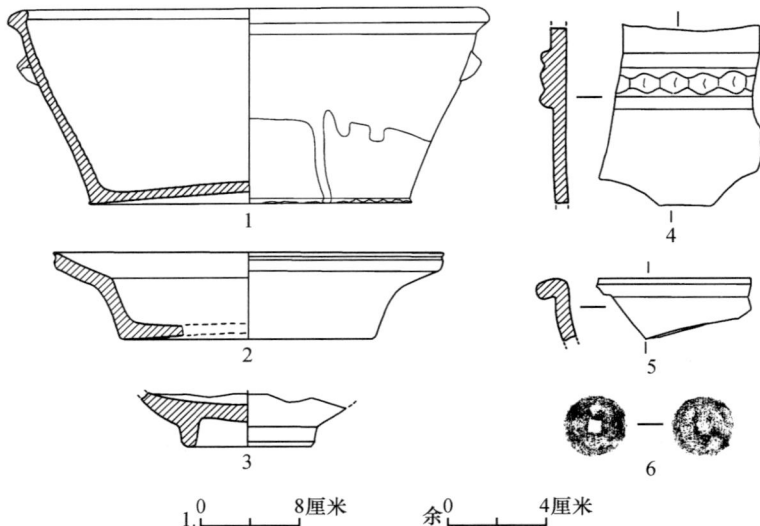

图二七　南部发掘区H1、H2出土遗物

1.瓷盆（H2：1）　2.瓷盘（H2：2）　3.瓷碗（H2：4）　4.瓷罐腹片（H2：5）　5.瓷盆（H1：1）　6.铜钱（H2：3）

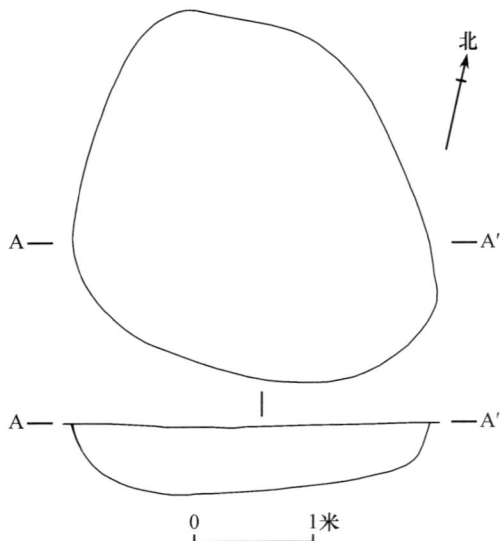

图二八　南部发掘区H3平、剖面图

H3　位于T1310西南角，向西、向南分别延伸至T1210、T1209、T1309内，开口于第3层下，打破生土。坑口呈不规则的椭圆形，斜壁，圜底近平。长径340、短径290、深65厘米（图二八）。

坑内填灰褐色土，夹杂生土块，土质较软，结构疏松，填土湿度较大。填土内包含物较多，有砖块、瓦片、瓷片、炭屑等，可辨器形有瓷罐、瓷盘、瓷盆等。

瓷罐　1件（H3：1）。褐胎，青黄釉。敛口，尖圆唇，窄沿，斜长肩，鼓腹，底部残失。上腹部有1周腰檐痕迹，大部分残失。口径13.6、最大腹径30.8、残高27.8、厚0.4～0.8厘米（图二九，1）。

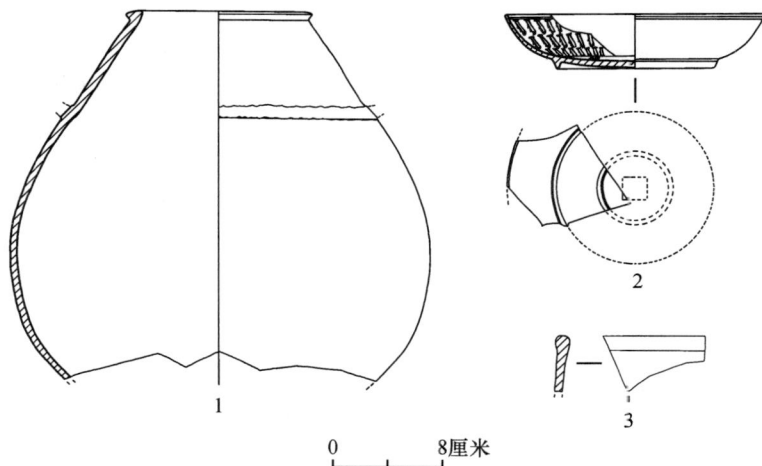

图二九　南部发掘区H3出土遗物

1. 瓷罐（H3：1）　　2. 瓷盘（H3：2）　　3. 瓷盆（H3：3）

瓷盘　1件（H3：2）。白胎，蓝白釉，青花。大敞口，弧腹，矮圈足。通体施釉，内壁有青花纹样。口径19、底径11.6、高4.1、厚0.2～0.5厘米（图二九，2）。

瓷盆　1件（H3：3）。盆口，灰胎，青黄釉，内饰白色化妆土。直口，圆唇，直腹，下腹及底残失。素面。残高4.2、残宽7.6、厚0.6～1.1厘米（图二九，3）。

（二）北部发掘区

姚家坝遗址北部发掘区的第3、4层为明清时期堆积，第5层的年代不早于六朝，第6层为商周时期的堆积。发掘商周时期房址2座、灰坑1个和灰沟1条，唐宋时期的灰坑1个。

1. 商周时期遗存

（1）房址　2座。

F1　坐落在浦里河南岸的斜坡上，坡度为14°，位于北部发掘区TG2与TG4中部，开口于⑥层下，打破生土并被G2打破。

F1已被破坏，只发现17个柱洞，编号为D1～D17（表四）。柱洞排列规律性不强，布局不甚清晰（图三〇）。较有规律的柱洞有两排，即东西方向的D2、D3、D4、D5、D6、D17和南北方向的D15、D16、D17，应为房址的东南部。其中D17为一较大柱洞，应为屋角的承重柱；D2、D3、D16体积也较大，也应为承重柱，D16可能是门的位置所在；剩余的D7、D11、D12以及D1、D4、D5、D6应为支撑柱，D8、D9、D10、D13和D14为疑似柱洞。F1残长7、残宽3米，方向100°，残存面积为18平方米。结构应为吊脚楼或干栏式建筑，现存南排柱洞即吊脚楼位置较低的一端（图版四，2）。

表四 北部发掘区F1、F2柱洞统计表

编号	归属	形状	结构 壁	结构 底	尺寸（厘米）长	尺寸（厘米）宽	尺寸（厘米）深	出土遗物	备注
D1	F1	方	直	平	22	18	6	陶片	疑似柱洞
D2	F1	椭圆	直	平	33	24	18	陶片	柱坑南侧被破坏
D3	F1	圆	斜直	圜	16	16	35	玉玦	填土纯净
D4	F1	上方底椭圆	斜	平	30	20	40	陶片	填土较纯净
D5	F1	上圆底椭圆	斜	斜	32	28	25～33		
D6	F1	椭圆	斜	近平	30	11	26～28	陶片	
D7	F1	圆	斜	尖	16	16	30	陶片	
D8	F1	方	斜	近平	18	10	17		疑似柱洞
D9	F1	长方	直	平	23	10	7	陶片	疑似柱洞，太浅
D10	F1	长方	斜	平	16	12	6		疑似柱洞，太浅
D11	F1	圆	斜	圜	20	20	10	陶片	
D12	F1	圆	斜	尖	15	15	21	陶片	
D13	F1	不规则	直	平	40	18	16	陶片	疑似柱洞，边界不清
D14	F1	近方	直	平	18	14	6	陶片	疑似柱洞，边界不清
D15	F1	近圆	斜	平	23	20	23	陶片	
D16	F1	圆角方形	斜直	圜	22	16	54		
D17	F1	方	近直	平	15	15	23	陶片	
D18	F2	上方底圆	斜	平	28	28	23	陶片	
D19	F2	上方底圆	直	平	27	27	22		
D20	F2	不规则	斜	平	34	10	12	陶片	疑似柱洞，边界不清
D21	F2	长方	斜	尖	22	18	55		
D22	F2	圆	斜	圆	8	8	25		
D23	F2	圆	斜	圆	9	9	25	陶片	
D24	F2	方	斜	平	25	25	10	陶片	疑似柱洞，边界不清
D25	F2	圆	直	圆	18	18	34	陶片	柱坑破坏变大
D26	F2	近圆	斜	圆	22	18	20	陶片	柱坑破坏变大
D27	F2	椭圆	斜	圆	24	12	25	陶片	疑似柱洞，形状不规则
D28	F2	圆	斜	圆	13	13	28	陶片	柱坑破坏变大
D29	F2	椭圆	斜	圆	48	32	53	陶片	柱洞被破坏变成椭圆
D30	F2	椭圆	斜	圆	32	20	50	陶片	柱洞被破坏变成椭圆
D31	F2	不规则	斜	圆	38	18	10	陶片	应为沟中部分，疑似柱洞
D32	F2	圆	斜	圆	22	20	6		疑似柱洞，太浅、边界不清
D33	F2	圆	斜	圆	20	20	7		疑似柱洞，太浅填土无差别
D34	F2	圆	斜	圆	20	20	15		疑似柱洞，边界不清

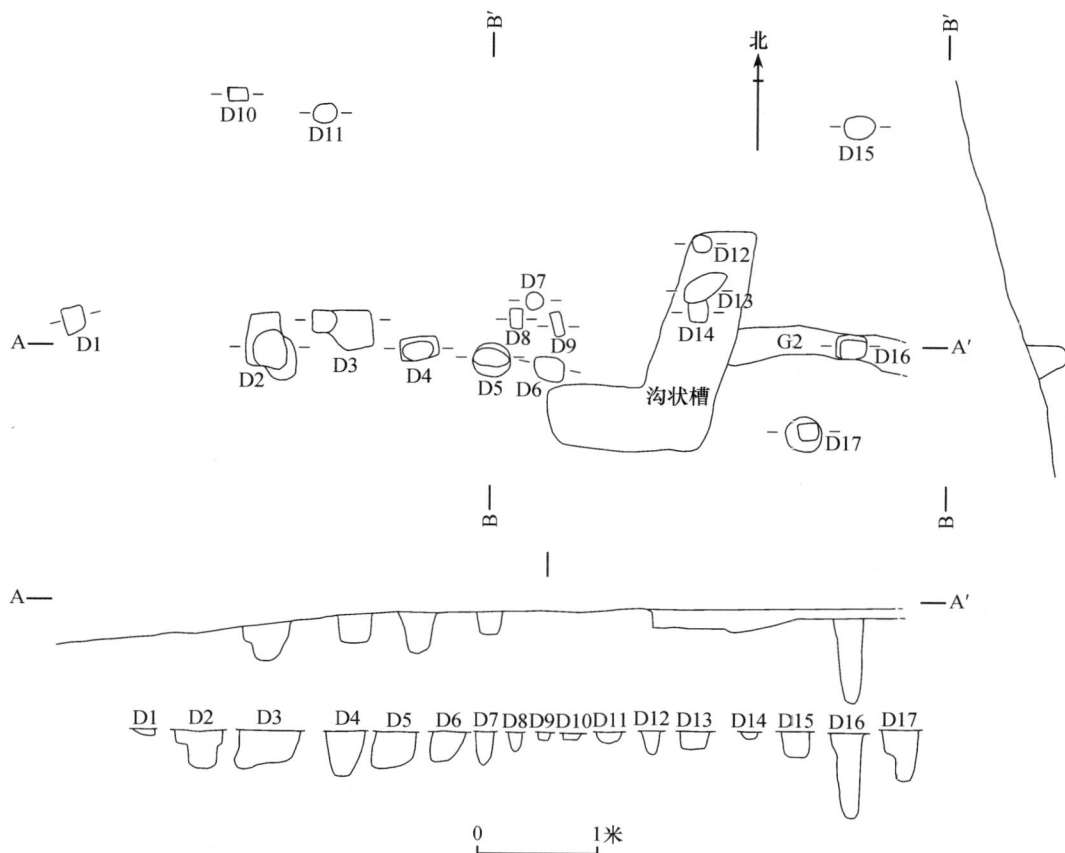

图三○　北部发掘区F1平、剖面图

　　F1东部有一条拐尺状的坑，类似基槽，打破G2，而G2又打破F1，年代晚于F1，应为F1废弃后形成的。

　　F1部分柱洞保存较好，如D2为椭圆形，有柱坑，柱洞为直壁、平底，直径为24～33厘米，深18厘米；柱坑为长方形，斜壁、圜底，长50、宽20、深34厘米。柱洞底部铺垫有陶片，柱坑内部与柱洞之间的填土夹杂有碎陶片。挂测其建筑方法为先挖柱坑，后在底部铺垫陶片作为柱础，立柱后在空隙内填充混有碎陶片的土夯实。D3、D6、D11、D17也为此法建成，但痕迹不明显。而D3、D5和D6则存在柱洞斜入西壁的现象，因为F1废弃后支撑柱倾斜所致。此外D4、D7、D12、D15和D17内的陶片偏于上层，且陶片较大，这些柱洞内的陶片以及D3出土的残玉玦应为F1废弃后第6层遗物的填充。

　　根据F1的开口层位及出土遗物，推断其年代为商周之交或西周早期，其废弃年代根据第6层的陶片分析，也应为这一时期。F1出土残玉玦1件（图三一，6），陶片多细碎，未挑选标本。

　　玉玦　1件（F1∶1）。残，青绿色。圆环状，正面在边缘磨出斜面，背面平整；外径2.4、顶径2.1厘米，内径不规整，残余最长1、厚0.22厘米（图三一，6）。

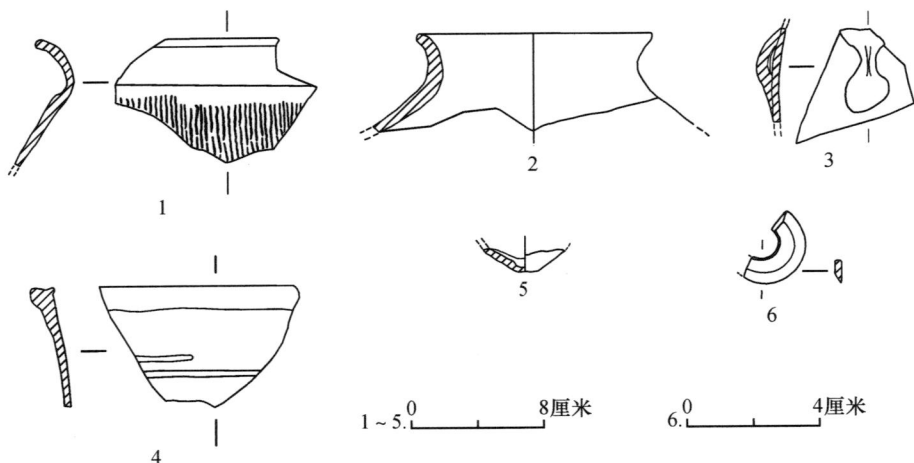

图三一　北部发掘区F1、F2出土遗物

1、2.陶罐（F2：1、F2：5）　3.竖耳（F2：2）　4.陶盆（F2：3）　5.尖底杯（F2：4）　6.玉玦（F1：1）

F2　地处浦里河南岸的斜坡上，东西斜度6°～7°，南北斜度为12°～13°，位于TG4北部，开口于第6层下，打破生土，并被G2打破。

F2已被破坏，共发现17个柱洞，编号为D18～D34（表四）。柱洞排列略有规律，但房屋布局不甚清晰（图三二）。大致由两排柱洞构成，即东北—西南走向的D21、D19、D18、D22、D23和西北—东南走向的D24、D25、D27、D29、D30。其中D21是F2中最深的柱洞，D25、D29、D30也相对较大，可能为承重柱，而D18、D19、D22～D24、D27可能为支撑柱，据此推测D24西北方向还应有一大的承重柱，可惜位置偏高已被破坏，D26和D28可能是屋角的支撑柱。D20、D32、D33、D24、D27、D34为疑似柱洞。F2残长4.5、宽3.2米，残存面积14.4平方米，方向20°。应为吊脚楼或干栏式建筑（图版四，2）。

F2柱洞皆上部较大，下部很小。上部多为方形或圆形，下部为椭圆形，如D25～D30，柱洞现存上部很大，似有柱坑，柱洞位于柱坑一侧，柱坑形状也不甚规则。结合现场东北最高，西南偏低的情形，初步分析D25～D30的柱坑可能在房屋建造时并不大，现存状况应是后期破坏的结果。此外，D22、D23、D26～D30这几个柱洞皆有倾斜的现象，应是立柱倾斜所致。

F2的柱洞内多数有陶片，大部分陶片可能为建筑时作为柱础或填实空隙所用，如D30。而少数偏上部较软的填土内出土的陶片，应是F2废弃后填埋的结果。

F2上部出土较多的陶片，采集标本5件，器形有罐、盆和尖底杯等（图三一）。

罐　3件。

F2：1，罐口沿。夹细砂灰陶。侈口，圆唇，卷沿，束颈，斜腹，以下残失。腹部饰中绳纹。残高7.6、残宽6、厚0.4～0.8厘米（图三一，1；图版五，7）。

F2：5，罐口沿。夹细砂灰陶。侈口，圆唇，卷沿，束颈，斜腹，以下残失。素面。口径14、残高5.6、厚0.5～1厘米（图三一，2）。

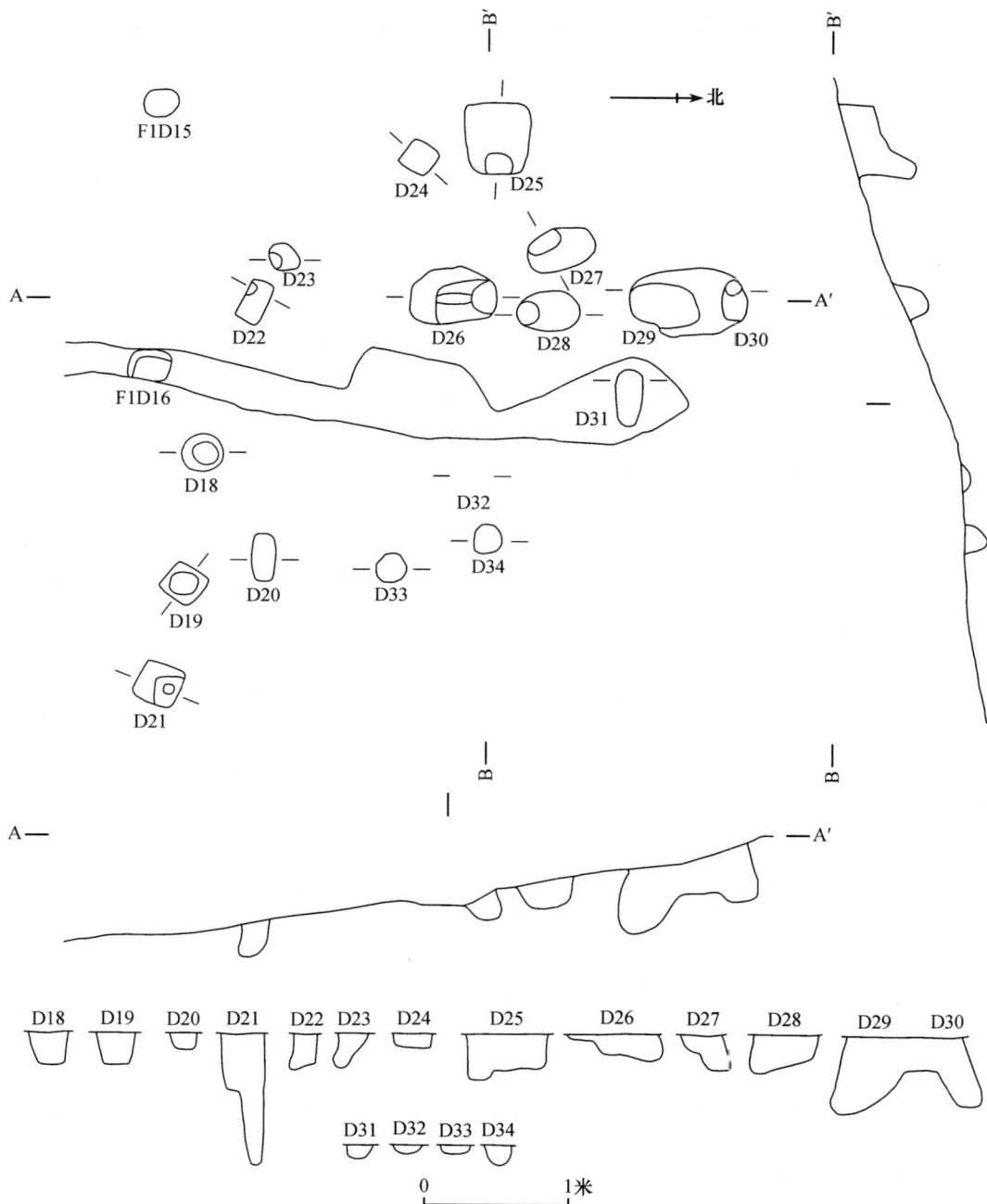

图三二 北部发掘区F2平、剖面图

F2：2，竖耳。夹细砂红褐陶。上下残失，微弧，上有一竖耳。残高7.1、残宽7.1、厚0.4厘米（图三一，3）。

盆口沿　1件（F2：3）。夹细砂黄褐陶。敞口，圆唇，平折沿，宽沿面上有一凹槽，斜壁，外表有两周凹痕。残高7.4、残宽6、厚0.4～1.4厘米（图三一，4）。

尖底杯　1件（F2：4）。夹细砂黄褐陶。上部残失，炮弹形，斜腹，尖底。底径1.1、残高1.4、厚0.3～0.4厘米（图三一，5）。

（2）灰坑　1个。

H7　位于TG1中部，开口于⑤c层下，打破生土。坑口形状不规则，西部被河流冲毁，斜壁，底近平，坑壁未经加工（图三三）。残存部分长径440、短径270、深27～35厘米。

坑内填土分2层，第1层土质土色与⑤c层相近，颗粒细小，有砂性，包含物主要是陶片，另有少量石块；第2层为灰褐色土，土质较硬，结构紧密，较纯净，有水锈和膏泥等痕迹，包含物少，但出土的陶片较大，可辨认器形有高领壶、花边釜、罐、尖底杯等。

根据H7的开口层及出土遗物分析，其时代与F1、F2同时，位置靠近河边，可能为人们取水之处，较大的陶器则为当时取水时落入。H7挑选标本3件，其中尖底杯底部2件，壶口沿残片1件（图三三），均出自灰坑的第2层。

尖底杯　2件。

H7：1，尖底杯底部，夹细砂黑陶。上部残失，炮弹形，鼓腹，尖底。近底部有短细线绕底部一周。残高11.4、厚0.3～0.7厘米（图三三，2）。

H7：3，尖底杯底部。夹细砂黑陶。上部残失，炮弹形，斜弧腹，尖底。底部有两周凹痕，近底部残留1道短细刻线。残高6.8、厚0.1～0.6厘米（图三三，1；图版五，1）。

陶壶口沿　1件（H7：2）。夹细砂黑陶。直口微侈，尖圆唇，高束颈，下部残失。颈下部有1周凹弦纹。口径8.8、残高9、厚0.2～0.4厘米（图三三，3）。

（3）灰沟　1条。

G2　位于TG4中部偏北，开口于第6层下，打破F1、F2及生土。G2位于坡上，整体上东高西低，开口为不规则的长条形，沟壁不规整，沟底不甚平整（图三四）。长490、宽20～55、深10～20厘米，方向98°。

G2的填土和第6层土相同，黑灰色，土质较软，结构紧密，颗粒细小，包含物有陶片、红烧土、木炭颗粒、石块等，可辨认器形有花边釜、罐、素沿釜、钵等，陶片不多且较为细碎。G2可能是房子废弃后的自然冲沟。

2. 唐宋时期遗存

唐宋时期的遗迹只发现1个灰坑。

H6　位于TG1的西南角，开口于第3层下，打破第4层。灰坑西缘被河水冲垮，原状不明，据现状推测应为一长方形，近直壁，底部为倾斜的平面（图三五）。长240、宽120、深25～60厘米。

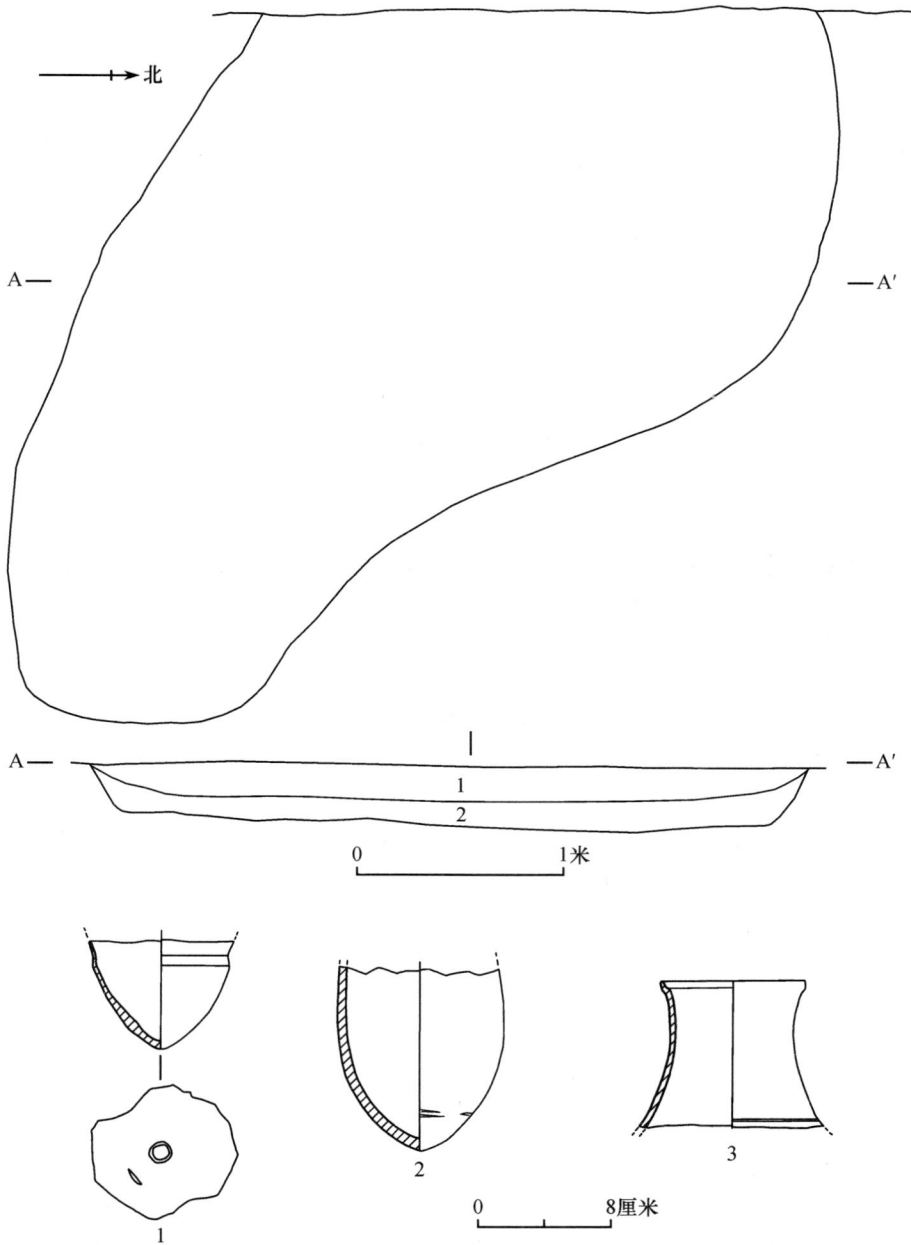

图三三 北部发掘区H7平、剖面图和出土遗物
1、2.尖底杯（H7∶3、H7∶1） 3.陶壶（H7∶2）

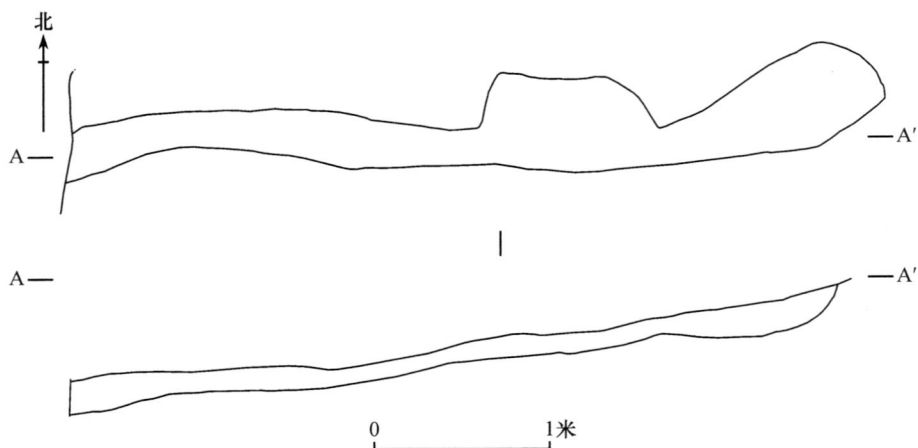

图三四　北部发掘区G2平、剖面图

坑内填黑褐色土，土质较硬，结构紧密，包含大量草木灰颗粒。堆积内出土较多的瓦片、陶片、瓷片、兽骨等。可辨器形有陶碟、陶砚、瓷碟及青瓷碗等。

陶器　3件。

陶盘　1件（H6：1）。泥质灰陶。器形较小，敞口，斜腹较浅，小平底微内凹。素面。口径8.8、底径4、高2.65、厚0.4～0.6厘米（图三五，1）。

把手　1件（H6：7）。夹细砂黄褐陶。弯曲柱状。素面。残长8.1、柄径1.0～2.5厘米（图三五，7）。

陶砚　1件（H6：3）。残，泥质黑灰陶。上大底小，上面呈方形，中部内凹，平底，底面及四缘光滑，侧视略呈等腰梯形。正凹面周围及剩余3个侧面隐约有单阴线刻划纹。有纹饰面长5.2、残宽2.7厘米，光滑面长4.6、残宽2厘米，厚1.45厘米（图三五，5）。

瓷器　4件。

瓷盘　1件（H6：2）。灰胎，内施青釉，外表灰色未施釉。器形小，敞口，圆唇，宽沿面外斜，浅腹，腹微内收，平底内凹。素面。口径8.5、最宽9.2、底径4、高2.8、厚0.3～1厘米（图三五，2）。

圈足　1件（H6：5）。青釉瓷，灰胎。上部残失，仅余竹节状圈足。底径5.8、残高3.2、厚0.2～0.35厘米（图三五，6）。

罐底　1件（H6：6）。红褐胎，青釉。上部残失，斜腹，平底微内凹。底径11、残高2.5、厚0.35～0.5厘米（图三五，4）。

碗底　1件（H6：4）。白胎，青釉。上部残失，斜弧腹，矮圈足。底径5.2、残高3.8、厚0.3～1厘米（图三五，3）。

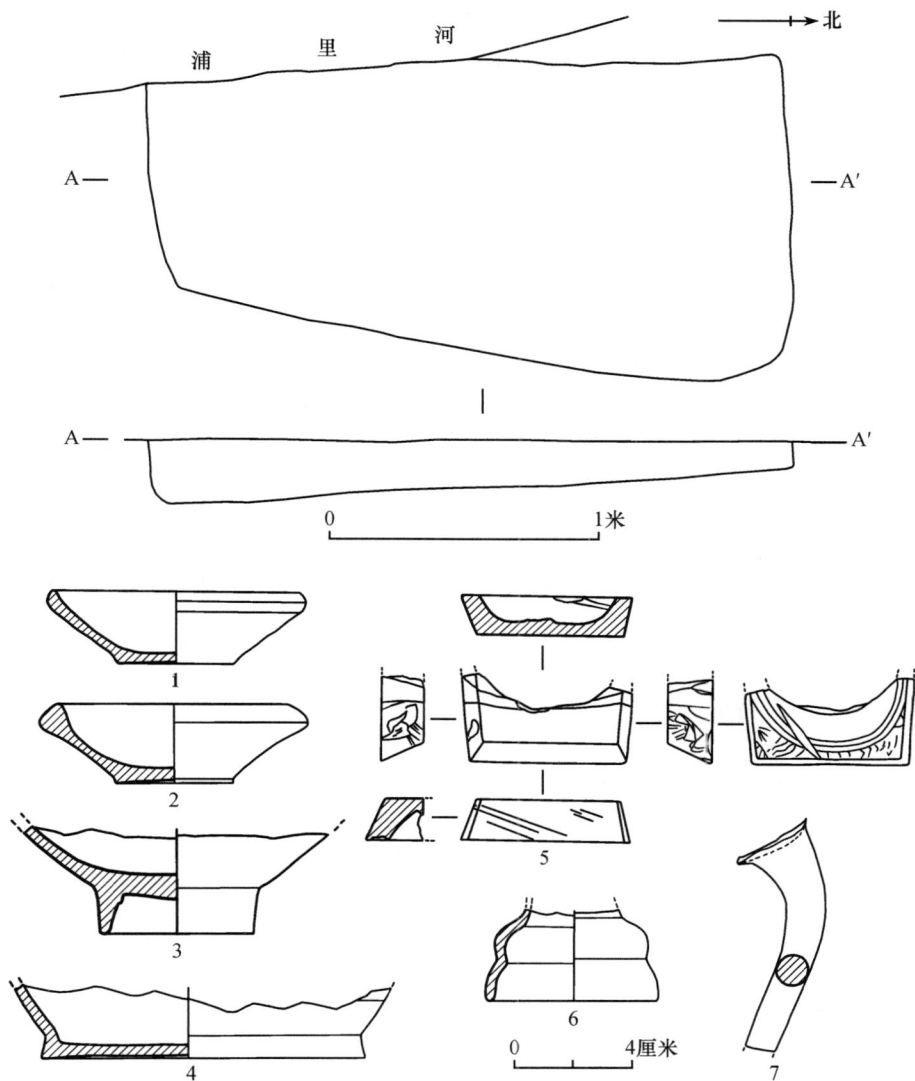

图三五　北部发掘区H6平、剖面图和出土遗物

1.陶盘（H6：1）　2.瓷盘（H6：2）　3.瓷碗（H6：4）　4.罐底（H6：6）　5.陶砚（H6：3）
6.圈足（H6：5）　7.把手（H6：7）

四、结　语

　　姚家坝遗址2008年度的发掘，最重要的收获是发现了商周时期的文化遗存。这是在开州彭溪河流域第一次发现年代早到商周之际的文化遗存。这一类遗存主要分布于临近浦里河的南岸姚家坝台地上。姚家坝整个台地的面积约8万平方米，而商周时期的遗址面积应远小于台地的面积，应主要分布于临近浦里河一侧。虽然发掘面积不大，发现的遗迹数量不多，但由北部发掘区探沟第6层出土的大量商周时期陶片，可以窥过这一类文化遗存的基本文化面貌和特征。

陶器的质地以夹砂陶为主，泥质陶的数量较少。夹砂陶的陶色主要有褐色（含红褐和黄褐）、灰色（含青灰、黑灰和灰褐色）及黑色几种，其中褐色陶数量最多，且器表陶色多数较为斑驳不纯。泥质陶的陶色主要有灰色和褐色两种，以青灰色的数量最多，所占比例近80%。从陶器的器表装饰来看，绝大多数密布各种绳纹。绳纹可以分为粗绳纹、中绳纹和细绳纹三大类，其他纹饰如刻划纹、方格纹和弦纹等的数量极少。素面陶的数量也相对较少，因为发现的完整器物很少，绝大多数为大小不一的陶片，一些素面陶片，可能只是一件绳纹陶器的无纹局部。

陶器的器形种类多样，相对较为复杂，可辨器形者有花边口的釜和罐、尖底杯、尖底盏、钵、壶、罐、盘、纺轮和网坠等。巫山双堰塘遗址[①]在西周文化层中也多发现花边唇的罐（釜）、圜底钵、尖底杯、尖底盏、管状纺轮等，这与姚家坝遗址发现的器物形制极为相似，但双堰塘遗址中多见的陶鬲与圈足器则为姚家坝遗址所少见。忠县中巴遗址[②]，发现的按窝唇罐、辫状唇罐、花边圜底罐、尖底杯等，均可以在姚家坝遗址找到相同或相似的器物形，而忠县中坝遗址发现的细高柄豆等陶器，在姚家坝的此次发掘中则没有发现。花边口沿器物与尖底器形等极具特征的基本文化要素，在重庆三峡地区诸多商周时期的遗址中大量存在。如万州塘坊坪[③]、黄柏溪遗址[④]、麻柳沱遗址[⑤]、奉节新浦[⑥]、陈家坪[⑦]和老油坊[⑧]遗址，忠县瓦渣地[⑨]、哨棚嘴遗址[⑩]，涪陵镇安遗址[⑪]，云阳赵家嘴遗址[⑫]等。渝东地区普遍存在的釜、罐传统则是重庆峡江地区夏商周时期的重要文化特征，与当地的新石器晚期土著文化有一定的继承关系，考古学上

① 中国社会科学院考古研究所长江三峡工作队、巫山县文物管理所：《巫山双堰塘遗址发掘报告》，《重庆库区考古报告集·1999卷》，科学出版社，2006年；中国社会科学院考古研究所长江三峡工作队、巫山县文物管理所：《巫山双堰塘遗址发掘报告》，《重庆库区考古报告集·1997卷》，科学出版社，2001年。

② 四川省文物考古研究所、重庆市文物局三峡办、忠县文物保护管理所：《忠县中坝遗址Ⅱ区发掘简报》，《重庆库区考古报告集·1998卷》，科学出版社，2003年。

③ 重庆市文化局三峡办、陕西省考古研究所三峡考古队：《万州塘坊坪遗址发掘报告》，《重庆库区考古报告集·1998卷》，科学出版社，2003年。

④ 重庆市博物馆、益阳市文物管理处、重庆万州区文物管理所：《万州黄柏溪遗址发掘报告》，《重庆库区考古报告集·1998卷》，科学出版社，2003年。

⑤ 重庆市博物馆、万州区文管所、复旦大学文博系：《万州麻柳沱遗址发掘报告》，《重庆库区考古报告集·1998卷》，科学出版社，2003年。

⑥ 吉林大学考古系、奉节县白帝城文物管理所：《奉节新浦遗址发掘报告》，《重庆库区考古报告集·1997卷》，科学出版社，2001年。

⑦ 吉林大学边疆考古研究中心、重庆市文化局、奉节县白帝城文物管理所：《奉节陈家坪遗址发掘报告》，《重庆库区考古报告集·2002卷》，科学出版社，2010年。

⑧ 吉林大学考古系、重庆市文化局、奉节县白帝城博物馆：《奉节老油坊遗址考古发掘报告》，《重庆库区考古报告集·1998卷》，科学出版社，2003年。

⑨ 北京大学考古系三峡考古队、忠县文物保护管理所：《忠县瓦渣地遗址发掘简报》，《重庆库区考古报告集·1998卷》，科学出版社，2003年。

⑩ 北京大学考古文博院三峡考古队、重庆市三峡库区田野考古培训班、忠县文物管理所：《忠县瓷井沟遗址群哨棚嘴遗址发掘简报》，《重庆库区考古报告集·1997卷》，科学出版社，2001年；江章华、颜劲松、唐飞等：《重庆市忠县哨棚嘴遗址商周时期遗存2001年发掘报告》，《成都考古发现（2001年）》，科学出版社，2003年。

⑪ 北京市文物研究所三峡考古队、重庆市涪陵区博物馆：《涪陵镇安遗址发掘报告》，《重庆库区考古报告集·1998卷》，科学出版社，2003年。

⑫ 成都市文物考古研究所、绵阳市博物馆、重庆市文化局等：《云阳赵家嘴遗址发掘报告》，《重庆库区考古报告集·2002卷》，科学出版社，2010年。

多称之为"巴文化"或"早期巴人遗存"①。

三峡地区夏商周时期的遗址，由西向东排列，主要有江津王爷庙，渝北区朝阳河嘴、丰都黄柳嘴、凤凰嘴、麻柳嘴、农花庙、玉溪坪，忠县眢井沟、杜家院子、瓦渣地、哨棚嘴、崖脚，云阳东阳子、李家坝，奉节新浦、老油坊，巴东官渡口、红庙岭、秭归庙平、旧州河、朝天嘴、下尾子、徐家冲、长府沱，宜昌路家河、白庙子、中堡岛、下案溪、伍厢庙、三斗坪等②。相比较上述商周时期的遗址而言，姚家坝遗址北部发掘区第6层出土的器物组合更为简单，器形种类和数量也更少一些，与瓦渣地遗址、涪陵镇安遗址的器型及组合情况较为接近；而发现的两座类似干栏式房屋建筑，在黄柏溪遗址、奉节新浦等遗址中也有发现。四川盆地是一个相对独立的历史自然地理和历史人文单元，有学者将区域内的青铜时代考古学文化分为四期，第三期遗存以忠县眢井沟遗址群瓦渣地遗址大量花边深腹圜底釜（罐）为特征的遗存为代表，其年代为商周之际③。姚家坝遗址以北部发掘区第6层和H7为代表的一类遗存，年代与之相当，大约为商周之际。当然，由于姚家坝发掘面积较小，发掘的位置这一时期遗存并不十分丰富，发现的遗迹很少，陶片虽然发现得很多，但缺少完整或可以复原的陶器，尤其是没有发现墓葬和出土较多遗物的灰坑等遗存。所以，姚家坝遗址北区第6层及相关遗迹所反映的文化面貌，可能只是这一时期遗存整体文化面貌的一部分，我们寄希望于今后对姚家坝遗址进行更大面积的考古发掘，以获取更多的实物资料。

姚家坝遗址出自F1柱洞和TG4⑥层中的2件木炭样品，由北京大学^{14}C实验室进行的加速器质谱（AMS）测试，结果为：F1柱洞中的木炭样品^{14}C测定年代为3865±50BP，高精度树轮校正后的年代为2460BC（68.2%）2280BC和2470BC（95.4%）2190BC；TG4第⑥层出土的木炭样品，^{14}C测定年代为2745±35BP，高精度树轮校正后的年代为920BC（68.2）835BC和980（95.4%）810BC。F1柱洞的木炭样品年代已进入新石器时代晚期，似嫌过老。而TG4第⑥层样品的年代，则与上文推定的姚家坝遗址北部发掘区的年代吻合。

南部发掘区文化堆积和北部发掘区上层文化遗存可以相对应，均经过了几个类似的发展阶段。

南部发掘区南侧的第3层、北侧的第4层和北部发掘区的第3层，出土较多的典型青花瓷片及盆、罐等陶容器，时代相仿，应为明清时期。开口于第3层下的H1、H2、H3等遗迹，时代与第3层一致，同属明清时期。如H3出土的瓷盘（H3：2），形制与大昌古城④出土A型青花瓷盘（AT2010④A：21）纹饰、造型基本一致；T1210③：1瓷把手与大昌古城⑤的A型陶灯（DT1007③d：31）的柄部造型一致；T1113第3层出土的擂钵，在诸多明清时期的遗址中较为习见；同时，第3层中出土的钱铭为"万历通宝"及

① 俞伟超：《先楚与三苗文化的考古学推测》，《文物》1980年10期。
② 杨华：《三峡远古时代考古文化》，重庆出版社，2007年。
③ 孙华：《四川盆地的青铜时代》，科学出版社，2000年。
④ 中山大学人类学系、重庆市文物局、巫山县文物管理所：《巫山大昌古城遗址发掘报告》，《重庆库区考古报告集·2000卷》，科学出版社，2007年。
⑤ 中山大学人类学系、重庆市文物局、巫山县文物管理所：《巫山大昌古城遗址发掘报告》，《重庆库区考古报告集·2002卷》，科学出版社，2010年。

"乾隆通宝"的铜钱，H2中出土的"乾隆通宝"铜钱，也是判定年代的重要证据。此外，可资比较的材料还有巫山跳石遗址的明清时期遗存[①]、奉节陈家坪遗址的明清时期遗存[②]等。

　　南部发掘区南侧的第4层、北侧的第5层以及北部发掘区的第4层，出土遗物数量相对较少。分析开口于上述层位下的G1和H6的出土遗物，其时代应为唐宋时期。H6出土的瓷碟（H6：1）与云阳赵家嘴遗址[③]上层出土的唐宋时期的II式盏（T2708③A：3）造型一致；瓷碟（H6：2）与丰都玉溪坪遗址[④]发现的宋代A型瓷盏（T0320⑥：2）造型一致，同类器物在四川、重庆等地有大量发现，如万州大地嘴遗址[⑤]、涪陵石沱遗址[⑥]等，特别是石沱遗址也出土了与G1出土的陶垫类似的垫饼（T3016⑤：1）。因此，上述地层及遗迹的时代可定为宋代。

　　在明清文化堆积的出土遗物中，部分遗物时代偏早，如T1111③层出土的陶俑，与丰都汇南[⑦]、杜家包[⑧]、巫山麦沱[⑨]等汉代墓葬中多见动物形陶俑类似。结合相邻的古坟包遗址有较多的汉墓存在，同时在发掘区北部的第5层中也出土了汉代的花纹砖等遗物。因此，虽然这一次在姚家坝遗址的发掘中没有发现汉代文化堆积，但不排除在遗址的其他区域有汉代文化遗存的存在。

　　综合考量姚家坝遗址2008年度的发掘资料，主要有以下几点收获和认识。

　　（1）姚家坝遗址分布范围较大，年代跨度长。浦里河南岸的姚家坝台地应为遗址的分布范围，面积约8万平方米。本次发现了明确的商周、唐宋和明清时期的文化层及遗迹，虽然没有发现汉代文化层，但在北部发掘区第5层及南部发掘区的明清地层中出土了零星的汉代遗物，据此可以推断，姚家坝遗址应该分布有汉代遗存。因此，姚家坝遗址的年代跨度很长，包括了商周、两汉六朝、唐宋和明清等多个时期的遗存。

　　（2）开州彭溪河流域新发现的商周时期文化遗存，主要分布于临近浦里河南岸一带区域，从堆积的情况看，可能有相当一部分遗址已被河水冲毁。在发掘的100多平方米范围内，出土陶片数量较多，并发现少量玉石器和较多的自然石块，有的石块上保留着灼烧痕迹。同时发掘出一些房址和灰坑、灰沟等遗迹，表明姚家坝遗址靠近浦里

① 南京博物院考古研究所、重庆市文化局、巫山县文物管理所：《巫山跳石遗址第二次发掘报告》，《重庆库区考古报告集·1998卷》，科学出版社，2003年。

② 吉林大学边疆考古研究中心、重庆市文化局、奉节县白帝城文物管理所：《奉节陈家坪遗址发掘报告》，《重庆库区考古报告集·2002卷》，科学出版社，2010年。

③ 成都市文物考古研究所、绵阳博物馆、重庆市文化局等：《云阳赵家嘴遗址发掘报告》，《重庆库区考古报告集·2002卷》，科学出版社，2010年。

④ 重庆市文物考古所：《丰都玉溪坪遗址发掘简报》，《重庆库区考古报告集·1999卷》，科学出版社，2006年。

⑤ 青海省文物考古研究所、重庆市文物考古所、南京师范大学文博系：《万州大地嘴遗址发掘简报》，《重庆库区考古报告集·1998卷》，科学出版社，2003年。

⑥ 北京市文物研究所三峡考古队、重庆市涪陵区博物馆：《涪陵石沱遗址发掘报告》，《重庆库区考古报告集·1998卷》，科学出版社，2003年。

⑦ 四川省文物考古研究所、丰都县文管所：《丰都汇南墓群发掘报告》，《重庆库区考古报告集·1998卷》，科学出版社，2003年。

⑧ 重庆市博物馆：《丰都杜家包汉墓群发掘简报》，《重庆库区考古报告集·1999卷》，科学出版社，2006年。

⑨ 重庆市文化局、湖南省文物考古研究所、巫山县文物管理所：《巫山麦沱古墓群第二次发掘报告》，《重庆库区考古报告集·1998卷》，科学出版社，2003年。

河的区域，应该是商周时期面积较大的一处以居住为主的聚落。姚家坝遗址发现的商周遗存，是迄今为止开州境内年代最早的文化遗存，把彭溪河中上游地区的历史由战国晚期提前到商周之际，为将来在当地寻找同时期甚至更早的文化遗存提供了一个可以参照的坐标，对整个三峡地区的考古研究也具有重要意义。

（3）从文化堆积上看，北部发掘区的第4层唐宋遗存和第6层商周遗存所代表的两个时期，分别包含了不同类别的聚落构成要素，应是当地历史上人们先后居住于此地的两个阶段。而第4层与第6层之间，可能由于自然原因形成了第5层堆积。在第5层堆积中，土壤的水锈痕迹较明显，有可能与河水的冲刷和淤积有关。再加包含物较为杂乱，对于研究这一地区的古代环境和河流变迁等也具有一定价值。

（4）姚家坝遗址的海拔高度在三峡库区175米淹没线以下，尤其西北部河边区域，海拔高度仅有160米，且浦里河对面由于建设现代工业园，大幅度地垫高河北岸的地面，使得河流向南侵蚀和冲刷的力度加大，有可能使浦里河改道，整个遗址则有被冲毁的危险。因此，本次对浦里河边的姚家坝遗址商周时期遗存的发掘，就显得尤为重要。

姚家坝遗址的发掘，得到了重庆市文化局、开县文管所和赵家镇政府及明远村、姚家村群众的大力支持和协助，使得发掘工作得以顺利进行，在此谨向以上单位表示诚挚的感谢。报告后期整理过程中，山东大学的袁波文和阴瑞雪，河北师范大学的贾领、黄梦雪、黄彤君和胡文俊等，协助后期图片的处理、排版、文字校对及发掘资料的电子化等工作，在此一并致谢。

领　　队：栾丰实
执行领队：崔英杰
发掘人员：崔英杰　郭明建　聂　政
　　　　　刘志标　闫启新　王可兴等
摄　　影：崔英杰　郭明建
绘　　图：崔英杰　郭明建
拓　　片：刘志标　闫启新
执　　笔：
崔英杰（河北师范大学历史文化学院）
栾丰实（山东大学历史文化学院）

The Excavation Report on the Yaojiaba Site in Kaizhou, Chongqing

Department of Archaeology, School of History and Culture, Shandong University
Chongqing Municipal Culture and Tourism Development Commission
Cultural Relics Management Office of Kaizhou District

Abstract: The Yaojiaba site is located west of Yaojia village, Zhaojia Street, southwest of Kaizhou, Chongqing, on the south bank of Puli River and about 500 meters northwest away from Zhaojia sub-district office. It was discovered by an archaeological team from Shandong University in the early 1990s. In 2008, the Oriental Archaeology Research Center of Shandong University conducted an archaeological excavation to preserve the cultural relics in the flooded and relocated areas of the Three Gorges Dam. Rich remains of houses, ash pits, and ash ditches were revealed. The Yaojiaba site spans a long period and contains the remains of the Shang, Zhou, Han, Tang, and Song Dynasties. The discovery of abundant pottery, a small number of jade articles, and houses in the Shang and Zhou Dynasties is an early cultural relic found in Kaizhou District. It provides new materials for the study of the history of the Kaizhou District, the distribution of settlements in the Shang and Zhou Dynasties in the Three Gorges region, and the cultural features of the Ba-Shu Civilization.

Key words: The Yaojiaba site, The Shang and Zhou Dynasties, Ba-Shu Civilization

重庆市开州区姚家墓地发掘简报

山东大学历史文化学院考古学系　重庆市文化和旅游发展委员会
开州区文物管理所

内容提要：姚家墓地位于重庆市开县赵家镇浦里河南侧台地上，2008年，为配合重庆市三峡工程淹没及迁建区的文物保护工作，山东大学东方考古研究中心对该墓地进行了考古发掘，发现了汉代残墓一座，同区域内调查采集部分东汉时期的墓砖。此次发掘印证了当地在汉代时期为墓葬集中埋葬区，为从整体上认识汉代浦里河两岸的墓葬分布提供了补充材料。

关键词：姚家墓地　东汉时期　墓葬

一、遗址概况

姚家墓地位于浦里河南岸的河边台地上，东西两侧均为台阶状田坎，当地称作"伍家坝"，向北距浦里河约20米,东北与八古坝隔河相望，西距赵家街道办事处约1200米（图一）。遗址中心坐标为东经108°26′37″，北纬31°05′42″，海拔高度168～172米。由于河水的长期冲刷、整修田地等自然和人为的原因，墓地保存状况极差。

20世纪90年代初，开县文物管理所根据群众提供的线索发现了这一墓地。1994年，山东大学考古系在制订开县三峡工程淹没区地下文物保护规划时，再次调查姚家墓地。2008年5月，受重庆市文化局三峡办委托，山东大学东方考古研究中心承担该年度姚家墓地的发掘工作。复查工作自2008年5月10日开始，发现一定数量的墓砖，形制各样。发掘工作自2008年5月17日开始，2008年5月21日结束，历时5天，布5米×5米的探方四个，发掘面积100平方米（图一），发现汉代砖室墓一座。

二、地层堆积状况

本次发掘的4个探方，编号为T0101、T0102、T0201、T0202，整个发掘区生土之上可分为3层（图二），其中在T0101和T0201两个探方内第2层缺失，下面以T0101和T0102两个探方的西壁为例进行说明。

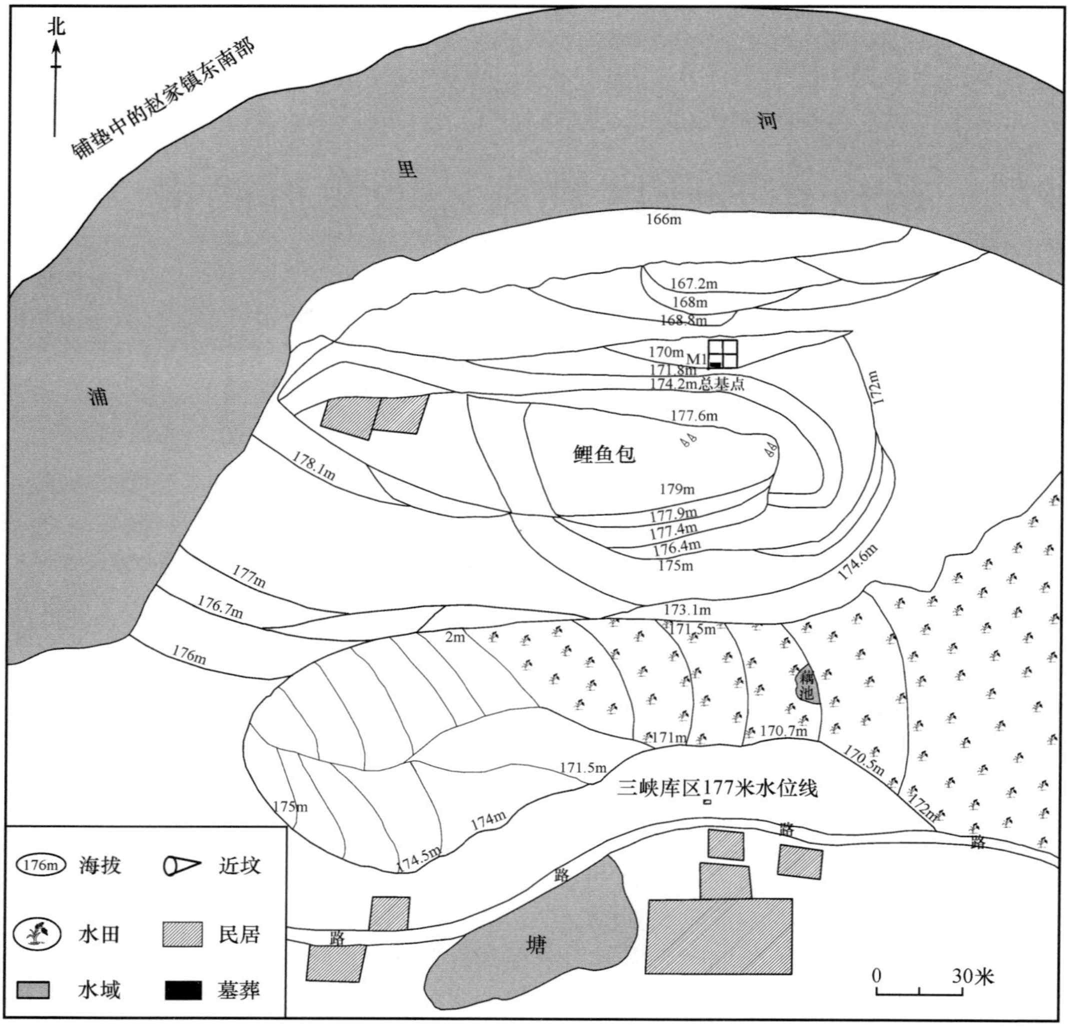

图一 姚家墓地地形和布方图

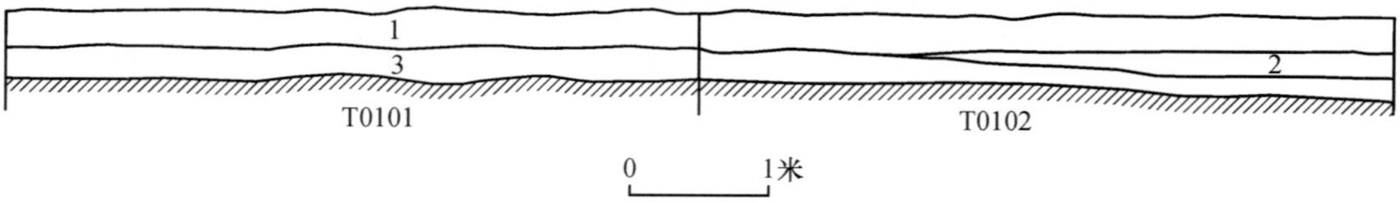

图二 T0101、T0102西壁剖面图

第1层　厚20～25厘米。土色灰褐，结构疏松，土质呈粗颗粒状，包含物有铁钉、塑料制品等，为现代耕土层。

第2层　深20～25、厚0～25厘米。土色浅灰褐色，结构松软，有黄土块和岩石颗粒夹杂，包含物杂乱，有砖块、瓷片、瓦片等，应为近现代冲淤层。

第3层　深20～50、厚14～28厘米。土色黄褐，土质呈细颗粒状，包含物少，偶见青花瓷片，应为明清层。③层下为紫色基岩。

三、文化遗存

此次发掘工作发现文化遗存数量较少，仅发现墓葬1座。

M1　位于浦里河南岸台地上，T0101的南部，开口于③层下，打破紫色基岩层。M1为砖室墓，保存状况极差，仅残存一角，墓壁尚有两层残砖存留。依据现状分析，墓葬原为方形砖室墓（图三）。墓砖主题纹饰为"三联回字"斜向方格纹，字纹正中，为对称线，保存较好的一块墓砖长38、宽19.5、厚8厘米，长宽比例约为1/2（图四，1）。M1的葬具、人骨均不可辨，无随葬品出土，故墓主埋葬头向及身份、年龄、性别等不详。从出土墓砖的形制判断，其年代为东汉时期。

在进行正式发掘的之前，对姚家墓地进行了考古复查，主要以地面调查附以钻探的方式进行，由于墓地被破坏严重，复查并未发现墓葬集中埋葬的区域，但是地面发现数量较多花纹各异的墓砖（图四，2～6），其时代多为东汉时期。

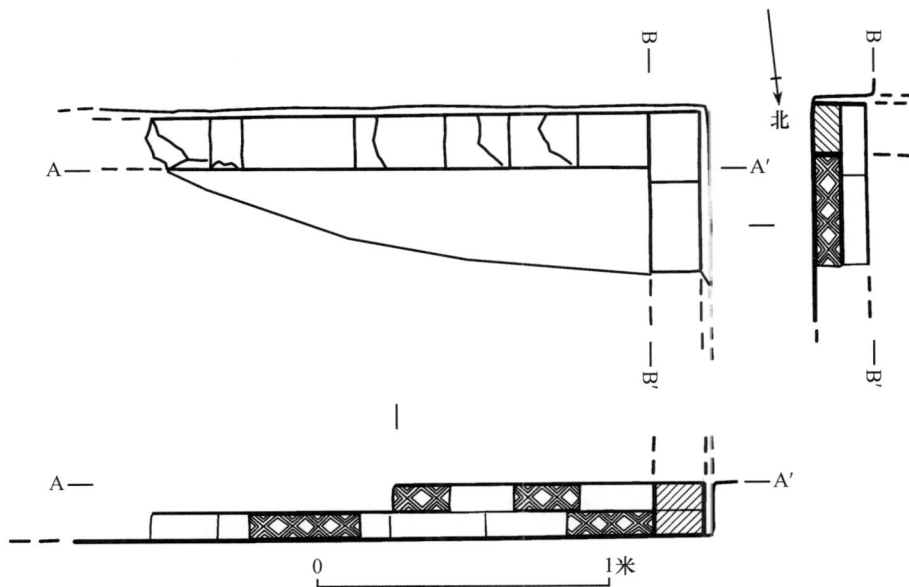

图三　姚家墓地M1平、剖面图

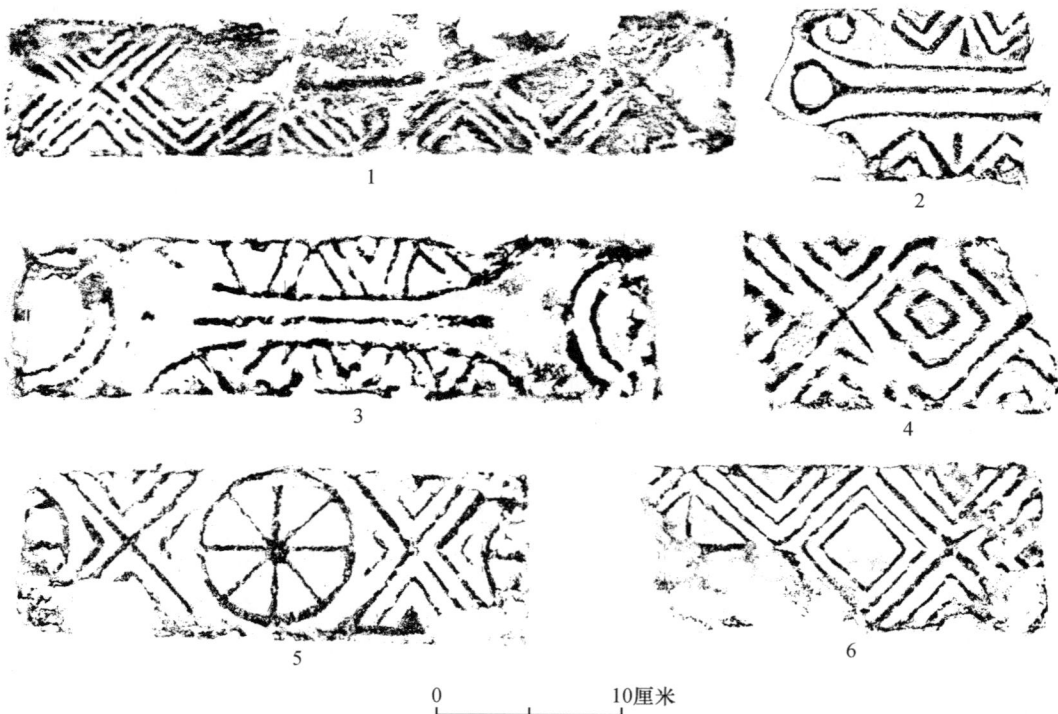

图四　姚家墓地发掘及调查发现的墓砖纹样拓片

1. 姚家墓地M1墓壁墓砖　2～6. 姚家墓地调查采集墓砖标本

四、结　　语

　　姚家墓地此次发掘的面积较小，发现的墓葬数量仅1座，并且没有随葬品出土，墓葬的具体形制也不明确。M1出土的墓砖花纹，跟古坟包墓地的M1的墓砖花纹相近，同时此类墓砖在渝东、川西地区的东汉时期墓葬中多有发现，如丰都的赤溪墓群[①]、汇南墓群[②]，奉节的丰获汉代墓地[③]，万州的上河坝墓地[④]等。因此M1的年代应为东汉时期。

　　发掘前的复查工作也采集到部分花纹砖，以菱格纹长方形墓砖多见，此外还有车轮纹与几何纹组成的墓砖，这类墓砖在云阳旧县坪遗址[⑤]中多见。此外还发现一块墓

① 四川省文物考古研究所：《丰都县三峡工程淹没区调查报告》，《四川考古报告集》，文物出版社，1998年。

② 四川省文物考古研究所、丰都县文管所：《丰都汇南墓群发掘报告》，《重庆库区考古报告集·1998卷》，科学出版社，2003年。

③ 江西省文物考古研究所、奉节县文物管理所：《奉节丰获汉代墓地发掘报告》，《重庆库区考古报告集·2002卷·上》，科学出版社，2010年。

④ 青海省文物考古研究所：《万州上河坝墓地发掘报告》，《重庆库区考古报告集·1997卷》，科学出版社，2001年。

⑤ 黑龙江省文物考古研究所：《云阳县旧县坪遗址发掘报告》，《重庆库区考古报告集·1998卷》，科学出版社，2003年。

砖，其上纹饰构成分三部分，最外两侧是三角纹，其次为卷云纹，中部为直线纹且两端为圆圈（图四，3），此类墓砖较为少见，与旧县坪遗址中EF1：11的G型砖较为接近。因此，采集墓砖的时代多为东汉时期。

姚家墓地2008年度的发掘，结合发掘之前的调查，我们主要有以下的收获和认识。

（1）调查发现的墓砖形制多样，因此当地汉代墓葬的数量绝不止一座。但因为墓葬地面暴露较多，村民平整田地使地表变化较大，又多取墓砖堆砌田埂；坡地上的水土流失严重，加上浦里河水的长时间冲刷，墓葬保存状况极差，甚至被完全毁掉。正因如此，也正体现了发掘姚家墓地的价值，在该区域被水淹没之前，获取残留的最后信息。

（2）此次工作印证了这一带在汉代可能为墓葬集中区。结合距离姚家墓地不远的浦里河北岸古坟包等汉代墓地的发现，对于我们从整体上认识汉代时期浦里河两岸的墓葬分布有一定价值。

领　　队：栾丰实

执行领队：崔英杰

发掘人员：崔英杰　刘志标　闫启新
　　　　　王可兴等

摄　　影：崔英杰

绘　　图：刘志标

拓　　片：闫启新

执　　笔：

崔英杰（河北师范大学历史文化学院）

The Excavation Report on the Yaojia Cemetery in Kaizhou, Chongqing

Department of Archaeology, School of History and Culture, Shandong University

Chongqing Municipal Culture and Tourism Development Commission

Cultural Relics Management Office of Kaizhou District

Abstract: The Yaojia cemetery is located on a terrace south of the Puli River in Zhaojia town, Kaizhou District, Chongqing. The Oriental Archaeology Research Center of Shandong University conducted an archaeological excavation to preserve the cultural relics in the flooded and relocated areas of the Three Gorges Dam. A remnant tomb of the Han Dynasty was excavated. Some bricks from the Eastern Han Dynasty were collected in the same area. The excavation confirmed that the local burial area was a centralized burial area in the Han dynasty and provided supplementary materials for understanding the distribution of tombs on both sides of the Puli River in the Han Dynasty.

Key words: The Yaojia cemetery, The Han Dynasty, tombs

重庆市开州区长塝M33发掘简报

山东大学历史文化学院考古学系　重庆市文化和旅游发展委员会
开州区文物管理所

内容提要： 配合长江三峡工程而发掘的重庆市开州长塝墓地，发现一座比较特殊的汉代竖穴土坑墓葬，出土了包括鼎、壶、盒、卮、博山炉等在内的一组有复杂图案的釉陶器，其中以连续的"四灵"图像为主体。这些图像反映了三峡地区汉代居民的丧葬习俗和民间信仰。

关键词： 开州　汉墓　釉陶　"四灵"

　　长塝坐落在重庆市开州区渠口镇铺溪村的大浪坝西部，是一条与彭溪河平行的南北向土陵（图一）。1994年，在三峡工程淹没区的考古调查中，发现长塝的梯田上有多座墓砖裸露的墓葬，遂列入三峡工程淹没区的文物保护规划之中。2004～2006年，山东大学考古队连续三年对长塝墓地进行考古发掘，清理汉代至六朝时期的墓葬37座，M33是其中较为重要的一座。

　　长塝墓地的墓葬主要分布在上下两级梯田之上，地层堆积比较简单，一般只有两层，均为近现代的新老耕土，第2层之下即为生土。墓地内发现的早期墓葬均在第2层之下即生土上开口。

一、墓 葬 形 制

　　M33位于长塝的南部，由于受到后期修梯田等耕作活动的严重破坏，墓葬保存甚浅。墓葬形制为土坑竖穴，大致呈东—西方向。墓室平面近似方形，长360～400、宽353厘米，墓口到墓底现存深度仅20厘米（图二）。墓室、椁室及二层台填土基本一致，均为红褐色花土，结构较致密，土质黏，颗粒粗，含少量灰土块、黄土粒等。

　　在墓室内发现一具木椁，椁室平面近方形，长300、宽316～346、现存高度12～20厘米。椁板已完全腐朽，板灰厚度约6～7厘米。椁内没有发现棺的痕迹，人骨完全腐朽不存。根据随葬品的摆放位置和类别，推测墓主头向朝西，即朝向彭溪河方向。

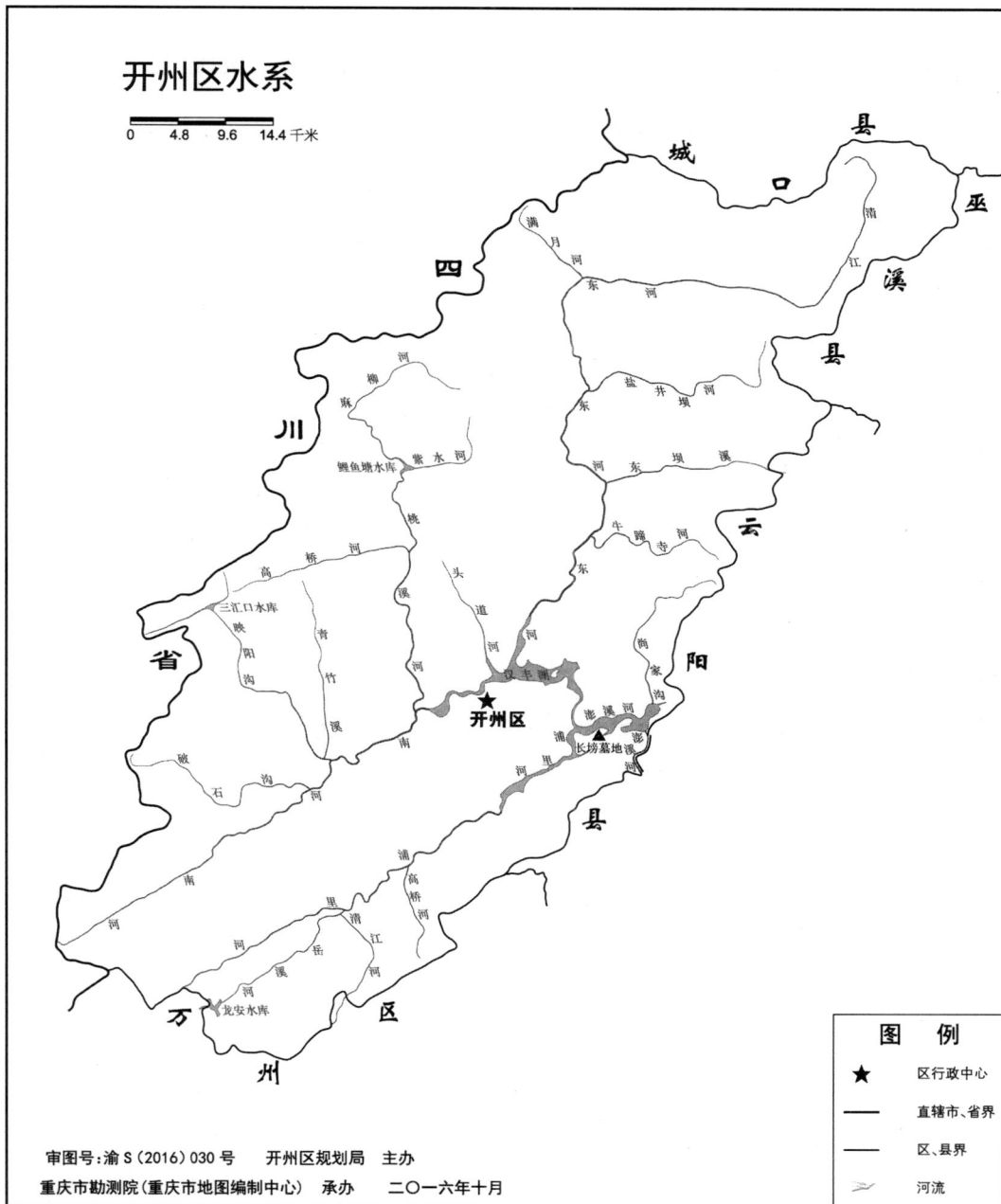

图一　长塝墓地位置图

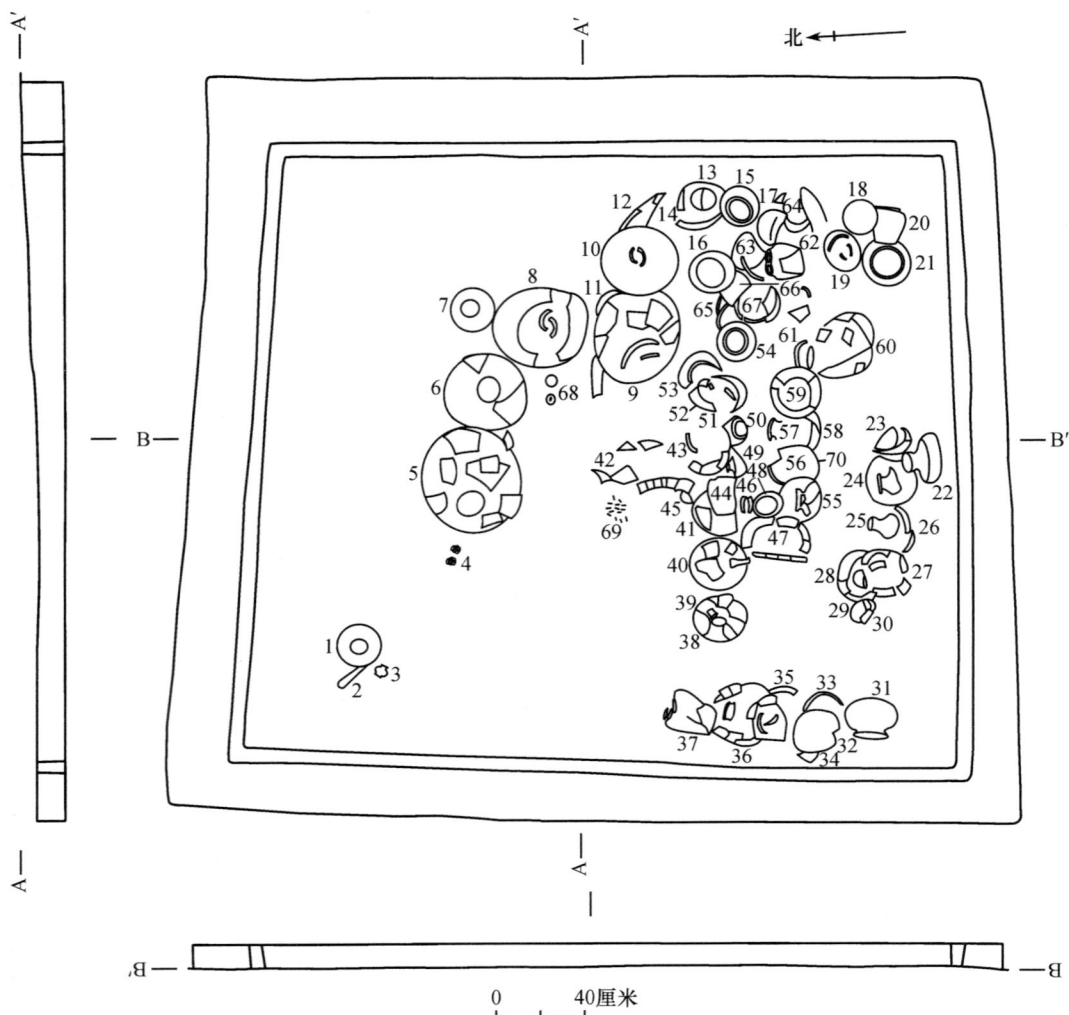

图二　M33平、剖面图

1. 铜璧　2. 铜饰件　3. 球形棺饰　4. 铜钱　5. 釉陶壶　6. 釉陶簋　7、65. 陶钵　8～10、12、24、28、38、53～55、64. 陶罐　11、13、29、43、45、70、71. 陶器盖　14～16、18～21、35、37、44、50、58、60～63、66. 陶仓　17、36、48. 陶壶　22、23. 釉陶盒　25、49、57. 釉陶釜　26. 釉陶盆　27. 釉陶鼎　30. 石黛板　31. 铜釜　32. 陶碗　33、42、67-1. 陶盆　34. 博山炉　39. 陶豆　40. 陶鼎　41. 釉陶灸炉　46. 釉陶碟　47. 博山炉　51. 釉陶魁　52. 釉陶卮　56. 陶甑　59. 陶盒　67-2. 陶勺　68. 铜泡　69. 煤晶串饰

二、随　葬　品

随葬品共有72件（组），其中铜器6件（组），石器1件，煤精石1组，釉陶15件，陶器49件。

铜器　6件（组）。器形有釜、铜泡、球形棺饰、璧形器、鎏金饰件和铜钱。

釜　1件（M33：31）。位于椁室西南角，保存较差，锈蚀较甚，下部无法修复。侈口，圆方唇，折沿，沿内面有一周折棱，圆肩，弧腹，以下残。肩部有一对对称的环形耳。双耳位置有一周凸棱。复原直径23.6、残高11、腹壁厚0.1~0.2厘米（图三，4）。

　　铜泡　1组3件（M33：68）。位于椁室中部偏北，腐蚀较甚。圆弧形帽，外表鎏金，锥形钉柱。钉长2.2、帽壁厚0.1厘米（图三，5）。

　　球形棺饰　1组3件（M33：3）。位于椁室丙北角。保存较好，表面鎏金。两端为直口，微内敛，中部近似球形腹，同一器物两端口部相似，但大小不完全相同，中空，上下贯通。

　　M33：3-1，口径1.83~1.96、腹径5.27~5.42、颈高0.74~0.84、通高4.67、厚0.19~0.28厘米（图三，13）。

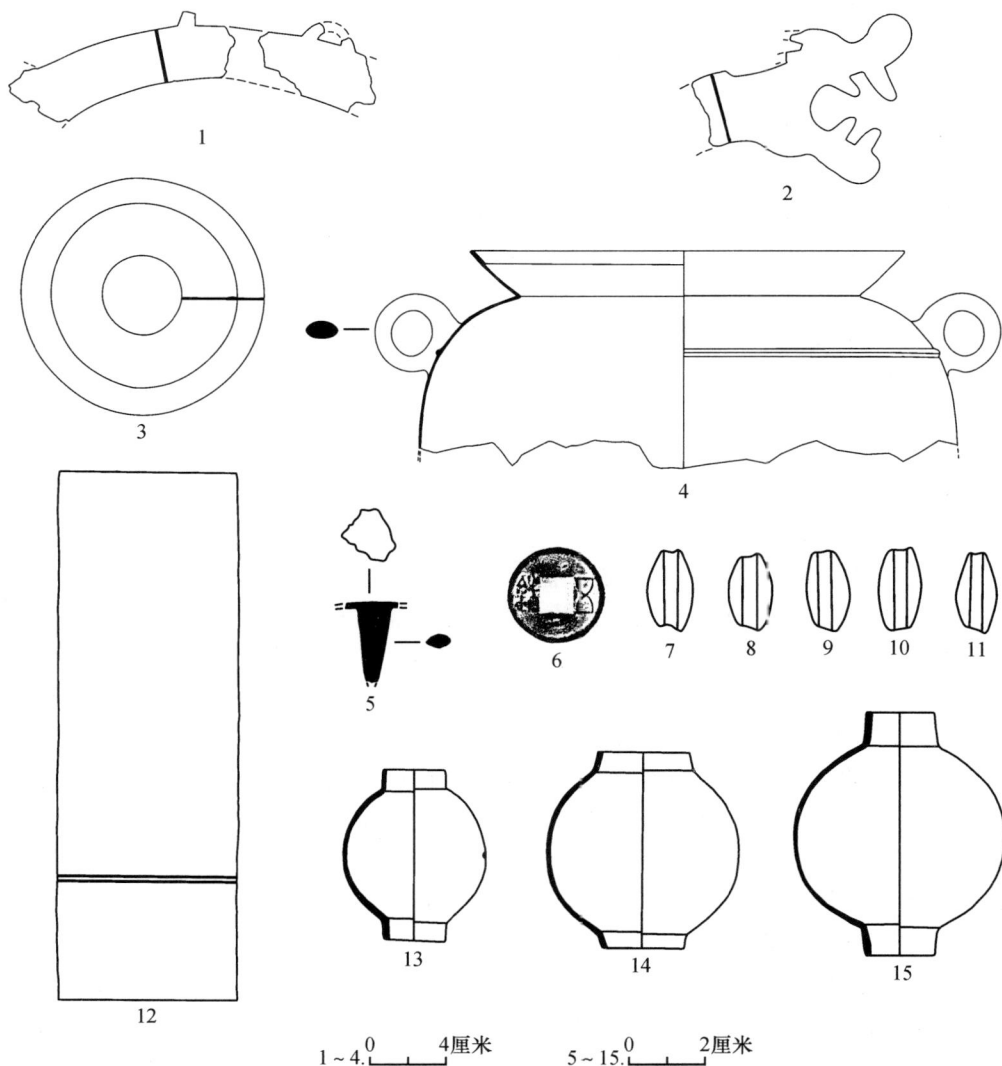

图三　M33出土遗物

1、2. 鎏金铜饰（M33：2）　3. 铜壁形器（M33：1）　4. 铜釜（M33：31）　5. 铜泡（M33：68）　6. 五铢钱（M33：4）　7~11. 煤精石串饰（M33：69）　12. 石黛板（M33：30）　13~15. 球形铜棺饰（M33：3-1、3-2、3-3）

M33：3-2，口径2.24～2.41、腹径5～5.1、颈高0.38、通高5.31、厚0.14厘米（图三，14）。

M33：3-3，口径1.61～1.66、腹径3.75～3.84、颈高0.46～0.61、通高6.6、厚0.08～0.25厘米（图三，15）。

壁形器　1件（M33：1）。位于椁室西北角。保存较差。整体呈薄体圆环形，中部孔较小，壁面近外缘处有一周凸棱。表面鎏金。复原直径12.9、孔径4.2、厚0.09～0.12厘米（图三，3）。

鎏金铜饰　1件（M33：2）。位于椁室西北角，叠压在铜壁形器之上。器体甚薄，保存较差，已破碎。整体为弧形条状，可以看出形状的有两段：一段为龙首形，口大张，口内上下各有两枚利齿，头上有角状突起。残长12.1、厚0.1～0.15厘米（图三，2）。一段为弧形，背部有半环和齿状突起。残长18、宽3～3.2、厚0.15厘米（图三，1）。

铜钱　1组10余枚（M33：4）。位于椁室内北侧，保存一般。钱铭可辨识者均为"五铢"。圆形，方穿。M33：4-1，直径2.5厘米（图三，6）。

石黛板　1件（M33：30）。石质细密，青灰色。长方形，一侧光滑平整，一侧较粗糙，平整一侧有黑色残留物。素面。长14.5、宽4.77、厚0.18厘米（图三，12）。

煤精石　1组20枚（M33：69）。器形为串饰。位于椁室中部偏西，保存完好，大小相若。平面近椭圆形，横断面近圆形，纵向穿孔。

M33：69-1，长2.2、粗1.2、孔径0.35厘米（图三，7）。

M33：69-2，长2.1、粗1.15、孔径0.4厘米（图三，8）。

M33：69-3，长2.2、粗1.15、孔径0.35厘米（图三，9）。

M33：69-4，长2.2、粗1.1、孔径0.35厘米（图三，10）。

M33：69-5，长2.2、粗1.1、孔径0.35厘米（图三，11）。

釉陶　15件。器形有鼎、釜、壶、盆、魁、碟、簋、盒、卮、博山炉和炙炉。

鼎　1件（M33：27）。有盖。泥质红陶，鼎与盖均施青釉，大部分脱落，釉脱落处呈黄白色。矮子口内敛，整体近似扁球形，圆腹，圜底，下接三兽形足。口下有一对对称的弯曲状长方形附耳，耳中部有纵向条形孔。腹部有三周凹弦纹。覆钵形盖，整体缺失约三分之一。敞口，圆弧形盖面。盖顶的中心有一半球形实心纽，纽的周围有一圈戳印的小孔。盖面中部有两周凸棱，凸棱内侧边缘等距分布着三个锥状实心纽，盖面外缘有一周凹弦纹。以凸棱为界，盖面上分布着内外两组图案或纹样。近顶部中心的内组，主体应为"四灵"，画面上残存着白虎和玄武，青龙和朱雀已残损不全，"四灵"的周边和之间多以变体卷云带环绕和界隔。外组为一圈图案，以各种动物为主体，完整和残破的共有12只，头向朝左，可以辨认的有青龙2、朱雀1、猿7、白虎1，另1只残损较甚而不详。其中7只猿分为两组，完整的一组有五只，一大四小，位于朱雀和白虎之间，分上下两层，相互以环带界隔开来。口径16.2、最大腹径21.2、高14.8、厚0.7～1.1厘米；盖口径19、高5.6、厚0.6～1.1厘米；通高18.8厘米（图四，4；图版七，1）。

釜　3件。形制不甚一致。泥质红陶，施青釉，部分或大部分脱落，釉脱落处呈黄白色。

　　M33：49，侈口，圆唇，卷沿，束颈，圆肩，扁鼓腹下部内收，近平底。肩部有一对对称的环形竖耳。腹部有两周凹弦纹。口径14.8、底径10.4、高14.9、厚0.4～0.6厘米（图四，1）。

　　M33：25，侈口，圆唇，卷沿，束颈较高，窄折肩，扁鼓腹，近平底。一侧肩腹部有近方形耳，耳中部有圆孔。腹部有一周凹弦纹。口径9.5、底径7、高10.2～10.3、厚0.4～0.8厘米（图四，2）。

　　M33：57，侈口，圆唇，宽折沿，沿面上有一周凹槽，溜肩，圆腹，平底。腹部有一对对称的环形竖耳，耳正面有竖凹槽，侧面有象征辫状的刻划短条纹。腹部有两周凹槽。口径19.5、底径10.7、高11.3～11.85、厚0.6～0.8厘米（图四，3）。

　　壶　1件（M33：5）。有盖。泥质红陶，器表的青釉基本脱落，釉脱落处呈黄白色。壶身部分缺失，侈口，窄平沿，粗高束颈，圆肩，鼓腹，假圈足状平底。肩部有一对对称的兽面铺首衔环。颈、肩部各有两周凹弦纹，腹部有三周凹弦纹。两组凹弦纹带之间布满以"四灵"为主体的图案带。图案带中的动物分为上下两排，上下及中间以横"S"（个别为竖"S"或变体"S"形纹）形纹界隔。横向又以铺首为界，分为

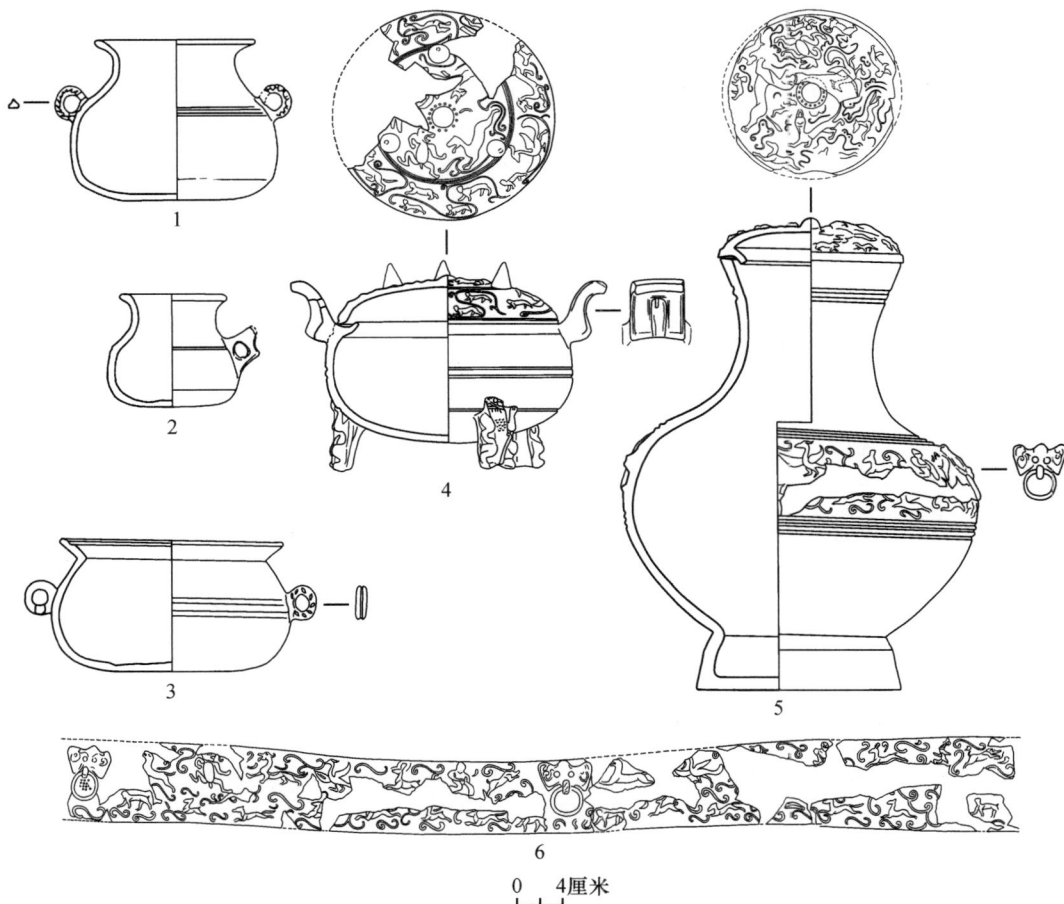

图四　M33出土釉陶器（一）

1～3. 釜（M33：49、M33：25、M33：57）　4. 带盖鼎（M33：27）　5、6. 带盖壶及腹部纹饰（M33：5）

左右两组。左组上排，自左向右依次为白虎、玄武、青龙、朱雀、鹿、人（朝右，未标注方向均朝左）和野猪（头向右）；下排共八只，前后端两只为猿，中间的六只为奔跑的狗。右组残损略重，整体上与左组的构图相似，上排自左向右依次为白虎、朱雀、青龙、玄武、鹿、人（朝右）和野猪（头向右）；下排与左组相同。

覆盘形壶盖，子母口，矮子口内敛，弧形盖面近平。盖面中心有一个凸起的半球形纽，纽的周围有一圈环带，环带内戳印密集的圆圈纹，盖面周缘有一周较宽的下凹。整个盖面布满动物图案，中间以不规则的带形纹界隔。图案分为内外两组（圈），围绕着盖顶中心的内组有四只个体较大的动物，自右至左分别是青龙、白虎、玄武和朱雀；环绕着盖面周缘有八只个体较小的动物，即四只猿和四只狗（狐？）。壶口径14.9、最大腹径30.7、底径18、高38.5、厚0.9～1厘米；盖外径15.3、内口径11.8、高4.36厘米；通高42.1厘米（图四，5、6；图版七，2）。

盆　1件（M33：26）。泥质红陶，原施青釉，大部分脱落，釉脱落处呈黄白色。大敞口，圆方唇，宽平沿，沿面略内凹，斜折腹，假矮圈足。底部边缘有一周宽凹槽。口径23.2、底径11.2、高6.1、厚0.3～0.9厘米（图五，2）。

魁　1件（M33：51）。夹细砂红陶，通体施青釉，大部分脱落，釉脱落处呈黄白色。直口微敞，斜直腹，假圈足状平底。一侧有龙首含珠形把手。壁上部有两周凹弦纹，底部边缘有一周凹槽。口径20.06、底径11.6、高13.6、厚0.55～1.1厘米（图五，3）。

簋　1件（M33：6）。泥质红陶，内外壁施青釉，釉脱落处呈黄白色。大口较直，方唇，宽平沿，沿面有一周凹槽，圆腹斜收，矮圈足。腹部有一对对称的兽面铺首衔环。腹部有两周凹弦纹。口径32、足径15.8、高19.1、厚0.5～1.1厘米（图五，4）。

盒　1套（盒和盖）。

标本M33：23，盒。位于椁室南壁中段。保存较好。夹细砂红陶，釉已脱落。矮子口内敛，斜腹内折明显，矮圈足。子口外沿到腹部折线处有一周复杂的图案花纹带，宽约4.7厘米。从主体的动物形象和排列看，图案是反的。图案花纹带的上下两端饰横"S"纹或连续"S"纹、变体"S"纹衬托，下端有一排7个不甚规则的乳丁纹，上端的"S"纹之间，有6或7个个体略小的动物，形体多似小虎或狗，其中有1个立置于玄武和青龙之间，无尾。中部的主体部位，分布着11个较大的个体，分别为青龙3、白虎2、朱雀2、玄武2（一为竖立，一为横置）。另有1个从形体看似为野猪，位置在白虎和玄武之间，方向与所有其他个体相反。另一端青龙和白虎之间的1个，形制模糊不清，口径18、底径10.2、高9.6、厚0.8～1.1厘米（图五，1；图版七，3）。

M33：22，盒盖。保存较好。夹细砂红陶，釉已脱落。微敞口，斜壁，上部折收，圈足状捉手。盖面和盖壁各有一周图案花纹带。

盖面上的图案花纹带宽约4厘米，有上下两周动物个体，中间穿插着横"S"纹、竖"S"纹和变体"S"纹（勾云纹）。靠上一周有7个动物个体，除了一头野猪之外，其他6个个体则为青龙2、白虎2、朱雀1、玄武1。靠下一周从位置上看应有13个个体，比较清楚的有7个，其中白虎4、玄武1、猿2，其他因为磨损较甚而不易辨认（图五，1；图版七，3）。

盖壁上的图案花纹带宽约4.6厘米，上下为"S"纹或连续"S"纹，以横向排列

"S"纹为主，连续和竖排的"S"纹较少。花纹带的上端（5个）和下端（2个）有排列稀疏的乳丁纹。在下端的"S"纹之间，还有一只小虎（或狗）。中部的主体部位排列着13只动物，由左至右依次为玄武、青龙、白虎、小虎、玄武、青龙、朱雀、白虎、小虎、青龙、朱雀、野猪，最右边一只因为磨损较甚，无法辨认。器盖顶径9.4、口径20.6、高8.7、厚0.8～1厘米（图五，1）。

　　卮　1件（M33：52），包括卮和盖。泥质红陶，外施青釉，大部分脱落，釉脱落处呈黄白色。整体呈筒形，直口微敛，直腹，平底，下接三个动物首形足。腹部有一对对称的兽面铺首衔环，一侧偏上部有环形竖耳痕迹，耳已残失。腹上部有两周较宽的凹槽，近底部有两周断续的凹槽，两组凹槽之间的主体位置布满复杂的各种"S"形勾云纹，排列方式可粗略地分为上中下三排。三足为动物形象（似龙或虎、熊立状），腹部鳞片栉比，前足上卷，两后足曲蹲，右足扶膝，左足上举，扛住器物。器体口径11.3、底径10.5、高13.5、厚0.65～0.89厘米。

　　覆钵形子母口卮盖，边缘部分略有残缺，内外壁均施青釉。矮子口内敛，周缘外突，圆弧形盖面。顶部正中有一实心圆形纽，纽周围有一周15个戳印小圆圈纹。盖面布满以动物为主体的图案。图案分为内外两组（圈），中心一组为"四灵"，自右至

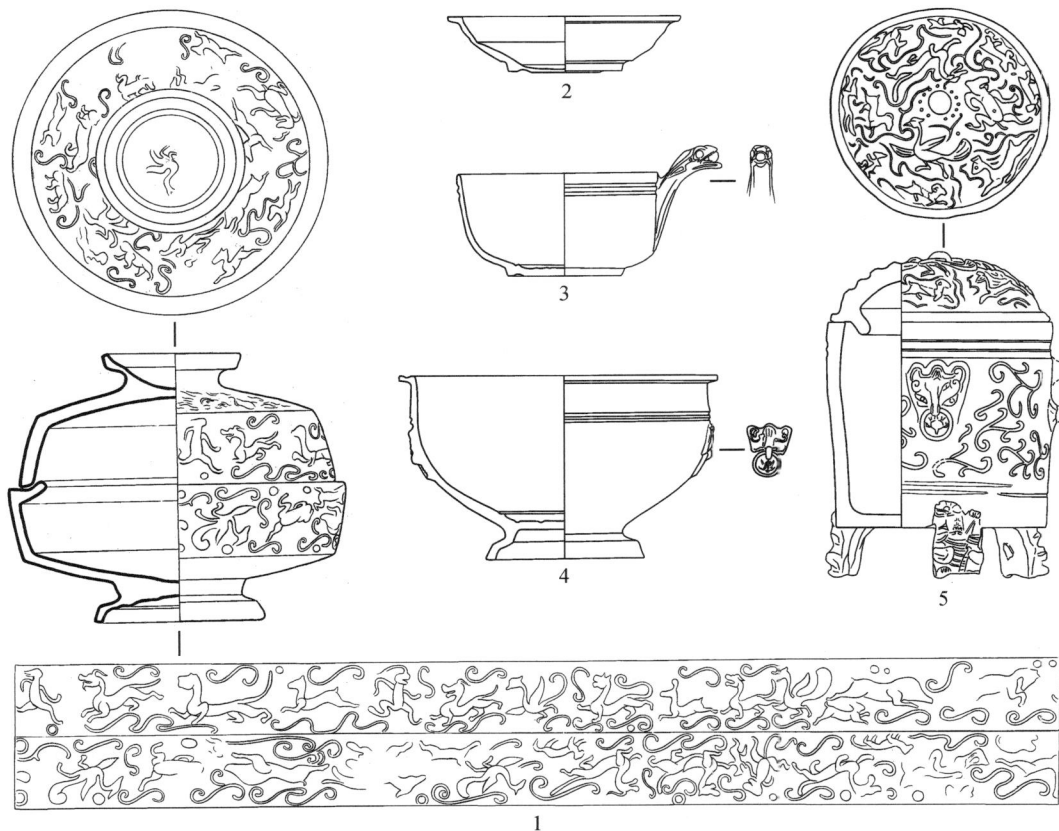

图五　M33出土釉陶器（二）

1.盒（M33：22、M33：23）　2.盆（M33：26）　3.魁（M33：51）　4.簋（M33：6）　5.卮（M33：52）

左分别是青龙、玄武、朱雀和白虎；靠近盖面边缘的一组为8个，除了一只似羊的动物头向朝右，其余均朝向左侧，依次为奔跑的人1、狗1、兔子1、猿3、鹿1和羊1。相互之间以飞舞的飘带间隔。口径11.1、高4.3、厚0.68～0.78厘米；通高17.1厘米（图五，5；图六；图版七，4）。

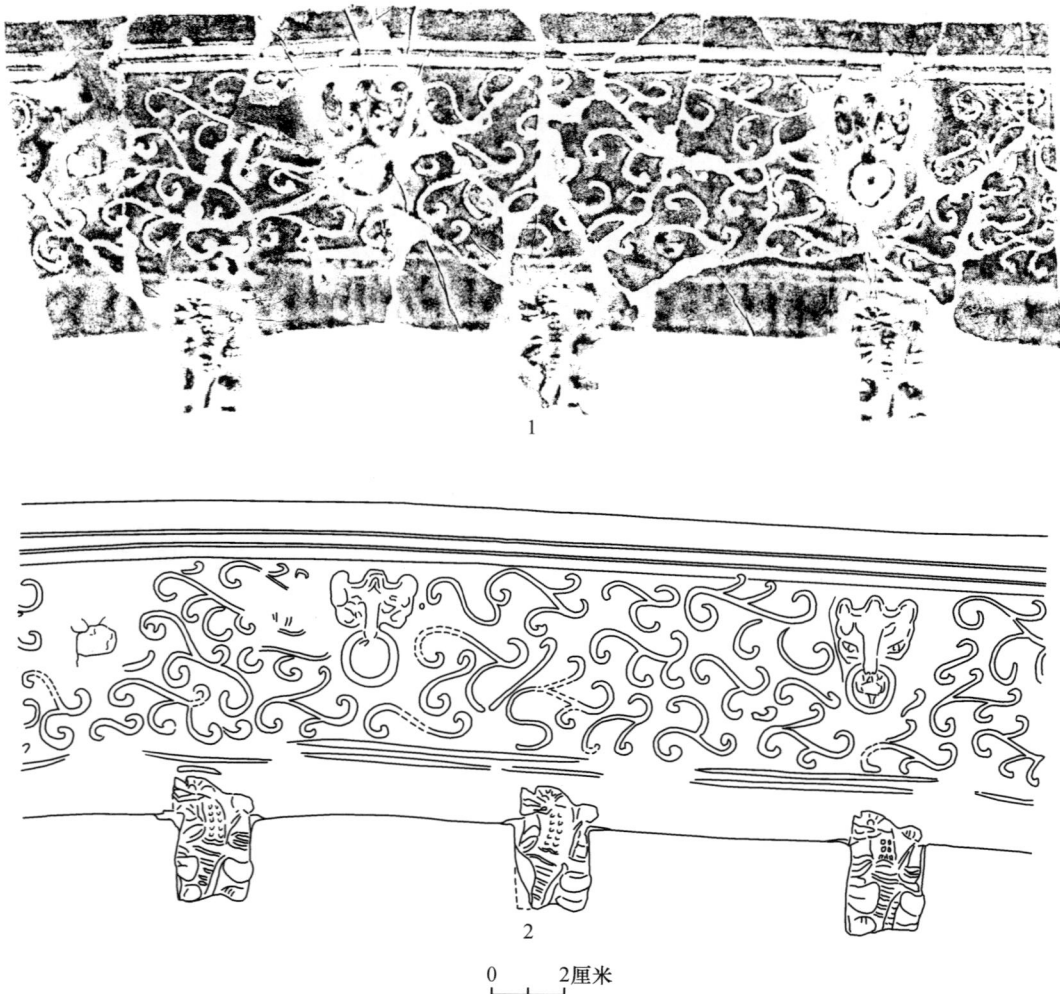

图六　釉陶匜（M33：52）纹饰拓片和展开图

　　覆钵形子母口盖，边缘部分略有残缺，内外壁均施青釉。矮子口内敛，周缘外突，圆弧形盖面，顶部正中有一实心半圆形纽，纽周围有一周戳印小圆圈纹。盖面布满以动物为主体的图案。图案分为内外两组（圈），中心一组为“四灵”，自右至左分别是青龙、玄武、朱雀和白虎；靠近盖面边缘的一组为8个，除了1只似羊的动物头向朝右，其余均朝左，依次为奔跑的人1、狗1、兔子1、猿3、鹿1和羊1。相互之间以飞舞的飘带间隔。口径11.3、底径10.5、高13.5、厚0.65～0.89厘米；盖口径11.13、高4.3、厚0.68～0.78厘米；通高17.1厘米（图五，4）。

博山炉　2件。

M33：34，厚胎，夹极细砂红陶，外表施青釉，部分脱落，釉脱落处呈黄白色。浅盘豆形，直口，矮直腹，细长柄，喇叭形圈足。柄中部有一周粗凸棱，圈足上端有一周凸弦纹，圈足上下各有一周密集的小乳丁，两周乳丁之间布 "S" 形和变体 "S" 形卷云纹。圈足内部有刀削痕迹。圆锥形博山炉盖，敞口，空心圆锥状。外表布满山峰形浮雕，由底部至顶端约分为五层，每座山下多有一 "四灵" 动物形象。口径12.1、

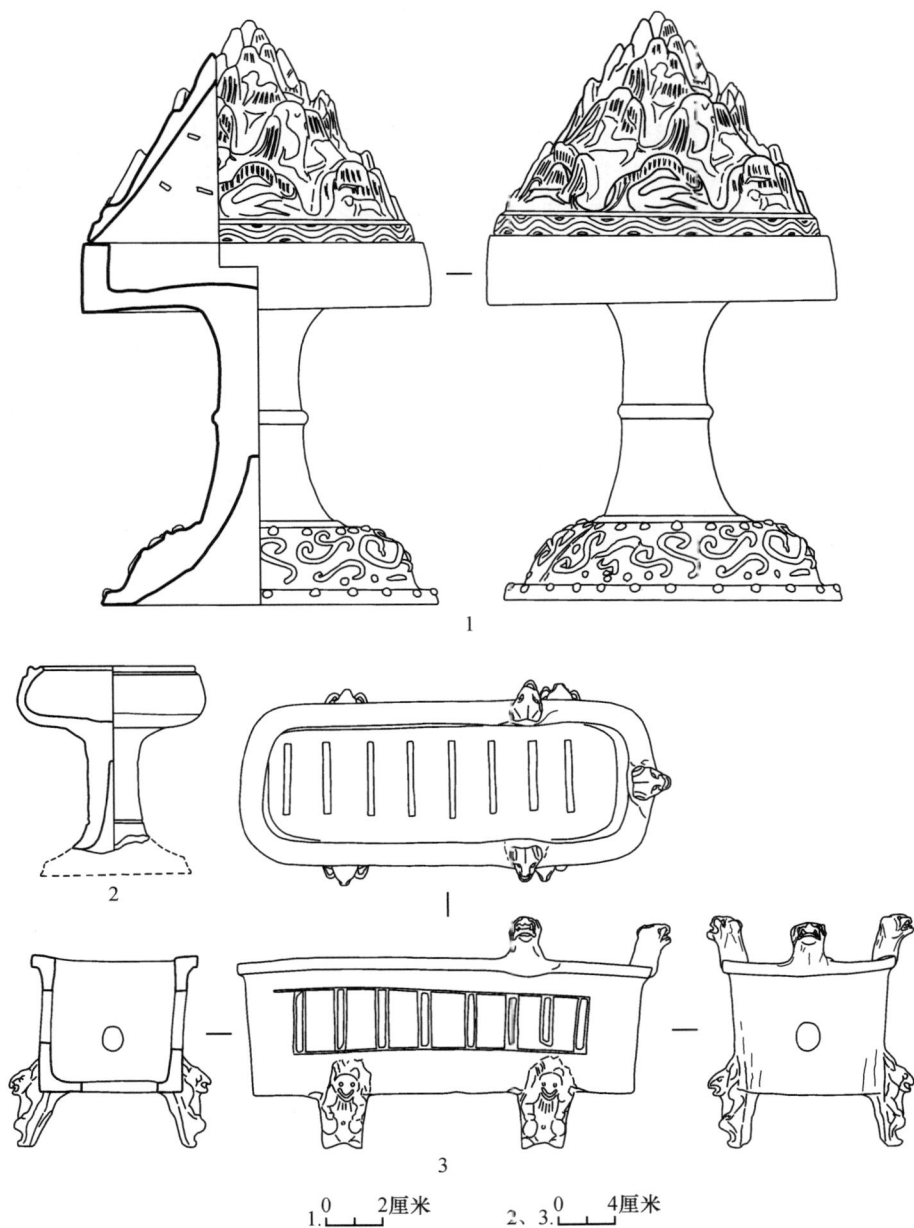

图七　M33出土釉陶器（三）

1、2.博山炉（M33：34、M33：47）　3.炙炉（M33：41）

底径11.7～11.9、高13.5、厚0.98～1.55厘米；盖口径11.5～11.7、高8.2、厚0.3～1.07厘米；通高21.7厘米（图七，1；图版七，5）。

M33：47，泥质红陶，施青釉，大部分脱落，釉脱落处呈黄白色。钵形盘，子母口，矮子口内敛，沿面呈较宽的凹槽，细长柄，喇叭形圈足下部残失。口下和盘底部各有一周折棱。口径10.82、残高13.66、厚0.4～1.2厘米（图七，2）。

炙炉　1件（M33：41）。夹极细砂红陶，通体施青釉，大部分已脱落，釉脱落处呈黄白色。器体为长方体，下附四足。口部呈圆角长方形，方唇，平折沿，沿面较宽，直口，直壁，平底，下接四个兽形足。前后端的腹壁中部偏下各有一圆孔，两孔可通视；两侧腹壁各有一排八条纵向窄长条形镂孔，大小相近，位置相对，每排长条装饰的上下方均有一条凹刻纹；器底部亦有一排八条窄长条镂孔，大小基本一致，位置与两侧腹壁的长条镂孔交错排列。器体口沿的前端及靠近前端的两侧，各有一个高起的略斜立浮雕兽首，形状似虎；器底的长边两端各有一个浮雕兽形足，形状应为狗熊。全器长30.9、最宽14.8、通高16.6厘米；器身长29.4、宽12、高9.4、厚0.7～1.1厘米；底部长方形孔长4.8～5.6、宽0.4～0.6厘米，两侧腹壁的长方形孔长3.4～4.2、宽0.3～0.5厘米；前后端腹壁的圆孔直径1.4～2厘米（图七，3；图版七，6）。

陶器　49件。器形有鼎、甑、仓、罐、壶、盆、钵、豆、碗、勺、盒和器盖。

鼎　1件（M33：40），有盖。泥质黑皮灰胎陶。矮子口内敛较甚，近半球形腹，两侧腹上部有一对对称的长方形附耳，耳中下部有条形长孔，圜底，三蹄形足；覆钵形盖，敞口沿部微敛，窄斜沿，圆弧形盖面，顶部有等距排列的3个半球形纽。素面。鼎口径17.4、器高20、厚0.7～1厘米；盖口径21.1～21.5、高7.64、厚0.7厘米；通高21.3厘米（图八，2）。

甑　1件（M33：56）。夹细砂灰陶。口微侈，斜方唇，卷沿，圆腹，平底，底部有排列不规则的22个小孔。素面。口径20.8、底径8.6、高7.9～8.2、厚0.3～0.5厘米

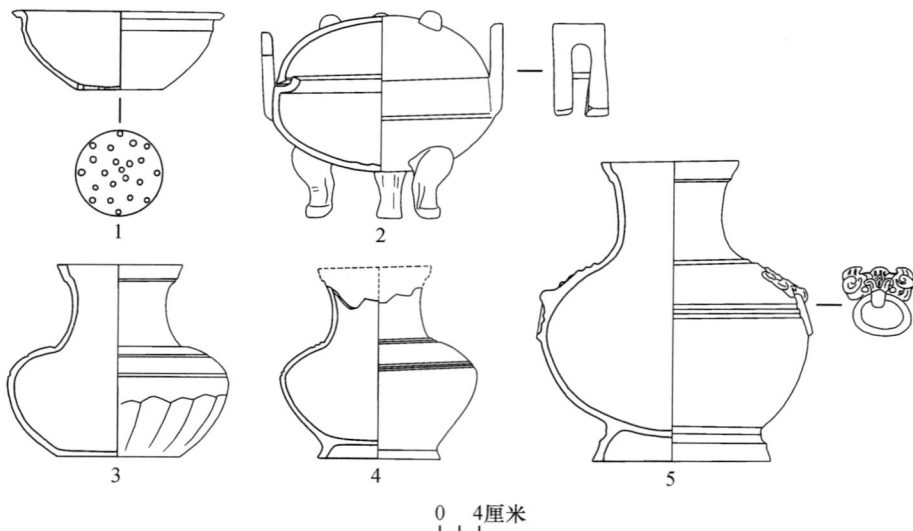

图八　M33出土陶器

1. 甑（M33：56）　2. 鼎（M33：40）　3～5. 壶（M33：36、M33：17、M33：48）

（图八，1）。

壶　3件。

M33：36，夹细砂灰陶。浅盘形口，平沿，粗高颈内束，圆肩，圆腹，平底。颈下、肩、腹部各有一周凹槽，近底部有一排斜长的刀削痕迹。口径12.5、最大腹径21.8、底径12.5、高19.9、厚0.5～0.8厘米（图八，3）。

M33：17，夹细砂灰陶。口部残，粗高束颈，圆肩，鼓腹，矮圈足。颈、肩之交和腹部有两周凹弦纹。最大腹径19.4、底径12、残高17.9、厚0.47～0.7厘米（图八，4）。

M33：48，夹细砂灰陶。浅盘形口，窄平沿，粗高颈内束，肩、腹近似球形，圈足较高。肩部有两个对称的兽面铺首衔环，残，颈、肩之交有两周阶状突起，腹部有两周凹槽。口径13.6～14.3、最大腹径27.5、底径17.8、高30.6～30.8、厚0.5～0.8厘米（图八，5）。

仓　17件。形制大同小异，子母口内敛，整体为粗筒形，平底。

标本M33：14，泥质褐胎灰皮陶。直腹微外弧。腹部有三周凹槽，并有不明显的刀削痕迹。口径13.2～13.6、底径13.8～14、高16.6、厚0.6厘米（图九，1）。

标本M33：21，夹细砂褐陶。直腹外弧。腹部有两周凹槽，近底部有两排较短的刀削痕迹。口径14、底径13.2～13.8、高16.9、厚0.7厘米。（图九，2）。

标本M33：16，夹细砂灰白胎黑皮陶。直腹外弧。腹部有两周凹槽和一段细弦纹，通体饰中细绳纹。口径13.4、底径14、高16.7、厚0.4～0.8厘米（图九，3）。

标本M33：61，夹细砂褐胎灰皮陶。直腹外弧。腹部有三周凹槽，并有不明显的

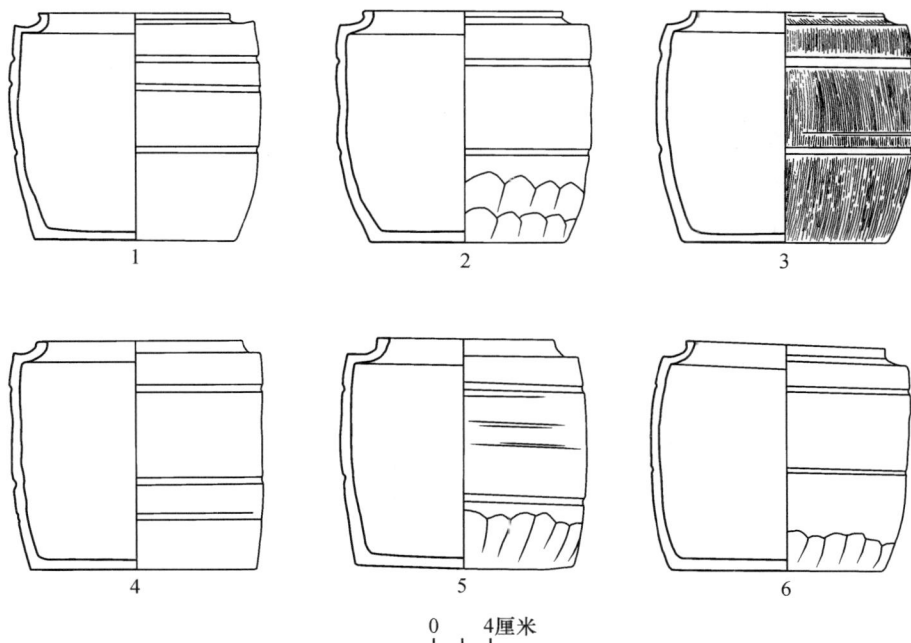

0　4厘米

图九　M33出土陶仓

1. M33：14　2. M33：21　3. M33：16　4. M33：61　5. M33：62　6. M33：63

刀削痕迹。口径14.5、底径15.5、高16.6、厚0.6～0.7厘米（图九，4）。

标本M33：62，夹细砂褐胎黑皮陶。直腹外弧，平底。腹部有两周凹槽，近底部有一排粗疏的刀削痕迹。口径12.3、底径15～15.2、高16.6～16.8、厚0.8～0.9厘米（图九，5）。

标本M33：63，泥质红褐陶。直腹外弧。腹部有两周凹槽，近底部有一排刀削痕迹。口径13.8、底径14.8、高16.1～16.7、厚0.4～0.7厘米（图九，6）。

罐　11件。大体可以分为三类，即小口深腹罐、小口圜底罐和高领罐。

标本M33：8，泥质灰陶。小口内敛，卷沿，广折肩，直腹，下部至底为圆弧形。肩部有三周、腹上部有两周凹弦纹。口径12.6、最大腹径27.8、高20.4、厚0.5～0.65厘米（图一〇，1）。

标本M33：9，泥质灰胎黑皮陶。小口内敛，卷沿，广折肩，直腹下部呈弧形内收，平底残。肩部有四周、中腹部有两周凹弦纹。口径12.4、底径11、高19.4～19.6、厚0.5～0.8厘米（图一〇，2）。

标本M33：12，泥质褐陶。直口微侈，圆唇，矮束颈，宽圆肩，鼓腹，平底。肩部有两周凹弦纹，近底部有两排刀削痕迹。口径11.2、最大腹径22.6、底径14.6、高16.2、厚0.5～0.7厘米（图一〇，3）。

标本M33：53，夹细砂灰陶。小口内敛，平折沿，斜折肩，直腹下部斜内收，平底较大。肩部和上腹部各有三周凹弦纹，肩、腹交界处有一周按压纹，下腹部有一排较宽的刀削痕迹。口径11.4～12.2、底径14、高15、厚0.5～0.7厘米（图一〇，4）。

标本M33：38，夹细砂灰陶。高领罐，直口微敛，窄斜沿，高领，圆肩，鼓腹，平底。肩腹交接处有一对盲鼻形小鋬。颈下部、肩腹交接处分别有一周和两周凹槽。口径13.6～14.2、最大腹径20、底径12.2～12.6、高14～14.4、厚0.5～0.8厘米

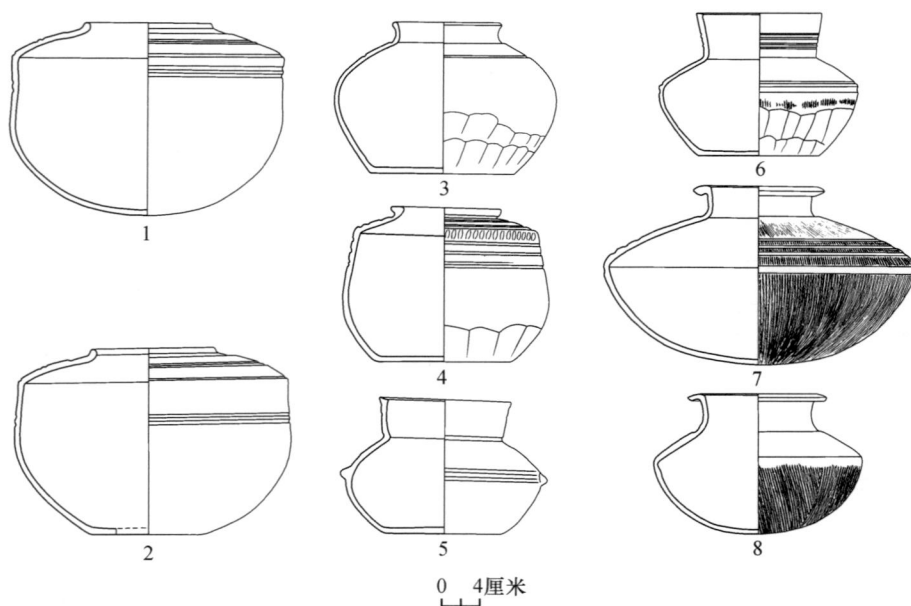

图一〇　M33出土陶罐

1. M33：8　2. M33：9　3. M33：12　4. M33：53　5. M33：38　6. M33：24　7. M33：10　8. M33：54

（图一〇，5）。

标本M33：24，夹细砂灰陶。高领罐，直口微侈，高领，斜肩圆折，斜腹，平底。颈部有四周很浅的凹弦纹，肩与腹交界处有两周凹槽，近底部有两排刀削痕迹，凹槽和刀削痕迹之间有一周断续的纵向细绳纹。口径12.4～13、最大腹径20.6、底径12.6、高15、厚0.4～0.6厘米（图一〇，6）。

标本M33：10，夹细砂灰陶。小口微侈，斜方唇，宽折沿，较矮束颈，广折肩，腹至底部近半球形。颈、肩之交有一周凹槽，肩下半部有四周依次加宽的抹弦纹，颈以下通体饰中细绳纹。口径9.4、最大腹径31.8、高18.8、厚0.5～0.8厘米（图一〇，7）。

标本M33：54，夹细砂灰白胎黑皮陶。小口微侈，斜方唇，宽折沿，较高束颈，广折肩，腹至底部近半球形。腹至底部饰细绳纹。口径14.4、最大腹径21.4、高15、厚0.5～0.7厘米（图一〇，8）。

盆　3件。形制为大敞口，浅腹中部外折，平底。

M33：42，夹细砂红褐陶。方唇，卷沿，沿面斜平。腹中部有一周折棱，内底中部下凹，并有一周凹弦纹。口径29.8、底径14.2、高7.6、厚0.6～0.7厘米（图一一，1）。

M33：33，泥质褐胎黑皮陶。方唇，卷沿，极矮假圈足。腹中部有一周折棱，内底中部下凹，并有一周凹弦纹。口径29.5、底径11.5、高6.5、厚0.5～1.05厘米（图一一，2）。

M33：67-1，夹细砂灰胎黑皮陶。圆唇，宽折沿。素面。口径18.6～19.2、底径6.8～7、高6.6、厚0.4～0.5厘米（图一一，3）。

钵　2件。形制为大敞口，斜腹，平底。

M33：65，泥质灰陶。圆唇。外表有轮制的折棱，近底部有一排模糊的刀削痕迹。口径16.8、底径6.4、高5～6.1、厚0.4～0.5厘米（图一一，5）。

M33：7，泥质灰陶。尖圆唇，斜腹下部因刀削出折。近底部有一排刀削痕迹，口径17.6、底径6.4、高5.3～6.3、厚0.4～0.6厘米（图一一，6）。

陶豆　1件（M33：39）。夹细砂褐陶。钵形盘，口微敛，窄平沿，弧腹，细柄，喇叭形圈足。盘外壁底部中间有一排刀削痕迹。口径15.8～16.4、足径11.2、高9.9、厚0.4～1.1厘米（图一一，9）。

碗　1件（M33：32）。夹砂灰褐陶。敞口，宽叠唇，弧腹，平底内凹。素面。口径17.5～17.7、底径5.8～6、高约5.6、厚0.3～0.4厘米（图一一，4）。

盒　1件（M33：59）。夹细砂灰陶。子母口，矮子口内敛，圆腹，圜底，矮圈足。腹部有三周凹槽。口径16.8、底径10、高9.2、厚0.4～0.6厘米（图一一，11）。

器盖　7件。形制可分为覆碗形和覆钵形两种。

标本M33：29，泥质灰褐陶。覆碗形，直口微敞，弧腹，矮圈足形纽。近口部有三周瓦楞纹。口径20.2、顶径9.2、高8.7、厚0.7厘米（图一一，10）。

标本M33：43，夹细砂灰褐陶。覆钵形，敛口，浅弧腹，弧形盖面。素面。口径16.6、高4.26、厚0.5～0.6厘米（图一一，12）。

标本M33：71，夹细砂褐胎黑皮陶。覆钵形，浅弧腹，盖面近平。素面。口径18.1、高3.5、厚0.7厘米（图一一，7）。

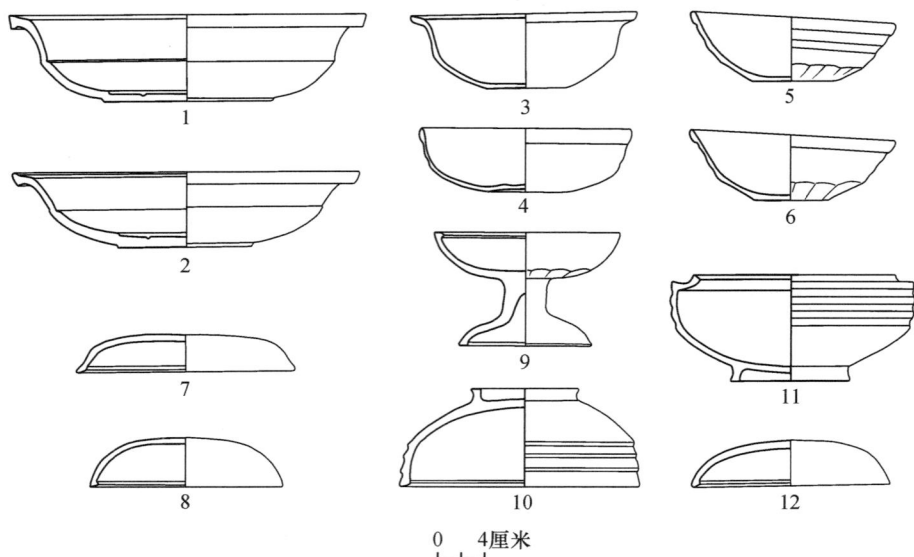

图一一　M33出土陶器

1～3. 盆（M33：42、M33：33、M33：67-1）　4.碗（M33：32）　5、6.钵（M33：65、M33：7）
7、8、10、12.器盖（M33：71、M33：13、M33：29、M33：43）　9.豆（M33：39）　11.盒（M33：59）

标本M33：13，泥质褐胎黑皮陶。覆钵形，浅弧腹，弧形盖面。素面。口径16.4、高4.4、厚0.7厘米（图一一，8）。

三、结　语

长塝墓地的发现和发掘是开州三峡淹没区田野考古工作的重要收获。这是开州迄今为止已发现的面积最大的汉代至六朝时期的墓地，其延续时间长，多数墓葬保存相对较好，可以比较清楚地观察到这一时期墓葬形制的演变，并出土较多各类遗物。

M33在长塝墓地中算是保存不太好的一座墓葬，墓葬的现存深度仅有20厘米，个别较高较大的陶器已受到后期耕作活动的破坏。但这座墓葬的随葬品中，存在着一部分纹样和图案复杂、寓意深刻的釉陶器，明显不同于其他墓葬。故我们认为这是一座比较特殊的墓葬，墓主的职业、身份和地位应该与其他墓葬有所不同。

M33的随葬品中有一定数量的铜器，种类有釜、龙形器、璧形器、球形棺饰、铜泡和钱币等。铜釜的口径较大，肩部有环形双耳，其形制与战国至汉代较为流行的同类鍪相似。同时，墓内还出土了3件陶釜，其中两件与铜釜的形制相近，侈口，折沿，底部近平，有单耳或双耳，耳的纹饰模拟青铜器的辫状纹，故其与东周以来的巴人铜鍪关系密切，双耳扁体釜也与同型巴式鍪有关。

另外还有几类较具特色的表面鎏金的铜器。一是龙形璜，器体很薄，出土时锈蚀破损较甚，从保存的一端和中部的情况看，与云阳走马岭墓地M1、M13、M22等出土的同类器相同，两端为龙首，背部正中有半环形纽①。二是璧形器，个体较大甚薄，与龙形璜配套共出，出土时叠压于龙形璜之下。三是球形棺饰，中部为球形，两端突出部分为短筒形，上下通透，出土时也多与前两者在一起。长塝墓地有3座墓葬出土此类铜器，多者3件，少者2件。云阳走马岭墓地有6座墓葬出土完全相同的球形棺饰，每墓1件或2件②。

　　M33随葬的64件陶器中，有15件釉陶，所占比例不足四分之一。从当地墓葬中随葬釉陶的数量和比例随着时间的推移而逐渐增多的发展趋势看，M33在出土釉陶的墓葬中时代偏早。再如鼎的数量相对较多，鼎腹较深，壶的盘口不显或微显等，也具有偏早的特点。故推定M33的年代当在西汉晚期偏晚阶段。

　　墓内出土釉陶中，有4件带有特殊的"四灵"图案，分别是鼎盖、壶、卮盖和盒。"四灵"分别是龙、虎、鸟和熊，应该是传统的青龙、白虎、朱雀和玄武。这几件有特殊图案的器物，"四灵"图案显然处于纹样的中心位置。从各器物的具体情况看，"四灵"的排列方式并不完全一致。如最为清楚的釉陶卮盖上的"四灵"，按顺时针方向依次为龙、熊、朱雀、虎，并且它们的头向两两相对。壶盖上的"四灵"排列顺序与卮盖一致，但头向均朝着同一个方向，即向前方，没有头部两两相对的现象。壶身上的带状纹样有上下两排，以器耳为界分为两组，各饰有一组"四灵"图案，排列方式为朱雀、龙、熊、虎，亦均朝向同一个方向，即向前方，但"四灵"的排列方式与前两例不同。这种现象或可说明，在西汉偏晚阶段，"四灵"的概念已经广泛散布到民间，甚至像三峡外围的偏远地区也已经出现，而传统的按方位规定的"青龙、白虎、朱雀、玄武"则尚未完全定型。两汉时期"四灵"图案已经比较流行，如四川地区和关中地区均有不少发现，载体也不限于陶器，也见于铜器、漆器和画像石等③。

　　开州境内的彭溪河两岸地区，发现了数量较多的汉至六朝时期的墓地和墓葬，其分布十分密集。如仅在渠口以下的不足10千米的范围之内，分布着6个平坝，每个平坝上都发现有这一时期的墓地，其中渠口坝有3处，大浪坝有3处，小浪坝有2处。这些平坝上的墓葬存在着许多相同和相似的特点。例如，墓葬的方向不固定，但特征明显，规律性极强，基本上是随着河流的转动而变化，无论是在河的左岸还是右岸，墓葬的大方向始终朝向彭溪河，这背后应该有其深刻的文化内涵，是由某种特定的信仰和习俗所决定的；墓葬形制和结构主要存在土坑墓、砖室墓和石室墓三大类，体现了不同的时代风格，其中以使用侧面模印花纹的青砖垒砌墓室和墓道的墓葬为主，而墓砖的花纹以连续的菱形花纹数量最多；形制清楚和保存较好的墓葬多有墓道，墓道多偏向墓室的一侧，左右皆有，以左侧偏多，墓葬整体呈所谓的"带把刀形"，也有墓道位于墓室一端中部，即所谓"凸"字形墓葬；个别墓葬底部还有排水设施，有的建造得较为复杂，可见当时的人们对墓葬长期存续下去考虑之周全和深远；墓室之内应有木质的棺椁，多数因为腐朽过甚而无法区分和清理出来，特别是砖室墓葬，基本上痕迹全无；绝大多数墓葬的人骨保存极差，从部分能够看出人骨数量的墓葬可知，多

① 　重庆市文化局、重庆市移民局：《云阳走马岭墓地》，科学出版社，2011年，图二七，1；图八一，1、2；图一三四，1、2。
② 　重庆市文化局、重庆市移民局：《云阳走马岭墓地》，科学出版社，2011年。
③ 　倪润安：《论两汉时期四灵的源流》，《中原文物》1999年1期，81～89页。

数墓葬为多人合葬；墓葬内随葬品的陈放位置规律性不强，往往墓室和墓道内均有，通常放置得比较散乱；随葬品以陶器为主，存在较多的釉陶和明器，根据墓主身份的不同，也有一定数量的漆器、铜器、铜钱、铁器、银器、玉器和琉璃器等。上述特点表明，彭溪河流域汉晋时期的社会，人们在对待死者方面存在着完全相同的信仰和习俗。而一座墓葬埋葬多人的现象，显示了维系当时人们社会关系的重要纽带仍然是基于血缘的亲族关系。

执　笔：王　芬　栾丰实　姜仕炜
绘　图：刘善沂　王　芬
摄　影：王　芬
拓　片：刘善沂

Excavation of the M33 at Changbang, Kaizhou, Chongqing

Department of Archaeology, School of History and Culture, Shandong University
Chongqing Municipal Culture and Tourism Development Commission
Cultural Relics Management Office of Kaizhou District

Abstract: In order to cooperate with the construction of the Three Gorges Project of the Yangtze River, a special Han Dynasty earthen pit tomb was discovered in Chang-bang cemetery in the district of Kaizhou, Chongqing. The tomb unearthed a group of glazed pottery with complex patterns, including *Ding, Hu, He, Zhi* and *Boshan* censer. The patterns on the glazed pottery are dominated by successive images of the "Four-spirits", and reflects the funeral customs and folk beliefs of han residents in the Three Gorges area.

Key words: Kaizhou, Han tombs, glazed pottery, four-spirits

雄安新区张市南遗址Ⅱ区北朝墓葬
及汉代水井发掘简报

杨丙君

（河北省文物考古研究院）

内容提要：2019年11月～12月，为支持京雄高速公路工程建设，河北省文物考古研究院对前期调查发现的张市南遗址进行了抢救性考古发掘，其中Ⅱ区发掘北朝墓葬1座，汉代水井1眼，对研究新区历史文化脉络增添了新的资料。

关键词：雄安新区　张市南遗址　北朝墓葬　汉代水井

　　张市南遗址位于雄安新区容城县大河镇张市村南约570米处，南临东西走向的荣乌高速公路，遗址区南半部分为杨树林，属于荣乌高速北侧绿化带范围；北半部分为耕地，地势平坦。遗址总面积约3万平方米（图一）。2019年11月～12月，为支持京雄高速公路工程建设，河北省文物考古研究院对该遗址进行了抢救性考古发掘。发掘总面积800平方米，分为Ⅰ区、Ⅱ区。其中Ⅱ区遗迹较为集中，布置5米×5米探方5个，共清理墓葬1座、井1眼，现予以刊布。

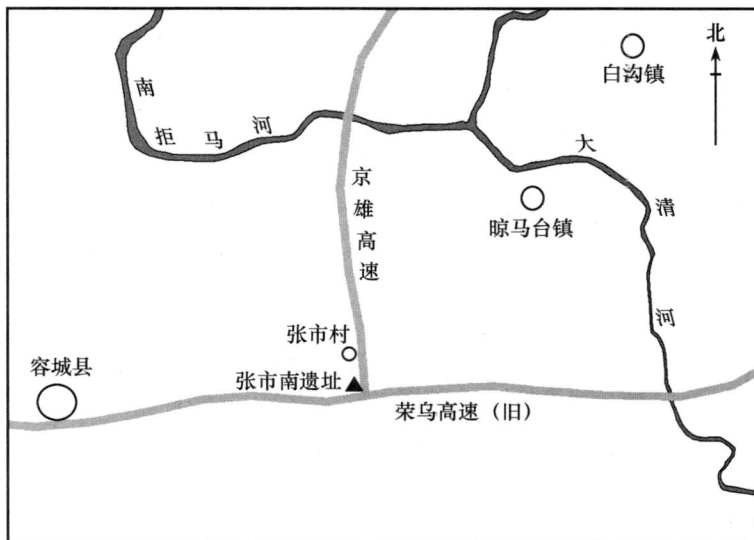

图一　张市南遗址位置示意图

一、地　层

Ⅱ区地层堆积简单，情况如下：

第1层，表土层，浅灰色粉质黏土，干散、疏松，包含树根、砖块等。厚10～25厘米。

第2层，黄褐色沙质土，较致密，包含青砖残块、泥质灰陶绳纹板瓦残片、夹蚌红陶釜残片、夹云母褐陶瓮残片、白瓷碗残片、黑釉瓷片、酱釉瓷片等。厚25～30厘米。为宋辽时期堆积。M1、J1均开口于此层下。

二、遗　迹

共发掘遗迹两处，分别为墓葬1座、井1眼，编号为2019XRZSNM1、2019XRZSNJ1（简称M1、J1）。

（一）M1墓葬形制及出土遗物

1. 墓葬形制

M1　位于TW15S16中南部，墓道延伸向南至TW15S17内。竖穴土坑砖室墓，开口平面近"凸"字形，由墓道和墓室组成，方向北偏东19°（图二；图版八，1）。墓口距地表0.4米，墓圹深1.07米。墓葬已被严重盗扰，墓室砌砖基本被全部取走。墓圹填土为扰土，黄褐色，土质干硬，内含砖块、瓦片、红陶片、泥质灰陶碗、罐残片，人骨残块等。

墓道　位于墓室南侧。开口距地表0.4米，平面近长方形，南北长1.64、东西宽0.85～0.87米，东壁与墓室接合位置略有坍塌。墓道为2级台阶状，开口至第1级台阶为一斜面，约45°，斜长约0.36、宽约0.85米；第1级台阶，长约0.5、宽约0.87、高约0.35米；第2级台阶，长约0.55、宽约0.87、高约0.3米。

墓室　墓室南与墓道末端相连，土圹为竖穴式，平面呈前宽后窄的梯形，前宽2.37、后宽2.07、长3.36、深1.07米。墓底可见东西并排的两个近圆角长方形生土浅坑，应为放置棺木的位置。东侧浅坑南北长2.96、东西宽0.65～0.97、深0.13米，浅坑东壁中部内侧残存两块平铺砌砖；西侧浅坑南北长3.1、东西宽0.75～1.01、深0.14米，中部残存部分人骨，上肢存左臂肱骨及相连的肩胛骨，躯干部位存少量肋骨及部分腰椎骨，下肢存右腿股骨及胫骨、左腿股骨及半截腓骨。头骨被盗扰不存。从残存骨架推测葬式为仰身直肢，头南脚北。从骨骼粗壮程度来看，偏于男性。由于盗扰，墓室内未发现葬具和随葬品。被盗扰的填土内出土可复原陶碗1件，应是墓葬中的随葬品。填土内出土部分素面青砖，应是墓室用砖，整砖尺寸，长26、宽13、厚6厘米。

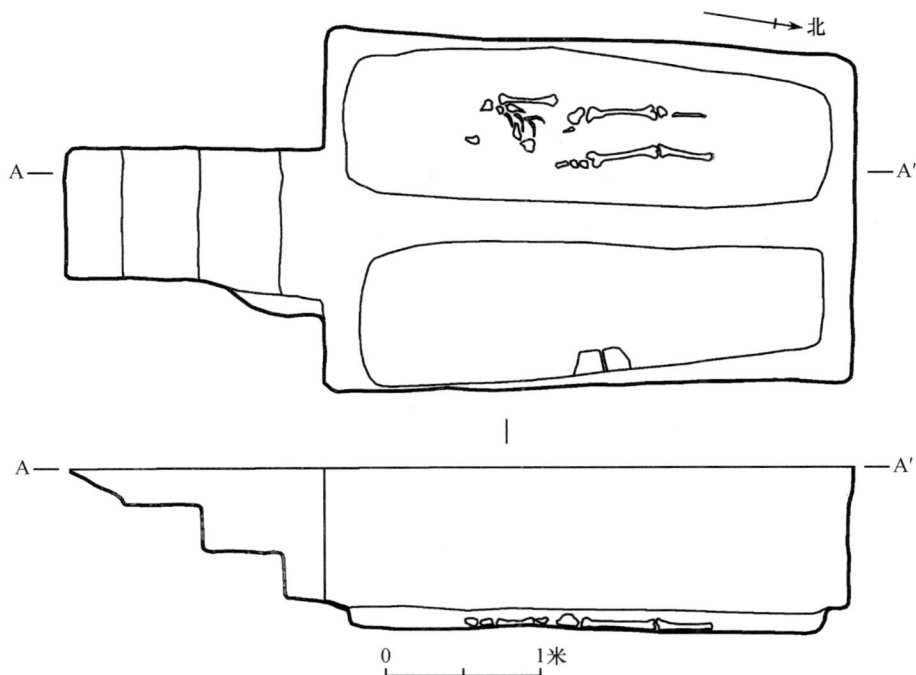

图二　M1平、剖面图

2. 出土遗物

M1仅出土陶碗1件。陶碗编号 M1∶1，圆唇，直口微敞，直壁，垂深腹，圈足，足上窄下宽，微外撇，呈喇叭口状。通高8.7、口径12.2、足高1.1、足径5.2厘米（图四，1）。

（二）J1形制及出土遗物

1. J1形制

J1 位于TW15S15东南部，开口距地表0.5米，平面近圆形，整体剖面上部窄，中下部略宽。井口，长径1.11、短径1米；井底长径1、短径0.98米；现存井体通深4.8米（图三；图版八，2、3）。

J1为土圹砖砌结构，修建方法为先挖土圹然后在土圹中间位置由下向上开始砌筑井圈。土圹平面近椭圆形，南北长2.7、东西宽2.11米，填土为黄褐色土，较致密，应为一边砌砖一边回填砖圹外围空间，同时向上施工。井圈砌砖方法，由下向上：第一层砌砖为顺砖平铺，砌一周井圈基础；第二层丁砖立砌一周；第三层顺砖立砌一周；第四、五层丁砖立砌两周；再向上共计27层，为顺砖错缝立砌，每两块顺砖之间夹一块向外横侧牙砖，相邻砌砖之间无黏结剂。其中，横侧牙砖都不同程度伸向井内2～5厘米，每相邻两块牙砖平面呈外"八"字状，其用途应为防止横面砖向井内滑落。井圈平面整体排列呈放射状，每周用砖不等，横面一周9～11块、牙砖10～12块。用砖为素面青砖，仅有极少红褐色砖，整砖规格较统一，长26、宽13、厚5厘米。

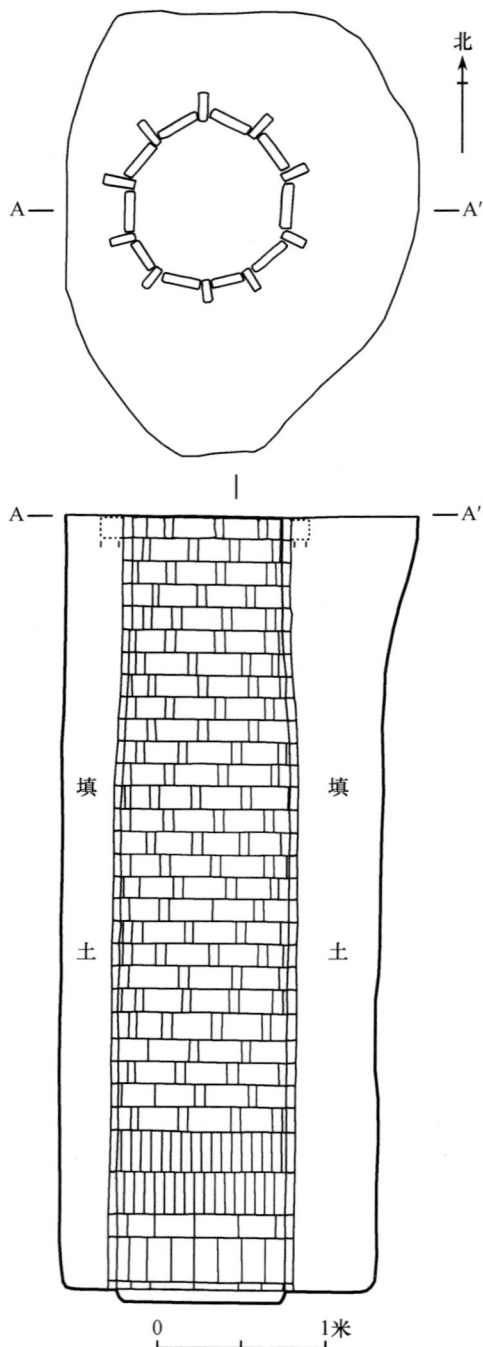

图三　J1平、剖面图

　　井内堆积根据土质、土色及包含物的不同，由上至下共分五层：①层黄褐色土，干硬，厚1.7米，包含物有素面青砖块，泥质灰陶板瓦残片（纹饰为外绳纹内布纹及外素面内布纹两类），夹蚌红陶罐、盆口沿残片，夹云母褐陶罐腹片等；②层黄灰色土，较硬，厚0.5米，包含物稀少，仅见少量碎砖块；③层浅灰色土，干硬，厚1.3米，包含较多砖块，且整砖较多，另有少量泥质灰陶板瓦残片（纹饰为外绳纹内布纹及外绳纹内菱形纹两类），夹蚌红陶釜、罐残片，夹云母褐陶瓮残片，五铢铜钱2枚，磨边"五铢"铜钱4枚。④层浅灰色淤土，内含水锈斑，细密、较硬，厚0.25米，包含物较少，仅有少量砖块及泥质灰陶板瓦残片，纹饰为外绳纹内布纹及外素面内布纹两类。⑤层褐色淤土，较硬，底部略疏松，厚1.05米，包含物基本位于该层底部，有素面青砖残块、泥质灰陶板瓦残片（纹饰为外绳纹内布纹），夹云母褐陶瓮残片，零碎兽骨等。

2. 出土遗物

　　J1出土铜钱6枚，铁环1个，铁镰1个，残鹿角2段，陶饼1个，陶纺轮1个，少量釜、盆、罐、瓮口沿及少量绳纹板瓦残片，择重点介绍如下：

　　（1）陶器，共7件，釜口沿1件，罐口沿2件，盆口沿2件，瓮口沿1件，陶饼1个。

　　釜口沿　1件。J1①：1，夹蚌红陶，胎质粗糙，素面。圆方唇，斜直口，平折沿，肩部可见轮制留下的弦纹。口部残长10.2、高10.4、胎厚1.3～1.4厘米（图四，2）。

　　罐口沿　2件。J1①：2，夹蚌红陶，胎质粗糙，外饰弦纹。尖圆唇，侈口，束颈，溜肩。口部残长6.5、高7.6、胎厚0.8～0.9厘米（图四，3）。J1③：8，夹蚌红陶，胎质粗糙，素面，上腹有烟熏痕迹。圆唇，折沿微翘，束颈，鼓腹。口部残长17.4、高15.9、胎厚1.3～2.4厘米（图四，4）。

　　盆口沿　2件。J1③：9，夹云母红陶，胎质粗糙，素面。尖圆唇，唇上有凹槽，平折沿，斜直口，肩部可见轮制留下的弦纹。口部残长12.2、高8.3、胎厚1厘米（图四，5）。J1③：11，夹云母红陶，胎质粗糙，外饰绳纹。尖圆唇，唇上有凹槽，平折沿，斜弧腹。口部残长12.6、高6.9、胎厚1～1.8厘米（图四，6）。

　　瓮口沿　1件。J1⑤：1，夹云母褐陶，胎质粗糙，素面。尖圆唇，直口，高领，束颈，溜肩。口部残长10.4、高6.9、胎厚2～2.4厘米（图四，10）。

　　陶饼　1个。J1③：10，夹云母红陶，胎质粗糙，素面。近圆形。直径7.4、厚1.5厘米（图四，7）。

　　陶纺轮　1个。J1③：12，夹云母红陶，胎质粗糙，素面。近圆形，中间有一圆角方孔，边长1.3厘米。长径7.4、短径7、厚1.6厘米（图四，8）。

　　（2）铜钱，共6枚，其中有廓五铢2枚，磨边五铢4枚。

　　有廓五铢　2枚。J1③：2、J1③：7，圆廓方穿，横读，光背，直径2.5～2.6厘米（图五，5、6）。

　　磨边五铢　4枚。J1③：3、J1③：4、J1③：5、J1③：6，圆廓方穿，横读，光背，直径1.98～2.4厘米（图五，1～4）。

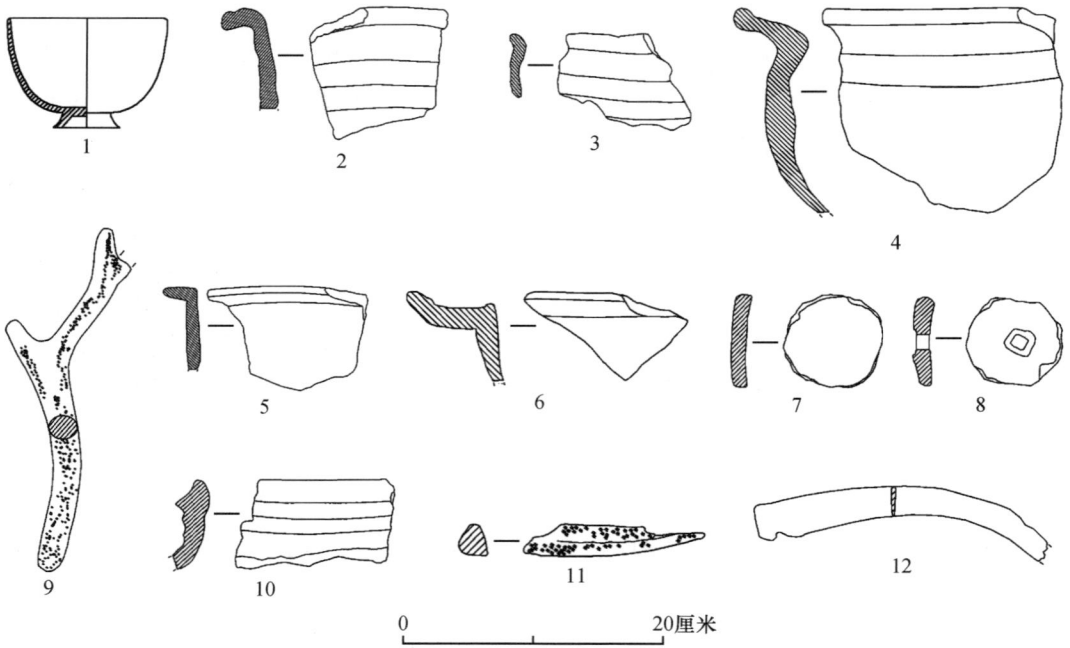

图四　M1、J1出土器物

1.陶碗（M1：1）　2.釜口沿（J1①：1）　3、4.罐口沿（J1①：2、J1③：8）　5、6.盆口沿（J1③：9、J1③：11）　7.陶饼（J1③：10）　8.陶纺轮（J1③：12）　9、11.鹿角（J1③：13、J1⑤：2）　10.瓮口沿（J1⑤：1）　12.镰刀（J1⑤：3）

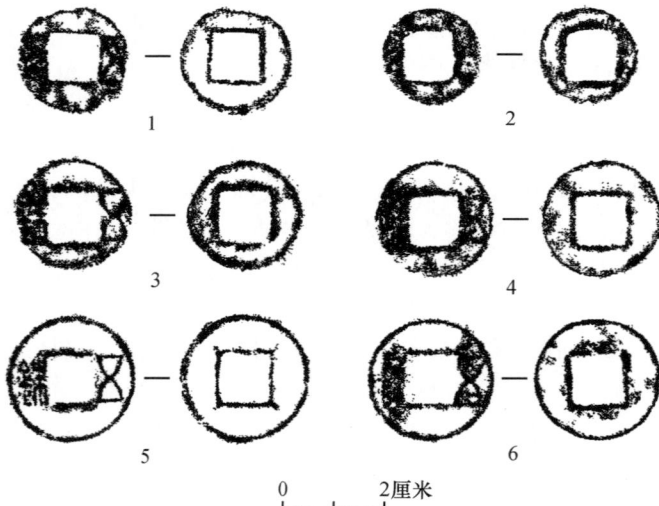

图五　J1出土铜钱

1~4.磨边"五铢"（J1③：3、J1③：4、J1③：5、J1③：6）　5、6.有廓"五铢"（J1③：2、J1③：7）

（3）铁器，2件。

铁环　1件。J1③：1，椭圆形，长径2.7、短径2.5、粗约0.4厘米。整体锈蚀严重。

铁镰　1件。J1⑤：3，端部较直，刃部微弧，通长22.1、宽2～3厘米（图四，12）。

（4）鹿角，2件。

J1③：13，通体较光滑，直径1.8～2.8、通高26.9厘米（图四，9）。

J1⑤：2，残长13.8厘米，根部粗糙。直径2～2.55厘米（图四，11）。

三、结　语

M1被严重盗扰，出土器物仅存一陶碗，其年代判定只能依据墓葬形制及该陶碗。北朝时期，短墓道小型土坑单室墓流行梯形墓圹，如1988年大同市电焊器材厂扩建工程发掘的北魏墓群[1]、太原西南郊北齐洞室墓[2]，朝阳九中古墓（96CJM1）、朝重机械厂北朝墓（97CZM1）、马场古墓（2000CMM1）、电信局古墓（2001CDM1）[3]等墓墓圹均为梯形。太原西南北齐洞室墓、朝重机械厂北朝墓（97CZM1）墓道也带台阶，且朝重机械厂北朝墓墓葬规格、尺寸大小与M1相当，由此初步判定M1年代为北朝时期。相比墓葬形制，陶碗的形制特点更为直接，北朝早中期碗口多微敞，如河北赞皇县北魏李仲胤夫妇墓[4]、河北磁县东陈村东魏墓[5]等出土的陶、瓷碗均为敞口、曲腹。至北齐时期，碗型变化为多直口、垂臂、深腹，M1出土陶碗在形制上与北齐时期河北磁县北齐元良墓[6]CMM1：81、CMM1：88、CMM1：90、河北平山北齐崔昂墓[7]、磁县双庙墓群[8]M50：20、太原西南郊北齐洞室墓TM62：24、北京王府仓北齐墓[9]出土的陶、瓷碗相同，其年代也应与之相当，应为北齐时期。

河北境内北朝墓葬主要集中于磁县-临漳的邺城地区，多为皇室、贵族墓；其他主要发现于石家庄周边的赞皇、无极，保定南部的定州、曲阳，衡水-沧州一线的景县、吴桥、河间、黄骅等区域，多为家族墓，如景县高氏、封氏、赞皇李氏、河间邢氏、无极甄氏等。雄安新区容城县区域发现北朝墓葬并不多见，该墓葬的发现对于研究新区历史文化脉络具有重要意义。

对于J1，相同结构的古井见于1951年治淮工程在河南省泌阳县板桥村修建板桥水库时发掘的古井[10]，该次发掘共发现古井9眼，其中井6与张市南遗址J1极其相似，遗憾

① 山西省考古研究所、大同市博物馆：《大同南郊北魏墓群发掘简报》，《文物》1992年8期，1～11页。

② 商彤流：《太原西南郊北齐洞室墓》，《文物》2004年6期，35～46页。

③ 白燕培：《朝阳发现的几座北朝墓葬》，《文物春秋》2018年5期，44～49页。

④ 汪盈：《河北赞皇县北魏李仲胤夫妇墓发掘简报》，《考古》2015年8期，75～88页。

⑤ 磁县文化馆：《河北磁县东陈村东魏墓》，《考古》1977年6期，391～400页。

⑥ 张子英：《河北磁县北齐元良墓》，《考古》1997年3期，33～39页。

⑦ 唐云明：《河北平山北齐崔昂调查报告》，《文物》1973年11期，27～33页。

⑧ 南水北调中线干线工程建设管理局、河北省南水北调工程建设委员会办公室、河北省文物局：《磁县双庙墓群考古发掘报告》，文物出版社，2017年，119页。

⑨ 马希桂：《北京王府仓北齐墓》，《文物》1977年11期，87、88页。

⑩ 安金槐：《河南泌阳板桥古墓葬及古井的发掘》，《考古学报》1985年4期，66、67页。

是该井未清理到底。但从已发掘部分来看，该水井虽为五角结构，但砌砖方式及结构与张市南遗址J1如出一辙，发掘者将板桥9眼古井年代定在了东汉晚期至六朝时期。J1填土内出土的陶器制品在陶质、陶色、纹饰、器型等方面都有明显的汉代特征，结合磨边五铢铜钱等器物推定，J1年代应不晚于东汉。J1修建方式特殊，构思精巧，井壁砌砖结构在起到井壁稳固的同时，又节省了建筑材料，充分展示了劳动人民的聪明才智，对于古建施工技艺是不可多得的材料。该水井的发现为研究汉代水井的开凿技术及雄安新区容东片区汉代历史、地下水位变迁等提供了难得的实物资料。

附记：此次发掘工作得到保定市文保所、容城县文保所的大力协助，谨致谢忱！

发掘：赵战护　杨丙君　樊树海
　　　付　民　韩树军　韩双林
　　　杨永贺　杨　刚　梁学吾
绘图：李璐瑶　杨丙君　郭少青
执笔：杨丙君

A Brief Excavation Report on a Beichao Dynasty Tomb and a Han Dynasty Water Well in Area II of Zhangshinan Site in Xiong'an New District

Yang Bingjun

(Hebei Provincial Institute of Cultural Relics and Archaeology)

Abstract: From November to December, 2019, in order to support the construction of Jingxiong highway project, Hebei Provincial Institute of cultural relics and Archaeology carried out rescue excavation on Zhangshinan site, which was found before. During the excavation, a Northern Dynasty tomb in area II and a Han Dynasty well were unearthed, contributing new historical and cultural materials to the study of the new District.

Key words: Xiong'an New District, site of Zhangshinan, tomb of the Northern Dynasty, well of Han Dynasty

2018年滨州市滨城区马坊村遗址考古发掘简报

杨小博[1]　张　卡[2]　詹森杨[1]

（1. 山东省水下考古研究中心；2.滨州市博物馆）

内容提要： 本文主要介绍了2018年滨州市滨城区马坊村遗址的工作收获，本次发掘面积400平方米，发现有灰坑等遗迹60个。出土各类代表性的陶、瓷片小件及标本40余件。从遗迹形状、出土陶器及瓷器特点分析，遗址年代主体年代为晚唐五代至宋时期，简报分别进行介绍。瓷碗等瓷器，特征明显，多带绿彩，与淄博窑、海北遗址出土瓷器特征接近，故推测本地日用瓷器当来自淄博窑。遗址发现为淄博窑瓷器的传播和研究提供了重要线索。

关键词： 淄博窑　支钉　绿彩

马坊村遗址位于山东省滨州市滨城区秦皇台乡马坊村西南约900米，地处黄河冲积平原，东距黄河约20千米，遗址面积约2.5万平方米（图一）。2018年为配合滨州市滨海路建设，经国家文物局批准，7月至8月对遗址占压区域进行发掘。发掘区位于遗址东侧，开10米×5米的探方8个，实际发掘面积400平方米（图二），发现有灰坑等遗迹60余个，出土遗物丰富（图三）。现将此次发掘的主要收获介绍如下。

一、地层堆积状况

根据地表采集遗物初步判断，遗址属晚唐五代和宋两个时期。此次发掘区内遗迹间的打破关系相对简单，均叠压于淤土层之下。现对发掘区遗址的地层堆积进行介绍，以T1~T8的西剖面予以说明（图四）。

第1层，耕土层，0~0.14米，浅褐色、粉砂土，土质疏松，包含塑料、零星碎陶片。

第2层，淤积层，0.14~0.34米，浅黄褐、细粉砂土，土质细密，包含草根。

第3层，文化层，0.34~0.46米，浅褐色、粉砂土，土质疏松，包含有瓷片、陶片等。堆积在发掘区域普遍分布，各探方分布深浅不一，年代为宋代。

第4层，文化层，0.46~0.68米，灰褐色，粉砂土，土质疏松，包含有大量的陶瓷片，年代为宋代。

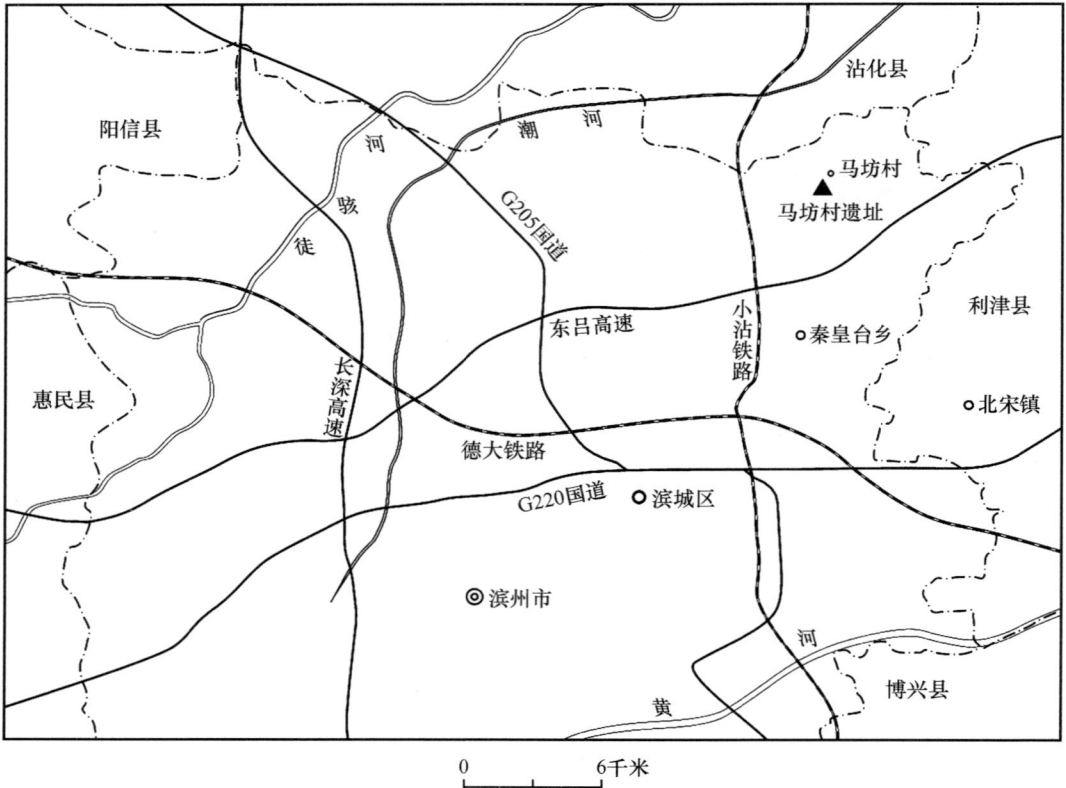

图一　马坊村遗址位置示意图

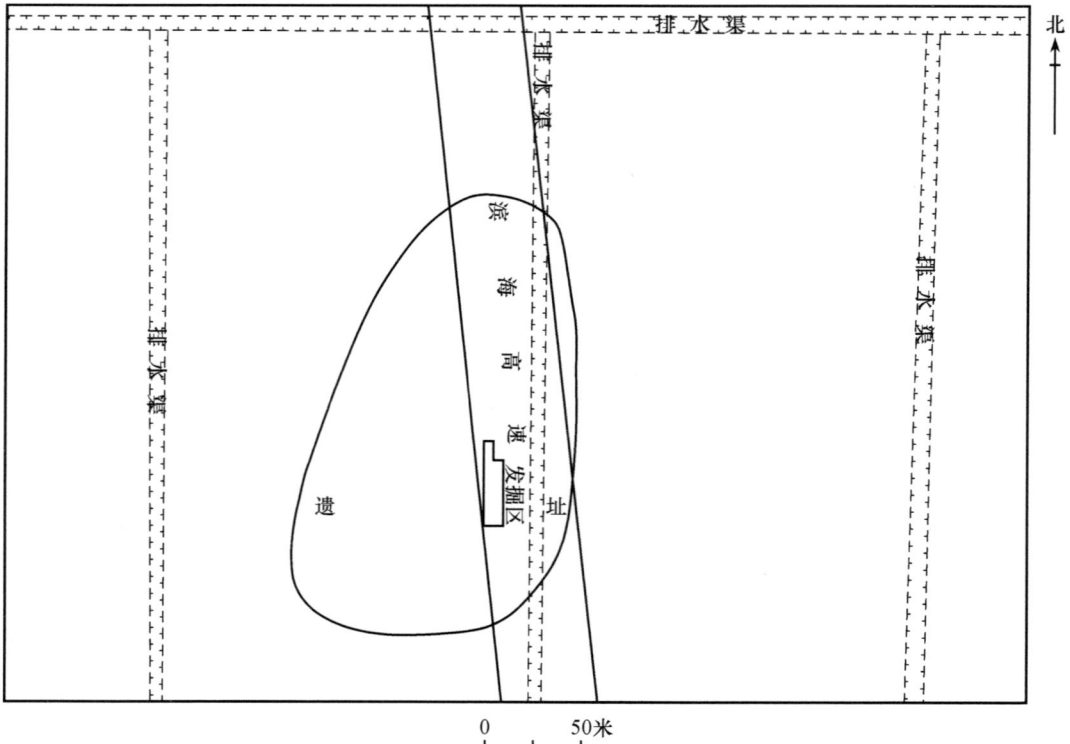

图二　马坊村遗址发掘区位置示意图

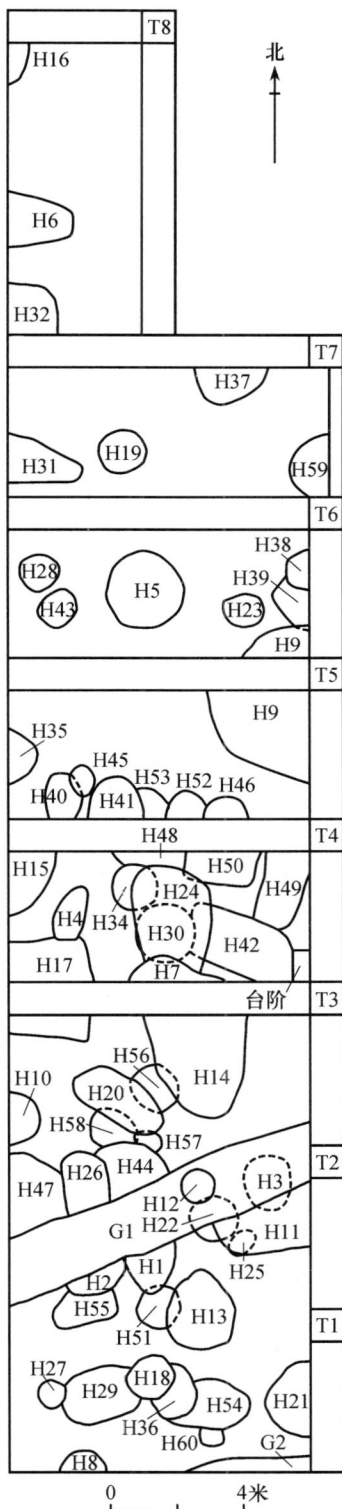

图三　遗迹总平面图

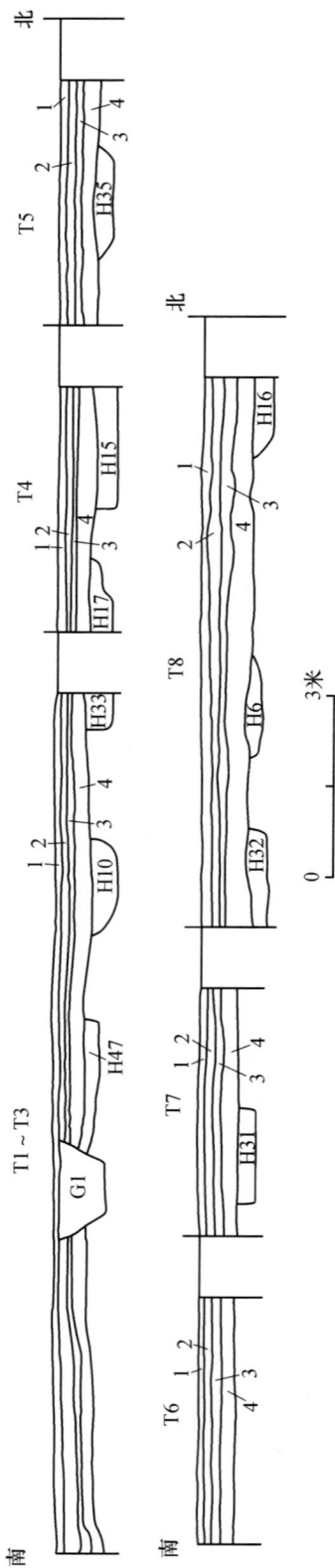

图四 T1~T8两壁剖面图

二、晚唐五代时期遗存

本次发掘晚唐五代时期的文化遗存较为丰富，有灰坑51个，出土遗物有瓷器、陶器及瓦当模具，主要发现有瓷碗等，此外还有少量兽骨。

1. H2

位于T2西南部。开口于第4层下，被G1打破。口距地表1.14米。坑口呈椭圆形，斜壁内收，平底（图五）。口部短径0.92、长径1.79、坑深0.28米。坑内填浅灰色粉砂土，结构疏松，含草木灰。出土少量陶瓷片，可辨瓦当内模等。

标本H2：1，瓦当模具。整体为上宽下窄，剖面呈弧形，当面基本完整，有一圆形穿孔，背面平整。兽面纹基本保存完好，呈浅浮雕效果，刻画出有两椭圆形耳，圆形眼，鼻子，露出部分牙齿，口部下有浓密长须。最大径9.8、厚约2.7厘米（图六，1；图三九，1）。

标本H2：2，瓦当模具。整体为上宽下窄，剖面呈弧形，当面残缺，有一圆形穿孔，背面平整。兽面纹残缺，呈浅浮雕效果，眉、眼、鼻基本完好，口部牙齿明显，无明显獠牙，口部下有浓密长须。最大径9.8、厚约2.7厘米（图六，2；图三九，2）。

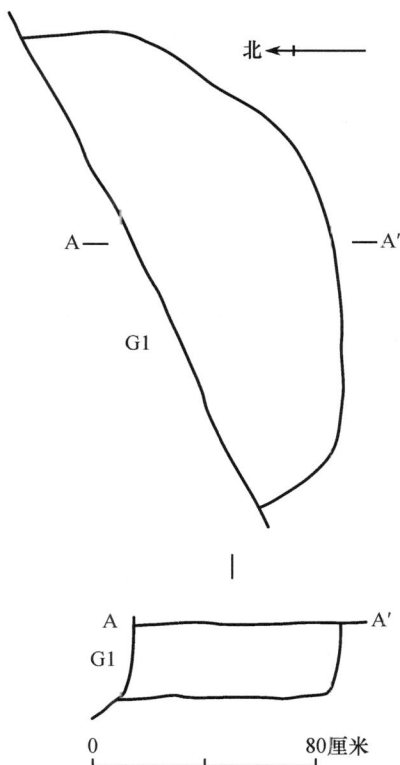

图五　H2平、剖面图

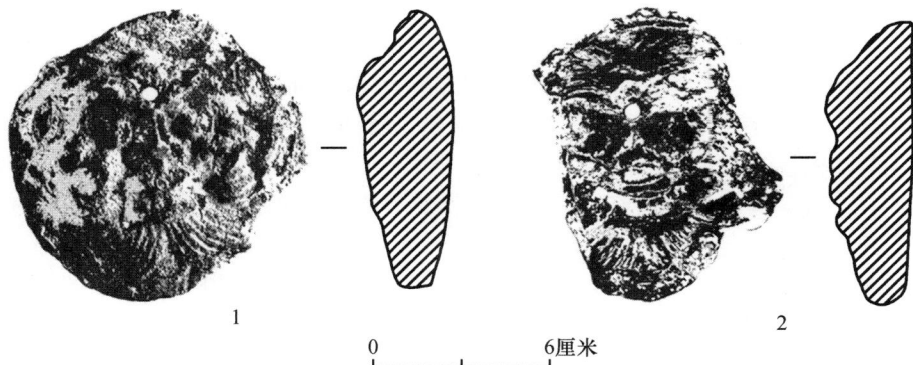

图六　H2出土瓦当模具

1. H2：1　2. H2：2

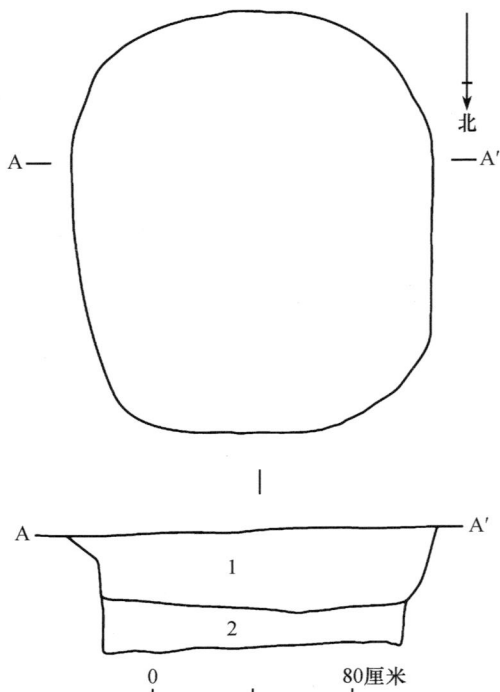

图七　H3平、剖面图

2. H3

位于T2东北部。开口于第4层下，被G1打破。开口距地表1.24米。平面圆形，直壁内收，平底（图七）。口径1.35、深0.49米。坑内填土分2层：第1层为深灰色填土，0.3米厚；第2层为黑灰色填土，厚0.19米，含大量草木灰及红烧土。两层填土出土遗物相同，多瓷片及陶片，少量兽骨。

标本H3②：3，陶盆。泥质红褐陶。卷沿，方唇，弧腹，平底略内凹，腹部有锔丁孔。口径32.3、底径16.2、高10.8厘米（图八，1；图三九，3）。

标本H3②：2，瓷碗。敞口，圆唇，斜弧腹，略内收，平底，内底露有3处支钉痕，腹部有3处均匀的白釉绿彩。灰胎，施白色化妆土，外壁口沿施青白釉，涂釉不均，腹部及底均不涂釉，内壁满釉。口径12、底径6.3、高4.8厘米（图八，2；图三九，4）。

标本H3①：1，陶器盖。泥质灰陶。长方形，两端略弧，残存一角。长边残长5.6、短边残宽7.6、高2.4厘米（图八，3）。

标本H3①：2，瓷碗底。残损至底，平底，内底残露两处支钉痕，圈足较厚，内壁饰透明釉，底径长7.5、残高2.2厘米（图八，4）。

3. H5

位于T6中部。开口于第4层下。口距地表0.54米。坑口为圆形，坑口最宽处为2.3米（图九）。坑内填深灰色粉砂黏土，较疏松，含少量陶片，兽骨。可辨器形为盆、碗等。

标本H5：1，陶盆。泥质红陶。卷沿，圆唇，弧腹，外侧浅凸棱纹。口径33.2、底径15.7、高9.7厘米（图一〇，1）。

标本H5：2，瓷碗。残存底部，平底，圈足，灰褐胎，内饰白色透明釉。口径33.2、底径15.7、高9.7厘米（图一〇，2）

4. H10

位于T3西南部。开口于第4层下。口距地表0.6米。坑口为圆形，斜壁内收，弧形圜底（图一一）。口径约0.9、深约0.44米。含少量草木灰、红烧土颗粒，出土少量陶瓷片，残瓷碗2件可复原。

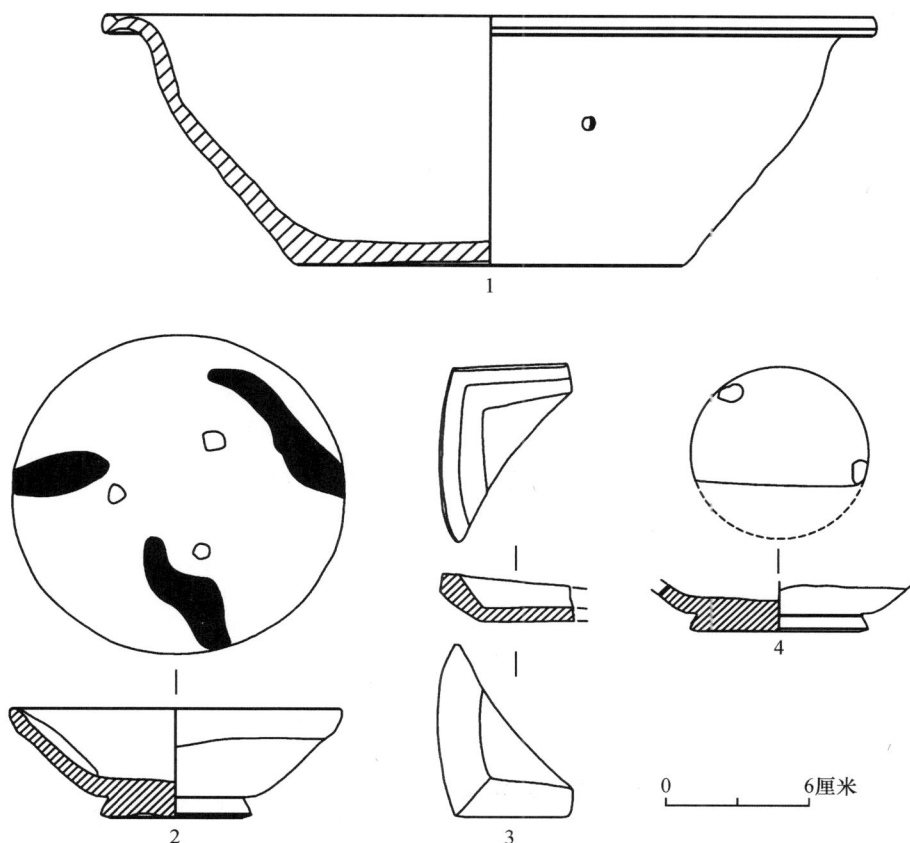

图八　H3出土主要器物

1.陶盆（H3②∶3）　2.瓷碗（H3②∶2）　3.陶器盖（H3①∶1）　4.瓷碗底（H3①∶2）

标本H10∶1，瓷碗。敞口，圆唇，斜壁，平底，内底露两处支钉痕，圈足，略内凹。灰胎，外壁口沿施青白釉，涂釉不均，腹部及底均不涂釉，内壁施满釉。口径13.2、底径5.8、高4厘米（图一二，1；图三九，5）。

标本H10∶2，瓷碗。敞口，圆唇，斜弧腹，略内收，平底，内底露有支钉痕，饼形。红褐胎，外壁口沿施青白釉，涂釉不均，腹部及底均不涂釉，内壁施满釉，底部有釉现象。口径16.9、底径6.8、高4厘米（图一二，2；图三九，6）。

5. H11

位于T2东部。开口于第4层下。开口距地表0.64～0.76米。亢口为椭圆形，斜壁内收，平底（图一三）。口部长径2.9、短径2.22、深0.3米。被G1打破，出土较多陶瓷片和砖块，残陶盆1件。

标本H11∶1，陶盆。泥质红陶。卷沿，圆唇，弧腹，平底内凹，外侧浅凸棱纹。口径43、底径20.4、高13.9厘米（图一四）。

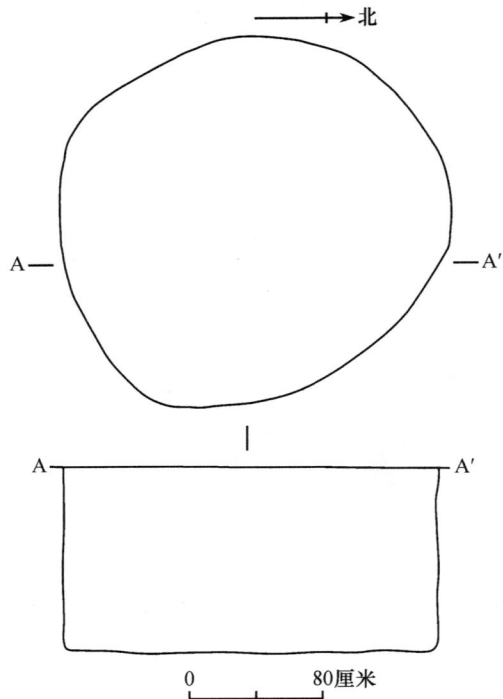

图九　H5平、剖面图

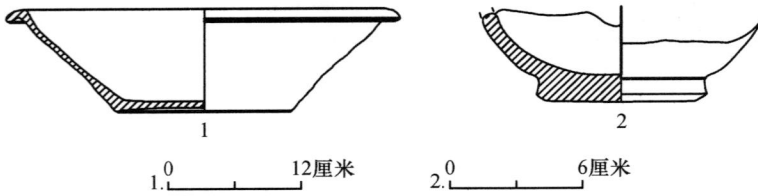

图一〇　H5出土器物

1.陶盆（H5：1）　2.瓷碗底（H5：2）

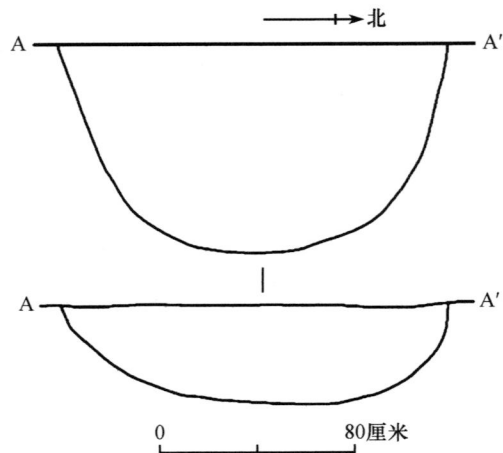

图一一　H10平、剖面图

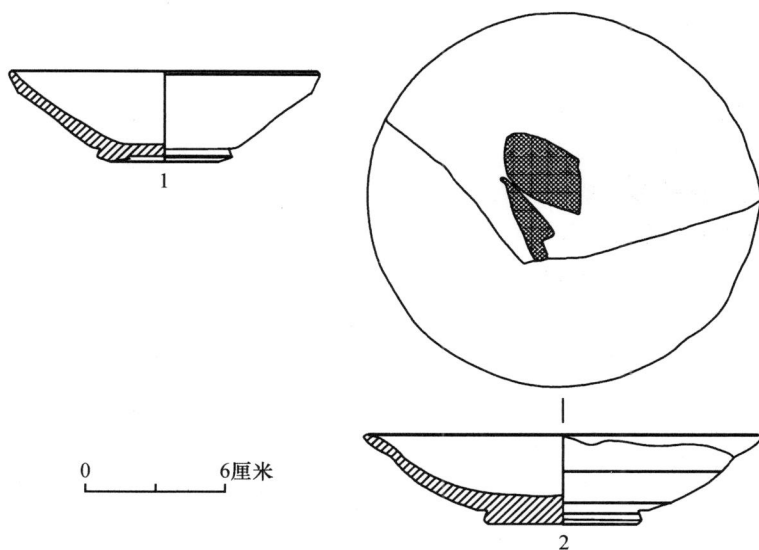

图一二　H10出土器物

1. 瓷碗（H10∶1）　2. 瓷碗（H10∶2）

北

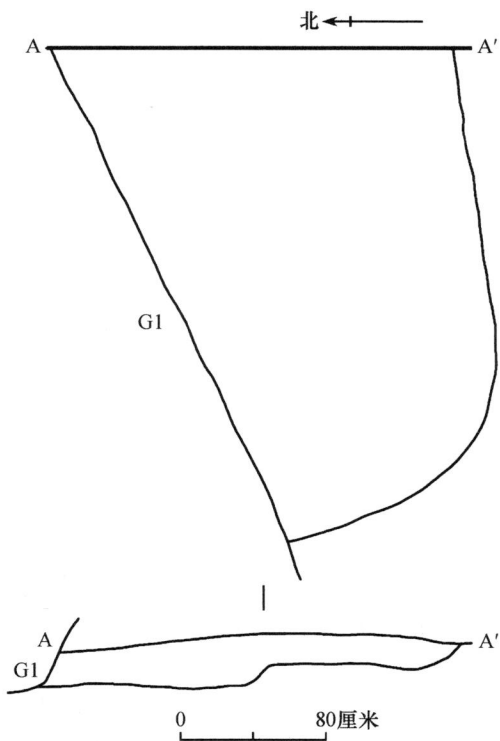

图一三　H11平、剖面图

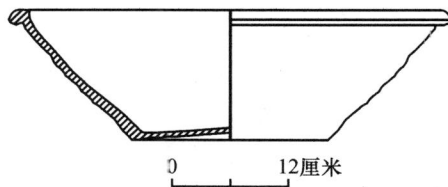

图一四　陶盆（H11∶1）

6. H29

位于 T1 中部偏西，被 H27 打破。开口于第 4 层下。口距地表约 0.62 米。坑口为椭圆形，斜壁内收，圜底（图一五）。口径约 1.6～2.4、深 0.44 米。坑内填土为灰褐色粉砂土，结构疏松，含较多红烧土、炭屑。可辨器形有陶盆、罐等。

标本 H29∶1，陶盆。泥质红陶。卷沿，尖圆唇，弧腹，平底内凹，外侧浅凸棱纹。口径 65.6、底径 32、高 28 厘米（图一六）。

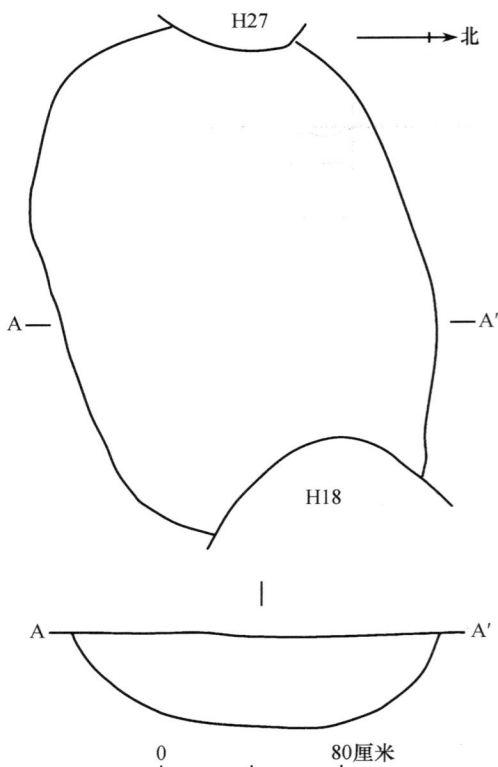

图一五　H29 平、剖面图

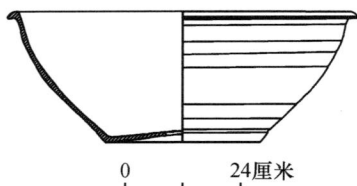

图一六　陶盆（H29∶1）

7. H30

位于 T4 中部。开口于第 4 层下。开口距地表 0.46 米。坑口为圆形，筒形平底（图一七）。口径 1.75、深 0.77 米。H24 打破 H31，其又打破 H42，内含少许炭屑，出土少量陶瓷片，可辨器形有瓷罐、碗等。

标本 H30∶1，瓷罐。敛口，圆唇，鼓腹，底部斜收，饼状足。灰胎，外壁口沿及腹部施黄釉，圈足无釉，施白色化妆土，内壁施黄釉。口径 7.4、腹径 8.8、底径 4.8、高 6 厘米（图一八，1）。

标本 H30∶2，瓷碗底。残存至底部，平底，饼形足。灰胎、内底施白釉，圈足无釉，腹部有少量绿斑，施于胎体。底径长 6.9、残高 2.4 厘米（图一八，2）。

北

B'

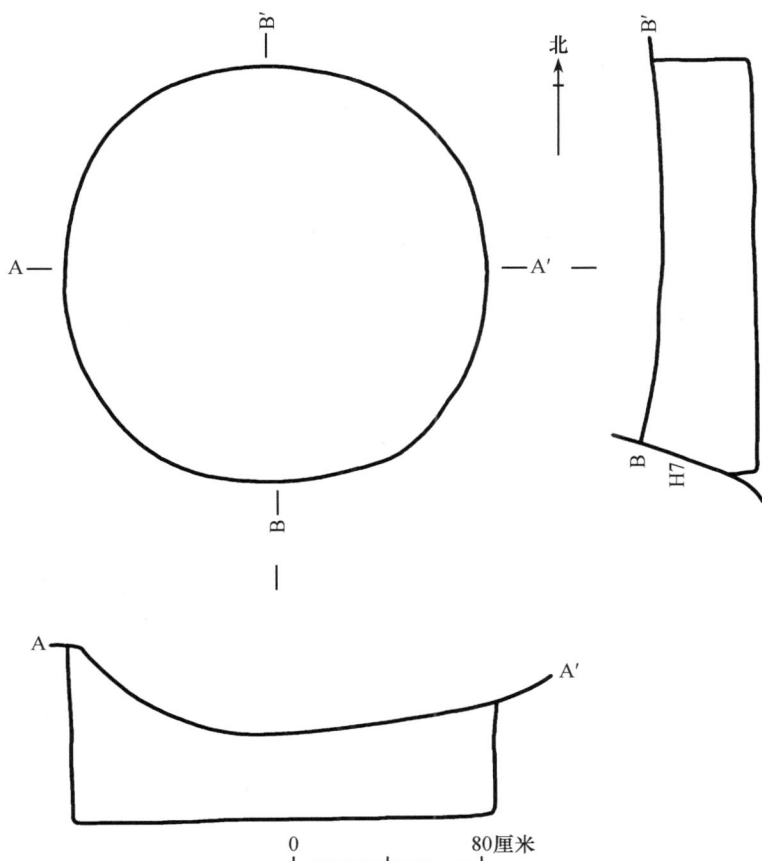

图一七　H30平、剖面图

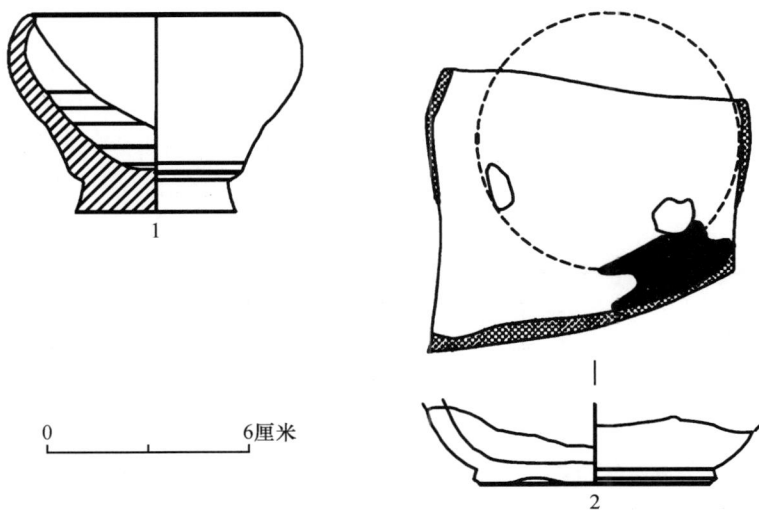

图一八　H30出土遗物

1. 瓷罐（H30∶1）　2. 瓷碗底（H30∶2）

8. H38

位于T6东隔梁北部。开口于第4层下。开口距地表0.52米。坑口为圆形，筒形，平底（图一九）。口径1.21、深0.84米。H38打破H39，内含少许炭屑，出土少量的陶片、瓷片、兽骨，残陶灯等。

标本H38：1，陶灯。泥质红褐陶，卷沿，方唇，弧腹内收，短柄，饼形足底。口径10.8、底径6.3、通高8.8厘米（图二〇；图三九，7）。

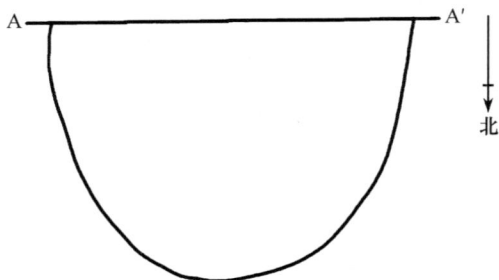

图一九　H38平、剖面图

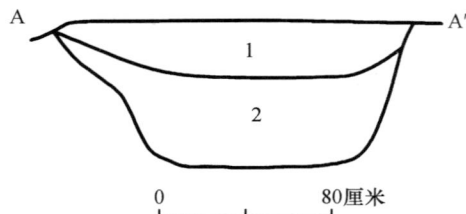

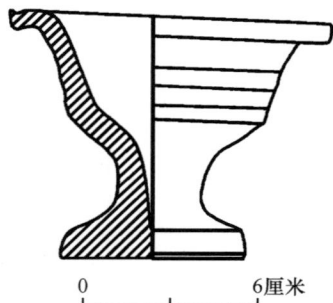

图二〇　陶灯（H38：1）

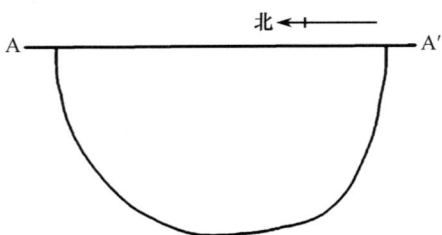

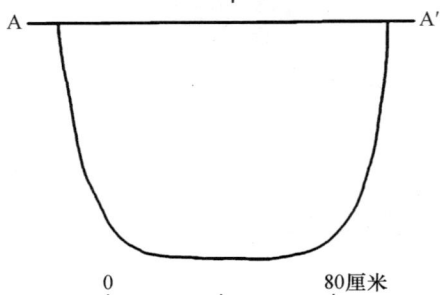

图二一　H41平、剖面图

9. H41

位于T5南部。开口于第4层下。开口距地表0.5米。坑口为椭圆形，弧壁平底。长径1.68、短径1.26、深0.72米，出土少量陶瓷片、砖瓦碎块（图二一）。

标本H41：1，陶盆。泥质红陶。卷沿，圆唇，弧腹，平底内凹，外侧浅凸棱纹，口沿下有镂孔。口径39.4、底径18.6、高15.6厘米（图二二，1）。

标本H41：2，瓷瓶。残存腹及底部，弧腹内收，平底，圈足较低。灰胎，外壁施青白釉，釉不及底，外涂透明釉，内壁素面无釉。腹部残径11.2、底径7、残高8.5厘米（图二二，2）。

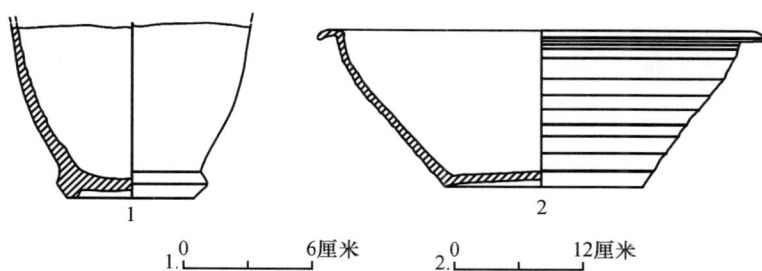

图二二　H41出土遗物
1. 瓷瓶（H41∶1）　2. 陶盆（H41∶2）

10. H49

位于T4东北部。开口于第4层下。开口距地表0.51米。坑口为不规则形，弧形圜底。长径2.34、短径1.14、深0.27米。H42打破H49，出土少量陶瓷片、砖瓦碎块，残瓷碗1件（图二三）。

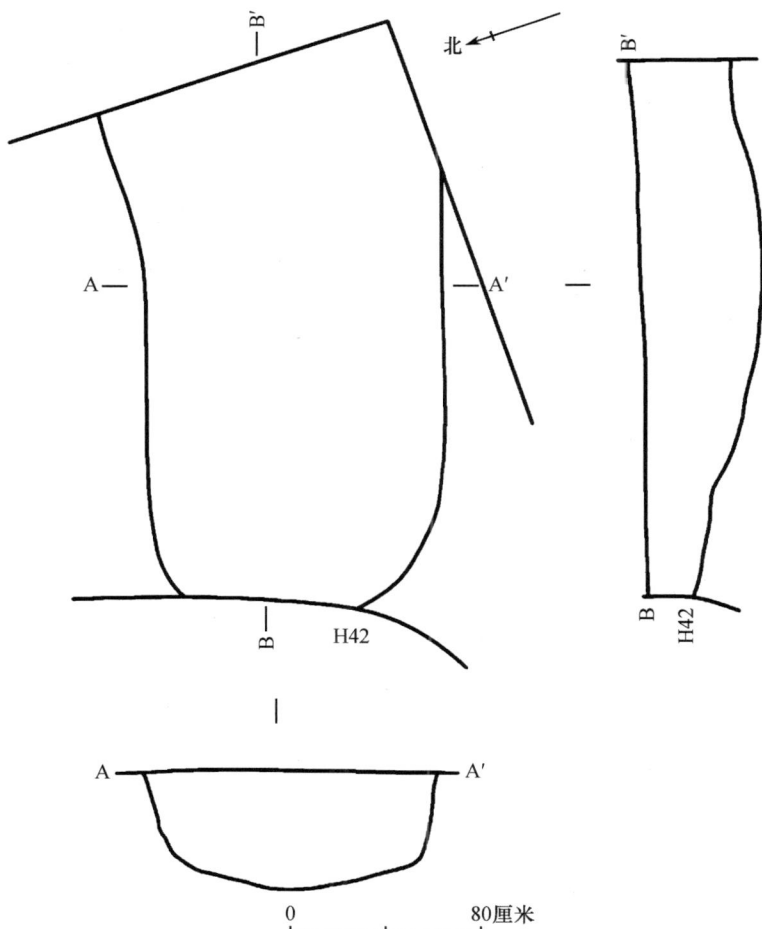

图二三　H49平、剖面图

标本H49：1，瓷碗。敞口，圆唇外鼓，平底，内底露支钉痕，圈足，略内凹。灰胎，外壁口沿施青白釉，涂釉不均，腹部及底部均不涂釉，内壁施满釉。口沿12.9、底径5.9、高4.2厘米（图二四；图三九，8）。

11. H59

位于T7东隔梁与南壁交界处。开口于第4层下。开口距地表0.52～0.58米。坑口为半圆形，直壁内收，平底（图二五）。口部长径2.06、短径1.22、深0.8米。填黑褐色土，含较多黑灰土和红烧土，出土较多陶瓷片、砖瓦块，少量兽骨。

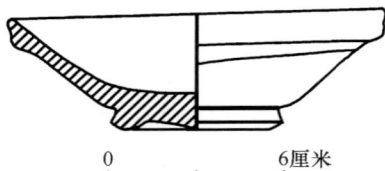

图二四　瓷碗H49：1

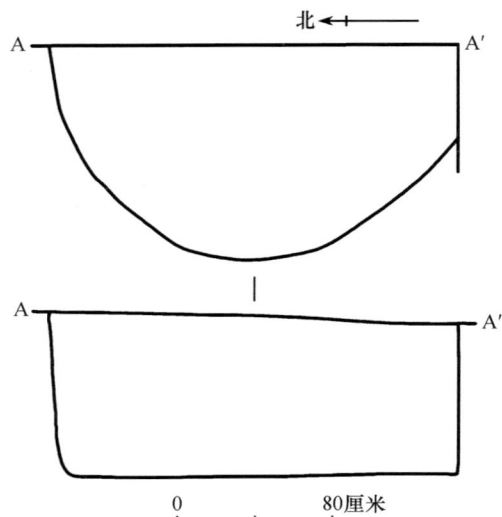

图二五　H59平、剖面图

标本H59：2，陶铃。泥质灰褐陶。葫芦形，上部有一圆形小孔，下部椭圆形。残高3.2、宽2.4、厚0.1～0.3厘米（图二六，1；图四〇，1）。

标本H59：1，瓷碗。敞口，圆唇，斜壁略内凸，平底，饼形足。灰胎，外壁口沿施青白釉，涂釉不均，腹及底部不涂釉，内壁满釉，腹部有少量绿斑施于胎体。口径8.8、底径4.1、高2.6厘米（图二六，2；图四〇，2）。

标本T4④：1，瓷碗。敞口，圆唇，斜壁，平底，内底残露一支钉痕，饼形足，略内凹。灰白胎，外壁口沿下施青白釉，涂釉不均，腹部及底均不涂釉；内壁施满白釉，腹部有绿斑，施于胎体。口径13.7、底径5.8、高4.5厘米（图二七，1）。

标本T4④：4，瓷碗。残存口沿，圆唇，灰褐胎，外壁口沿下施黑釉，有流釉现象，内壁施黑釉。残长17.6厘米（图二七，2）。

标本T1④：1，瓷碗底。残存底，平底，饼形足，底部残留两处支钉痕。灰褐胎，内施透明釉（图二七，3）。

标本T5④：5，磨石。长条形，上窄下宽，正面光滑，背面较粗糙。残长13.1、残宽约5.7、残厚0.5～1.9厘米（图二八，1）。

标本T5④：2，铜钱。方孔圆钱，"开元通宝"，径2.7、孔径0.7厘米（图

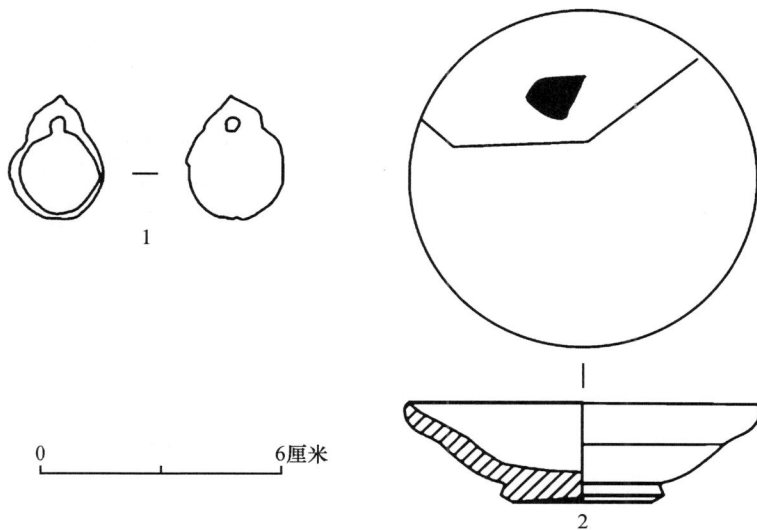

图二六　H59出土遗物

1.陶铃（H59：2）　2.瓷碗（H59：1）

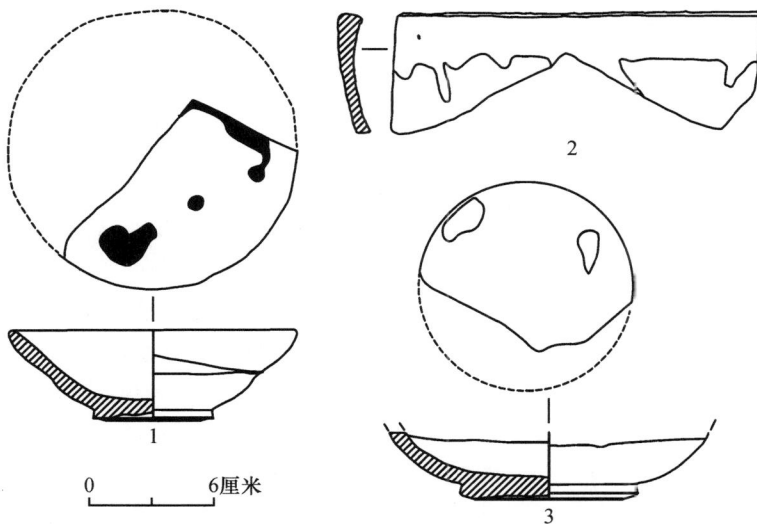

图二七　第4层出土瓷器标本

1.瓷碗（T4④：1）　2.瓷碗（T4④：4）　3.瓷碗底（T1④：1）

二八，2）。

标本T5④：4，陶球。灰褐陶，通径2.5～3.3厘米（图二八，3）。

标本T5④：1，瓦当模。上宽下窄，剖面呈弧形，当面略有残缺，有一圆形穿孔，背面平整。兽面纹较完整，呈浅浮雕，眉、眼、鼻缺失部分，口部牙齿明显，无明显獠牙，口部下有浓密长须。最大径9.5、厚约2.7厘米（图二八，4；图四〇，3）。

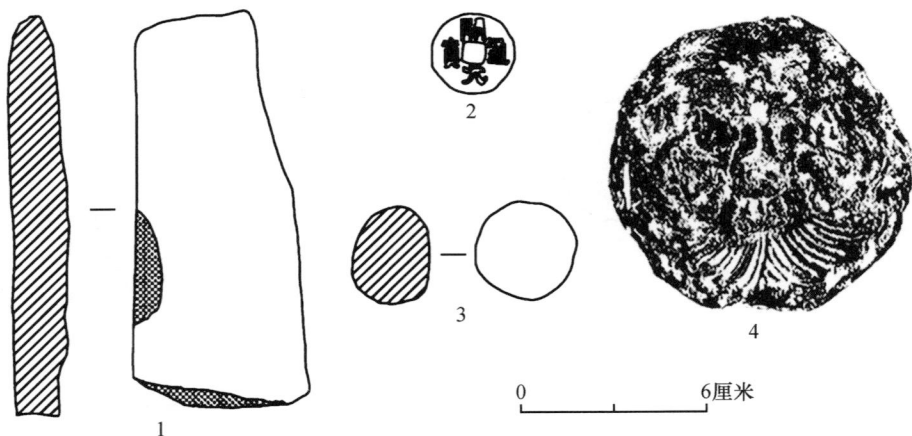

图二八　第4层出土遗物

1. 磨石（T5④：5）　2. 铜钱（T5④：2）　3. 陶球（T5④：4）　4. 瓦当模（T5④：1）

三、宋时期遗存

本次发掘的宋时期的文化遗存较为丰富，有灰坑9个，出土遗物以瓷片、陶片及少量兽骨为主。此外在发掘区外遗址范围内地表采集有可修复瓷碗3件。

1. H4

位于T4西侧，开口于第3层下，距地表约0.48米。坑口不规则，斜壁内收，弧形近平底（图二九）。南北长径1.58、东西短径0.91、坑深约0.35米。打破H17，坑内填深灰色粉沙土，较疏松，出土少量陶瓷片等。

标本H4：1，瓷碗。敞口，圆唇，弧腹，平底，圈足。灰褐胎，外部口沿施白釉，涂抹不均，内施满釉。口径21.3、底径81、高7.2厘米（图三〇）。

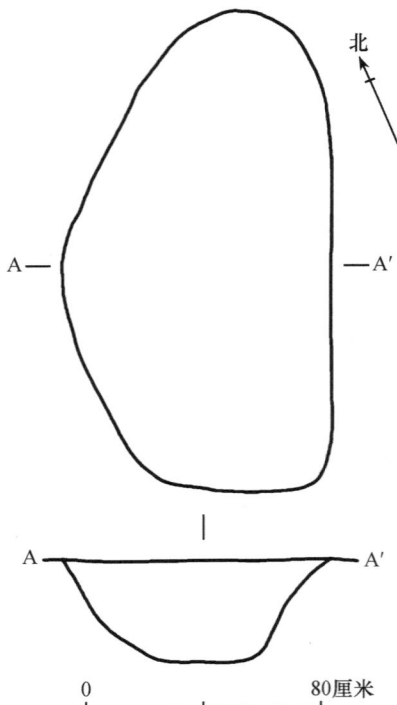

图二九　H4平、剖面图

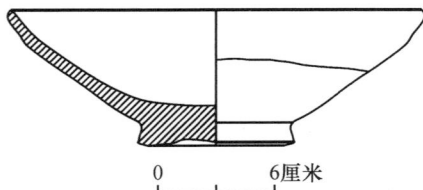

图三〇　瓷碗（H4：1）

2. H12

位于T2东北部，开口距地表约1.18米。坑口为圆形，直壁，平底（图三一），口径约0.34、坑深约0.24～0.62米。坑内填土为深灰色粉沙土，较疏松，包含较多草木灰及大量红烧土，出土少量碎陶、瓷片、瓦片。可辨器形有碗、瓶等。

标本H12：1，瓷碗。敞口，圆唇，弧腹，平底，圈足。灰褐陶，外施清白半釉，内施满釉。口径13.5、底径5.8、高4.5厘米（图三二，1；图四○，4）。

标本H12：2，陶尊形器，泥质灰褐陶，残缺，敞口，平沿，圆唇，弧腹，上部开口大，下腹内收，腹外部饰附加堆纹，壁较厚。外口径17.7、腹径14.2、下口残径7.1、残高12厘米（图三二，2）。

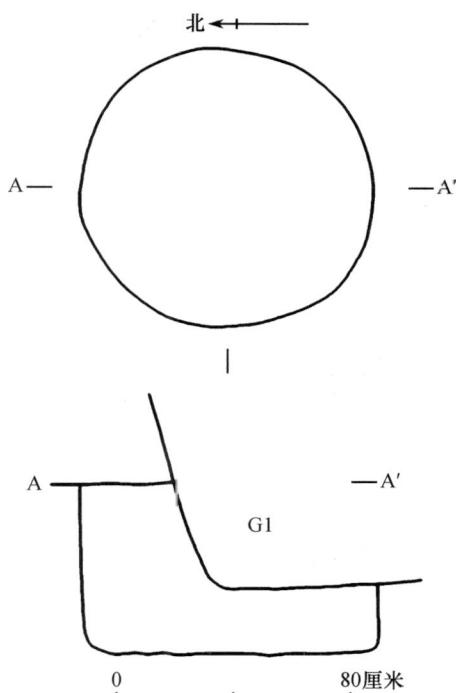

图三一　H12平、剖面图

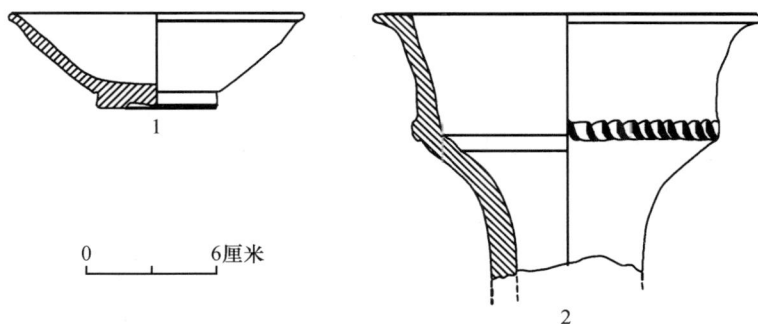

图三二　H12出土器物
1. 瓷碗（H12：1）　2. 陶尊形器（H12：2）

3. H13

位于T2东南部及T1北部，开口于第3层下，距地表约0.73米。坑口为椭圆形，斜壁内收、弧形平底。坑口短径2.06、长径2.45、底径约1.65、坑深0.35～0.5米。坑内填土为浅灰色粉砂土，结构疏松。出土大量碎陶、瓷片、瓦片。可辨器形有盆、灯等（图三三）。

标本H13：1，陶灯。泥质红褐陶，上部豆盘内施白色化妆土，腹外壁中部施条状白色化妆土一道。口径11.7、底径5.3、高6.9厘米（图三四；图四○，5）。

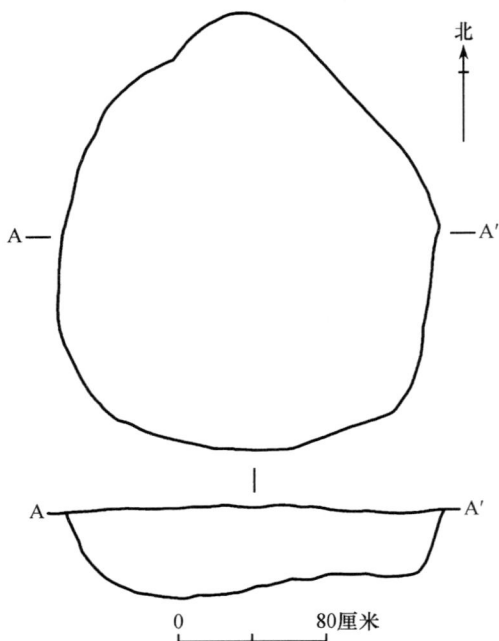

图三三　H13平、剖面图

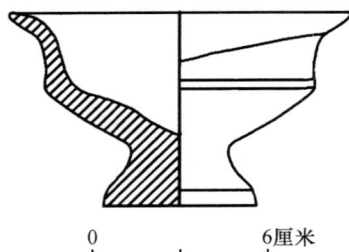

图三四　陶灯（H13：1）

4. H24

位于T4中部，平面为不规则形，弧形圜底（图三五）。开口于第3层下，距地表0.48～0.55米，口部东西长2.3、南北宽2.75、厚0.4米，填土内含少许草木灰、红烧土颗粒，出土较多陶瓷片，可辨器形有罐等。

标本H24：2，陶盆。泥质灰褐陶，敛口，圆唇，弧腹，平底。口径32.8、底径12.6、高11.8厘米（图三六，1）。

标本H24：1，陶罐。泥质灰褐，敛口，圆唇，束颈，溜肩，鼓腹，平底。口径21.4、底径16.6、高15.6厘米（图三六，2）。

5. 第3层出土标本

标本T4③：1，瓷碗。敞口，圆唇，弧腹，平底，圈足。外施清白满釉，内施满釉。口径13.9、底径5.4、高4.6厘米（图三七，1；图四〇，6）。

标本T4③：2，瓷碗。敞口，圆唇，卷沿，弧腹，平底，圈足。外施白满釉，圈足无釉，内施满釉，口径13.6、底径5.8、高4厘米（图三七，2）。

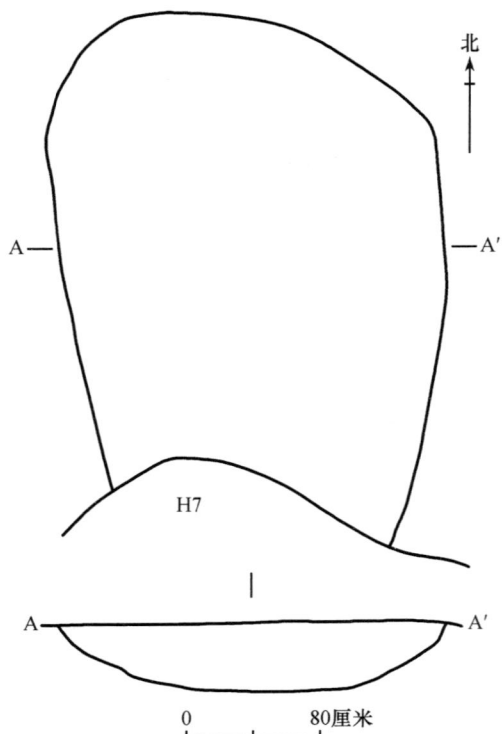

图三五　H24平、剖面图

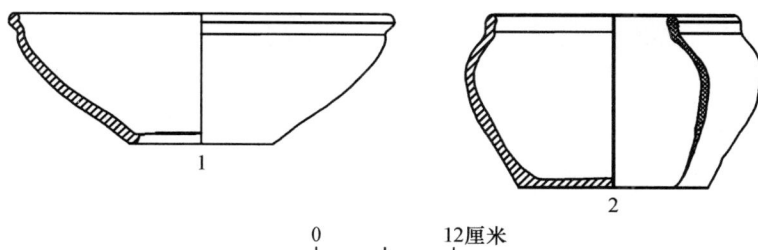

0 ⊢————⊣ 12厘米

图三六　H24出土器物

1. 陶盆（H24∶2）　2. 陶罐（H24∶1）

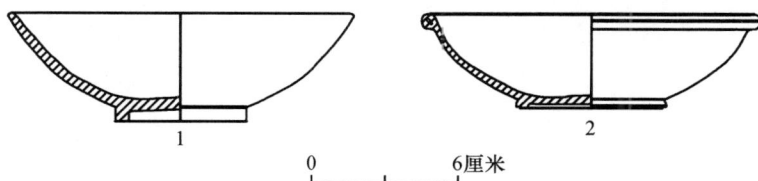

0 ⊢————⊣ 6厘米

图三七　第3层出土瓷碗

1. T4③∶1　2. T4③∶2

6. 采集器物

标本采∶4，瓷盘。敞口，圆唇，斜折腹，平底，圈足。灰褐胎，外施白色半釉，内施满釉。口径17.7、底径6、高4.8厘米（图三八，1；图四○，7）。

标本采∶3，瓷盘。敞口，圆唇，斜壁，平底，圈足。灰胎，外施清白满釉，釉不及底，圈足，内施满釉。口径18.8、底径9、高4.3厘米（图三八，2；图四○，8）。

标本采∶1，瓷碗。敞口，圆唇，弧腹，平底，圈足。灰褐胎，外施清色满釉，釉不及底，内施满釉。口径17.8、底径4.8、高5.8厘米（图三八，3）。

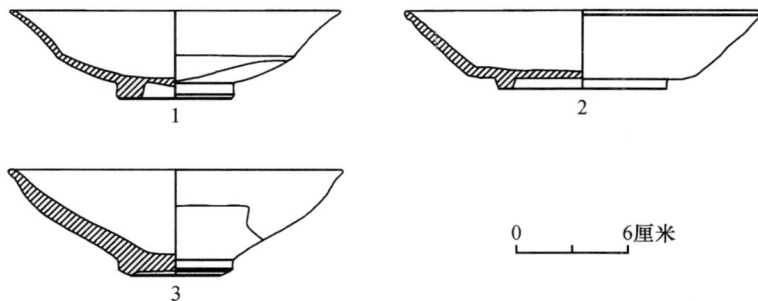

0 ⊢————⊣ 6厘米

图三八　地表采集瓷器

1、2. 瓷盘（采∶4、采∶3）　3. 瓷碗采∶1

1 2

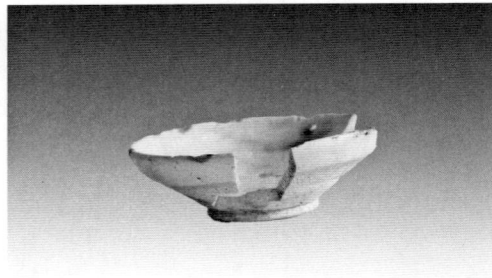

3 4

5 6

7 8

图三九　出土陶、瓷器

1、2.瓦当模具（H2：1、H2：2）　3.陶盆（H3②：3）　4～6、8.瓷碗（H3②：2、H10：1、H10：2、
H49：1）　7.陶灯（H38：1）

1

2

3

4

5

6

7

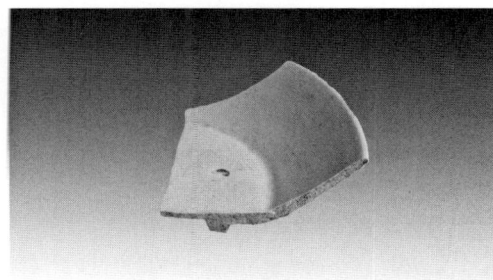

8

图四〇　出土及采集陶、瓷器

1.陶铃（H59：2）　　2、4、6.瓷碗（H59：1、H12：1、T4③：1）　　3.瓦当模具（T5④：1）

5.陶灯（H13：1）　　7、8.瓷盘（采：4、采：3）

四、结　　语

本次发掘典型的叠压打破关系有：

一组第3层→H4、H13、H24→生土（箭头表示打破关系）；

二组第4层→H2、H3、H5、H10、H38、H59→生土；

三组第4层→H30→H42→H49→生土。

可将三组典型遗存分为两个阶段，第一阶段以第一组H4、H13、H24出土遗物为代表，多圈足，以碗为主要器物。瓷碗H12：1 与济南按察司街[1]BaⅡ式H008：40相似，为圈足，多为满釉，年代为宋时期。地表采集的标本瓷碗采：4，圆唇，斜折腹，平底，圈足。灰褐胎，外施白色半釉，内施满釉，化妆土，与胶州板桥镇出土的白釉盘[2]基本一样。第二阶段，以第二组和第三组为代表，多饼状足，以碗、盆为主要器物。典型标本如瓷碗T4④：1与H3②：2器壁内底有3个支钉，腹部有白釉绿斑分布，且同时期的瓷器足底多为饼状略内凹；标本陶灯H38：1与磁村窑出土Ⅰ式瓷灯T1Ⅲ：5[3]较为相似，年代为唐晚期或稍晚，第4层发现的器物足底基本为饼状足。此外兽面纹瓦当模具与洛阳地区[4]五代至北宋时期兽面纹相似。

结合董健丽等学者对山东淄博磁村窑[5]的调查与研究，白釉绿彩[6]为其典型特点，且年代集中于晚唐五代至北宋时期。同时又根据现发现瓷碗，碗底分为饼形足和圈足两种，同时饼形足器物内底多带有3个较大支钉痕，反映制瓷技术的时代变迁。遗址处于古黄河三角洲地区，晚唐五代至宋时期为一处普通的生活居址。在其周边分布有数量较多的商周盐业遗址，如沾化地区的郑家古遗址、陈家古窑址、滨城区的小赵家、利津县的南望参、小赵遗址，特别是在小赵发现有唐宋时期的瓷器[7]。同时遗址地处古唐宋时期滨州古渤海县内，为重要的产盐县。《新五代史》记载："滨州，周显德三年置，以其滨海为名。初，五代之际，置榷盐务于海旁，后为赡国军。周因置州，割棣州之渤海、蒲台为属县而治渤海。"[8]这为下一步研究晚唐五代至宋时期山东盐业和瓷器产销提供了重要线索。

① 房道国：《济南按察司街遗址发掘报告》，《海岱考古》（第九辑），2016年，科学出版社，238～280页。

② 青岛市文物保护考古研究所：《胶州板桥镇遗址·考古文物图集》，科学出版社，2014年，20页。

③ 山东淄博陶瓷史编写组：《山东淄博市淄川区磁村古窑址试掘简报》，《文物》1978年6期，54页。

④ 陈良伟：《洛阳出土隋唐至北宋瓦当的类型学研究》，《考古学报》2003年3期，347～372页。

⑤ 董健丽：《山东淄博磁村窑址调查》，《中原文物》2010年3期，9～13页。

⑥ 山东淄博陶瓷史编写组：《山东淄博市淄川区磁村古窑址试掘简报》，《文物》1978年6期，50页。

⑦ 山东省水下考古研究中心：《2020年东营地区重点盐业遗址调查项目报告》，内部资料。

⑧ （宋）欧阳修撰：《新五代史·卷六十职方考·第三》，中华书局，1974年，471页。

Archaeological Excavation of the Mafang Village Site in Binzhou City in 2018

Yang Xiaobo[1]　Zhang Ka[2]　Johnson[1]

（1. Underwater Archaeology Research Shandong Center; 2. Binzhou Museum）

Abstract: This paper mainly introduces the harvest of mabang Village site in Bincheng District, Binzhou City in 2018. The excavation area is 400 square meters, and 60 relics such as ash pits were found. More than 40 representative pieces of pottery and porcelain pieces and specimens were unearthed. From the shape of the remains, the characteristics of unearthed pottery and porcelain, the main age of the site is from the late Tang dynasty to the Song Dynasty, and the briefings are introduced separately. Porcelain bowls and other porcelains have obvious characteristics and are mostly green, which are close to the characteristics of porcelains unearthed from Zibo kiln and Haibei site. Therefore, it is speculated that local daily porcelains should come from Zibo kiln. The discovery of the site provides important clues for the spread and research of Zibo kiln porcelain.

Key words: Zibo kiln, nail, green color

虚拟仿真在人类骨骼考古实验教学中的应用探索

赵永生[1] 孙田璐[1] 王 芬[2]

（1.山东大学文化遗产研究院；2.山东大学历史文化学院）

内容提要：考古学是一门实践性很强的学科，扎实的田野考古发掘是学科的立足之本，考古发掘现场具有一定安全隐患，文物资源具有稀缺性、不可逆性等特点，而虚拟仿真技术的引入可以弥补这些问题。山东大学考古学科结合自身田野考古和科技考古的优势，将虚拟仿真引入人类骨骼考古实践教学，作为田野考古、课堂、实验室的延伸和拓展，打破了时间和空间限制，消除课堂和实践壁垒，进一步提升实验的深度和广度，增强了学生的创新和科研能力。

关键词：虚拟仿真 人类骨骼考古 实验教学

自2013年开始，教育部推进国家级虚拟仿真实验教学中心建设，此后全国各高校陆续开展国家级虚拟仿真实验教学中心的建设工作。2013～2015年，教育部依据当年颁布的关于开展国家级虚拟仿真实验教学中心建设工作的有关要求，共批准300个国家级虚拟仿真实验教学中心，其中13个文科虚拟仿真实验教学中心中有3个考古类，分别为西北大学文化遗产数字化保护虚拟仿真实验教学中心、北京联合大学文化遗产传承应用虚拟仿真实验教学中心以及北京大学考古虚拟仿真实验教学中心[①]。

2017年教育部4号文件《教育部办公厅关于2017～2020年开展示范性虚拟仿真实验教学项目建设的通知》，进一步提出到2020年建成1000个国家级虚拟仿真实验项目，着力打造精品项目[②]。2017年教育部认定国家级虚拟仿真实验项目187项，全部为理工类学科，2018年认定298项，理工类学科占273项，心理学、教育学、新闻传播学三个人文社会学科占25项，在接下来的认定工作中，教育部为历史学类、文学类、艺术学类、经济管理类、教育学类等人文社会学科规划了10%左右的认定比例，国家级虚拟仿真实验教学项目的建设和认定标志着虚拟仿真实验教学进入了深入普遍发展阶段[③]。经过数年的发展，虚拟仿真技术在教学实践中不断完善和深入。

---

① 纪芳：《关于文科虚拟仿真实验教学中心建设的探索》，《实验技术与管理》2017年4期，14～17页。
② 教育部：《教育部办公厅关于2017～2020年开展示范性虚拟仿真实验教学项目建设的通知》，2017年7月11日。
③ 王凤：《人文社会学科虚拟仿真实验教学项目的建设逻辑探索》，《学周刊》2020年8期，5、6页。

考古学是一门较为适合引入虚拟仿真技术的学科，这与考古学通过遗迹和遗物来研究人类古代社会这一特点息息相关，考古学的教学必须依赖大量的实物遗存和遗迹场景，而校内教学又无法大量提供这些实物材料，虚拟仿真技术正是解决这一矛盾的利器①。考古学同样是一门实践性很强的学科，扎实的田野考古发掘是学科的立足之本和重中之重。考古发掘现场具有一定安全隐患，文物资源具有稀缺性、不可逆性等特点，而虚拟仿真技术的引入可以弥补这些问题。在此形势下，山东大学考古学科结合自身田野考古和科技考古的优势，以人类骨骼考古以及其他考古学科相关课程为基础，从考古遗址中出土的人骨出发，还原田野考古发掘和实验室工作场景，在虚拟场景中完成对古代人骨"发掘—鉴定—研究"的完整过程。

一、人类骨骼考古虚拟仿真教学的必要性

人类骨骼考古是以考古遗址出土的人类骨骼（及牙齿）为主要研究对象，采用形态学、解剖学、功能学、病理学、创伤学、生物学、物理学、化学、遗传学等分析手段，研究古代人类的体质特征、健康状况、行为模式等考古学问题的学科，属于考古学范畴②。

从目前教学实践的实际情况来看，实体空间中人类骨骼考古实践教学存在着以下不足之处：一是学生参与的田野考古发掘实习周期短、实践经验少。田野考古实习周期一般为3个月，而实习前对考古遗址出土古代人骨的处理，仅限于课堂教学，并无具体的实践经验。田野考古发掘是不可逆的，前期的课堂学习对田野发掘的顺利进行极为重要。二是传统实验室教学具有时空局限性。狭窄的教室空间、实验室空间以及较为固定的时间段已无法满足学生们日益增长的学习和实践需求。三是人骨作为一种特殊的文物资源，同样具有不可再生性、独特性、脆弱性、稀缺性以及地域性等特点。在传统的实验室教学过程中存在教学资源不够充分、教学过程不够精细的问题，建立人类骨骼虚拟仿真教学平台迫在眉睫。山东大学人类骨骼虚拟仿真教学实验的建立将课堂、田野、实验室教学有机结合，符合考古学的学科特点及发展方向，是"理论教学、田野实习教学、实验室教学"三位一体的考古学实验教学体系的良好体现。

计算机信息技术的飞速发展，对测绘技术、地理信息系统技术、虚拟现实技术、数据库技术等都产生了强烈的推动作用，其在国民经济与社会发展的各领域都产生了相当多的成果。为顺应时代潮流的发展，人类骨骼考古教学与实践也需要积极引入包括三维重建、计算机视觉、虚拟现实等信息技术在内的各项先进技术，研发出相应的虚拟仿真实验教学项目，切实解决田野考古实践不足、实验室操作不熟、相关技能生疏等现行培养体制和条件制约下产生的一系列问题。

---

① 张剑葳、吴煜楠：《虚拟仿真技术在文物建筑教学中的应用探索》，《中国大学教学》2019年11期，66～69页。

② Tim D. White, Michael T.Black, Pieter A. Folkens. *Human Osteology* (Third Edition). Elsevier Academic Press, 2012:1-2.

二、基于虚拟仿真技术的人类骨骼考古教学

山东大学人类骨骼考古虚拟仿真实验的原理是以田野考古发掘操作流程及实验室学习和研究人骨一般流程为标准，将人类骨骼考古的各个环节基于知识点进行拆解，继而通过交互式操作进行教学。该实验通过若干实验情景的设计进行虚拟仿真实践，主要场景包括田野考古发掘现场和实验室工作情景中对古代人骨材料的清理和研究，其中对田野考古工地和实验室工作环境完成了较高的仿真，另外着重对古代人骨材料进行了高度仿真，可让学生在多角度下观察所有骨骼的特征。依据田野考古发掘的实际情况，目前已经设计了三个考古遗迹的实验情景，分别是"一号墓葬出土男性个体""二号墓葬出土女性个体"以及"一号灰坑出土未成年个体"的清理与研究。实验流程主要为实验准备和练习、实验操作、实验评价三部分。

1. 实验准备和练习

实验前，学生登录国家虚拟仿真实验教学项目共享服务平台完成注册，打开人类骨骼虚拟仿真实验教学，首先点击"人类骨骼考古介绍"，简单了解人类骨骼考古的基本知识；其次点击"骨骼展示"，通过观察一副完整的三维仿真人骨，了解骨骼各部位的名称，形成对骨骼的基本认识；随后通过"练习模式"来熟悉田野考古发掘和实验室中人骨清理、收集和鉴定的过程，完成实验准备。

2. 实验操作

（1）工具的选择。进入考古工地及实验室前，学生选择合适的工具用于田野考古发掘，如手铲、刷子、记号笔、手套等。

（2）田野考古发掘中古代人骨的清理和收集。考古遗迹中人骨的清理要按照一定的流程和规范的步骤进行，以保证人骨的完整收集。学生进入虚拟的墓葬环境后，需要通过操作合适的工具逐步清理出骨骼全貌，后用编织袋分部位收集（图一）。

（3）实验室中古代人骨的鉴定。包括各个骨骼部位的鉴定、性别鉴定、年龄鉴定、存在特殊现象骨骼的鉴定等。古代人骨的鉴定首先是注意区分人骨和动物骨骼；其次才是对不同部位人骨的鉴定，如颅骨、肢骨、躯干骨等，需要注意区分左右侧；再次是性别、年龄鉴定，对于呈现在面前的虚拟三维人骨，学生可通过鼠标操作调整角度和大小来对人骨进行细致的观察，结合教学图片和文字说明给出性别年龄的鉴定结果；最后，学生可以选择具有特殊情况的骨骼，如有跪踞面、缠足的足部骨骼，进一步分析和研究。鉴定中要注重对比和分析，结合考古背景，给予一个合理的鉴定结果（图二）。

（4）鉴定结束后骨骼的收集工作。实验室中已完成鉴定和研究的骨骼需要进行分部位收集，尤其是对存在特殊现象的骨骼要单独收集、拍照记录。学生在实验室的虚拟环境中，按照不同部位进行人骨的收集，最终完成实验室中人骨的清理与研究。

图一　墓葬中出土人骨的收集操作

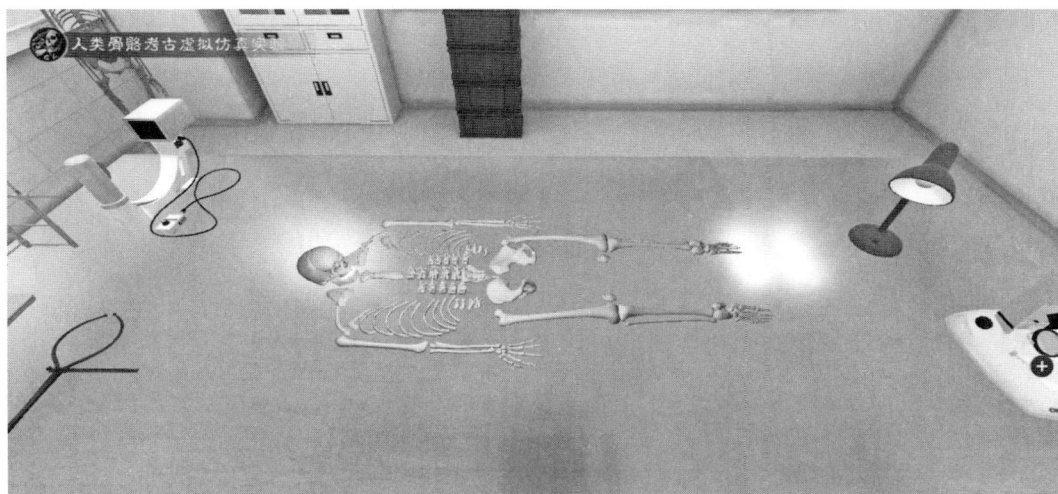

图二　实验室中骨骼的鉴定

3. 实验评价

　　实验要求学生能够独立处理田野考古发掘中出土的古代人骨，并能够完成实验室中古代人骨的鉴定和研究，熟练掌握课程中所学的知识点。在考核模式下，每完成一次完整的实验操作，系统会给予学生综合评价，并给出错误详情和扣分情况。教师可依据后台的学生实验记录情况，对不同学生进行有针对性的辅导和教学。

三、人类骨骼考古虚拟仿真实验教学的优势

1. 增加学生田野考古工作的实践经验，为田野考古发掘做好准备

通过虚拟仿真实验，学生能够多样且详细地了解考古工地中古代人骨发掘、清理和采集的全部工作流程，为未来的田野考古发掘提供更加完善的知识储备。在考古发掘结束之后，学生也可以通过虚拟仿真实验巩固发掘技术。

2. 教学过程不受时间和空间的限制，有效弥补线下教学的时空不足

学生可随时随地通过网络进入虚拟实验环境，学习人类骨骼考古相关课程，操作过程只需要本人通过手机或者电脑客户端登录即可。人类骨骼考古虚拟仿真实验教学的建设，不仅打破了传统教学形式的限制，还可以作为线下课堂的延伸，极大地丰富了单调的网络授课形式。

3. 丰富了教学方法，增加了教学深度和广度

课程中所教授的难点和重点，如性别、年龄的鉴定以及古病理研究等，皆可在虚拟仿真实验教学项目进行再学习，从而加深学生对人类骨骼考古相关知识点的理解和把握。实验要求学生能够掌握田野考古发掘中对于出土古代人骨的处理，并能够完成实验室中古代人骨的鉴定和研究，熟练掌握课程中所学的知识点。在考核模式下，每完成一次完整的实验操作，系统会给予学生综合评价，并给出错误详情和扣分情况。学生可依据评价有针对性的学习，通过重复练习掌握重点难点。

4. 不断推动教学资源的整合和共享

利用虚拟现实技术，通过制作出仿真的画面，把人类骨骼考古标准化的实验规范和操作流程进行模拟展示，使其成为考古学科教学与研究的辅助课程，大大节省了培训成本，能够更好地推广教学经验、提升效果、扩大受益范围。另外，人类骨骼考古虚拟仿真实验教学秉承着共享教育资源的原则，面向全国高校学生，任何学生均可以登录国家虚拟仿真实验教学项目共享服务平台操作实验，这对其他高校考古专业线上教学也具有很好的借鉴意义。

四、人类骨骼考古虚拟仿真实验教学的不足及优化措施

人类骨骼考古虚拟仿真实验教学于2019年上线国家虚拟仿真实验教学项目共享平台-实验空间，在上线过程中，迄今共有6000多人次浏览，做实验人数300余人，实验通过率约93%，共有400多条评论。结合网上评论和线下学生交流，发现人类骨骼考古虚拟仿真实验教学具有不足之处。

1. 人机交互度及灵敏度有延迟，有待提高

该实验项目使用3D仿真动画技术，项目品质如单场景模型总面数、贴图分辨率、每帧渲染次数、动作反馈时间、显示刷新率、分辨率等较高，但人机交互略显生硬，学生在实验过程中不能及时得知自己的错误。受限于网速等外部因素，可能会出现卡顿等现象，灵敏度也会有所降低，造成体验感降级。

2. 实验过程存在部分重复操作，场景设置仍需完善

该实验项目场景很大程度上贴近了田野考古、实验室考古的真实环境，考古工具如手铲等仿真度较高，但动画的场景容易使学生缺乏沉浸式的高度体验感。另外，实验流程分为练习模式与考核模式，两者在很大程度上存在重复性；目前设计的三个考古遗迹的实验情境，"一号墓葬出土男性个体的清理与研究""二号墓葬出土女性个体的清理与研究"以及"一号灰坑出土未成年个体的清理与研究"，操作过程高度重叠。虽然重复操作在很大程度上能加深考古专业学生对古代人骨特征的识别，但对于非专业体验者来说略显枯燥。

3. 受众群体主要为考古文博专业学生，对学生专业水平有一定的要求

人类骨骼虚拟仿真实验项目主要面向考古学专业和文物与博物馆专业的大一、大二和大三年级的学生。在使用本虚拟仿真实验教学项目学习前，要求学生正在或已经学习了体质人类学这门课程，了解人骨各部位的基本特征，对性别鉴定、年龄鉴定和古病理学等专业知识有所了解，并对田野考古发掘有基本的认知。尽管实验首页设置了人类骨骼考古介绍、骨骼展示、新手引导等详细的基础教程，但实验练习过程中考古工具的选择等操作，对非考古专业的学生来说存在一定的困难。无论是考古工地现场人骨的分部位收集还是实验室内人骨的分类鉴定等，都对学生的专业水平有一定的要求，实验过程中出现的错误都是在最后由系统统一显示指正，操作的正确与否并不能及时地反馈给学生，或许不能达到理想的学习效果。

针对以上不足，人类骨骼虚拟仿真实验项目需要进行针对性的优化改善。比如提高画面的运行流畅度，解决人机交互迟缓的问题；优化场景设置，定时更新考古遗址场景，增强沉浸式的体验感；不断引入新技术，保证专业化的同时，适当提高趣味性，在一定程度上扩大受众面，让考古知识不再枯燥，在实践中摸索成长。

五、前景与展望

2020年11月25日，教育部发布了《教育部关于公布首批国家级一流本科课程认定结果的通知》，山东大学人类骨骼考古虚拟仿真实验教学入选虚拟仿真实验教学一流课程①。山东大学人类骨骼考古虚拟仿真实验教学依托虚拟仿真，充分运用信息技术，

---

① 教育部：《教育部关于公布首批国家级一流本科课程认定结果的通知》，2020年11月25日。

逐渐探索出突破时空限制、高效便捷、形式多样的人类骨骼考古实验教学的新道路。

从现在的发展形势来看，这种新道路仅仅是开始，在已有的古代人类骨骼数据库基础上，打造更多更广的特色化教学资源：虚拟现实的田野发掘、实验操作课程，田野发掘场景复原、遗址形成过程演示、实验技术等的动画、三维模型、演示视频资源库；搭建线上教研平台，线上线下相融合，活化开放教育资源，模块化、个性化推荐课程资源，引导学生基于现实问题进行情境性学习。

考古学与自然科学技术交叉融合是现阶段考古学的重要特征，虚拟仿真技术的铺开应用更能进一步加深促进两者的深度融合。以考古学科交叉融合为主轴，在大数据平台的支持下，通过跨区域、跨学科、跨学校的联合，协同拓展人才培养方案、教学大纲、知识图谱，丰富教学资源库和案例库，进而相互填补教学研究领域的空缺，交互促进拓展新的发展方向，实现考古学专业的升级改造，为努力建设"中国特色、中国风格、中国气派的考古学"贡献力量。

The Application of Virtual Simulation in the Practice Teaching of Human Skeleton Archaeology

Zhao Yongsheng[1]　Sun Tianlu[1]　Wang Fen[2]

(1. Institute of Cultural Heritage, Shandong University; 2. School of History and Culture, Shandong University)

Abstract: Archaeology is a highly practical subject, and solid field archaeological excavation is the foundation of the subject. The archaeological excavation site has some hidden dangers. Cultural relics resources have the characteristics of scarcity and irreversibility. The introduction of Virtual simulation technology can make up for these problems. The archeology discipline of Shandong University combines its own advantages in field archaeology and technological archaeology, introduces virtual simulation into the practical teaching of human skeleton archaeology. As an extension and expansion of field archaeology classrooms and laboratories, it breaks time and space constraints, eliminates classroom and practice barriers, enhance the depth and breadth of the experiment, enhance the students innovation and scientific research capabilities.

Key words: virtual simulation, human skeleton archaeology, experimental teaching

1. 漳州平和五寨洞口窑陂沟窑址横室阶级窑遗迹（李旻摄 2005）

2. 漳州窑窑址标本和垫砂剖面（李旻摄 2005）

3. 墨西哥巴哈加利福尼亚半岛恩塞纳达沉船遗址出土被印第安人打制为刮削器的景德镇青花瓷片（翁彦俊摄 2018）

《早期全球贸易的考古学研究：太平洋航线上的漳州窑陶瓷》

图版二

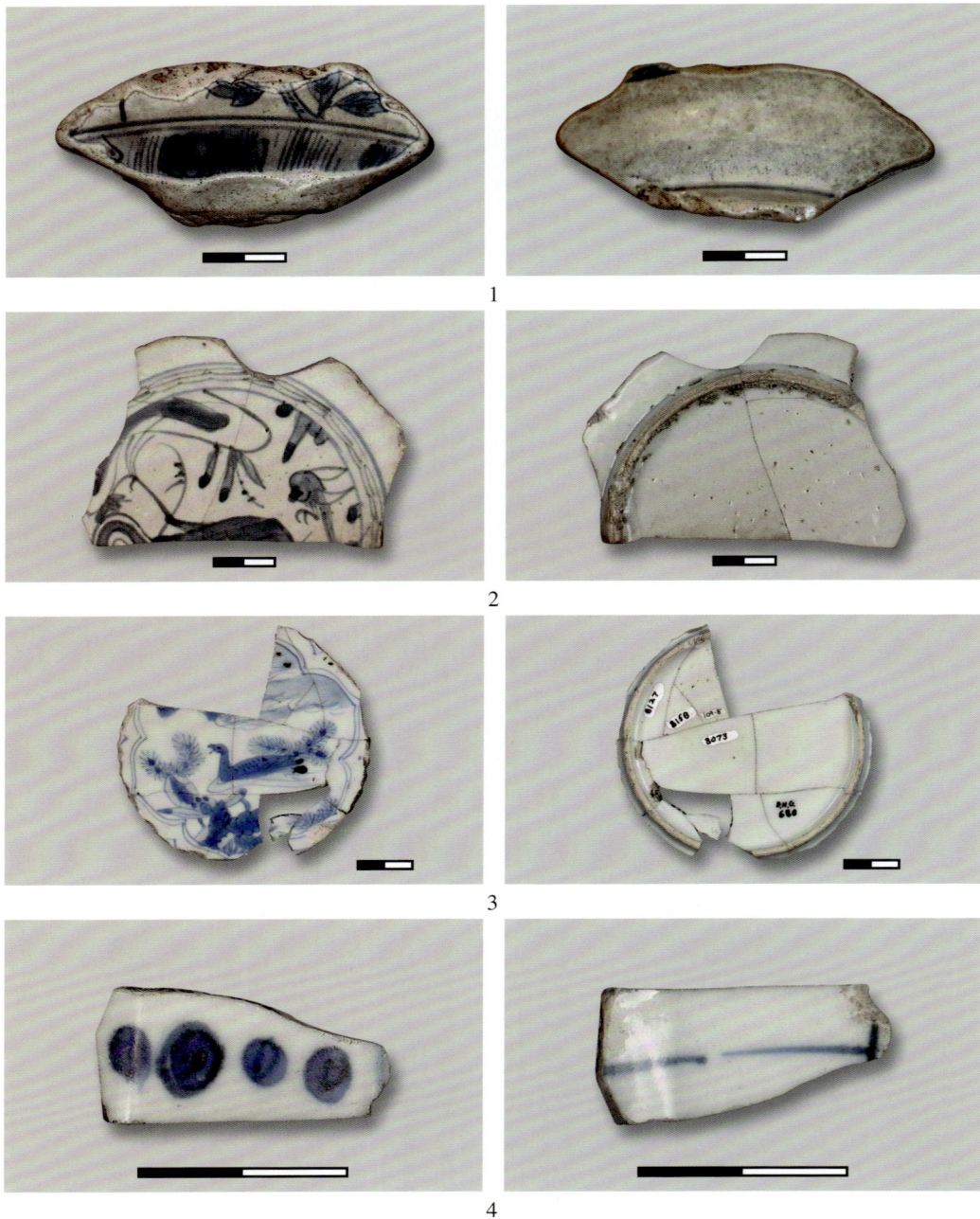

1

2

3

4

旧金山德雷克湾印第安聚落遗址出土漳州窑陶瓷残片
（美国国家公园管理局雷斯岬国家海岸公园工作站提供）

1.显示海水冲刷磨蚀痕迹的漳州窑陶瓷残片（714）　2.立凤纹青花盘残片（1034）
3.经过加工的克拉克瓷盘圆心（876）　4.经过加工的开光连珠纹吊坠（6632）

《早期全球贸易的考古学研究：太平洋航线上的漳州窑陶瓷》

1. 孙氏买地券

2. 傅逮买地券

《昌邑辛置墓地出土明代买地券发微》

1.姚家坝遗址全景

2.北部发掘区 F1（上）和 F2（下）

《重庆市开州区姚家坝遗址发掘报告》

1. 尖底杯（H7：3）　　　　　　　　2. 尖底杯（TG4⑥：32）

3. 陶钵（TG2⑥：2）　　　4. 陶钵（TG2⑥：5）　　　5. 陶钵（TG4⑥：2）

6. 陶釜（TG2⑥：1）　　　　　　　7. 陶罐（F2：1）

8. 陶罐（TG2⑥：31）　　　　　　9. 陶罐（TG4⑥：14）

《重庆市开州区姚家坝遗址发掘报告》

1. 陶罐（TG1⑥：25）

2. 陶釜（罐）（TG4⑥：39）

3. 陶釜（罐）（TG1⑥：22）

4. 陶釜（罐）（TG2⑥：14）

5. 石斧（TG2⑥：3）

6. 石斧（TG4⑥：6）

7. 砺石（TG4⑥：5）

8. 砺石（TG2⑥：4）

1. 釉陶鼎（M33：27）

2. 釉陶壶（M33：5）

3. 釉陶盒（M33：23）和釉陶盖（M33：22）

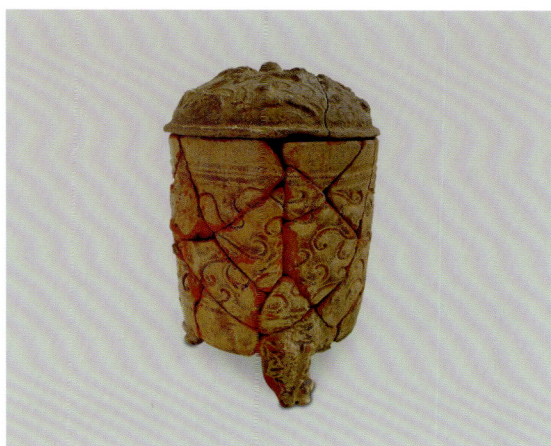

4. 釉陶卮（M33：52）

5. 釉陶博山炉（M33：34）

6. 釉陶炙炉（M33：41）

《重庆市开州区长塝M33发掘简报》

图版八

1. M1 正视图

2. J1 剖面图

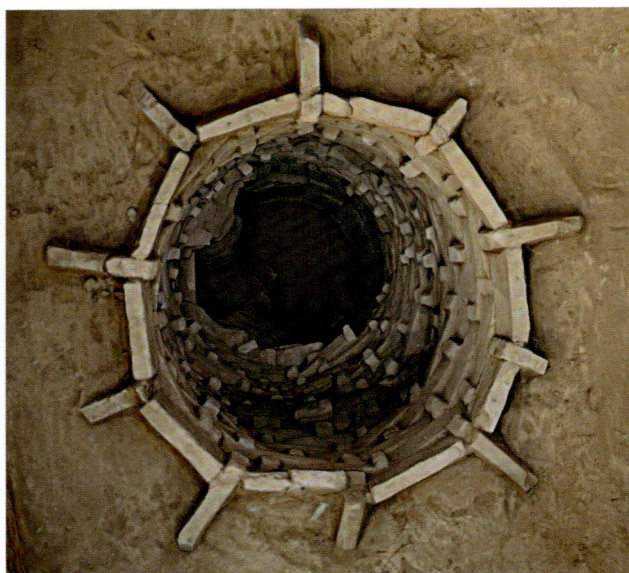

3. J1 俯视图

《雄安新区张市南遗址Ⅱ区北朝墓葬及汉代水井发掘简报》